Droit pénal général

DROIT FONDAMENTAL

COLLECTION DIRIGÉE PAR

STÉPHANE RIALS

DROIT CLASSIQUE

Droit pénal général

YVES MAYAUD
AGRÉGÉ DES FACULTÉS DE DROIT
PROFESSEUR À L'UNIVERSITÉ PANTHÉON-ASSAS PARIS II

3e édition mise à jour

PRESSES UNIVERSITAIRES DE FRANCE

ISBN 978-2-13-057540-5

Dépôt légal — 1re édition : 2004, novembre
3e édition mise à jour : 2010, octobre

6, avenue Reille, 75014 Paris

Sommaire

Introduction 13

PREMIÈRE PARTIE

LE SUPPORT DU DROIT PÉNAL – LA LOI

Chapitre 1 / Le recours à la loi pénale 21

Section I - Le principe de légalité 21
Section II - Le processus de légalité 40

Chapitre 2 / La notion de loi pénale 56

Section I - Une légalité parlementaire réduite 57
Section II - Une légalité réglementaire extensible 71

Chapitre 3 / Le rayonnement de la loi pénale 80

Section I - Le rayonnement dans le temps 80
Section II - Le rayonnement dans l'espace 93

Chapitre 4 / La restitution de la loi pénale 123

Section I - La déclaration du droit 123
Section II - La qualification des faits 139

DEUXIÈME PARTIE

LA TRANSGRESSION DE LA LOI – L'INFRACTION

Chapitre 5 / La dimension matérielle de l'infraction 173

Section I - La constante : le comportement.............................. 173
Section II - La variable : le résultat.. 210

Chapitre 6 / La dimension morale de l'infraction.......................... 234

Section I - L'intention, ou de l'hostilité aux valeurs sociales... 235
Section II - La non-intention, ou de l'indifférence aux valeurs sociales.. 255

Chapitre 7 / La tentative de l'infraction... 271

Section I - Le commencement d'exécution 272
Section II - La défaillance du résultat..................................... 280

Chapitre 8 / Le classement des infractions 299

Section I - La gravité de l'infraction 299
Section II - La nature de l'infraction 310

TROISIÈME PARTIE

L'IMPUTATION DE L'INFRACTION – LES RESPONSABLES

Chapitre 9 / La détermination des responsables 333

Section I - Les personnes physiques...................................... 333
Section II - Les personnes morales 358

Chapitre 10 / Le caractère personnel de la responsabilité 380

Section I - Le rattachement personnel 380
Section II - L'engagement personnel...................................... 392

Chapitre 11 / Les causes objectives d'irresponsabilité 418

Section I - L'objectivité de l'irresponsabilité 418
Section II - Les causes d'irresponsabilité 429

Chapitre 12 / Les causes subjectives d'irresponsabilité 469

Section I - Le défaut de discernement 469
Section II - Le défaut de libre arbitre 482

QUATRIÈME PARTIE

LA PUNITION DES RESPONSABLES – LES PEINES

Chapitre 13 / Les peines encourues 507

Section I - Une légalité simplifiée 508
Section II - Une diversité renforcée 525

Chapitre 14 / Les peines prononcées 542

Section I - Le principe du prononcé 542
Section II - La personnalisation dans le prononcé 554

Chapitre 15 / Les peines exécutées 567

Section I - Les modalités d'exécution 568
Section II - Les obstacles à l'exécution 602

Index 613

TABLEAU DES ABRÉVIATIONS

Adde	Ajoutez
aff.	Affaire
AJ Pénal	Actualité juridique Pénal
AJDA	Actualité juridique Droit administratif
al.	Alinéa
anc.	Ancien
Arr.	Arrêté
art.	Article
Ass. Plén.	Cour de cassation, Assemblée plénière
Bibl.	Bibliographie
BOMJ	Bulletin officiel du ministère de la justice
Bull. civ.	Bulletin des arrêts de la Cour de cassation, chambres civiles
Bull. crim.	Bulletin des arrêts de la Cour de cassation, chambre criminelle
Bull. inf. C. cass.	Bulletin d'information de la Cour de cassation
Bull. Joly	Bulletin Joly
c. civ.	Code civil
c. com.	Code de commerce
c. consom.	Code de la consommation
c. envir.	Code de l'environnement
c. just. mil.	Code de justice militaire
c. org. jud.	Code de l'organisation judiciaire
c. pén.	Code pénal
c. pr. pén.	Code de procédure pénale
c. propr. intell.	Code de la propriété intellectuelle
c. route	Code de la route
c. santé publ.	Code de la santé publique
c. trav.	Code du travail
c. urb.	Code de l'urbanisme
c/	Contre
CE	Conseil d'Etat
CEDH	Cour européenne des droits de l'homme
Ch. mixte	Cour de cassation, chambre mixte
Ch. réunies	Cour de cassation, chambres réunies
chr. crim.	Chronique de droit criminel (Gazette du Palais)

Chron.	Chronique
circ.	Circulaire
Civ.	Cour de cassation, chambre civile
CJCE	Cour de justice des Communautés européennes
C.	Code
Com.	Cour de cassation, chambre commerciale
Comm. EDH	Commission européenne des droits de l'homme
comp.	Comparez
concl.	Conclusions
conf.	Conforme
Cons. constit.	Conseil constitutionnel
contra	Solution contraire
Conv. EDH	Convention européenne de sauvegarde des Droits de l'homme et des libertés fondamentales
Crim.	Cour de cassation, chambre criminelle
D. (Aff.)	Recueil Dalloz, cahier Droit des affaires
D.	Recueil Dalloz
D.A.	Recueil analytique Dalloz
D.C.	Recueil critique Dalloz
D.H.	Recueil hebdomadaire Dalloz
D.P.	Recueil périodique Dalloz
DC	Décisions du Conseil constitutionnel concernant la conformité à la Constitution (art. 54 et 61 de la Constitution)
Décr.	Décret
Doctr.	Doctrine
Dr. pénal	Droit pénal
Dr. soc.	Droit social
Gaz. Pal.	Gazette du Palais
ibid.	Au même endroit
infra	Ci-dessous
IR	Informations rapides du Recueil Dalloz
JCP	Juris-classeur périodique
JO	Journal officiel de la République française
JOCE	Journal officiel des Communautés européennes
L.	Loi
L. constit.	Loi constitutionnelle
LGDJ	Librairie générale de droit et de jurisprudence
mod.	Modifié
n°	Numéro
NCPC	Nouveau code de procédure civile
nouv.	Nouveau
obs.	Observations
op. cit.	Ouvrage cité
Ord.	Ordonnance
p.	Page
Petites affiches	Les petites affiches
préc.	Précité
rapp.	Rapport
rappr.	Rapprocher

RCDIP	Revue critique de droit international public
RD publ.	Revue de droit public
Rec. CE	Recueil Lebon des arrêts du Conseil d'Etat
rect.	Rectificatif
Rép. Pén.	Répertoire Dalloz de droit pénal et de procédure pénale
Rev. pénit.	Revue pénitentiaire
Rev. sc. crim.	Revue de science criminelle et de droit pénal comparé
RGDIP	Revue générale de droit international public
RLCT	Revue Lamy Collectivités territoriales
RTD civ.	Revue trimestrielle de droit civil
RTD com.	Revue trimestrielle de droit commercial
s.	Et suivant(e)s
S.	Recueil Sirey
Soc.	Cour de cassation, chambre sociale
sol. impl.	Solution implicite
Somm.	Sommaires
ss	Sous
supra	Ci-dessus
T. confl.	Tribunal des conflits
T. pol.	Tribunal de police
TA	Tribunal administratif
TGI	Tribunal de grande instance
TI	Tribunal d'instance
Trib. corr.	Tribunal correctionnel
V.	Voir

Introduction

1 FINALITÉ DE L'OUVRAGE. — Le « droit pénal général » est une discipline pénale parmi d'autres, mais elle n'est pas comme les autres. Elle s'en démarque, par son contenu, par sa méthode, par ses enjeux, et revendique justement d'être au cœur de tout ce qui a trait à la répression. N'est-elle pas la première à figurer dans le code pénal, au titre de son livre premier consacré aux dispositions générales ? N'est-elle pas la première à être enseignée, avant le droit pénal spécial, voire la procédure pénale ? Autant de constats qui suffisent à illustrer son importance stratégique et à justifier l'intérêt qui lui est porté, tout comme ils légitiment les efforts de la doctrine et de la jurisprudence, non seulement pour en restituer ou en appliquer au mieux les richesses, mais encore pour en améliorer les données.

Le présent ouvrage se veut juridique, afin de présenter le droit pénal général dans sa dimension positive, sans d'autres préoccupations que celle de nous attacher à ce qui en alimente le contenu. Ce n'est pas dire que rien ne sera emprunté aux différentes sciences qui ont également pour terrain l'étude de la criminalité ou de la délinquance, particulièrement sous l'angle de l'histoire, de la criminologie, ou de la statistique. Mais nous le ferons de manière ponctuelle, au fil des besoins, toujours dans une perspective de rentabilité juridique, et non comme un exercice se suffisant en soi, destiné à prendre la mesure de leur existence ou de leur importance. Il n'est d'ailleurs qu'à consulter les ouvrages spécialisés pour rejoindre ces matières, ce qui justifie, surtout pour une publication n'atteignant pas le format d'un traité, que notre propos soit de suite, et sans détour, consacré à son objet : le droit pénal général lui-même.

2 LE DROIT PÉNAL GÉNÉRAL, UN DROIT SUBSTANTIEL. — La répression est le résultat d'une convergence. Deux séries de règles se rejoignent pour en permettre l'exercice. Les unes sont relatives aux conditions de la responsabilité pénale et à ses conséquences quant aux sanctions encourues. Les autres sont axées sur la manière dont cette responsabilité est engagée, en termes de compétences, de pouvoirs, d'actions. Les premières sont dites « substantielles », affectant le fond du droit, alors que les secondes sont « formelles », participant seulement de la procédure. La répartition de la matière entre ces deux types de normes est essentielle, d'abord parce qu'elle est le reflet d'une réalité technique que nous aurons à rencontrer souvent, ensuite et surtout parce qu'elle est l'instrument d'une structuration dont le droit pénal général est l'une des plus importantes manifestations : celui-ci emprunte aux règles de fond, ce qui lui donne sa connotation substantielle, mais tout en procédant d'une démarche qui en fait une discipline générale.

3 LE DROIT PÉNAL GÉNÉRAL, UN DROIT FÉDÉRATEUR. — Le droit pénal général est un droit fédérateur. Fédérer, c'est ramener à soi, pour les contenir tous, les différents éléments participant d'une même tendance ou d'un même objet. Telle est la vocation de notre discipline, qui réunit l'ensemble des principes servant de moteur à la construction et à l'application du droit criminel dans sa dimension substantielle, s'opposant ainsi au droit pénal spécial, mais d'une opposition plus terminologique que juridique, pour contribuer à l'enrichir à sa façon.

Au droit pénal spécial correspondent toutes les incriminations et les peines qui leur sont attachées. Il peut être comparé à un catalogue, contenant toutes les infractions et les différents éléments de définition de chacune. Il s'agit d'un référentiel répressif, sur lequel s'appuient les autorités judiciaires pour engager des poursuites contre les personnes suspectées d'avoir enfreint la loi pénale, et sans lequel aucune responsabilité ne saurait être envisagée.

Le droit pénal général, quant à lui, renvoie à des principes directeurs, dont la portée est de coordonner les différentes données du droit pénal spécial, d'en restituer l'esprit, d'en livrer la dimension implicite, et de révéler leurs communs dénominateurs. Il permet, en quelque sorte, de sortir de la casuistique inhérente à la spécialité *des infractions*, pour retenir ce qui participe de toutes, et donc livrer de *l'infraction* sa substance générique, première, et incontournable. De même qu'il existe une théorie des obligations, opérée à partir des contrats spéciaux, de même le droit pénal général se situe dans un mouvement de théorisation des différentes qualifications pénales. Un travail d'abstraction est parvenu à s'imposer, jusqu'à ériger ses conclusions en normes juridiques. Légalité, complicité, tentative, culpabilité, imputabilité... sont autant de notions qui renvoient à une présentation permettant de mieux intégrer le contenu de la matière, tout en se doublant de principes élevés au rang de règles de droit.

4 LE DROIT PÉNAL GÉNÉRAL, UN DROIT DE TRADITION. — Ce résultat est le produit d'une longue maturation, et d'une synthèse exigeante. Le droit pénal général ramène à lui l'essentiel des dispositions relatives aux infractions et aux peines, produit d'une tradition forte de plusieurs siècles, où le droit romain et le droit canonique ont joué un rôle décisif. L'histoire du droit pénal est non seulement chargée d'événements et de débordements, mais elle est aussi nourrie de grandes réflexions, devenus les fondements discrets de ce qui est aujourd'hui volontiers ou trop facilement attribué à l'évidence. De nombreux principes, considérés comme élémentaires, ne l'ont pas toujours été, et c'est au prix de concessions et de convictions qu'ils le sont devenus. Nous en sommes les héritiers, et l'évolution, naturellement inscrite dans la continuité, ne s'arrête pas pour autant.

Notre code pénal, issu de la réforme entrée en vigueur le 1er mars 1994, n'a guère innové à ce titre. Ses dispositions générales ne sont, pour la plupart, que la reprise pure et simple de solutions acquises depuis longtemps. Certes, il est quelques créations considérées comme majeures, et on songe naturellement à la responsabilité pénale des personnes morales : mais même dans ces aspects les plus inédits, on ne saurait nier l'héritage d'une philosophie qui en a rendu l'adoption possible.

5 LE DROIT PÉNAL GÉNÉRAL, UN DROIT CONSTITUTIONNALISÉ ET EUROPÉANISÉ – Cette philosophie se double aujourd'hui d'un prolongement constitutionnel et européen. Le Conseil constitutionnel est régulièrement amené à se prononcer sur les lois répressives, qui sont devenues, dans le débat politique, le signe d'un conflit toujours possible avec les libertés. Ses décisions sont fort intéressantes sur l'orientation générale de la répression et la manière de la concevoir, et leur autorité est telle, qu'elles sont immédiatement un facteur d'enrichissement des théories du droit pénal. Il en est de même de l'européanisation, réalisée sur le fondement de la Convention européenne de sauvegarde des Droits de l'homme et des libertés fondamentales : d'application directe en droit interne, elle est un instrument d'enrichissement permanent du droit pénal général, par la confirmation de ses orientations, ou la censure de ce qui peut s'en éloigner.

On assiste ainsi, grâce à ces deux sources, à une relecture du droit pénal général lui-même, qui se trouve en quelque sorte retravaillé dans ce qu'il a de plus essentiel, avec un apport méthodique non négligeable.

6 LE DROIT PÉNAL GÉNÉRAL, UN DROIT DIDACTIQUE. — La généralisation ne peut être sans rigueur intellectuelle ni méthode de pensée, de même qu'il impossible de restituer les principes qui en découlent sans logique ni cohérence. On aborde ici l'aspect le plus sensible, mais aussi le plus intéressant, de la matière. Discipline abstraite par excellence, le droit pénal général n'en reste pas moins d'une portée pratique considérable. Il n'est pas possible d'échapper à ses exigences, sauf à prendre le risque de le dénaturer ou de s'engager dans des orientations contraires aux intérêts de la justice ou du justiciable. Seule une parfaite maîtrise des tenants et des aboutissants des données qui en relèvent est à même de garantir leur assimilation et leur restitution.

Le droit pénal général étant un *droit de théories, sans être pour autant une discipline théorique*, il est indispensable d'en restituer, non seulement les éléments séparés, mais encore la logique d'ensemble. Seule cette démarche est à même de concilier la connaissance et la cohérence. La connaissance est bien sûr la première préoccupation d'un manuel, afin d'en assurer la transmission. Mais elle ne suffit pas. Du moins, reste-t-elle sans relief et sans lendemain, si elle ne se double pas d'une maturité destinée à l'entretenir et à la surpasser. Tel est l'enjeu de la pédagogie, à la fois statique et dynamique, pour livrer des règles sans lesquelles aucun savoir n'est possible, mais aussi pour les replacer dans la rigueur d'une démonstration destinée à ne rien perdre de leur enchevêtrement et de leur interdépendance.

Le droit pénal général se présente de lui-même comme une école de raisonnement. Il est un genre didactique entre les mains des juristes. D'abord pour ceux qui ont à l'appliquer, notamment les policiers, les magistrats, et les avocats, qui ne sauraient échapper à ses contraintes, et qui, sauf à verser dans la fantaisie ou la dénaturation, se doivent d'en intégrer toutes les subtilités. Ensuite pour ceux qui ont à l'expliquer : ils doivent livrer la matière, non seulement sous l'angle des principes qui en délimitent l'étendue, mais surtout en veillant à ne rien perdre de leur agencement. Tout est dans tout, ce qui signifie que chaque élément participant de l'ensemble trouve son principe dans un précédent, lequel, à son tour, est un point de départ pour autre chose. Ce n'est que sous couvert d'une totale consolidation que le droit pénal général peut être valablement exposé, et c'est dans cet esprit que le présent ouvrage a été rédigé.

7 PLAN. — Le droit pénal général étant un condensé de ce que la répression engage de principes essentiels, c'est par rapport à ceux-ci qu'il convient d'orienter notre propos, sous la dictée des grandes orientations qui symbolisent la matière.

Il n'est de répression, et donc de droit pénal, sans *loi*. La loi est la condition première et essentielle de tout ce qui participe de la réaction à la criminalité. Elle est la référence sans laquelle aucune *infraction* n'existe, le propre d'un crime, d'un délit, ou d'une contravention étant en effet de la transgresser. Une fois l'infraction prouvée, le délinquant peut être déclaré *responsable*, mais d'une responsabilité qui n'est pas automatiquement liée à la commission du délit, son imputation étant le résultat de nuances importantes. La *peine* prend alors le relais, la punition du responsable restant le premier objectif du droit pénal, même si elle s'est enrichie de considérations qui en font un instrument recherché d'insertion ou de réinsertion sociale.

Telle est la progression à laquelle la logique de la répression conduit, et que traduit le droit pénal général dans son cheminement de théorisation. Une progression faite de quatre étapes :

— Le support du droit pénal – La loi (première partie)
— La transgression de la loi – L'infraction (deuxième partie)
— L'imputation de l'infraction – Les responsables (troisième partie)
— La punition des responsables – Les peines (quatrième partie)

Pour aller plus loin

8 BIBLIOGRAPHIE GÉNÉRALE

Droit pénal général : B. Bouloc, Précis Dalloz, 21e éd., 2009. – B. Bouloc et H. Matsopoulou, Sirey, 17e éd., 2009. – Ph . Conte et P. Maistre du Chambon, Armand Colin, 7e éd., 2004. – F. Debove, F. Falletti, et T. Janville, PUF, 3e éd., 2010. – A. Decocq, Armand Colin, 1971. – F. Desportes et F. Le Gunehec, Economica, 15e éd., 2008. – E. Dreyer, Flammarion, 2006. – T. Garé et C. Ginestet, Dalloz, HyperCours, 5e éd., 2008. – W. Jeandidier, Montchrestien, 2e éd., 1991. – J. Larguier, Ph. Conte, et P. Maistre du Chambon, Mémento Dalloz, 21 éd., 2008. – J. Leroy, LGDJ, 2e éd., 2007. – C. Mascala, Montchrestien, 2003. – R. Merle et A. Vitu, Cujas, 7e éd., 1999. – X. Pin, Dalloz, Cours, 3e éd., 2009. – J. Pradel, Cujas, 17e éd., 2009. – M. Puech, Litec, 1988. – M.-L. Rassat, Ellipses, 2e éd., 2006. – J.-H. Robert, Thémis, 6e éd., 2005.

Histoire du droit pénal : J.-M. Carbasse, Histoire du droit pénal et de la justice criminelle, PUF, coll. *Droit fondamental*, 2e éd., 2006. – A. Laingui, Histoire du droit pénal, PUF, coll. « Que sais-je », 1992.

Criminologie : R. Gassin, Précis Dalloz, 6e éd., 2007.

Grands arrêts : M. Puech, Les grands arrêts de la jurisprudence criminelle, Tome 1, Légalité de la répression, Droit pénal général, éd. Cujas, 1983. – J. Pradel et A. Varinard, Les grands arrêts du droit pénal général, Dalloz, 7e éd., 2009.

Bicentenaire : Code pénal et code d'instruction criminelle, Livre du Bicentenaire, *Dalloz*, 2010.

PREMIÈRE PARTIE

LE SUPPORT DU DROIT PÉNAL – LA LOI

9 RECOURS OBLIGÉ. – Par les pressions qu'il exerce sur les libertés, le droit pénal inspire naturellement méfiance et prudence. Aussi, est-il besoin d'une grande sécurité dans la manière de le concevoir, de le construire, et de l'appliquer. C'est à la loi de l'assurer, selon un grand principe, celui de la légalité des délits et des peines. Rien ne se fait hors de ses prévisions, et, en dehors du législateur, il n'appartient à personne, pas même au juge, de définir les actions ou omissions méritant d'être sanctionnées, tout comme une peine ne peut être prononcée ou appliquée sans le support d'un texte. La loi fixe le domaine de la répression, elle donne à la justice les moyens de son action.

Moteur du droit pénal, la loi est un recours obligé (chapitre 1). Certes, tout comme faiblissent les rigueurs imposées par sa référence, sa notion a subi les atteintes d'une érosion importante (chapitre 2). Mais elle est encore un relais incontournable, ce que traduisent son rayonnement (chapitre 3) et sa restitution (chapitre 4).

Chapitre 1

Le recours à la loi pénale

10 ÉLÉMENT LÉGAL. — La loi est un relais nécessaire, un intermédiaire obligé en droit pénal. Il ne saurait y avoir de crimes, de délits, ou de contraventions, sans une définition préalable en ce sens, contenue dans un texte destiné à en fixer les éléments constitutifs, tout comme doivent y figurer les sanctions applicables. *Nullum crimen sine lege, nulla poena sine lege* : nul crime sans loi, nulle peine sans loi. C'est le principe de la « légalité des délits et des peines ». On parle volontiers de l'*élément légal* de l'infraction : l'expression est maladroite, tant un crime ou un délit ne peut se rattacher, bien sûr, qu'à l'illégalité, mais elle traduit assez bien la place dominante de la loi dans ce qui est au cœur de la répression.

Il est donc logique de retenir la légalité comme une première clef de lecture du droit pénal, d'abord dans ce qu'elle représente de principe (Section I), ensuite dans ce qui en caractérise le processus (Section II).

Section I
Le principe de légalité

11 DE LA TRADITION À L'ÉROSION. — La légalité pénale est affirmée à plus d'un titre, pour correspondre à une donnée fondatrice du droit pénal moderne. Mais la règle est aujourd'hui en repli, du moins à s'en tenir à la légalité d'origine, issue des mouvements et des idées de 1789, qui n'a plus rien à voir avec celle retenue de nos jours. Cette évolution n'est pas à négliger, qui permet de se

convaincre des distances grandissantes entre l'affirmation du principe (I) et son déclin actuel (II).

I | L'AFFIRMATION DE LA LÉGALITÉ

12 Le principe de la légalité est le résultat de textes explicites en ce sens (A), avec des enjeux importants (B).

A – Les textes

13 La légalité en droit pénal est l'objet de nombreuses références, de rédaction très proche, témoins d'une réalité difficilement modulable, y compris dans les formules destinées à en rendre compte. Mais leur recensement ne s'apparente pas à une opération comptable, et c'est de manière complémentaire qu'il convient de les considérer entre eux, dans le cadre d'une hiérarchie très porteuse pour le principe lui-même.

a) Le recensement

14 DIVERSITÉ DES RÉFÉRENCES. — 1 / *Constitution.* – Il faut d'abord faire état du Préambule de la Constitution du 4 octobre 1958, qui renvoie à la Déclaration des droits de l'homme et du citoyen adoptée le 27 août 1789 par l'Assemblée constituante, dont l'article 8 énonce le principe en des termes dont la portée est aujourd'hui le symbole de la résistance du droit à l'arbitraire : « *La loi ne doit établir que des peines strictement et évidemment nécessaires, et nul ne peut être puni qu'en vertu d'une loi établie et promulguée antérieurement au délit, et légalement appliquée* ».

2 / *Europe.* – Signée à Rome le 4 novembre 1950, ratifiée par la France le 3 mai 1974, la Convention européenne de sauvegarde des droits de l'homme et des libertés fondamentales contient elle aussi une référence explicite à la légalité pénale. Son article 7 la reprend dans une formule équivalente : « *Nul ne peut être condamné pour une*

action ou une omission qui, au moment où elle a été commise, ne constituait pas une infraction d'après le droit national ou international... ». Ce texte a une portée d'autant plus sensible, qu'il est reproduit, mot pour mot, dans l'article 49 de la Charte des droits fondamentaux de l'Union européenne du 7 décembre 2000 [1], laquelle, au titre des dispositions qu'elle consacre à la Justice, n'a pas manqué d'en répercuter le principe, au nom des « valeurs communes » qui scellent le rapprochement des différents pays signataires.

3 / *ONU.* – De même, le Pacte international relatif aux droits civils et politiques, adopté par l'Assemblée générale des Nations Unies le 16 décembre 1966, entré en vigueur à l'égard de la France le 4 février 1981, contient un article 15 dans le même sens : « *Nul ne sera condamné pour des actions ou omissions qui ne constituaient pas un acte délictueux d'après le droit national ou international au moment où elles ont été commises...* ». L'affirmation est reprise du modèle européen, et la redondance qui en résulte ne peut que convaincre de l'importance de la règle.

4 / *Code pénal.* – Enfin, le code pénal, dans son article 111-3, texte certes plus modeste par son rayonnement, mais qui se veut l'héritier de toute une tradition, formule le principe en termes identiques : « *Nul ne peut être puni pour un crime ou pour un délit dont les éléments ne sont pas définis par la loi, ou pour une contravention dont les éléments ne sont pas définis par le règlement. Nul ne peut être puni d'une peine qui n'est pas prévue par la loi, si l'infraction est un crime ou un délit, ou par le règlement, si l'infraction est une contravention* ». La précision n'est pas négligeable, non seulement pour rejoindre ce qui est déjà proclamé par ailleurs, mais encore pour rompre avec le silence des dispositions antérieures à la réforme du code pénal, qui ne contenaient aucune référence directe au principe de la légalité [2].

1. Charte n° 2000/C 634/01 (*JOCE* C 364, 18 déc. 2000, p. 1), dont les dispositions sont reconnues par l'article 6 du Traité sur l'Union Européenne (TUE).
2. L'art. 4 ne formulait que le principe de non-rétroactivité.

Tous ces instruments ont pour eux de renforcer une règle majeure du droit pénal, et de convaincre de son importance. Comme nous allons le voir, ils ne sont pas redondants, relevant entre eux d'une hiérarchie fort utile.

b) La hiérarchie

15 ABSENCE DE REDONDANCE. — La légalité de l'incrimination est une règle, certes plusieurs fois énoncée, mais surtout comprise dans des textes très complémentaires et hiérarchisés, avec pour conséquence d'avoir une portée à la fois constitutionnelle et supranationale.

1 / La *portée constitutionnelle* est la conséquence de la consécration du principe de la légalité dans le Préambule de la Constitution. Il en résulte que toutes les exigences inhérentes au principe s'imposent au législateur lui-même, qui ne saurait donc y déroger dans les textes servant de support aux incriminations. Erigée en règle constitutionnelle, la légalité pénale revêt une double dimension. Elle gagne d'abord en symbole, pour dépasser le seuil d'un principe ordinaire, tel que l'article 111-3 du code pénal le contient, du moins à le considérer isolément, sans égard pour ce qu'il reproduit de données empruntées à des textes supérieurs. Ensuite, elle gagne en certitude, par les contraintes qui pèsent sur les autorités disposant du pouvoir d'incriminer, et donc de définir les infractions et les peines qui leur sont applicables. Des contraintes qui ont pour effet de soumettre l'incrimination à des règles précises de formulation et de compréhension, et qui ont pour conséquence de guider le législateur dans l'exercice d'une compétence contrôlée et contrôlable. Et en effet, si l'incrimination ne répond pas aux impératifs de la légalité, elle peut être dénoncée et sanctionnée comme contraire à la Constitution, ce qui la rend tributaire, moins d'une souveraineté éventuellement capricieuse, que d'une conception assurément immuable.

2 / La *portée supranationale* est, quant à elle, la conséquence de la consécration du principe de la légalité dans les conventions internationales auxquelles la France est partie, et tout spécialement la Convention européenne de sauvegarde des droits de l'homme et

des libertés fondamentales, qui a une autorité supérieure à celle des lois, et qui, de ce fait, est directement applicable en droit interne. Cette application directe a des retombées très importantes pour la légalité, qui trouve en elle un outil de contrôle venant doubler les procédures constitutionnelles. En effet, la conformité de l'incrimination à la légalité peut être directement appréciée par le juge sur le fondement de la Convention européenne [1], alors que seul le Conseil constitutionnel a ce pouvoir sur le fondement de la Déclaration des droits de l'homme et du citoyen. Il en résulte un moyen fort appréciable pour l'approche critique des incriminations, rendant la Convention très opérationnelle pour le justiciable, avec l'avantage de lui permettre d'en invoquer utilement les termes là où le contrôle de la constitutionnalité lui est beaucoup moins accessible (*chapitre 4*).

La hiérarchie des textes relatifs à la légalité pénale participe de la substance même de ce principe. Elle lui donne une portée supérieure, avec pour effet de soumettre l'incrimination à des règles, et d'associer la réaction pénale à une philosophie de la souveraineté. Une philosophie directement inspirée des enjeux du recours à la loi, et nous allons voir qu'ils ne sont pas anodins.

B – Les enjeux

16 Le principe de la légalité a été recherché et voulu comme le moyen de protéger les libertés contre le pouvoir répressif. Cette quête de protection est doublement sensible, politiquement et techniquement.

1. Ainsi de l'incompatibilité de l'art. 38, al. 3, de la loi du 29 juill. 1881, sur la liberté de la presse, avec les art. 6, 7 et 10 Conv. EDH, la rédaction de ce texte ayant été considérée comme n'offrant pas de garanties réelles quant à la prévisibilité des poursuites (Crim. 20 févr. 2001 : D. 2001. 3001, note Wachsmann ; *ibid.* 2002. *Somm.* 1793, obs. de Lamy ; JCP 2002. 10114, note Ruet ; *Dr. pénal* 2001. 86, obs. Véron ; *RTD civ.* 2002. 781, obs. Hauser. – Confirmation de Paris, 18 sept. 1997 : *Gaz. Pal.* 1997. 2. 697, note J.-G. M.). – Cet alinéa a d'ailleurs été abrogé par la loi n° 2000-516 du 15 juin 2000 (art. 97-III), et ses dispositions, autrement formulées, font désormais l'objet du nouvel art. 35 *quater*.

Ainsi également des art. L. 122-49 c. trav. (*nouvel art.L. 1152-1*) et 222-33-2 c. pén., relatifs au harcèlement moral, qui ont été jugés comme n'offrant aucune garantie réelle quant à la prévisibilité des poursuites pénales et, par suite, ont été considérés comme incompatibles avec l'art. 7 Conv. EDH, de sorte qu'ils n'ont pu recevoir application (TGI Auch, 24 août 2006 : *AJ Pénal* 2006, p. 449).

a) L'enjeu politique

17 FONDEMENT HISTORIQUE DE LA LÉGALITÉ. — Sur le plan historique la légalité pénale est le résultat d'une rupture radicale avec l'ancien régime, volontiers présenté et dénoncé comme un système arbitraire, où la répression s'exerçait de manière trop incertaine pour les justiciables et leur liberté, en raison notamment de l'absence d'incriminations renvoyant à des interdits préalablement et clairement fixés. Précédée par des écoles de pensée en ce sens, où domine le nom de Beccaria [1], la Révolution s'est engagée dans une remise en cause radicale du droit pénal antérieur, ce qu'elle a fait par l'énoncé solennel, dans la Déclaration des droits de l'homme et du citoyen, du principe de la légalité des délits et des peines. Elle a ainsi témoigné de son attachement aux libertés nouvellement conquises, et manifesté leur ascendance sur un pouvoir déchu.

18 OBJET VALORISANT DE LA LÉGALITÉ. — La vision de la légalité est aujourd'hui différente. Il n'est plus question de rompre avec un passé dont on ne veut plus, cette rupture étant depuis longtemps consommée et assimilée. Ce qui est en cause relève davantage de la maturité que de la réaction. Une maturité au service de la protection de la société, organisée autour de ce qui est considéré comme relevant de ses intérêts essentiels. En érigeant en infractions certains comportements, la loi n'est donc pas seulement descriptive d'un crime ou d'un délit. Elle définit également des

1. Juriste italien, disciple de Rousseau. Né à Milan en 1738, il y meurt en 1794. Il a publié en 1764 un ouvrage sous forme de pamphlet ayant pour titre : « *Le traité des délits et des peines* ». Cet ouvrage est capital par le succès et le rayonnement qu'il a connu en Europe : on peut dire qu'il constitue la base « idéologique » du droit pénal moderne, et donc l'une des principales assises de notre droit pénal actuel.

L'idée majeure de Beccaria est que le droit de punir est fondé sur le contrat social (plus de droit d'inspiration divine). De cette justification du droit de punir, Beccaria déduit deux principes :

— *la légalité des délits et des peines,* avec pour conséquence une définition intangible des infractions, et des peines fixes : la justice appartenant à la société, rien de subjectif ne doit interférer, pas même la grâce, et l'exercice des poursuites doit très logiquement reposer sur la présomption d'innocence, laquelle va de pair avec une procédure de type accusatoire ;

— *la nécessité des délits et des peines,* la société ne pouvant punir plus qu'il n'est nécessaire (pas de peine de mort, mais « esclavage perpétuel »...).

valeurs, dont la maîtrise est essentielle à la bonne application du droit pénal.

Le droit pénal n'est pas neutre. Bien au contraire, par les pressions qu'il exerce sur les personnes, qui vont jusqu'à les priver de liberté, il symbolise l'extrême et l'essentiel. La sanction pénale renvoie à ce qui est déterminant pour l'équilibre et la pérennité des relations au sein d'une société, étant réservée à ce qui est marqué du sceau de la gravité. Aussi, est-il un lien évident entre le droit pénal et la conception de ces relations, ce qui en fait une matière fortement teintée de philosophie. Cette réalité trouve son expression dans le concept de *valeurs sociales protégées*, ou de *biens juridiques collectifs* [1]. Il faut entendre par là tout ce qui anime le législateur dans sa politique répressive, tout ce qui le détermine à élever au rang des infractions les différents comportements qu'il sanctionne, ce qui ne saurait être sans la projection sur ces comportements d'un ordre de référence. La loi est instrument de valorisation [2]. En ayant recours à la répression, elle réprouve, blâme, désavoue, au nom de valeurs supérieures, de même que, par sa consommation, toute infraction est nécessairement une atteinte à ces valeurs, pour en constituer le *résultat juridique* [3].

L'ordre que le droit pénal incarne ne peut être que social, pour rejoindre un fonds commun de références censé correspondre à la sensibilité du plus grand nombre. On retrouve ici la difficile question des interférences du droit et de la morale, voire de l'éthique [4], question d'autant plus sensible que le droit pénal, par son objet sanctionnateur, n'est pas indifférent à une certaine approche manichéenne des comportements. Qu'on le veuille ou non, c'est en termes de bien et de mal qu'il est perçu, tant par ceux qui le construisent, que par ceux qui le subissent. Mais d'un bien et d'un mal qui n'empruntent pas leur mesure, du moins directement, à un fondamentalisme d'ordre moral. Le droit pénal n'est pas le relais d'une morale en soi. Il s'est définitivement fermé à cette conception en 1789, et il le manifeste aujourd'hui avec fermeté, voire provoca-

1. A. Decocq, Droit pénal général, p. 81 ; M. Puech, Droit pénal général, n° 475.
2. Y. Mayaud, La loi pénale, instrument de valorisation sociale, *in* « Code pénal et Code d'instruction criminelle – Livre du Bicentenaire », *Dalloz*, 2010, p. 3.
3. Ce résultat n'est à confondre, ni avec le résultat redouté (*chapitre 5*), ni avec le résultat légal (*chapitre 7*).
4. H. Matsopoulou, L'éthique et le droit pénal, Mélanges R. Ottenhof, *Dalloz*, 2006.

tion, au nom des évolutions de notre société, afin de mieux en suivre le cours [1]. Ce n'est pas dire que sont inédites les valeurs consacrées par le législateur. De nombreux recoupements existent entre ces valeurs et la morale naturelle ou religieuse. Mais ils ne traduisent pas une allégeance de la loi à ce qu'elles représentent de principes supérieurs. Leur consécration n'est que la reconnaissance de leur *utilité sociale* [2], correspondant à un besoin relatif en ce sens, et procédant d'une sensibilité partagée.

L'incrimination, acte par lequel sont réprouvés les comportements, se présente ainsi comme un *filtre*. Elle est le filtre par lequel les valeurs sociales sont définies ou redéfinies : définies par référence à des données qui ne s'imposent pas naturellement (criminalité artificielle), redéfinies par rapport à ce qui, au contraire, relève d'un idéal moral bien ancré (criminalité naturelle).

b) Les enjeux techniques

19 À la fois dans sa construction historique et dans sa destination positive, le droit pénal témoigne de la primauté des libertés sur le pouvoir. Une primauté renvoyant techniquement à des données sensibles pour le justiciable, qui trouve dans le principe de légalité de quoi lui assurer trois garanties essentielles : la connaissance, la mesure et l'égalité.

20 CONNAISSANCE. — La connaissance est l'enjeu premier du principe de la légalité en droit pénal. Parce que les poursuites peuvent avoir pour effet de priver l'accusé ou le prévenu de sa liberté, ou de l'affaiblir dans son patrimoine comme dans son honneur, il importe de les fonder sur une réaction prévisible. Seule la préexistence de l'incrimination, doublée de sa connaissance, est à même de répondre à cet impératif. La légalité a d'abord été recher-

1. En témoigne le difficile débat sur l'interruption de grossesse, qu'elle soit volontaire ou involontaire.
2. Dans la ligne de l'idéologie qui a influencé le droit pénal moderne (J. Bentham, *Traités de législation civile et pénale*, Traduction Dumont, Paris, chez Bossange, Masson et Besson, 1802), comme de ses principes fondateurs, notamment la Déclaration des droits de l'homme et du citoyen du 26 août 1789, dont l'art. 5 limite le champ d'action de la loi à des considérations d'ordre social : « *La loi n'a le droit de défendre que les actions nuisibles à la société...* ».

chée pour cela, afin de soumettre les actions pénales à des références sûres, et d'éviter que les sujets de droit ne se voient reprocher des comportements dont ils ne pouvaient suspecter le caractère répréhensible avant même de s'y être engagés. Seule la connaissance préalable des interdits est à même d'asseoir de telles garanties, et d'assurer la sécurité de tout citoyen face au pouvoir lui-même.

Mais si la connaissance situe la légalité dans l'un de ses effets les plus marquants, encore faut-il qu'elle puisse s'appuyer sur une réalité tangible. Il n'est aucune connaissance effective ou efficiente lorsque les textes manquent de certitude quant à leur portée. C'est dire que la légalité passe par une contrainte rédactionnelle pour le législateur, qui se doit de définir les crimes et délits « en termes suffisamment clairs et précis » [1], et de déterminer « les caractéristiques essentielles du comportement fautif de nature à engager, le cas échéant, la responsabilité pénale des intéressés » [2]. Seules la clarté et la précision de l'écriture sont à même « d'exclure l'arbitraire dans le prononcé des peines » [3], donnant ainsi au prévenu « de connaître exactement la nature et la cause de l'accusation portée contre lui » [4]. Le lien est ainsi fait entre la détermination préalable des crimes et des délits, facteur de connaissance pour le justiciable, et les risques d'attenter injustement à sa liberté par un défaut ou une insuffisance de prévision légale. La jurisprudence le traduit par des formules pressantes, insistant tout particulièrement sur « la possibilité pour chacun d'apprécier par avance la légalité de son comportement », et rattachant cette possibilité « à l'exercice de libertés essentielles », ce qui passe par « une formulation particulièrement rigoureuse des incriminations », et des définitions « exemptes

1. Cons. constit., 20 janv. 1981 (n° 80-127 DC), *JO* 22 janv. 1981, p. 308 ; JCP 1981. II. 19701, note C. Franck ; *A.J.D.A.* 1981, n° 6, p. 278, note Ch. Gournay ; 18 janv. 1985 (n° 84-183 DC), D. 1986. 425 (2e espèce), note Renoux ; 5 mai 1998 (n° 98-399 DC), *JO* 12 mai 1998, p. 7092 ; D. 1999. 209, note Mercuzot ; *ibid.* 2000. *Somm.* 59, obs. Pena-Gaïa ; 12 janv. 2002 (n° 2001-455 DC), *JO* 18 janv., p. 1053 ; *Rev. sc. crim.* 2002. 673, obs. Buck ; 2 mars 2004 (n° 2004-492 DC), *JO* 10 mars, p. 4637 ; D. 2004. *Somm.* 2757, obs. de Lamy ; 27 juillet 2006 (n° 2006-540 DC) : *JO* 3 août, 11541 ; JCP 2007. II. 10066, note Verpeaux.
2. Cons. constit. 27 juill. 2000 (n° 2000-433 DC) , *JO* 2 août, p. 11922.
3. Cons. constit., 5 mai 1998, préc. ; 12 janv. 2002, préc. ; 2 mars 2004, préc.
4. Crim. 1er févr. 1990, *Bull. crim.* n° 56 ; *Gaz. Pal.* 1990. 2. 398, note Doucet ; *Rev. sc. crim.* 1991. 555, obs. Vitu ; 13 déc. 1990, JCP 1991. IV. 111 ; 29 oct. 1991, *Bull. crim.* n° 386 ; 27 mars 1995 : *Bull. inf. C. cass.* 1995. 814 ; 30 oct. 1995 : *Bull. crim.* n° 329.

d'ambiguïté »[1]. Tel est l'idéal à atteindre, à la hauteur d'un enjeu bien ciblé, même si la pratique législative s'en défait trop souvent.

21 MESURE. — L'article 8 de la Déclaration des droits de l'homme et du citoyen oriente l'action du législateur en précisant que « *la loi ne doit établir que des peines strictement et évidemment nécessaires* ». Cette référence à la nécessité est une contrainte, pour imposer une certaine mesure dans l'exercice de sa souveraineté par le législateur. Elle vise les peines, mais elle ne peut que rejaillir sur la portée prohibitive de l'incrimination. Il est évident que le défaut de nécessité peut se manifester autrement que par un excès flagrant dans le montant ou dans la durée de la peine, et aller jusqu'à remettre en cause le principe même de la sanction pénale, c'est-à-dire affecter l'incrimination à sa source, en constatant qu'elle ne répond à aucun besoin, et que la répression à son égard n'est d'aucun profit. Le franchissement du seuil de la répression est alors en jeu, pour rompre avec la vocation utilitaire du droit pénal. La nécessité revient ainsi à tempérer le pouvoir d'incrimination, confirmant qu'il s'exerce à des fins sociales valorisantes, et que toute disposition s'en éloignant ne peut qu'en contrarier le principe.

La règle de la nécessité est donc une garantie de mesure dans la construction du droit pénal et dans la politique d'incrimination suivie par le législateur. Il en résulte que la définition des crimes et des délits est contrôlable, et qu'elle peut être constitutionnellement appréciée. La loi perd ainsi de son absolutisme, devenant l'instrument d'une politique réfléchie et cohérente, et la légalité y gagne en légitimité. Certes, le Conseil constitutionnel, chargé de ce contrôle, ne peut substituer sa propre appréciation à celle du législateur. Il ne dispose pas d'un pouvoir général d'appréciation et de décision de même nature que celui du Parlement. La nécessité renvoie seulement aux situations extrêmes, aux dépassements aveuglants, à ce qui participe d'une « disproportion manifeste »[2]. Il ne suffit donc pas que

1. Paris, 18 sept. 1997, *Gaz. Pal.* 1997. 2. 697, note J.-G. M. ; arrêt confirmatif de TGI Paris, 10 sept. 1996, D. 1997. Somm. 91, obs. Hassler et Lapp ; *Gaz. Pal.* 1997. 1. 325.
2. Cons. constit. 3 sept. 1986 (n° 86-215 DC), *JO* 5 sept., p. 10788 ; 20 janv. 1993 (n° 92-316 DC), *JO* 22 janv., p. 1118 ; 20 janv. 1994 (n° 93-334 DC), *JO* 26 janv., p. 1380 ; 29 juill. 1994 (n° 94-345 DC), *JO* 2 août, p. 11240 ; 16 juill. 1996 (n° 96-377 DC), *JO* 23 juill., p. 11108 ; 16 juin 1999 (n° 99-411 DC), *JO* 19 juin, p. 9018 ; D. 1999. 589, note Mayaud ; 27 juill. 2001 (2001-446 DC) : *JO* 7 juill., p. 10828 ; *Rev. sc. crim.* 2002. 672, obs. Buck ; 22 oct. 2009 (n° 2009-590 DC), *JO* 29 oct., p. 18292.

les incriminations soient prévues par la loi pour en admettre le principe, elles doivent en outre être pertinentes au regard de ce qui les justifie socialement, pour un meilleur respect des libertés.

C'est dans le même esprit que se conjuguent légalité et égalité.

22 ÉGALITÉ. — Le principe de la légalité connaît un dernier enjeu sensible. Il est le garant d'une égalité de traitement entre tous les justiciables devant la loi pénale. Et en effet, par la préexistence des textes d'incrimination, tous les citoyens ont la même connaissance des interdits, qui se doivent d'être respectés également par tous, de même que les poursuites exercées sur le fondement de ces textes doivent l'être à égalité entre tous. La légalité est donc facteur de justice, non seulement par ce qu'elle assure de prévisibilité, mais encore pour ce qu'elle garantit d'égalité. On rejoint ici le caractère objectif de l'incrimination, dont la finalité est de fixer des règles de conduite qui soient à la mesure de l'ordre public, lequel se définit comme une référence extérieure s'imposant à tout le monde, et non subjectivement par rapport à des sentiments personnels, seraient-ils partagés au sein d'un groupe restreint.

Mais cet enjeu d'égalité, qui porte la marque de la démocratie, est aujourd'hui fortement menacé, le légalisme de 1789 ayant beaucoup perdu de sa portée, pour être supplanté par une autre philosophie, dont l'influence se fait de plus en plus ressentir. Au delà de son affirmation, c'est par son déclin que la légalité se manifeste aujourd'hui, ce qui peut faire douter de sa pérennité, avec des conséquences qui ne sont pas sans attirer la critique sur la manière de concevoir et de construire désormais le droit pénal.

II | LE DÉCLIN DE LA LÉGALITÉ

23 Née d'une réaction à l'ancien régime, la légalité pénale a d'abord été retenue comme le moyen technique de rompre avec le système répressif antérieur à la Révolution, afin de mettre en place un nouveau droit pénal, fondé sur les enjeux de connaissance, de mesure et d'égalité que nous venons de faire valoir. La doctrine qui en a conçu l'idée fondait d'ailleurs tous ses espoirs sur un légalisme fort et rigide, fermé à toute interprétation, ce qui était perçu comme le seul moyen de figer la répression sur des critères sûrs pour tous et immuables entre tous. L'évolution a consisté à se départir peu à peu de cette conception, à en assouplir les données, au nom d'une vision différente, du moins complémentaire, inspirée moins par des considérations de rupture politique, que par un besoin d'efficacité, à la fois pour la justice et le justiciable. Les manifestations en ce sens sont sensibles (A). Mieux encore, elles ont généré une certaine dénaturation de la légalité, qui est aujourd'hui synonyme, plus de sécurité, que de légalisme pur (B).

A – Les manifestations du déclin

24 C'est doublement que la légalité pénale accuse son déclin, et par l'ouverture des définitions qui rendent compte des comportements incriminés, et par la personnalisation des sanctions prononcées contre leurs auteurs.

a) L'ouverture des définitions

25 CONSTAT. — Le déclin de la légalité est ici manifeste. Le législateur respecte de moins en moins les contraintes qui pèsent sur lui, et qui l'obligent à prévoir en termes clairs et précis les actions ou omissions qu'il érige en infractions. Ses définitions sont le plus souvent incomplètes, vagues, peu sûres, voire inexistantes. Il est notamment difficile de prétendre à une légalité effective, lorsqu'une infraction n'est pas autrement définie que par sa propre qualification, tels les délits d'entrave à l'exercice du droit syndical ou au fonctionnement régulier du comité d'entreprise en droit pénal du travail, qui n'ont pour support d'incrimination que la seule référence à... l'entrave (c. trav., anciens art. L. 481-2 et L. 483-1 ; nouveaux art. L. 2146-1 et L. 2328-1). Cette réalité est si peu conforme à la légalité, qu'une place lui est même reconnue dans la théorie de l'infraction. On parle d'*infractions ouvertes* pour en rendre compte, c'est-à-dire d'infractions qui se prêtent à des applications très largement comprises, avec des conséquences peu favorables au justiciable. Celui-ci est mis dans l'impossibilité de savoir à l'avance quel comportement est ou n'est pas punissable, ce qui est pourtant l'enjeu du principe de la légalité. Il faut de plus redouter les risques de conflits qui peuvent en résulter. Plus les qualifications procèdent d'une acception compréhensive, plus elles ont de chances de se recouper, et donc de se livrer à des applications concurrentes [1].

26 EXPLICATION. — Ce repli de la légalité peut s'expliquer.

1 / Il est d'abord lié à *l'impossibilité* pour le législateur de tout prévoir. Une anticipation dans le détail des comportements incriminés n'est ni réalisable, ni souhaitable. Elle n'est pas réalisable du fait de la part irréductible de l'imprévision dans la définition de toute infraction. Par hypothèse, le législateur voudrait-il s'engager dans l'exhaustivité, qu'il ne le pourrait pas, tant les initiatives humaines sont inventives et déroutantes, ce qui le condamne à se contenter de formules, sinon évasives, du moins suffisamment larges pour comprendre le plus d'actions ou d'omissions possibles en relation avec les valeurs sociales à défendre. Cela explique qu'une prévision complète ne soit pas non plus souhaitable. À trop prévoir, en effet, le risque est de donner le moyen aux délinquants d'échapper à la répression, par la licéité de principe de ce qui ne rentre pas expressément dans l'incrimination. Là encore, la loi ne peut que se satisfaire de définitions suffisamment explicites pour en livrer la portée, mais sans aller jusqu'à donner, par un excès de formulation, le moyen de se jouer de la légalité elle-même, pour y trouver, *a contrario* et de manière abusive, de quoi contourner une volonté de répression bien marquée.

2 / Le déclin de la légalité s'explique ensuite par *l'inopportunité* pour le législateur de tout prévoir. Quelques formes de criminalité ou de délinquance imposent une certaine réserve, notamment assise sur des considérations d'ordre moral. Tel est le cas des différentes infractions qui affectent les mœurs, ou encore relatives aux agressions ou atteintes sexuelles, dont la nature particulière ne peut

1. Il en est ainsi, par exemple, du délit d'entrave à l'exercice du droit syndical (c. trav., ancien art. L. 481-2 ; nouvel art. L. 2146-1) et de la discrimination syndicale (c. pén., art. 225-1 et 225-2). Parce qu'une entrave peut être discriminatoire, et une discrimination source d'entrave, ces deux infractions peuvent se livrer à une certaine surenchère d'application, ce que seuls les principes du droit pénal général seront à même de résoudre (Y. Mayaud, *Rev. sc. crim.* 1998, p. 99, obs. sous TGI Bastia, 3 juin 1997).

qu'aller dans le sens de prévisions générales, sauf à faire du code pénal un ouvrage de référence dans le domaine des déviances et dérèglements en tous genres. Là encore, la légalité doit s'effacer, à l'avantage de la discrétion, mais ce qui ne va pas sans une certaine dénaturation de son objet, et donc sans une regrettable érosion de son principe.

3 / Enfin, l'effacement de la légalité trouve une autre explication dans l'*incapacité* scientifique du législateur à tout prévoir. Et de fait, la loi intervient de plus en plus dans des secteurs techniques très marqués, afin de juguler l'art de les exploiter de manière criminelle, tels les domaines de l'informatique et de la télématique. La légalité ne peut alors que se restreindre face à cette criminalité, faute pour le législateur de pouvoir anticiper utilement sur les évolutions technologiques qui auront très vite pour effet de générer une nouvelle délinquance, et de rendre périmées toutes ses prévisions. Aussi, est-il meilleur pour lui de renoncer à en suivre le cours, en donnant la préférence à des incriminations générales, dont les termes sont opportunément choisis pour couvrir les besoins d'une répression, non seulement présente, mais aussi future.

Telles sont les principales raisons qui expliquent le déclin de la légalité relativement aux formules d'incrimination, lesquelles s'apparentent trop souvent à de simples références répressives, mais sans aucun mode d'emploi. Il en résulte une carence d'information pour le justiciable, avec tous les méfaits qui peuvent sans ressentir, en termes, et de connaissance, et d'égalité. Faute de prévision suffisante, la connaissance ne peut suivre, tout comme les applications risquent d'être fort inégales, à défaut d'une référence porteuse pour en guider le principe. Les infractions ouvertes se présentent alors comme des instruments de délégation, le pouvoir d'incrimination n'étant plus en fait exercé par le législateur, mais par le juge. L'incrimination perd de son antériorité, pour se révéler seulement au fil de la jurisprudence. Elle est l'expression, non plus d'une prédétermination en ce sens, mais d'une application réactive, expression de besoins judiciairement ressentis, et non plus légalement exprimés.

On vérifie ainsi combien cette évolution nous éloigne sensiblement du légalisme de 1789, solennellement proclamé dans la Déclaration des droits de l'homme et du citoyen. Il en est de même pour les peines.

b) La personnalisation des sanctions

27 DE LA FIXITÉ A LA FLEXIBILITÉ. — Le principe de la légalité va théoriquement de pair avec un *régime de fixité* des peines. Seules des peines fixes peuvent répondre à ses exigences, pour rejoindre notamment les enjeux de connaissance et d'égalité qui lui sont liés. Par la fixité, la peine est définie de manière définitive dans la loi elle-même, de sorte que sont confondues les notions de peine encourue et de peine prononcée. Il n'est qu'une sanction, celle prévue dans le texte d'incrimination, à la fois encourue par tous ceux qui en violent les interdits, et prononcée une fois établie la preuve de cette violation. Aucun choix n'est laissé au juge, aucune possibilité de modulation ou d'assouplissement ne lui est consentie, ce qui est prévu devant être impérativement appliqué. La connaissance ne peut être mieux servie. La fixité, instrument de certitude, donne de la peine toute sa étendue, non seulement théorique, pour correspondre à une prévision en ce sens, mais aussi pratique, en renvoyant sans écart à ce qui sera effectivement prononcé. Pareillement l'égalité devant la justice est garantie, la peine ne supportant aucun aménagement, de par sa rigidité et son automaticité, et donc relevant d'une application arithmétique, sans aucune interférence d'ordre personnel.

Pour être conforme à une stricte version de la légalité, cette conception, cependant, n'est pas celle du droit positif, et le fut rarement, sauf à faire état de la brève période du droit intermédiaire [1]. Il faut convenir que la fixité traduit fort mal la dimension personnelle de la responsabilité pénale, qui, au delà des aspects rigides de l'incrimination, ne peut pas être entièrement délaissée. Le droit pénal affecte les personnes, et si les enjeux de connaissance et d'égalité ne sont pas indifférents, ils ne doivent pas non plus s'imposer de manière exclusive. Les retombées humaines de la peine sont à prendre en compte, qui participent d'ailleurs de la « mesure » associée à la légalité pénale, ce qui passe par un minimum de pouvoir consenti au juge dans le choix et le prononcé de la sanction. L'évolution s'est faite en ce sens, et toute l'histoire du droit pénal se résume

1. A. Decocq, Droit pénal général, p. 32.

dans ce mouvement favorable à plus d'humanisme, avec l'apparition d'une véritable éthique de la peine. Celle-ci est doublement comprise, d'abord comme un moyen de justice, pour être l'expression, et de la gravité objective des faits, et de la personnalité du condamné, ensuite comme un mode possible de réinsertion, par les vertus curatives ou éducatives qui lui sont prêtées.

Mais cette montée de l'humanisme a pris des proportions envahissantes, du moins à s'en tenir à la référence positive à la légalité pénale. Il est d'ailleurs une certaine incompatibilité entre les deux, et le juste milieu est rarement trouvé, destiné à en répercuter le bien fondé respectif. Autant le légalisme a dominé aux origines du droit pénal moderne, autant l'humanisme tend à l'emporter aujourd'hui, mais ce qui n'est pas sans excès, et donc sans rupture avec les avantages bien compris du premier. La légalité, pourtant, ne doit rien perdre de sa pertinence, et, même à ne plus être la seule à inspirer la politique pénale, elle conserve une légitimité très forte. C'est dire combien sont devenus sensibles les écarts entre les contraintes du principe et les options plus libérales du législateur contemporain. Des options qui reviennent à priver la peine d'un véritable encadrement, du moins d'une assise vraiment significative : en fait, sauf quelques exceptions liées à la récidive, la loi ne fixe les limites de la peine que par rapport à un maximum, laissant le juge œuvrer comme il l'entend au dessous de ce plafond infranchissable, ce qui revient à lui consentir un réel pouvoir de définition des sanctions applicables (*chapitre 13*).

La conclusion s'impose. Toutes les infractions sont de *type ouvert* relativement à la peine [1], avec ce que cela implique de délégation au pouvoir judiciaire et de confiance mise dans son exercice. La justice y gagne peut-être, mais le droit y perd beaucoup, pour ne plus aller dans le sens d'une connaissance suffisante et d'une égalité rassurante. Cela est si vrai que des solutions de substitution ont été avancées, destinées à convaincre du caractère encore opérationnel de la légalité. Mais il s'agit davantage de sécurité que de légalité.

1. M. Giacopelli, De l'individualisation de la peine à l'indétermination de la mesure, Mélanges R. Gassin, *PUAM*, 2007, p. 233.

B – La relève de la sécurité

28 À la mesure de son déclin, c'est doublement que la légalité pénale trouve une compensation en termes de sécurité. Il s'agit d'abord d'une sécurité juridique, par la prise en compte de l'interprétation judiciaire pour relayer la connaissance. Il s'agit ensuite d'une sécurité matérielle, par le recours à plus de certitude dans l'exécution des peines pour tempérer la personnalisation.

a) La sécurité juridique, ou le relais de l'interprétation judiciaire

29 LA PRÉVISIBILITÉ, SUBSTITUT DE LÉGALITÉ. — Le principe de la légalité renvoie à la nécessité pour le législateur de s'engager dans des définitions claires et précises, seule condition pour répondre à l'impératif de connaissance qui lui est associé. Cette contrainte est peu respectée, pour les raisons que nous avons évoquées, et face aux incertitudes trop nombreuses générées par l'insuffisance des formules d'incrimination, un sauvetage du principe a été entrepris, en associant à la légalité tout le travail d'approche de la jurisprudence.

Cette entreprise n'est pas insignifiante. Elle est l'œuvre de la Cour européenne des droits de l'homme elle-même, qui, sur le fondement de l'article 7 de la Convention, juge que, si une infraction doit être clairement définie par la loi, « *cette condition se trouve remplie lorsque le justiciable peut savoir, à partir du libellé de la disposition pertinente, et, au besoin, à l'aide de son interprétation par les tribunaux, quels actes ou omissions engagent la responsabilité pénale* » [1]. C'est reconnaître que la légalité trouve un complément

1. CEDH, 15 nov. 1996 (*Cantoni c.l France), Bull. inf. C. cass.* 1997. 241 ; D. 1997. *Somm.* 202, obs. Henry ; JCP 1997. II. 22836, note Fouassier et Vion ; *ibid.* 1997. I. 4000, n° 31, obs. Sudre ; *Dr. Pénal* 1997. 11, obs. J.-H. Robert ; *Rev. sc. crim.* 1997, p 462, obs. Koering-Joulin, et p 646, obs. Delmas Saint-Hilaire. – CEDH, 10 oct. 2006 (*Pessino cl France*), D. 2007, p. 124, note Roets, et *Pan.*, p. 400, obs. Roujou de Boubée ; JCP 2007. II. 10092, note Zerouki-Cottin. – CEDH 17 mars 2009 (*Ould Dah cl France*), D. 2009, *Jur.*, p. 1573, note Renucci, et *Pan.*, p. 2826, obs. Roujou de Boubée ; JCP 2009, n° 28, 114, p. 38, note C. Madelaine ; *Gaz. Pal.* 2009. 1. *Somm.* 1400, note Zarka ; *Rev. sc. crim.* 2009. 659, obs. Roets.

utile dans l'action du juge, et qu'elle ne saurait être dénoncée comme insuffisante là où cette action permet de combler les lacunes de la loi. La Cour l'exprime fort bien, « en raison même du principe de généralité des lois, le libellé de celles-ci ne peut présenter une précision absolue », ce qui revient à admettre des « zones d'ombre » aux frontières des définitions. Mais c'est pour ajouter aussitôt que, à eux seuls, ces doutes à propos de cas limites ne suffisent pas à rendre une disposition incompatible avec la Convention européenne des droits de l'homme, et que « *la fonction de décision confiée aux juridictions sert précisément à dissiper les doutes qui pourraient subsister quant à l'interprétation des normes, en tenant compte des évolutions de la pratique quotidienne* » [1].

Ainsi est perçue la légalité. Elle n'est plus cette référence absolue et exclusive à la loi. Elle ne passe plus par une prévision strictement assurée, mais par une pertinence aux supports multiples, qui « *englobe le droit d'origine tant législative que jurisprudentielle et implique des conditions qualitatives, entre autres celles d'accessibilité et de prévisibilité* » [2]. Un impératif de sécurité juridique s'est substitué à celui de la légalité proprement dite. La sécurité est le nouveau but à atteindre, peu importe les moyens, alors que la légalité, quant à elle, est à la fois un but et un moyen, pour renvoyer à l'exclusivité de la loi comme mode de détermination du droit. Ce changement entraîne une toute autre manière de concevoir les rapports entre le législateur et le juge. Participant l'un et l'autre à « l'accessibilité » et à « la prévisibilité » de l'incrimination, ils contribuent ensemble à la lisibilité du droit, ce que la stricte légalité ne pouvait concevoir, pour être l'expression d'un pouvoir en principe sans partage.

b) La sécurité matérielle, ou la certitude de l'exécution des peines

30 RETOUR À UNE PSEUDO-LÉGALITÉ. — Ce que les peines ont perdu en fixité de définition, elles le regagnent en certitude d'exécution. Conscient qu'une personnalisation trop poussée

1. CEDH, 15 nov. 1996, préc.
2. CEDH, 15 nov. 1996, préc. ; 10 oct. 2006, préc. ; 17 mars 2009, préc.

peut être une menace pour l'ordre public, le législateur renoue indirectement avec la légalité, en favorisant la sécurité lors de l'exécution de la peine prononcée.

1 / La *période de sûreté* en est une illustration parlante. Définie à l'article 132-23 du code pénal, elle est destinée à faire échec, pour les peines privatives de liberté non assorties du sursis, aux dispositions concernant la suspension ou le fractionnement de la peine, le placement à l'extérieur, les permissions de sortir, la semi-liberté et la libération conditionnelle. Toutes ces mesures disparaissent pendant la période en cause, qui relève ainsi d'un temps d'exécution fermée à toute personnalisation, quelle que soit l'évolution du condamné. La sécurité l'emporte alors sur l'humanisme, la sûreté sur la personnalité, la certitude sur la souplesse, ce qui n'est pas sans correspondre à un retour, sinon à la légalité elle-même, du moins à certaines de ses conséquences.

2 / Mieux encore, pour les infractions considérées comme les plus odieuses parmi les plus graves, la sécurité recherchée peut aller jusqu'au prononcé d'une *peine incompressible*, où la privation de liberté devient fixe pour toute sa durée, sans être partagée entre deux périodes, l'une de sûreté, l'autre de droit commun. C'est le cas du meurtre ou de l'assassinat d'un mineur de quinze ans, précédé ou accompagné d'un viol, de tortures ou d'actes de barbarie (c. pén., art. 221-3 et 221-4).

Ces dispositions témoignent d'une conception plus rigide de la peine. Mais il est plusieurs considérations qui interdisent de parler pour autant d'un retour à une stricte légalité. La première est politique, liée à la motivation du législateur, qui, par le dispositif en cause, entend moins en servir le principe, que prévenir, à des fins de sécurité, des risques forts de récidive. La seconde est technique, et tient au fait que la fixité des peines, dans sa version légaliste, s'attache d'abord à la peine encourue, et conséquemment à la peine prononcée. Or, si certaines peines peuvent être figées dans leur exécution, que ce soit de droit ou de manière facultative, elles n'en demeurent pas moins liées à une appréciation préalable de leur durée par le juge lui-même, ce qui reste et demeure très éloigné de la légalité. Enfin, il faut préciser que, même accompagnée d'une période de sûreté, y compris dans sa version incompressible, aucune peine n'échappe, lors de sa phase d'exécution, à l'individualisation aux fins d'un retour progressif du condamné à la liberté, même si doivent être respectées de longues périodes d'incarcération (c. pr. pén., art. 720-4, réd. L. n° 2004-204 du 9 mars 2004 ; *chapitre 15*), ce qui relativise considérablement les apparences de fixité dont elle peut être dotée.

Section II
Le processus de légalité

31 INCRIMINATION. — C'est par l'incrimination que la légalité fait son entrée dans le droit pénal. Incriminer, c'est réprouver un comportement et le rendre punissable. L'acte qui en tient lieu est le résultat d'une démarche rationnelle, au service d'une répression organisée, inscrite dans un processus d'élaboration systématiquement reconduit d'une norme à une autre. Cette donnée est d'autant plus intéressante, qu'elle permet de rejoindre le droit pénal dans ses éléments premiers, avec tout ce qu'il est possible d'en retirer de déductions logiques. Plus une matière est saisie par référence à ce qui l'anime en profondeur, mieux elle se prête à une théorie porteuse, et mieux elle peut être respectée dans son esprit, dans ce qui en fait la spécificité et l'autonomie, avec des retombées très profitables pour juger de la pertinence des applications qui en sont faites. C'est ce à quoi invite techniquement l'incrimination, en renvoyant à la manière dont les comportements sont socialement désavoués, puis érigés en infractions. Deux étapes marquent cette réalité, relatives, pour l'une à la genèse de l'incrimination (I), pour l'autre, à ce qui en constitue la formule (II).

I | LA GENÈSE DE L'INCRIMINATION

32 La manière dont l'incrimination se forme relève d'une démarche intellectuelle toujours identique à elle-même, procédant d'une opération de pure logique. Elle consiste d'abord à se référer au *résultat redouté* (A), puis à sanctionner les comportements correspondants (B).

A – La référence au résultat redouté

33 PHASE PRÉVENTIVE. — L'incrimination débute par une volonté de prévention. On associe souvent prévention et répression pour rendre compte du droit pénal. Et cette idée est juste. La manière dont la loi pénale est élaborée permet de la confirmer, en ayant pour point de départ une préoccupation d'abord préventive. Le législateur ne s'engage pas gratuitement sur le terrain de la répression. Il le fait parce qu'il appréhende un résultat dont il entend éviter les conséquences désastreuses sur le plan social : c'est le « résultat redouté » [1], encore dit « réel » [2] ou « sociologique » [3]. Alors, et naturellement, la réaction consiste à s'en protéger. Tel est le premier pas vers la répression, fait d'une intervention dictée par le danger social que représentent certaines situations. Comme l'écrivait Jean Carbonnier : « Il n'est nullement insolite qu'avant toute inobservation les règles diffusent préventivement l'obéissance qu'elles demandent » [4].

Ainsi en est-il de la mort d'une personne, qui, considérée dans ce qu'elle peut générer de désordre, est une réalité que le législateur redoute. C'est le cas si elle atteint injustement autrui, mais ce n'est plus l'hypothèse lorsqu'elle relève d'un comportement suicidaire. La mort peut donc être perçue comme une menace sur un plan social, pour les retombées négatives qui lui sont associées, et il est aisé de comprendre qu'une prévention bien comprise s'impose à ce titre. Elle sert de référence au législateur, pour correspondre à un résultat sociologiquement dérangeant, et l'amener à une réaction destinée à en prévenir les manifestations.

Aucune infraction n'échappe à ce modèle, et ce qui est valable en termes d'atteinte à la vie, l'est pareillement pour tous les autres résultats qui participent de la genèse des différents crimes et délits

1. A. Decocq, Droit pénal général, p. 171 ; M. Puech, Droit pénal général, n° 584, p. 212.
2. A. Decocq, *op. cit.*, p. 171.
3. Ph. Conte et P. Maistre du Chambon, Droit pénal général, n° 314, p. 167.
4. J. Carbonnier, Sociologie juridique, *Armand Colin*, coll. U, 1972, p. 130.

pouvant être dénombrés en droit pénal : mutilations, blessures, discriminations, mépris, indiscrétion, appauvrissement, dépréciation monétaire, erreur judiciaire... Ce sont là autant de menaces représentatives de ce qu'il faut éviter pour garantir la sécurité indispensable au bon ordre, et c'est au législateur de prendre les mesures qui s'imposent, afin d'en prévenir la réalisation, voire de les sanctionner.

La référence au résultat redouté n'est qu'une amorce de l'incrimination. Elle caractérise le premier temps d'une démarche plus complexe, celle-ci ne trouvant sa plénitude que par le recensement des comportements correspondants.

B – La correspondance des comportements sanctionnés

34 PHASE RÉPRESSIVE. — Fort de ses certitudes quant au dommage redouté, le législateur va remonter la chaîne des comportements à même d'en permettre la réalisation, afin de les ériger en infractions, et de rentrer ainsi dans la répression. Tous les crimes et délits se situent dans cette logique, et les différentes actions ou omissions qui les caractérisent ne sont que la projection, sur un dommage à éviter, des différents comportements pouvant le générer. Tels les coups et blessures, qui déterminent le législateur à sanctionner les violences. Telles les appropriations frauduleuses, qui renvoient aux abus et mensonges y conduisant... La transposition est possible pour toutes les infractions, avec, à l'appui, une double correspondance, à la fois causale et qualifiée.

1 / *La correspondance est d'abord causale*, par la relation établie entre le résultat dommageable et les actions ou omissions qui peuvent le réaliser. C'est une causalité que recherche le législateur dans le recensement et la sélection des comportements, ceux-ci n'étant délictueux que pour ce qu'ils représentent de réalisation possible du dommage objet de la prévention. Mais cette causalité a un aspect un peu particulier, n'étant qu'une anticipation sur le possible, et non la projection du réel. Elle n'est de ce fait qu'intellectuelle, dictée par la spécificité de l'incrimination, dont la portée se limite à des prévisions.

On remarque que l'incrimination procède d'une démarche opposée à celle de la responsabilité. Dans l'incrimination, le dommage est un point de départ, avec pour aboutissement le comportement susceptible de le produire, ces données étant inversées dans la responsabilité, où le comportement, fait générateur du dommage, est le préalable à sa réalisation. L'inversion est normale, mieux encore rassurante, les deux notions servant des réponses différentes, pour se situer différemment dans la théorie du droit pénal. L'incrimination est normative, la responsabilité restitutive. L'incrimination répond à une logique de définition, la responsabilité à une logique d'application. Le dommage et le comportement participent de l'une et de l'autre, mais la causalité marque leur distinction, en orientant le sens de leur rencontre, selon que le dommage conduit au comportement, ou le comportement au dommage. Conceptuelle dans l'incrimination, la causalité est factuelle dans la responsabilité.

2 / *La correspondance est ensuite qualifiée.* Il faut entendre par là que les comportements sélectionnés pour leur relation causale avec le dommage redouté doivent être descriptifs d'agissements précis. On rejoint le principe de la légalité des incriminations, qui passe par un impératif de clarté, destiné à permettre une connaissance suffisante des interdits.

Par exemple, la prévention des atteintes à la vie ou à l'intégrité physique ou psychique des personnes, mérite plus qu'une simple référence à... : « toute action ou omission ayant pour effet, ou pouvant avoir pour effet, de donner la mort ou de provoquer des blessures ». Cette manière de comprendre la correspondance entre le dommage redouté et les comportements qui en sont les éléments générateurs serait beaucoup trop évasive, du moins au regard de la légalité. Parce que celle-ci n'est vraiment respectée que si les comportements incriminés sortent de la généralité, il importe de déterminer, par des qualifications adaptées, quels faits sont sanctionnés, et selon quelles modalités. Là se joue la correspondance technique entre le résultat redouté et les comportements qui y conduisent. Le vol, l'escroquerie, l'abus de confiance, sont des infractions qui partagent le même résultat ou le même dommage à prévenir, pour renvoyer chacune à ce qui est facteur de spoliation. Malgré cette prévention commune, ce n'est pas de manière générique que ces atteintes sont traitées par le droit pénal, mais de façon circonstanciée, sur le critère de différences comportementales, le vol se définissant par un acte positif de soustraction (c. pén., art. 311-1), l'escroquerie par une manœuvre (c. pén., art. 313-1), et l'abus de confiance par un détournement (c. pén., art. 314-1) [1]. Soustraction, manœuvre, détournement sont tous générateurs d'atteinte à la propriété, mais par des comportements différents, différence permettant de satisfaire aux nuances de qualifications indissociables du travail d'incrimination.

Telles sont les deux étapes qui mènent à l'incrimination dans sa version réprobatrice. L'une axée sur le résultat, l'autre sur les comportements. Parvenue à maturité, l'incrimination revêt alors tous les aspects d'une formule juridique.

II | La formule d'incrimination

35 Langage pénal. — Produit d'une démarche cohérente, l'incrimination se présente sous les traits d'une proposition « stylisée », qui témoigne d'une certaine stabilité dans l'expression, avec l'avantage de favoriser une bonne lecture et une bonne compréhension des textes. Plus le droit se plie à une discipline de langage, plus il est facile d'en saisir le sens, et donc de gagner en certitude sur les applications qu'il convient d'en faire. En droit pénal, c'est à l'incrimination de remplir cette fonction, et par son énoncé, et par sa portée.

A – L'énoncé

36 Composantes. — La doctrine a mis en évidence que toute norme se caractérise par deux éléments : la *présupposition*, qui correspond à la description d'un fait, et l'*effet juridique*, qui s'identifie à l'ensemble des conséquences positives attachées à ce fait [2]. Aucune règle ne saurait être sans cette double condition, relative, d'une part, à la situation concrète visée par la loi, d'autre part, à ses retombées en termes de droit. L'incrimination n'y échappe pas.

1. Sur la confusion historique des trois qualifications : E. Garçon, *Code pénal annoté*, Sirey, 1956, art. 379, n° 2 et s. ; A. Vitu, *Droit pénal spécial*, Cujas, 1982, n° 2208 et s.
2. H. Motulsky, *Principes d'une réalisation méthodique du droit privé*, Sirey, 1948, n° 16 et 17, pp. 18 à 20. – Cité par : A. Decocq, *op. cit.*, p. 81 ; M. Puech, *op. cit.*, p. 7.

Elle contient, elle aussi, une donnée première, descriptive du fait objet de la réprobation, et une donnée seconde, relative à la réaction répressive inhérente à ce fait. C'est en deux temps que la norme d'incrimination mérite donc d'être appréhendée, étant tributaire de composantes dont la conjugaison passe par un ordre logique, où le fait est un préalable au droit.

Réduite à ce qui en constitue la structure, l'incrimination se ramène au schéma suivant : « *Le fait de... est puni de...* » [1]. Première donnée de l'incrimination, la référence au fait correspond à la description du comportement réprouvé dans sa relation au dommage redouté. Quant à la sanction, qui en est la conséquence, elle est l'indice de la connotation pénale du fait en question. C'est le rapprochement de ces deux éléments, factuel pour l'un, juridique pour l'autre, qui donne à l'incrimination son contenu opérationnel, et leur combinaison est d'autant plus nécessaire qu'aucune des données en cause ne peut isolément prétendre à un effet suffisant. Sans rattachement à la sanction, le fait n'est qu'une description neutre, tout comme la sanction ne saurait être sans relation avec une situation prédéterminée. Cette complémentarité dépasse le simple constat : elle engage le droit par sa portée normative.

B – La portée

37 IMPÉRATIFS. — Il convient de situer l'incrimination dans ce qui en fait une norme juridique, c'est-à-dire un modèle abstrait de référence, destiné à cristalliser les bons et les mauvais agissements. Au delà des énoncés qui en livrent la teneur, tel est l'enjeu substantiel de l'incrimination. Un enjeu qui se noue en termes d'obligations. Eriger un comportement en infraction, c'est nécessairement s'appuyer sur des obligations dont la violation est au yeux du législateur d'une gravité suffisante pour mériter les sanctions les plus contraignantes. C'est dire que l'incrimination ne peut se conce-

1. Cette logique rédactionnelle n'est pas réservée au code pénal. Les exemples ne manquent pas, qui témoignent de l'abandon du mode de rédaction souvent privilégié, consistant d'abord à affirmer la peine (*seront punis de...*), pour identifier ensuite les auteurs de l'infraction (*ceux qui...*). La peine est désormais la conséquence du fait érigé en crime, délit ou contravention, avec pour donnée implicite, tant elle est évidente, d'être applicable à l'auteur de ce fait.

voir sans la violation d'*obligations explicites ou implicites renvoyant à un modèle de conduite imposé*, tant il est évident qu'une action ou une omission ne peut être punissable, que si elle traduit un manquement à des impératifs en rapport avec ce qui n'a pas été respecté.

La plupart des infractions sont constituées par la violation d'obligations explicites, correspondant à des contraintes précises pesant sur des personnes dénommées. Ainsi du droit pénal des affaires, qui soumet le chef d'entreprise à des exigences aussi nombreuses que variées, tant les secteurs de la vie économique et sociale sont affectés par une inflation de textes destinés à en réguler les activités. La répression contribue à leur solidité, de sorte que les incriminations sont dans ce cas étroitement dépendantes d'obligations apparentes et accessibles.

Mais toutes les hypothèses ne se ramènent pas à cette situation. Il est des formules qui ne se situent pas ouvertement dans ce contexte. Parce que dans son principe l'incrimination est un acte destiné à promouvoir le respect d'obligations préalables, celles-ci, faute d'être explicites, ne peuvent être qu'implicites. Alors, le droit pénal livre un aspect de son autonomie, pour ne pas être seulement sanctionnateur, et contribuer à la promotion des autres disciplines, mais être également créateur de solutions originales. Il est des obligations qui ne sont pas autrement définies que de manière tacite. Le code pénal les contient pour la plupart, telle l'obligation de respecter la vie ou l'intégrité physique d'autrui, l'obligation de secourir toute personne en danger, l'obligation de ne pas mentir dans des circonstances particulières... Ce sont là des règles élémentaires de conduite, mais qui n'en exigent pas moins d'être juridiquement consacrées. Or, faute de l'être par des affirmations fermes ou suffisantes en ce sens, le droit pénal en révèle l'existence à sa manière, par un raisonnement inductif fort logique, tiré de la relation nécessaire entre peines et obligations. La peine étant la sanction des obligations, l'incrimination ne peut que traduire leur présence nécessaire. Ainsi de l'homicide, de la non assistance à personne en péril, de l'escroquerie, du faux en écriture, du faux témoignage..., qui renvoient à des impératifs favorables à la vie, à la sécurité, ou à la vérité.

38 SUPPORTS. — La portée normative de l'incrimination tient à ce lien étroit entre ce qui est affirmé comme devant être sanctionné et ce qui est engagé comme devant être respecté. Il est important d'en faire état, certaines difficultés étant apparues, directement en rapport avec cette dimension du droit pénal.

On s'est en effet posé la question de savoir si, au nom du principe de la légalité, tout ce qui participe de l'incrimination doit avoir la loi pour origine. En fait l'interrogation a surtout porté sur les obligations, afin de déterminer si pouvaient être prises en compte, non seulement les obligations législatives ou réglementaires, mais encore toutes celles procédant d'autres sources juridiquement reconnues, tels les conventions ou les usages. Il s'agit donc de dire si la légalité pénale peut se satisfaire d'obligations qui ne trouveraient pas leur principe dans un texte de droit public, mais par référence à des supports de droit privé. Le Conseil constitutionnel s'est prononcé positivement. Il a considéré que : « *Aucun principe ou règle de valeur constitutionnelle n'interdit au législateur d'ériger en infractions le manquement à des obligations qui ne résultent pas directement de la loi elle-même* » [1], et que la méconnaissance par une personne des obligations résultant d'une convention ayant force obligatoire à son égard peut donc faire l'objet d'une répression pénale. Le droit des conventions collectives a été l'occasion de cette précision fort utile, dont il résulte que, même organisées et définies par les partenaires sociaux, les obligations inhérentes aux relations de travail peuvent être pénalement sanctionnées.

La solution n'est pas sans retombée sur la formule d'incrimination, dont il importe de bien séparer les différentes données, afin d'isoler celles qui sont impérativement soumises à une source publique, et celles qui, au contraire, peuvent se satisfaire d'une origine privée. On réalise alors que le principe de la légalité ne porte pas sur la définition des obligations dont la violation est pénalement sanctionnée, mais qu'il est réservé à l'énoncé de cette sanction, par référence à ce qui est décrit comme relevant d'un comportement réprouvé. C'est dire que le droit pénal a un rayonnement très étendu, puisqu'il peut aller jusqu'à sanctionner le non-respect d'obligations qui n'ont pas été définies par le législateur lui-même.

1. Cons. constit. 10 nov. 1982, *Dr. soc.* 1983. 162, ss. *Chron.* Hamon.

La solution est normale. Ce ne sont pas les obligations en rapport avec les actions ou omissions érigées en infractions qui font le droit pénal, mais le principe même de la sanction punitive, greffée sur ces obligations. Peu importe donc l'origine de celles-ci, dès lors que le législateur y renvoie en tant que supports ou relais de la répression. Ce qui a été appliqué en ce sens par le Conseil constitutionnel pour les conventions collectives, est également applicable aux conventions individuelles [1], au règlement intérieur [2], ou aux usages [3].

Telles sont les quelques données qui permettent de se convaincre du caractère parfaitement organisé des composantes de l'incrimination. Au delà des énoncés, se joue un enjeu normatif important, lié au fait qu'elle n'est pas séparable d'obligations préexistantes, dont la teneur est parfaitement compatible avec des sources autres que législatives ou réglementaires.

Pour aller plus loin

39 NÉCESSITÉ DES DÉLITS. — La nécessité des délits est inséparable de leur légalité, pour imposer au législateur, au delà de son intervention souveraine, un **recours utile et adapté au droit pénal.**

1) Un exemple intéressant peut être emprunté à la loi du 22 juillet 1996 tendant à renforcer la répression du *terrorisme.* Afin de répondre à l'objectif de répression qui était le sien, le législateur avait complété l'article 421-1 du code pénal, de manière à comprendre, parmi les nouvelles hypothèses de terrorisme, l'*aide à l'entrée, à la circulation ou au séjour*

1. Selon les art. 402 et 487 de la loi du 24 juill. 1966 (*c. com., art. L. 237-14 et L. 247-7*), les dispositions relatives à la liquidation d'une société commerciale sur décision de justice sont applicables, à défaut de clauses statutaires ou de convention expresse entre les parties, à la liquidation d'une société dissoute amiablement. - Crim. 7 mars 1994, *Bull. crim.* n° 90 ; *Dr. pénal* 1994. 165.
2. Le chef d'entreprise est tenu de respecter les dispositions du règlement intérieur du comité d'entreprise régulièrement adoptées, lesquelles s'imposent à lui tant qu'il n'en a pas obtenu l'annulation par le juge civil. - Crim. 8 juin 1995, *Bull. crim.* n° 210.
3. En matière de fraude commerciale portant sur un produit non réglementé, il appartient aux juges du fond de se référer aux usages commerciaux en vigueur, dont ils ont tout pouvoir pour constater ou dénier l'existence. - Crim. 17 janv. 1996, *Bull. crim.* n° 30. - V. également : Crim. 5 oct. 1967, *Bull. crim.* n° 242 ; 15 janv. 1985, *ibid.* n° 26 ; 10 mars 1987, D. 1990. *Somm.* 361, obs. Roujou de Boubée ; *Gaz. Pal.* 1987. 2. 490 ; 15 mai 2001, *Bull. crim.* n° 121 ; 7 nov. 2006, *Bull. crim.* n° 274 ; *AJ Pénal* 2007, p. 84. - Pour l'absence de portée d'un usage local invoqué à l'encontre de dispositions réglementaires. - Crim. 16 janv. 2007, *Dr. pénal* 2007. 57, obs. J.-H. Robert.

irréguliers d'un étranger, telle que définie à l'article 21 de l'ordonnance n° 45-2658 du 2 novembre 1945 relative aux conditions d'entrée et de séjour des étrangers en France, devenu, depuis l'ordonnance de codification n° 2004-1248 du 24 novembre 2004 (*JO* 25 nov., p. 19924), l'art. L. 622-1 du code de l'entrée et du séjour des étrangers et du droit d'asile. Les responsables de la lutte anti-terroriste avaient d'ailleurs salué cette initiative, qu'ils avaient jugée particulièrement opportune, dans la mesure où les terroristes ne peuvent, le plus souvent, entrer et séjourner en France, que s'ils bénéficient sur place d'une « logistique » leur permettant de faciliter leur présence clandestine. Mais ces considérations ont dû plier devant la censure du Conseil constitutionnel. Celui-ci, en effet, a considéré que le législateur avait entaché son appréciation d'une disproportion manifeste, observant que l'aide à la clandestinité pouvait déjà rentrer dans le champ de la répression de la complicité des actes de terrorisme, comme du recel de criminel ou de la participation à une association de malfaiteurs, par ailleurs incriminés. Il n'a donc pas retenu le caractère « strictement et évidemment nécessaire » de la nouvelle qualification, au sens de l'article 8 de la Déclaration des droits de l'homme et du citoyen, mais, au contraire, par sa censure, l'a dénoncée comme l'expression d'un choix inutile, même destiné à mieux lutter contre le terrorisme (Cons. Constit. 16 juillet 1996 (n° 96-377 DC), *JO* 23 juill., p. 11108 ; *D.* 1997. 69, note Mercuzot ; *JCP* 1996. II. 22709, note Nguyen Van Tuong. – *Adde* : D. Richard, *Gaz. Pal.* 1997. 1. *Doctr.*, p. 363 ; P.-E. Spitz, *RFD adm.* 1997, p. 538 ; Y. Mayaud, Le terrorisme, *Dalloz*, 1997, coll. « Connaissance du droit », p. 21 s.). C'est donc le rejet pur et simple de l'incrimination qui en est résulté, ce qui marque combien la légalité pénale est soumise à un principe de mesure, dont les retombées ne peuvent qu'être bénéfiques pour les libertés.

2) À l'inverse, lorsque cette mesure lui paraît respectée, le Conseil constitutionnel ne peut que confirmer la qualification. C'est ce qu'il a fait à propos du *délit de très grande vitesse* défini à l'article L. 4-1 du code de la route, dans la rédaction de la loi du 18 juin 1999 portant diverses mesures relatives à la sécurité routière, devenu l'article L. 413-1 depuis l'ordonnance n° 2000-930 du 22 septembre 2000 relative à la partie Législative du code de la route. Ce délit sanctionne « *tout conducteur d'un véhicule à moteur qui, déjà condamné définitivement pour un dépassement de la vitesse maximale autorisée égal ou supérieur à 50 km/h, commet la même infraction dans le délai d'un an à compter de la date à laquelle cette condamnation est devenue définitive* ». L'infraction a été contestée dans son principe, les auteurs de la saisine du Conseil constitutionnel ayant reproché au législateur d'avoir commis une erreur manifeste d'appréciation au regard du dispositif répressif existant, au mépris, notamment, de la nécessité des peines affirmée par l'article 8 de la Déclaration des droits de l'homme et du citoyen. Elle a été présentée comme faisant double emploi, d'une part, avec la contravention de l'article R. 232-1 du code de la route (aujourd'hui l'article R. 413-14-I de sa partie réglementaire, depuis que les décrets n° 2001-250 et 2001-251 du 22 mars 2001 en ont recodifié les dispositions), qui sanctionne des peines de la 5e classe le dépassement de 50 km/h ou plus de la vitesse maximale autorisée, d'autre part, avec le délit de risques causés à autrui de l'article 223-1 du nouveau code pénal. La question était donc posée des limites à respecter dans la détermination des infractions, lorsque des textes répressifs sont déjà applicables, censés couvrir les manquements sanctionnés. Mais le Conseil constitutionnel n'a pas adhéré à ces critiques. Il a jugé au contraire que les infractions en cause relevaient d'une juste complémentarité, par « le degré de gravité propre aux différents faits incriminés » (Cons. const., 16 juin 1999 (n° 99-411 DC), *JO* 19 juin, p. 9018 ; *D.* 1999. 589, note Mayaud), approuvant par là que puissent coexister plusieurs incriminations voisines, à la mesure de l'intensité progressive des manquements sanctionnés, dès lors qu'elles contribuent à une défense utile des valeurs sociales [Rappr., en matière de racolage public, érigé en délit (c. pén., art. 225-10-1) par la loi n° 2003-239 du 18 mars 2003 pour

la sécurité intérieure (*JO* 19 mars, p. 4761 ; rectificatif : *JO* 5 juin, p. 9561) : Cons. const., 13 mars 2003 (n° 2003-467 DC), *JO* 19 mars, p. 4789 ; *Rev. sc. crim.* 2003, p. 616, obs. Bück].

3) Bien que de solutions opposées, ces deux illustrations se rejoignent pour témoigner de l'importance de la nécessité dans le débat relatif à la politique d'incrimination. Mais la nécessité n'est pas seulement destinée à tempérer le législateur dans ses initiatives pénales. Parce qu'elle sert l'utilité, elle peut être, au contraire, à l'origine d'un constat d'insuffisance quant à la répression. La jurisprudence européenne est en ce sens. La France a été condamnée sur le fondement de l'article 4 de la Convention européenne de sauvegarde des droits de l'homme et des libertés fondamentales, relatif à l'interdiction de l'esclavage et du travail forcé, pour violation des obligations positives qui lui incombaient, lesquelles n'ont pas été considérées comme suffisamment remplies par référence aux articles 225-13 et 225-14 du code pénal, qui ne visent pas spécifiquement les droits garantis par ledit article 4, mais concernent, de manière beaucoup plus restrictive, l'exploitation par le travail et la soumission à des conditions de travail ou d'hébergement incompatibles avec la dignité humaine [CEDH, 26 juill. 2005 (*Siliadin c/ France*), JCP 2005. II. 10142, note Sudre. – Sur la dimension interne de l'espèce : Crim. 11 déc. 2001, *Bull. crim.* n° 256 ; *Dr. pénal* 2002. 65, obs. Véron ; *Gaz. Pal.* 2002. 2. 1721, note Y.M. ; *Rev. Jur. Personnes et famille*, 2002, n° 4, p. 10, note Lepage ; *Rev. sc. crim.* 2002. 324, obs. Mayaud]. Le principe de nécessité est donc à double tranchant : si, le plus souvent, il inspire les débats dans le sens d'une certaine tempérance, il peut également justifier que soient dénoncés les écarts du droit pénal au regard du « niveau d'exigence croissant » quant à la protection de certaines valeurs. Le législateur a d'ailleurs répondu à cette exigence en incriminant à titre spécifique la traitre des êtres humains, notamment en rapport avec un travail ou un hébergement contraires à la dignité, non seulement au profit d'un tiers, mais encore à son profit personnel (c. pén., art. 225-4-1, réd. L. n° 2003-239 du 18 mars 2003, mod. L. n° 2007-1631 du 20 nov. 2007).

40 NÉCESSITÉ DES PEINES. — La nécessité des peines est pareillement l'objet de l'attention du Conseil constitutionnel, qui y fait référence notamment en rapport avec l'*automaticité de certaines sanctions*, dites peines accessoires (*chapitre 13*). Le principe d'une peine automatique ne peut que contrarier l'utilité de son prononcé, et c'est pourquoi il y est fait obstacle sur le fondement de la nécessité.

1/ Le Conseil constitutionnel s'est prononcé en ce sens à propos des dispositions de l'article 194 de la loi n° 85-98 du 25 janvier 1985, relative au redressement et à la liquidation judiciaires des entreprises. Ce texte prévoyait que le jugement qui prononçait la faillite personnelle, l'interdiction de gérer une entreprise (art. 192), ou la liquidation judiciaire, emportait de plein droit l'incapacité d'exercer une fonction publique élective pour une durée au moins égale à cinq ans (art. 195). Mais, à la faveur de la loi organique n° 99-209 du 19 mars 1999 relative à la Nouvelle-Calédonie (*JO* 21 mars, p. 4197 ; rect. *JO* 16 avr., p. 5610), et à propos des conditions d'éligibilité et des incompatibilités au Congrès et aux assemblées de province de cette collectivité d'Outre-Mer, qui renvoyaient au dispositif de la loi du 25 janvier 1985, le Conseil constitutionnel en a censuré les termes au nom du principe de nécessité.

Il a d'abord considéré que la conformité à la Constitution d'une loi déjà promulguée, pouvait être appréciée à l'occasion de l'examen des dispositions législatives qui la modifiaient, la complétaient ou affectaient son domaine. Puis, prenant appui sur l'article 8 de la Déclaration des droits de l'homme et du citoyen, il a jugé que : « *le principe de nécessité des peines implique que l'incapacité d'exercer une fonction publique élective ne peut être appliquée que si le juge l'a expressément prononcée, en tenant compte des circonstances propres à l'espèce* », ajoutant que : « *la possibilité ultérieurement offerte au juge de relever l'intéressé, à sa demande, de cette incapacité,... ne saurait à elle seule assurer le respect des exigences qui découlent du principe de nécessité énoncé à l'article 8 de la Déclaration des droits de l'homme et du citoyen* ». Et de déclarer, en conséquence, non conforme à la Constitution le renvoi que la loi soumise à son contrôle avait fait à l'incapacité en cause (Cons. constit. 15 mars 1999 (n° 99-410 DC), *JO* 21 mars, p. 4234 ; D. 2000. *Somm.* 116, obs. Roujou de Boubée ; *AJDA* 1999. 324, obs. Schoettl ; *Dr. pénal* 1999. 68, et JCP 1999. I. 151, n° 5, obs. J.-H. Robert ; JCP 1999. I. 177, n° 19, obs. Ph. Pétel ; *Rev. sc. crim.* 1999. 851, obs. Seuvic ; *RTD civ.* 1999. 724, obs. Molfessis. – *Adde* : obs. J.-H. Robert, *Dr. pénal* 2001. 36).

Cette censure a eu une influence directe sur l'ordonnance n° 2000-912 du 18 septembre 2000 relative à la partie Législative du code de commerce (*JO* 21 sept. 2000, p. 14783, et *Annexe* au n° 219 ; rect. *JO* 18 nov., p. 18349), ratifiée par la loi n° 2003-6 du 3 janvier 2003 (*JO* 4 janv., p. 256, art. 50-I), qui n'a pas repris le texte de l'article 194 de la loi du 25 janvier 1985.

De la même manière, toujours sur des considérations de conformité à l'article 8 de la Déclaration des droits de l'homme et du citoyen, les incapacités d'exercer une profession commerciale ou industrielle, qui étaient définies au chapitre VIII du titre II du livre Ier du code de commerce (art. L. 128-1 et s., aujourd'hui abrogés), ont perdu, depuis la loi n° 2008-776 du 4 août 2008 de modernisation de l'économie (*JO* 5 août, p. 12471), leur nature de peines accessoires, et rentrent désormais dans la catégorie des peines de substitution (alternatives) (c. pén., art. 131-6, 15°) et des peines complémentaires (c. pén., art. 131-27, al. 2).

2/ Par sa jurisprudence le Conseil constitutionnel ne fait que rejoindre la lettre et l'esprit de l'article 132-21 du code pénal, selon lequel : « *L'interdiction de tout ou partie des droits civiques, civils et de famille mentionnés à l'article 131-26* (dont le droit de vote et l'éligibilité) *ne peut, nonobstant toute disposition contraire, résulter de plein droit d'une condamnation pénale* ». La Haute instance vient d'en conforter tout récemment les dispositions, dans une décision du 11 juin 2010 (Cons. constit. 11 juin 2010 (n° 2010-6/7 QPC), *JO* 12 juin, p. 10849), à la faveur de l'une des premières décisions rendues sur une question prioritaire de constitutionnalité (*chapitre 4*). Elle a déclaré contraire à la Constitution l'article L. 7 du code électoral, qui était issu de la loi n° 95-65 du 19 janvier 1995 relative au financement de la vie politique (*JO* 21 janv., p. 1105), et qui prévoyait l'exclusion de plein droit des listes électorales, pendant un délai de cinq ans à compter de la date à laquelle la condamnation était devenue définitive, des personnes « condamnées pour l'une des infractions prévues par les articles 432-10 à 432-16, 433-1, 433-2, 433-3 et 433-4 du code pénal ou pour le délit de recel de l'une de ces infractions, défini par les articles 321-1 et 321-2 du code pénal ». Cette décision va mettre un terme à une position contraire des juridictions de l'ordre judiciaire. Bien que s'agissant d'une peine accessoire et automatique, en contradiction ouverte avec l'énoncé de l'article 132-21, et malgré le précédent constitutionnel du 15 mars 1999 dont nous venons de faire état, la Cour de cassation en avait confirmé doublement l'existence, en jugeant que les dispositions de l'article L. 7 du code électoral :

— d'abord, étaient une dérogation au principe antérieurement posé par ledit article 132-21 (Civ. 2e, 1er mars 2001, *Bull. civ.* II, n° 33. – Rapprocher Civ. 2e, 3 févr. 2000, *Bull. civ.* II, n° 24), ce qui revenait implicitement à considérer ce dernier texte comme n'engageant aucune norme d'ordre constitutionnel ;
— ensuite, étaient conformes aux exigences du procès équitable telles que formulées dans l'article 6-1 de la Convention européenne de sauvegarde des droits de l'homme et des libertés fondamentales, dès lors que la sanction électorale était « subordonnée à la reconnaissance de la culpabilité, par le juge pénal, de l'auteur de l'infraction, après

examen préalable de la cause par un tribunal indépendant et impartial » (Civ. 2e, 18 déc. 2003, *Bull. civ.* II, n° 396). Le Conseil d'État avait d'ailleurs la même position, qui décidait que la juridiction de jugement pouvait, en application de l'article 775-1 du code de procédure pénale, relever le condamné des interdictions, déchéances et incapacités électorales en prononçant une dispense d'inscription de la condamnation au bulletin n° 2 du casier judiciaire, et que l'article 6-1 de la Convention était donc respecté [CE, 1er juill. 2005 (arrêts n° 261002 et n° 276521), D. 2005. 2931, note Jobart ; *AJ Pénal* 2005. 326, obs. Enderlin].

Désormais, l'article L. 7 du code électoral est abrogé, avec possibilité pour les intéressés de demander leur inscription immédiate sur les listes électorales, ce qu'il faut retenir comme un retour légitime et rassurant à la nécessité des peines.

41 Recours implicite a la loi pénale, ou de la « matière pénale »

a / *Existence d'une « matière pénale » plus large que le droit pénal*

Le recours à la loi pénale n'est pas toujours aussi marqué ou transparent que le laissent entrevoir les dispositions du code pénal. Le droit pénal est parfois plus sournois, pour se livrer de manière indirecte ou déguisée, sans révéler ouvertement son existence. Cette situation est le résultat d'une concurrence de disciplines proches, tout en se distinguant par une finalité qui leur est propre. Par les sanctions qu'elles utilisent et la portée contraignante des décisions qu'elles légitiment, ces matières, sans être directement rangées dans le droit pénal, affichent une parenté ostensiblement punitive, si bien que la question se pose de leur véritable nature, voire de l'opportunité de les considérer comme des manifestations pénales à part entière.

Et de fait, nombreuses sont les branches juridiques qui entretiennent l'équivoque. Ainsi du droit administratif, du droit fiscal, du droit douanier, du droit de la concurrence, du droit financier et monétaire... Autant de références, parmi de nombreuses autres, qui se présentent sous les traits de la spécificité, mais dont les sanctions sont marquées par une connotation répressive prononcée. Il est donc un droit pénal qui ne s'affiche pas comme tel, un droit pénal implicite.

Ce constat n'est pas gratuit. En effet, la Convention européenne de sauvegarde des droits de Droits de l'homme et des libertés fondamentales, dans son article 6, édicte un certain nombre de garanties indissociables d'une « *accusation en matière pénale* » – procès équitable, présomption d'innocence, droits de la défense... –, ce qui renvoie à la nécessité de déterminer les comportements relevant de leur application. Il en est de même sur le fondement de l'article 7, relatif au principe de la légalité. Or, ce n'est pas seulement par référence à une répression affirmée que se fixe la Cour européenne de Strasbourg pour remplir la « matière pénale » de son contenu : elle n'est pas liée par les qualifications données par le droit interne, qui n'ont qu'une valeur relative (Cour EDH 8 juin 1976, *Engel et autres c/ Pays-Bas*, § 81, Série A n° 22 ; *Cah. dr. eur.* 1978. 364, obs. Cohen-Jonathan ; *Ann. fr. dr. int.* 1977. 481, obs. Pelloux ; *JDI* 1978. 695, obs. Rolland ; 21 févr. 1984, *Öztürk c/ Allemagne*, §§ 49 et 50, Série A n° 73 ; *Cah. dr. eur.* 1986. 212, obs. Cohen-Jonathan ; *Ann. fr. dr. int.* 1985. 403, obs. Coussirat-Coustère ; *JDI* 1986. 1051, obs. Rolland et Tavernier ; 9 févr. 1995, *Welch c/ Royaume-Uni*, § 27, Série A n° 307-A ; *Ann. fr. dr. int.* 1995. 485, obs. Coussirat-Coustère ; *JDI* 1996. 207, obs. Decaux et Tavernier ; *Rev. sc. crim.* 1996. 470, obs. Koering-Joulin ; JCP 1996. I. 3910, obs. Sudre ; 23 oct. 1995, *Schmautzer c/ Autriche*, § 27, Série A n° 328-A), mais elle recherche, en toute autonomie, l'enjeu réel des dispositions qui lui sont soumises, afin d'en révéler, au delà des simples apparences, la substance véritable.

b / *Dépistage des infractions relevant de la « matière pénale »*

La détermination des infractions rentrant dans la matière pénale participe de critères nuancés, qui font de leur identification une opération difficile, soumise à une casuistique dont seule la Cour européenne des droits de l'homme assure la maîtrise par ses décisions. Trois éléments se complètent, contenus dans une formule désormais classique :

« Pour déterminer le caractère pénal, au sens de la convention, d'une infraction, il importe d'abord de savoir si le texte définissant l'infraction en cause ressortit ou non au droit pénal d'après la technique juridique de l'État défendeur. Il y a lieu d'examiner ensuite, eu égard à l'objet et au but de l'article 6, au sens ordinaire de ces termes et au droit des États contractants, la nature de l'infraction ainsi que la nature et le degré de gravité de la sanction que risquait de subir l'intéressé » (Cour EDH 21 févr. 1984, *Öztürk c/ Allemagne*, § 50, préc. ; 8 juin 1976, *Engel et autres c/ Pays-Bas*, § 82, préc. ; 27 août 1991, *Demicoli c/ Malte*, §§ 31 à 34, Série A n° 310 ; *Ann. fr. dr. int.* 1991. 585, obs. Coussirat-Coustère ; *JDI* 1992. 792, obs. Decaux et Tavernier ; *RUDH* 1992. 1, obs. Sudre ; 23 oct. 1995, *Schmautzer c/ Autriche*, § 27, préc. ; 24 sept. 1997, *Garyfallou Aebe c/ Grèce*, § 32, *Rec.* 1997-V ; 3 mai 2001, *J.B. c/ Suisse*, § 44, req. n° 31827/96).

C'est donc à trois points de vue qu'une « accusation » rejoint la matière pénale, et que les comportements visés par les sanctions appliquées sont eux-mêmes à ranger dans la catégorie des « infractions » au sens punitif du terme :

1/ Le premier critère est emprunté au *droit national*, afin de confronter le texte dont la nature est en cause aux techniques répressives consacrées par le droit interne, et d'en rechercher les similitudes. Il s'agit, en quelque sorte, de vérifier si, dans les dispositions concernées, ne se retrouve pas ce qui alimente le droit pénal au sens premier du terme, avec pour conséquence d'avoir à en respecter la philosophie. C'est notamment le cas lorsque les peines se présentent sous forme d'amendes dissuasives, en s'éloignant sensiblement d'un simple objet réparateur (Cour EDH 21 févr. 1984, *Öztürk c/ Allemagne*, § 53, préc.) ;

2/ Le second critère est tiré de la *nature de l'infraction*, qui doit être examinée dans sa substance et sa portée, afin d'en faire ressortir ce qui ne peut que l'apparenter au droit pénal, tel le fait qu'elle concerne virtuellement la population tout entière et non un groupe déterminé doté d'un statut particulier (Cour EDH 27 août 1991, *Demicoli c/ Malte*, §§ 33, Série A n° 310 ; *Ann. fr. dr. int.* 1991. 585, obs. Coussirat-Coustère ; *JDI* 1992. 792, obs. Decaux et Tavernier ; *RUDH* 1992. 1, obs. Sudre ; 24 févr. 1994, *Bendenoun c/ France*, § 47 : Série A n° 284 ; *Ann. fr. dr. int.* 1994. 658, obs. Coussirat-Coustère ; *JDI* 1995. 752, obs. Decaux et Tavernier ; *Petites affiches* 11 mai 1994. 21, note Flauss ; *Rev. sc. crim.* 1995. 388, obs. Massias ; *ibid.* 1994. 612, obs. Pettiti ; JCP 1995. I. 3823, obs. Sudre) ;

3/ Enfin, le dernier critère tient à la *nature et* à la *gravité de la sanction*, ce qui est un emprunt à la différence entre le droit pénal et les autres disciplines. Certes, la sanction est le propre de toute norme juridique, sans laquelle son respect ne serait pas assuré. La sanction répressive, cependant, a une particularité prononcée, pour être au sommet des mesures les plus contraignantes, et c'est précisément cette réalité qu'il importe de ne pas négliger. Les privations de liberté en sont, bien sûr, un indice très fort (Cour EDH 8 juin 1976, *Engel et autres c/ Pays-Bas*, § 82, préc. ; 18 juin 1971, *De Wilde, Ooms et Versyp c/ Belgique*, §§ 36 et 42, Série A n° 12 ; *Ann. fr. dr. int.* 1972. 443, obs. Pelloux ; *Journ. trib.* 1971. 341, obs. Velu ; 28 juin 1984, *Campbell et Fell c/ Royaume-Uni*, § 73, req. n° 7819/77), mais toute autre mesure à connotation punitive marquée en est également le signe.

Tels sont les critères de l' « accusation pénale » dans la jurisprudence européenne. D'application cumulative si besoin, ils permettent de se convaincre de l'existence d'une répression se situant bien au delà des qualifications qui en admettent ouvertement le principe.

c / *« Matière pénale » à la française...*

Le droit français connaît une répression parallèle au droit pénal classique, voire directement concurrente. Elle se manifeste en général par des pouvoirs de régulation confiés à l'administration elle-même (préfectorale, fiscale, douanière...), voire à des autorités publiques indépendantes [Autorité de la concurrence (c. com., art. L. 461-1 s.), Autorité des marchés financiers (c. mon. fin., art. L. 621-1 s.), Conseil supérieur de l'audiovisuel (L. n° 86-1067 du 30 sept. 1986)...], qui disposent de sanctions très fortes, équivalentes à de véritables peines. Il en résulte que la répression n'est pas de l'exclusivité de l'ordre judiciaire, mieux encore, qu'elle peut ne pas être juridictionnelle [Cons. constit. 27 juill. 2000 (n° 2000-433 DC), *JO* 2 août, p. 11922 ; 10 juin 2009 (n° 2009-580 DC), *JO* 13 juin, p. 9675]. Mais tout ce qui en relève est censé se rejoindre dans les impératifs supérieurs de la Convention européenne des droits de l'homme, spécialement ceux de son article 6, ayant pour objet d'assurer une convergence des disciplines en jeu sur le fondement du « procès équitable ».

À titre d'exemples :

• Ont été considérées comme relevant de la « matière pénale » :

— Les dispositions relatives à la perte de points affectant le permis de conduire (Comm. EDH, 29 mai 1997, *Jérôme Malige c/ France, Gaz. Pal.* 1997. 2. *Doctr.* 1020 ; *ibid.* 1998. 1. 122 (*rect.* 8-10 févr. 1998), note Samson et Morin ; *Rev. sc. crim.* 1998. 112, obs. Delmas Saint-Hilaire), mais sans qu'elles soient pour autant affectée d'une insuffisance de contrôle juridictionnel au regard de l'art. 6, § 1, de la Convention (Cour EDH, 23 sept. 1998, *Jérôme Malige c/ France*, D. 1999. *Somm.* p. 154, obs. de Lamy, et p. 267, obs. Renucci ; *JCP* 1999. II. 10086, note Sudre ; *Dr. pénal* 1999. 87, obs. J.-H. Robert ; *Rev. sc. crim.* 1999, p. 145, obs. Massias, et p. 398, obs. Koering-Joulin ; *Gaz. Pal.* 1998. 2. 843, note Berthelot et Rio. – Rappr. : Cour EDH, 2 févr. 1999, *Jean-François Roche c/ France, Gaz. Pal.* 1999. 2. 731). Il faut noter que la position en ce sens des instances européennes a de suite été « récupérée » par les plus hautes autorités juridictionnelles françaises (Cons. const., 16 juin 1999 (n° 99-411 DC), *JO* 19 juin, p. 9018. – CE, 27 sept. 1999, avis n° 288-242, *JO* 4 nov., p. 16492 ; JCP 2000. IV. 1026) ;

— Les majorations de droits pour mauvaise foi prévues par l'article 1729 du code général des impôts (Cour EDH 24 févr. 1994, *Bendenoun c/ France*, § 47, préc. – CE, 5 avr. 1996, avis n° 176611, *JO* 2 mai, p. 6635 ; JCP 1996. IV. 1754. – Pour les pénalités fiscales de l'art. 1727 CGI, opposer : Paris, 13 févr. 2003, *Gaz. Pal.* 2003. 1. *Somm.* 1941, et TGI Paris, 6 mars 2003, D. 2003, IR, p. 1480) ;

— Les mesures pouvant être prononcées par la Cour de discipline budgétaire et financière (Cour EDH 26 sept. 2000, *Guisset c/ France*, § 59, JCP 2001. I. 291, obs. Sudre) ;

— Les sanctions imposées par les autorités administratives et disciplinaires régulant les marchés financiers (CE, 3 déc. 1999, *Didier*, D. 2000. 62, obs. Boizard), aujourd'hui l'Autorité des marchés financiers (AMF), qui, depuis la loi n° 2003-706 du 1er août 2003 de sécurité financière (*JO* 2 août, p. 13220), a reçu les attributions auparavant dévolues à la Commission des opérations de bourse (COB), au Conseil des marchés financiers (CMF), et au Conseil de discipline de la gestion financière (CDGF), tous trois désormais fusionnés au sein de la nouvelle autorité (c. mon. fin., art. L. 621-1 et s.). Relativement à cette dernière, et fidèle à sa jurisprudence, le Conseil d'État juge que « la commission des sanctions de l'Autorité des marchés financiers doit être regardée comme décidant du bien-fondé d'accusations en matière pénale au sens de la Convention européenne de sauvegarde des droits de l'homme et des libertés fondamentales... » (CE, 4 févr. 2005, *Sté GSD Gestion*, D (*Aff.*) 2005, *Panor.*, p. 2601, obs. Reinhard et Thomasset-Pierre).

• En revanche, l'inéligibilité d'un an et le redressement financier de près de 60 000 FF infligé à un député pour dépassement du plafond des dépenses électorales autorisé, n'ont pas été jugés comme des sanctions suffisamment graves pour entrer dans le champ pénal (Cour EDH 21 oct. 1997, *Pierre-Bloch c/ France*, §§ 53 s., *Rec.* 1997-VI).

Le droit pénal, comme on le voit, n'est pas toute la « matière pénale », même s'il en constitue la version la plus immédiate. D'autres données en rejoignent le contenu, sur le registre de sanctions administratives ou de régulation. La constatation de cette importante réalité se devait d'être faite, avec pour avantage de mieux en comprendre certaines retombées, notamment sous l'angle du principe *non bis in idem* (chapitre 4).

Chapitre 2

La notion de loi pénale

42 CONCURRENCE DU RÈGLEMENT. — On explique volontiers que le législateur, dans sa souveraineté, est le seul à pouvoir ériger des comportements en infractions, avec toutes les conséquences répressives qui en résultent. Mais cette présentation, pour avoir eu sa part de vérité, n'est plus aujourd'hui le reflet de la réalité constitutionnelle. Le Parlement n'a plus l'exclusivité de l'incrimination, ce qui tempère sérieusement la portée de la référence traditionnellement faite à la « loi » ou au « législateur », pour traiter du principe de la légalité pénale. Dans ce qui en caractérise la source, cette légalité peut ne pas être un texte au sens parlementaire du terme, ce qui revient à dire qu'une infraction pénale peut être définie en dehors du processus de souveraineté inhérente à la loi. Il est des infractions dont l'origine ne s'inscrit plus dans une démarche législative, avec tout ce que cela implique de perte par rapport aux préoccupations premières qui ont inspiré la légalité dans son principe.

La légalité est devenue compatible avec le pouvoir réglementaire. Il est désormais possible de trouver des infractions dans des textes autres que législatifs, des textes dont l'origine est exécutive, même si quelques précautions sont prises pour réduire les risques d'un tel transfert. L'évolution n'est pas neutre. Elle marque une certaine érosion de la valeur symbolique de la loi, laquelle, même dans le domaine du droit pénal, n'a pas conservé sa portée d'origine, qui en faisait la seule source concevable de la répression. Cette version est dépassée, et si la légalité reste affirmée sur le plan des principes, renvoyant sur le fond à un impératif de prévisibilité, il ne s'agit plus, dans la forme, d'une procédure exclusivement législative. La légalité parlementaire a été réduite (Section I). Mieux encore la légalité réglementaire est extensible (Section II).

Section I
Une légalité parlementaire réduite

43 La réduction du rôle de la loi en tant que source des incriminations ne s'est pas faite de manière spontanée ou par caprice. Elle est l'aboutissement d'une lente évolution, dont les étapes ont marqué la vie constitutionnelle française. En fait, c'est d'elle-même que la loi s'est affaiblie, par le peu de rentabilité qu'elle avait, et la Constitution de 1958, en délestant le « législateur » d'une partie de ses pouvoirs, n'a fait que tirer les conséquences de cette déperdition. Après avoir souffert d'un essoufflement avant 1958 (I), la légalité parlementaire est aujourd'hui confrontée à un réel repli (II).

I | L'ESSOUFFLEMENT AVANT 1958

44 La période qui s'est écoulée entre 1789 et 1958 est marquée par une constante, empruntée au principe constitutionnel de la séparation des pouvoirs, avec, à la clef, un rôle essentiel dévolu au pouvoir législatif dans le domaine pénal (A). Mais ce principe a connu de nombreuses exceptions, qui, par la fréquence de certaines, peuvent être assimilées à de véritables pratiques, signant le repli de la loi en tant que source d'incrimination, et l'entrée du règlement dans le système normatif pénal (B).

A – Le principe de séparation

45 TRILOGIE DES POUVOIRS. — La séparation des pouvoirs a été affirmée solennellement par l'article 16 de la Déclaration des droits de l'homme et du citoyen [1], et les Constitutions qui ont

1. « Toute société dans laquelle la garantie des droits n'est pas assurée, ni la séparation des pouvoirs déterminée, n'a point de constitution ».

suivi l'ont toujours respectée, du moins jusqu'en 1958. De ce principe, il résulte que seul le Parlement est compétent pour légiférer, et que la légalité pénale s'entend d'une légalité parlementaire. Cela se comprend. Le droit pénal se caractérisant par des pressions très fortes sur les personnes et sur les biens, interférant avec ce que les justiciables ont de plus précieux, il est normal que seule l'entité constitutionnelle la plus représentative ait compétence pour définir les infractions et les peines qui leur sont applicables. Le Parlement est cet organe de représentation, pour être l'expression de la volonté générale, et c'est naturellement que la loi pénale relève de son champ d'intervention. Dans une version séparatiste des pouvoirs, la légalité pénale rejoint donc la compétence législative.

Cette compétence séparée a des retombées importantes pour les deux autres pouvoirs, qui se trouvent exclus de toute prérogative d'incrimination.

Ainsi du *pouvoir exécutif*, dont l'intervention ne peut se situer que dans le cadre de la loi, pour en déterminer l'application, conformément au principe de la hiérarchie des normes juridiques, qui veut que la Constitution soit supérieure à la loi, et que la loi elle-même soit supérieure aux règlements. D'origine exécutive, les règlements ne pouvaient donc, avant 1958, se hisser au niveau de la loi jusqu'à contenir de nouvelles infractions ou de nouvelles peines. Tout au plus, leur violation était une contravention très symbolique de première classe [1], et encore, dont le principe était le fait du législateur, et non point d'un acte gouvernemental. La séparation des pouvoirs avait cette conséquence de réduire l'exécutif à un rôle secondaire par rapport à la loi, par la dépendance de son action à l'existence préalable de celle-ci, ce qui, en matière pénale, conférait à la légalité une portée conforme à son esprit, en soumettant la répression à la seule volonté du législateur.

Quant au *pouvoir judiciaire*, il n'a jamais été question pour lui d'une quelconque participation à la définition des crimes et des délits. Son rôle, là encore, est un rôle d'application de la loi, mais selon une démarche différente du pouvoir exécutif. Alors que ce dernier, par les règlements, prend des dispositions générales et impersonnelles, le juge, quant à lui, rend des décisions dans la

1. C. pén., ancien art. 471-15°, devenu l'art. R. 26-15°.

sphère plus étroite des espèces qu'il a à connaître, avec un effet moindre, pour n'affecter que les parties à l'instance. Cette application n'est donc qu'une « exécution relative », mais qui rejoint les impératifs de fidélité à la loi, manifestés par le rejet de toute prétention à définir les infractions et leurs peines. Certes, par le déclin de la légalité dans son contenu substantiel, le juge dispose souvent d'une très grande liberté d'appréciation, ce qui revient à lui confier en fait la maîtrise de l'incrimination. Mais il ne s'agit là que d'effets secondaires, liés aux évolutions propres à la légalité pénale (*chapitre 1*), qui n'affectent pas la séparation des pouvoirs en tant que modèle d'organisation constitutionnelle.

Pour être l'expression d'une conquête révolutionnaire, ce modèle n'a cependant pas résisté à des évolutions qui vont se révéler fatales. Des exceptions vont naître, signes avant-coureurs d'une rupture décisive.

B – Les exceptions à la séparation

46 MONTÉE DE L'EXÉCUTIF. — La séparation des pouvoirs va perdre de son aura à partir des années 1920, qui vont marquer la montée en puissance de l'exécutif au désavantage du législatif. Trois manifestations peuvent en être données, liées à la suppléance affirmée du règlement, à la pratique appuyée des pleins pouvoirs, et au caractère exceptionnel de certaines circonstances.

a) La suppléance du règlement

47 JURISPRUDENCE. — Le Conseil d'État est à l'origine de la première percée de l'exécutif dans le droit pénal. Il a en effet reconnu, dans un arrêt *Labonne* du 8 août 1919 [1], que le chef de l'État disposait d'un pouvoir réglementaire propre du fait de la défaillance du législateur dans des domaines relevant d'un besoin impérieux de réglementation. Il s'agissait en l'espèce de la circulation des automobiles, qui avait fait l'objet d'un décret du 10 mars

1. D.P. 1921. 3. 23.

1899 [1], mais dont le principe s'échappait du modèle séparatiste, pour ne pas être une mesure d'application d'une loi préalable. Parce que le législateur n'était pas intervenu, le Conseil d'État a reconnu à l'exécutif le pouvoir de le faire, afin de répondre à un trafic routier de plus en plus dense, avec un objectif d'uniformisation des règles de conduite pour l'ensemble du territoire, ce que ne pouvaient réaliser les autorités départementales et municipales. De là ce premier « code de la route », doté d'un volet pénal important. Il en est résulté une première exception à la légalité parlementaire, puisque les incriminations et les sanctions correspondant aux mesures prises avaient une source exécutive, et non pas législative. L'attention du législateur était ainsi attirée sur son devoir de faire la loi, sauf à préférer une réglementation supplétive, et à s'exposer à une érosion de compétence.

Mais c'est autrement qu'il a réagi, en confiant lui-même le travail de législation au pouvoir exécutif.

b) La pratique des pleins pouvoirs

48 DÉCRETS-LOIS. — De plus en plus confronté à des rivalités politiques, notamment générées par le multipartisme, le Parlement va éprouver de grandes difficultés à faire les lois, faute d'un consensus majoritaire pour en permettre l'adoption. Aussi, à partir de 1926, s'engage-t-il dans une pratique dont il ne pourra se défaire, mieux encore, qui servira de modèle aux constituants de la Ve République. Il s'agit des lois des pleins pouvoirs, par lesquels le législateur déléguait au gouvernement sa compétence législative, et lui conférait, pendant un laps de temps donné, la possibilité de légiférer à sa place. Ces lois étaient donc des lois d'habilitation, en application desquelles l'exécutif sortait de son rôle ordinaire, pour s'ériger en législateur à la place des deux assemblées, et prendre toutes les dispositions en rapport avec la délégation reçue à cet effet. Certes, le Parlement se réservait de ratifier ou non les mesures adoptées, mais cette réserve était bien peu de chose face aux bouleversements résultant de ce mode inédit de « législation ». Et en effet, plus les habili-

1. D.P. 1899. 4. 67.

tations se multipliaient, plus le Parlement manifestait son impuissance, ce qui ne pouvait qu'affaiblir son pouvoir, et entretenir l'idée d'un système viable indépendamment de son action.

Le droit pénal s'est enrichi de nombreux textes pendant cette période, sous forme de *décrets-lois*, qui ont connu, pour certains, une longévité remarquable, même s'ils ont fait l'objet d'amendements ou de modifications [1]. L'expression est très parlante des réalités qui se jouaient par les mesures en cause. Parce que l'acte qui les contenait procédait à la fois de la nature du règlement et de la loi, on l'identifia par ces deux mots, dont l'association était en soi une anomalie au regard de leur hiérarchie. Alors que le décret ne pouvait autrement se concevoir que dans une relation verticale à la loi, pour en compléter les dispositions sur renvoi du législateur, il était ici placé au même niveau. Par son origine, il s'agissait bien d'un acte de l'exécutif, méritant d'être retenu comme décret, mais par son autorité, il empruntait les caractères de la loi, il était assimilé à la loi, ce qui justifiait d'en faire état également en ces termes. Alors, la légalité pénale ne pouvait que souffrir de cette situation, qui s'éloignait de la version héritée des premières heures de la démocratie. La loi n'était plus le seul fondement de l'incrimination, celle-ci devenant compatible avec des actes réglementaires, même si le législateur se réservait la possibilité de ne pas les ratifier.

La pratique était si peu conforme à l'esprit des institutions, qu'un repentir solennel fut exprimé. On le doit à la Constitution du 27 octobre 1946, qui, dans son article 13, en a expressément interdit la reconduction : « L'Assemblée nationale vote seule la loi. Elle ne peut déléguer ce droit » [2]. Mais l'affirmation resta lettre morte, et les divisions politiques eurent finalement raison de la Constitution elle-même. On revint aux lois des pleins pouvoirs, et le Parlement continua à habiliter le gouvernement à légiférer à sa place. Il faut convenir cependant que, contrairement aux pratiques antérieures, le droit pénal fut peu touché par ces nouvelles délégations. Conscient de l'exception grave qu'elles représentaient pour la légalité pénale,

1. Ainsi du décret-loi du 30 oct. 1935 unifiant le droit en matière de chèque (*JO* 31 oct. ; rect. *JO* 7 et 8 nov.), qui fut pris en application d'une loi du 8 juin 1935 tendant à accorder au Gouvernement des pouvoirs exceptionnels pour assurer la défense du franc et la lutte contre la spéculation (*JO* 10-12 juin).
2. *JO* 28 oct., p. 9166.

le législateur a eu le souci de ne pas les étendre à la répression, ce qu'il a manifesté de plusieurs manières, notamment en faisant référence aux « matières réservées à la loi... par la tradition constitutionnelle républicaine »[1], ou encore en prévoyant que les mesures prises en application de l'habilitation ne pourraient être sanctionnées que par les dispositions pénales antérieures, « sans que puissent être modifiés la qualification des infractions relevées, la nature et le quantum des peines applicables »[2].

Ces réserves ne peuvent que renforcer le prix qui s'attache à la légalité parlementaire. Elles sont l'aveu du dérapage représenté en soi par les lois d'habilitation, surtout à l'usage du droit pénal. C'est dire combien est importante la référence législative en la matière, une référence qui fut encore négligée par le fait de circonstances exceptionnelles.

c) Le poids des circonstances

49 HISTOIRE. — Une dernière manifestation de l'emprise de l'exécutif sur le droit pénal est liée à certaines circonstances exceptionnelles de notre histoire, qui ont abouti à confier le pouvoir de légiférer aux autorités gouvernementales, en raison d'évènements graves à l'origine de la disparition pure et simple du Parlement.

Il faut notamment se reporter à la dernière guerre, qui a été la cause d'une parenthèse parlementaire de plusieurs années, de sorte que la légalité correspondant à cette période n'a pu autrement se manifester que sous la forme exécutive. Ainsi des actes dits « lois » du Gouvernement de Vichy, tout comme des ordonnances du Gouvernement provisoire de la République française, après le rétablissement de la légalité républicaine par l'ordonnance du 9 août 1944[3]. Ce sont autant de périodes troublées, qui ont généré des changements d'ordre constitutionnel, avec concentration des pouvoirs entre les mains de l'exécutif, en attendant le retour à la normalité

1. L. n° 53-611 du 11 juill. 1953, portant redressement économique et financier (*JO* 11 juill., p. 6143).
2. L. n° 54-809 du 14 août 1954, autorisant le Gouvernement à mettre en œuvre un programme d'équilibre financier, d'expansion économique et de progrès social (JO 15 août, p. 7858).
3. *JO* 10 août et 12 sept., ann., p. 7 (rect. *JO* 23 sept., p. 830).

parlementaire. Elles furent la source d'une « législation » répressive abondante, particulièrement entre le 10 juillet 1940, date d'instauration du régime de Vichy [1], et le 2 novembre 1945, date à laquelle fut mise en place l'Assemblée constituante à l'origine de la IVe République [2], et toutes les dispositions en cause ont été en rupture avec le processus législatif normalement indissociable de la légalité pénale.

De la rupture à l'assimilation il n'est qu'un pas. Et on peut se demander si l'essoufflement du législateur, manifesté par tant de déperdition de compétence, n'a pas fait germer l'idée d'une légalité désormais compatible avec l'exercice du pouvoir exécutif. La Constitution du 4 octobre 1958 est en ce sens, qui a procédé à l'éclatement de la légalité pénale, pour en répartir le principe entre le Parlement et le gouvernement, par une redistribution de leur rôle respectif.

II | Le repli depuis 1958

50 La Constitution du 4 octobre 1958 est l'expression d'une philosophie bien différente de celle des constitutions antérieures. Autant la séparation des pouvoirs, faute d'être toujours respectée, relevait hier d'un principe affirmé et rappelé, autant elle fait figure aujourd'hui de dogme dépassé, pour ne plus être le reflet de la réalité constitutionnelle. En effet, tirant les leçons de l'histoire, les rédacteurs de la Constitution de 1958 ont mis en place un système original, dont il ressort que le Parlement n'a plus désormais le monopole de la légalité. Au principe de séparation, s'est substitué un *principe de répartition*, destiné à prélever dans la matière législative de quoi alimenter une compétence exécutive. Mais ayant elle-même subi une évolution du fait de la réforme du code pénal, c'est doublement que se présente cette nouvelle répartition : en réalité, si le repli législatif était fort prononcé avant la réforme (A), il faut reconnaître que cette dernière en a tempéré les manifestations (B).

1. L. constit. 10 juill. 1940 (*JO* 11 juill., p. 4513).
2. L. 2 nov. 1945 (*JO* 3 nov., p. 7159).

A - Un repli prononcé avant la réforme du code pénal

51 CONSÉCRATION DE L'EXÉCUTIF. — La légalité parlementaire est en recul depuis 1958 du fait de l'exclusion des contraventions de son domaine. Une exclusion d'autant plus sensible, que certaines contraventions étaient à l'époque punies de peines privatives de liberté.

a) L'exclusion des contraventions

52 RÈGLEMENTS AUTONOMES. — La Ve République a fait le choix d'un exécutif très fort. Les articles 34 et 37 de la Constitution en témoignent, qui définissent les rapports respectifs entre le Parlement et le gouvernement. Si la loi est toujours votée par le Parlement (art. 34), elle n'a plus que certaines matières pour objet, énumérées par la Constitution elle-même, si bien que la compétence législative est désormais limitée, et relève d'un principe d'attribution. En revanche, « *les matières autres que celles qui sont du domaine de la loi ont un caractère réglementaire* » (art. 37), ce qui revient à donner au gouvernement un pouvoir autonome, équivalent à celui du Parlement, mieux encore, à lui reconnaître une compétence de droit commun.

La redéfinition des rapports entre les deux pouvoirs est toute l'originalité de la Constitution de 1958, qui se détache ainsi de la tradition, pour innover par des solutions très éloignées du modèle séparatiste. Certes, les autorités restent séparées, mais avec une redistribution telle de leurs compétences, que le principe en est dénaturé. Il faut bien comprendre en effet que la séparation des pouvoirs, dans l'esprit de la Déclaration de 1789, n'a pas seulement pour finalité d'assurer l'indépendance respective des instances concurrentes. Elle engage le fond, et place le Parlement dans une situation prioritaire par rapport au gouvernement, ce qui s'est toujours traduit par l'absence de toute limite à l'exercice du pouvoir législatif. Or tel n'est plus le cas depuis 1958, au nom du nouveau principe de répartition désormais retenu, et on peut même douter de la pertinence de la terminologie constitutionnelle destinée à marquer la spécificité des deux pouvoirs en rapport, dès lors que l'exécutif peut aujourd'hui se manifester sans... « exécuter » ce qui relève d'une intervention préalable du législateur.

Cette nouvelle conception des pouvoirs affecte directement le droit pénal. Il résulte de l'article 34 de la Constitution que : « *la loi fixe les règles concernant... la détermination des crimes et délits ainsi que les peines qui leur sont applicables...* », et, conformément à l'interprétation qui en a été faite par le Conseil d'État [1] et le Conseil constitutionnel [2], la formule est l'expression d'une attribution limitée, excluant les contraventions du domaine de la loi. C'est donc strictement que la référence aux « crimes et délits » a été retenue, avec pour conséquence de circonscrire le rôle du Parlement à deux catégories d'infractions sur trois, et d'ériger le gouvernement en « législateur » des contraventions. Ces nouveaux rapports marquent un net retrait de la compétence parlementaire, ce qui a pour effet de rompre avec la conception unitaire qui présidait jusqu'ici à la construction du droit pénal.

L'évolution n'est pas sans critiques. Dans la conception qui a présidé à la reconnaissance de la légalité pénale, l'enjeu parlementaire a toujours été décisif. Parce que la loi est l'expression de la volonté générale née du contrat social, parce que le droit pénal est incompatible avec un système qui ne serait pas le résultat de cette volonté, en raison des menaces qu'il fait peser sur les libertés, la compétence législative était, depuis 1789, associée à la répression et à la détermination des infractions. Rompre avec cette donnée, c'est par hypothèse se priver de garanties importantes, liées à la procédure parlementaire, avec ses travaux préparatoires, ses amendements, ses débats, ce que l'on ne trouve pas dans la manière toute administrative de rédiger les règlements. Deux sensibilités s'opposent, et se priver des avantages du pouvoir législatif, pour privilégier l'efficacité du pouvoir exécutif, c'est en définitive faire courir de sérieux risques aux libertés elles-mêmes. Des risques qui n'étaient pas théoriques avant la réforme du code pénal, particulièrement pour les contraventions sanctionnées de peines privatives de liberté. Aucune distinction n'affectant la matière, le repli de la loi était général.

1. C.E., 12 févr. 1960 (*Société Eky*), D. 1960. 263, note L'Huillier ; *S.* 1960. 131, concl. Kahn ; JCP 1960. II. 11629 *bis*, note Vedel.
2. Cons. constit., 19 févr. 1963, D. 1964. 92, note L. Hamon.

b) L'exclusion de toutes les contraventions

53 RÈGLEMENTS PRIVATIFS DE LIBERTÉ. — Non seulement les contraventions bénéficiaient d'un domaine plus étendu, par la requalification en ce sens d'anciens délits [1], mais elles étaient encore sanctionnées de peines privatives de liberté pour les 4e et 5e classes. Certes, la privation était de courte durée, n'excédant pas deux mois (c. pén., ancien art. 465). Elle n'en était pas moins le signe d'une lourde menace pesant sur le justiciable, par la possibilité que le gouvernement avait de multiplier de telles infractions. Aussi, est-il surprenant que, dans leur grande sagesse, les plus hautes autorités n'aient pas interprété autrement les articles 34 et 37 de la Constitution, tant le partage entre les délits et les contraventions relevaient finalement de l'artifice, du moins pour les catégories les plus élevées de ces dernières. Par le fait même des arbitrages réalisés à leur profit, elles ne perdaient rien de la gravité des incriminations dont elles avaient hérité, et la compétence exécutive les concernant résistait difficilement à des frontières aussi fragiles.

C'est certainement ce qui a déterminé le Conseil constitutionnel à réagir, mais trop tard. Dans une décision du 28 novembre 1973 [2], il a en effet créé la surprise, à propos de l'examen d'un article du code rural tendant à réprimer le défaut de demande d'autorisation préalable ou de souscription de déclaration préalable en cas de cumul ou de réunion d'exploitations agricoles. Ayant eu à se prononcer sur la constitutionnalité des dispositions en cause, il se fonda sur le Préambule et les articles 34 et 66 de la Constitution, pour décider que « la détermination des contraventions et des peines qui leur sont applicables est du domaine réglementaire lorsque lesdites peines ne comportent pas de mesure privative de liberté ». Puis, constatant que le dispositif soumis à son appréciation n'était sanctionné que de peines d'amende ne dépassant pas le seuil correctionnel, il le déclara conforme à la Constitution.

1. Ce qui a été l'œuvre de l'ord. n° 58-297 du 23 déc. 1958 modifiant certaines peines en vue d'élever la compétence des tribunaux de police (JO 24 déc., p. 11758), et du décret n° 58-1303 du 23 déc. 1958, modifiant diverses dispositions d'ordre pénal en vue de constituer une cinquième classe de contraventions de police (JO 24 déc., p. 11772).
2. D. 1974. 269. – V. également L. Hamon, Contrôle de constitutionnalité et protection des droits individuels, D. 1974. *Chron.* 83.

Cette décision fut abondamment commentée. Elle marquait en effet un revirement sensible, tout en créant l'incertitude sur les nombreuses contraventions existantes punies de peines d'emprisonnement, qui tombaient subitement sous le coup d'une présomption d'inconstitutionnalité, avec tous les inconvénients qui en résultaient, et pour le passé, compte tenu des condamnations déjà prononcées, et pour l'avenir, au nom du nouveau partage de compétence que cela supposait. Aussi, cette jurisprudence a-t-elle fait craindre un dérèglement incontrôlable de la matière, et, s'appuyant sur la valeur législative des dispositions qui fixaient la nature et le maximum des peines de police (c. pén., anciens art. 464 à 466), le Conseil d'État [1], puis la Cour de cassation [2], ont très vite confirmé le rattachement de toutes les contraventions à la compétence réglementaire.

Mais même privé de portée immédiate, ce sursaut constitutionnel n'a pas été inutile. Il a eu un effet important sur la réforme du code pénal, en inspirant plus de mesure dans la sanction des contraventions.

B – Un repli tempéré depuis la réforme du code pénal

54 ULTIMES CONCESSIONS À LA LOI. — La réforme du code pénal a été une belle opportunité pour le législateur, qui a pu, sinon retrouver ce qu'il avait perdu, du moins en alléger le poids. On le doit, d'abord, à la disparition de l'emprisonnement du domaine des contraventions, ensuite, à quelques précisions sur ce qui leur tient lieu de ligne frontalière.

a) La disparition de l'emprisonnement contraventionnel

55 CONCESSION INDIRECTE. — En visant l'article 66 de la Constitution, le Conseil constitutionnel, dans sa décision du 28 novembre 1973, a parfaitement ciblé l'enjeu de la nouvelle répartition des pouvoirs entre le législatif et l'exécutif. Un enjeu de

1. CE, 17 janv. 1974 (avis), D. 1974. 280.
2. Crim. 26 févr. 1974, *Bull. crim.* n° 82 ; D. 1974. 273, concl. Touffait, et note Vouin ; *Rev. sc. crim.* 1974. 855, obs. Larguier ; 25 janv. 1978, *Bull. crim.* n° 31.

liberté, avec ce que cela implique de réserve quant à la possibilité de se satisfaire d'une compétence répressive entre les mains de l'autorité exécutive. Pour être dérangeante, sa position n'en était pas moins pertinente. D'une pertinence qui a été reconnue vingt ans plus tard, lors de la refonte du code pénal, par la suppression de l'emprisonnement contraventionnel. Mieux encore, la loi du 19 juillet 1993 [1], qui a reporté du 1er septembre 1993 au 1er mars 1994 l'entrée en vigueur de la réforme, a rendu immédiatement applicable cette suppression, anticipant ainsi sur le caractère opérationnel des autres dispositions. Une telle anticipation, de quelques mois seulement, témoigne de l'importance de son objet, et confirme, s'il en était besoin, le caractère déplacé des peines privatives de liberté dans le domaine réglementaire, pour entraver dans ses fondements le principe même de la légalité pénale.

Le repli de la loi du domaine des contraventions devient de ce fait de moindre importance, pour ne plus pâtir de ce qui était le signe le plus tangible de la répression en la matière. Bien sûr, on ne peut pas dire que le Parlement retrouve pour autant sa compétence naturelle. Les contraventions restent bien entre les mains du pouvoir exécutif, mais le fait qu'elles ne soient plus associées aux peines privatives de liberté a pour conséquence indirecte de rendre ce repli moins sensible, et de minimiser en quelque sorte l'entrée du règlement dans le système de la légalité pénale. Rien n'est changé sur la répartition des compétences, mais tout est différent malgré tout, pour en avoir supprimé la manifestation la plus flagrante. Le code pénal, dans sa version actuelle, s'affirme ainsi comme l'instrument d'un arbitrage tardif mais décisif, qui a contribué fort opportunément à tempérer les aspects les plus discutés et les plus discutables de la nouvelle légalité réglementaire.

La réforme a eu un autre effet bénéfique : celui de fixer avec plus de précision les seuils de la compétence exécutive.

b) La précision des seuils contraventionnels

56 CONCESSIONS DIRECTES. — Le partage de la matière pénale entre deux pôles de compétence est confirmé par le code pénal, qui en répercute les aspects techniques. C'est ainsi que

1. L. n° 93-913 (*JO* 20 juill., p. 10199).

les articles 111-2 et 111-3 formulent le principe de la légalité en intégrant la dualité des sources dont dépendent désormais les normes d'incrimination, selon qu'il s'agit de crimes, de délits, ou de contraventions. Il faut d'ailleurs observer que le code se fait ici l'écho du système propre à la Ve République, et qu'il n'assure donc plus sa pérennité, à supposer que des options différentes soient un jour retenues, qui ne reproduiraient pas le modèle constitutionnel actuel. Mais cette situation est inévitable. Elle résulte du caractère de loi ordinaire du code pénal, qui ne peut échapper à l'ascendance des normes supérieures.

Cette restitution du schéma constitutionnel se double de quelques précisions intéressantes pour la légalité pénale, ce qui est le fait d'une délimitation plus explicite des deux domaines de compétence, avec un bilan plutôt à l'avantage de la loi.

1 / Il est acquis que le *critère de distinction entre les délits et les contraventions* relève du domaine législatif. Dès lors, en effet, que la détermination des délits participe de la compétence parlementaire, le partage entre les deux catégories d'infraction ne peut se faire que par le recours à la loi. Hier consacrée dans les anciens articles 464 à 466 du code pénal, cette solution est aujourd'hui reprise à l'article 111-2 dudit code, qui précise que « le règlement détermine les contraventions et fixe, dans les limites et selon les distinctions établies par la loi, les peines applicables aux contrevenants ».

2 / L'article 111-2 du code pénal est explicite sur un autre point, mais qui est, quant à lui, une nouveauté par rapport au dispositif antérieur. Ce ne sont pas seulement les limites contraventionnelles qui emportent compétence de la loi, mais aussi, au sein de la *catégorie des contraventions*, les différentes distinctions qu'elles connaissent. Les contraventions sont réparties en plusieurs classes, et leur rattachement à chacune d'elles, comme les critères permettant de les distinguer, relevaient, dans l'ancien dispositif, de la compétence autonome du gouvernement, ce qui justifiait qu'il en fût traité dans la partie réglementaire du code pénal (art. R. 25 à R. 41-1). Désormais, c'est à la loi qu'il appartient de fixer ces distinctions, ce que le code a parfaitement intégré, en déterminant, dans sa partie législative (art. 131-13), le montant des amendes correspondant aux cinq classes de contraventions.

3 / Lorsqu'ils font référence à la détermination des infractions et des peines qui leur sont applicables, les articles 34 et 37 de la Constitution se situent plutôt sous l'angle du droit pénal spécial. Mais la matière répressive ne se réduit pas à la définition des infractions, de leurs éléments constitutifs, et de leurs sanctions. La question s'est posée de savoir sur quelle compétence devait être déterminé le *droit pénal général*, qui, par hypothèse, contient des règles transversales, et échappe à une appartenance qualifiée. La réponse a toujours été à l'avantage de la loi, ce que confirme le Livre 1er du code pénal, consacré aux « dispositions générales », et dont la vocation est de traiter de principes à l'usage aussi bien des contraventions que des crimes et des délits.

4 / Enfin, et c'est là une donnée plus implicite, il convient de ne pas négliger une *proportionnalité* propre à notre matière. On ne saurait admettre, en effet, que la compétence réglementaire se manifeste à des fins répressives, si sont en cause des situations ou des comportements qui intéressent directement le domaine de la loi, voire ressortissent à des droits de portée constitutionnelle. C'est dire que la compétence doit rester parlementaire, lorsque la norme sanctionnée échappe au règlement [1].

Telles sont les principales manifestations de la répartition de la matière pénale entre la loi et le règlement. Parvenue au terme de son évolution, la légalité emprunte à deux sources, ce qui l'éloigne de la conception qu'avaient les promoteurs du droit pénal moderne, au nom de la toute puissance de la loi, telle que reconnue et affirmée dans la Déclaration des droits de l'homme et du citoyen : une source législative, qui rejoint la *légalité organique ou formelle*, et une source exécutive, caractérisant une simple *légalité matérielle*, détachée de toute appartenance à la loi au sens précis du terme. Mais cette redistribution n'est pas définitive. Elle reste ouverte à des extensions à l'avantage du pouvoir exécutif.

1. A Decocq, Droit pénal général, p. 108.

Section II
Une légalité réglementaire extensible

57 La Constitution du 4 octobre 1958 est allée plus loin que la répartition de la matière pénale entre la loi et le règlement. Cette répartition est l'ordinaire des compétences reconnues au titre de la légalité. Mais il est un extraordinaire, lié à la possibilité de dépasser les seuils de pouvoir ainsi définis, et permettant de déroger à ce qui correspond à cette nouvelle organisation. La loi a non seulement perdu de son ascendance par une délimitation stricte de son domaine de référence, mais il est encore possible, au bénéfice du pouvoir exécutif, d'empiéter sur ses attributions, ce qui est le résultat, soit d'une habilitation en ce sens (I), soit d'une confusion de compétences (II).

I | L'EXTENSION SUR HABILITATION

58 L'habilitation consiste, pour le pouvoir exécutif, à obtenir exceptionnellement l'autorisation d'intervenir dans des domaines qui ne sont pas de sa compétence autonome, et donc à se substituer à la loi au sens organique du terme. La Constitution de 1958 a retenu deux techniques permettant cette extension de pouvoir, l'une classique, du moins pour ce qu'elle représente d'antériorité, par laquelle c'est le Parlement qui confère au gouvernement le droit de légiférer à sa place (A), et l'autre plus novatrice, fondée sur le référendum, l'habilitation étant alors directement consentie par la nation (B).

A – L'habilitation parlementaire

59 ORDONNANCES DE L'ARTICLE 38. — Cette première hypothèse est fondée sur l'article 38 de la Constitution, dont le premier alinéa prévoit que : « *Le Gouvernement peut, pour l'exécution de son programme, demander au Parlement l'autorisation de* *prendre par ordonnances, pendant un délai limité, des mesures qui sont normalement du domaine de la loi* ». Il ne s'agit là que de la consécration des pratiques des IIIe et IVe Républiques, qui ont eu recours aux lois d'habilitation pour compenser les difficultés politiques dans lesquelles elles étaient enferrées. Mais ce que la tradition prohibait, voire ce que la Constitution interdisait, est aujourd'hui érigé en moyen de renforcement de la compétence réglementaire.

Et en effet, en application de l'habilitation, les ordonnances entrent en vigueur dès leur publication, ce qui témoigne de leur portée immédiate, comme c'est le cas pour toutes les mesures réglementaires. Certes, leur caducité est prévue si le projet de loi de ratification n'est pas déposé devant le Parlement avant la date fixée par la loi d'habilitation, de même qu'elles ne peuvent prétendre à la pérennité si elles ne sont pas effectivement ratifiées (Constitution, art. 38, al. 2). Ce sont d'ailleurs là des conséquences normales. Les ordonnances ne se fondent pas sur une compétence réglementaire de principe, mais sur une extension relevant de l'exception. Il est donc cohérent de les soumettre à une procédure de contrôle, afin de les maintenir dans les limites de l'habilitation. Mais, même sous ces contraintes, le pouvoir exécutif gagne à la procédure. Par le supplément de compétence dont il est gratifié, suivi en général d'une ratification sans problème, il peut définir de nouveaux délits, et ainsi « légiférer » sur les bases d'une répression qui n'a plus rien à voir avec les contraventions [1]. Alors le débat sur les peines privatives de liberté, dont nous avons rapporté les termes, est complètement dépassé, puisque cette compétence d'exception peut aller jusqu'à l'autoriser à faire sur habilitation ce qu'il ne peut réaliser au titre de sa compétence autonome.

Le recours à l'article 38 est un instrument de commodité appréciable pour réaliser des réformes, mais il est beaucoup plus critiquable lorsque la substitution de pouvoir qui en résulte se met au service du droit pénal.

1. Les exemples ne manquent pas de telles ordonnances, dont les dispositions sont pénalement sanctionnées. Elles répondent en général à un souci d'efficacité dans des domaines d'une grande technicité, ce qui est particulièrement le cas dans les matières économiques et sociales. Elles sont encore le moyen de combler un retard d'actualisation par rapport aux engagements internationaux, tout comme l'urgence est souvent au nombre des justifications invoquées pour y recourir.

B – L'habilitation référendaire

60 REFERENDUM DE L'ARTICLE 11. — Cette forme d'extension est plus exceptionnelle. Le référendum a fait son apparition dans la Constitution de 1958. L'article 11, modifié par la loi constitutionnelle du 4 août 1995 [1], en aménage le principe dans les termes suivants : « *Le président de la République, sur proposition du Gouvernement pendant la durée des sessions ou sur proposition conjointe des deux assemblées, publiées au* Journal officiel, *peut soumettre au référendum tout projet de loi portant sur l'organisation des pouvoirs publics, sur des réformes relatives à la politique économique ou sociale de la nation et aux services publics qui y concourent, ou tendant à favoriser la ratification d'un traité qui, sans être contraire à la Constitution, aurait des incidences sur le fonctionnement des institutions* ». Par rapport à sa rédaction initiale, ce texte connaît un élargissement de son champ d'application, le référendum n'étant plus réservé à ce qui affecte l'organisation des pouvoirs publics, l'approbation d'un accord de Communauté ou la ratification d'un traité, comme c'était le cas auparavant, mais pouvant désormais porter sur tout projet de réformes économiques ou sociales et sur leurs retombées institutionnelles. Le transfert de compétence qui en est l'enjeu est donc plus facilement accessible, y compris sur le plan pénal [2].

Le référendum est ainsi source d'une habilitation équivalente à celle de l'article 38 de la Constitution, à supposer que le projet de loi soumis à consultation contienne le principe d'une délégation au profit de l'exécutif. Mais contrairement à l'article 38, ce n'est plus le Parlement qui consent alors à se dessaisir, à moins que la proposition de référendum soit de son initiative. Le transfert est le fait de la nation entière, qui, en « retenant » sa souveraineté, d'ordinaire exercée par ses représentants, confie au gouvernement, voire au pré-

1. L. n° 95-880 (*JO* 5 août, p. 11744).
2. Il est facile de s'en convaincre sur le modèle des applications qui en ont été faites en 1962, aux fins de pacification de l'Algérie. En application des dispositions de l'article 11, le principe de l'indépendance de l'Algérie fut soumis au référendum, et les résultats de la consultation ayant été favorables au projet, celui-ci devint droit positif par une loi du 13 avril 1962 (L. n° 62-421, *JO* 14 avr., p. 3843), avec à l'appui des ordonnances qui ont particulièrement affecté le droit pénal et la procédure pénale.

sident de la République, le soin de « légiférer ». Alors le droit pénal n'est pas à l'abri d'une surenchère réglementaire.

Ainsi s'articulent les possibilités d'extension de la compétence exécutive. Elles ne sont pas que théoriques, et les réalités sont là pour le démontrer. En fait, le bilan est très favorable au gouvernement, qui cumule depuis 1958 de nombreuses incursions en droit pénal, non seulement dans son domaine d'élection, correspondant à sa compétence autonome fondée sur l'article 37 de la Constitution, mais encore, et peut-être même surtout, dans les matières en principe réservées au Parlement. Les habilitations qui lui ont été consenties en ont fait, dans les différents secteurs concernés, le vrai détenteur de la légalité pénale, une légalité qui perd ainsi de sa nature législative, pour être de plus en plus assimilée à des normes réglementaires. C'est encore le cas des extensions par confusion.

II | L'EXTENSION PAR CONFUSION

61 Les hypothèses relevant de cette extension correspondent à des situations qui ont pour dénominateur commun la concentration des pouvoirs entre les mains de l'exécutif du fait de circonstances particulières. Deux figures en rendent compte, liées, pour la première, aux transitions du passé qui furent nécessaires à la mise place des nouvelles institutions nées de la Ve République (A), pour la seconde, à la suspension toujours possible de l'activité parlementaire dictée par des évènements de gravité exceptionnelle (B).

A – La confusion transitoire

62 ORDONNANCES DE L'ANCIEN ARTICLE 92. — Une fois adoptée, la Constitution du 4 octobre 1958 a nécessité une période de transition indispensable à l'installation des nouveaux organes qu'elle avait définis. Cette transition a fait l'objet des dispositions de l'article 92, texte aujourd'hui abrogé en raison de son caractère dépassé [1], mais qui fut d'une efficacité redoutable. Il en résultait que « *les mesures législatives nécessaires à la mise en place des institutions et, jusqu'à cette mise en place, au fonctionnement des pouvoirs publics* », étaient « *prises en Conseil des ministres, après avis du Conseil d'État, par ordonnance ayant force de loi* ». De même, le gouvernement pouvait également, en toutes matières, prendre « *les mesures... nécessaires à la vie de la Nation, à la protection des citoyens ou à la sauvegarde des libertés* ». L'exécutif s'est ainsi vu reconnaître une compétence par défaut très opérationnelle, et il ne faut pas s'étonner qu'il ait mis à profit le court délai de quatre mois, fixé par la Constitution aux fins de mise en place des institutions de la nouvelle République, pour réaliser un nombre impressionnant de réformes, qui furent autant d'acquis sur le futur. Nombreuses sont les ordonnances qui ont pour fondement cet article 92, adoptées et publiées entre le 4 octobre 1958 et le 4 février 1959. Leur quantité atteste du travail réalisé par le gouvernement, tout comme l'importance des matières répressives concernées par leurs dispositions [2].

Il en est résulté que de nombreuses infractions, ainsi que des peines très lourdes, n'ont pas eu la loi pour fondement pendant plusieurs années, mais des textes d'origine réglementaire, même si l'article 92 de la Constitution leur donnait expressément « force de loi ». Cette portée « législative » n'était que pure fiction. Elle ne pouvait effacer l'origine exécutive des incriminations, ni le retrait fatal de la légalité pénale qui en résultait, comme nous l'avons véri-

1. L. constit. n° 95-880 du 4 août 1995, préc., art. 14.
2. On peut citer notamment l'ordonnance n° 58-1216 du 15 décembre 1958 relative à la police de la circulation routière (*JO* 16 déc., p. 11280), dont les dispositions ont formé la partie Législative du code de la route. Aujourd'hui abrogée par l'ordonnance de codification du 22 septembre 2000 (Ord. n° 2000-930, *JO* 24 sept., p. 15056), elle a été le support de la matière pendant plus de quarante ans, même si la plupart de ses articles ont connu des modifications au fil de toutes ces années. Il faut également faire état des ordonnances n° 58-1297 et n° 58-1298 du 23 décembre 1958 (*JO* 24 déc., p. 11758, et p. 11761 ; rect. *JO* 25 févr. 1959, p. 2306), qui ont modifié de nombreux articles du code pénal, et dont nombre de dispositions sont restées de droit positif jusqu'au 1er mars 1994, date d'entrée en vigueur de la réforme du code pénal. Enfin, débordant le strict plan des incriminations, on ne saurait passer sous silence l'ordonnance n° 58-1296 du 23 décembre 1958, qui a modifié et complété le code de procédure pénale (*JO* 24 déc., p. 11711 ; rect. *JO* 25 févr. 1959, p. 2306). Institué par la loi n° 57-1426 du 31 décembre 1957 (*JO* 8 janv. 1958, p. 258 ; rect. *JO* 19 janv., p. 738), ce code avait remplacé le code d'instruction criminelle, mais ne comprenait que le titre préliminaire et le livre premier. Les livres deuxième à cinquième sont le fruit de cette ordonnance, laquelle, aujourd'hui encore, n'a rien perdu de son actualité, étant toujours la référence pour les divisions en cause.

fié à propos des autres périodes de confusion de notre histoire constitutionnelle [1].

B – La confusion réactionnelle

63 MESURES DE L'ARTICLE 16. — Largement inspirée par la nécessité de réagir aux graves crises qui ont été à l'origine de la Ve République, la Constitution du 4 octobre 1958 contient un article 16 destiné à concentrer tous les pouvoirs entre les mains du président de la République, le temps de réagir à des menaces graves pour la stabilité du pays. De ce texte d'exception, il résulte en effet que, « *lorsque les institutions de la République, l'indépendance de la Nation, l'intégrité de son territoire ou l'exécution de ses engagements internationaux sont menacées d'une manière grave et immédiate et que le fonctionnement régulier des pouvoirs publics constitutionnels est interrompu, le président de la République prend les mesures exigées par ces circonstances, après consultation officielle du Premier ministre, des présidents des assemblées ainsi que du Conseil constitutionnel* ». Cette disposition aménage une confusion des pouvoirs au profit du chef de l'État, confusion pouvant être qualifiée de « réactionnelle », pour relever d'un sursaut organique dicté par les événements. Certes, des précautions sont prises, le Parlement devant se réunir de plein droit, et l'Assemblée nationale ne pouvant être dissoute, ce qui ne permet pas d'assimiler cette confusion à la précédente, caractérisée quant à elle par l'absence de représentation nationale. Mais le résultat est semblable, pour concentrer tous les pouvoirs entre les mains du président de la République, ce qui correspond à une situation de suspension des compétences législative et exécutive normales.

En termes de légalité, la définition des infractions n'est alors plus le résultat d'un processus parlementaire, mais celui d'une simple décision présidentielle, fondée sur une légitimité personnelle, sans aucun besoin, ni d'habilitation, ni de ratification. Temporairement dépositaire de tous les pouvoirs, le président de la République les

1. Ce constat ne peut que renforcer le rôle purificateur de la réforme du code pénal, qui, en étant le résultat de la « loi », a renoué avec une conception organique plus conforme à la légalité.

exerce de façon autonome, au titre d'une compétence propre, dont le principe ne doit rien aux autres instances, mais se fonde sur la Constitution elle-même. Ce n'est pas dire que cet exercice soit arbitraire. Les mesures doivent être inspirées par la volonté d'assurer aux différents pouvoirs, dans les meilleurs délais, les moyens d'accomplir leur mission, et le Conseil constitutionnel doit être consulté à leur sujet. Elles sont donc dépendantes d'une finalité prononcée, axée sur un retour rapide à une vie politique plus conforme au modèle républicain. Il n'empêche qu'elles ne sont pas exclusives de toute répression. L'histoire de la Vᵉ République est là pour le confirmer [1].

La confusion des pouvoirs résultant de l'application de l'article 16 de la Constitution débouche donc sur une légalité pénale sans rapport avec les principes qui en ont déterminé le contenu en 1789. Il est vrai que ce texte est exceptionnel, pour être lié à des circonstances elles-mêmes exceptionnelles, et que les mesures destinées à y répondre n'ont vocation, ni à intervenir trop fréquemment, ni à perdurer dans leur existence. Il ne pèse pas moins lourdement sur les institutions, en livrant le droit pénal, et la liberté, à des décisions sans partage.

Pour aller plus loin

64 L'UNION EUROPÉENNE A-T-ELLE UNE COMPÉTENCE PÉNALE ?. — Il est de principe que le droit pénal ressortit à la souveraineté des États, et que l'Union européenne n'a pas le pouvoir de définir des infractions et des peines qui seraient d'application directe dans les États membres, sans passer par le relais des instances délibératives nationales. Cette solution est normale. Le droit pénal engage par ses sanctions ce qui peut être considéré comme touchant à l'aspect le plus sensible de l'autorité des États, et, même

1. Elle a connu des heures difficiles en avril 1961, liées à la rébellion d'officiers généraux en Algérie, et qui se sont manifestées par un recours à l'article 16 (Décision du 23 avr. 1961 ; *JO* 24 avr., p. 3874), avec, à l'appui, des dispositions de droit pénal et de procédure pénale non négligeables, dont la plupart ont été maintenues jusqu'au 15 juillet 1962 (Décision du 29 sept. 1961, relative à certaines mesures prises en vertu de l'art. 16 de la Constitution ; *JO* 30 sept., p. 8963), c'est-à-dire au-delà du retour à la légalité républicaine (Décision du 29 sept. 1961, mettant fin à l'application de l'article 16 de la Constitution ; *JO* 30 sept., p. 8963).

membres d'une Union très forte, ceux-ci consentent difficilement à un abandon de souveraineté en la matière.

Mais ce principe connaît aujourd'hui un réel affaiblissement, le droit européen se faisant de plus en plus ressentir dans les législations nationales :

1/ D'abord, en « neutralisant » les dispositions de droit interne qui ne seraient pas conformes aux mesures européennes. C'est particulièrement vrai lorsque les normes nationales sont en conflit avec les normes communautaires, celles-ci, par leur autorité supérieure, devant impérativement l'emporter, avec pour conséquence de rendre inapplicables les infractions sanctionnant la législation interne [CJCE, 19 janv. 1999 (*Calfa*), aff. C-348/96, *Rec.* p. I-11 ; 6 mars 2007 (*Placanica*), aff. jointes C-338/04, C-359/04 et C-360/04, *Rec.* p. I-1891].

2/ Ensuite, en contribuant à l'Espace de liberté, de sécurité et de justice (ELSJ) que représente l'Union dans son principe. Le Traité sur le fonctionnement de l'Union européenne (TFUE), issu du traité de Lisbonne entré en vigueur le 1er décembre 2009, lui consacre son titre V, avec pour principale ambition le rapprochement des dispositions législatives et réglementaires des États membres :

► En procédure pénale, le Parlement européen et le Conseil, statuant par voie de directives conformément à la procédure législative ordinaire, peuvent adopter des « règles minimales » sur l'admissibilité mutuelle des preuves, les droits des personnes, les droits des victimes, voire d'autres éléments spécifiques, lorsqu'elles sont nécessaires pour faciliter la reconnaissance mutuelle des jugements et décisions judiciaires, ainsi que la coopération policière et judiciaire dans les matières pénales ayant une dimension transfrontière (TFUE, art. 82, § 2) ;

► En droit pénal de fond, une double intervention est reconnue :

• Le Parlement européen et le Conseil, statuant par voie de directives conformément à la procédure législative ordinaire, peuvent établir des « règles minimales » relatives à la définition des infractions pénales et des sanctions dans des domaines de criminalité particulièrement graves revêtant une dimension transfrontière résultant du caractère ou des incidences de ces infractions ou d'un besoin particulier de les combattre sur des bases communes ; sont concernés le terrorisme, la traite des êtres humains et l'exploitation sexuelle des femmes et des enfants, le trafic illicite de drogues, le trafic illicite d'armes, le blanchiment d'argent, la corruption, la contrefaçon de moyens de paiement, la criminalité informatique et la criminalité organisée ; en fonction des développements de la criminalité, d'autres domaines peuvent compléter cette liste, sur décision unanime du Conseil, après approbation du Parlement européen (TFUE, art. 83, §1) ;

• Lorsque le rapprochement des dispositions législatives et réglementaires des États membres en matière pénale s'avère indispensable pour assurer la mise en œuvre efficace d'une politique de l'Union dans un domaine ayant fait l'objet de mesures d'harmonisation, des directives peuvent établir des « règles minimales » relatives à la définition des infractions pénales et des sanctions dans le domaine concerné, ces directives étant alors adoptées selon une procédure législative ordinaire ou spéciale identique à celle utilisée pour l'adoption des mesures d'harmonisation en question (TFUE, art. 83, § 2) ; cette disposition résout la difficulté qui avait opposé la Commission européenne et le Conseil de l'Union européenne sur les compétences impliquées par l'ancien système dit des « piliers » [CJCE 13 sept. 2005, aff. C-176/03, *Rec.* p. I-7879 ; D. 2005. 3064, note P.-Y. Monjal ; *AJ Pénal* 2005, p. 414, obs. L. Rinuy ; *AJDA* 2005, p. 2335 ; *Gaz. Pal.* 2006. 1. 1193 ; *Rev. sc. crim.* 2005. 947, obs. S. Manacorda ; *ibid.* 2006. 139, obs. L. Idot. – CJCE 23 oct. 2007, aff. C-440/05, *Rec.* p. I-9097 ; JCP 2007. II. 10207, note M. Gautier).

La « procédure législative ordinaire » est une procédure de codécision majoritaire entre le Conseil et le Parlement, qui échappe donc à une logique intergouvernementale fondée sur la règle de l'unanimité, comme c'était le cas, avant le traité de Lisbonne, sur le fondement du 3e pilier, consacré à « la coopération policière et judiciaire en matière pénale », et dont les dispositions faisaient l'objet de décisions-cadres. Plus concrètement, les États membres ont perdu aujourd'hui leur droit de véto, sauf à faire jouer la procédure dite de « frein », qui permet à un État, lorsqu'il estime qu'un projet de mesure porte atteinte aux aspects fondamentaux de son système de justice pénale, de suspendre son adoption en saisissant le Conseil européen. Mais ce dernier ne peut mettre un terme à la suspension que par consensus, et, faute d'y parvenir, une procédure compensatoire d' « accélérateur » permet aux autres États membres d'adopter la mesure sous forme de coopération renforcée (TFUE, art. 82, § 3, et art. 83, § 3).

Chapitre 3

Le rayonnement de la loi pénale

65 APPLICATION DE LA LOI PÉNALE. — La loi pénale, comme toute autre disposition normative, est faite pour être appliquée, et cette application est directement fonction de son rayonnement, c'est-à-dire de sa portée ou de son étendue à la fois dans le temps et dans l'espace. Dans le temps, parce qu'elle est destinée à durer, mais non indéfiniment (Section I). Dans l'espace, parce qu'elle est l'expression d'une souveraineté, avec pour conséquence d'être soumise à des limites territoriales (Section II).

Section I
Le rayonnement dans le temps

66 La loi pénale s'inscrit d'abord dans le temps. Cette temporalité est même la destination naturelle de la loi, pour être le seul moyen de fixer, sinon de figer, les règles indispensables à la pérennité des relations sociales. C'est par la durée que se stabilisent les valeurs d'une société, et c'est dans la durée que le droit trouve sa légitimité. Mais cela ne veut pas dire que les options prises par le législateur soient définitives. Nous savons qu'elles évoluent, au rythme de besoins eux-mêmes évolutifs, et les dispositions répressives sont tributaires de cette importante donnée. La loi pénale s'en ressent par une longévité plus ou moins prononcée (I), avec des risques de conflits lorsqu'elle arrive au terme de son existence (II).

I | La longévité de la loi

67 La durée des textes est très variable, étant tributaire de la politique du législateur, puisque c'est à lui d'en déterminer les échéances d'application. La plupart sont promis à une existence assez longue, ne relevant d'aucun terme préétabli, et étant ainsi ouverts à une longévité indéterminée (A). Mais le contraire peut exister, et certaines lois connaissent, sinon des vies plus courtes, du moins une prédétermination quant à leur durée (B).

A – La longévité indéterminée

68 Modes de disparition de la loi. — La loi pénale est d'application tant qu'elle n'a pas été supprimée par le législateur. Le principe de la légalité impose cette solution. Seule l'autorité ayant le pouvoir d'incrimination est en droit de revenir sur les dispositions qu'elle a prises. Et il est deux techniques pour parvenir à ce résultat, selon que la suppression est explicite ou, au contraire, implicite.

À la disparition explicite correspond l'*abrogation* de la loi. C'est l'acte par lequel le législateur déclare ne plus reconnaître de portée positive au texte, de sorte que ses applications sont interrompues pour l'avenir [1]. L'abrogation a un effet de dépénalisation, ce qui interdit toutes poursuites sur le fondement des dispositions qui en sont l'objet [2].

À la disparition implicite se rattachent les *incompatibilités* entre plusieurs lois, qui empêchent de les considérer comme participant

1. Lorsque la loi abroge une incrimination et prévoit que cette abrogation ne prendra effet qu'après publication d'un décret à intervenir dans un délai déterminé, l'abrogation, à défaut de décret, devient effective à l'expiration dudit délai. – Crim. 3 oct. 1994, *Bull. crim.* n° 311 ; 16 janv. 2002, *ibid.* n° 6 ; D. 2002. 1225, note Dobkine ; *ibid.* 2002. IR. 940, et la note ; *Dr. pénal* 2002. 56, obs. J.-H. Robert ; *Gaz. Pal.* 2003. 2. 2327, note A.C. ; *Rev. sc. crim.* 2002. 582, obs. Bouloc.
2. Mais les juridictions correctionnelles ou de police restent compétentes pour statuer sur l'action civile lorsqu'elles ont été saisies, en même temps que l'action publique, antérieurement à l'abrogation de la loi pénale. – Crim. 15 mars 1995, *Bull. crim.* n° 104. – De même, il appartient à la Cour de cassation, après avoir constaté l'extinction de l'action publique, de se prononcer sur le pourvoi en ce qu'il concerne les intérêts civils. – Même arrêt.

d'un dispositif cohérent, et qui imposent donc de donner la priorité au texte le plus récent. C'est en effet « un principe éternel qu'une loi nouvelle fait cesser toute loi précédente, ou toute disposition de loi précédente contraire à son texte » [1], si bien que l'abrogation résulte implicitement et nécessairement de dispositions nouvelles inconciliables avec les dispositions anciennes [2], s'agirait-il d'une convention internationale [3].

En revanche, tout ce qui ne participe pas de ces modes explicites ou implicites d'abrogation ne peut être retenu comme ayant un effet d'interruption de la loi. Les textes répressifs ne disparaissent, ni par *caducité*, ni par *désuétude*, et il est inutile de faire valoir, pour échapper à des poursuites ou à une condamnation, soit que la loi n'a jamais été appliquée, soit qu'elle a été l'objet d'une tolérance plus ou moins prolongée [4].

B – La longévité prédéterminée

69 LOIS A L'ESSAI. — Le recours a des lois limitées dans le temps est une pratique que le législateur retient notamment pour éprouver l'opportunité de sa politique pénale. Il s'engage alors dans une « loi à l'essai », adoptée pour une période déterminée, à l'expiration de laquelle, soit il abandonne le dispositif en cause, soit il en prolonge le principe, le plus souvent sans terme nouveau, quitte à l'amender sur tel ou tel point particulier. Cette technique a l'avantage de tester l'intégration de lois dont le contenu a donné lieu à des débats difficiles. Ce fut le cas pour l'interruption volontaire de grossesse, qui a d'abord fait l'objet d'une loi provisoire en 1975 [5], par la suite reprise et définitivement prolongée en 1979 [6].

1. CE 4 nivôse an VIII, D. 1999. 705, note P. (de la Gironde).
2. Crim. 21 janv. 1944, *Bull. crim.* n° 27 ; 16 oct. 1958, *ibid.* n° 635 ; 28 mai 1964, *ibid.* n° 183 ; 11 juin 1965, *ibid.* n° 153 ; 31 janv. 1967, *ibid.* n° 43 ; 13 févr. 1986, *ibid.* n° 59 ; 21 mai 1992 (4 arrêts), *ibid.* n° 203 ; D. 1993. *Somm.* 77, obs. Pannier, et *Chron.* Juillard, p. 281 ; JCP 1993. II. 21985, note Pannier ; *Gaz. Pal.* 1993. 1. 1, note Bayet ; 22 juin 1992, *Bull. crim.* n° 247 ; *Rev. sc. crim.* 1993. 541, obs. Bouloc. – Dijon, 5 juin 1991, et Paris, 4 nov. 1991, D. 1992. *Somm.* 37, obs. Pannier.
3. Crim. 12 juin 1995, *Bull. crim.* n° 213 ; *Rev. sc. crim.* 1996. 364, obs. Bouloc.
4. Crim. 12 mai 1960, *Bull. crim.* n° 265.
5. Loi n° 75-17 du 17 janv. 1975, art. 2.
6. Loi n° 79-1204 du 31 déc. 1979, art. 10.

70 LOIS TRANSITOIRES. — Les besoins de transition sont également à l'origine de lois relevant d'une prédétermination de durée, afin d'apporter la souplesse nécessaire à l'application de dispositions nouvelles, et de favoriser ainsi un temps d'adaptation favorable à leur assimilation. Ce fut le cas de la loi du 8 janvier 1993 relative à la législation dans le domaine funéraire, qui a supprimé le monopole communal des pompes funèbres, mais a permis pendant trois ans le maintien des droits d'exclusivité conférés par les contrats de concession consentis avant sa date de publication. Cette mesure transitoire était nécessaire, compte tenu du revirement complet de politique correspondant au nouveau dispositif.

71 LOIS TEMPORAIRES. — Enfin, la matière économique et fiscale se prête volontiers à des lois dont la durée est limitée. Ces lois sont dites « temporaires », pour n'être destinées qu'à des applications provisoires, afin de mieux réagir à des besoins ponctuels. Ainsi d'une loi qui, dans un contexte de pénurie de logements, réprimerait, pour une durée déterminée, la spéculation illicite sur les loyers. Ce type de dispositions n'a pas de vocation à la permanence, mais relève de mesures destinées à disparaître, d'où la soumission de leur application à une durée prédéfinie.

Les lois temporaires ne doivent pas être confondues avec les lois ou règlements « de circonstances », qui relèvent également d'un caractère provisoire, mais sans échéance précise. Il s'agit toujours de dispositions de nature économique ou fiscale, destinées à répondre aux mouvances de la conjoncture dans ces domaines sensibles, avec pour conséquence d'être soumises à une vie assez courte, mais qui n'est pas pour autant prédéterminée par référence à un terme certain. Leur longévité reste fonction des circonstances et de leur évolution prévisible, tout en s'inscrivant dans une incompatibilité avec une durée trop longue. La distinction n'est d'ailleurs pas que théorique : elle engage notamment des différences de solutions quant à la manière de résoudre les conflits de lois dans le temps.

II | LES CONFLITS DE LOIS

72 Les mouvements que les lois connaissent, en pénalisation ou dépénalisation, peuvent avoir des retombées conflictuelles. Les nouvelles dispositions sont bien sûr destinées à s'appliquer à

toutes les situations qui naîtront après leur publication. Mais elles peuvent également saisir des faits déjà réalisés ou des procédures en cours, si bien que la loi ancienne et la loi nouvelle n'échappent pas à une éventuelle concurrence, avec des données qui diffèrent selon qu'il s'agit de lois de fond (A) ou de lois de forme (B).

A – Les lois de fond

73 LOIS D'INCRIMINATION ET DE PÉNALITÉ. — Les lois de fond correspondent à toutes les dispositions en rapport avec la définition, la modification ou l'abrogation d'une infraction ou des peines qui lui sont applicables. Les conflits qu'elles peuvent connaître, relatifs à leur succession dans le temps, doivent être précisés dans ce qui en constitue à la fois la définition et la résolution.

a) Les termes du conflit

74 ENONCÉ. — Il y a conflit lorsqu'un fait constitutif d'une infraction, commis avant la loi nouvelle, est définitivement jugé après cette loi. Le conflit suppose donc l'antériorité des faits par rapport à la loi nouvelle, et la postériorité de la décision à intervenir sur des poursuites engagées ou futures.

1 / *L'antériorité du fait* servant de référence à la définition du conflit est à apprécier par rapport au jour de la commission de l'infraction, c'est-à-dire au jour de la réalisation de sa matérialité, telle que définie par l'incrimination, avec des différences de structure qui peuvent être importantes d'un délit à un autre (*chapitre 5*).

2 / Quant à la *postériorité de la décision*, elle s'apprécie par rapport à un jugement ou un arrêt définitif, c'est-à-dire au regard d'une décision qui n'est pas, ou n'est plus, susceptible de voies de recours, lesquelles ont pu être exercées, ou encore parce que les délais utiles pour le faire sont dépassés. En procédure pénale, les recours sont en principe suspensifs, ce qui signifie que la décision ne revêt pas de caractère définitif tant qu'un appel ou un pourvoi en cassation est possible ou en cours d'examen. Il arrive même souvent, après la publication d'une nouvelle loi, qu'un pourvoi soit déposé, afin

d'obtenir, sur le fondement de ses dispositions, la censure de la décision rendue par la juridiction du fond : comme nous le verrons, un tel recours est loin d'être négligeable lorsque le nouveau texte est plus doux par rapport à l'ancien.

75 ILLUSTRATIONS. — Afin de cerner mieux encore le conflit dans son identité, trois illustrations peuvent en faciliter l'appréhension :

1 / *1re illustration.* – Après la publication d'une nouvelle loi qui en modifie les peines, une personne commet un vol. L'affaire est jugée quelques mois après son arrestation. Ramenée à une chronologie utile pour identifier l'existence ou non d'un conflit de lois dans le temps, la situation correspond à l'équation suivante : loi nouvelle + fait infractionnel + décision définitive. Parce que le fait n'est pas antérieur à la loi nouvelle, nous ne sommes pas en présence d'un conflit, et la loi applicable est celle existant au moment de la commission du délit, c'est-à-dire la loi nouvelle, peu importe qu'elle soit plus douce ou plus sévère.

2 / *2e illustration.* – Une personne commet un vol. Elle fait l'objet de poursuites, qui, après épuisement de toutes les voies de recours, ou forclusion des délais utiles pour les exercer, se soldent par une condamnation définitive. Puis une nouvelle loi est promulguée, ce qui revient à la chronologie suivante : fait infractionnel + décision définitive + loi nouvelle. Là encore, aucun conflit n'est à relever. Le fait se situe bien avant la loi nouvelle, mais le jugement définitif de condamnation ne lui est pas postérieur.

On est ici confronté à l'autorité de la chose jugée. Ce qui a été définitivement décidé par la juridiction pénale ne peut plus être remis en cause, même si la nouvelle loi est plus indulgente que l'ancienne. Il n'est pas possible de revoir la décision, afin de bénéficier des dispositions plus avantageuses de la législation dernière en date. De la même manière, à supposer que le nouveau texte soit plus sévère, les victimes ne peuvent prétendre à un nouveau procès, afin que l'auteur de l'infraction soit plus durement condamné. Ce qui est définitivement jugé ne peut plus être reconsidéré.

Le code pénal ne concède qu'une exception à cette règle : « *la peine cesse de recevoir exécution quand elle a été prononcée pour un fait qui, en vertu d'une loi postérieure au jugement, n'a plus le caractère d'une infraction pénale* » (c. pén., art. 112-4, al. 2). Malgré l'autorité de la chose jugée, lorsque, après une condamnation définitive, une nouvelle loi supprime tout caractère pénal au fait pour lequel cette condamnation a été prononcée, la peine en cours d'exécution est donc interrompue, et le condamné est remis en liberté, à supposer qu'il soit encore détenu. Mais il faut observer que cette exception ne va pas jusqu'à la révision du procès. La culpabilité reconnue à l'appui de la condamnation demeure.

3 / *3e illustration.* – Ayant commis un vol, une personne est arrêtée. Alors que la procédure est en cours, une nouvelle loi est promulguée. La situation est la suivante : fait infractionnel + loi nouvelle + décision définitive. Il y a ici conflit, la commission du délit étant antérieure à la loi nouvelle, et la décision définitive lui étant postérieure, ce qui répond exactement à la définition que nous en avons donnée.

C'est dans cette hypothèse précise que la question se pose de savoir quelle loi le juge doit appliquer : la loi existant au moment du fait, c'est-à-dire la loi ancienne, ou la loi existant au moment de la décision à rendre, c'est-à-dire la loi nouvelle.

b) La résolution du conflit

76 DEUX PRINCIPES. — Si on avait une position conforme aux exigences de la légalité, une loi nouvelle devrait toujours et exclusivement s'appliquer aux faits qui lui sont postérieurs, et ne devrait donc jamais rétroagir pour s'appliquer à des faits antérieurs. En effet, l'enjeu de connaissance inhérent au principe de la légalité impose que la loi préexiste au fait, ce qui n'est pas le cas si la loi rétroagit. Mais cette logique n'est pas celle du droit pénal, qui, à des fins humanistes, retient toujours la solution la plus avantageuse pour le justiciable, ce qui se traduit par une double réponse (c. pén., art. 112-1) : d'une part, la *non-rétroactivité des lois pénales plus sévères*, d'autre part la *rétroactivité des lois pénales plus douces.*

C'est donc en rapport avec le contenu de la loi nouvelle que se résout le conflit, et non au regard des conséquences normales du principe de la légalité, la non rétroactivité consistant à ne jamais appliquer de nouvelles dispositions plus sévères à des faits antérieurs, contrairement à la rétroactivité, dite rétroactivité *in mitius*, qui procède d'une technique inverse, pour rejoindre les faits dans leur antériorité, afin de les soumettre à une moindre sévérité [1]. Tout est donc fonction de la teneur de la loi nouvelle, ce qui nécessite de se déterminer sur son caractère plus sévère ou plus doux. C'est là une question d'appréciation, qu'il appartient aux juridictions de résoudre sous le contrôle de la Cour de cassation, sachant que certains textes, par leur complexité [2], leur succession [3], ou leur équivalence [4], soulèvent quelques difficultés d'appartenance, de même que d'autres, par leur nature, échappent à cette dualité de solutions [5].

1. Rappr : P-Y Gautier, Pour la rétroactivité *in mitius* en matière civile, Mélanges dédiés à la mémoire du Doyen Jacques Héron, *Liber amicorum*, LGDJ, 2008, p. 235.
2. Les lois dites « complexes » se caractérisent par des dispositions à la fois plus sévères et plus douces. Il est deux manières de se déterminer quant à leur application : soit, leur contenu est indivisible, et c'est à une appréciation globale qu'il convient de procéder, avec pour résultat de se positionner par rapport à la tendance dominante [pour une application au délit de harcèlement moral (c. pén., art. 222-33-2) : TGI La Roche-sur-Yon, 22 avr. 2002, *Gaz. Pal.* 2002. 2. 1017, note Rovinski] ; soit les mesures qui en relèvent sont au contraire divisibles, et leur application est alors distributive, avec non rétroactivité pour les plus sévères, et rétroactivité pour les plus douces (J. Larguier, *Rev. sc. crim.* 1983, p. 65, et les références citées).
3. Les lois successives, qui sont souvent le reflet de l'instabilité législative lorsqu'elles s'enchaînent sur une période très courte, connaissent des applications variables, mais avec un dénominateur commun, consistant à privilégier la disposition la plus favorable au prévenu ou à l'accusé.
   Ainsi, lorsque, postérieurement à la commission d'une infraction, est promulguée une loi moins sévère que remplace ensuite une disposition plus sévère, il doit être fait application au prévenu de la loi la plus douce (Crim. 23 nov. 1983, *Bull. crim.* n° 314).
   De même, aucune peine ne saurait être prononcée lorsque les faits poursuivis, bien qu'entrant dans les prévisions de deux textes répressifs successifs, applicables respectivement à la date de leur commission et à celle de leur jugement, ont échappé à toute incrimination entre l'abrogation du premier de ces textes et l'entrée en vigueur du second (Crim. 2 mars 1994, *Bull. crim.* n° 86 ; 23 mars 1994, *ibid.* n° 111 ; 26 oct. 1994, *ibid.* n° 344 ; *Dr. pénal* 1995. 20 et 25 (II), obs. Maron. – Rappr. 23 mars 1994, *Bull. crim.* n° 113).
4. Une loi nouvelle, en ses dispositions équivalentes ou favorables, s'applique à des faits déjà incriminés par la loi ancienne sous l'empire de laquelle ils ont été commis (Crim. 12 juin 1989, trois arrêts, *Bull. crim.* n° 251 ; D. 1989. 585, rapp. Souppe, et note Derrida. – Paris, 31 mai 1990, D. 1991. 35, note Fortin). Ce principe est important, parce qu'il permet, malgré l'abrogation de la loi ancienne, d'assurer la continuité de la répression, ce qui est notamment vérifiable pour les codifications à droit constant (Crim. 4 mai 1995, *Bull. crim.* n° 163 ; *Rev. sc. crim.* 1996. 111, obs. Bouloc ; 16 oct. 1996, *Bull. crim.* n° 367 ; *Dalloz Affaires* 1997. 114 ; *Dr. pénal* 1997. 47, obs. Véron ; *Rev. sc. crim.* 1997. 632, obs. Bouloc). – Sur la question, – P.-Y. Gautier, La loi pénale abrogée : du principe de continuité des poursuites, Mélanges B. Bouloc, *Dalloz*, 2006, p. 379.
5. Ainsi :
   — des *lois temporaires*, qui cessent de produire leurs effets à l'expiration de la période pour laquelle elles ont été promulguées, mais sans rétroactivité, les faits antérieurs à ce terme restant punissables (Crim. 3 mars 1923, DP 1925. 1. 19, note Degois) ;
   — des *textes réglementaires en matière économique ou fiscale*, qui ne rétroagissent pas, seraient-ils plus doux, du fait de leur caractère « de circonstances », à moins de disposi-

B – Les lois de forme

77 LOIS DE PROCÉDURE. — Par lois de forme il faut entendre toutes les lois de procédure, ainsi que les lois relatives à l'exécution et à l'application des peines. Les mesures qui en relèvent se distinguent des lois de fond par un objet très différent, à savoir qu'elles n'interviennent pas pour définir les éléments de répression participant de la responsabilité pénale, mais pour fixer les règles qui en permettent l'application au fil et au terme d'une démarche judiciaire. Ces lois sont souvent en conflit, d'ailleurs à la mesure des réformes de la procédure pénale, dont le rythme va en s'accroissant, pour ne pas dire en s'aggravant, sans trouver la moindre trêve depuis des années. Des conflits qui doivent être présentés dans leurs données et dans leurs réponses.

a) Les données du conflit

78 PRÉSENTATION. — Les lois de forme obéissent à une même logique conflictuelle, leur modification ayant une incidence directe sur les contentieux déjà engagées. Ainsi d'un nouveau délai de prescription, ou de la définition d'une nouvelle voie de recours, comme c'est le cas de l'appel en matière criminelle, aménagé par la loi du 15 juin 2000 renforçant la protection de la présomption

tions contraires formellement exprimées. (Crim. 10 nov. 1970, *Bull. crim.* n° 293 ; D. 1971. 509, note Mazard ; JCP 1971. II. 16174, note L.S.C. ; 23 nov. 1973, *Bull. crim.* n° 435 ; 9 janv. 1974, *ibid.* n° 13 ; 19 janv. et 1er juin 1981, *ibid.* n° 25 et 179), et dès lors que le texte législatif, support légal de l'incrimination, n'a pas été modifié (pour des applications aux marchés publics : Crim. 28 janv. 2004, *Bull. crim.* n° 23 ; JCP 2004. II. 10084, note Linditch ; *Gaz. Pal.* 2004. 2. 2541, note A.C. ; *Dr. pénal* 2004. 92, obs. Véron ; *Rev. sc. crim.* 2004. 633, obs. Fortis ; 7 avr. 2004, deux arrêts, *Bull. crim.* n° 93 ; 19 mai 2004, *Bull. crim.* n° 131 ; *Gaz. Pal.* 2005. 1. *Somm.* 618, note A.C. ; 14 déc. 2005, *Bull. crim.* n° 333) ;

— des *lois interprétatives*, qui rétroagissent toujours, quel que soit leur contenu, pour faire corps avec les dispositions qu'elles interprètent (Crim. 21 oct. 1943, S. 1944. 1. 29, note Mazeaud ; 14 oct. 1980, *Bull. crim.* n° 258) ;

— des *lois de validation*, qui sont pareillement rétroactives, pour se fondre dans les lois validées (Crim. 15 mars 1956, *Gaz. Pal.* 1956. 1. 426 ; *Rev. sc. crim.* 1957. 129, obs. Légal ; 14 mai 1957, D. 1957. 542) ;

— des *lois transitoires*, dont la caducité interdit toutes poursuites sur le fondement de faits antérieurs (Crim. 22 janv. 1997, *Bull. crim.* n° 27 ; *Dr. pénal* 1997. 82, obs. J.-H. Robert ; 1er juin 1999, *Dr. pénal* 1999. 130, obs. Véron).

d'innocence et les droits des victimes. À chaque nouvelle législation se pose la question de savoir comment en appliquer les dispositions aux procédures en cours : faut-il ne retenir que les règles existant au début des poursuites ? Faut-il prélever, au contraire, dans les différentes lois au fur et à mesure de leur parution ? Les conséquences ne sont pas du tout les mêmes d'un texte à un autre, et c'est pourquoi la matière a profondément évolué dans ses réponses.

b) Les réponses au conflit

79 UNE RÉPONSE DE PRINCIPE. — Le principe est celui de l'*application immédiate* (c. pén., art. 112-2, al. 1er). La procédure en cours est donc retenue dans l'état d'avancement auquel elle est parvenue, et c'est immédiatement que les règles nouvelles s'appliquent aux différentes étapes du procès ou de l'exécution des peines restant à couvrir. La solution consiste donc à retenir de suite les dispositions nouvelles, sans remettre en cause les opérations déjà réalisées dans le passé, l'application immédiate étant sans effet sur la validité des actes accomplis conformément à la loi ancienne (c. pén., art. 112-4, al. 1er). Aucune référence n'est faite à la rétroactivité ou à la non rétroactivité, la loi nouvelle ne disposant ni pour le passé, ni pour l'avenir, mais pour le présent. Il n'est aucun retour sur le passé, ni aucune attente sur l'avenir, seul le présent est immédiatement concerné, pour être soumis aux mesures nouvellement adoptées.

L'explication tient à la nature particulière des lois de forme, qui sont volontiers présentées comme des lois destinées à l'amélioration de la justice, si bien que tous les acteurs du procès ne peuvent que se ressentir favorablement de leur application immédiate. Et de fait, la plupart des modifications apportées à la forme ont un impact neutre pour le justiciable, dont la situation personnelle n'est pas remise en cause, comme elle peut l'être sur le fond après des changements relatifs aux incriminations ou aux les peines.

Mais, pour avoir sa part de vérité, ce raisonnement reste cependant très éloigné des réalités propres à certaines hypothèses. Toutes les lois de procédure ne se ressemblent pas, et s'il en est dont l'impact est insignifiant, d'autres au contraire peuvent bouleverser la situation du prévenu ou de l'accusé. Il n'est pas indifférent pour lui d'être jugé par une juridiction de droit commun ou une juridiction d'exception, de même que n'est pas insignifiant pour sa défense le fait qu'une voie de recours, dont le principe était initialement acquis, soit par la suite supprimée. Toutes les législations ne sont donc pas comparables, et leur impact doit être à la mesure, plus de leurs retombées personnelles, que d'une neutralité déclarée. C'est pourquoi le code pénal, héritier des orientations déjà prises en ce sens par la jurisprudence, tempère le principe de l'application immédiate par quelques réponses plus ponctuelles.

80 DES RÉPONSES PONCTUELLES. — La matière est soumise à des aménagements précis, seules certaines lois de procédure étant concernées, ce qui passe par à une stricte approche des hypothèses en cause.

1 / C'est d'abord le cas pour les *lois de compétence et d'organisation judiciaire* [1]. Supposons que le législateur, afin de lutter plus efficacement contre certaines formes de criminalité, mette en place des juridictions spécialisées. La réforme va avoir pour effet, par l'application immédiate, de dessaisir tous les tribunaux qui connaissent d'affaires en rapport avec les infractions visées au titre de cette compétence nouvelle. On comprend de suite qu'en tel résultat pourrait être tentant pour empêcher un tribunal de se prononcer sur un contentieux sensible. C'est pourquoi, les lois de compétence et d'organisation judiciaire ne sont applicables immédiatement que si un jugement au fond n'a pas été rendu en première instance (c. pén., art. 112-2, 1°). À partir du moment où est prononcée une telle décision [2], la nouvelle loi n'est pas applicable, et, dans notre exemple, la juridiction première conserve sa compétence.

1. Ont trait à la compétence et à l'organisation judiciaire :... les dispositions de l'art. 177-2 c. pr. pén., issues de la loi n° 2000-516 du 15 juin 2000, relatives aux constitutions de partie civile abusives ou dilatoires (Crim. 30 janv. 2002, *Rev. sc. crim.* 2002. 623, obs. Giudicelli) ;... les art. 1er et 2 de la loi n° 96-432 du 22 mai 1996, portant adaptation de la législation française aux dispositions de la résolution 955 du Conseil de sécurité des Nations Unies instituant un tribunal international en vue de juger les personnes présumées responsables d'actes de génocide ou d'autres violations graves du droit international humanitaire commis sur le territoire du Rwanda en 1994, selon lesquelles les auteurs ou complices de tels actes peuvent, s'ils sont trouvés en France, être poursuivis et jugés par les juridictions françaises en application de la loi française (Crim. 6 janv. 1998, *Bull. crim.* n° 2 ; *Dr. pénal* 1998. 71, obs. J.-H. Robert).
2. Par exemple, une ordonnance condamnant une personne pour refus de témoigner (Crim. 14 nov. 2001, *Bull. crim.* n° 236).

2 / Les *lois relatives au régime d'exécution et d'application des peines* sont également en cause [1]. Considérées comme des lois de procédure, elles sont soumises à l'application immédiate. Mais là encore, parce qu'il n'est pas toujours vrai que ces lois sont sans retombée personnelle pour le justiciable, le code pénal en restreint la portée. Par exemple, modifier le régime de la libération conditionnelle, dans le sens d'un durcissement ou d'un assouplissement de ses conditions, ne peut pas être considéré comme neutre pour le condamné, qui engage différemment sa sortie de prison. Aussi raisonne-t-on comme s'il s'agissait de lois de fond. Lorsque les textes relatifs à l'exécution ou à l'application des peines ont pour résultat de rendre plus sévères celles prononcées par la décision de condamnation, ils ne sont applicables qu'aux condamnations prononcées pour des faits commis postérieurement à leur entrée en vigueur (c. pén., art. 112-2, 3°). Toute loi nouvelle tendant à restreindre le recours aux mesures d'individualisation de la peine, n'est donc pas applicable aux condamnations prononcées pour des faits qui seraient antérieurs à son entrée en vigueur [2].

3 / Les *lois de prescription* sont soumises au même régime. La prescription est un obstacle à l'application du droit par suite de l'écoulement du temps. Ainsi de la prescription de l'action publique, qui interdit toute poursuite pénale à partir de dix ans d'inaction pour les crimes, de trois ans pour les délits, et de un an pour les contraventions (c. pr. pén., art. 6 et s.), ou de la prescription de la

1. Les dispositions relatives au mandat d'arrêt européen ne constituent pas des lois relatives au régime d'exécution et d'application des peines au sens de l'art. 112-2, 3°, c. pén. (Crim. 5 août 2004, *Bull. crim.* n° 186 ; 23 nov. 2004, *Bull. crim.* n° 293 ; *Gaz. Pal.* 2005. 1. *Somm.* 2198, note A.C. ; *Rev. sc. crim.* 2005. 295, obs. Vermelle).

2. Ainsi des dispositions de l'art. 775-1 c. pr. pén., issues de la loi Perben II n° 2004-204 du 9 mars 2004, qui prohibent l'exclusion du bulletin n° 2 du casier judiciaire des mentions relatives, notamment, aux condamnations pour les infractions d'agressions ou d'atteintes sexuelles prévues par les art. 222-23 à 222-31 c. pén. Ces dispositions ne sont pas applicables aux faits commis avant leur entrée en vigueur, parce qu'elles ont pour effet de rendre plus sévère la peine prononcée par la décision de condamnation, avec pour résultat :
   - d'interdire au requérant d'intégrer la fonction publique territoriale (Crim. 25 avr. 2006, *Bull. crim.* n° 112 ; D. 2007, *Pan.*, p. 401, obs. Roujou de Boubée, et p. 976, obs. Pradel ; *Dr. pénal* 2006. 107 (2e espèce), obs. Maron ; *AJ Pénal* 2006, p. 313 (1re espèce), obs. Herzog-Evans ; *Gaz. Pal.* 2006. 2. *Somm.* 4104, note Monnet) ;
   - d'interdire aux juges de faire bénéficier le condamné d'une mesure qui emporte, en application de l'art. 775-1 c. pr. pén., relèvement de toutes les interdictions, déchéances ou incapacités de quelque nature qu'elles soient en rapport avec la condamnation (Crim. 24 mai 2006, *Bull. crim.* n° 150 ; *Dr. pénal* 2006. 108 (2e espèce), obs. Véron ; 24 mai 2006, *Bull. crim.* n° 151 ; *Gaz. Pal.* 2006. 2. *Somm.* 4040, note Monnet).

peine, qui s'oppose à ce qu'une condamnation soit exécutée après vingt ans pour les crimes, cinq ans pour les délits, et trois ans pour les contraventions (c. pén., art. 133-2, 3 et 4). On comprend que le fait de modifier la législation relative à la prescription, par l'allongement ou la diminution de ses délais, ne soit pas indifférent aux personnes poursuivies ou condamnées. Plus la prescription est longue, plus leur situation est tributaire des contraintes pénales, à l'inverse des courtes prescriptions, qui les libèrent plus tôt et plus vite du poids de la répression. Aussi, les nouvelles lois intervenant en ce domaine sont-elles d'application immédiate, mais à la condition que la prescription dont le délai est modifié ne soit pas déjà acquise (c. pén., art. 112-2, 4°). Il n'est donc pas possible de soumettre au nouveau délai, qu'il soit plus long ou plus court, des situations correspondant à un temps de prescription déjà écoulé, ce qui revient à garantir les justiciables de toute évolution future quant à la prescription, lorsque celle-ci a déjà fait son œuvre au moment de la loi nouvelle.

En revanche, la loi Perben II du 9 mars 2004, portant adaptation de la justice aux évolutions de la criminalité [1], a supprimé une autre condition, dont le cumul rendait la loi nouvelle d'application plus difficile encore. Cette application était non seulement soumise à la nécessité que les prescriptions concernées ne fussent pas acquises, mais encore à la réserve que les dispositions nouvelles n'eussent pas pour résultat « d'aggraver la situation de l'intéressé ». L'exigence n'est plus désormais de droit positif, ce qui revient à renforcer le principe de l'application immédiate, et à ne plus faire état des retombées désavantageuses de la nouvelle loi pour le justiciable. À supposer que la prescription ne soit pas acquise, il ne lui est donc plus possible, pour en éviter les effets, de se retrancher derrière le caractère plus sévère de la loi nouvelle, lorsque celle-ci en rallonge le délai [2].

1. L. n° 2004-204, *JO* 10 mars, p. 4567.
2. Cette modification importante opérée par la loi du 9 mars 2004 accompagne un rallongement sensible des délais de prescription de l'action publique concernant les crimes et délits de nature sexuelle commis sur des mineurs (c. pr. pén., art. 7 et 8). Il en résulte que ces nouveaux délais sont immédiatement applicables à toutes les prescriptions en cours par hypothèse non acquises. – *Rappr.*, Ch. Guéry, Kafka II ou « pourquoi faire simple quand on peut faire... une nouvelle loi sur la prescription des infractions commises contres les mineurs ? », D. 2004. *Chron.*, p. 3015.

4 / Enfin, il est une dernière catégorie de lois soumises à quelques particularités quant à la manière de résoudre les conflits pouvant les concerner. Il s'agit des *lois relatives à l'exercice des voies de recours.* On réalise facilement que la suppression ou la reconnaissance d'un recours ne saurait être indifférente à la situation de personnes dont le procès est engagé. C'est pourquoi, là encore, le principe de l'application immédiate est assoupli. Les lois relatives à la nature des voies de recours, à leurs cas d'ouverture, aux délais dans lesquels elles doivent être exercées, et à la qualité des personnes admises à se pourvoir, sont applicables seulement aux recours formés contre les décisions prononcées après leur entrée en vigueur (c. pén., art. 112-3). Il est donc nécessaire, pour tomber sous le coup des dispositions nouvelles, qu'elles soient antérieures à la décision concernée par leur application, tout comme doivent l'être également les lois d'incrimination et de pénalité lorsqu'elles sont plus sévères. La solution a ainsi le mérite de ne pas perturber la stratégie judiciaire des parties au procès, qui sont assurées de toujours disposer des voies de recours dont elles ont la connaissance préalable.

Seules les règles de forme conditionnant l'exercice des recours sont d'application immédiate sans aucun correctif (c. pén., art. 112-3), ce qui s'explique par leur absence d'incidences sensibles sur les personnes qui les exercent, contrairement aux aspects précédents, beaucoup plus sujets à des retombées négatives.

Section II
Le rayonnement dans l'espace

81 La loi pénale a un rayonnement non seulement dans le temps, mais encore dans l'espace. Certes, la souveraineté d'une législation ne peut dépasser les frontières du pays pour lequel elle est faite, ce qui limite son étendue à un périmètre géographique bien défini. Mais, du fait de la mobilité des personnes et de l'internationalisation de la criminalité, la répression peut, sous certaines conditions, s'exercer en dehors de ce périmètre, avec pour conséquence d'élargir d'autant la portée des dispositions répressives. Tout est donc fonction du lieu de commission de l'infraction, selon qu'elle a été réalisée sur le territoire de la République (I) ou hors de ce territoire (II).

I | Les infractions commises sur le territoire de la République

82 Les infractions commises sur le territoire de la République correspondent aux hypothèses les plus simples. Elles renvoient à la destination naturelle des lois de répression, qui est de couvrir le territoire sur lequel s'exerce la souveraineté nationale. On parle d'ailleurs du principe de territorialité pour en rendre compte, principe qu'il convient de considérer, tant dans son contenu (A), que dans ce qu'il implique de compléments en termes de poursuites (B).

A – Le principe de territorialité

83 La territorialité est la référence sur laquelle s'organise la répression lorsqu'une infraction est commise sur le territoire de la République. La commodité de ce principe est telle, qu'il connaît quelques extensions sensibles, dont le résultat est très à l'avantage de la loi pénale française.

a) L'énoncé du principe

84 *Lex loci delicti.* – « *La loi pénale française est applicable aux infractions commises sur le territoire de la République* » (c. pén., art. 113-2, al. 1er). Cette règle, empruntée à la loi du lieu du délit, justifie que soit poursuivie et condamnée en France toute personne ayant commis une infraction sur le territoire français, quelle que soit la nationalité des auteurs ou des victimes, tout comme il est indifférent que l'infraction soit ou non réprimée dans la législation pénale de l'État d'origine de son auteur [1]. Le critère

1. Crim. 1er mars 2000, *Bull. crim.* n° 101 ; *Rev. sc. crim.* 2000. 814, obs. Bouloc.

de l'applicabilité de la loi pénale n'est donc pas personnel, et c'est en rapport avec ce que le territoire de la République matérialise de souveraineté qu'il est retenu. Une souveraineté doublement présente, à la fois dans la raison politique du principe et dans sa dimension technique.

85 Raison politique. — Il est une très forte relation entre l'ordre public et la territorialité. L'ordre public pénal trouve un excellent support dans le principe de territorialité, qui donne des frontières sûres à la répression, en la stabilisant sur un critère géographique, et en la protégeant de toute influence subjective. D'autres systèmes sont possibles, basés sur des concessions de type personnel, de sorte que l'incrimination, cessant d'être le reflet d'un ordre extérieur territorialement défini, serait plus l'élément d'une identité à prendre en compte, par exemple ethnique ou religieuse, transposée en tout lieu où l'infraction serait commise. La personnalité l'emporterait sur la territorialité, le statut personnel sur l'ordre public territorial, avec pour conséquence de réduire la référence à des valeurs identiques pour tous, et de céder à un risque de dilution ou de syncrétisme peu compatible avec le droit pénal. Mais le principe de territorialité reste le rempart de la cohésion sociale, pour renvoyer, non à des héritages personnels, mais aux impératifs catégoriques de la *lex loci delicti*[1].

86 Dimension technique. — Sur un plan technique, la territorialité mérite d'être précisée dans ce qui en constitue les données concrètes.

1 / La territorialité relève d'abord d'une particularité qu'il importe de bien assimiler. Elle tient au *principe de solidarité des compétences judiciaire et législative en matière répressive*, qui veut

1. Cette situation n'est d'ailleurs pas sans soulever quelques difficultés dans la plupart des pays d'Europe. Tous tributaires de la territorialité, ils sont en même temps terres d'accueil et d'asile, avec des conséquences venant perturber les exigences de l'ordre social de référence. Et de fait, à la faveur des nombreuses communautés qui se constituent ou se reforment dans ces pays, des oppositions se cristallisent, manifestant une résistance à l'ordre objectif, pour faire état de l'appartenance communautaire, voire revendiquer cette appartenance contre l'ordre dominant. C'est là un important facteur de rupture dans le corps social, comme le révèlent les pratiques rituelles d'excision ou de mutilations sexuelles, qui soulèvent la délicate question de la conciliation d'un ordre public objectif avec la revendication de statuts personnels.

que l'application de la loi pénale française soit indissociable de la compétence des juridictions françaises [1]. Le code pénal fait mention de la première, et non de la seconde. Mais celle-ci se déduit de la solidarité en cause, qui interdit de séparer les deux données.

2 / La *notion de territoire* est ensuite concernée. Le code pénal précise que « le territoire de la République inclut les espaces maritime et aérien qui lui sont liés » (c. pén., art. 113-1), ce qui va de pair avec les manifestations de la souveraineté nationale [2]. Par ailleurs, « la loi pénale française est applicable aux infractions commises à bord des navires battant un pavillon français, ou à l'encontre de tels navires, en quelque lieu qu'ils se trouvent », la règle étant la même pour les aéronefs immatriculés en France (c. pén., art. 113-3 et 113-4). Ces deux précisions reviennent à faire des navires et aéronefs français, par une fiction à l'avantage de la territorialité, des parcelles de territoire soumises à la compétence française.

3 / Enfin, la territorialité, par laquelle se manifeste l'espace de souveraineté, suppose que soit déterminé le *lieu de commission de l'infraction*. Il n'est pas d'application sans référence à l'endroit précis où l'infraction a été commise. La détermination de ce lieu est fonction de la matérialité du crime ou du délit, qui doit être approchée différemment selon que le fait punissable se suffit à lui-même, ou caractérise un acte de complicité.

Dans le premier cas, et comme nous l'avons fait valoir au sujet des conflits de lois dans le temps, il convient d'intégrer les différences de structure qui affectent la matérialité des infractions les unes par rapport aux autres. Toutes ne sont pas conçues sur le même modèle, et il est nécessaire, pour les localiser dans l'espace, de se reporter à leurs propriétés, et de se fixer par rapport à ce qu'elles impliquent d'originalité en mode de réalisation (*chapitre 5*).

Quant à la complicité, elle relève d'un régime particulier : « *La loi pénale française est applicable à quiconque s'est rendu coupable sur le territoire de la République, comme complice, d'un crime ou d'un délit commis à l'étranger si le crime ou le délit est puni à la fois par la loi française et par la loi étrangère et s'il a été constaté par une*

1. Sur ce principe, A. Huet et R. Koering-Joulin, *Droit pénal international*, PUF, coll. Thémis, 3e éd., 2005, n° 102 et s.
2. La loi pénale française est applicable aux infractions commises au-delà de la mer territoriale, dès lors que les conventions internationales et la loi le prévoient (c. pén., art. 113-12, al. 1er).

décision définitive de la juridiction étrangère » (c. pén., art. 113-5). C'est dire que les modes de complicité tombent également sous le coup de la territorialité, mais avec, en sus, une double concession à la loi pénale étrangère, en termes, et de réciprocité d'incrimination, et d'autorité de la chose jugée.

b) Les extensions du principe

87 À la territorialité correspond une compétence politiquement incontestable, puisqu'elle se fonde sur les limites géographiques de la souveraineté de l'État. Ceci explique que le principe connaisse certaines extensions, destinées à en accroître la portée. Deux sources en marquent l'origine : d'une part la loi, qui procède par assimilation, d'autre part la jurisprudence, qui joue sur l'indivisibilité.

88 ASSIMILATION. — 1 / Le code pénal prévoit que : « *L'infraction est réputée commise sur le territoire de la République dès lors qu'un de ses faits constitutifs a eu lieu sur ce territoire* » (c. pén., art. 113-2, al. 2). Nous verrons que certaines infractions se réalisent par une pluralité d'actes ou de faits, dont la conjugaison est nécessaire à leur matérialité (infractions complexes, infractions d'habitude : *chapitre* 5). Il suffit que l'un d'eux soit localisé en France pour entraîner la compétence des juridictions françaises.

Mais la solution n'en est pas moins un « forçage » de la territorialité, et la loi l'admet volontiers, qui parle très justement d'infraction « réputée commise » sur le territoire. Parce que la matérialité des crimes et des délits de cette catégorie passent par plusieurs composantes, ils ne peuvent être juridiquement considérés comme commis sur le territoire de la République que si toutes ont été réalisées en France. À supposer qu'un acte seulement, participant de la pluralité, ait eu lieu sur le sol français, la territorialité devient dès lors impossible, et c'est pourquoi la loi procède en ce cas par assimilation.

2 / Il est une autre manifestation de cette assimilation, concernant les crimes et délits commis à bord ou à l'encontre des aéronefs non immatriculés en France. Le code pénal rend applicable à ces

infractions la loi pénale française, notamment lorsque l'appareil atterrit en France après le crime ou le délit, ou lorsque l'aéronef a été donné en location sans équipage à une personne qui a le siège principal de son exploitation ou, à défaut, sa résidence permanente sur le territoire de la République (c. pén., art. 113-11, 2° et 3°). Dans les deux cas, la solution consiste à asseoir la compétence française sur un fondement territorial artificiel. Alors que l'infraction est en réalité commise hors des frontières de la République, elle est ramenée à une dimension territoriale, par référence, soit à un atterrissage en France, soit à un lieu d'exploitation ou de résidence sur le sol français. Ces données reviennent à étendre la territorialité en devenant légalement l'équivalent de faits consommés sur le territoire de la République.

89 INDIVISIBILITÉ. — La jurisprudence, très favorable à la compétence des juridictions françaises, est à l'origine d'une solution qui revient à prolonger artificiellement le principe de territorialité. Elle fait jouer les liens d'indivisibilité pouvant exister entre plusieurs infractions, et si l'une seulement a été commise sur le territoire de la République, elle emporte application de la loi pénale française à l'égard de toutes. Le principe est le suivant : « *La juridiction française est compétente pour connaître des faits commis à l'étranger par un étranger dès lors que ces faits apparaissent comme formant un tout indivisible avec les infractions également imputées en France à cet étranger et dont elle est légalement saisie* » [1]. Il suffit donc, pour se situer par rapport à la territorialité, qu'un minimum de faits se soit produit sur le territoire français, et les juridictions françaises peuvent connaître de tout ce qui est indissociable de ce minimum, s'agirait-il de faits commis à l'étranger par des étrangers [2].

1. Crim. 23 avr. 1981, *Bull. crim.* n° 116 ; *Rev. sc. crim.* 1982. 609, obs. Vitu ; 20 févr. 1990, *Bull. crim.* n° 84.
2. Pour une affaire retentissante de plusieurs assassinats perpétrés en haute mer par des marins ukrainiens sur la personne de ressortissants ghanéens, mais qui s'est finalement soldée par la compétence des juridictions françaises, en raison de la présence d'un survivant dans les eaux territoriales : Crim. 3 mai 1995, *Bull. crim.* n° 161 ; *Rev. sc. crim.* 1995. 836, obs. Dintilhac ; *Mélanges Poncet*, 1997, 143, comm. Koering-Joulin. – Pour une association de malfaiteurs reprochée à un prévenu de nationalité étrangère et commise à l'étranger, mais indivisiblement liée à un trafic de stupéfiants commis en France : Crim. 11 juin 2008, *Bull. crim.* n° 147 ; D. 2009, *Pan.*, p. 125, obs. Roujou de Boubée ; *Dr. pénal* 2008. 107, obs. Véron.

La technique est redoutable. Un simple point d'ancrage sur le sol français permet de retenir la compétence française pour des infractions qui n'en ont aucun. L'extension est ainsi proportionnelle à la conception plus ou moins large que l'on peut avoir de l'indivisibilité [1].

B – Les poursuites sur territorialité

90 Le principe de territorialité n'est pas sans soulever quelques difficultés sur la manière d'exercer la compétence qu'il reconnaît au profit des juridictions françaises. Nous sommes par hypothèse sur le terrain international et les poursuites se ressentent de cette situation, notamment quant au relais nécessaire des procédures de remise entre États et au rejet dominant de l'autorité de la chose jugée.

a) Le relais des procédures de remise

91 EFFICIENCE. — La territorialité est attributive de compétence, mais non significative d'une compétence effective. Pour rejoindre l'effectivité, il est parfois besoin d'un relais, celui des procédures de remise entre États, que sont le mandat d'arrêt européen et l'extradition, lorsque le responsable de l'infraction n'est pas à la disposition de la justice française, pour avoir pris la fuite ou gagné un pays étranger.

Il existe, certes, des possibilités procédurales de juger une personne en son absence (jugement par défaut), mais la solution n'est pas idéale, et la préoccupation des autorités judiciaires est de tout mettre en œuvre pour obtenir la remise du coupable, c'est-à-dire son arrestation par les autorités du pays où il réside, puis son transfert sur le territoire français.

L'extradition est une décision gouvernementale, et par là même un acte politique. La demande n'est donc pas toujours accueillie

1. Pour une approche plutôt large de l'indivisibilité : Crim. 3 mai 1995, *Bull. crim.* n° 161 ; *Rev. sc. crim.* 1995. 836, obs. Dintilhac ; *Mélanges Poncet*, 1997, 143, comm. Koering-Joulin.

favorablement par les autorités étrangères, outre le fait qu'il est de principe qu'un pays n'extrade pas ses propres nationaux. Aussi, à des fins d'efficience, existe-t-il de nombreux traités d'extradition, dont l'objet est de prévenir les difficultés, et de définir les garanties idéales quant à la remise des personnes dont le transfert est demandé. C'est dans le même but que le mandat d'arrêt européen a été mis en place par la loi Perben II du 9 mars 2004, afin de favoriser entre les États membres de l'Union européenne une procédure exclusivement judiciaire, sans intervention du pouvoir politique.

b) Le rejet de la chose jugée

92 *Bis in idem*. – La question est de savoir s'il est possible d'exercer des poursuites en France contre une personne déjà jugée à l'étranger pour des faits commis sur le territoire français. La règle *non bis in idem* interdit de condamner plusieurs fois la même personne pour le même fait, et il serait légitime de penser que de nouvelles poursuites sont prohibées lorsque l'auteur de l'infraction a déjà été jugé par les autorités étrangères. Mais c'est sans compter sur la souveraineté inhérente à la territorialité, qui s'accommode fort mal d'être ainsi privée d'une compétence nationale pour des crimes ou des délits commis sur le territoire de la République. C'est pourquoi la règle *non bis in idem* n'est pas toujours respectée, aussi bien dans la loi, qu'en jurisprudence.

1 / Le *législateur* est le premier à y faire exception. Il vise, certes, des hypothèses un peu marginales, mais qui n'en sont pas moins significatives de la sensibilité territoriale. Le code pénal prévoit en effet que : « *la loi pénale française... est seule applicable* aux infractions commises à bord des navires de la marine nationale, ou à l'encontre de tels navires, en quelque lieu qu'ils se trouvent », cette disposition étant reproduite exactement dans les mêmes termes pour les infractions commises à bord des aéronefs militaires français, ou à l'encontre de tels aéronefs (art. 113-3 et 113-4). L'exclusivité est ici érigée en principe, qui revient, en quelque sorte, à rejeter toute initiative étrangère dont l'objet serait de sanctionner de telles infractions. Mais la souveraineté de la France ne va pas jusqu'au contrôle du droit pénal étranger, et l'affirmation en devient sans portée.

Il ne reste qu'une interprétation possible, à savoir que les hypothèses concernées font exception au principe *non bis in idem*, et que toute décision étrangère relative aux faits énoncés est indifférente aux juridictions françaises, qui ne sauraient donc être dépouillées de leur compétence sur le fondement de la chose jugée.

2 / La seconde exception est due à la *jurisprudence*. La Cour de cassation considère que lorsqu'un étranger a commis en France une infraction, et qu'il a été condamné définitivement dans son pays à la suite d'une dénonciation officielle des faits par les autorités judiciaires françaises, l'action publique en France n'est pas éteinte par la chose jugée : « Aucune disposition de droit interne n'interdit de poursuivre, devant les juridictions françaises, un étranger condamné, dans son pays, pour un crime ou un délit commis sur le territoire de la République française » [1]. C'est dire que la territorialité l'emporte, là encore, sur la règle *non bis in idem*, pour ce qu'elle représente de compétence française difficilement ajustable à celle des autorités judiciaires étrangères, celles-ci auraient-elles été saisies à la demande de la France. La position de la jurisprudence revient à ériger en principe cette primauté territoriale, et sur un fondement juridiquement incontestable.

Elle est d'abord conforme aux dispositions de l'article 113-9 du code pénal, qui renvoie expressément au respect de l'autorité de la chose jugée lorsque l'infraction, ayant pour auteur ou victime une personne de nationalité française, a été commise hors du territoire de la République. Il faut en déduire *a contrario*, faute de précision en ce sens dans l'hypothèse inverse où l'infraction s'est manifestée sur ce territoire, que le principe de territorialité fait échec à cette autorité. La Cour de cassation est en ce sens, qui juge que : « L'exception de chose jugée à l'étranger prévue aux articles 113-9 du code pénal et 692 du code de procédure pénale ne saurait faire obstacle à l'exercice de poursuites exercées sur le fondement de la compétence territoriale française » [2].

Elle rejoint ensuite, tant l'article 4 du protocole n° 7 du 22 novembre 1994 à la Convention européenne de sauvegarde des Droits de l'homme

1. Crim. 17 mars 1999, *Bull. crim.* n° 44.
2. Crim. 8 juin 2005, *Bull. crim.* n° 174 ; 26 sept. 2007, *Bull. crim.* n° 224 ; D. 2008. 1179, note Rebut ; JCP 2008. II. 10047, note Segonds ; *Gaz. Pal.* 2008. 1. 285, note Pellier ; *Rev. sc. crim.* 2008, p. 69, obs. Fortis, et p. 360, obs. Finielz.

et des libertés fondamentales, que l'article 14-7 du Pacte international relatif aux droits civils et politiques, qui ne retiennent le principe *non bis in idem* que dans le cadre de poursuites internes à un pays, sans en garantir le respect s'agissant de poursuites ou de condamnations pénales par des juridictions d'États différents [1].

Seuls les rapports plus étroits au sein de l'Union européenne échappent à cette solution, d'abord en application de « l'acquis de Schengen » [2], tel que consacré par le traité de Lisbonne du 13 décembre 2007, entré en vigueur le 1er décembre 2009, ensuite à la faveur de la Charte des droits fondamentaux de l'Union européenne [3], signée à Nice le 7 décembre 2000, et expressément reconnue par le Traité sur l'Union européenne (TUE, art. 6) issu du traité de Lisbonne. C'est dire que la règle *non bis in idem* est désormais à dimension européenne, avec ce que cela implique de respect de l'autorité de la chose jugée d'un pays de l'Union à un autre. [4]

II | Les infractions commises hors du territoire de la République

93 Les infractions commises hors du territoire de la République ne peuvent qu'être sélectives quant à la prétention de la France à en connaître. Le fait qu'elles ne soient pas réalisées en un

1. Comm. EDH, 21 oct. 1993, *Bargiola c/ Suisse*, DR 75/76.
2. Convention d'application de l'accord de Schengen (19 juin 1999), art. 54 : « Une personne qui a été définitivement jugée par une partie contractante ne peut, pour les mêmes faits, être poursuivie par une autre partie contractante, à condition que, en cas de condamnation, la sanction ait été subie ou soit actuellement en cours d'exécution ou ne puisse plus être exécutée selon les lois de la partie contractante de condamnation ». En application de ce texte, la Cour de justice des communautés européennes a jugé qu'une personne ne saurait être poursuivie dans un État membre pour les mêmes faits que ceux pour lesquels il a été mis fin à l'action pénale dans un autre État membre, serait-ce sans l'intervention d'une juridiction, en application de procédures simplifiées d'extinction de l'action publique (composition pénale...). – CJCE, 11 févr. 2003 (*aff.* C-187/01 et *aff.* C-385/01, *H. Gözütok* et *K. Brügge*), *Europe* 2003, *comm.* 124, obs. Y. Gautier ; D. 2003, jur. p. 1458, note F. Julien-Laferrière ; JCP 2003, I, n° 166, p. 1725 obs. A. Raynouard ; *Rev. sc. crim.* 2003. 618, obs. Massias. – Sur le sens à donner aux différents termes et notions participant de la formule de l'article 54, v. CJCE, 18 juill. 2007 (*aff.* C-288-05, *Jürgen Kretzinger c/ Hauptzollant Augsburg*), D. 2007. *AJ.* 2240.
3. L'article 50, consacré au droit à ne pas être jugé ou puni pénalement deux fois pour une même infraction, est ainsi rédigé : « Nul ne peut être poursuivi ou puni pénalement en raison d'une infraction pour laquelle il a déjà été acquitté ou condamné dans l'Union par un jugement pénal définitif conformément à la loi ».
4. Rapprocher les nouveaux articles 132-23-1 et 132-23-2 du code pénal, issus de la loi n° 2010-242 du 10 mars 2010 tendant à amoindrir le risque de récidive criminelle et portant diverses dispositions de procédure pénale (*JO* 11 mars, p. 4808 ; *chap.* 13).

lieu où s'exerce la souveraineté de l'État conduit à une certaine réserve sur ce plan. Mais une réserve qui ne va pas jusqu'à l'exclusion, comme en témoigne l'article 689 du code de procédure pénale, qui retient doublement la compétence des juridictions françaises : « *Les auteurs ou complices d'infractions commises hors du territoire de la République peuvent être poursuivis et jugés par les juridictions françaises soit lorsque, conformément aux dispositions du livre Ier du Code pénal ou d'un autre texte législatif, la loi française est applicable, soit lorsqu'une convention internationale ou un acte pris en application du traité instituant les Communautés européennes donne compétence aux juridictions françaises pour connaître de l'infraction* ».

Même commises hors du territoire de la République, les infractions engagent donc la compétence judiciaire française, soit parce qu'elles rejoignent les critères d'applicabilité de la loi française, ce qui renvoie à un double principe, et de personnalité (A) et de subsidiarité (B), soit parce qu'elles rentrent dans les prévisions d'une convention internationale en ce sens ou d'un acte communautaire, ce qui est une concession au principe de l'universalité (C).

A – La compétence fondée sur la personnalité

94 Les dispositions du code pénal, auxquelles il est fait référence à l'article 689 du code de procédure pénale, sont les articles 113-6 à 113-12, qui, sous certaines conditions, rendent applicable la loi pénale française lorsque les infractions ont été commises hors du territoire de la République. Les hypothèses visées ont pour dénominateur commun de retenir le critère, non plus du lieu de rattachement de l'infraction, mais de la personnalité de chacun de ses protagonistes : on parle de « personnalité active » lorsqu'elle est fondée sur celle de l'auteur du crime ou du délit, et de « personnalité passive » lorsqu'elle repose sur celle de la victime, les deux systèmes étant par ailleurs soumis à des règles particulières de procédure.

a) La personnalité active

95 AUTEUR FRANÇAIS. — Par la personnalité active, compétence est donnée aux juridictions françaises pour appliquer la loi pénale française, lorsque l'auteur de l'infraction est français, aurait-il acquis la nationalité française postérieurement au fait qui lui est imputé. L'article 113-6 du code pénal contient tous les énoncés relatifs à ce principe, en faisant une distinction selon que l'infraction commise est, au sens du droit français, un crime (al. 1er) ou un délit (al. 2), les contraventions étant quant à elles exclues du système.

Si l'infraction est un crime, compétence est reconnue aux juridictions françaises sans aucune restriction. En revanche, lorsque l'infraction est un délit, l'application de la loi française n'est possible que sous couvert d'une réciprocité d'incrimination, les faits devant être alors punis par la législation du pays où ils ont été commis. Autrement dit, le juge doit vérifier que le délit au sens du droit pénal français est également sanctionné par le droit pénal étranger, peu importe que son incrimination ne se double pas d'une équivalence de qualification. La distinction se justifie. Par leur gravité objective, les crimes relèvent des juridictions nationales sans que leur existence ait besoin d'être confirmée par le pays où ils ont été commis. En revanche, parce que les délits participent d'une délinquance moins prononcée, cette confirmation est jugée nécessaire, la réciprocité des incriminations permettant de se convaincre du consensus politique les concernant. On réalise ainsi que, contrairement au principe de territorialité, la personnalité procède par concession au droit pénal étranger, puisque les poursuites en France, du moins relatives aux délits, sont soumises à une certaine dépendance par rapport à ses solutions.

Mais les exceptions sont nombreuses. Elles concernent des délits sensibles, que le législateur veut voir poursuivre, même s'ils ne sont pas incriminés par la législation du pays où ils ont été commis : pour ces infractions, par hypothèse réalisées par un français hors du territoire de la République, la loi pénale française est donc applicable par dérogation aux dispositions du deuxième alinéa de l'article 113-6 du code pénal, c'est-à-dire dans l'indifférence de la réciprocité d'incrimination normalement de règle pour les délits. Ces écarts sont très révélateurs de la manière dont le législateur intègre la réciprocité : l'adhésion au droit pénal étranger ne soulève aucune réticence lorsqu'il retrouve ses propres options, mais dès que celles-ci ne correspondent plus à la conception étrangère, il y est fait exception.

On peut y voir une certaine autarcie juridique, mais qui n'en est pas moins opportune. En effet, en rompant avec la réciprocité d'incrimination, la loi française devient applicable à des faits qui resteraient impunis sur le fondement de ce principe, à supposer que les délits ne soient pas érigés en infractions dans les pays où ils sont commis. C'est notamment le cas pour le tourisme sexuel, cette forme très particulière de « loisirs » étant rarement incriminée dans les pays d'accueil, pour correspondre, malheureusement, à une véritable activité économique. Il était donc indispensable de faire exception à la réciprocité, afin de pouvoir poursuivre et condamner les auteurs français de tels faits [1], tout comme d'autres délits, pour les mêmes raisons, méritent également d'être exclus du principe [2].

1. C. pén., art. 222-22, al. 3, et 227-27-1 (réd. L. n° 98-468 du 17 juin 1998 relative à la prévention et à la répression des infractions sexuelles ainsi qu'à la protection des mineurs, *JO* 18 juin, p. 9255).
2. ▶ Délits commis à bord ou à l'encontre des *aéronefs non immatriculés en France* : c. pén., art. 113-11 (1°), qui rend applicable la loi pénale française lorsque, notamment, l'auteur est de nationalité française, aucune mention n'étant faite de la réciprocité d'incrimination.
▶ Délits relatifs à certains *produits chimiques* : c. défense, art. L. 2342-81 (réd. ord. n° 2004-1374 du 20 déc. 2004, *JO* 21 déc., p. 21675 ; rect. *JO* 29 déc., p. 2207, et 4 janv. 2005, p. 188 ; ancien art. 82 de la loi n° 98-467 du 17 juin 1998), qui déroge aux dispositions du deuxième alinéa de l'art. 113-6 du code pénal, lorsque les délits contraires à la Convention de Paris du 13 janvier 1993 sur l'interdiction de la mise au point, de la fabrication, du stockage et de l'emploi des armes chimiques et sur leur destruction, sont commis par un Français dans un État non partie à la Convention.
▶ Délits relatifs aux *mines antipersonnel* : c. défense, art. L. 2343-12 (réd. ord. n° 2004-1374 du 20 déc. 2004, préc. ; ancien art. 8 de la loi n° 98-564 du 8 juillet 1998), qui rend la loi pénale française applicable sans référence au principe de réciprocité, lorsque les infractions à l'interdiction de l'emploi, du stockage, de la production et du transfert des mines antipersonnel, sont commises hors du territoire de la République par un Français.
▶ Délit de *proxénétisme à l'égard d'un mineur* : c. pén., art. 225-11-2 (réd. loi n° 2006-399 du 4 avril 2006 renforçant la prévention et la répression des violences au sein du couple ou commises contre les mineurs), qui déroge à la réciprocité d'incrimination, dès lors que les faits ont été commis à l'étranger par un Français ou une personne résidant habituellement en France. Cette hypothèse est issue d'une transposition de la décision-cadre du Conseil de l'Union européenne du 23 décembre 2003, relative à la lutte contre l'exploitation sexuelle des enfants et la pédopornographie.
▶ Délits relatifs à la *prostitution des mineurs* : c. pén., art. 225-12-3 (réd. loi n° 2002-305 du 4 mars 2002 relative à l'autorité parentale, *JO* 5 mars, p. 4161), qui fait exception à la réciprocité d'incrimination, afin d'éviter qu'un Français, voire une personne résidant habituellement sur le territoire français, ne se livre impunément à l'activité de souteneur dans un pays qui en tolérerait le principe.

96 EXTENSION EUROPÉENNE. — La loi n° 2009-1503 du 8 décembre 2009, relative à l'organisation et à la régulation des transports ferroviaires et portant diverses dispositions relatives aux transports [1], a complété l'article 113-6 du code pénal par un nouvel alinéa, destiné à rendre la loi pénale française « applicable aux infractions aux dispositions du règlement (CE) n° 561/2006 du Parlement européen et du Conseil du 15 mars 2006 relatif à l'harmonisation de certaines dispositions de la législation sociale dans le domaine des transports par route, commises dans un autre État membre de l'Union européenne et constatées en France... ». Cette disposition est une extension à l'échelle européen du principe de personnalité active, afin de rendre possibles des poursuites en France fondées sur la violation des règles harmonisées du droit du travail relatives aux transports routiers (durées de conduite, pauses et temps de repos des conducteurs...), même si l'infraction a été commise dans un autre État membre, et quelle que soit la nationalité de son auteur.

b) La personnalité passive

97 Par la personnalité passive, compétence est donnée aux juridictions françaises pour appliquer la loi pénale française, soit lorsque la victime est de nationalité française ou, pour les mineurs, résidant en France, soit lorsque les intérêts nationaux sont atteints.

98 VICTIME FRANÇAISE. — L'article 113-7 du code pénal contient en ces termes le principe de la compétence fondée sur la qualité de la victime : « *La loi pénale française est applicable*

► Délits de participation à une *activité de mercenaire* : c. pén., art. 436-3 (réd. loi n° 2003-340 du 14 avril 2003 relative à la répression de l'activité de mercenaire, *JO* 15 avr., p. 6336), qui fait exception à la réciprocité d'incrimination lorsque les faits en rapport avec cette activité sont commis à l'étranger par un Français, ou par une personne résidant habituellement sur le territoire français.

► Délit de *clonage reproductif* : c. pén., art. 511-1-1 (réd. loi n° 2004-800 du 6 août 2004 relative à la bioéthique, JO 7 août, p. 14040), qui rend inapplicable le deuxième alinéa de l'art. 113-6 du code pénal lorsqu'un Français, ou une personne résidant habituellement sur le territoire français, commet à l'étranger le fait de se prêter à un prélèvement de cellules ou de gamètes, dans le but de faire naître un enfant génétiquement identique à une autre personne, vivante ou décédée.

1. *JO* 9 déc., p. 21226.

à tout crime, ainsi qu'à tout délit puni d'emprisonnement, commis par un Français ou par un étranger hors du territoire de la République lorsque la victime est de nationalité française au moment de l'infraction ». Deux séries de conditions en découlent, les unes tenant aux infractions visées, les autres aux personnes concernées.

1 / Quant aux *infractions*, entrent dans le champ d'application de la loi, non seulement les crimes, mais également tous les délits punis d'emprisonnement, ce qui recouvre en fait la quasi-totalité des délits du code pénal.

Aucune réciprocité d'incrimination n'est formulée, y compris pour les délits, ce qui est une différence importante avec la personnalité active, et une différence non négligeable, étant en effet au cœur des nuances qui affectent l'étendue du principe quant aux personnes.

2 / Relativement aux *personnes*, le dispositif est applicable lorsque la victime de l'infraction est de nationalité française, y compris lorsque l'auteur de cette infraction est un Français. Autrement dit, lorsqu'un Français commet à l'étranger une infraction (crime ou délit) contre un autre Français, ce n'est pas en termes de personnalité active qu'il faut raisonner, mais en termes de personnalité passive. La solution n'est pas neutre. Le principe de personnalité active, fondé sur la nationalité française de l'auteur d'une infraction commise hors du territoire de la République, passe, nous le savons, par la condition de réciprocité des incriminations lorsque l'infraction est un délit. Il en résulte concrètement que le coupable Français d'un délit puni d'emprisonnement commis à l'étranger à l'encontre d'un Français tombe sous le coup de la loi pénale française, même si le fait n'est pas incriminé par la législation étrangère. En revanche, pour les délits non punis d'emprisonnement, seule la personnalité active est à même de jouer, ce qui suppose une réciprocité d'incrimination. Le système est pertinent : dès lors que les deux protagonistes de l'infraction sont l'un et l'autre français, il n'est pas anormal de retenir la loi française comme la seule référence, sans égard pour la législation étrangère, sauf à renouer avec la réciprocité lorsque les délits sont d'une gravité toute relative, manifestée par l'absence d'une peine d'emprisonnement.

99 VICTIMES RÉSIDANT EN FRANCE. — La personnalité passive connaît depuis peu d'importantes extensions. Par dérogation à son domaine premier d'application, qui veut que la victime de l'infraction commise à l'étranger soit de nationalité française, le législateur en octroie aujourd'hui le bénéfice à des personnes qui, sans avoir la nationalité française, résident habituellement sur le territoire français. Ainsi de la loi du 4 avril 2006 renforçant la prévention et la répression des violences au sein du couple ou commises contre les mineurs [1], qui déclare la loi française applicable, par dérogation aux dispositions de l'article 113-7 du code pénal, aux violences criminelles et délictuelles commises à l'étranger sur une victime mineure dont la résidence habituelle est en France (c. pén., art. 222-16-2) : il s'agit, par ce texte, de renforcer la protection des mineures contre l'excision et autres mutilations sexuelles, lorsque de tels faits sont commis à l'étranger à l'encontre d'une victime qui n'a pas la nationalité française, mais qui habite sur le territoire français. Ainsi de la loi très récente du 9 juillet 2010 relative aux violences faites spécifiquement aux femmes, aux violences au sein des couples et aux incidences de ces dernières sur les enfants [2], qui rend pareillement applicable la loi française aux violences qui y sont visées, commises à l'étranger à l'encontre d'une personne résidant habituellement sur le territoire français, en rapport avec un refus de contracter un mariage ou de conclure une union (c. pén., art. 221-5-4, 222-6-3, 222-16-3). L'extension est heureuse : elle consiste à retenir, en tant que critère d'applicabilité de la loi pénale française et de compétence des juridictions pénales françaises, non plus la nationalité française de la victime, mais sa résidence habituelle en France, ce lien résidentiel étant en quelque sorte assimilé, pour les personnes concernées, à une attache nationale méritant protection de la loi nationale. Nous ne sommes pas loin d'une compétence universelle unilatérale...

100 INTÉRÊTS NATIONAUX. — La personnalité passive se veut proche des victimes. Cette préoccupation n'est pas seulement liée à la protection des intérêts privés. L'intérêt général est également concerné, et c'est pourquoi, en application de l'article 113-10 du code pénal : « La loi pénale française s'applique aux crimes et

1. Loi n° 2006-399, *JO* 5 avr., p. 5097.
2. Loi n° 2010-769, *JO* 10 juill., p. 12762.

délits qualifiés d'atteintes aux intérêts fondamentaux de la nation et réprimés par le titre Ier du livre IV, à la falsification et à la contrefaçon du sceau de l'État, de pièces de monnaie, de billets de banque ou d'effets publics réprimés par les articles 442-1, 442-2, 442-5, 442-15, 443-1 et 444-1 et à tout crime ou délit contre les agents ou les locaux diplomatiques ou consulaires français, commis hors du territoire de la République ». Cette disposition est le pendant, pour les intérêts publics, de celle de l'article 113-7 du code pénal relative aux intérêts des particuliers. Elle intègre la dimension victimologique des atteintes à l'État, pris dans ses valeurs fondamentales et dans les différents signes de son pouvoir. Lorsque les infractions relevées sont commises hors du territoire français, elles peuvent donc être poursuivies sur le fondement de la personnalité passive (on parle encore de « compétence réelle »), l'État lui-même étant victime de leur réalisation, aucune réciprocité d'incrimination n'interférant avec ce qui participe d'une véritable réaction de souveraineté, peu importe que l'auteur du crime ou du délit soit français ou étranger.

c) Les particularités de procédure

101 Les principes de personnalité active et passive s'accompagnent de quelques particularités relatives à la procédure. On retrouve bien sûr la préoccupation d'effectivité, telle que nous l'avons déjà rencontrée à propos de la territorialité. Attributive de compétence, la personnalité, dans sa double version, n'est pas une garantie d'efficience, et c'est pourquoi il importe de ne pas négliger l'extradition ou le mandat d'arrêt européen. Mais les véritables spécificités ne sont pas là. Elles tiennent à certains préalables aux poursuites, et au respect de la règle *non bis in idem*.

102 PRÉALABLES AUX POURSUITES. — L'article 113-8 du code pénal prévoit que : « *Dans les cas prévus aux articles 113-6 et 113-7, la poursuite des délits ne peut être exercée qu'à la requête du ministère public. Elle doit être précédée d'une plainte de la victime ou de ses ayants droit ou d'une dénonciation officielle par l'autorité du pays où le fait a été commis* ». Ce texte, particulier aux délits, en limite doublement les poursuites, et pour en interdire le principe autrement que par la voie du ministère public, et pour soumettre la requête de ce dernier au préalable d'une plainte ou d'une dénonciation. L'accès à la justice pénale est de ce fait plus étroit, tant pour les victimes, qui ne peuvent mettre en mouvement l'action publique, que pour le parquet, dont les initiatives sont soumises au dépôt d'une plainte ou au transfert d'une dénonciation officielle. La raison tient à la volonté de mieux contrôler les poursuites, afin d'en admettre le principe sur des données sûres, permettant de se convaincre de leur opportunité, à la mesure de la gravité des faits. Les crimes échappent naturellement à ces réserves, relevant d'une nature qui ne saurait faire douter de la nécessité de les poursuivre et de les sanctionner.

Ces préalables aux poursuites ont un domaine précis. Ils sont d'abord limités aux « cas prévus aux articles 113-6 et 113-7 » du code pénal, c'est-à-dire à la version générale de la personnalité active et passive, à l'exclusion de versions plus qualifiées, notamment par référence aux délits attentatoires aux intérêts fondamentaux de la nation (art. 113-10), ou à ceux commis à bord ou à l'encontre d'aéronefs non immatriculés en France (art. 113-11). Ensuite, la matière connaît quelques exceptions, qui rejoignent, et celles relatives à la réciprocité d'incrimination propre à la personnalité active (*supra*, n° 95), et celles, sur le fondement de la personnalité passive, en rapport avec des victimes étrangères résidant habituellement en France (*supra*, n° 99). Cette parité dérogatoire est logique : parce que les délits en cause ont peu de chance d'être sanctionnés dans les pays où ils sont commis, il ne faut pas s'attendre à ce qu'ils soient dénoncés, tout comme il convient de les réprimer indépendamment de leur incrimination à l'étranger.

103 *NON BIS IN IDEM*. — Autant, comme nous l'avons vu, la règle *non bis in idem* est absente du principe de territorialité, autant, au contraire, elle est explicite sur la personnalité. En effet, il résulte expressément de l'article 113-9 du code pénal que : « *Dans les cas prévus aux articles 113-6 et 113-7, aucune poursuite ne peut être exercée contre une personne justifiant qu'elle a été jugée définitivement à l'étranger pour les mêmes faits et, en cas de condamnation, que la peine a été subie ou prescrite* ». Pareillement, c'est sous réserve de ces mêmes dispositions que la loi pénale française est applicable aux crimes et délits commis à bord ou à l'encontre des aéronefs non immatriculés en France (c. pén., art. 113-11). La chose jugée à l'étranger a donc autorité sur les juridictions françaises, qui ne peuvent en conséquence s'engager sur la voie de nouvelles poursuites ou d'une nouvelle condamnation pour des faits commis hors du territoire de la République.

Cette autorité est de stricte interprétation. Elle s'attache d'abord à ce qui est définitivement jugé à l'étranger, ce qui exclut, bien sûr, un classement sans suite [1], mais aussi toute décision susceptible de recours, en voie d'appel ou de pourvoi. De plus, en cas de condamnation, la peine doit avoir été subie ou prescrite, ces modes particuliers d'extinction devant être pris dans un sens très technique. Notamment, la règle *non bis in idem* ne joue pas lorsque le coupable a obtenu sa grâce à l'étranger, cette mesure étant suspecte, se prêtant trop facilement à des motifs de pure opportunité, sous réserve cependant de la construction européenne ou de conventions internationales contraires, telle la Convention d'application de l'accord de Schengen (art. 54). Une réserve qui n'existerait pas sans une grande confiance entre les États...

B – La compétence fondée sur la subsidiarité

104 HYPOTHÈSE. — La loi Perben II du 9 mars 2004 est à l'origine d'une nouvelle hypothèse d'application de la loi pénale française à des infractions commises hors du territoire de la République. Elle a en effet inséré, après l'article 113-8 du code pénal, un article 113-8-1 [2] dont l'objet est d'éviter que, suite à un refus d'extradition, un étranger n'échappe à des poursuites : « *Sans préjudice de l'application des articles 113-6 à 113-8, la loi pénale française est également applicable à tout crime ou à tout délit puni d'au moins*

1. Un classement sans suite par le ministère public près une juridiction étrangère n'a pas valeur de jugement définitif au sens des art. 113-9 c. pén. et 54 de la Convention d'application de l'accord de Schengen. – Crim. 6 déc. 2005, *Bull. crim.* n° 317 ; D. 2006. *Pan.*, p. 622, obs. Pradel ; *Rev. sc. crim.* 2006. 307, obs. Vermelle.
2. J. Le Calvez, Réflexions sur l'article 113-8-1 du code pénal. Vous avez dit : « Amendement de coordination » ?, Mélanges B. Bouloc, *Dalloz*, 2006, p. 591.

cinq ans d'emprisonnement commis hors du territoire de la République par un étranger dont l'extradition a été refusée à l'État requérant par les autorités françaises aux motifs, soit que le fait à raison duquel l'extradition avait été demandée est puni d'une peine ou d'une mesure de sûreté contraire à l'ordre public français, soit que la personne réclamée aurait été jugée dans ledit État par un tribunal n'assurant pas les garanties fondamentales de procédure et de protection des droits de la défense, soit que le fait considéré revêt le caractère d'infraction politique ».

On le voit, c'est bien à des fins subsidiaires que la loi française est retenue comme pouvant s'appliquer. La décision des autorités françaises de ne pas répondre à une demande d'extradition, pour des raisons tenant à un doute sur la procédure ou le système répressif de l'État requérant, qui retiendrait par exemple la peine de mort, ne doit pas pour autant affranchir le mis en cause de toute responsabilité. L'infraction qu'il a commise, que la loi situe délibérément à un niveau marqué de gravité, mérite qu'elle soit reconnue, et faute pour la justice étrangère de pouvoir intervenir, c'est aux juridictions françaises de le faire. Sont ainsi préservées, et la philosophie humaniste qui inspire notre droit pénal, et l'efficience de la justice, qui ne gagnerait pas à consacrer une impunité (*aut dedere, aut judicare* : livrer ou poursuivre...).

Cette subsidiarité est d'ailleurs expresse dans les dispositions reproduites, qui ont recours à la loi française « *sans préjudice de l'application des articles 113-6 à 113-8* », ce qui confère une priorité à ces textes. Il est bien évident que si les conditions sont remplies, permettant notamment de retenir la personnalité passive, point ne sera besoin d'agir sur le fondement du nouvel article 113-8-1. La compétence qui en résulte pour les juridictions françaises n'a donc vocation à être exercée qu'à défaut de toute autre possibilité d'appliquer la loi pénale française. Peu importe que la victime ne soit pas française, ou qu'aucun intérêt national ne soit atteint : le droit français reste la seule référence, comme il le serait sur le fondement de l'universalité.

105 POURSUITES. — Le caractère exceptionnel de la compétence française fondée sur l'article 113-8-1 du code pénal, justifie que les poursuites soient tributaires de strictes conditions d'exercice.

Sont en effet en cause des considérations relatives à l'ordre public, dont la défense incombe aux autorités, et non à des particuliers. C'est pourquoi, il est prévu que : « *La poursuite des infractions... ne peut être exercée qu'à la requête du ministère public. Elle doit être précédée d'une dénonciation officielle, transmise par le ministre de la justice, de l'autorité du pays où le fait a été commis et qui avait requis l'extradition* ».

L'action publique ne peut donc être exercée qu'à l'initiative du parquet, sous la condition d'une dénonciation en ce sens. Mais on peut s'interroger sur l'intérêt d'un pays à procéder à cette dénonciation, alors que sa demande d'extradition aura par hypothèse été rejetée, qui plus est en rapport avec une certaine suspicion de la part de la France : il sera peut-être tenté de bloquer les prétentions de celle-ci à rendre la justice à sa place, tout simplement en ne s'engageant pas dans la voie de la dénonciation...

C – La compétence fondée sur l'universalité

106 Nous abordons ici le dernier critère de la compétence des juridictions françaises en rapport avec les infractions commises hors du territoire de la République, tel que l'article 689 du code de procédure pénale en formule le principe par référence aux conventions internationales et aux actes pris en application du traité instituant les Communautés européennes, cette dernière référence communautaire étant le fait de la loi n° 2009-1503 du 8 décembre 2009 relative à l'organisation et à la régulation des transports ferroviaires et portant diverses dispositions relatives aux transports. Cette compétence est dite « universelle », pour être le résultat d'une reconnaissance partagée entre les États. Mais à la grandeur du système, s'opposent les lenteurs du droit pour l'appliquer.

a) La grandeur du système

107 IDÉAUX. — Par l'universalité les poursuites sont confiées aux juridictions du pays où l'auteur de l'infraction est trouvé. C'est donc le lieu de l'arrestation qui est attributif de la compétence législative et judiciaire, indépendamment des critères classiques de territorialité et de personnalité. Le système a pour lui d'être très efficace, d'abord en évitant toute revendication de compétence en rapport avec le pays de commission de l'infraction, ou fondée sur la personnalité de son auteur ou des victimes, ensuite en faisant l'économie de l'extradition ou de mandats internationaux, puisque chaque État souverain se voit doté d'une reconnaissance pour agir sur la base de son propre droit national.

Mais, on s'en doute, la compétence universelle occupe une place assez réduite, à la hauteur des difficultés rencontrées pour construire un véritable droit pénal international. Tout en rejoignant le droit positif dans certaines de ses solutions, elle n'est encore qu'une référence idéale, un modèle à atteindre, sans trop d'illusions sur les possibilités de faire mieux et plus. La résistance des États est très forte, que l'on doit notamment à des désaccords profonds sur les politiques à suivre et sur la manière d'en conduire les applications. Et c'est pourquoi le bilan reste médiocre, même s'il est porteur de très grands espoirs.

b) Les lenteurs du droit

108 RÉALITÉS. — Le droit pénal français n'est pas étranger à l'universalité, mais il ne peut qu'en refléter la modeste réalité, faite de progression assez lente sur la voie d'une intégration plus complète. Le principe est formulé à l'article 689-1 du code de procédure pénale : « *En application des conventions internationales visées aux articles suivants, peut être poursuivie et jugée par les juridictions françaises, si elle se trouve en France, toute personne qui s'est rendue coupable hors du territoire de la République de l'une des infractions énumérées par ces articles. Les dispositions du présent article sont applicables à la tentative de ces infractions, chaque fois que celle-ci est punissable* ». C'est donc sur le fondement de conventions internationales que les juridictions françaises peuvent légitimement prétendre à une compétence universelle. Mais ces conventions ne sont pas toutes à égalité : si en général elles contiennent le principe de l'universalité, parfois elles n'en sont que le simple prétexte, la compétence qui en découle étant unilatéralement prévue par la loi française.

1 / L'universalité est le plus souvent le résultat d'un consensus international. Les articles 689-2 et suivants du code de procédure pénale en témoignent, qui dressent la liste des différents instruments ratifiés par la France et attributifs de compétence pour ses juridictions. Ils sont pour la plupart l'expression d'une universalité prévue en termes explicites. Tous sont orientés vers les mêmes objectifs, à savoir une protection universelle contre des formes de criminalité particulièrement redoutées, voire menaçantes pour les États, ce qui explique leur détermination à s'entendre pour en éviter les effets. Tortures, peines et traitements cruels, inhumains ou dégradants, terrorisme, infractions commises au moyen de matières nucléaires, atteintes à sécurité de la navigation maritime et des plates-formes fixes continentales, capture illicite d'aéronefs et actes illicites dirigés contre l'aviation civile, violences dans les aéroports internationaux, violation de la législation sociale communautaire dans le domaine des transports par route : ce sont là autant de qualifications récupérées sur le plan international, avec pour prolongement l'attribution expresse d'une compétence universelle à tous les pays signataires des conventions qui en font état, ou engagés par les actes pris en application du traité instituant les Communautés européennes.

2 / Mais l'universalité peut être le résultat d'une disposition seulement interne [1]. C'est le cas de l'article 689-8 du code de procédure pénale, relatif à la protection des intérêts financiers des Communautés européennes. Il renvoie à la compétence universelle des juridictions françaises, alors que les conventions internationales traitant de la matière ne s'y réfèrent pas. Elles ne sont donc qu'un support d'apparence à une mesure en réalité unilatérale. Plus symboliquement, les lois n° 95-1 du 2 janvier 1995 et n° 96-432 du 22 mai 1996, relatives, d'une part, au Tribunal pénal international pour l'ex-Yougoslavie, et, d'autre part, au Tribunal pénal international pour le Rwanda, ont retenu la même compétence universelle au profit des juridictions françaises, alors que les résolutions du Conseil de sécurité des Nations Unies à l'origine de ces deux tribunaux n'avaient formulé aucune exigence à ce égard. Mais une procédure de dessai-

1. A. Huet et R. Koering-Joulin, Droit pénal international, *op. cit.*, n° 145, c, p. 243.

sissement des juridictions nationales est prévue, afin de ne pas priver les tribunaux *ad hoc* de leur raison d'être. Quant à la Cour pénale internationale, dont le statut a été adopté à Rome le 17 juillet 1998 [1], sa compétence vient en complément de celle des juridictions pénales nationales, lesquelles n'ont aucune vocation à l'universalité.

On le voit, la compétence universelle est importante par ses enjeux, mais les textes qui s'y réfèrent, particulièrement en termes internationaux, sont très limités en nombre. Certes l'impulsion est donnée pour en ouvrir plus largement les applications, mais il faut composer avec les lenteurs du droit.

Pour aller plus loin

109 PORTÉE CONSTITUTIONNELLE DU PRINCIPE DE NON-RÉTROACTIVITÉ. — Aux termes de l'art. 8 de la Déclaration des droits de l'homme et du citoyen de 1789, « La loi ne doit établir que des peines strictement et évidemment nécessaires, et nul ne peut être puni qu'en vertu d'une loi établie et promulguée antérieurement au délit, et légalement appliquée ». Le Conseil constitutionnel en déduit que le principe de non-rétroactivité des lois n'a de valeur constitutionnel qu'en matière répressive (Cons. const. 7 nov. 1997, n° 97-391 DC, *JO* 11 nov., p. 16390 ; D. 1999, *Somm.* p. 235, obs. Mélin-Soucramanien ; 30 déc. 1997, n° 97-395 DC, *JO* 31 déc., p. 19313 ; 18 déc. 1998, n° 98-404 DC, *ibid.* 27 déc., p. 19663 ; D. 2000. *Somm.* 63, obs. Mélin-Soucramanien ; JCP 1999. II. 10046, note Guiheux), et qu'il ne s'applique qu'aux peines et aux sanctions ayant le caractère d'une punition (Cons. const., 8 déc. 2005, n° 2005-527 DC : *JO* 13 déc., p. 19162 ; D. 2006. 966, note Rouvillois). La non-rétroactivité relève donc d'une conception très stricte, pour être fermée à tout ce qui ne rentre pas dans la contrainte punitive, tout en étant dans le prolongement ou dans le giron du droit pénal.

▶ C'est notamment le cas :

— Du placement sous surveillance électronique mobile mis en place par la loi n° 2005-1549 du 12 décembre 2005 relative au traitement de la récidive des infractions pénales (*JO* 13 déc., p. 19152 ; c. pén., art. 131-36-9 et s. ; c. pr. pén., art. 723-29 et s.), qui s'analyse comme une mesure de sûreté, et qui, pour être dépourvu de caractère punitif, a pu être appliqué à des personnes condamnées pour des faits commis antérieurement à l'entrée en vigueur de la loi (Cons. const., 8 déc. 2005, préc.).

— De l'expulsion d'un étranger, qui n'a pas le caractère d'une sanction mais d'une mesure de police à objet préventif, étant exclusivement destinée à protéger l'ordre et la sécurité publics, et qui peut donc se référer à des condamnations antérieures à la promulgation

1. Sur la publication de la convention portant statut de la Cour pénale internationale, voir le Décret n° 2002-925 du 6 juin 2002 (*JO* 11 juin, p. 10327).

de la loi sur laquelle elle se fonde (Crim 1er févr. 1995, JCP 1995. II. 22463, note Guimezanes).

— De l'incapacité attachée à certaines condamnations, qui ne constitue pas une peine complémentaire mais une mesure de sûreté, ce qui justifie que, dès l'entrée en vigueur de la loi qui l'institue, elle puisse frapper une personne antérieurement condamnée (Crim. 26 nov. 1997, *Bull. crim.* n° 404 ; D. 1998. 495, note Rebut ; *Rev. sc. crim.* 1998. 539, obs. Bouloc).

— De l'inscription au fichier judiciaire national automatisé des auteurs d'infractions sexuelles (FIJAIS), qui constitue, non une peine au sens de l'art. 7-1 Conv. EDH, mais une mesure ayant pour seul objet de prévenir le renouvellement des infractions sexuelles et de faciliter l'identification de leurs auteurs, ce qui ne la soumet pas au principe de la non-rétroactivité des lois de fond plus sévères (Crim. 31 oct. 2006, *Bull. crim.* n° 267 ; *Dr. pénal* 2007. 7, obs. Véron. – CEDH, 17 déc. 2009, n° 5335/06, *Bouchacourt c/ France*, D. 2010, *AJ*, p. 93, obs. Gachi).

► Mais ce n'est pas le cas de la rétention de sûreté, mise en place par la loi n° 2008-174 du 25 février 2008 (*JO* 26 févr., p. 3266 ; c. pr. pén., art. 706-53-13 et s.), laquelle, pourtant, « n'est ni une peine, ni une sanction ayant le caractère d'une punition », ce qui aurait dû avoir pour conséquence de la placer sous le même régime de rétroactivité que celui appliqué au placement sous surveillance électronique mobile ou à l'inscription au fichier judiciaire national automatisé des auteurs d'infractions sexuelles (v. ci-dessus). Mais, « eu égard à sa nature privative de liberté, à la durée de cette privation, à son caractère renouvelable sans limite et au fait qu'elle est prononcée après une condamnation par une juridiction », le Conseil constitutionnel a renoncé à la rétroactivité (Cons. const. 21 févr. 2008, n° 2008-562 DC, *JO* 26 févr., p. 3272 ; D. 2008, *Pan.*, p. 2035, obs. Bernaud et Gay ; *ibid.* 2009, *Pan.*, p. 125, obs. Roujou de Boubée ; JCP 2008. II. 10077, note Feldman ; *Gaz. Pal.* 2008. 1. 391, et la note ; *Rev. sc. crim.* 2009. 166, obs. de Lamy. – Y. Mayaud, La mesure de sûreté après la décision du Conseil constitutionnel n° 2008-562 DC du 21 février 2008, D. 2008, *Chron.*, p. 1359).

La solution, qui revient à rapprocher la rétention de sûreté de la peine (Sur le classement au rang des peines, par la Cour européenne des droits de l'homme, de la détention de sûreté allemande : CEDH, 17 déc. 2009, n° 19359/04, *M. c/ Allemagne*, D. 2010, *AJ*, p. 209, obs. Léna), n'a pas été sans inspirer la Cour de cassation, qui, relativement aux mesures de sûreté encourues par les personnes déclarées pénalement irresponsables en raison d'un trouble mental (*chapitre 12*), également mises en place par la loi du 25 février 2008 (c. pr. pén., art. 706-135 et 706-136), a jugé qu'elles constituaient des « peines », et que la nouvelle procédure ayant pour effet de les faire encourir ne pouvait être appliquée immédiatement (Crim. 21 janv. 2009, *Bull. crim.* n° 24 ; D. 2009, p. 1111, note Matsopoulou, et *Pan.*, p. 2827, obs. Roujou de Boubée ; JCP 2009. II. 10043, note Detraz ; *Rev. sc. crim.* 2009. 136, obs. A. Giudicelli), avant de se raviser quelques mois plus tard (Crim. 16 déc. 2009, D. 2010, p. 144, obs. Léna, et p. 471, note Pradel).

110 PORTÉE CONSTITUTIONNELLE DU PRINCIPE DE RÉTROACTIVITÉ *IN MITIUS*. — Sont contraires à la Constitution les dispositions d'une loi tendant à limiter les effets de la rétroactivité *in mitius* : en effet, le fait de ne pas appliquer aux infractions commises sous l'empire de la loi ancienne une loi nouvelle plus douce, revient à permettre au juge de prononcer les peines prévues par la loi ancienne et qui, selon l'appréciation même du législateur, ne sont plus nécessaires au sens de l'art. 8 de la Déclaration des droits de l'homme et du citoyen de 1789 (Cons. Constit. 20 janv. 1981, n° 80-127 DC, *JO* 22 janv., p. 308 ; D. 1982. 441, note Dekeuwer ; JCP 1981. II. 19701, note Franck).

Par ailleurs, le principe de l'application rétroactive de la peine plus légère fait partie des traditions constitutionnelles communes aux États membres de l'Union européenne : il en découle que ce principe doit être considéré comme faisant partie des principes généraux du droit communautaire, et que le juge national doit le respecter lorsqu'il applique le droit national adopté pour mettre en œuvre le droit communautaire (CJCE, *Silvio Berlusconi et autres*, 3 mai 2005, *Gaz. Pal.* 2005. 1. *Somm.* 2081, note Soulard ; JCP 2006. II. 10020, note Dubos).

111 MATIÈRE PÉNALE ET CONFLITS DE LOIS DANS LE TEMPS. — Même entre les mains de l'administration ou d'autorités administratives indépendantes, même prononcées par le juge administratif, certaines sanctions revêtent un caractère punitif prononcé, et rejoignent ainsi la « matière pénale » au sens européen du terme (*chapitre 1*). Il en résulte qu'elles sont tributaires des principes de non-rétroactivité ou de rétroactivité *in mitius*, selon leur caractère plus sévère ou plus doux. Par exemple :

— En matière fiscale, la rétroactivité s'étend aux majorations de droits pour mauvaise foi prévues par l'art. 1729-1 c. gén. imp., ces majorations présentant le caractère d'une punition tendant à empêcher la réitération des agissements qu'elles visent (CE, 5 avr. 1996, avis n° 176611, *JO* 2 mai 1996, p. 6635 ; JCP 1996. IV. 1754). En revanche, le paiement des sommes fraudées ou indûment obtenues, en sus des pénalités fiscales, n'a pas le caractère d'une sanction pénale, mais celui d'une réparation civile, et les dispositions qui y sont relatives sont applicables même pour les infractions commises avant l'entrée en vigueur de la loi nouvelle qui les contient (Crim. 15 oct. 1979, *Bull. crim.* n° 279).

— En matière douanière, l'action en paiement de droits de douane a le caractère d'une action civile et est indépendante de l'action pour l'application des sanctions fiscales, que peut exercer l'administration des douanes sur le fondement de l'art. 343-2 c. douanes, qui a, quant à elle, le caractère d'une action publique, et le principe de rétroactivité de la loi pénale plus douce est de ce fait inapplicable (Com. 22 oct. 2002, *Bull. civ.* IV, n° 150).

— En matière financière, un règlement moins sévère de la Commission des opérations de bourse, aujourd'hui l'Autorité des marchés financiers, qui réduit le nombre de situations dans lesquelles un manquement peut être constaté et sanctionné, s'applique avec rétroactivité, dans la mesure où les sanctions pécuniaires pouvant être prononcées, bien que de nature administrative, revêtent un réel caractère punitif par leur montant élevé et la publicité qui leur est donnée (Paris, 1er févr. 2000, *D. Aff.* 2000, JP p. 232, obs. M. Boizard).

— Les contraventions de grande voirie, qui ne sont pas des contraventions de police, présentent le caractère d'une punition tendant à empêcher la réitération des agissements qu'elles visent, et les amendes qui les sanctionnent constituent, même si le législateur a laissé le soin de les prononcer au juge administratif, des sanctions soumises aux principes de la nécessité de la peine et de la rétroactivté *in mitius* (CE, 23 avr. 1997, avis n° 183689, 183970 et 183971, *JO* 20 juin 1997, p. 9631, 9632 et 9633 ; *Gaz. Pal.* 1997. 2, *panor. dr. admin.*, p. 201).

112 LE LIVRE PREMIER DU CODE PÉNAL, LOI SUPÉRIEURE OU LOI ORDINAIRE ?. — Il n'est pas inutile de se déterminer sur la nature des dispositions relatives au Livre 1er du code pénal, correspondant à sa partie générale. Leur pérennité est directement tributaire de leur portée juridique. En fait, la question est de savoir si les règles relatives à cette division, qui n'avait pas d'équivalent avant la réforme opérée par la loi n° 92-683 du 22 juillet 1992, s'imposent ou non au législateur.

La réponse doit être nuancée. Certains principes sont des références très fortes, pour doter la répression de sa philosophie. Mais d'autres, au contraire, n'ont qu'une dimension plus modeste, reflétant moins l'éthique de la matière que ses aspects techniques, avec ce que cette différence entraîne de souplesse pour y déroger.

a / *Dispositions à valeur supérieure*

1/ Elles sont liées à la *place dominante de la loi en droit pénal*, et elles recoupent à ce titre des principes inscrits dans la Déclaration des droits de l'homme ou des principes fondamentaux reconnus par les lois de la République, en général repris dans les instruments européens ou internationaux auxquels la France a adhéré. Le code pénal ne peut mieux faire que de les reproduire. Ainsi de :

— l'article **111-2** qui répercute le nouvel équilibre de compétence entre le Parlement et le gouvernement, relativement à la détermination des crimes et délits, d'une part, et des contraventions, d'autre part, consacrant ainsi les interprétations qui en ont été faites sur le fondement de la Constitution du 4 octobre 1958 (Cons. d'Et. 12 févr. 1960 (*Société Eky*), D. 1960. 263, note L'Huillier ; S. 1960. 131, concl. Kahn ; JCP 1960. II. 11629 *bis*, note Vedel ; 17 janv. 1974, D. 1974. 280. – Crim. 26 févr. 1974, *Bull. crim.* n° 82 ; D. 1974. 273, concl. Touffait, et note Vouin ; *Rev. sc. crim.* 1974. 855, obs. Larguier ; 25 janv. 1978, *Bull. crim.* n° 31) ;
— l'article **111-3** relatif au principe de légalité des délits et des peines, et de ses principales retombées en termes de nécessité, de proportionnalité, de clarté et de précision (Cons. const., 30 déc. 1997 (n° 97-395 DC), *JO* 31 déc., p. 19313 ; *JCP* 1998. III. 20016 ; *ibid.* 1998. I. 137, n° 17, obs. B. Mathieu et M. Verpeaux ; 29 déc. 1999 (n° 99-424 DC), *JO* 31 déc., p. 19991) ;
— l'article **112-1** sur le principe de non-rétroactivité de la loi répressive plus sévère (Cons. constit., 19 et 20 janv. 1981 (n° 80-127 DC), *JO* 22 janv. 1981, p. 308 ; D. 1982. 441, note Dekeuwer ; JCP 1981. II. 19701, note Franck ; *A.J.D.A.* 1981, n° 6, p. 278, note Ch. Gournay ; 7 nov. 1997 (n° 97-391 DC), D. 1999, *Somm.* p. 235, obs. Mélin-Soucramanien ; 30 déc. 1997 (n° 97-395 DC), préc. ; 18 déc. 1998 (n° 98-404 DC), *JO* 27 déc., p. 19663 ; D. 2000. *Somm.* 63, obs. Mélin-Soucramanien ; JCP 1999. II. 10046, note Guiheux ; 29 déc. 1999 (n° 99-424 DC), préc. – CEDH, 27 sept. 1995, D. 1996. Somm. 197, obs. Renucci ; *Rev. sc. crim.* 1996. 183, obs. Pettiti).

2/ Elles affectent la *structure de l'infraction*, particulièrement en conformité avec l'article **121-3**, la définition d'un crime ou d'un délit devant inclure, outre l'élément matériel, l'élément moral, intentionnel ou non (Cons. const., 16 juin 1999 (n° 99-411 DC), *JO* 19 juin, p. 9018 ; D. 1999. 589, note Mayaud).

3/ Elles concernent les *grandes orientations de la responsabilité pénale*, notamment en rapport avec :

— l'article **121-1** relatif à la responsabilité personnelle, ce principe rejoignant l'impératif, pour le législateur, sous réserve des contraventions, de ne pas instituer de présomption de culpabilité en matière répressive (Cons. const., 16 juin 1999 (n° 99-411 DC), préc.), et, pour le juge, de ne pas infliger à des héritiers la sanction pénale pesant sur le prévenu (CEDH 29 août 1997 (*E.L. et a. c/ Suisse*), *Bull. inf. C. cass.* 1997. 1269 ; *JCP* 1998. I. 107, n° 29, obs. Sudre ; *Gaz. Pal.* 1998. 2. 483, note Puechavy) ;

— l'article **122-8** concernant les mineurs, dont la situation justifie une « loi particulière » ayant pour objet d'intégrer l'atténuation de leur responsabilité pénale en fonction de leur âge, comme la nécessité de rechercher leur relèvement éducatif et moral par des mesures adaptées, prononcées par une juridiction spécialisée ou selon des procédures appropriées, autant de principes qui ont été constamment reconnus par les lois de la République depuis le début du XXe siècle [Cons. const., 29 août 2002 (n° 2002-461 DC), *JO* 10 sept., p. 14953 ; *Rev. sc. crim.* 2003, p. 606 et s., obs. Bück ; 13 mars 2003 (n° 2003-467 DC), *JO* 19 mars, p. 4789 ; 2 mars 2004 (n° 2004-492 DC), *JO* 10 mars 2004, p. 4637 ; 3 mars 2007 (n° 2007-553 DC), *JO* 7 mars 2007, p. 4356 ; 9 août 2007 (n° 2007-554 DC), *JO* 11 août, p. 13478 ; D. 2008, *Pan.*, p. 2034, obs. préc. Bernaud et Gay ; *Rev. sc. crim.* 2008, p. 133 et p. 136, obs. de Lamy].

4/ Elles sont relatives aux *peines*, dont le dosage et la mesure sont au cœur de plusieurs textes. Ainsi :

— des articles **132-3 et 132-4** sur le non-cumul, lorsque plusieurs dispositions pénales sons susceptibles de fonder la condamnation d'un seul et même fait, les sanctions subies ne pouvant alors excéder le maximum légal le plus élevé (Cons. constit., 12 janv. 2002 (n° 2001-455 DC), *JO* 18 janv., p. 1053 ; *Rev. sc. crim.* 2002. 674, obs. Buck) ;
— de l'article **132-17**, selon lequel aucune peine ne peut être appliquée si la juridiction ne l'a expressément prononcée, conformément aux principes de « non-automaticité » et de « proportionnalité » (Cons. constit. 18 déc. 1998 (n° 98-404 DC), *JO* 27 déc., p. 19663 ; 15 mars 1999 (n° 99-410 DC), *JO* 21 mars, p. 4234 ; D. 2000. *Somm.* 116, obs. Roujou de Boubée ; *AJDA* 1999. 324, obs. Schoettl ; *Dr. pénal* 1999. 68, et JCP 1999. I. 151, n° 5, obs. J.-H. Robert ; JCP 1999. I. 177, n° 19, obs. Ph. Pétel ; *Rev. sc. crim.* 1999. 851, obs. Seuvic ; *RTD civ.* 1999. 724, obs. Molfessis ; 27 juill. 2000 (n° 2000-433 DC), *JO* 2 août, p. 11922) ;
— de l'article **132-21**, ainsi rédigé : « *L'interdiction de tout ou partie des droits civiques, civils et de famille mentionnés à l'article 131-26 ne peut, nonobstant toute disposition contraire, résulter de plein droit d'une condamnation pénale* ». L'engagement de la loi est très fort, puisque c'est contre « toute disposition contraire » que le principe est assuré. Le Conseil constitutionnel vient d'en reconnaître la portée, sur une question prioritaire de constitutionnalité, en rapport avec l'ancien article L. 7 du code électoral désormais abrogé (Cons. constit. 11 juin 2010 (n° 2010-6/7 QPC), *JO* 12 juin, p. 10849 ; *chapitre 1*) ;
— de l'article **132-24**, qui consacre l'individualisation des peines, laquelle est considérée comme l'un des principes fondamentaux reconnus par les lois de la République (Cons. constit., 19 et 20 janv. 1981 (n° 80-127 DC), *JO* 22 janv. 1981, p. 308 ; D. 1982. 441, note Dekeuwer ; JCP 1981. II. 19701, note Franck ; *A.J.D.A.* 1981, n° 6, p. 278, note Ch. Gournay ; 9 août 2007 (n° 2007-554 DC), *JO* 11 août, p. 13478 ; *Rev. sc. crim.* 2008, p. 136, obs. de Lamy).

b / *Dispositions à valeur ordinaire*

Toutes les dispositions du Livre 1er du code pénal ne se présentent pas sous les traits d'une nature constitutionnelle ou européenne. La plupart ont seulement valeur de loi ordinaire, pour être indifférentes à la philosophie de la matière, et n'engager que des règles techniques. Les options correspondantes ne sont alors plus marquées du sceau de l'immutabilité, et les principes qu'elles traduisent sont susceptibles de variations, à la mesure d'une souveraineté sans limite. Il s'agit d'énoncés qui n'engagent que le législateur lui-même, lequel peut librement y déroger. Il n'est donc aucune certitude de stabilité ou de pérennité quant à ces dispositions, qui peuvent parfaitement coexister avec des mesures contraires. On retiendra deux exemples.

1°) Le premier exemple peut être tiré de la référence explicite parfois faite à l'intention, alors que l'article 121-3 du code pénal pose pour principe que : « *Il n'y a point de crime ou de délit sans intention de le commettre* », avec pour conséquence de rendre inutile tout renvoi à l'élément moral lorsque l'infraction est précisément intentionnelle. Malgré cette déduction, et la méthode qu'elle engage (*Chapitre 6*), le législateur tombe parfois dans la redondance, en appuyant expressément le caractère intentionnel d'une infraction par une qualification en ce sens. C'est le cas en matière de terrorisme, où les actes qui en relèvent doivent être « intentionnellement » en relation avec une entreprise individuelle ou collective ayant pour but de troubler gravement l'ordre public par l'intimidation ou la terreur (c. pén., art. 421-1 et s.). Cette mention de l'intention, qui remonte à la loi n° 96-647 du 22 juillet 1996 tendant à renforcer la répression du terrorisme (*JO* 23 juill., p. 11104), est la preuve que le législateur ne respecte pas toujours les principes qu'il a engagés au titre de la réforme du code pénal, et qu'il sait s'en libérer sur le fondement d'un texte non revêtu d'une portée constitutionnelle.

2°) Le second exemple est relatif à la définition des peines, qui sont en principe, sauf certaines hypothèses de récidive, déterminées par référence à leur maximum, à l'exclusion de tout minimum (*Chapitre 13*). Implicite dans le code pénal issu de la réforme, cette règle est expressément formulée à l'article 322 de la loi d'adaptation n° 92-1336 du 16 déc. 1992 (*JO* 23 déc.) : « *Dans tous les textes prévoyant qu'un crime ou un délit est puni d'une peine d'amende, d'emprisonnement, de détention ou de réclusion, les mentions relatives aux minima des peines d'amende ou des peines privatives de liberté encourues sont supprimées* ». Mais des exceptions existent, illustrant l'étendue toute relative de cette suppression, telles les amendes fiscales ou douanières, qui continuent à être dépendantes d'un minimum, avec pour justification leur double caractère de sanctions pénales et de réparations civiles (Crim. 24 oct. 1996, *Bull. crim.* n° 373 ; D. 1997. 226, note Cl. J. Berr ; 19 juin 1997, *Bull. crim.* n° 249 ; 31 mars 1999, *Bull. crim.* n° 67 ; *Dr. pénal* 1999. 116, obs. J.-H. Robert). Pareille dérogation ne pourrait être si le principe en cause s'imposait au législateur.

113 EXÉCUTION DES SANCTIONS PÉCUNIAIRES AU SEIN DE L'UNION EUROPÉENNE. — L'exécution des sanctions pécuniaires résultant de condamnations pénales avait été prévue par deux accords européens. Le premier, la convention du Conseil de l'Europe sur la valeur internationale des jugements répressifs de 1970, n'a pas été signé par la France, et n'a été ratifié que par cinq États. Le second, la convention entre les États membres des Communautés européennes sur l'exécution des condamnations pénales étrangères de 1991, n'est jamais entré en vigueur, faute également des ratifications nécessaires. Aussi, les autorités judiciaires renonçaient-elles le plus souvent à demander l'exécution d'une sanction pécuniaire concernant le ressortissant d'un autre État membre de l'Union européenne, dans la mesure où les frais excédaient souvent le montant de la sanction prononcée. Tel était le cas, en particulier, des amendes forfaitaires prononcées en matière d'infractions au code de la route.

Mais les choses ont changé. La décision-cadre 2005/214/JAI du Conseil, en date du 24 février 2005, permet de surmonter la difficulté. Elle garantit que les sanctions pécuniaires décidées par un État membre pourront, sur la base du principe de reconnaissance mutuelle, être exécutées dans l'ensemble des États de l'Union européenne. Sont couvertes, non seulement les amendes, mais aussi l'indemnisation des victimes, et les condamnations au paiement des frais de procédure judiciaire dans le cadre d'une procédure pénale. Les sanctions doivent être reconnues par les autorités de l'État destinataire, et exécutées sans délai sous les réserves habituelles (l'intéressé ne doit pas avoir été sanctionné pour les mêmes faits dans un autre État – principe *non bis in idem.* – ; les faits justifiant la sanction doivent constituer une infraction au regard de la législation de l'État d'exécution, etc...). Leur montant revient à l'État d'émission en cas de paiements destinés à l'indemnisation des victimes ou à couvrir les frais de justice, et à l'État d'exécution dans les autres hypothèses.

L'art. 707-1 du code de procédure pénale a été complété en ce sens par la loi n° 2007-297 du 5 mars 2007 relative à la prévention de la délinquance (*JO* 7 mars, p. 4297). Compétence est donnée au procureur pour poursuivre l'exécution de ces sanctions dans des conditions déterminées par décret [Décret n° 2007-699 du 3 mai 2007 modifiant le code de procédure pénale (troisième partie : Décrets) relatif au renforcement de l'équilibre de la procédure pénale et à la prévention de la délinquance, *JO* 5 mai, p. 7963 ; c. pr. pén., art. D. 48-6 et s.].

Chapitre 4
La restitution de la loi pénale

114 TRAVAIL DU JUGE. — La restitution de la loi pénale est le travail du juge, à qui il est demandé de faire des applications conformes à son contenu. C'est en effet aux juridictions de prélever dans la loi ce qui permet de poursuivre et de sanctionner les comportements correspondant à ses prévisions, le devoir du magistrat étant d'en respecter les termes, et de les reproduire avec exactitude dans ses décisions. Cette répartition des fonctions répressives est dictée par la légalité, le législateur ayant compétence pour fixer les normes et les interdits, et la justice ayant autorité pour en réprimer la violation. Dans cette dualité se nouent de nombreuses règles et de nombreux principes, qui ont tous pour objet de situer l'action du juge dans la continuité de celle du législateur, qu'il s'agisse de la déclaration du droit (Section I), ou de la qualification des faits (Section II).

Section I
La déclaration du droit

115 Déclarer le droit, c'est en révéler le contenu. Telle est la mission du juge. Son action ne saurait aller au delà des textes, par des initiatives qui reviendraient, non plus à dire le droit, mais à le construire. Son pouvoir est déclaratif et non constitutif, n'étant pas de créer l'interdit, de définir les infractions, ou de suppléer à leurs lacunes, mais de se soumettre aux prévisions de la loi, par une parfaite restitution de ses termes. Une restitution qui, techniquement, d'abord passe par un contrôle de conformité des normes les unes par rapport aux autres (I), ensuite implique une stricte interprétation de leur contenu (II).

I | Le contrôle de conformité

116 Par le contrôle de conformité le juge répressif vérifie que les textes dont l'application est engagée ne trahissent rien de la hiérarchie qui préside à leur existence. Nous savons que le droit pénal se présente comme une pyramide de normes indissociables les unes des autres, la Constitution en étant le sommet, et ses bases empruntant aux nombreuses mesures d'application de la loi. Cette construction doit être respectée dans chacun des éléments qui contribuent à la solidité de l'ensemble, et il s'agit de dire dans quelle mesure le juge pénal a compétence pour le vérifier. Les solutions sont variables (B), pour une problématique difficile (A).

A – La problématique

117 Définition du contrôle. — Le contrôle de conformité est une opération de confrontation d'une norme juridique à celle qui lui est directement supérieure, afin de se convaincre de la régularité de son contenu, dans la logique de leur complémentarité. En droit pénal, on parle le plus souvent de contrôle de légalité, qui est un contrôle de conformité des textes réglementaires par rapport à la loi. Mais cette hypothèse n'est pas la seule à rendre compte de la matière, qui, par les enrichissements constitutionnels et européens qu'elle a connus, est désormais tributaire de sources diversifiées, avec pour conséquence de rendre plus complexes les relations des textes entre eux. Et c'est ainsi que, selon le niveau hiérarchique en cause, outre le contrôle de légalité, sont également concernés le contrôle d'internationalité ou de conventionnalité, et le contrôle de constitutionnalité.

Pourquoi ces distinctions et quels rapports avec le droit pénal ? Il s'agit de savoir dans quelle mesure le juge répressif peut exercer lui-même ces différents contrôles, sur le fondement d'un texte dont le prévenu conteste la conformité par rapport à la norme qui lui est supérieure.

Un exemple permettra de le comprendre, emprunté au contrôle de la légalité. On supposera que, à des fins de protection de l'environnement, une loi a été adoptée, qui pose le principe d'une circulation en alternance selon l'immatriculation paire ou impaire des véhicules. Cette norme est assortie de sanctions pénales pour les usagers, et il est renvoyé à des mesures préfectorales d'application, destinées à fixer les modalités pratiques de l'alternance. Un préfet prend les décisions relatives à son département, mais avec pour résultat d'interdire aux véhicules d'immatriculation paire de rouler le dimanche. Plusieurs usagers ne respectent pas la réglementation, et ils sont verbalisés. Leur défense va consister à soutenir que l'arrêté du préfet n'est pas conforme à la loi, pour rompre l'égalité que le législateur avait entendu faire respecter par le principe même de l'alternance, la possibilité de circuler le dimanche échappant à celle-ci... C'est *l'exception d'illégalité*, qui soulève la délicate question de savoir si le juge pénal est compétent pour en connaître.

118 OPPOSITION DES PRINCIPES. — Cette compétence, en effet, se prête à discussion. Deux principes s'opposent, qui ont une égale vocation à l'emporter : la séparation des pouvoirs et la plénitude de juridiction.

1 / *La séparation des pouvoirs*

Le principe de la séparation des pouvoirs a une conséquence négative sur les juridictions répressives, qui ne sauraient, en effet, prétendre à la moindre compétence pour connaître des actes du Parlement ou du gouvernement, sauf à rendre leur pouvoir supérieur aux deux autres. Toutes les fois que de tels actes sont contestés dans leur validité, le juge pénal ne peut donc en apprécier la teneur, et la solution consiste à surseoir à statuer. Le cours de la justice est suspendu, le temps de renvoyer la difficulté – dite *question préjudicielle* – devant des instances habilitées, et, une fois celle-ci résolue, le procès pénal peut reprendre, la juridiction n'ayant plus qu'à déduire les conséquences de ce qui a été préalablement décidé. Tel est le raisonnement en termes de séparation des pouvoirs. Mais il n'est pas le seul. Une solution contraire peut être retenue, fondée sur la plénitude de juridiction du juge pénal.

2 / *La plénitude de juridiction*

L'expression signifie que le juge pénal, une fois saisi, a compétence pour connaître de toutes les questions soulevées par le procès. Sa juridiction n'est donc pas limitée au droit criminel ou à la procédure pénale, elle s'étend à toutes les branches du droit, y compris pour apprécier la conformité des lois ou des mesures administratives aux normes qui leur sont supérieures. La plénitude de juridiction est donc à l'opposé de la séparation des pouvoirs, puisqu'elle donne au juge judiciaire une ascendance sur le législatif et l'exécutif, en lui permettant de porter un jugement sur son action.

La raison tient au caractère particulier de la justice répressive, qui engage, et les intérêts supérieurs de la société, et les libertés individuelles des personnes poursuivies. Il importe donc de veiller à ce qu'elle ne soit pas suspendue, et de faire en sorte, non seulement qu'elle aille à son terme, par respect des valeurs sociales, mais encore qu'elle y parvienne sans interruption, au nom des libertés. Le seul moyen est de donner au juge pénal une compétence plénière, afin qu'il connaisse de toutes les questions dont dépend l'issue des poursuites, y compris en portant une appréciation sur la conformité des actes émanant du pouvoir législatif, ou du pouvoir exécutif et de ses administrations.

Telles sont les réponses théoriques permettant de se fixer par rapport au contrôle de conformité des normes pénales. Deux versions en rendent compte, qui expliquent que les hésitations l'aient emporté pendant longtemps. Mais aujourd'hui les solutions sont marquées par une très nette percée du principe de plénitude de juridiction.

B – Les solutions

119 Les solutions ne sont pas les mêmes selon le positionnement de la norme contrôlée. Trois principales figures doivent être recensées.

a) Le contrôle d'internationalité

120 ALTERNATIVE. — La conformité d'une norme interne par rapport à une norme internationale s'apprécie différemment selon que cette dernière est ou non d'application directe.

1 / *Si la référence internationale est d'application directe*, le juge pénal a le pouvoir de contrôler la conformité des normes internes, qu'elles soient législatives ou réglementaires, à la norme internationale.

— Il en est ainsi, d'abord, des mesures communautaires, et il appartient au juge répressif d'écarter l'application d'une incrimination de droit interne lorsqu'il apparaît clairement qu'elle méconnaît une disposition du Traité des Communautés européennes ou un texte pris pour son application [1]. Mais ce contrôle d'internationalité ne va pas jusqu'à donner au juge pénal le pouvoir de connaître de la validité des actes communautaires eux-mêmes, voire de les interpréter, ce qui nécessite une procédure de renvoi préjudiciel devant les instances européennes.

— Il en est ainsi, ensuite, des dispositions de la Convention européenne des droits de l'homme. Il s'agit même d'un pouvoir très important, les principes de la Convention recoupant, pour la plupart, ceux de la Déclaration des droits de l'homme et du citoyen de 1789 : il en résulte que le contrôle de conformité des lois à la Déclaration, qui échappe à la compétence du juge répressif, s'agissant d'un contrôle de constitutionnalité, devient indirectement possible sous couvert d'un contrôle de conventionnalité. Par ailleurs, aucune procédure ne soumet le juge à un renvoi préjudiciel pour interpréter la Convention européenne des droits de l'homme, ce qui ne peut que renforcer sa compétence également sur ce plan [2].

2 / *Si la référence internationale n'est pas d'application directe*, elle doit obligatoirement passer par le relais d'une loi de ratification

1. Crim. 21 févr. 1994, *Bull. crim.* n° 74 (1er arrêt) ; *Rev. sc. crim.* 1995. 113, obs. Francillon ; 18 sept. 1997, *Bull. crim.* n° 305 ; *Dr. pénal* 1997. 157, obs. J.-H. Robert ; *Europe* 1998, n° 54, *comm.* Simon ; *Rev. sc. crim.* 1998. 316, obs. Bouloc, et 605, obs. Idot.
2. On peut ainsi parler d'un « pouvoir judiciaire européen » (Cour de cassation, Rapport annuel 2006, « La Cour de cassation et la construction juridique européenne », *la Documentation française*, 2007).

assurant son intégration en droit interne. Le contrôle de conformité se confond alors avec le contrôle de constitutionnalité pouvant être exercé sur cette loi, mais ce que n'a pas le juge pénal.

Pendant longtemps a de même échappé à l'autorité judiciaire, tout comme d'ailleurs à l'autorité administrative, l'interprétation des traités et conventions régulièrement ratifiés soulevant des questions d'ordre public international. Les juridictions répressives avaient alors le devoir de surseoir à statuer jusqu'à ce que le ministre des affaires étrangères, qu'il leur appartenait de consulter, eût officiellement donné son avis [1]. Mais cette position est aujourd'hui abandonnée, et il est de l'office du juge pénal d'interpréter les traités internationaux invoqués dans la cause soumise à son examen, « sans qu'il soit nécessaire de solliciter l'avis d'une autorité non juridictionnelle » [2].

En définitive, le bilan est plutôt à l'avantage des juridictions répressives, surtout lorsque les normes internationales sont d'application directe. Plus ces normes l'emportent, plus le juge élargit sa compétence et gagne en plénitude.

b) Le contrôle de constitutionnalité

121 Avant 1958. — Avant 1958, le contrôle de constitutionnalité ne pouvait concerner que la loi, qui était la seule norme directement soumise à la Constitution. Le juge pénal n'avait pas ce contrôle, pas plus qu'il ne l'a eu par la suite. Mieux encore, le législateur n'était soumis à aucune vérification quant à la régularité de

1. Crim. 29 juin 1972, *Bull. crim.* n° 226 ; *Gaz. Pal.* 1972. 1. 27 ; JCP 1973. II. 17457, note Ruzié ; 30 juin 1976 (*Touvier*), *Bull. crim.* n° 236 ; D. 1977. 1, note Coste-Floret ; JCP 1976. II. 18435, rapp. Mongin ; cassation de Paris, 27 oct. 1975, D. 1976. 260, note Coste-Floret. – Le renvoi préjudiciel en interprétation était présenté sous deux avantages : juridique d'abord, en étant une source de sécurité et d'égalité de traitement pour les justiciables, technique ensuite, parce que le ministère des affaires étrangères était considéré comme l'autorité la mieux qualifiée pour informer le juge sur la commune intention des parties.
2. Crim. 11 févr. 2004, *Bull. crim.* n° 37 ; *Gaz. Pal.* 2004. 2. *Somm.* 2688, obs. A.C. – La solution est la même pour le juge administratif (CE 29 juin 1990, *GISTI*, n° 78.519, *Rec. CE*, p. 171 ; *AJDA* 1990, p. 621 ; *RGDIP* 1990, p. 879 ; *RFDA* 1990, p. 923, note J.-F. Lachaume ; *RCDIP* 1991, p. 61) et le juge civil (Civ. 1re, 19 déc. 1995, *Bull. civ.* I, n° 470). La Cour européenne la retient également, sur le fondement de l'article 6-1 de la Convention européenne des droits de l'homme, relatif au droit à un procès équitable, qui ne saurait être sans la plénitude de juridiction du tribunal saisi (CEDH, 24 nov. 1994, *Beaumartin / France*, § 38).

son action, puisqu'il n'existait, à l'époque, aucune instance compétente pour l'exercer. C'est précisément l'originalité de la Constitution de 1958 que d'avoir mis en place le Conseil constitutionnel à cette fin.

122 DEPUIS 1958. — Depuis 1958, le contrôle de constitutionnalité se dédouble, pour concerner deux catégories de normes bien distinctes :

1/ D'abord, la *loi au sens strict et organique de l'article 34 de la Constitution*, telle qu'elle est adoptée dans les matières réservées à la compétence du Parlement. Son contrôle échappe au juge pénal [1], étant exclusivement confié au Conseil constitutionnel, malgré une évolution récente, dont il convient de ne pas se méprendre sur la portée.

La loi constitutionnelle n° 2008-724 du 23 juillet 2008 de modernisation des institutions de la Ve République [2] a en effet inséré dans la Constitution un nouvel article 61-1 ainsi rédigé : « *Lorsque, à l'occasion d'une instance en cours devant une juridiction, il est soutenu qu'une disposition législative porte atteinte aux droits et libertés que la Constitution garantit, le Conseil constitutionnel peut être saisi de cette question sur renvoi du Conseil d'État ou de la Cour de cassation qui se prononce dans un délai déterminé* ». Cette disposition marque un tournant important dans le contrôle de constitutionnalité, pour ne plus dépendre des seules initiatives politiques ou parlementaires, comme c'était le cas jusqu'ici [3]. Désormais, il est possible, par une « question prioritaire de constitutionnalité » [4], d'organiser une défense devant les juridictions pénales, en faisant valoir que les textes venant au soutien des poursuites, voire servant de support à la conduite de la procédure, ne sont pas conformes à la Constitu-

1. Crim. 21 janv. 1985, *Bull. crim.* n° 31 ; 18 nov. 1985, *ibid.* n° 359 ; 7 mai 1987, *ibid.* n° 186 ; 22 déc. 1987, *ibid.* n° 482 ; 6 mars 1989, *ibid.* n° 104 ; 12 juin 1989, *ibid.* n° 251 (arrêts n° 2 et n° 3) ; 30 janv. 1992, *Rev. sc. crim.* 1992. 772, obs. J.-H. Robert ; 20 déc. 1994, *Bull. crim.* n° 424 ; 14 mai 1998, *ibid.* n° 163.
2. *JO* 24 juill., p. 11890, art. 29.
3. Constitution, art. 61.
4. L'expression est le reflet d'un ordre imposé dans l'hypothèse où la question affecte tant la Constitution que les engagements internationaux de la France, telle la Convention européenne des droits de l'homme : obligation est faite de procéder d'abord à l'examen des moyens d'inconstitutionnalité, avant de traiter des moyens d'inconventionnalité.

tion. Ce qui relevait hier d'une exclusivité ciblée est donc aujourd'hui accessible aux justiciables.

Mais cette réforme doit être appréciée dans sa juste dimension. Le juge pénal n'est pas investi pour autant d'un contrôle de constitutionnalité, qui appartient toujours au Conseil constitutionnel [1]. Il ne rentre pas dans ses prérogatives d'apprécier lui-même le bien-fondé de la question, sa charge consistant seulement à la transmettre, de même que la Cour de cassation, destinataire de cette transmission, se doit, à son tour, de la renvoyer au Conseil constitutionnel. Certes, chacune de ces étapes n'est pas dissociable d'un examen préalable, ce que décrit la loi organique n° 2009-1523 du 10 décembre 2009 [2], complétée par le décret n° 2010-148 du 16 février 2010 [3]. Mais il ne s'agit là que d'une simple analyse de pertinence, destinée à éviter que la disposition contestée soit étrangère au litige, qu'elle recoupe une question déjà traitée, ou encore qu'elle ne soit dépourvue de caractère sérieux. Seule cette dernière condition pourrait éventuellement entraîner le juge dans un contrôle inavoué et indirect de constitutionnalité, mais le principe est clair : les juridictions pénales n'ont pas constitutionnellement ce pouvoir.

2/ Ensuite, les *règlements autonomes de l'article 37 de la Constitution*, que le Gouvernement peut prendre sur le fondement de sa compétence propre et de droit commun. Leur nature exécutive fait que le juge pénal s'est toujours vu reconnaître le pouvoir d'en contrôler la conformité [4], ce qui renvoie en fait à un contrôle de constitutionnalité. En effet, ces textes arrivent à égalité avec la loi, tout en ne se confondant pas avec elle, et la norme qui leur est directement supérieure n'est autre que la Constitution elle-même [5].

1. Une disposition déclarée inconstitutionnelle sur le fondement de l'article 61-1 est abrogée à compter de la publication de la décision du Conseil constitutionnel ou d'une date ultérieure fixée par cette décision. Le Conseil constitutionnel détermine les conditions et limites dans lesquelles les effets que la disposition a produits sont susceptibles d'être remis en cause (Constitution, art. 62, al. 2, réd. L. const. n° 2008-724, art. 30).
2. Loi relative à l'application de l'article 61-1 de la Constitution (*JO* 11 déc., p. 21379).
3. Décret portant application de la loi organique n° 2009-1523 du 10 décembre 2009 relative à l'application de l'article 61-1 de la Constitution (*JO* 18 févr., p. 2969).
4. Cons. d'État, 26 juin 1959, *Syndicat général des ingénieurs-conseils*, D. 1959, 541, note L'Huillier.
5. Il en est de même pour les ordonnances prises en vertu de l'art. 38 de la Constitution sur délégation du Parlement, ou en application de l'art. 11 en cas de délégation référendaire. Le juge pénal peut en examiner la conformité par rapport à la loi d'habilitation, conformément à la jurisprudence relative aux anciens décrets-lois (Crim. 22 févr. 1939, *Aubert*, S. 1940. I. 1, note Mestre ; *Rev. sc. crim.* 1939. 537, obs. Hugueney). Mais il a également un contrôle de

On parle souvent à leur sujet de « contrôle de légalité », mais l'expression est trompeuse : il n'est de contrôle de légalité que par référence à un règlement d'application, ce que ne sont pas les règlements autonomes. La juridiction pénale s'est ici enrichie d'une compétence non négligeable.

c) Le contrôle de légalité

123 CLARIFICATION. — Le contrôle de légalité, au sens précis du terme, affecte la conformité d'un acte administratif à un texte législatif, puisque, en termes hiérarchiques, seule une mesure exécutive est directement soumise à la loi. Il a été à l'origine de fortes divisions en jurisprudence, auxquelles le code pénal a mis fin en prenant une position très ferme.

1 / *Les divisions jurisprudentielles* ont été le fait d'une divergence entre le Tribunal des conflits et la Cour de cassation, qui a perduré jusqu'à la réforme du code pénal.

— Par une décision de principe du 5 juillet 1951 [1], le Tribunal des conflits a jugé que seuls les actes administratifs réglementaires rentraient dans la compétence du juge pénal pour en contrôler la légalité, à l'exclusion, sauf dispositions contraires de la loi, des actes administratifs individuels (permis de construire, licence d'exploitation d'un débit de boissons...). Ce partage de la matière était dicté par la volonté de ménager au maximum la séparation des pouvoirs, en concédant à l'autorité judiciaire ce qui avait le moindre effet en cas d'illégalité reconnue : l'illégalité d'un acte individuel ayant pour conséquence de le rendre définitivement inefficace, elle gênait beaucoup plus l'administration que celle d'un acte réglementaire, qui, au

constitutionnalité les concernant, du moins avant ratification lorsque celle-ci est de règle : en effet, ces ordonnances interviennent sur délégation seulement, et ne procèdent donc pas d'une assimilation à la loi, leur nature exécutive l'emportant sur leur portée « législative », contrairement aux ordonnances de l'art. 92, ou encore aux décisions fondées sur l'art. 16 ; elles conservent donc, avant leur ratification opérée par le législateur, le caractère d'actes administratifs, et il en résulte la possibilité d'en vérifier la validité par rapport à la Constitution elle-même, à la manière des règlements autonomes de l'art. 37 (Crim. 19 oct. 2004, *Bull. crim.* n° 247).

1. Trib. confl. 5 juill. 1951, *Avranches et Desmarets*, D. 1952. 271, note Blaevoet ; JCP 1951. II. 6623, note Homont ; S. 1952. 3. 1, note Auby. – J. Pradel et A. Varinard, Les grands arrêts du droit pénal général, n° 7, p. 78.

contraire, associée à l'autorité relative de la chose jugée, n'empêchait pas qu'il continuât à être appliqué aux tiers.

— La Chambre criminelle, quant à elle, avait une position beaucoup plus favorable au juge pénal. Elle rejetait la distinction des actes réglementaires et des actes individuels, admettant un contrôle uniforme de leur légalité [1], sous réserve qu'ils fussent assortis d'une sanction pénale [2], et, pour les actes individuels, qu'il ne fût pas besoin de les interpréter [3].

2 / *Le code pénal* a pris position par l'article 111-5 : « *Les juridictions pénales sont compétentes pour interpréter les actes administratifs, réglementaires ou individuels, et pour en apprécier la légalité lorsque, de cet examen, dépend la solution du procès pénal qui leur est soumis* ». C'est dire que la plénitude de juridiction du juge pénal est aujourd'hui reconnue, aucune des anciennes nuances n'étant reconduite, qu'il s'agisse de la différence entre les actes réglementaires et les actes individuels, ou de celle consistant à séparer ce qui relève de leur interprétation ou du contrôle de leur validité. Il n'est désormais qu'une condition à respecter, à savoir que de l'examen de la légalité doit dépendre la solution du procès pénal. Parce que le juge n'a pas vocation à se substituer aux juridictions administratives, il ne saurait connaître de l'exception d'illégalité que si sa compétence répressive est en cause, ce qui n'est pas le cas lorsque le débat n'a aucune utilité pour la décision qu'il doit prendre.

On vérifie ainsi que la plénitude de juridiction l'a emporté sur toutes les réticences liées à la séparation des pouvoirs, même si la Cour de cassation avait déjà orienté sa jurisprudence vers des solutions qui s'en inspiraient largement. On ne peut que s'en réjouir, tant le procès pénal, pour ce qu'il représente de spécificité, supporte difficilement d'être interrompu par des questions incidentes. Le travail de révélation ou de déclaration du droit s'en trouve largement

1. Crim. 21 déc. 1961, *Dame Leroux*, D. 1962. 102, rapp. Costa.
2. Crim. 1er juin 1967, *Canivet et Dame Moret*, *Bull. crim.* n° 172 ; JCP 1968. II. 15505, note Lamarque ; 30 oct. 1990, *Bull. crim.* n° 366 ; 18 nov. 1991, *ibid.* n° 414 (2 arrêts) ; *Gaz. Pal.* 1992. 1. 288, note Doucet.

Sur la compétence du juge judiciaire pour apprécier la légalité d'un acte administratif individuel non pénalement sanctionné en lui-même, mais afférent aux libertés individuelles (contrôle d'identité). – Crim. 25 avr. 1985, *Bull. crim.* n° 159 (arrêt n°1) ; D. 1985. 329 (2e espèce), concl. Dontenwille ; JCP 1985. II. 20465 (2e arrêt), concl. préc. Dontenwille, et note Jeandidier ; *adde* Favoreu, D. 1986. Chron. 169.
3. Crim. 1er juin 1967, préc.

facilité, pour le plus grand profit de la justice elle-même, qui gagne en célérité et légitimité.

II | La stricte interprétation

124 L'aspect déclaratif du travail du juge est encore sensible quant à l'interprétation de la norme pénale. « *La loi pénale est d'interprétation stricte* ». Cette règle traditionnelle posée par l'article 111-4 du code pénal situe doublement l'action du juge. C'est d'abord la reconnaissance d'un pouvoir d'interprétation qui lui est confié. Certes, le magistrat ne définit pas les infractions, ni les peines qui leur sont applicables, mais il n'est pas non plus un acteur sans moyen, et il eût été difficile de ne pas lui consentir un tel pouvoir, sauf à verser dans les désavantages du sursis à statuer. L'article 111-4 a ensuite une autre portée. Il est également l'expression d'un devoir, celui d'avoir à restituer les textes dans le plus grand respect des prévisions du législateur. Dire que l'interprétation est stricte, c'est souligner que les applications du droit pénal ne doivent donner, ni dans la restriction, ni dans l'extension. Seule la « déclaration » de la loi est à même d'y répondre, pour ne procéder d'aucun de ces dépassements, et en reconduire fidèlement les termes. Interprétation stricte et interprétation déclarative sont synonymes [1], ce qu'il est possible d'illustrer au regard, tant des lois d'incrimination (A), que des lois de pénalité (B).

A – Les lois d'incrimination

125 Relatives à la définition des infractions et de leurs éléments constitutifs, les lois d'incrimination sont à restituer par le juge dans ce qui en caractérise à la fois la lettre et l'esprit. Cette conjonction des deux références ne peut qu'aboutir à une interprétation déclarative, pour respecter à la fois les termes de la loi et sa raison d'être.

1. A. Decocq, Droit pénal général, p. 68.

a) La lettre

126 PART DE L'EXPLICITE. — La lettre renvoie à tout ce qui conditionne l'infraction dans ses données explicites, avec pour assise la formule même de l'incrimination, ses substantifs, ses qualificatifs, ses verbes et adverbes, sa ponctuation, et le nombre de ses alinéas... Le respect de la loi impose de ne rien négliger des énoncés qui en alimentent le contenu.

L'interprétation consiste donc à se situer par rapport aux différents éléments qui participent de la définition de l'infraction, sans retranchement, ni complément. Il s'agit de coller au texte, afin d'en reproduire exactement les prévisions. Ses applications doivent refléter toutes les conditions mises à la réalisation de l'infraction, tant sur le plan matériel que sur le plan moral. Le juge n'a pas la possibilité de refaire l'infraction à sa manière, afin de lui donner une portée moins stricte ou au contraire plus rigoureuse, en fonction de la sensibilité du moment, de l'intérêt de l'affaire, ou de l'émotion qu'elle soulève dans l'opinion, cette situation, inhérente au principe de la séparation des pouvoirs, ne pouvant être analysée comme une atteinte à son indépendance ou à son impartialité [1]. Il doit :

— reconduire les termes de la loi, dès lors que leur signification est dépourvue de toute ambiguïté [2], voire en réparant les erreurs manifestes de rédaction [3] ;
— ne procéder, ni par extension, ni par analogie, ni par induction [4] ;
— s'appuyer sur la jurisprudence, afin d'y trouver des éléments déjà établis ou reconnus d'interprétation, tout en veillant à en intégrer les évolutions, voire les revirements. Mais, même si nul ne peut se prévaloir d'un droit acquis à une jurisprudence figée [5], y compris sur le fondement du droit à un procès équitable [6], la

1. Paris, 9 déc. 1992, *Gaz. Pal.* 1992. 2. *Somm.* 526.
2. Crim. 10 déc. 1985, *Bull. crim.* n° 396.
3. Crim. 8 mars 1930, D.P. 1930. 1. 101, note Voirin.
4. Crim. 9 août 1913, D.P. 1917. 1. 69 ; 16 oct. 1957, *Bull. crim.* n° 637 ; 7 mai 1969, D. 1969. 481 ; *Gaz. Pal.* 1969. 2. 68 ; 1er juin 1977, *Bull. crim.* n° 198 ; 31 mars 1992, *Bull. crim.* n° 134 ; 29 sept. 1992, *ibid.* n° 287.
5. Civ. 1re, 9 oct. 2001, *Bull. civ.* I, n° 249 ; D. 2001, p. 3470, rapp. P. Sargos, et note D. Thouvenin ; *RTD civ.* 2002. 176, obs. Libchaber ; *Gaz. Pal.* 2003. 1. 479, note Perdriau.
6. Soc. 7 janv. 2003, *Gaz. Pal.* 2003. 1. 479, note préc. Perdriau.

Cour européenne veille, dans l'esprit de la non-rétroactivité, à ce que, par trop d'instabilité, les juridictions ne placent pas le justiciable dans une situation défavorable [1]. Cette solution est logique, pour rejoindre la légalité au sens européen du terme, qui associe dans un ensemble indivisible et complémentaire la loi organique et le travail judiciaire (*chapitre 1*).

b) L'esprit

127 PART DE L'IMPLICITE. — La lettre ne suffit pas à donner aux textes toute leur portée. Il faut encore se projeter au delà, afin de servir la loi dans sa raison d'être. Cette référence à la *ratio legis* est essentielle [2], pour ce qu'elle permet d'applications conformes à ce qui a motivé l'intervention du législateur, révélant ainsi ce que l'incrimination ne traduit pas toujours, voire peut exprimer fort maladroitement. Il est donc indispensable, et de confronter aux termes de la loi l'esprit qui est censé en asseoir le principe, et de suppléer aux insuffisances des formules, afin d'en livrer toute l'étendue. Le juge ne peut se retrancher derrière l'obscurité des textes, sauf à verser dans le déni de justice, et il est de son devoir de « déclarer » ce qu'ils contiennent d'exigences à respecter : la *ratio legis* est le seul moyen d'aller au devant d'elles, étant l'ultime critère permettant de rendre compte de la politique criminelle engagée. Mais cela suppose une démarche adaptée, faite de procédés divers et complémentaires. Ainsi, est-il possible :

— de s'inspirer de l'emplacement de l'incrimination au sein des dispositions répressives, en tenant compte des choix de codification [3], des divisions ou des intitulés du support sélectionné [4] ;

1. CEDH 10 oct. 2006, *Pessino c/ France*, D. 2007, p. 124, note Roets, et *Pan.*, p. 400, obs. Roujou de Boubée ; JCP 2007. II. 10092, note Zerouki-Cottin. – Après réexamen : Cass. ass. plén., 13 févr. 2009, *Bull. crim.* n° 1 ; JCP 2009. II. 10057, note D. Bailleul ; *Rev. sc. crim.* 2009. 386, obs. J.-H. Robert. – Dans le même sens, Toulouse, 13 nov. 2007, JCP 2008. II. 10114, note Mouysset (sur renvoi de Crim. 30 oct. 2006, *Bull. crim.* n° 260).
2. Y. Mayaud, *Ratio legis* et incrimination, *Rev. sc. crim.* 1983. 597. – G. Di Marino, Le recours aux objectifs de la loi pénale dans son application, *Rev. sc. crim.* 1991. 505
3. Il est intéressant, par exemple, de s'appuyer sur les transferts de code à code, certaines réformes se soldant par une mobilité significative des dispositions répressives. Ces mouvements ne sont pas neutres. Il faut en saisir l'opportunité, afin de déceler les raisons de politique criminelle qui les fondent, et trouver dans les changements opérés l'enjeu valorisant des incriminations en cause.
4. Les divisions sont l'expression d'une progression planifiée, de sorte que leurs intitulés traduisent la logique du système de répression en cause, avec pour conséquence de remonter facilement à la source de ce qui les a inspirés.

— de remonter aux travaux parlementaires, et de se déterminer en fonction des débats qui ont précédé l'adoption de la loi d'incrimination [1] ;
— d'assimiler les circulaires, mais sans avoir à en répercuter impérativement les termes [2] ;
— de s'imprégner des conditions préalables des infractions ou des faits justificatifs spéciaux, qui sont souvent les meilleurs révélateurs des objectifs de l'incrimination et des valeurs pénalement protégées [3].

Toutes ces possibilités sont autant de références utiles permettant d'échapper à l'équivoque, à l'imprécision, voire à l'incohérence. Elles contribuent à l'interprétation dite « téléologique », pour procéder d'une recherche de finalité, légitimement orientée vers les intentions du législateur, afin d'accompagner la loi d'applications qui en sont la juste déclaration [4].

128 PART DE L'AUTONOMIE. — L'interprétation rejoint enfin une dernière réalité : celle de l'autonomie du droit pénal par rapport aux autres disciplines. Cela signifie que le juge est indépendant dans l'appréhension des notions ou des théories juridiques

1. TGI Toulouse, 30 oct. 1995, D. 1996. 101, note Mayer et Chassaing.
2. La circulaire du 24 juin 1994, relative à l'application, en matière de circulation routière, des dispositions du « nouveau » code pénal relatives à la mise en danger, affirme avec autorité que « certaines violations de la réglementation présentant une particulière gravité – ainsi rouler à plus de 200 km/h sur certaines voies – sont à elles seules, et quelles que soient les circonstances, objectivement de nature à créer un risque direct et immédiat » ; la Cour d'appel de Douai a considéré au contraire que : « il ne saurait être posé pour principe que le fait pour un automobiliste de rouler à plus de 200 km/h sur un certain type de voies, constitue une violation de la réglementation présentant une particulière gravité qui est, à elle seule, et quelles que soient les circonstances, objectivement de nature à créer un risque direct et immédiat » (Douai, 26 oct. 1994, *Bull. inf. C. cass.* 1994. 1207 ; *D.* 1995. 172, note Couvrat et Massé ; *Gaz. Pal.* 1994. 2. 766, note J.-G. M ; *Rev. sc. crim.* 1995. 578, obs. Mayaud. – Dans le même sens, Douai, 26 oct. 1994 : *Gaz. Pal.* 1995. 1. Somm. 178).
3. Ainsi de la *condition préalable* de minorité, qui témoigne de la volonté de protection, non seulement du mineur lui-même, mais encore de ceux qui ont autorité sur lui : c'est le cas pour le délit de non-représentation d'enfant (c. pén., art. 227-5).

   Ainsi du *fait justificatif spécial* tiré de l'exception de vérité (*exceptio veritatis*) en matière de diffamation (L. 29 juill. 1881 sur la liberté de la presse, art. 35), qui permet de se convaincre que les débats d'intérêt général, portant sur des vérités bonnes à dire sur le plan social, sont parfois préférés à la protection de l'honneur ou de la considération des personnes.
4. Le juge répressif est en droit, sans violer le principe de la stricte application de la loi pénale, de retenir l'intention du législateur et de définir le domaine d'application d'un texte. – Crim. 21 janv. 1969, *Bull. crim.* n° 38 (3e arrêt).

extérieures au droit criminel [1]. Il peut par exemple reconnaître un abus de confiance alors que le contrat à l'origine de la remise du bien détourné est affecté d'un vice de validité au sens du droit civil [2]. Cette manifestation d'originalité n'est pas un pur caprice. Elle s'inscrit dans la logique « déclarative » de la mission juridictionnelle, qui est de ne rien perdre de la finalité de la répression, en lui évitant d'être entravée par des concepts ou des raisonnements qui reviendraient à la desservir. Et de fait, parce que le droit pénal sanctionne des inconduites, et non des abstractions, il a besoin de cette marge de manœuvre, sans laquelle les réalités de la criminalité et de la délinquance risqueraient d'être négligées. Mais encore faut-il doser ce principe d'autonomie, car le droit ne gagne pas aux contradictions, et toute la difficulté est de faire le tri entre ce qui peut en relever ou, au contraire, doit en être rejeté. C'est au cas par cas que la jurisprudence opère, et les exemples ne manquent pas d'autonomie débattue [3], censurée [4], ou retrouvée [5].

B – Les lois de pénalité

129 PART DE LA SOUPLESSE. — Relatives aux sanctions, les lois de pénalités sont pareillement soumises au principe de l'interprétation stricte, avec pour conséquence d'exiger des juridictions

1. Ph. Bonfils, L'autonomie du juge pénal, Mélanges B. Bouloc, *Dalloz*, 2006, p. 47.
2. Crim. 9 juill. 1857, D.P. 1857. 1. 379 ; 12 nov. 1909, *Bull. crim.* n° 519 ; 18 févr. 1937, D.P. 1937. 1. 56 ; *Rev. sc. crim.* 1937. 492, obs. Donnedieu de Vabres ; 25 janv. 1950, *Bull. crim.* n° 27.
3. Ainsi de la notion d' « accident » dans le délit de fuite (c. pén., art. 434-10 ; c. route, art. L. 2), qui peut se concevoir, soit comme un « événement fortuit à l'origine d'un dommage non délibéré », ce qui est l'approche du droit civil, soit comme une « implication à l'occasion de la conduite d'un véhicule... dont l'origine intentionnelle ou non intentionnelle importe peu », ce que retiennent certaines juridictions pénales (voir et opposer : Trib. corr. Foix, 26 avr. 1983, JCP 1986. II. 20581, note Bonzom ; Douai, 11 janv. 1995, *Gaz. Pal.* 1995. 2. 543).
4. Par exemple, le fait qu'un syndicat n'ait pas d'existence juridique ne saurait être indifférent à la qualification d'entrave aux fonctions de ses délégués (Crim. 28 juin 1988, *Bull. crim.* n° 295 ; *D.* 1989. *Somm.* 208, obs. Mayaud ; *Dr. soc.* 1989. 304, note J. Savatier).
5. L'homicide et les violences involontaires en sont la meilleure illustration. Après avoir relevé d'une conception unitaire (Civ., 18 déc. 1912, D. P. 1915. 1. 17, note L. S. ; S. 1914. 1. 249, note Morel ; *Gaz. Pal.* 1913. 1. 107 ; 30 déc. 1929, D.P. 1930. 41 (3e espèce), note R. Savatier. – Crim. 6 juill. 1934, D. H. 1934. 446. – Rappr. Grenoble, 15 juin 1993, D. 1994. 239, note Lebreton), la faute pénale et la faute civile ont retrouvé leur autonomie depuis la loi n° 2000-647 du 10 juillet 2000 tendant à préciser la définition des délits non intentionnels (*JO* 11 juill., p. 10484), ce qui permet au juge répressif d'envisager différemment les deux fautes, et de consentir à la réparation d'une faute civile sur le fondement d'une négligence ou d'une imprudence qui n'aurait pas été retenue au pénal (c. pr. pén., art. 470-1).

répressives qu'elles se situent par rapport à toutes les prévisions et aux seules prévisions de la loi dans le prononcé des peines : « Nul ne peut être puni, pour un crime ou un délit, d'une peine qui n'est pas prévue par la loi »[1]. Autrement dit, le juge n'a d'autre pouvoir que de rester dans le cadre de la loi ou du règlement, pour en déclarer le contenu et en reporter le principe dans les condamnations qu'il prononce.

Mais ce travail de déclaration est à la mesure de la souplesse de notre système pénal. Nous savons en effet que la personnalisation est un point fort du droit des peines, ce qui donne au juge des possibilités très étendues, pouvant aller jusqu'à une dispense totale de peine dans les matières correctionnelle et contraventionnelle. Il n'en demeure pas moins que, quelle que soit l'importance de son appréciation, il doit respecter les limites impératives servant de seuils ou de frontières à son intervention :

— Les tribunaux ne peuvent prononcer des peines par induction ou présomption, ni même sur des motifs d'intérêt général[2] ;
— Aucune peine autre que celle appliquée par la loi à la nature de l'infraction ne peut être prononcée[3]. Par exemple, doivent être annulées par voie de retranchement et sans renvoi les dispositions d'un arrêt qui prononce, en plus d'une peine d'amende, une peine d'emprisonnement non prévue au texte pénal[4], ou inversement, en plus d'une peine d'emprisonnement, une peine d'amende non contenue dans l'incrimination[5] ; il en est de même d'un arrêt qui prononce une peine complémentaire ne rentrant pas dans les prévisions de la loi[6] ;

1. Jurisprudence constante (Crim. 1er mars 1995, *Bull. crim.* n° 90 ; 16 janv. 1997, *ibid.* n° 15 ; 25 oct. 2000, *ibid.* 318 ; 21 janv. 2003, *ibid.* n° 14 ; *Dr. pénal* 2003. 49, obs. J.-H. Robert ; *Rev. sc. crim.* 2004. 101, obs. Ambroise-Castérot ; 5 oct. 2004, *Bull. crim.* n° 236 ; 26 oct. 2004, *ibid.* n° 256 ; *Rev. sc. crim.* 2005. 67, obs. Fortis ; 7 févr. 2006, *Dr. pénal* 2006. 100, obs. Véron ; JCP 2006. II. 10058 ; 26 sept. 2007, *Bull. crim.* n° 223 ; *Dr. pénal* 2008. 4 (2e espèce), obs. Véron ; 23 oct. 2007, *Dr. pénal* 2008. 4 (3e espèce), obs. préc. Véron).
2. Crim. 11 mai 1949, D. 1949. 261, rapp. Pépy ; 22 mars 1955, *ibid.* 1955. 418 ; 30 mai 1962, *Bull. crim.* n° 215 ; 28 nov. 1972, *ibid.* n° 363 ; 1er juin 1992, *ibid.* n° 214 ; *Gaz. Pal.* 1993. 1. 151, note Marchi.
3. Crim. 12 mars 1990, *Bull. crim.* n° 115 ; 7 janv. 1992, *ibid.* n° 2 ; 7 avr. 1994, *ibid.* n° 145 ; 10 juill. 1996, *ibid.* n° 292.
4. Crim. 5 déc. 1956, *Bull. crim.* n° 815.
5. Crim. 18 nov. 1975, *Bull. crim.* n° 249 ; 21 mai 1990, *ibid.* n° 204.
6. Affichage de la décision de condamnation d'une société pour abus de faiblesse, ainsi que sa publication par voie de presse, alors que l'art. 223-15-4 c. pén., applicable aux personnes morales, renvoie aux dispositions de l'art. 131-39 c. pén., dont le 9e paragraphe ne prévoit

— Les juges ne peuvent prononcer une peine que dans les limites fixées par la loi [1], ce qui impose de ne pas en dépasser le maximum, et d'en observer le minimum ;
— Il n'appartient pas aux juges de fixer les modalités d'exécution d'une peine qui ne sont pas envisagées par la loi [2].

Tels sont les rappels les plus constants relatifs à l'interprétation des lois et règlements de pénalités. Ils démontrent, s'il en était besoin, que le juge, emporté par le principe de l'individualisation, dépasse souvent les limites de son action, et que, même dans un contexte de judiciarisation des sanctions, il ne saurait totalement s'affranchir des contraintes légalistes qui continuent à l'obliger.

Section II
La qualification des faits

130 QUALIFICATION JUDICIAIRE. — L'interprétation stricte de la loi pénale ne prend pleinement son sens que sous couvert d'applications concrètes, c'est-à-dire par référence à un travail de qualification. Il ne servirait à rien de régler les difficultés de compréhension d'un texte pour ne pas en relever, dans le même temps, son adéquation aux faits. Telle est l'originalité de la qualification, qui consiste à rechercher une correspondance entre les comportements poursuivis et les prévisions de la loi. Aucune procédure ne peut en faire l'économie [3]. Tout contentieux pénal en dépend, tant il est vrai que la justice, par hypothèse fondée sur des bases légalistes, implique que les faits reprochés soient en relation pertinente avec ce qui est spécialement érigé en crime ou en délit.

que l'affichage « ou » la diffusion de la décision (Crim. 7 févr. 2006, *Dr. pénal* 2006. 100, obs. Véron ; JCP 2006. II. 10058).

1. Crim. 9 févr. 1956, *Bull. crim.* n° 147 ; 3 avr. 1973, *ibid.* n° 168 ; 25 nov. 1987, *ibid.* n° 432 ; 21 févr. 1991, *ibid.* n° 90 ; *Rev. sc. crim.* 1992, p. 65, obs. Vitu, et p. 776, obs. Braunschweig.
2. Crim. 8 févr. 1977, deux arrêts, *Bull. crim.* n° 50 et 51 ; JCP 1978. II. 18890, note Larguier ; 7 nov. 1977, *Bull. crim.* n° 335.
3. CEDH, 25 mars 1999 (*Pélissier et Sassi c/ France*), D. 2000. 357, note D. Roets.

Cette démarche de qualification, éminemment judiciaire, relève de techniques qu'il nous faut exposer (I). Mais elle n'est pas sans passer par quelques conflits, ce qui la rend parfois plus difficile (II).

I | Les techniques de qualification

131 Le travail de qualification est soumis à des règles ou principes qu'il convient d'exposer (A). Mais il n'est pas, non plus, sans certaines pratiques (B).

A – Les principes

132 La qualification doit être précisée, tant dans son objet, que dans ce qu'elle représente de sélection.

a) L'objet de la qualification

133 Respect de l'acte de saisine. — La démarche intellectuelle correspondant au travail de qualification suppose que l'on parte des faits, tels qu'ils sont matériellement rapportés dans l'acte de saisine de la juridiction appelée à en connaître. La qualification ne peut donc intervenir que dans le contexte de la saisine préalable, et c'est en rapport seulement avec ce que celle-ci contient de références précises à des circonstances parfaitement délimitées, que la justice, dans ses différentes formations, peut procéder à la juste application des textes. Ainsi du juge d'instruction, dont on dit qu'il est saisi *in rem* [1], mais également des juridictions de jugement, qui ne peuvent statuer que sur les faits relevés dans la décision de renvoi ou la citation qui les a régulièrement saisies [2]. Seule la

1. S. Guinchard et J. Buisson, Procédure pénale, Litec, 5e éd., 2009, n° 1623, p. 845.
2. – *Juridictions correctionnelles* : Crim. 21 mai 1996, *Bull. crim.* n° 208 ; *Dr. pénal* 1996. 228 (II), obs. J.-H. Robert ; 8 sept. 2004, *Dr. pénal* 2004. 186 (2e espèce), obs. Maron.
- *Cour d'assises* : Crim. 8 mars 2000, *Bull. crim.* n° 110 (Il résulte des art. 231 et 594 c. pr. pén. que la cour d'assises ne peut connaître d'aucune autre accusation que celle fixée par la décision de renvoi, devenu définitive).

chambre de l'instruction échappe à ce principe, du moins dans le cadre de son pouvoir de révision (c. pr. pén., art. 202, al. 1er), étant libre d'étendre l'information au delà de la saisine initiale du juge d'instruction pour des faits non retenus par l'autorité de poursuite [1]. Mais cette hypothèse mise à part, la qualification doit être le reflet des seuls faits empruntés à ce qui est à l'origine de la saisine du juge.

134 ENJEU DE DÉFENSE. — Le respect de l'acte de saisine est une garantie pour le justiciable, qui est ainsi assuré de la stabilité des poursuites. Il doit pouvoir organiser sa défense en rapport avec les circonstances retenues à sa charge, sans interférer avec l'éventualité d'autres faits par hypothèse étrangers au dossier [2]. Il n'est pas question d'ouvrir la compétence du juge à des faits nouveaux, à la mesure, par exemple, de ce que les débats auraient pu révéler d'actions ou d'omissions répréhensibles non visées dans l'acte de poursuite. Mieux encore, à supposer que le justiciable consente à être jugé sur de tels faits, la solution ne peut qu'être la même, d'abord parce qu'il est de principe que le juge ne peut s'autosaisir, ensuite parce qu'il serait choquant que l'action publique fasse l'objet d'un arrangement entre la juridiction de jugement et le prévenu. Certaines formules de la Cour de cassation pourraient convaincre du contraire, qui renvoient à la possibilité d'une acceptation expresse de ce denier d'être jugé sur des faits nouveaux ou distincts de ceux visés à la prévention [3]. Mais les hypothèses concernées ne sont pas aussi tranchées. Comme nous aurons à le voir en traitant de la requalification, il s'agit moins d'une extension de la saisine à de nouveaux faits, que de l'exploitation de ce qu'elle

1. S. Guinchard et J. Buisson, *op. cit.*, n° 2176, p. 1071.
2. Cour EDH, 19 déc. 2006, n° 34043/02 (*Mattei c/ France*), *AJ pénal* 2007, p. 82, obs. Saas : « en matière pénale, une information précise et complète des charges pesant contre un accusé, et donc la qualification juridique que la juridiction pourrait retenir à son encontre, est une condition essentielle de l'équité de la procédure ». – CEDH, 25 mars 1999, n° 25444/94 (*Pélissier et Sassi c/ France*), D. 2000. 357, note D. Roets : « le droit à être informé sur la nature et la cause de l'accusation doit être envisagé à la lumière du droit pour l'accusé de préparer sa défense ».
3. Crim. 22 nov. 1994, *Bull. crim.* n° 370 ; 23 janv. 1995, *ibid.* n° 28 ; 5 juin 1996, *ibid.* n° 238 ; 18 déc. 1996, *ibid.* n° 477 ; 22 mars 2000, *ibid.* n° 133 ; 27 avr. 2000, *ibid.* n° 171 ; 23 janv. 2001, *ibid.* n° 20 ; JCP *E* 2001, p. 1385, note J.-H. Robert ; *Dr. pénal* 2001. 109, obs. Maron ; 19 avr. 2005, *Bull. crim.* n° 135.

contient de circonstances séparées pouvant faire l'objet d'une qualification distincte.

b) La sélection de la qualification

135 DEVOIR DE JUSTE QUALIFICATION. — Placé dans le cadre de sa saisine, le juge a le devoir de retenir la qualification la plus appropriée aux faits, en veillant à bien respecter les éléments de définition des textes qu'il sollicite, afin de ne pas en faire des applications extensives ou réductrices. Comme le dit la Cour de cassation, il « doit examiner les faits qui lui sont soumis sous l'incrimination qui leur est spécialement applicable » [1], ce qui passe par les précisions suivantes :

— D'abord, le juge doit procéder à l'examen des faits « sous toutes les qualifications possibles » [2]. Il lui est donc demandé de ne rien négliger des applications dont les textes sont susceptibles, afin de dresser un inventaire complet des incriminations pouvant être retenues, le juge correctionnel ou le juge de police, par exemple, ne pouvant prononcer une décision de relaxe qu'autant qu'il a vérifié que les faits dont il est saisi ne sont constitutifs d'aucune infraction [3] ;

— Ensuite, il est du devoir du juge de « restituer à la poursuite sa qualification véritable » [4], ce qui l'oblige à se déterminer par rapport aux seuls textes dont les prévisions correspondent exactement à la dimension des faits soumis à son appréciation.

Ces données situent le caractère hautement cartésien de l'opération de qualification. Il s'agit d'un exercice de confrontation du fait au droit, qui ne peut qu'engager la répression sur la voie de l'objectivité. Il en va de même de la requalification.

1. Crim. 30 janv. 1989, *Bull. crim.* n° 33.
2. Crim. 23 avr. 1992, *Bull. crim.* n° 178 ; 23 janv. 2001, *ibid.* n° 18.
3. Pour le juge correctionnel : Crim. 22 janv. 1997, *Bull. crim.* n° 31 ; *Dr. pénal* 1997. 78, obs. Véron ; 2 juin 1999, *Dr. pénal* 2000. 2, obs. Véron ; 28 mars 2000, *Bull. crim.* n° 138. – Pour le juge de police : Crim. 31 mai 2005, *AJ Pénal* 2005, p. 368 ; *Dr. pénal* 2005, *comm.* 148, obs. J.-H. Robert.
4. Crim. 29 oct. 1996, *Bull. crim.* n° 378 ; *Dr. pénal* 1997. 18, obs. Véron ; 19 mai 1999, *Gaz. Pal.* 1999. 2, *chr. crim.* 134.

136 DEVOIR DE REQUALIFICATION. — La recherche de la juste qualification passe par l'obligation de requalifier éventuellement les faits, ce qui correspond à toutes les hypothèses où le texte retenu dans l'acte de saisine ne rend pas suffisamment compte de leur réalité ou de leur gravité. Il est de règle que la qualification lors de l'engagement des poursuites ne lie pas les juridictions d'instruction et de jugement [1]. Aussi, lorsque le juge est convaincu de son inadaptation, doit-il procéder aux rectifications qui s'imposent, en préférant une nouvelle qualification, voire en se déclarant incompétent [2]. Mais plusieurs conditions sont à remplir, rendant cette opération possible, voire difficile : respecter l'autorité de la chose jugée, ne pas dénaturer les faits, garantir les droits de la défense, et faire la part de la correctionnalisation judiciaire.

1 / *Respect de la chose jugée*

La requalification n'est possible que si les faits n'ont pas déjà donné lieu à une décision définitive. L'autorité de la chose jugée est un obstacle infranchissable, ce qui s'explique par le devoir qu'a le juge de recenser toutes les qualifications avant de se prononcer, avec un effet de purge de toutes celles qui n'ont pas été retenues [3]. Il n'est donc pas possible de rebondir indéfiniment sur de nouvelles poursuites, lorsque les mêmes faits sont en cause, et qu'ils sont couverts par une décision définitive de responsabilité ou d'irresponsabilité [4]. La solution paraîtra évidente, et elle est de bon sens, pour rejoindre le principe *non bis in idem*. Mais la Cour de cassation et la Cour européenne des droits de l'homme ne l'ont pas toujours consacrée, notamment en rapport avec la trop célèbre affaire du sang contaminé, qui s'est soldée par de nouvelles poursuites pour crime d'empoisonnement contre un prévenu déjà définitivement condamné pour délit de tromperie [5], au nom d'une approche

1. Crim. 16 déc. 1997, *Bull. crim.* n° 428.
2. Crim. 22 mai 1996, *Bull. crim.* n° 212.
3. Sur cet effet de purge en rapport avec une décision de non-lieu définitive, R. Merle et A. vitu, Traité de droit criminel, Procédure pénale, éd. *Cujas*, 5e éd., 2001, n° 889, p. 1045.
4. Inversement, deux poursuites distinctes relatives à une même action restent possibles tant que la première n'a pas fait l'objet d'une décision définitive : Crim. 21 avr. 1998, *Bull. crim.* n° 140.
5. Crim. 22 juin 1994, *Bull. crim.* n° 248 ; *D.* 1995. 65, concl. Perfetti, 85, note Prothais, et *Somm.* 141, obs. Pradel ; *JCP* 1994. II. 22310, note Rassat ; *Gaz. Pal.* 1994. 2. 592 ; *Rev. Justices*

plus juridique que matérielle de la notion de « même fait » [1]. Cette solution semble être une regrettable parenthèse, la Cour européenne ayant depuis renoué avec une réponse plus orthodoxe, fondée sur une juste perception matérielle des faits objet de la requalification [2]. On ne peut qu'approuver ce revirement, sauf à verser dans une persécution judiciaire qui serait tout le contraire d'une justice raisonnable et respectueuse des droits de l'homme.

2 / *Ecueil de la dénaturation*

Aucune dénaturation des faits objet des poursuites ne doit accompagner un changement de qualification. C'est là un impératif que la Cour de cassation veille à bien faire respecter, particulièrement par les juridictions correctionnelles, selon une formule très explicite en ce sens : « S'il appartient aux juridictions correctionnelles de modifier la qualification des faits et de substituer une qualification nouvelle à celle sous laquelle ils leur étaient déférés, puis de se déclarer incompétentes si cette dernière leur apparaît criminelle, c'est à la condition qu'il ne soit rien changé ni ajouté aux faits de la prévention et que ceux-ci restent tels qu'ils ont été retenus dans l'acte de saisine » [3]. La requalification ne doit donc pas se solder par une modification des faits, qui sont à reconduire dans les termes mêmes que ceux qui correspondent au titre de saisine [4]. Nous en connaissons la raison, tenant au caractère d'ordre public des règles relatives à celle-ci.

1995. 1. 262, obs. Mayaud ; *Rev. sc. crim.* 1995. 347, obs. Mayaud. – CEDH, 5e sect., 4 mars 2008, n° 2529/04 (*Garretta c/ France*), *Rev. sc. crim.* 2008, p. 708, obs. D. Roets.

1. L'identité des faits soulève un important débat. Il s'agit de savoir si elle doit être appréciée pour ce qu'elle représente d'identité de circonstances, ou d'identité de qualification. Le résultat n'est pas du tout le même : dans la conception matérielle, la chose jugée s'impose lorsque le fait reste identique à ce qu'il était dans le cadre de l'action initialement engagée, peu importe que de nouvelles qualifications aient vocation à en rendre compte, revendiquées au soutien d'une seconde poursuite ; dans la conception juridique, au contraire, ce qui est jugé sur une première qualification n'interdirait pas d'autres poursuites fondées sur d'autres qualifications, malgré la constance du fait dans sa matérialité. Il est évident que seule la première conception, dite matérielle, est pertinente, pour se concilier parfaitement avec la chose jugée, et respecter, tant l'idée de purge des qualifications, que la règle *non bis in idem*.
2. CEDH, grde ch, 10 févr. 2009, n° 14939/03 (*Sergueï Zolotoukhine c/ Russie*).
3. Crim. 22 avr. 1986, *Bull. crim.* n° 136 ; 23 janv. 1995, *ibid.* n° 28.
4. La Cour de cassation parle de requalifications qui « n'impliquent pas la substitution de faits distincts à ceux de la prévention » (Crim. 28 janv. 2004, *Bull. crim.* n° 22 ; *Dr. pénal* 2004, 55, obs. J.-H. Robert, et 58 (2e arrêt), obs. Maron ; *Gaz. Pal.* 2004. 2. *Somm.* 3403, obs. Monnet).

Mais des précisions s'imposent, tant il convient de ne pas confondre dénaturation et réexamen. Alors que la dénaturation procède d'une déformation du fait, dont la réalité est substantiellement atteinte, le réexamen en revanche consiste en une simple relecture de ce qu'il représente de matérialité respectée, afin de s'interroger sur l'exacte qualification à même d'en restituer juridiquement la teneur. Il va de soi que cette dernière opération s'inscrit dans la fonction du juge, celui-ci ayant pour devoir de purger toutes les qualifications en rapport avec le fait, et donc de s'interroger sur l'opportunité d'une requalification. Autant la dénaturation le fait sortir de sa saisine, autant le réexamen le maintient dans celle-ci, pour en appuyer toutes les exigences et la rigueur.

3 / *Garantie des droits de la défense*

Non seulement la requalification ne saurait être sans un rapport précis avec les faits compris dans l'acte de saisine, mais elle doit encore s'accompagner d'une stricte garantie des droits de la défense, dans la logique des liens qui unissent la matière à ces prérogatives essentielles. La nouvelle référence est donc sans conséquence si la personne mise en cause n'a pas la possibilité de s'exprimer sur la substitution qui en résulte : « S'il appartient aux juges répressifs de restituer aux faits dont ils sont saisis leur véritable qualification, c'est à la condition que le prévenu ait été en mesure de présenter sa défense sur la nouvelle qualification envisagée »[1]. Il n'est aucune modification possible, sans que l'intéressé soit mis en situation de s'expliquer sur ce qu'elle représente de nouveauté pour lui. Certes les faits restent les mêmes, mais l'expression juridique est différente, et cela justifie le recours aux droits de la défense[2].

Nous l'avons dit, certains attendus de la Chambre criminelle laissent volontiers entendre que l'exercice des droits de la défense ne

1. Solution constante : Crim. 16 mai 2001, *Bull. crim.* n° 128 ; 7 mai 2008, *Bull. crim.* n° 109.
2. Le code de procédure pénale se fait lui-même l'écho de cette exigence, à propos du droit d'extension de la chambre de l'instruction : par interprétation *a contrario* de son article 202, al. 2, une nouvelle information est obligatoire si l'extension des chefs de poursuite porte sur des faits pour lesquels la personne n'a pas été mise en examen par le juge d'instruction (Crim. 24 sept. 1996, *Gaz. Pal.* 1997. 1, *chr. crim.* 27 ; 1er oct. 1997, *Bull. crim.* n° 318 ; 10 juill. 2002, *ibid.*, n° 149 ; 6 août 2003, *ibid.*, n° 143). Il y va, en effet, des droits de la défense... (S. Guinchard et J. Buisson, *op. cit.*, n° 2176, p. 1072).

serait pas suffisant, et que devrait s'ajouter l'acceptation du prévenu d'être jugé sous la qualification nouvelle. Cette version soulève une difficulté majeure, tant la jurisprudence en cause manque de critères vraiment sûrs. Mais une distinction semble se dessiner, selon que la requalification emprunte son principe aux mêmes circonstances comprises dans les faits, ou au contraire à des circonstances différentes. Par exemple, des pressions exercées sur une personne âgée, afin de lui faire signer un engagement, sont constitutives, tant d'abus de faiblesse (c. pén., art. 223-15-2), que d'extorsion de fonds (c. pén., art. 312-1) : elles servent de pont entre les deux qualifications, et, en raison de cette invariabilité matérielle, les droits de la défense suffisent pour aller de l'une à l'autre [1]. Il en est de même d'un mensonge, qu'il est possible d'exploiter en termes d'escroquerie (c. pén., art. 313-1) comme de fausse déclaration pour obtenir des prestations indues (CSS, art. L. 377-5), et la passerelle reste ouverte dès lors que le prévenu est mis en mesure de s'expliquer [2]. La matière non intentionnelle se prête au même raisonnement. La requalification en délit de ce qui était retenu comme contravention [3], ou encore en homicide de ce qui était poursuivi du chef de blessures involontaires [4], n'altère pas la substance de la prévention [5], l'évolution du dommage n'étant qu'une conséquence des faits objet de la saisine [6] : il en résulte que la matérialité reste la même, et que le changement de qualification trouve à s'appliquer sous la seule condition de respecter les droits de la défense.

En revanche, si la requalification s'appuie sur une circonstance qui, bien que comprise dans la « masse » des faits visés dans la prévention, est matériellement distincte de celle exploitée pour la première qualification, l'acceptation du prévenu est apparemment requise : ainsi de la requalification d'un recel de vol en vol aggravé [7], d'un vol en détournement d'objet saisi [8], d'un abus de faiblesse ou

1. Crim. 26 oct. 2005, *Dr. pénal* 2006. 25, obs. Véron.
2. Crim. 8 sept. 2004, *Dr. pénal* 2004. 186 (3e espèce), obs. Maron.
3. Crim. 15 mars 1994, *Bull. crim.* n° 97.
4. Crim. 15 déc. 2009, n° 08-84.084 et n° 08-87.817, *Légifrance.*
5. Crim., 15 mars 1994, préc.
6. Crim. 15 déc. 2009, préc.
7. Crim. 22 nov. 1994, préc.
8. 23 janv. 1995, préc.

d'ignorance en vol [1], d'un abus de confiance en recel [2], d'un abus de confiance en démarchage [3], autant de manifestations d'une requalification appuyée sur des circonstances séparées, tant une soustraction et une détention, par exemple, diffèrent dans leur matérialité, tout en pouvant participer de l'indivisibilité des faits compris dans l'acte de saisine.

En définitive, est en cause la relecture des faits, à la condition qu'elle ne procède pas d'une dénaturation prohibée, tant les composantes participant de ces faits peuvent, pour certaines, avoir été mises en évidence, et pour d'autres, avoir été négligées, ce qui est souvent le cas dans la manière de résoudre un concours idéal d'infractions. À partir du moment où la requalification emprunte à des données qui, tout en participant des faits couverts par la saisine, n'ont pas été juridiquement exploitées comme elles auraient pu l'être, et que ces données, sans dénaturation aucune, relèvent d'une enveloppe matérielle distincte de celle ayant initialement servi de support à la première qualification, il semble que l'accord du prévenu soit nécessaire pour opérer valablement cette requalification.

4 / *Réserve de la correctionnalisation*

Il est une réserve de procédure à tous ces principes, empruntée aux dispositions de la loi Perben II du 9 mars 2004 [4], qui est à l'origine d'une légalisation de la pratique de la correctionnalisation judiciaire (*voir ci-après*), avec pour conséquence de faire perdre au juge son pouvoir de requalification.

Par exception au principe de l'interdiction de l'appel des ordonnances de renvoi devant le tribunal correctionnel (c. pr. pén., art. 186), la personne mise en examen et la partie civile peuvent désormais former cet appel pour contester la qualification correctionnelle retenue par le juge d'instruction, alors que les faits seraient de nature criminelle (c. pr. pén., art. 186-3). Mais cette concession n'est pas sans contrepartie. Elle se double de l'impossibilité pour le

1. Crim. 18 déc. 1996, préc.
2. Crim. 27 avr. 2000, préc.
3. Crim. 23 janv. 2001, préc.
4. Loi n° 2004-204 portant adaptation de la justice aux évolutions de la criminalité (*JO* 10 mars, p. 4567).

tribunal correctionnel de revenir sur la correctionnalisation opérée si le recours n'a pas été exercé ou ne peut plus l'être (c. pr. pén., art. 469, al. 4). La compétence du juge est définitivement figée [1], et la justice ne peut plus être entravée par une remise en cause de la qualification. La correction est laissée à la seule initiative de la personne mise en examen ou de la partie civile, et elle échappe donc aux juridictions de jugement. Extraordinaire conclusion, qui revient à priver celles-ci du contrôle de leur propre compétence, dès lors qu'aucune contestation par les parties privées au procès n'a été formulée au moment du règlement !

B – Les pratiques

137 Les principes qui président à la qualification devraient suffire à rendre compte des techniques qui lui sont relatives. Mais ce n'est pas le cas, la matière connaissant par ailleurs des pratiques dont l'impact est tout aussi important que les règles que nous venons de rappeler. Il faut dire que nous sommes, avec la qualification, sur le terrain concret des réactions de la justice, et que la dimension humaine des poursuites nécessite souvent quelques distances par rapport au droit et à sa construction. La qualification n'est pas toujours le résultat d'une démarche idéale, qui refléterait à la perfection toutes les figures de la loi. Elle est également l'instrument de préoccupations plus immédiates, empruntées à la sensibilité des espèces, avec ce que cela suppose d'invention ou d'inédit, voire de contrariété ou de concurrence opposée à sa portée restitutive.

Deux pratiques méritent d'être relevées : l'une partagée entre les juridictions du fond, qui consiste à minimiser les faits, afin de retenir une qualification moindre par rapport à leur gravité ; l'autre propre à la Cour de cassation, qui, pour éviter des renvois inutiles, entérine parfois les erreurs du juge en prétextant de la justification de la peine.

1. Il n'est qu'une exception, tenant à la saisine du tribunal correctionnel pour un délit non intentionnel, alors que les faits sont de nature à entraîner une peine criminelle parce qu'ils ont été commis de façon intentionnelle. Le tribunal peut alors renvoyer le ministère public à se pourvoir ainsi qu'il avisera, ce qui est normal au regard de la gravité des faits. – Pour une application : Crim. 24 mars 2009, *Bull. crim.* n° 60 ; D. 2009, *AJ*, p. 1207, obs. Léna, et *Pan.*, p. 1714, obs. P. Chaumont ; *ibid.* 2009, p. 2140, note Mesa ; *Rev. sc. crim.* 2009. 590, obs. Mayaud.

a) La sous-qualification

138 INDULGENCE. — La sous-qualification consiste à ne pas donner aux faits poursuivis leur véritable portée juridique. Par exemple, suite à des violences mortelles, les autorités de poursuites ou d'instruction ne vont retenir que le délit d'omission de porter secours, et non le crime de coups et blessures volontaires ayant entraîné la mort sans intention de la donner [1]. On parle dans ce cas de correctionnalisation judiciaire, les faits étant traités comme délit, alors qu'ils rentrent normalement dans les prévisions d'un crime. Il en est de même de la contraventionnalisation judiciaire, qui consiste à retenir sous une qualification contraventionnelle ce qui est en réalité constitutif d'un délit. Quelle qu'en soit la version, cette pratique répond en général à une volonté d'indulgence, le principe d'une action sur le fondement de la véritable qualification n'étant pas jugé opportun, pour être considéré comme trop sévère, ou encore se situer au delà des besoins de répression propres à l'espèce, voire à la personnalité du prévenu ou de la victime.

139 SÉVÉRITÉ. — Mais la sous-qualification peut être également inspirée par des raisons de sévérité. Elle prend alors les traits d'une indulgence trompeuse. Cet aspect plus particulier trouve notamment à s'illustrer en matière de légitime défense. La légitime défense est un fait justificatif, une cause d'irresponsabilité pénale, qui joue lorsque, suite à l'agression de soi-même ou d'autrui, il est riposté par la commission d'un crime ou d'un délit, le plus souvent en exerçant des violences sur la personne de l'agresseur. Mais il n'est possible de l'invoquer que par référence à des actes intentionnels, la légitime défense étant inconciliable avec une qualification involontaire (*chapitre 11*). Aussi, afin d'éviter ce qui lui paraît relever d'une justification déplacée, dans des espèces plus proches de l'autodéfense que de la légitime défense, la justice fait parfois le choix de poursuivre l'auteur de l'acte défensif sous une infraction non intentionnelle. Ce qui caractérise en réalité une action intentionnelle, le plus souvent criminelle, est stratégiquement sous-évalué, en étant

1. Pour un exemple caractérisé dans une affaire d'excision : Crim. 22 avr. 1986, *Bull. crim.* n° 136.

considéré comme une simple imprudence, et le débat sur la légitime défense est de ce fait écarté [1].

140 CRITIQUE. — Confrontées à la légalité pénale et au caractère d'ordre public des règles de compétence, il est évident que ces pratiques sont contestables. Certes, les avantages sont sensibles lorsque l'objectif est ouvertement favorable au prévenu, ce qui explique la pérennité de tels procédés. Mais le consensus n'est pas toujours acquis, et il suffit d'une opposition pour revenir à la vérité des textes. La loi Perben II du 9 mars 2004 en favorise le principe. Elle a inséré un nouvel article 186-3 dans le code de procédure pénale, qui fait exception à l'impossibilité d'interjeter appel des ordonnances de renvoi devant le tribunal correctionnel : la personne mise en examen et la partie civile peuvent aujourd'hui former cet appel, si elles estiment que les faits constituent un crime qui aurait dû faire l'objet d'une ordonnance de mise en accusation devant la cour d'assises. La disposition nous place ouvertement sur le terrain de la correctionnalisation, une correctionnalisation qu'il est désormais possible de contester par la voie d'un recours jusqu'ici prohibé [2]. Les parties privées au procès ne sont donc plus entraînées malgré elles dans une poursuite correctionnelle pour des faits criminels. Et ce n'est pas anodin : d'abord, concernant la personne poursuivie, dans la mesure où la correctionnalisation peut n'avoir que les apparences de l'indulgence ; ensuite, pour la partie civile, tant il est vrai qu'une sous-qualification peut desservir ses intérêts en minimisant moralement son dommage et sa souffrance.

b) La peine justifiée

141 COUVERTURE. — Il résulte de l'article 598 du code de procédure pénale que : « *Lorsque la peine prononcée est la même que celle portée par la loi qui s'applique à l'infraction, nul ne peut*

1. On retiendra l'exemple de l'*affaire Legras* : Trib. corr. Troyes, 24 mai 1978, JCP 1979. II. 19046 (2e jugement), note Bouzat ; Reims, 9 nov. 1978, D. 1979. 92, note Pradel ; JCP 1979. II. 19046 (2e arrêt), note préc. Bouzat ; *Rev. sc. crim.* 1979. 329, obs. Levasseur.
2. A. Darsonville, La légalisation de la correctionnalisation judiciaire, *Dr. pénal* 2007, *Etude* 4. – Sur les conséquences que la loi en tire quant à l'impossibilité pour le tribunal correctionnel de nier sa compétence, V. ci-dessus, « Devoir de requalification ».

demander l'annulation de l'arrêt sous le prétexte qu'il y aurait erreur dans la citation du texte de la loi ». Cette disposition est à l'origine de la théorie dite de la « peine justifiée », qui s'apparente davantage à une pratique de la Chambre criminelle qu'à un principe légalement établi en ce sens.

Le procédé consiste à nier l'intérêt d'un pourvoi, lorsqu'il est possible de déduire de la motivation des juges que l'erreur de qualification n'aurait rien changé à la peine, celle-ci étant en quelque sorte méritée indépendamment du fondement juridique donné aux poursuites. Par exemple, lorsque, à tort, un arrêt déclare coupable d'escroquerie l'auteur d'une tentative de ce même délit, l'erreur relevée ne saurait donner ouverture à cassation, la peine étant justifiée [1]. Il en est de même de la condamnation d'un prévenu en tant que coauteur d'un délit, alors qu'il n'en est que le complice [2], de l'erreur de qualification en termes de détournement d'objet saisi, d'escroquerie, ou d'abus de biens sociaux, là où les faits renvoient en réalité à un abus de confiance [3], ou encore d'une responsabilité pour harcèlement sexuel au lieu d'une agression sexuelle [4]. Dans toutes ces hypothèses, l'erreur de qualification est en quelque sorte couverte par la Cour de cassation, au nom d'une considération très pratique, liée à l'inutilité d'en débattre, à partir du moment où la peine prononcée l'eût pareillement été sous la qualification véritable [5].

La conclusion est efficace, notamment en contribuant à limiter le nombre de pourvois. Mais elle n'est pas sans réserves : d'abord, le débat sur la qualification relève de la légalité, ce que la haute juridiction a précisément pour mission de contrôler ; ensuite, au delà de la peine prononcée, serait-elle justifiée, c'est la sensibilité de la réaction pénale qui est en jeu, et il n'est pas bon de considérer comme insignifiante l'erreur dénoncée, tant il y a un intérêt moral,

1. Crim. 9 mars 1983, *Bull. crim.* n° 76 ; D. 1984. 209, note Devèze ; *Gaz. Pal.* 1983. 2. 602, note Doucet
2. Crim. 7 mars 1972, *Bull. crim.* n° 84.
3. Crim. 22 févr. 1945, *Bull. crim.* n° 14 ; 13 mai 1971, *ibid.* n° 155 ; 27 janv. 1986, *ibid.* n° 34 ; *Rev. soc.* 1986. 273, obs. Bouloc ; 28 mars 1996, JCP 1996. IV. 1574 ; *Gaz. Pal.* 1996. 2, *chr. crim.* 133.
4. Crim. 15 juin 2000, *Bull. crim.* n° 227.
5. Ce n'est que sous couvert d'intérêts supérieurs que la théorie s'incline. Ainsi, une peine ne peut être tenue pour justifier dès lors que l'erreur de qualification a eu pour conséquence la violation des règles d'ordre public relatives à l'organisation et à la compétence des juridictions pénales (Crim. 1er juill. 1997, *Bull. crim.* n° 261).

au moins pour les victimes, à ce que soit reconnue la réalité des atteintes qu'elles ont subies [1].

II | Les conflits de qualifications

142 *Non bis in idem*. — Le droit pénal est dominé par une préoccupation majeure : ne pas sanctionner plusieurs fois le même fait, au nom du principe *non bis in idem*. Cet impératif a une incidence directe en notre matière, le juge étant souvent confronté à des concours d'infractions, c'est-à-dire à des hypothèses où plusieurs qualifications pénales sont à même de s'appliquer. Il s'agit alors de savoir si un conflit les caractérise, autrement dit si une sélection s'impose, ou si elles peuvent être, au contraire, cumulées. Les réponses sont tributaires de deux hypothèses : soit les qualifications en concours sont entre elles incompatibles, ce qui ferme toute voie à un cumul (A), soit, au contraire, elles se situent dans un rapport de compatibilité, avec pour conséquence de les rendre accessibles à un tel cumul (B).

A – Les qualifications incompatibles

143 Rejet de tout cumul. — Certaines qualifications relèvent d'une incompatibilité entre elles, ce qui a pour effet logique de les rendre exclusives les unes des autres, si bien que leur cumul est juridiquement impossible. Seule la qualification la plus opportune mérite alors d'être retenue, en rapport avec sa capacité de restitution des faits dans leur plénitude, à la fois légale, matérielle et morale. Trois figures rendent compte de ces incompatibilités, selon qu'elles se manifestent par contradiction, par superposition, ou par intégration.

1. Ces réserves ont fait l'objet d'une question prioritaire de constitutionnalité, mais la Cour de cassation, jugeant qu'elle ne présentait pas un caractère sérieux, en ce qu'elle critiquait, non pas l'art. 598 c. pr. pén., mais la « théorie » élaborée à partir de cette disposition législative, a considéré qu'il n'y avait pas lieu de la transmettre au Conseil constitutionnel (Crim. QPC, 19 mai 2010, n° 09-87.651, *Legifrance*).

a) L'incompatibilité par contradiction

144 ÉLÉMENTS OPPOSÉS DE DÉFINITION. — L'incompatibilité peut d'abord résulter de la contradiction des éléments de définition propres aux qualifications en concours. Si ces éléments sont en opposition, il est bien évident qu'ils ne sauraient prétendre à une application cumulée, tout simplement parce que les faits ne sauraient se prêter à une double restitution juridique, correspondant, à la fois, aux termes d'une première qualification envisagée, puis à ceux totalement contraires d'une seconde. Par cette contrariété d'incrimination, il n'est qu'une solution envisageable, qui passe par la sélection de la qualification pénale la mieux adaptée aux circonstances de l'espèce.

Une illustration peut être tirée du rapprochement entre le délit de dégradation ne présentant pas de danger pour les personnes (c. pén., art. 322-1) et le délit de risques causés à autrui, plus couramment appelé mise en danger (c. pén., art. 223-1). Outre le fait qu'une différence de culpabilité les sépare, le premier étant intentionnel, alors que le second ne l'est pas, il est évident qu'ils sont en contradiction de situation, le danger étant érigé en référence négative pour l'un, alors qu'il est une donnée positive pour l'autre. Il est donc impossible de les considérer dans une véritable relation de concurrence : ils ne peuvent que s'exclure mutuellement, la sélection qui s'en déduit étant tributaire de l'existence ou non d'un péril dans les circonstances à juger [1]. De même, pour relever d'un élément moral contraire, ne peuvent être envisagés comme cumulables le délit de risques causés à autrui et la tentative de dégradation d'un bien appartenant à autrui par l'effet d'un moyen dangereux pour les personnes [2]. Pareillement, sont incompatibles, parce que contradictoires, le délit de dégradation volontaire (c. pén., art. 322-1 et 322-6) et le délit de fuite (c. pén., art. 434-10), ce dernier, contrairement au premier, n'étant constitué que si le dommage corporel ou matériel a été occasionné involontairement [3].

1. Douai, 28 sept. 1994, *Bull. inf. C. cass.* 1994. 1216 ; *Gaz. Pal.* 1994. 2. *Somm.* 709 ; *Rev. sc. crim.* 1995. 580, obs. Mayaud. – Douai, 12 oct. 1994, *Bull. inf. C. cass.* 1995. 1196.
2. Douai, 11 janv. 1995, *Gaz. Pal.* 1995. 2. 543 ; *Rev. sc. crim.* 1996. 651, obs. Mayaud.
3. Trib. corr. Foix, 26 avr. 1983, JCP 1986. II. 20581, note Bonzom. – *Opposer*, sur une approche différente de la notion d' « accident » au sens de l'art. 434-10 c. pén. relatif au délit de fuite : Douai, 11 janv. 1995, *Gaz. Pal.* 1995. 2. 543

On le voit, la contradiction ne peut qu'être résolue à l'avantage d'une seule et unique qualification, le devoir des autorités de poursuite et de jugement étant de retenir celle traduisant au mieux la réalité des faits. Le principe *non bis in idem* ne peut donc être atteint, puisqu'il n'est pas question, du moins dans les rapports entre les qualifications marquées par une telle incompatibilité, de s'orienter vers la reconnaissance de leur pluralité.

b) L'incompatibilité par superposition

145 ÉLÉMENTS COMMUNS DE DÉFINITION. — Il y a superposition lorsque deux qualifications sont dans une relation d'empiétement réciproque par des éléments communs de définition. C'est particulièrement le cas lorsque sont en cause, renvoyant à un même fait, une donnée constitutive et une circonstance aggravante. Le principe *non bis in idem* s'oppose alors à leur cumul, qui serait une solution par trop répressive pour le justiciable. La jurisprudence le rappelle avec fermeté : « *Le même fait ne peut être retenu comme constitutif à la fois d'un crime ou d'un délit et d'une circonstance aggravante accompagnant une autre infraction* » [1]. Les deux techniques de responsabilité, constitutive d'une part, et aggravante d'autre part, ne sont donc pas cumulables, pour relever d'une incompatibilité de droit. L'écueil de la redondance est ainsi évité, ce qui est aggravant étant déjà pris en compte au titre des éléments constitutifs, et ce qui est constitutif ne gagnant rien à être repris dans les circonstances aggravantes.

Les exemples ne manquent pas de ces superpositions incompatibles : ainsi de coups ou de blessures, qui ne peuvent être, à la fois, constitutifs de violences volontaires (c. pén., art. 222-7 et s.) et circonstances aggravantes d'un vol (c. pén., art. 311-4 et s.) [2] ; d'un acte meurtrier, qui ne saurait constituer un homicide (c. pén., art. 221-1 et s.) tout en étant compris comme une violence aggravante d'un vol [3] ; de la mort de la victime, qui ne peut être à la

1. Crim. 14 oct. 1954, *Bull. crim.* n° 294 ; 23 juin 1977, *ibid.* n° 235 ; 21 mai 1980, *ibid.* n° 158 ; 3 oct. 1984, *ibid.* n° 285.
2. Crim. 21 mai 1980, préc. ; Crim. 6 janv. 1999, *Bull. crim.* n° 6.
3. Crim. 14 oct. 1954, préc. ; 23 juin 1977, préc.

fois constitutive d'un assassinat (c. pén., art. 221-3) et circonstance aggravante d'une séquestration (c. pén., art. 242-2) [1] ; de la mise en danger délibérée d'autrui (c. pén., art. 223-1), qui ne peut se cumuler avec les délits aggravés d'homicide ou de blessures involontaires commis à l'égard des mêmes personnes (c. pén., art. 221-6, al. 2, 222-19, al. 2, 222-20) [2]. Rien ne s'oppose, en revanche, à ce qu'une même circonstance soit relevée comme aggravant des crimes ou des délits distincts, telle la vulnérabilité de la victime en raison de son état physique ou mental, retenue à la fois pour viol (c. pén., art. 222-24, 3°) et violences volontaires (c. pén., art. 222-13, 2°) sur la même personne [3]. Tous ces exemples témoignent d'une préoccupation judiciaire constante : ne pas s'engager dans une répression disproportionnée par rapport aux besoins, à la mesure de la portée juste et équitable du principe *non bis in idem*.

L'incompatibilité qui nous retient est l'occasion de remarquer que le législateur traite parfois lui-même de certaines hypothèses de concours, en les érigeant en circonstances aggravantes. C'est le cas de la concomitance ou de la corrélation en matière de meurtre (c. pén., art. 221-2, al. 1er et 2), qui ne sont rien d'autres que des concours de crimes ou de délits avec l'homicide lui-même, mais traités en cause d'aggravation de ce dernier, pour ce qu'ils représentent de réalisation simultanée ou facilitée [4]. Il en est de même, nous venons de le voir, de la violation manifestement délibérée d'une obligation particulière de prudence ou de sécurité prévue par la loi ou le règlement, qui, constitutive du délit formel de risques causés à autrui (mise en danger), est également une circonstance aggravante de l'homicide involontaire et des blessures involontaires. Plus récemment, la loi n° 2005-1549 du 12 décembre 2005, relative au traite-

1. Crim. 20 févr. 2002, *Bull. crim.* n° 38 ; *Rev. sc. crim.* 2002, p. 583, obs. Bouloc, et p. 590, obs. Mayaud.
2. Crim. 11 sept. 2001, *Bull. crim.* n° 176 ; *Dr. pénal* 2002. 4, obs. Véron ; *Gaz. Pal.* 2002. 2. *Somm.* 1596, note Monnet ; *Rev. sc. crim.* 2002. 106, obs. Mayaud. – Pour un exemple de cumul d'homicide involontaire et de mise en danger de la vie d'autrui à l'égard de personnes différentes : Bourges, 10 avr. 2003, JCP 2004. IV. 1832.
3. Crim. 14 févr. 1990, *Bull. crim.* n° 77. – Mais le même fait ne peut être retenu comme constitutif de deux circonstances aggravantes ; une chambre d'accusation méconnaît le sens et la portée de ce principe en renvoyant une personne devant la cour d'assises sous l'accusation de viols sur mineure de quinze ans, personne particulièrement vulnérable en raison de son âge (c. pén., art. 222-24, 2° et 3°) : Crim. 4 févr. 1998, *Bull. crim.* n° 44.
4. Rép. pén., Dalloz, V° « Meurtre », 2006, par Y. Mayaud, spéc. n° 109 et s.

ment de la récidive des infractions pénales, a érigé en circonstance aggravante les viols en série, définis comme un viol « commis en concours avec un ou plusieurs autres viols commis sur d'autres victimes » (c. pén., art. 222-24, 10°). Tous ces exemples correspondent à des concours réels, voire idéals [1], mais qui ne peuvent être retenus et exploités comme tels du fait de leur traitement en termes aggravés, avec pour conséquence d'aboutir à une incompatibilité, liée à la superposition des qualifications en cause.

Les incompatibilités juridiques issues d'un conflit de qualifications ne s'arrêtent pas là. Elles sont également le résultat, dans certaines hypothèses, d'un phénomène d'intégration.

c) L'incompatibilité par intégration

146 ÉLÉMENTS IMPLICITES DE DÉFINITION. — L'intégration consiste à considérer les données d'une qualification comme étant déjà implicitement comprises dans une autre, ce qui a pour retombée, là encore, d'en rejeter le cumul par incompatibilité. Il s'agit d'une figure très originale, dont la portée pratique a été récemment confirmée à propos du délit de blanchiment. Sont concernés les effets ou les suites de l'infraction, lorsqu'ils sont inséparables de ses éléments constitutifs, si bien que ne peuvent être retenues, sauf à se soustraire au principe *non bis in idem*, les qualifications les érigeant en crime ou délit spécifique. Il est possible de l'illustrer positivement et négativement.

1 / *Illustrations positives*

Des exemples classiques servent de support à l'incompatibilité qui nous retient. Ainsi du délit de recel de cadavre (c. pén., ancien art. 359, nouvel art. 434-7), qui ne peut être réalisé que par celui qui n'a pas participé à l'homicide volontaire. L'explication est simple : à l'égard de l'auteur du meurtre, le fait de receler ou de cacher le cadavre de la victime est considéré comme une suite normale de son action, et il ne saurait, par là même, revêtir le caractère d'un délit

1. *Ibid.*, n° 132.

distinct[1]. Il est compris dans la sphère immédiate de l'acte homicide, pour en être une retombée logique, tant il est vrai que l'on ne saurait reprocher à un meurtrier ou à un assassin de tout faire pour dissimuler son crime. Le contraire serait reporter sur lui des exigences de citoyenneté fort en retrait du mépris qu'il a déjà affiché par sa délinquance... C'est donc en parfaite conformité avec l'incompatibilité qu'elles supposent, que les qualifications de recel et d'homicide sont fermées au cumul, les réalités incriminées au titre de la première étant en quelque sorte intégrées dans les données constitutives de la seconde, s'agissant d'une conséquence naturellement inscrite dans sa continuité, et donc implicitement inhérente à sa réalisation.

Le raisonnement n'est pas différent dans les rapports entre le vol, ou l'abus de confiance, et le recel de chose. Il est acquis que celui qui frauduleusement soustrait un objet, ou le détourne, ne peut, en même temps, être retenu comme receleur du même objet[2]. Là encore le recel est en quelque sorte une partie des délits d'origine, pour en être la suite logique, une conséquence immédiate, tant il semble évident que l'auteur d'un vol ou d'un détournement agit en général pour lui-même, avec ce que cela suppose de conservation ou de détention durable du bien enlevé à la possession d'autrui. Retenir contre lui la qualification de recel serait le condamner deux fois pour ce qui est déjà intégré dans l'atteinte au droit de propriété, et il en résulte une exclusion par incompatibilité.

Le rejet du cumul procède toujours de la même idée, tirée de la réalisation implicite de l'*infraction de conséquence* (dans nos exemples, le recel) par l'infraction d'origine : une réalisation déjà inscrite dans le jeu normal, immédiat et structurel, des retombées de cette dernière, ce qui interdit de la manifester une seconde fois par le cumul des qualifications en concours.

2 / *Illustrations négatives*

Tout en appuyant la logique de l'incompatibilité, d'autres exemples peuvent être empruntés à des hypothèses qui ne la

1. Crim. 19 juill. 1956, *Bull. crim.* n° 556.
2. Pour le vol : Crim. 22 janv. 1948, *Bull. crim.* n° 26 ; 15 déc. 1949, *ibid.* n° 350 ; 6 juin 1979, *ibid.* n° 193. – Rappr. Crim. 22 nov. 1994, *Bull. crim.* n° 370. – Pour l'abus de confiance : Crim. 2 déc. 1971, *Bull. crim.* n° 337.

rejoignent pas. C'est un peu la « preuve par neuf » des affirmations précédentes, pour en confirmer la démonstration, et convaincre de leur pertinence. Et en effet, lorsque les qualifications en conflit ne peuvent plus être considérées en rapport obligé de cause à effet, chacune conserve son autonomie, et l'infraction de conséquence ne peut plus être rejetée par principe.

Ainsi de l'abstention volontaire de porter secours à une personne en péril (c. pén., art. 223-6, al. 2), qui n'est pas nécessairement incompatible avec des violences volontaires ayant entraîné la mort sans intention de la donner (c. pén., art. 222-7) [1]. Autant ne saurait être envisagé un cumul de qualifications en termes de violences non mortelles et d'omission de porter secours, une telle omission étant en parfaite adéquation avec la délinquance manifestée par les violences, autant, lorsque celles-ci ont la mort pour résultat, et une mort revendiquée comme n'ayant pas été recherchée, il n'est pas anormal de ménager les deux qualifications, et de les envisager comme pouvant relever d'un cumul à la faveur de leur concours. Le fait que la mort ne soit pas intentionnelle ne peut, en effet, qu'inciter l'auteur de violences à apporter les secours nécessaires à sa victime, et le défaut d'action à ce titre, non seulement mérite sanction, mais, mieux encore, risque fort de s'apparenter à une volonté meurtrière... S'il est logique de ne pas secourir la victime de simples violences, parce que celles-ci sont précisément exercées pour leurs effets attentatoires à l'intégrité physique ou psychique, il n'est pas pertinent, en revanche, de ne pas assurer un secours à celui ou à celle dont on prétend ne pas avoir voulu la mort : alors, s'opère une rupture dans le processus de criminalité ou de délinquance, qui permet de conserver son autonomie à chacune des qualifications en conflit.

En définitive, tout se joue sur le degré de proximité entre l'infraction d'origine et l'infraction de conséquence. Si, par une approche fusionnée, la seconde peut être considérée comme une suite inscrite dans la première, son exclusion est de droit. Mais si, à l'inverse, cette dépendance ne se vérifie pas, le conflit de qualifications ne peut alors que se solder par un concours d'infractions ouvert au cumul.

C'est exactement dans ces termes que la question a été débattue à propos du blanchiment d'argent (c. pén., art. 324-1, al. 2). De

1. Crim. 24 juin 1980, *Bull. crim.* n° 202 ; *Rev. sc. crim.* 1981. 618, obs. Levasseur.

conception récente [1], cette qualification s'est trouvée confrontée à la question de sa compatibilité avec les différentes infractions à l'origine de la disposition des fonds blanchis. Dans une espèce remarquée, une cour d'appel avait jugé que l'auteur principal de délits de travail clandestin et de fraude fiscale ne pouvait être poursuivi pour blanchiment des sommes produites par sa propre activité. Mais la Cour de cassation a considéré, au contraire, que, en statuant ainsi, la juridiction avait méconnu la portée de l'incrimination, « *qui est applicable à l'auteur du blanchiment du produit d'une infraction qu'il a lui-même commise* » [2]. L'exclusion n'a donc pas joué, comme elle eût pu jouer en termes de recel.

La différence a une explication et justification à la fois, pour être le reflet de la logique inhérente aux incompatibilités. Parce que celles-ci ne sont réservées qu'à ce qui relève d'une indivisibilité de cause à conséquence, ce qui en limite les applications aux seules retombées obligées de l'infraction commise, elles ne sauraient s'attacher à ce qui participe de nouvelles initiatives, telle une opération de blanchiment. La détention ou la conservation matérielle d'un bien est la conséquence immédiate d'une soustraction ou d'un détournement, mais le blanchiment des sommes soustraites ou détournées est moins un effet du présent qu'une option sur l'avenir : il s'agit non d'un résultat inhérent à l'infraction, mais de la manifestation d'un nouvel engagement. On comprend, dans ces conditions, que le délit ne soit pas juridiquement assimilé à un recel.

La matière trouve dans cette dernière illustration une belle confirmation de sa solidité, rien n'étant plus gratifiant, pour une théorie, que d'être confrontée à des épreuves régulières de justesse et d'adaptation.

1. Loi n° 96-392 du 13 mai 1996 relative à la lutte contre le blanchiment et le trafic des stupéfiants et à la coopération internationale en matière de saisie et de confiscation des produits du crime (*JO* 14 mai, p. 7208).
2. Crim. 14 janv. 2004, *Bull. crim.* n° 12 ; D. (*Aff.*) 2004, p. 1377, note Cutajar ; JCP 2004. II. 10081, note Matsopoulou ; *Gaz. Pal.* 2004. 1. 1171, note O. Raynaud ; *ibid.* 2004. 2. *Somm.* 2626, obs. A.C. ; *Dr. pénal* 2004. 48, obs. Véron ; *Rev. sc. crim.* 2004. 350, obs. Ottenhof. – Dans le même sens : Crim. 20 févr. 2008, *Bull. crim.* n° 43 ; D. 2008. 1585, note Cutajar, et *Pan.*, p. 1577, obs. Mascala ; *AJ pénal* 2008, p. 234, obs. Darsonville ; JCP 2008. II. 10103, note Lasserre Capdeville ; *Dr. pénal* 2008. 67, obs. Véron ; *Gaz. Pal.* 2008. 1. 966, note J.N., et *Somm.* 1906, note Teissedre ; *ibid.* 2009. 1. *Somm.* 1440, note Monnet ; *Rev. sc. crim.* 2008. 607, obs. Matsopoulou.

B – Les qualifications compatibles

147 POSSIBILITÉ DE CUMUL. — Avec les qualifications compatibles, les infractions ne sont plus dans un rapport d'exclusion, pour relever d'éléments de définition conciliables et distincts. Elles sont de ce fait ouvertes à un cumul possible, mais dans des conditions nuancées, que traduisent deux hypothèses de concours, le concours réel, d'une part, et le concours idéal, d'autre part.

a) Le concours réel d'infractions

148 RÉGIME LÉGAL. — Le concours réel d'infractions relève d'une définition donnée par le code pénal, dont il convient de reprendre les termes, avant de se prononcer sur les règles permettant de le résoudre.

1 / *La définition*

149 PLURALITÉ DE FAITS. — L'article 132-2 du code pénal définit en ces termes le concours réel d'infractions, bien que ne le qualifiant pas comme tel : « *Il y a concours d'infractions lorsqu'une infraction est commise par une personne avant que celle-ci ait été définitivement condamnée pour une autre infraction* ». Le concours réel est donc caractérisé par une pluralité de faits, chacun constitutif d'une infraction différente, simultanément ou successivement commis sans que la justice ne soit intervenue par une condamnation définitive entre eux.

D'une manière plus concrète, le concours réel correspond à plusieurs infractions commises dans un laps de temps très court, voire sur des périodes plus longues, mais sans que les autorités judiciaires aient pu réagir ou en aient eu connaissance, ce qui explique qu'elles ne soient pas intervenues au fur et à mesure de leur réalisation : ainsi de la soustraction de plusieurs biens dans le cadre d'une opération de cambriolage, ou encore de l'enchaînement de plusieurs délits dans la logique d'une fuite après un vol de voiture (excès de vitesse, accident mortel de la circulation, refus d'obtempérer aux forces de l'ordre...).

Ainsi défini et illustré, le concours réel doit être différencié de deux hypothèses voisines :

— La *récidive* d'abord, qui consiste à commettre un nouveau crime ou délit, voire une contravention, après une condamnation définitive pour une première infraction (c. pén., art. 132-8 et s.). C'est donc par rapport à l'existence ou non d'une condamnation définitive que les deux situations se séparent.

— La *réitération* ensuite, définie par la loi n° 2005-1549 du 12 décembre 2005 [1], qui a inséré dans le code pénal un nouvel article 132-16-7 ainsi rédigé : « Il y a réitération d'infractions pénales lorsqu'une personne a déjà été condamnée définitivement pour un crime ou un délit et commet une nouvelle infraction qui ne répond pas aux conditions de la récidive légale ». La réitération se distingue ainsi du concours réel par le fait que les infractions en situation sont séparées par une condamnation définitive, mais sans rejoindre pour autant la récidive, faute de répondre à ses conditions légales [2].

Nous allons le voir, ces distinctions ne sont pas théoriques. Elles engagent des régimes de répression eux-mêmes marqués par de sensibles différences.

2 / *La résolution*

150 CUMUL DES QUALIFICATIONS. — Le concours réel d'infractions se solde par autant de responsabilités qu'il est d'infractions réalisées. Le cumul des qualifications rend compte de sa résolution, sans contrarier le principe *non bis in idem*, parce qu'il est normal que le délinquant ait à répondre de toutes les infractions dont il est l'auteur. Il n'est pas poursuivi plusieurs fois pour le même fait, mais autant de fois qu'il est à sa charge de faits délictueux distincts.

1. Loi relative au traitement de la récidive des infractions pénales, *JO* 13 déc., p. 19152.
2. Sur la notion de réitération en droit de la concurrence, V. Conseil de la concurrence, 15 oct. 2007 (07-D-33), D. 2007. AJ. 2668, obs. Chevrier.

151 NON-CUMUL DES PEINES. — La logique voudrait que toutes les qualifications retenues se doublent du cumul des peines correspondantes. Mais ce n'est pas la solution en droit français. Il est de règle, formulée aux articles 132-3 et 132-4 du code pénal, que, lorsqu'elles sont de nature différente, les peines sont cumulables, mais seulement dans la limite du maximum légal le plus élevé. Ainsi, il est possible de retenir, à la fois, empruntées aux différentes qualifications en concours, une peine privative de liberté, une peine d'amende et une peine complémentaire, mais, pour chacune de ces catégories, on ne doit jamais dépasser le seuil correspondant au maximum de la peine encourue la plus sévère. Lorsque les infractions en concours sont traitées à l'occasion d'une même procédure, il appartient au juge prononçant les condamnations de veiller lui-même à cet impératif (c. pén., art. 132-3). En revanche, si les infractions sont soumises à la justice dans le cadre de procédures séparées, les sanctions successivement prononcées sont à exécuter cumulativement jusqu'à concurrence de leur limite maximale, sauf à obtenir la confusion totale ou partielle des peines de même nature (c. pén., art. 132-4).

Ce régime de répression se démarque des deux situations voisines que sont la récidive et la réitération d'infractions. Le principe du non-cumul des peines traduit une certaine modération dans la sanction, lié au fait que la justice n'est pas intervenue entre les différentes infractions cumulées, et qu'aucun avertissement n'a été donné au délinquant, lié à une condamnation définitive préalable. Ce n'est pas le cas pour la récidive, caractérisée au contraire par un tel avertissement, ce qui justifie qu'elle soit érigée en circonstance aggravante (*chapitre 13*). De même, parce qu'une condamnation définitive a été antérieurement prononcée, l'infraction en réitération est soumise à un régime de cumul des peines sans limitation de quantum et sans possibilité de confusion (c. pén., art. 132-16-7), ce qui revient à lui appliquer une répression également empreinte de sévérité, mais sans se confondre avec la récidive, faute d'en recouper les conditions légales.

152 DÉROGATIONS. — Il est des dérogations à la règle du non-cumul des peines, qui affectent certains délits spécifiés [1]. Mais l'exception la plus importante concerne les contraventions, ce que

1. Pour des exemples de textes dérogeant formellement à la règle du non-cumul : V. c. pén, art. 131-36-5, al. 3 (suivi socio-judiciaire), art. 314-8 (organisation frauduleuse de l'insolvabi-

l'article 132-7 du code pénal formule de la manière la plus explicite : « *Par dérogation aux dispositions qui précèdent, les peines d'amende pour contraventions se cumulent entre elles et avec celles encourues ou prononcées pour des crimes ou délits en concours* ». Les amendes contraventionnelles échappent donc au dispositif de droit commun, et procèdent d'un cumul érigé en principe. Cette donnée, inversée par rapport aux crimes et aux délits, a une explication. Les contraventions sont plus proches de l'indiscipline que de la délinquance, et cette nature particulière justifie la solution, le retour à la norme disciplinaire étant d'autant plus garanti qu'il procède de sanctions cumulables. L'objectif de personnalisation n'est pas en cause dans les contraventions, ce qui explique que les peines échappent aux subtilités et nuances qui accompagnent les infractions les plus graves.

b) Le concours idéal d'infractions

153 RÉGIME JURISPRUDENTIEL. — Contrairement au concours réel, le concours dit « idéal » d'infractions n'est l'objet d'aucune disposition dans le code pénal. Seule la jurisprudence en fait état, qu'il faut aborder là encore en termes, et de définition, et de résolution.

1 / *La définition*

154 UNITÉ DE FAIT. — Le concours idéal correspond à une hypothèse très différente du concours réel. Il est relatif à un fait unique, isolément considéré dans sa matérialité, là où le second, au contraire, engage plusieurs faits concomitants ou successifs. Une unité factuelle en rend compte, mais au sujet de laquelle plusieurs textes d'incrimination sont applicables, parce que le comportement poursuivi est à même de caractériser plusieurs infractions à la fois, ce qui peut être l'indice d'une surcharge répressive [1]. L'originalité

lité), 433-9 (rébellion), 434-23 (usurpation d'état civil), 434-31 (évasion). – V. également : c. pr. pén., art. 706-56 (refus de se soumettre à un prélèvement biologique) ; c. trav., art. L. 4741-1 (hygiène et sécurité) ; c. envir., art. L. 581-34-III (publicité, enseignes et préenseignes).

1. V. Malabat, Le champ inutile du droit pénal : les doubles incriminations, Mélanges Ottenhof, *Dalloz*, 2006.

du concours idéal tient à cette pluralité de qualifications, relative à un fait par hypothèse envisagé dans sa singularité.

Deux exemples vont l'illustrer. Supposons d'abord qu'une personne utilise une substance explosive pour détruire un immeuble et atteindre physiquement ses habitants. Cet acte rejoint au moins deux qualifications pénales : la destruction d'un bien appartenant à autrui (c. pén., art. 322-5 et s.), et l'assassinat ou sa tentative (c. pén., art. 221-3). Imaginons ensuite qu'un employeur ne respecte pas les règles de sécurité dans son entreprise, et qu'un accident se produise, entraînant la mort d'un ouvrier. Cette défaillance est non seulement constitutive d'un homicide involontaire (c. pén., art. 221-6), mais encore du délit particulier de violation des normes de santé et de sécurité dans le monde du travail (c. trav., art. L. 4741-1). Pour se confondre avec plusieurs délits à la fois, le fait propre à chacun de ces exemples se prête naturellement à une pluralité de qualifications. La question est de savoir s'il est possible de les cumuler, et, en cas de réponse positive, de se prononcer sur la conformité d'un tel cumul au principe *non bis in idem*.

2 / *La résolution*

155 RÉFÉRENCE AUX VALEURS SOCIALES PROTÉGÉES. — La réponse est fonction des valeurs sociales protégées. Toute incrimination, nous le savons (*chapitre 1*), poursuit un objectif de protection, à savoir la sauvegarde d'un intérêt supérieur pour la pérennité des relations sociales : vie, intégrité physique, propriété, foi publique... Cette référence de finalité est déterminante pour résoudre le concours idéal d'infractions.

Soit ces valeurs sont les mêmes, et le non-cumul s'impose, soit au contraire elles sont différentes, et le cumul est possible. Appliqués par la jurisprudence, ces principes restituent parfaitement la logique de l'incrimination. Si, par un même fait, la société est atteinte une seule fois dans ses valeurs, il est normal de ne pas cumuler les qualifications. En revanche, lorsqu'elle se ressent d'atteintes différenciées, seraient-elles le résultat d'une action ou d'une omission isolée, le cumul est pertinent, afin de reporter dans les poursuites ce que le comportement a entraîné de dommages séparés, tout comme sont par ailleurs cumulées les qualifications correspondant à un concours réel, avec pour objectif de restituer toutes les atteintes liées aux faits multiples qui les caractérisent.

Ces solutions sont conformes au principe *non bis in idem*. Lorsque les valeurs protégées sont distinctes, la société est affectée autant de fois dans ses intérêts qu'il est d'infractions en concours, et il est normal de retenir toutes les qualifications correspondantes. Il faut en quelque sorte raisonner comme si le prévenu avait renouvelé son comportement pour atteindre la société dans chacune des valeurs concernées par les qualifications en conflit. En revanche, si ces valeurs sont les mêmes, il n'est alors qu'une seule entrave aux intérêts sociaux, et le cumul reviendrait à poursuivre et à condamner plusieurs fois pour un même fait.

156 DÉMARCHE DE DROIT PÉNAL SPÉCIAL. — Tout dépend donc de l'analyse des valeurs engagées au titre des infractions en concours, ce qui participe d'une démarche de droit pénal spécial. Dans les deux exemples proposés, les valeurs sociales correspondant aux qualifications en conflit sont différentes, et rendent ainsi possible une double déclaration de culpabilité sur le fondement d'un même fait matériel. La destruction d'un bien est une atteinte à la propriété, alors que l'assassinat est une atteinte à la personne [1]. De même, les incriminations d'homicide ou de violences involontaires ont pour objet de protéger la vie et l'intégrité physique, alors que le délit spécial du droit du travail est plus orienté vers la sécurité, indépendamment des dommages pouvant en résulter [2].

Il est des hypothèses inverses, où le conflit affecte des qualifications représentatives d'un même intérêt social. Par exemple, le fait de s'emparer du bien d'autrui et d'y mettre le feu rejoint deux incriminations, le vol (c. pén., art. 311-1) et la destruction de bien (c. pén., art. 322-5 et s.), mais la même valeur est en cause, s'agissant de la propriété, en conséquence de quoi leur cumul n'est pas pos-

1. Crim. 3 mars 1960, *Bull. crim.* n° 138 ; *Rev. sc. crim.* 1961. 105, obs. Légal.
2. Crim. 8 nov. 1977, *Bull. crim.* n° 339 ; 4 mai et 13 juin 1979, *ibid.* n° 160 et 208 ; 23 janv. 1985, *ibid.* n° 38 ; 21 sept. 1999, *ibid.* n° 191 ; D. 2000. *Somm.* 383, obs. Amauger-Lattes ; *Rev. sc. crim.* 2000. 200, obs. Mayaud, 386, obs. Bouloc, et 406, obs. Cerf.

sible [1], avec pour impératif d'avoir à sélectionner la formule répressive la plus adéquate.

157 QUALIFICATION IDOINE EN CAS DE NON-CUMUL. — Lorsque les qualifications sont cumulées, la résolution du conflit revient à se situer dans une hypothèse de concours réel : il est autant de poursuites, voire de condamnations, que de délits ou de contraventions en cause, du moins dans la limite de leur compatibilité [2]. Seules les peines de même nature ne se cumulent pas, avec la réserve traditionnelle des contraventions (c. pén., art. 132-3 et s.).

Le non-cumul en revanche se solde par une perte de qualification, avec la nécessité de se déterminer sur l'infraction qu'il convient de retenir. En principe la qualification correspondant à l'expression pénale la plus élevée l'emporte sur les autres, et c'est sur ce critère de répression que l'option est levée [3].

Mais la référence aux peines n'est pas la seule. Il faut également faire état de l'avantage pouvant être consenti à l'incrimination la plus spécifique. La règle *specialia generalibus derogant* [4] a sa place en droit pénal, avec pour effet de préférer les textes spéciaux aux textes généraux, ce qui revient à privilégier la qualification correspondant à l'expression pénale la plus spécialisée, et à délaisser celle relevant d'une incrimination plus large. Par exemple, le recours frauduleux à la justice pour des faits imaginaires relève plus de la dénonciation calomnieuse (c. pén., art. 226-10) que de l'escroquerie (c. pén., art. 313-1), la première qualification étant en meilleur rapport de répression que la seconde, pour contenir toute la spécificité de la fraude réalisée, même si son auteur a pu arracher à son adversaire des dommages-intérêts [5]. De même, la sécurité est aujourd'hui une valeur sociale, ce qui se traduit par plusieurs incriminations destinées à en assurer la protection, tels le délit de violation des règles de santé et de sécurité dans le monde du travail (c. trav., art. L. 4741-1) et le délit de risques causés à autrui (c. pén., art. 223-1) : mais, parce que de l'une à

1. Bordeaux, 5 mars 1992, D. 1994. 305, note Mirabail.
2. Crim. 19 mars 1996, *Bull. crim.* n° 117.
3. Cons. constit., 12 janv. 2002 (n° 2001-455 DC) , *JO* 18 janv., p. 1053 ; *Rev. sc. crim.* 2002. 674, obs. Buck.
4. H. Roland et L. Boyer, *Adages du droit français*, Litec, 4e éd., 1999, p. 843.
5. Paris, 18 févr. 1960, D. 1960. 285, note Larguier ; S. 1960. 182, note Hugueney.

l'autre de ces qualifications il est un rapport de spécialité à généralité, la sécurité dans l'entreprise étant plus particulièrement visée dans la première, c'est sur son fondement que doivent être orientées les poursuites, lorsque les manquements relevés sont le fait d'un employeur.

Le recours à la peine n'est donc pas toujours le bon mode de sélection, qui peut trouver mieux à s'exercer sur le particularisme marqué de l'une des qualifications en conflit, dans le prolongement de la politique d'incrimination du législateur, qui, en adoptant plusieurs textes pour couvrir un même objectif de protection, le fait en général de manière complémentaire et non redondante. La spécialité emprunte à cette complémentarité : elle en fait ressortir les données ciblées, par hypothèse non comprises dans la référence plus générale.

158 INCIDENCE SUR LA REQUALIFICATION. — Le concours idéal d'infractions n'est pas sans incidence sur la manière d'aborder une éventuelle requalification en cours de procédure. La requalification, nous l'avons vu (V. *ci-dessus*), consiste à donner aux faits compris dans l'acte de saisine une autre version pénale que celle initialement retenue. La question est de savoir si l'éventuelle différence de valeurs sociales engagées au titre des textes en conflit doit être perçue comme l'indice, sinon de faits extérieurs à l'acte de saisine, du moins de circonstances différentes, avec pour conséquence de soumettre la ou les qualifications qui en résultent, non seulement au respect des droits de la défense, ce qui est un minimum, mais encore à l'acceptation expresse du prévenu. La jurisprudence est difficilement accessible [1], mais la meilleure doctrine est en ce sens [2].

Pour aller plus loin

159 CONCOURS IDÉAL D'INFRACTIONS – COMMENT LE RÉSOUDRE ?. — Le concours idéal d'infractions est le conflit qui soulève le plus de difficultés, pour être au cœur de situations souvent complexes, dans lesquelles interfèrent de nombreuses données. Aussi est-il nécessaire d'en présenter le principe et les modes de résolution par des

1. V. ci-dessus nos développements sur la requalification et le respect des droits de la défense.
2. J. Buisson, *Procédures* 2004, *comm.* n° 38, obs. ss Crim. 4 nov. 2003.

affirmations sûres, elles-mêmes empruntées à une démarche rigoureuse et logique. Les étapes suivantes doivent être respectées :

1°) S'assurer de l'unité du fait

C'est ici rebondir sur la différence conceptuelle entre le concours réel et le concours idéal : alors que le premier se caractérise par une pluralité de faits, chacun étant constitutif d'une infraction distincte, le second engage un fait unique ou isolé, mais à propos duquel plusieurs qualifications pénales ont vocation à s'appliquer.

La distinction des deux hypothèses est parfois délicate, parce que certaines circonstances ont les apparences de la pluralité, tout en relevant d'une unité sur le plan juridique. C'est le cas :

— de la pluralité constitutive de la matérialité des infractions composites (infraction complexe, infraction d'habitude), cette pluralité participant de la singularité, et donc de l'unité de l'élément matériel (*chapitre 5*)
— de la pluralité d'infractions successives, mais dépendantes entre elles d'une indivisibilité marquée, empruntée notamment à un dessein criminel unique, poursuivi, soit par le même auteur (infraction continuée), soit par des auteurs différents (infraction collective), ce qui permet de les réduire à l'unité (*chapitre 5*)

2°) Recenser les qualifications sur le fondement de la matérialité du fait

Il s'agit, dans cette deuxième étape, de dresser l'inventaire des qualifications à même de rejoindre le fait dans ce qui en caractérise la matérialité. Le recensement doit être objectif, sans autre préoccupation que de rejoindre l'action ou l'omission telle qu'elle a été constatée. Par exemple, le fait, par un malfaiteur, de percuter un véhicule de police afin de le neutraliser rejoint potentiellement la rébellion (c. pén., art. 433-6 et s), le délit de risques causés à autrui (c. pén., art. 223-1), et la tentative de dégradation d'un bien appartenant à autrui par l'effet d'un moyen dangereux pour les personnes (c. pén., art. 322-6 et 322-11). Sans anticiper sur leur aptitude à être ou non effectivement retenues, ces trois qualifications recoupent l'acte de percussion dans sa réalité matérielle la plus immédiate.

3°) Contrôler la compatibilité juridique des qualifications ainsi recensées

Une fois effectué le recensement des qualifications, il est essentiel de vérifier entre elles leur compatibilité juridique. Des exclusions s'imposent, au nom de considérations variables, fondées sur la contradiction, la superposition, ou l'intégration (V. *ci-dessus*).

4°) Opter pour le cumul ou le non-cumul des qualifications restantes

La dernière étape du processus de résolution du conflit concerne l'option à retenir entre le cumul ou le non-cumul des qualifications restantes, c'est-à-dire relevant d'une compatibilité entre elles. Le choix est fonction des valeurs sociales protégées, le cumul l'emportant lorsqu'elles sont distinctes d'une qualification à une autre, alors que le non-cumul est de règle si elles rejoignent le même objet de protection (V. *ci-dessus*).

160 CONFLITS AU SEIN DE LA « MATIÈRE PÉNALE ». — La « matière pénale » recoupe toutes les disciplines fortement teintées de répression, même si elles ne ressortissent pas au droit pénal classique. Ce dernier n'est pas seul à rendre compte des contraintes punitives, et nombreuses sont les autorités de régulation, le plus souvent administratives, qui disposent d'un pouvoir de sanction équivalent à celui des juridictions répressives (Autorité de la concurrence, Autorité des marchés financiers, Conseil supérieur de l'audiovisuel...). Elles sont autant d'instances concurrentes pour le judiciaire, et font d'ailleurs l'objet d'une étroite surveillance, tant européenne que constitutionnelle, afin d'éviter des détournements trop faciles, qui consisteraient à déserter les principes du droit pénal sous couvert de constructions apparemment moins menaçantes pour les libertés (*chapitre 1*).

La « matière pénale » n'est pas sans soulever une difficulté de relation avec le droit pénal plus traditionnel, qui affecte directement le principe *non bis in idem*. Du fait de l'indépendance des autorités de régulation par rapport à l'autorité judiciaire, il arrive que les mêmes faits soient doublement poursuivis par chacune des instances compétentes, et se pose la question de la validité de ces poursuites. Les réponses sont aujourd'hui bien assises, qui admettent le cumul, mais sous réserve de maintenir la sanction dans une juste proportionnalité.

1) *Cumul des poursuites*

Les plus hautes instances juridictionnelles se sont prononcées en faveur du cumul des poursuites administratives et judiciaires, et donc du cumul des sanctions relevant de leur compétence : « Le principe selon lequel une même personne ne peut être punie deux fois pour le même fait ne reçoit pas application au cas de cumul entre sanctions pénales et sanctions administratives » (Cons. constit. 28 juill. 1989, n° 89-260 DC, *JO* 1er août., p. 9676. – Pour le cumul des sanctions fiscales « répressives » et des sanctions pénales pour fraude fiscale : CE, 4 avr. 1997, avis n° 183658, *JO* 11 juin 1997, p. 9319 - Crim. 20 juin 1996, *Bull. crim.* n° 268 ; D. 1997. 249, note Tixier et Lamulle ; *Dr. Fiscal* 1997. 426, note Schiele ; *Rev. sc. crim.* 1997. 372, obs. Bouloc ; 6 nov. 1997, *Bull. crim.* n° 379 ; JCP 1998. II. 10087, note Cliquennois ; *Rev. sc. crim.* 1998. 538, obs. Bouloc ; 11 déc. 1997, *Dr. pénal* 1998. 55, obs. J.-H. Robert ; 4 juin 1998, *Bull. crim.* n° 186 ; 10 nov. 1999, *Dr. pénal* 2000. 46, obs. J.-H. Robert). La solution est normale, sauf à rendre incohérente la « matière pénale » dans son principe. À partir du moment où celle-ci est retenue comme une réponse nécessaire à certaines dérives, il faut admettre que les instances qui en ont la charge doivent pouvoir librement agir, et qu'elles peuvent donc initier des poursuites concurrentes à celles engagées sur le plan judiciaire. Le droit pénal administratif et le droit pénal classique n'ont pas le même objet, répondant chacun à une finalité propre : la régulation pour l'un, la répression pour l'autre. Cette différence ne peut qu'aller dans le sens d'une indépendance d'actions, et donc d'un cumul de sanctions.

2) *Proportionnalité de la sanction*

Le cumul ainsi retenu ne saurait aller jusqu'à la disproportion : « Si l'éventualité d'une double procédure, administrative et judiciaire, peut conduire à un cumul de sanctions, le principe de proportionnalité implique, qu'en tout état de cause, le montant global des sanctions éventuellement prononcées ne dépasse pas le montant le plus élevé de l'une des sanctions encourues » (Cons. constit. 28 juill. 1989, n° 89-260 DC, *JO* 1er août., préc. ; 30 déc. 1997, n° 97-395 DC, *JO* 31 déc., p. 19313 ; *JCP* 1998. III. 20016 ; *ibid.* 1998. I. 125, n° 7, obs. J. Petit ; *Rev. sc. crim.* 1998. 358, obs. Seuvic. – Rappr. : Cour disc. budgét. et financ., 6 nov. 1992, *JO* 7 oct. 1993, p. 13969. – *Adde* : Lesclous et Marsat, *Dr. pénal* 1996. *Chron.* 8). Il est donc un seuil infranchissable, qui témoigne de la nécessaire mesure dont la répression doit toujours faire preuve, à savoir ne pas dépasser la sanction la plus sévère.

Il en est du droit pénal administratif comme du droit pénal classique, où, quelles que soient les hypothèses de concours, réel ou idéal, les sanctions subies ne peuvent jamais excéder le maximum légal le plus élevé (Cons. constit., 12 janv. 2002, n° 2001-455 DC : *JO* 18 janv., p. 1053 ; *Rev. sc. crim.* 2002. 674, obs. Buck).

Mais encore faut-il que les sanctions concurrentes aient bien une connotation punitive, afin de rester dans la matière pénale. Ce n'est plus le cas lorsque les amendes participent du caractère de réparations civiles : il est alors possible de les cumuler sans limite, autant de fois qu'il est d'infractions résultant des faits constatés. Sont particulièrement concernés les contributions indirectes (Crim. 23 mars 1944, D.A. 1944. 61 ; 6 oct. 1954, *Bull. crim.* n° 286 ; 29 févr. et 6 juin 1956, *ibid.* n° 210 et 434 ; 14 déc. 1960, *ibid.* n° 588 ; 28 nov. 1962, *ibid.* n° 343 ; 29 juill. 1970, *ibid.* n° 251 ; 6 juill. 1976, *ibid.* n° 250 ; 6 mars 1989, *ibid.* n° 104 ; 17 févr. 1992, *ibid.* n° 75), les douanes (Crim. 2 oct. 1975, *Bull. crim.* n° 201 ; 2 oct. 1997, *Dr. pénal* 1998. 38, obs. J.-H. Robert), la pêche (Crim. 29 déc. 1900, D.P. 1901. 1. 225, note Le Poittevin ; 27 févr. 1947, *Bull. crim.* n° 61 ; D. 1947. 211 ; 15 déc. 1949, *Bull. crim.* n° 349 ; D. 1950. 94), et les forêts (Crim. 22 avr. 1898, D.P. 1898. 1. 495 ; 22 juin 1965, *Bull. crim.* n° 162 ; D. 1965. 686).

DEUXIÈME PARTIE

LA TRANSGRESSION DE LA LOI – L'INFRACTION

161 FRACTURE SOCIALE. – L'infraction est une rupture, une cassure. Elle revient à briser (du latin « *frangere* ») le pacte social, en ne respectant pas les obligations qui en découlent. Elle est un acte de transgression de la loi et se présente comme le signe d'un dysfonctionnement. Certains y voient un dérèglement personnel à son auteur, d'autres un indice de faiblesse pesant sur la société, qui ferait ainsi la preuve de son incapacité à rallier tous ses membres dans un consensus bien compris. Ce sont là des considérations relevant de la criminologie, qui ont, certes leur intérêt, mais qui restent très éloignées des questions plus techniques que soulève l'infraction dans sa réalité juridique.

Considérée sous l'angle du droit, l'infraction se livre sous des traits bien distincts, mais très complémentaires les uns des autres. Elle a d'abord une *dimension matérielle*, ne pouvant être sans un minimum de faits à même d'en révéler l'existence (chapitre 5). Elle a ensuite une *dimension morale*, par laquelle se manifeste la psychologie de son auteur, ce qui est facteur de nuances sensibles dans la manière de l'approcher (chapitre 6). Elle se prête parfois à la *tentative*, avec une rentabilité répressive qui n'est pas négligeable (chapitre 7). Elle est enfin marquée par la diversité, ce que traduisent certains critères de *classement* (chapitre 8).

Chapitre 5

La dimension matérielle de l'infraction

162 LISIBILITÉ DE L'INFRACTION. — Avec la matérialité, ou l'*élément matériel*, on rentre dans la lisibilité de l'infraction. Celle-ci passe d'abord par un référent nécessaire. C'est le *comportement*. Elle est ensuite tributaire d'une donnée plus relative, qui ne lui est pas systématiquement associée. Il s'agit du *résultat* ou du dommage redouté. On vérifie alors que la « consommation » de l'infraction n'est pas asservie à un modèle unique [1]. Soit le comportement est suffisant pour la réaliser, soit il faut également le résultat, ce qui revient à souligner, d'une part, la constance du premier (Section I), d'autre part, la variabilité du second (Section II).

Section I
La constante : le comportement

163 Le comportement correspond à tous les actes dont la commission est synonyme de criminalité ou de délinquance : violences, menaces, soustractions, détournements, mensonges... Notre

1. Lorsque les faits constitutifs d'un crime ou délit sont concrètement matérialisés, par des agissements destinés à les accomplir, et que rien ne manque de ce qui est censé y participer, l'infraction est juridiquement achevée. Elle est dite « commise » (C. pén., art. 121-4) ou « consommée » (C. pén., art. 121-7), pour être arrivée au terme de sa réalisation. La consommation renvoie ainsi à ce qui remplit l'infraction de toutes ses composantes, de sorte qu'elle se présente sous les traits d'une matérialité finie. Mais cela ne signifie pas que tous les crimes et délits soient pour autant conçus sur le même registre, et que la notion de consommation soit à retenir comme renvoyant à un type unique de matérialité. Si la consommation, dans son principe, est toujours identique à elle-même, pour faire état de ce qui est parvenu à un total achèvement, en conformité avec les termes de l'incrimination, en revanche, dans ses manifestations, elle est soumise à variation, n'étant pas tributaire d'un seul et unique modèle.

propos étant de droit pénal général, et non de droit pénal spécial, il n'est pas question de les décrire dans leur diversité. Il s'agit seulement de réduire l'infraction au principe de sa matérialité, ce qui est tributaire d'une double orientation, selon que le comportement est considéré dans ses modalités (I) ou dans sa durée (II).

I | Les modalités du comportement

164 Le comportement constitutif d'une infraction peut être le fait d'une action ou d'une omission (A), ou encore d'un acte unique ou d'une pluralité d'actes (B). Ces possibilités donnent de la matérialité de l'infraction une image très fonctionnelle, pour déjà se confondre avec quelques grandes divisions, et l'application du droit pénal ne peut que s'en ressentir positivement, par l'approche rationnelle des données qui en sont l'expression.

A – L'action oulet l'omission

165 C'est d'abord dans leur définition que ces deux modalités doivent être étudiées, pour relever d'incriminations opposées, ce qui n'est pas sans conséquences sur les applications qu'il convient d'en faire, elles-mêmes très imperméables à toutes formes d'interférences.

a) L'opposition des notions

166 Distinction. — La distinction de l'action et de l'omission emprunte au bon sens. L'action – encore dite commission – consiste à agir positivement, alors que l'omission est quant à elle un défaut d'action. Ramenée à la dimension du droit, cette opposition revient à se situer différemment par rapport aux obligations dont la violation est sanctionnée. Dans l'action, est reproché un acte positif contraire à l'obligation de ne pas agir. Dans l'omission est sanctionné le fait de s'abstenir là où la loi oblige à agir. Ainsi présentées, l'action et l'omission recoupent l'ensemble des comportements, tant il est difficile d'échapper à cette dualité, dont le principe engage par hypothèse tous les agissements concevables.

167 RÉPARTITION. — Mais ce n'est pas dire que le droit pénal renvoie systématiquement et indifféremment à ces deux versions. C'est au législateur de déterminer, dans sa souveraineté, et au nom des contraintes qui pèsent sur lui en termes de légalité et de prévisibilité, quel type de comportement mérite d'être pris en compte pour une infraction déterminée. Le bilan est plutôt à l'avantage de l'action, du moins quantitativement parlant. Il faut dire que l'action est dans son principe plus facile d'entendement et d'accès que l'omission. Par hypothèse, elle renvoie à des agissements visibles et abordables. L'omission, au contraire, est une modalité fuyante, dont la réalité ne s'impose pas d'elle-même. Elle relève d'un processus plus diffus, pour ne pas s'afficher d'évidence, et imposer des investigations difficiles ou des interprétations risquées. Mais elle n'est pas négligée pour autant, et nombreux sont les textes qui en contiennent le principe, soit sous forme exclusive, soit concurremment avec des comportements d'action ou de commission.

Il n'est, le plus souvent, aucun problème de lisibilité, la séparation entre l'action ou l'omission étant très perceptible, pour être accompagnée d'une terminologie expressive et porteuse [1]. Ce n'est que dans certaines hypothèses que l'approche de l'incrimination se fait plus délicate, lorsqu'elle correspond à une criminalité à la fois de commission et d'omission. Mais, là encore, il faut s'attacher aux formules, et rechercher dans les mots utilisés de quoi adhérer à cette version hybride. L'exemple des délits non intentionnels est révélateur. Sont visés par le code pénal les « maladresses », les « imprudences », les « inattentions », les « négligences », ainsi que les « manquements à une obligation de sécurité ou de prudence imposée par la loi ou le règlement » (art. 221-6, 222-19, R. 625-2 et R. 622-1), autant d'expressions unanimement comprises, non seule-

1. Omission d'empêcher un crime ou un délit (c. pén., art. 223-6, al. 1er), omission de porter secours (c. pén., art. 223-6, al. 2), omission de combattre un sinistre (c. pén., art. 223-7) ; délaissement de mineur (c. pén., art. 227-1), abandon de famille (c. pén., art. 227-3), non-représentation d'enfants (c. pén., 227-5), non-dénonciation de crime (c. pén., art. 434-1 et s.)...

ment par référence à des actions positives, mais aussi en rapport avec des omissions ou des abstentions [1].

168 PERCEPTION. — Nous l'avons dit, l'omission est plus difficilement perceptible que l'action. La raison en est simple. Elle tient à une extériorisation moins évidente de l'abstention, qui échappe le plus souvent à une maîtrise immédiate, faute de laisser des traces sensibles de réalisation, contrairement aux actions positives, dont l'impact est beaucoup plus direct. Aussi, est-il nécessaire d'avoir recours à quelques révélateurs efficaces pour mieux en maîtriser les manifestations à la fois dans l'espace et dans le temps.

En fait, deux critères sont possibles. Le premier est relatif à la volonté de l'auteur de l'omission, avec pour principe que l'infraction serait commise au moment et au lieu où cette volonté se manifesterait par hostilité ou indifférence à la valeur sociale protégée. Le second est emprunté à l'obligation liée à l'abstention, de sorte que l'infraction serait réalisée au moment et au lieu où cette obligation se devait d'être respectée [2]. Les deux critères ont chacun leur pertinence, l'un pour traduire ce qui est vécu en esprit par l'auteur de l'omission, l'autre pour s'attacher davantage à l'aspect formel de l'exécution de l'obligation par hypothèse négligée. Mais il faut convenir que le second est d'application plus aisée que le premier. Toute recherche de volonté est en soi difficile, alors que la référence à un impératif d'exécution est d'emblée plus accessible. Et c'est effectivement l'exécution qui l'a emporté. Il est possible de le

1. Omission par le membre d'un club d'aviation d'appliquer les règles de pilotage propres à éviter un accident. – Crim. 21 oct. 1971, *Bull. crim.* n° 282. –... Omission du chef d'entreprise de programmer un entretien systématique et global du matériel. – Crim. 3 févr. 1982, D. 1982. 656, note Seillan. –... Omission d'examens postopératoires exigés par les données actuelles de la science médicale, et qui auraient pu éviter une amputation. – Crim. 7 juill. 1993, *Dr. pénal* 1993. 255, obs. Véron ; *Gaz. Pal.* 1996. 1. 18, note Chabas. –... Abstention fautive d'un maire ayant contribué à la mort de nombreuses victimes, faute d'avoir assuré l'exécution de la réglementation sur la protection des risques d'incendie et de panique dans un établissement thermal, et d'avoir ordonné la fermeture desdits établissements exploités en violation des prescriptions réglementaires. – Crim. 29 juin 1999, *Bull. crim.* n° 163 ; D. 2000. *Somm.* 29, obs. Mayaud ; *Gaz. Pal.* 2000. 1. 73, note S. Petit ; *Dr. pénal* 1999. 148, obs. Véron. – Confirmation de Toulouse, 29 janv. 1998, D. 1999. 56, note Bénoit. – V. en première instance, Trib. corr. Toulouse, 19 févr. 1997, *Gaz. Pal.* 1997. 1. 396, note Riera ; *Rev. sc. crim.* 1997. 832, obs. Mayaud. –... Omission par un pédiatre de mettre en place une surveillance médicale adaptée. – Crim. 13 nov. 2002, *Bull. crim.* n° 203 ; D. 2004. 1336, note Conte ; *Rev. sc. crim.* 2003. 331, obs. Mayaud.

2. A. Decocq, *op. cit.*, p. 161.

démontrer en termes de compétence, pour ce qui est de l'espace, et de prescription, pour ce qui est du temps.

1 / *Perception dans l'espace*

La *compétence* des juridictions correctionnelles, outre la résidence du prévenu ou le lieu de son arrestation, est en principe déterminée par le « lieu de l'infraction » (c. pr. pén., art. 382, al. 1er). Appliqué à une omission, ce lieu est celui où l'obligation correspondant au devoir d'agir aurait dû être respectée, celui où l'abstention s'est donc révélée par le défaut d'exécution de l'obligation sanctionnée. Ainsi est matérialisée l'omission, pour correspondre à une compétence territoriale affirmée à plus d'un titre.

C'est d'abord le cas à propos du délit de non-représentation d'enfant (c. pén., ancien art. 357 ; nouvel art. 227-5). L'infraction est en effet « *commis(e) au lieu où doit être accomplie la remise du mineur, en application de la décision dont il s'agit d'assurer l'exécution* » [1]. Cette localisation revient à situer la consommation matérielle de l'infraction sur la défaillance d'exécution, ce qui est une manière de visualiser l'abstention, de la rendre accessible par référence à une donnée tangible, servant de repère à ce qui en caractérise la réalité et à ce qui en constitue la réalisation. Concrètement, cela revient à rendre l'omission tributaire du régime juridique de l'obligation, ce qui, pour la non-représentation, conduit à consacrer des solutions assez variables, selon les termes de la décision [2]. Mais cette variabilité dans les applications n'enlève rien à la fixité du critère lui-même, qui se présente comme un ancrage très sûr dans l'abstention.

La non-représentation d'enfant n'est pas la seule qualification à rendre compte de cette solution. Il faut également faire état de l'abandon de famille par défaut de paiement des pensions, contribu-

1. Crim. 18 mai 1905, *Bull. crim.* n° 244 ; 19 mai 1950, *ibid.* n° 166 ; 27 oct. 1966, *ibid.* n° 244 ; *Gaz. Pal.* 1967. 1. 10 ; 27 nov. 1968, *Bull. crim.* n° 320 ; 7 déc. 1972, *Bull. crim.* n° 384 ; D. 1973. 172 ; 4 janv. 1990, *Bull. crim.* n° 8 ; *Rev. sc. crim.* 1990. 788, obs. Levasseur.
2. Dans les hypothèses où un lieu spécifique est expressément désigné par la juridiction pour remettre le mineur, c'est en ce lieu que se commet le délit. – Crim. 4 janv. 1990, préc. – Mais en l'absence de désignation expresse d'un lieu spécifique, le délit est commis au lieu du domicile de la personne ayant le droit de réclamer l'enfant. – Crim. 24 juin 1992, *Bull. crim.* n° 260 ; *Rev. sc. crim.* 1993. 104, obs. Levasseur. –... Les dispositions prises par les parties à cet égard n'ayant aucune incidence. – Crim. 14 avr. 1999, *Bull. crim.* n° 85 ; D. 2000. *Somm.* 37, obs. Mayaud ; *Dr. pénal* 1999. 111, obs. Véron.

tions, subsides ou prestations imposés au titre d'une décision de justice (c. pén., ancien art. 357-2 ; nouvel art. 227-3). La question est ici réglée par le législateur lui-même, qui prévoit qu'est « également » compétent le tribunal du domicile ou de la résidence de la personne bénéficiaire de la créance alimentaire (c. pr. pén., art. 382, al. 3, réd. L. 16 déc. 1992). Cette disposition se veut originale et complémentaire par rapport aux règles traditionnelles de la procédure pénale, mais elle n'est en réalité qu'une réplique de la compétence du tribunal correctionnel du « lieu de l'infraction ». En effet, « les aliments alloués en justice doivent être versés, sauf décision contraire du juge, au domicile ou à la résidence de celui qui doit les recevoir » (c. civ., art. 1247, al. 2). Autrement dit, ces lieux servent de critère à l'exécution de l'obligation, et, en conséquence, l'abstention constitutive d'abandon est bien matérialisée par le défaut de cette exécution.

2 / *Perception dans le temps*

C'est encore par référence à l'exécution de l'obligation que la jurisprudence s'est fixée, comme en témoignent les solutions retenues autour de la *prescription de l'action publique.*

Il a été jugé que l'abstention relative aux délits d'omission d'empêcher une infraction et d'omission de porter secours (c. pén., ancien art. 63, al. 1er et 2 ; nouvel art. 223-6) « *se trouve constituée au moment où l'intervention est possible, son existence découlant de l'instantanéité de l'obligation d'intervenir* » [1]. La détermination du moment de l'infraction est donc bien fonction de l'obligation qu'il y avait d'agir, de sorte que le délit est réalisé à l'instant précis où cette obligation s'imposait, rendant en quelque sorte l'action impérative. C'est tout naturellement que l'omission livre alors sa matérialité, pour être constituée au temps précis où l'intervention, libérée ou révélée par les circonstances, se devait d'être effective.

Il est donc bien une continuité de raisonnement et de conception dans la manière de considérer et de consacrer la matérialité de

1. Hte C. just., Comm. instr., 5 févr. 1993, D. 1993. 261, note Pradel ; *Dr. pénal* 1993. 75, et *Chron.* 8 (Réquisitions Truche) et 9 (obs. Maron) ; *Gaz. Pal.* 1993. 1. Somm. 73 ; *Rev. sc. crim.* 1993. 327, obs. Levasseur.

l'omission. Le devoir d'agir qui en résulte en ressort plus transparent et mieux maîtrisé. Les limites en deviennent plus perceptibles, à la mesure de l'obligation méritant exécution, c'est-à-dire à l'instant précis où celle-ci se révèle contraignante, et au lieu où elle est attendue comme efficiente.

b) Le cloisonnement des applications

Les infractions d'action et d'omission accusent matériellement leur différence au regard de quelques données sensibles, notamment relatives à l'interprétation stricte et au pouvoir de requalification du juge.

169 INTERPRÉTATION. — L'interprétation stricte est l'enjeu premier de la distinction entre l'action et l'omission. Elle s'est de suite révélée comme un obstacle à leur assimilation, lorsque, à des fins répressives bien comprises, la question s'est posée de savoir si, pour pallier l'inexistence, voire l'insuffisance, de qualifications d'omission, les infractions de commission pouvaient être malgré tout retenues par analogie. Les violences volontaires, par exemple, renvoient à des actes positifs, mais on pourrait imaginer de les retenir lorsque de simples abstentions aboutissent aux mêmes conséquences pour l'intégrité physique ou psychique des personnes. C'est là évoquer la possibilité, lorsque la loi n'envisage la matérialité d'un crime ou d'un délit qu'en termes d'action, de l'appliquer à des faits d'omission si le résultat est le même. Tel a été le raisonnement proposé dans la célèbre *affaire de la séquestrée de Poitiers* [1], mais sans succès, parce qu'il procédait d'une démarche interprétative à l'opposé des exigences de la légalité [2].

1. Une personne grabataire avait été laissée dans un état d'abandon total, sans soins ni nourriture, si bien que sa santé s'en était gravement ressentie. Des poursuites furent engagées pour violences volontaires, mais qui n'aboutirent pas, faute de rejoindre le caractère positif des actes de violences, alors que les faits en cause relevaient de simples omissions (Poitiers, 20 nov. 1901, D. 1902. 2. 81, note Le Poittevin ; S. 1902. 2. 305, note Hémard. – Rappr. Agen, 6 mars 1952, JCP 1953. II. 7645).
2. Les considérants de la Cour sont des plus clairs : « *On ne saurait comprendre un délit de violences ou de voies de fait sans violences effectives, et, même si certains jurisconsultes pensent qu'une délit d'omission peut quelque fois y suppléer, ce n'est qu'autant que cette omission porte sur un devoir incombant juridiquement à son auteur* ».

Il n'est donc pas d'*action par omission*, ni d'*infraction de commission par omission*. L'action se comprend techniquement, et non pas génériquement. Elle n'est pas synonyme de tout comportement, mais d'un comportement positif, ce qui interdit de voir une action ou une commission au sens pénal du terme là où le résultat de l'infraction est atteint par une omission [1]. Qu'elles soient d'action ou d'omission, du fait même de la nécessité d'avoir à les appliquer dans le sens voulu par le législateur, les infractions invitent à une lecture attentive des textes. Les inconduites se partageant entre les deux modalités, il importe de se convaincre, cas par cas, de la matérialité engagée, et de faire des applications conformes à ce que la loi contient de référence à l'une ou à l'autre, voire aux deux. Le respect de la légalité passe par cette approche de l'incrimination, afin de ne rien trahir de la version juridiquement retenue.

L'interprétation de la loi pénale se présente ainsi comme un enjeu d'importance dans la distinction des infractions d'action et des infractions d'omission. Elle est la gardienne de ce qui les sépare, et contribue à marquer leur autonomie. Une autonomie qui, par ailleurs, explique et justifie les solutions relatives à la qualification judiciaire.

170 REQUALIFICATION. — L'action et l'omission correspondent à des comportements de nature bien distincte, et ce n'est pas sans conséquence sur la manière dont les juridictions de jugement peuvent les appréhender au titre du travail de qualification qui préside à l'application des textes. Le juge n'est pas lié par la qualification donnée à la prévention, et il peut donc, par le jeu de la requalification, retenir et appliquer d'autres textes, plus en conformité avec les circonstances sur lesquelles il a à se prononcer. Mais il est un impératif majeur à respecter, à savoir ne rien ajouter aux faits tels qu'ils sont compris dans l'acte de saisine. Cette exigence est un obstacle à toute tentative de passage d'une catégorie d'infrac-

1. C'est d'ailleurs une raison de douter de l'assimilation qui est faite entre l'action et la commission, laquelle est fort contestable dans son principe. Autant l'action renvoie à une modalité matérielle de certaines infractions, s'opposant ainsi à l'omission, autant la commission est quant à elle synonyme de réalisation ou de consommation juridique de toutes les infractions, quelle que soit leur matérialité (V. *infra*, Pour aller plus loin).

tion à une autre, pour nécessairement se heurter à une dénaturation de l'objet des poursuites.

Il arrive que certaines espèces se prêtent à une double lecture des événements qui en constituent la réalité. Une lecture à la fois positive et négative, selon que l'accent est mis sur ce qui est le révélateur d'une action ou au contraire d'une abstention. Ainsi des violences exercées à des fins d'excision, lorsque la mutilation qui en est résultée est à l'origine d'une grave hémorragie, sans aucune réaction de la part des opérateurs. Cet enchaînement malheureux trouve une double expression juridique, en termes, à la fois, d'action, pour recouper l'acte de mutilation, et d'abstention, pour rejoindre l'inaction dont l'enfant est également la victime. Et le choix est déterminant, qui fixe la procédure, et lui donne une orientation irréversible. Une fois les poursuites exercées sur l'une ou l'autre des qualifications, il n'est plus possible à la juridiction de jugement de manifester un « repentir » qui reviendrait à privilégier la version initialement délaissée. La Cour de cassation s'y oppose, jugeant que ce mouvement ne peut que procéder d'une dénaturation des faits [1], tant il est vrai qu'une omission n'a rien de la nature d'une action, et que c'est changer radicalement de perception que de prétendre passer de l'une à l'autre [2]. C'est en quelque sorte s'engager dans une version opposée des faits, à la mesure de l'opposition qui rend compte de la distinction elle-même. Les autorités de poursuite et d'instruction disposent ainsi d'un important pouvoir d'opportunité, d'un instrument appréciable de personnalisation, puisqu'elles sont assurées que ce qu'elles retiennent de version positive ou négative des faits doit normalement échapper à toute remise en cause au moment du jugement [3].

On ne peut mieux souligner le cloisonnement respectif des actes de commission et d'omission, avec son lot de conséquences en stricte

1. Crim. 22 avr. 1986, *Bull. crim.* n° 136.
2. Pour la censure d'une requalification de violences volontaires, objet de la poursuite, en délit d'omission de porter secours, V. Crim. 22 mars 2000, *Bull. crim.* n° 133.
3. Depuis la loi n° 2004-904 du 9 mars 2004 (Loi Perben II), il est une autre raison interdisant à la juridiction de jugement de procéder à la requalification. Elle tient à l'impossibilité pour le tribunal correctionnel de contester sa compétence pour des faits qu'il jugerait criminels, dès lors que la personne mise en examen et la partie civile n'ont pas interjeté appel de l'ordonnance de renvoi (c. pr. pén., art. 186-3 et 469, al. 4). Cette disposition revient à légaliser la pratique de la correctionnalisation judiciaire.

application et en qualification définitive. Les mêmes retombées sont perceptibles pour ce qui est de l'approche du comportement, non plus en termes de modalité positive ou négative, mais par référence à la quantité des actes nécessaires à sa consommation.

B – L'unicité ou la pluralité d'actes

171 Le comportement connaît des versions très variables. On a déjà pu s'en convaincre par la distinction des infractions d'action et des infractions d'omission. Mais il est d'autres nuances, destinées à refléter mieux encore la diversité des agissements, à en restituer l'originalité. À cet égard, est déterminante la différence entre ce qui procède d'un acte unique ou, au contraire, de plusieurs actes. Toutes les distinctions se recoupent, et c'est par leurs interférences, qui les font se compléter, que les infractions acquièrent leur véritable dimension. D'action ou d'omission, elles se caractérisent également, soit par une unité d'acte, soit par une pluralité d'actes. L'alternative n'est pas sans retombées quant à la manière de situer l'infraction à la fois dans le temps et dans l'espace.

a) L'alternative

Selon que l'infraction est matérialisée par un ou plusieurs actes, elle est dite simple ou composite.

172 INFRACTION SIMPLE. — L'infraction simple est caractérisée par la réalisation d'un seul acte. Ainsi du vol, réalisé par un acte de soustraction, qui consiste à appréhender injustement le bien d'autrui (c. pén., art. 311-1). Le délit se consomme par cet acte isolé et suffisant d'enlèvement de la chose appropriée, sans qu'il soit besoin que d'autres agissements en complètent le principe, qui seraient destinés à le confirmer, à l'appuyer ou à le renforcer.

173 INFRACTIONS COMPOSITES. — L'infraction est composite, ou à composantes multiples, lorsque sa matérialité nécessite la réalisation de plusieurs actes. Alors, contrairement à l'infraction simple, qui est le résultat d'un seul acte, elle est ici le produit d'une pluralité. Il faut surtout se garder de ne pas ramener la matérialité elle-même à cette pluralité. Il n'est dans toute infraction qu'un élément matériel, mais cet élément, pour parvenir à maturité, s'extériorise différemment, relevant soit d'un acte unique, soit de plusieurs actes. La pluralité devient ainsi constitutive de singularité. Deux catégories d'infractions en relèvent, les infractions complexes et les infractions d'habitude.

1 / *Infraction complexe*

L'infraction complexe se caractérise par une *pluralité d'actes de nature différente.* Le délit d'escroquerie (c. pén., art. 313-1) est l'exemple le plus souvent cité, qui nécessite, pour être matériellement constitué, d'abord un mensonge (faux nom, fausse qualité, abus de qualité vraie, manœuvres frauduleuses), ensuite la remise du bien ou la fourniture du service convoité par l'escroc. Il est donc bien deux composantes pour remplir la matérialité de l'infraction – et la pluralité commence à deux —, aucune n'étant suffisante à la réaliser, seule leur conjugaison ayant cet effet constitutif, d'ailleurs selon un ordre logique, le mensonge devant précéder la remise, et celle-ci devant avoir été déterminée par le mensonge. La pluralité participe ainsi de la matérialité, chacun des actes du délit ne pouvant à lui seul le caractériser, de même qu'est différente la nature de ces actes, qui ne relèvent pas de la répétition, mais de la complémentarité. Et d'une complémentarité active : la remise n'est pas une simple retombée de la manœuvre, mais suppose un acte nouveau de la part de l'escroc ou de son représentant, par la réception des biens ou le profit des services auxquels il aspire [1].

Certains agissements exigent donc plus qu'un acte isolé pour valoir infraction. Leur caractère punissable tient à la rencontre de plusieurs composantes, chacune trouvant une signification pénale par son adjonction à l'autre. Le mensonge n'est pas suffisant à caractériser le délit d'escroquerie, parce qu'il n'est pas significatif en lui-même d'une atteinte au patrimoine, et c'est seulement lorsque cette atteinte est réalisée, sous la forme d'une remise, que le délit est

1. A. Decocq, Droit pénal général, p. 167.

vraiment accessible. Inversement, la remise d'un bien par une personne à une autre n'est pas en soi l'expression d'une délinquance, et c'est sous couvert de ce qui a pu la déterminer, de manière déloyale ou frauduleuse, qu'elle revêt les signes d'une infraction punissable. Alors se révèle l'originalité de l'infraction complexe, tenant à l'interdépendance des données qui en marquent la matérialité. Seule leur association rend le comportement punissable, de sorte que celui-ci ne serait pas, à s'en tenir seulement à l'une des composantes participant de la pluralité.

La version « complexe » des infractions a des vertus pédagogiques très prononcées. Elle n'est peut-être pas la catégorie la mieux représentée, mais elle est une référence incontournable par sa portée didactique. Elle permet de mieux situer ce qui participe de la matérialité de l'infraction, et de faire le partage entre les différentes données de l'incrimination. Il importe en effet de ne pas assimiler la pluralité correspondant aux éléments de définition d'une infraction et la pluralité constitutive de sa matérialité. Tout ce qui rentre dans la définition n'est pas la marque d'une complexité au sens comportemental du terme. Le caractère complexe engage seulement la part illicite des actes matérialisant l'infraction. En revanche, lui sont étrangères toutes les références qui en précisent seulement le domaine ou en déterminent le contexte, sans appartenir à la matérialité proprement dite. Tout ne se réduit pas à la même dimension dans les formules d'incrimination. Des distinctions s'imposent, qui permettent de qualifier différemment les données qui les remplissent. L'infraction complexe est à cet égard très utile, pour avoir su inspirer un subtile partage entre conditions préalables et éléments constitutifs.

Les conditions préalables renvoient à ce qui contribue à la définition de l'infraction, mais sans se confondre avec sa matérialité. Ainsi de la chose et de son appartenance à autrui dans le vol (c. pén., art. 311-1), de l'état de minorité dans l'enlèvement ou le détournement de mineur (c. pén., art. 227-8), du contrat ayant précédé la remise du bien dans l'abus de confiance (c. pén., art. 314-1)..., autant d'exemples qui prouvent que les données qui en relèvent ne sont pas elles-mêmes constitutives des délits en cause, tout en participant de leur incrimination. Mais cette participation n'est que figurative, et non constitutive. Les conditions préalables délimitent « le domaine dans lequel l'infraction se peut commettre » [1], alors que les éléments constitutifs sont relatifs à la conduite réprouvée elle-même. Cette différence de nature a des conséquences non négligeables sur la structure de l'infraction, s'imposant comme le critère de séparation de deux types de données : d'une part, celles qui ne peuvent être retenues dans la matérialité des comportements érigés en infractions, d'autre part, celles qui rejoignent au contraire ces comportements, pour en caractériser les composantes et contribuer à leur illicéité. Alors, le montage matériel de l'infraction ne peut que se ressentir de cette distinction, en excluant tout ce qui ne relève pas des éléments correspondant à la seconde série. C'est le cas des conditions préalables, par hypothèse indifférentes à la matérialité, et qui ne sont qu'un cadre permettant à celle-ci de se manifester. Elles ne sont donc pas constitutives, sauf à ranger tous les crimes et délits dans la catégorie des infractions complexes.

2 / *Infraction d'habitude*

L'infraction d'habitude se caractérise par une *pluralité d'actes de nature identique.* Elle présente donc un dénominateur commun avec l'infraction complexe, liée à la pluralité de ses composantes, mais s'en distingue par le fait que les actes qui en constituent la matérialité ne sont plus ici de nature différente, mais de nature semblable. C'est par la reconduction à l'identique de l'acte qui en constitue le support que l'infraction se commet, de sorte que la criminalité ou la délinquance est moins liée à cet acte qu'à sa répétition.

Les exemples ne manquent pas, qui traduisent combien elle est une donnée bien présente en droit pénal : violences habituelles sur un mineur de quinze ans, une personne vulnérable, ou au sein des couples (c. pén., art. 222-14, mod. l. n° 2010-769 du 9 juill. 2010, art. 25-I), tolérance habituelle de personnes se livrant à la prostitution (c. pén., art. 225-10, al. 1er, 2°), célébration d'un mariage religieux sans mariage civil préalable (c. pén., art. 433-21), pratique habituelle d'interruptions illégales de la grossesse (c. santé publ., art. L. 2222-2), exercice illégal de certaines professions, telles les professions médicales (c. santé publ., art. L. 4161-1 à L. 4161-5),

1. R. Vouin, *Droit pénal spécial*, Tome 1, Dalloz, 2e éd., n° 2, p. 2.

fraude dans les transports publics (L. 15 juill. 1845 sur la police des chemins de fer, art. 24-1)... Autant d'hypothèses qui renvoient à une matérialité plurale, pour ne pas se satisfaire d'un acte unique de violence, de tolérance, d'incivisme, d'interruption, d'usurpation, ou de fraude..., mais être sanctionnées dans ce qu'elles manifestent de répétition ou de reconduction. Le domaine des infractions concernées n'est d'ailleurs pas tributaire d'une référence expresse à l'habitude, ce qui est un facteur d'identification parfois difficile. Le harcèlement sexuel est un bon exemple (c. pén., art. 222-33), dont la portée incriminante se prête à une double interprétation, selon que le harcèlement est ou non considéré comme synonyme d'habitude. L'enjeu du débat n'est pas insignifiant, ayant pour effet d'engager le « seuil objectif de gravité » de l'infraction, rejoignant en cela les différentes raisons qui peuvent inciter le législateur à opter pour un délit d'habitude [1].

Deux raisons majeures sont en cause. L'habitude est d'abord le signe d'une détermination particulière, ce qui en fait une circonstance méritant d'être retenue à des fins répressives. Quant à la seconde explication, elle est liée à la lisibilité de l'habitude, qui, par la répétition des actes qui la composent, est la preuve sensible d'une volonté nuisible. Ce qu'un acte isolé ne livre pas de lui-même en perversité, un renouvellement rapproché peut le dévoiler, permettant ainsi de se convaincre du caractère répréhensible du comportement.

L'habitude est directement tributaire de son appréciation. Il est évident que plus les actes sont en nombre pour la constituer, plus elle relève d'une approche stricte, alors qu'un minimum de répétition en fait une infraction beaucoup plus accessible. C'est en principe à cette dernière conception que se rallie la jurisprudence, pour laquelle deux actes suffisent pour créer une habitude [2], peu importe qu'ils concernent la même personne [3] ou des personnes différentes [4],

1. On remarquera que le harcèlement moral ne soulève pas la même difficulté, étant expressément défini par référence à des « agissements répétés » (c. pén., art. 222-33-2).
2. Ainsi de l'habitude d'avortement, sur le fondement de l'ancien art. 317, al. 2, c. pén. (Poitiers, 16 août 1940, *D.C.* 1941. 78, note Lebrun. – Crim. 24 mars 1944, *Bull. crim.* n° 83 ; *D.A.* 1944. 75 ; *Gaz. Pal.* 1944. 1. 254). – Ainsi également de la circonstance aggravante d'habitude en matière de contrefaçon, telle qu'elle était visée par l'ancien art. 427 c. pén. dans sa rédaction antérieure à la loi n° 85-660 du 3 juill. 1985 (Crim. 5 déc. 1991, *Gaz. Pal.* 1992. 1, *chron. crim.*, p. 178, note Doucet).
3. Crim. 24 mars 1944, préc.
4. Par exemple, le délit de fourniture illégale de services d'investissements « à titre de profession habituelle » (c. mon. fin., art. L. 573-1) est constitué dès lors qu'est établie l'existence d'opéra-

ce qui, en définitive, en fait une infraction très facilement consommée. À la limite, par cette réduction à la dualité, l'habitude s'apparente à une récidive intégrée [1]. La solution n'est cependant pas générale, n'étant que supplétive par rapport à la loi, et si le texte d'incrimination donne lui-même la mesure de l'habitude, il convient de se reporter à ses prévisions [2].

La répétition n'est pas le seul critère. Il faut encore de la régularité. Parce que l'habitude est liée à une certaine fréquence, il importe que les actes qui en assurent la pérennité ne soient pas trop distants entre eux, de manière à constater le rapport qui les unit, fait d'une relation à l'identique suffisamment proche dans le temps. Toute déperdition dans le rythme de la répétition ne peut que contrarier le principe même de l'habitude, ou être interruptrice de son cours [3].

Telles sont les manifestations de la pluralité constitutive des infractions à base de complexité ou d'habitude. Les retombées ne

tions distinctes, même à l'égard de plusieurs clients (Crim. 20 avr. 2005, *Dr. pénal* 2005. 108, obs. J.-H. Robert).

1. La récidive est d'ailleurs une autre manière de traiter de la répétition, ce qui peut expliquer que le législateur hésite parfois entre les deux techniques. La contrefaçon en matière littéraire et artistique permet de l'illustrer, qui connaissait une circonstance aggravante liée à son caractère habituel (c. pén., ancien art. 427), mais qui a disparu au profit de la récidive (c. propr. intell., art. L. 335-9, lequel y renvoyait expressément, avant que n'intervienne la loi n° 2009-526 du 12 mai 2009 de simplification et de clarification du droit et d'allègement des procédures, qui en a supprimé la référence, jugée superfétatoire par rapport au droit commun de la récidive).
2. L'hypothèse est rare, mais pas inexistante. Nous voulons pour preuve l'exemple de la fraude incriminée au titre de la police des chemins de fer (L. 15 juill. 1845, art. 24-1), qui a été érigée en délit d'habitude par la loi relative à la sécurité quotidienne (L. n° 2001-1062 du 15 nov. 2001, *JO* 16 nov., p. 18215). L'habitude est caractérisée dès lors que la personne concernée, voyageant dans une voiture sans être munie d'un titre de transport valable, a fait l'objet, sur une période inférieure ou égale à douze mois, de plus de dix contraventions sanctionnées n'ayant pas donné lieu à une transaction. C'est dire combien cette approche de l'habitude nous situe loin de la conception qu'en a la jurisprudence. On peut même se demander jusqu'à quel point le législateur, par la définition qu'il en donne, ne revient pas indirectement sur le principe de l'incrimination adoptée, laquelle fait figure, plus de symbole ou de concession, que de volonté répressive bien affirmée.
3. Si l'habitude n'est pas sans régularité, celle-ci cependant ne doit pas être trop ramassée sur elle-même, avec pour conséquence et avantage d'avoir à distinguer *réitération* et habitude. Il est entre elles une différence de nature, qui permet de les retenir de manière séparée. La réitération est le résultat de l'insistance, l'habitude le produit de la constance. Dans la réitération, il est moins question de régularité que d'accentuation, et on comprend qu'elle puisse être matérialisée sans le relais d'une suspension plus ou moins prononcée entre les actes qui la caractérisent, sans un « délai » destiné à en marquer le principe. Il importe donc de ranger dans des catégories distinctes les infractions ayant l'habitude pour point de référence, et celles définies seulement sous couvert de réitération, telles les menaces (c. pén., art. 222-17 – Crim. 26 févr. 2002, *Bull. crim.* n° 43 ; *Dr. pénal* 2002. 67, obs. Véron ; *Rev. sc. crim.* 2002. 591, obs. Mayaud.), ou encore les appels téléphoniques malveillants (c. pén., art. 222-16 – Crim.4 mars

sont pas négligeables, pour permettre l'identification des crimes et délits à la fois dans le temps et dans l'espace.

b) Les retombées

Les infractions connaissent une datation et une localisation différentes selon leur structure simple ou plurale.

174 DATATION. — De nombreuses techniques répressives passent par une référence au temps, si bien que l'infraction doit être située à un moment précis pour en permettre l'application. Ce moment est lui-même déterminé par la matérialité de l'infraction, qui est le seul indice à même de l'extérioriser. Les techniques en cause sont bien connues, affectant principalement les conflits de lois, la prescription de l'action publique, et l'amnistie.

1 / *Conflits de lois*

La maîtrise de la matérialité de l'infraction est indispensable pour se prononcer sur l'existence ou non d'un conflit de lois dans le temps, puisque c'est le moment où elle a été commise qui permet de la situer par rapport à la loi nouvelle.

Si l'infraction est simple, l'existence du conflit ne peut être apprécié que par référence à l'acte unique constitutif de sa matérialité. Ainsi de la soustraction en matière de vol, qui doit être située avant la loi nouvelle, pour une décision définitive postérieure à celle-ci. Cette situation ne soulève pas de difficulté particulière, étant dictée par la simplicité même du comportement dont la matérialité est en cause.

Mais ce n'est pas le cas pour les infractions à composantes multiples, dont la structure, par hypothèse plus riche, rend moins évident le moment précis où l'infraction a été commise. La réponse est fonction de ce que nous savons de l'infraction complexe et de l'infraction d'habitude. L'une et l'autre ayant pour originalité d'être dépen-

2003, *Bull. crim.* n° 57 ; JCP 2003. II. 10112, note Maréchal ; *Dr. pénal* 2003, *comm.* 82, obs. Véron ; *Rev. sc. crim.* 2003. 788, obs. Mayaud).

dantes d'une pluralité d'actes, ce n'est qu'à partir de la réalisation de l'acte assurant cette pluralité, que l'infraction est commise, et qu'elle peut donc être située dans le temps. Dans l'infraction complexe, il s'agit du dernier acte participant de la complexité, de sorte que, pour caractériser le conflit, il doit être, tout comme le premier, antérieur à la loi nouvelle. De même, dans l'infraction d'habitude, c'est la répétition, critère de la matérialité, qui doit être prise en compte, si bien que, pour qu'il y ait conflit, tout ce qui contribue au renouvellement de l'acte incriminé, particulièrement le second lorsqu'il est réduit à une dualité, doit être antérieur à la loi nouvelle.

2 / *Prescription de l'action publique*

La prescription de l'action publique consiste à ne plus permettre l'exercice de poursuites au delà d'une certaine durée d'inaction de la part des autorités judiciaires, voire des victimes, durée fixée, sauf certaines exceptions, à 10 ans pour les crimes, 3 ans pour les délits, et 1 an pour les contraventions (c. pr. pén., art. 7 et s.). Cette durée a en principe pour point de départ la « commission » de l'infraction, l'instant de sa réalisation, ce qui renvoie, ici encore, à la manière dont elle est conçue. S'il s'agit d'une infraction simple, tel le vol ou l'abus de confiance, la prescription court du jour de l'acte qui en constitue la matérialité, la soustraction ou le détournement dans les deux exemples retenus. Si l'infraction est complexe ou d'habitude, la prescription ne peut courir que du jour où la pluralité s'est manifestée, c'est-à-dire du jour où le dernier élément participant de la complexité ou de l'habitude a été réalisé.

Mais ces principes connaissent des dérives importantes. Les juridictions ne sont pas favorables à la prescription, qu'elles considèrent comme un moyen trop facile d'impunité, surtout lorsque les infractions relèvent d'une certaine clandestinité, ou encore permettent des profits substantiels et durables. C'est pourquoi, elles retiennent des solutions qui s'éloignent assez sensiblement de celles que nous venons d'exposer, préférant l'efficacité répressive à la discipline d'un raisonnement théorique. Nous aurons à le démontrer plus loin, en rapport avec la durée du comportement.

3 / *Amnistie*

L'amnistie est une mesure législative consistant à effacer le caractère délictueux des infractions « commises » sur une période de temps déterminée. Il s'agit d'une mesure d'indulgence, opérant avec rétroactivité, puisque les infractions concernées ne peuvent plus servir de fondement à des poursuites, tout comme les condamnations qui auraient été prononcées de leur chef sont en principe effacées. C'est donc une technique de retour artificiel sur le passé, et l'application des dispositions correspondantes ne peut se faire que par le relais de la matérialité des infractions en cause. En effet, pour juger du caractère opérationnel d'une loi d'amnistie, il faut déterminer le moment précis où l'infraction a été commise, afin de vérifier si elle se situe ou non dans la période amnistiée. La problématique est la même que celle relative aux conflits de lois dans le temps ou à la prescription de l'action publique, avec des réponses directement fonction de la nature simple ou plurale des infractions visées.

Si l'infraction est simple, le bénéfice de l'amnistie nécessite que l'acte constitutif de sa matérialité ait été commis dans la tranche de temps correspondant à l'effacement de son caractère délictueux. Si l'infraction est à composantes multiples, tous les actes participant de la pluralité doivent avoir été réalisés dans cette même période. Ainsi, dans le délit d'escroquerie, de la manœuvre et de la remise, ou encore des actes répétés dans les infractions d'habitude. Par exemple, Si, débordant la période d'amnistie, des actes constitutifs d'habitude continuent à se manifester, il est évident que le bénéfice de la loi ne saurait être acquis. Et de fait, bien que cristallisée par le deuxième acte, l'habitude se manifeste matériellement tant que joue la reconduction ou le renouvellement de ses composantes. C'est donc l'infraction qui se réalise et se commet dans chacune des répétitions en cause, et elle ne peut qu'être exclue de l'amnistie si ces répétitions dépassent le seuil ultime de la date qui en marque le principe.

Les techniques répressives relatives au temps illustre l'importance de la matérialité des infractions et de ce qui en caractérise juridiquement la « commission ». Mais les crimes et délits relevant de conceptions distinctes, les applications ne sont pas uniformes, ce qui exige une grande rigueur de raisonnement, à la fois pour maîtriser les différences qui en découlent, et pour mesurer les écarts représentés par certaines solutions. On va également le constater à propos des mécanismes associés à l'espace.

175 LOCALISATION. — Les infractions doivent être situées, non seulement dans le temps, mais également dans l'espace, afin de répondre à la compétence territoriale des instances juridictionnelles pouvant en connaître, que ce soit sur le plan interne ou international. C'est en fonction de leur matérialité que les crimes, délits et contraventions répondent à ce double enjeu de territorialité.

1 / *Compétence interne*

La territorialité est liée au « lieu de l'infraction » ou de sa « commission », lequel est retenu comme un critère de compétence possible sur le plan interne, en application des dispositions du code de procédure pénale [1]. Il s'agit donc d'une compétence rivée à la façon dont les infractions se réalisent matériellement, sa détermination étant directement dépendante de leur structure, selon qu'elles sont simples ou contiennent de multiples composantes.

Lorsque l'infraction est simple, la compétence revient territorialement à la juridiction dans le ressort de laquelle s'est manifesté le fait ou l'acte matériel qui lui correspond. Pour les infractions à composantes multiples, la territorialité profite à la juridiction du lieu où se sont manifestés les différents éléments de la pluralité qui les caractérise. Cette règle devrait avoir pour résultat de rendre compétente la juridiction du lieu où s'est réalisé le dernier élément, soit de la complexité, soit de l'habitude. Pourtant, la jurisprudence n'est pas toujours en ce sens, admettant, par exemple à propos de l'escroquerie, qu'est territorialement compétent le juge d'instruction dans le ressort duquel a été accompli un acte caractérisant l'un des éléments des manœuvres frauduleuses qui auraient été perpétrées [2]. Cette solution revient à faire de chaque composante du délit, voire de chacun de ses sous-ensembles, un critère de compétence, ce qui

1. C. pr. pén., art. 52 (juge d'instruction), 382 (tribunal correctionnel), 522 (tribunal de police).
2. Crim. 11 févr. 1992, *Bull. crim.* n° 63.

est une perte sensible de logique par rapport à la structure de l'infraction et à ce qui la constitue matériellement. Mais il est une explication, qui tient au modèle international.

2 / *Compétence internationale*

La compétence internationale des juridictions françaises, en termes de territorialité, est déterminée par l'article 113-2 du code pénal. Il ressort de ce texte que « *la loi pénale française est applicable aux infractions commises sur le territoire de la République* » (al. 1er), et que « *l'infraction est réputée commise sur le territoire de la République dès lors qu'un de ses faits constitutifs a eu lieu sur ce territoire* » (al. 2). Il est donc deux manières d'accéder à la compétence territoriale en droit international, selon que l'infraction est intégralement ou partiellement réalisée en France, ce qui donne aux juridictions françaises une vocation très étendue.

L'application stricte du principe de territorialité voudrait que ne soient retenues, à l'appui de la compétence française, que les infractions dont la matérialité s'est entièrement manifestée sur le territoire de la République, et, ramenée à la distinction des infractions simples et des infractions à composantes multiples, cette règle devrait aboutir à ne prélever que celles dont les actes constitutifs sont commis en France, soit de manière isolée pour les premières, soit dans leur pluralité pour les secondes. Par exemple, il a été jugé que l'article 226-2 du code pénal, relatif à la diffusion d'un document obtenu par une atteinte à la vie privée, est applicable à la publication en France de toute photographie, même si, comme c'était le cas en l'espèce, celle-ci a été prise à l'étranger, par un photographe étranger, et concerne des personnes de nationalité étrangère [1]. Cette solution est conforme à la territorialité dans sa version de principe, pour respecter la matérialité de la diffusion incriminée, constituée d'un acte simple entièrement consommé sur le territoire français. De même, le délit d'escroquerie n'étant réalisé que par la remise faisant suite aux manœuvres frauduleuses, il est en principe commis dans le pays où cette remise a eu lieu, pour relever en cet endroit d'une pluralité complète. Les juridictions françaises ne devraient donc être

1. Paris, 2 nov. 2000, *Dr. pénal* 2001. 42, obs. Véron.

compétentes, sur le fondement de la territorialité, que si la remise a été opérée en France.

Mais il faut également compter sur la portée très extensive de l'assimilation par ailleurs formulée, consistant à traiter comme une infraction complète ce qui n'est que partiellement commis sur le territoire. Il est évident que cette assimilation vise au premier chef les infractions dont la structure se prête naturellement à des localisations transnationales. C'est donc essentiellement à l'usage des infractions complexes et d'habitude qu'elle a été voulue, même si ses applications sont plus larges [1], pour se prêter, par la pluralité des éléments qui les composent, à la possibilité d'en prélever les manifestations dans des pays différents. Et on comprend que, par un démembrement de matérialité, la loi ait opté pour une solution favorable à la compétence française, dès lors que l'infraction est partiellement commise sur le territoire de la République. Ainsi d'un délit d'habitude, dont le premier acte serait réalisé en France, alors que le second, voire le deuxième par rapport à d'autres qui suivraient, serait commis à l'étranger. Cette manifestation de l'une des composantes de l'infraction sur le territoire français suffit, par assimilation à une territorialité complète, à la compétence des juridictions françaises. Ainsi, également, de l'infraction complexe, dont un des éléments participant de sa matérialité aurait été commis sur le territoire de la République, alors que les autres se seraient manifestés en dehors de ce territoire, telle l'hypothèse, concernant une escroquerie, de manœuvres en France pour une remise à l'étranger [2], ou encore d'une remise en France, pour des manœuvres à l'étranger [3]. Parce que l'un des « faits constitutifs » a eu lieu sur le territoire de la République, compétence est encore donnée aux juridictions françaises, par fiction et assimilation.

1. Le critère est moins lié à ce qui est « constitutif » qu'à ce qui est « factuel ». Aux fins de favoriser la compétence des juridictions françaises, la jurisprudence considère comme « fait constitutif », au sens de l'article 113-2 du code pénal, tout ce qui peut être associé, de près ou de loin, à la définition des infractions, sans ressortir pour autant à leur matérialité au sens précis du terme : ainsi des conditions préalables réalisées à l'étranger, tel, dans l'abus de confiance, la remise en France d'objets détournés à l'étranger (Crim. 12 févr. 1979, *Bull. crim.* n° 60 ; D. 1979. IR. 177, obs. Roujou de Boubée ; *Rev. sc. crim.* 1979. 575, obs. Bouzat).
2. Crim. 8 juin 1912, D.P. 1913. 1. 154.
3. Crim. 28 nov. 1996, *Bull. crim.* n° 437 ; *Dr. pénal* 1997. 59, obs. Véron.

II | La durée du comportement

176 La matérialité de l'infraction n'est pas seulement le fait de modalités, elle s'inscrit également dans la durée. En s'extériorisant, elle suit plus ou moins le cours du temps, de sorte qu'elle se prête à une autre perception, et qu'il est possible d'en rendre compte d'une autre manière. Cette version n'est pas concurrente. Elle ne contrarie pas les distinctions relatives aux différentes modalités que nous avons retenues, mais les enrichit, pour les intégrer et en livrer une approche en contrepoint, contribuant ainsi à les rendre encore plus efficientes. Et cet apport est d'autant plus fort, qu'il s'affirme comme un relais nécessaire dans nombre de solutions proposées ou retenues, participant ainsi à l'enrichissement et au renouvellement technique de la répression. Il convient donc d'en déterminer la teneur, d'abord par référence aux unités de durée participant de la théorie du droit (A), ensuite par rapport aux extensions qui en sont proposées ou faites au prix d'artifices variables (B).

A – Les unités de durée

177 Les unités de durée sont l'instantanéité et la continuité, la première correspondant au plus petit dénominateur commun, et la seconde à un ancrage dans le temps extensible à l'infini.

a) L'instantanéité

178 Matérialité ponctuelle. — L'instantanéité correspond à toute situation « qui ne dure qu'un instant » (*Le Robert*). Cette définition rend compte d'un très grand nombre d'infractions, qu'elles soient d'action ou d'omission, simples ou à composantes multiples, et renvoie à une réalité parfaitement intégrée en droit pénal. En effet, certains comportements, voire la plupart, n'ont de durée que le moment correspondant à leur consommation immédiate, laquelle n'est pas compatible avec un

prolongement plus ou moins prononcé dans le temps. Alors, la conduite est justement dite « ponctuelle », parce qu'elle se réalise en un « trait de temps », sans aucune possibilité de l'étendre au delà de cette ponctualité. Ainsi se définissent les infractions instantanées : faites d'une matérialité non extensible, elles se commettent juridiquement par un acte où commencement et fin se confondent, si bien que leur durée ne peut être plus courte.

179 INTÉRÊTS. — Les illustrations de l'instantanéité ne manquent pas. Elle est presque une référence de droit commun [1], tant les infractions sont nombreuses à se matérialiser ainsi. Mais ce n'est pas dire qu'elle s'impose d'évidence, et il faut souvent le soutien de la jurisprudence pour la révéler, à la faveur des intérêts qui y sont liés, qu'il s'agisse de localiser l'infraction dans l'espace, ou de la situer dans le temps.

Déjà rencontrée à propos des modalités du comportement, cette double détermination est également tributaire de la durée de l'infraction. C'est sur le « trait de temps » qui en constitue la matérialité, que se joue la compétence des juridictions, interne ou internationale, se nouent les conflits de lois, se mesure la portée d'une amnistie, voire se détermine l'antériorité ou la concomitance d'une complicité punissable [2]. L'impossibilité de prolonger une instantanéité en cristallise la présence de manière immédiate et définitive, et la matérialité se réduit de la sorte à un simple point sur l'échelle de la durée. Telle la mort constitutive de l'homicide (c. pén., art. 221-1 et 221-6), matérialisée par l'instantanéité du passage au nouvel état qu'elle représente. Telle la soustraction dans le vol (c. pén., art. 311-1), perçue comme un acte d'appréhension ou d'enlèvement de la chose [3], ce qui implique l'immédiateté de l'interversion de la possession au profit du voleur. Tels l'abus de confiance (c. pén.,

1. Trib. corr. Paris, 9 juin 1972, *Gaz. Pal.* 1975. 2. 680 (1re décision).
2. Toute aide ou assistance se manifestant tardivement par rapport à l'instantanéité constitutive d'une infraction ne peut être prise en compte. Ainsi à propos d'une évasion, consistant pour un condamné à ne pas réintégrer l'établissement pénitentiaire à l'issue d'une permission de sortir (c. pén., art. 434-29) : l'infraction étant instantanée, l'intervention d'un tiers, postérieurement à cette date, aux fins d'aider l'auteur principal dans sa fuite, ne peut, en l'absence d'un accord antérieur, constituer un acte de complicité punissable (Crim. 4 mai 2000, *Bull. crim.* n° 178 ; *Dr. pénal* 2000. 112, obs. Véron ; *Rev. sc. crim.* 2001, p. 164, obs. Delmas Saint-Hilaire).
3. Crim. 18 nov. 1837, S. 1838. 1. 366 ; 27 janv. 1898, D.P. 1899. 1. 327.

art. 314-1), le détournement de gage (c. pén., art. 314-5) ou d'objet saisi (c. pén., art. 314-6), qui sont également des délits instantanés [1], les actes de détournement ou de destruction incriminés « étant des *états définitifs* excluant la possibilité d'une délinquance continue » [2]. Tous ces exemples témoignent d'une matérialité originale, réduite à ce que le temps compte de plus infime en référence, avec des retombées sensibles sur la datation et la localisation des infractions en cause. En définitive, il est autant d'illustrations possibles de la matérialité instantanée que de techniques dépendantes de la consommation des infractions. Chacune, à sa manière, est un moyen de la dévoiler et d'en fixer l'originalité.

Seule la prescription de l'action publique connaît quelques distances par rapport à l'instantanéité, qui est, en effet, de plus en plus concurrencée par la clandestinité.

On parle d'*infractions clandestines*, afin d'exploiter le fait que certains délits ne s'extériorisent pas d'eux-mêmes, ce qui ne les rend pas immédiatement accessibles, si bien que la jurisprudence considère que le point de départ de la prescription doit être fixé, non au jour de leur matérialité constitutive, mais au jour « *où le délit est apparu et a pu être constaté dans des conditions permettant l'exercice de l'action publique* ». Cette solution est destinée à éviter que l'impunité ne soit trop facilement acquise sur l'instantanéité, alors qu'aucune transparence ne permettrait de révéler l'infraction [3].

C'est le cas pour l'abus de confiance [4], l'abus de biens sociaux [5], l'atteinte à la liberté d'accès et à l'égalité des candidats dans les marchés

1. Crim. 3 nov. 1949, *Bull. crim.* n° 301 ; D. 1950. Somm. 37 ; 26 mars 1957, *Bull. crim.* n° 283 (abus de confiance). – Paris, 31 janv. 1963, JCP 1963. II. 13176 (détournement de gage). – Trib. corr. Seine, 4 juill. 1946, D. 1946. 355 (détournement d'objets placés sous séquestre).
2. Paris, 31 janv. 1963, préc.
3. Avec l'avantage de rejoindre les fondements de la prescription, présentée comme la sanction de l'oubli ou de la négligence (S. Guinchard et J. Buisson, Procédure pénale, n° 1206, p. 694. – H. Matsopoulou, L'oubli en droit pénal, Mélanges B. Bouloc, *Dalloz*, 2006, p. 771), ce qui ne saurait peser sur des personnes tant qu'elles ne peuvent avoir connaissance de l'infraction.
4. Jurisprudence constante : Crim. 5 juill. 1945, *Bull. crim.* n° 76 ; 16 mars 1970, *ibid.* n° 104 ; D. 1970. 497, note J.-M. R. ; 11 févr. 1981, *Bull. crim.* n° 53 (1er arrêt) ; 26 févr. 1990, *Dr. pénal* 1990. 191 ; 13 mai 1991, *ibid.* 1991. 258 ; 14 avr. 1993, D. 1993. 616, note Fenaux ; 30 nov. 1993, *Dr. pénal* 1994. 110 ; *Rev. sc. crim.* 1994. 764, obs. Ottenhof ; 26 sept. 1996, *Bull. Joly* 1997. 112, note Barbièri ; 7 mai 2002, *Bull. crim.* n° 107 ; *Dr. pénal* 2002. 104 (1er arrêt), obs. Véron ; 23 mai 2002, *Dr. pénal* 2002. 104 (2e arrêt), obs. Véron ; 19 nov. 2003, *Dr. pénal* 2004. 36, obs. Véron.
5. L'abus de biens sociaux est une infraction instantanée (Cass. crim. 28 mai 2003, *Bull. crim.* n° 109 ; D. (*Aff.*) 2003, p. 2015 ; *Dr. pénal* 2003, *comm.* 100, obs. J.-H. Robert ; *Rev. sc. crim.* 2004. 358, obs. Rebut ; 8 oct. 2003, *Bull. crim.* n° 184 ; D. (*Aff.*) 2003, p. 2695, obs. Lienhard ;

publics et les délégations de service public [1], la simulation ou dissimulation ayant entraîné une atteinte à l'état civil d'un enfant [2], la malversation [3], ou encore la tromperie [4]. Cette liste ne saurait être considérée comme limitative, car on peut légitimement se poser la question de son extension à toutes les infractions relevant d'une clandestinité marquée, un peu à la manière du droit civil, qui s'oppose volontiers à ce que la prescription ne puisse courir contre quiconque ayant été empêché d'agir (*Contra non valentem agere non currit praescriptio*).

b) La continuité

180 La continuité est la seconde unité de durée relative à la matérialité des infractions. Elles sont alors dites « continues ». Marquées par une empreinte linéaire, elles exercent une forte emprise sur les faits qui en relèvent.

181 MATÉRIALITÉ LINÉAIRE. — Est continu ce qui se prolonge dans le temps. C'est donc la persistance, la perpétuation, qui rend compte de la continuité, si bien que les infractions concernées se caractérisent par une matérialité extensible.

AJ Pénal 2003, p. 67, obs. A. P. ; JCP *G* 2004. II. 10028, note Jacopin ; JCP *E* 2004, p. 467, note J.-H. Robert ; *Dr. pénal* 2003. 147, obs. J.-H. Robert ; 28 févr. 2007, D. 2007, *chron. C. cass.*, p. 1824, obs. Ménotti ; D. 2008, *Pan.*, p. 1575, obs. Mascala ; *Dr. pénal* 2007. 83, obs. J.-H. Robert. – *Adde* : Y. Mayaud, Appel à la raison, ou pour une approche cohérente de la prescription de l'abus de biens sociaux, D. (*Aff.*) 2004, *Chron.*, p. 194. – G. Damy, La répression de l'abus de biens sociaux : l'imprescriptibilité contestée, *Gaz. Pal.* 2004. 2. *Doctr.* 3000), dont la prescription de l'action publique court à compter de la présentation des comptes annuels, sauf dissimulation (Cass. crim. 27 juin 2001, *Bull. crim.* n° 164 ; *Dr. pénal* 2001. 129, obs. J.-H. Robert ; *Gaz. Pal.* 2002. 1. 116, note Monnet ; *Rev. sc. crim.* 2002. 339, obs. Renucci), cette réserve étant la concession faite à la clandestinité possible du délit. – Sur la question, V. J. Larguier et Ph. Conte, *Droit pénal des affaires*, A. Colin, 11e éd., 2004, n° 381, p. 347.

1. Crim. 27 oct. 1999 (cassation de Caen, 20 avr. 1998, *Bull. inf. C. cass.* 1999, n° 561), *Bull. crim.* n° 238 ; *Dr. pénal* 2000. 27, obs. Véron ; *Rev. sc. crim.* 2000. 618, obs. Delmas Saint-Hilaire ; 27 oct. 1999 (cassation de Limoges, 17 juin 1998, *Bull. inf. C. cass.* 1999, n° 423), *Bull. crim.* n° 239 ; 5 mai 2004, *ibid.* n° 110 ; *AJ Pénal* 2004, p. 285, obs. Girault ; *Gaz. Pal.* 2005. 1. *Somm.* 618, note A.C. ; *Rev. sc. crim.* 2004. 897, obs. Commaret.
2. Crim. 23 juin 2004, *Bull. crim.* n° 173 ; D. 2005. 1399, note Royo ; *AJ Pénal* 2004, p. 367 ; *Dr. pénal* 2004. 143, obs. Véron ; *Rev. sc. crim.* 2004, p. 883, obs. Mayaud, et p. 897, obs. Commaret.
3. Crim. 9 févr. 2005, *Bull. crim.* n° 50 ; D. (*Aff.*) 2005, p. 1152, obs. Lienhard ; D. 2005, *Pan.* p. 2994, obs. Mascala ; *Dr. pénal* 2005. 80, obs. J.-H. Robert.
4. Crim. 7 juill. 2005, *Bull. crim.* n° 206 ; D. 2005. 2998, note Donnier ; *AJ Pénal* 2005, p. 370, obs. Leblois-Happe ; JCP 2005. II. 10143, note Leblois-Happe ; *Gaz. Pal.* 2005. 2. 2688 ; *ibid.*

L'infraction est continue lorsque l'action ou l'omission qui en caractérise la matérialité est susceptible de se manifester inchangée dans le temps, pour être reconductible à l'infini. C'est cette vocation à durer qui fait la continuité, et non pas la durée effective, l'infraction, dans sa consommation réelle, pouvant en effet se réduire à une ponctualité sans perdre son caractère continu. Le critère est donc une référence abstraite, étant lié à ce qui est le reflet, moins d'un constat, que d'une conception. Ainsi du recel (c. pén., art. 321-1), exemple classique, qui se caractérise par le fait de détenir une chose en connaissance de sa provenance délictueuse. La détention peut être de très courte durée, comme indéfiniment prolongée. Mais l'infraction ne varie pas pour autant dans sa nature. Elle reste continue par le fait que la détention est une action en soi susceptible de prolongation, pouvant se manifester pendant un temps plus ou moins long, et sans rien changer à la matérialité de la détention elle-même.

Définie de la sorte, la matérialité continue rejoint une liste importante d'infractions, dont la consommation passe par des actes qui ont cette propriété de se prolonger dans le temps sans aucune altération de leur substance : séquestration (c. pén., art. 224-1), proxénétisme par non-justification de ressources (c. pén., art. 225-6, 3°), hébergement contraire à la dignité de la personne (c. pén., art. 225-14), conservation d'un enregistrement de paroles prononcées à titre privé ou confidentiel (c. pén., art. 226-2), conservation de données informatisées (c. pén., art. 226-19), soustraction de mineur (c. pén., art. 227-7), marchandage (c. trav., art. L. 8231-1 et L. 8234-1)..., autant d'exemples qui, comme le recel, renvoient à la continuité par la possibilité de prolonger les actions en cause, de manière à rendre leur matérialité présente aussi longtemps que persiste en ce sens la volonté de leur auteur. Qu'il s'agisse de rétention, de cohabitation, d'hébergement, de conservation, d'enlèvement, ou de mise à disposition..., il y a dans tous ces agissements un dénominateur commun, qui tient à leur aptitude à se maintenir dans la durée, ce qui en fait les supports d'infractions continues pour toutes les qualifications dont ils relèvent. Là est bien l'originalité de la

2006. 1. *Somm.* 2059, note Viriot-Barrial ; *Dr. pénal* 2005, *comm.* 132, obs. J.-H. Robert ; *Rev. sc. crim.* 2006. 84, obs. Ambroise-Castérot.

continuité, à savoir de se prêter à des manifestations prolongées, même si la durée effective est variable d'une espèce à l'autre. Les comportements eux-mêmes dictent cette solution, pour contenir en eux une potentialité de perpétuation, leur pérennité étant indissociable de la matérialité qui les caractérise.

182 INTÉRÊTS. — Les infractions continues ont une emprise importante sur les comportements qui en relèvent. Leur matérialité les rend tributaires d'une répression plus facile, par le fait que leur consommation dure autant que se perpétue l'action ou l'omission incriminée. Il en résulte que les différents mécanismes juridiques contribuant à leur sanction trouvent auprès d'elles une assise beaucoup plus large que dans les infractions instantanées, chaque manifestation de la continuité servant de point d'appui à leur application, avec pour conséquence de consacrer une ubiquité dans l'espace et une infinité dans le temps des plus originales.

1 / *Ubiquité*

L'ubiquité renvoie à la répression dans l'espace, et donc à la territorialité, considérée à la fois sur le plan interne et internationale. Nous en connaissons les règles, et leur application aux infractions continues est très révélatrice du raisonnement qui doit en conduire le principe. L'analyse est simple. Parce que l'infraction continue se caractérise par une action ou une omission à même de se prolonger, chaque parcelle de sa durée consomme juridiquement le crime ou le délit, et il en résulte que l'infraction est commise en tout lieu où la matérialité se manifeste, avec un point d'ancrage territorial en chacun de ces lieux [1]. C'est là une grande différence avec l'infraction instantanée, dont la ponctualité ne peut, au contraire, que la rendre incompatible avec une quelconque ubiquité.

La matière invite à plus de rigueur encore, particulièrement sur la façon de se situer par rapport aux dispositions de l'article 113-2 du code pénal. Relatif au principe de territorialité, ce texte prévoit,

1. Ainsi de la compétence internationale, parfaitement illustrée par un arrêt fort intéressant de la Cour de cassation, rendu à propos d'un enlèvement d'enfants dans les termes de l'article 227-7 du code pénal : Crim. 23 févr. 2000, *Bull. crim.* n° 83 ; *Dr. pénal* 2000. 83, obs. Véron ; *Rev. sc. crim.* 2000, p. 608, obs. Mayaud, et p. 815, obs. Bouloc.

dans son alinéa 2, que « *l'infraction est réputée commise sur le territoire de la République dès lors qu'un de ses faits constitutifs a eu lieu sur ce territoire* ». Il faut se garder d'avoir trop facilement recours à cette présomption. En effet, un délit dont la matérialité continue se manifeste à la fois en France et à l'étranger est entièrement consommé en France, même s'il peut être également considéré comme réalisé à l'étranger. Là encore, c'est un effet normal de la continuité, laquelle se consomme par la durée, si bien que l'infraction se commet pleinement et entièrement dans tous les espaces couverts par la perpétuation de l'action ou de l'omission érigée en comportement continu, et il est inutile de rechercher les éléments d'une fragmentation qui n'existe pas. C'est la même infraction qui se consomme partout, et la territorialité n'a que faire d'une présomption là où la réalité juridique est suffisante.

2 / *Infinité*

Il en est de l'infinité comme de l'ubiquité, du temps comme de l'espace, à savoir que l'infraction continue se consomme à chaque moment de sa manifestation dans la durée. C'est toute l'infraction qui se matérialise alors, et non des infractions successives et répétées, qui correspondraient à autant de crimes ou de délits que de parcelles divisibles de durée. La continuité a cette particularité de se prêter, pour la même infraction, à une infinité, par le fait que chaque instant couvert par sa perpétuation en caractérise l'entière consommation. Les conséquences en sont importantes quant à la répression, dont on sait qu'elle est, sur de nombreux points, tributaires de la situation de l'infraction dans le temps, avec la nécessité d'avoir à se déterminer sur le moment précis de sa réalisation. Le principe qui en découle est simple : tout ce qui s'inscrit dans la durée de l'infraction continue étant censé avoir consommé l'infraction dans son entier, chaque manifestation de cette durée peut être juridiquement retenue pour fixer ce moment.

Il en est d'abord ainsi des *conflits de lois dans le temps*. L'antériorité des faits par rapport à la loi nouvelle ne peut être acquise que si la continuité de l'infraction ne déborde pas sur la période postérieure à celle-ci, auquel cas le conflit n'existe pas, avec pour conséquence d'avoir à appliquer la loi nouvelle, qu'elle soit plus douce ou plus sévère [1].

L'*amnistie* se prête au même raisonnement. Pour en bénéficier, l'infraction continue doit être toute entière comprise dans la période couverte par la loi qui l'opère. Il suffit donc que le comportement incriminé en déborde les limites, pour que la loi n'ait aucune portée [2].

Une autre manifestation affecte la règle *non bis in idem*, selon laquelle une même personne ne peut être sanctionnée plusieurs fois pour le même fait. Il importe, pour respecter ce principe, que l'infraction concernée par une nouvelle poursuite soit distincte de celle ayant fait l'objet de la précédente, ce qu'il faut apprécier par une stricte et rigoureuse approche de la matérialité des infractions en cause. L'infraction continue a pour originalité de se consommer par la persistance de l'action ou de l'omission qui la caractérise. Le délit se commet donc activement par sa durée, avec pour conséquence d'être juridiquement réalisé, non seulement lors de premières poursuites, mais encore après et au-delà, tant que se perpétue l'acte durable. Si donc la continuité se prolonge après une première déci-

1. La réforme du code pénal a été l'occasion de nombreuses décisions en ce sens. Ainsi de l'hébergement contraire à la dignité de la personne, qui, du fait de son caractère continu, « se poursuit tant que dure l'hébergement illicite », ce qui a rendu applicables les dispositions de l'article 225-14 du code pénal à un hébergement dont la cause contractuelle était antérieure à l'entrée en vigueur de ce texte, mais dont les manifestations se sont poursuivies après (Crim. 11 févr. 1998, *Bull. crim.* n° 53 ; *Dr. pénal* 1998. 65, obs. Véron ; *Rev. sc. crim.* 1998, p. 542, obs. Mayaud, et p. 763, obs. Bouloc). Ainsi également de la responsabilité pénale des personnes morales, avec pour conséquence, pour les infractions continues relevant de cette responsabilité, tel le délit de marchandage (c. trav., art. L. 8234-2), d'avoir à rechercher si leur matérialité ne s'est pas prolongée après le 1er mars 1994 (Trib. corr. Versailles, 18 déc. 1995, *Dr. pénal* 1996. 71, obs. J.-H. Robert ; JCP 1996. II. 22640, note J.-H. Robert). Il suffit donc, pour ne pas être dans une situation de conflit, de déceler sur la continuité de l'infraction de quoi se situer après la loi nouvelle, ce qui emporte de droit l'application de celle-ci, dans l'indifférence du caractère plus doux ou plus sévère de ses dispositions.
2. C'est dire combien est décisive la nature de l'infraction, ce que traduit la jurisprudence, qui est parfois amenée à rectifier certaines erreurs de qualification, y compris relativement aux infractions les plus courantes. Par exemple, a été annulé l'arrêt d'une cour d'appel qui, pour refuser le bénéfice de l'amnistie à un prévenu d'abus de confiance, s'était fondé sur le caractère continu du délit, et avait considéré qu'il s'était poursuivi au-delà de la date fixée par la loi comme terme de la période pendant laquelle elle couvrait de son bénéfice les infractions et les personnes comprises dans ses énumérations. Mais si cette analyse était bonne, relative à l'application de la technique de l'amnistie aux infractions continues, elle n'en demeurait pas moins déplacée en l'espèce, faute pour l'abus de confiance d'entrer dans cette catégorie d'infraction, le délit étant en effet instantané, ce que la Cour de cassation n'a pas manqué de relever (Crim. 3 nov. 1949, *Bull. crim.* n° 301 ; D. 1950. Somm. 37. – Rappr. : Crim. 26 mars 1957, *Bull. crim.* n° 283).

sion, rien n'interdit de la sanctionner une nouvelle fois, pour ce qu'elle représente d'infraction également constituée dans la tranche de temps qui suit cette décision, chaque parcelle de durée effective étant en soi constitutive [1].

Mais c'est surtout la *prescription de l'action publique* qui concentre toute l'attention portée aux infractions continues. La continuité, en effet, a pour propriété de faire courir ladite prescription du jour seulement où le comportement a cessé. La solution est normale. Elle contient toute l'originalité de la matérialité continue, laquelle consomme l'infraction par la durée, et la réalise dans son entier par tout ce qui contribue à la manifester. L'infraction se matérialisant tant que la perpétuation est active, il est donc logique de fixer le point de départ de la prescription à l'instant seulement où cette activité n'est plus : ainsi du moment où la cohabitation prend fin, lorsque le proxénétisme est constitué par le fait de vivre avec une personne se livrant habituellement à la prostitution (c. pén., art. 225-6, 3°), ou du jour où s'interrompt la détention constitutive d'un recel (c. pén., art. 321-1)... Ces exemples rejoignent la nature continue des infractions qui en relèvent, avec pour résultat de fixer le point de départ de la prescription au jour où l'activité délictueuse a cessé, marquant ainsi le seuil ultime de la consommation du délit.

Non seulement les applications sont nombreuses, conformes à cette solution, mais cette dernière est à l'origine d'une véritable quête de continuité. La raison en est simple, liée au gain sensible de répression qui en découle. Plus la durée constitutive de l'infraction se poursuit, plus la prescription est reportée dans le temps, et plus les chances de répression restent entières, pour aboutir, dans des

1. Les principes admis en matière de chose jugée ne s'opposent pas à ce qu'une infraction qui a été réprimée par une première condamnation soit l'objet d'une nouvelle poursuite et d'une nouvelle condamnation lorsque cette infraction s'est renouvelée depuis la précédente condamnation et présente, par sa nature, le caractère d'une infraction successive (*continue*). – Crim. 30 juin 1981, *Bull. crim.* n° 223 (*détournement de mineur*). – Crim. 10 avr. 1930, *Bull. crim.* n° 119 ; 5 nov. 1936, *ibid.* n° 107 ; D.H. 1936. 573 ; 30 juin 1937, *Bull. crim.* n° 138 ; D.H. 1937. 455 ; 14 févr. 1957, *Bull. crim.* n° 150 ; D. 1958. *Somm.* 30 (*non-représentation d'enfant*). – Crim. 9 févr. 1965, D. 1965. 475 ; *Gaz. Pal.* 1965. 1. 420 ; 2 déc. 1998, *Bull. crim.* n° 326 ; D. 2000. *Somm.* 36, obs. Mayaud ; JCP 1999. II. 10108, note Rebut ; *ibid.* 2000. I. 207, n° 3, obs. Véron ; *Dr. pénal* 1999. 64, obs. Véron ; *Gaz. Pal.* 1999. 2. *Somm.* 375, obs. Massip (*abandon de famille*). – Pour une application au délit d'exploitation d'un débit de boissons par une personne frappée d'incapacité (c. santé publ., art. L. 3336-2, L. 3336-3 et L. 3352-9) : Crim. 19 oct. 2004, *Dr. pénal* 2005. 57, obs. J.-H. Robert.

hypothèses extrêmes, à une imprescriptibilité de fait [1]. Cette situation n'est pas pour déplaire à la jurisprudence, qui manifeste une certaine hostilité à la prescription, supportant mal l'impunité parfois facile et choquante qu'elle consacre. Aussi, la continuité est-elle à ses yeux un modèle à suivre, quitte à prendre quelques libertés par rapport aux principes. C'est là quitter le domaine des unités de durée pour s'engager sur la voie de l'artifice...

B – Les artifices de durée

183 Nous venons de le dire, l'infraction continue exerce une réelle fascination par son efficacité répressive, notamment quant à la prescription de l'action publique. Cette attraction s'est traduite par plusieurs initiatives ou solutions destinées à la promouvoir lorsqu'elle n'est pas évidente ni naturelle. De véritables *substituts de continuité* ont ainsi été proposés ou retenus, aux fins d'organiser une répression équivalente à celle des infractions continues, qu'il est possible de présenter doublement, et en termes de permanence, et en termes de pluralité, la permanence affectant l'infraction dans sa singularité, la pluralité les infractions dans leur diversité.

a) La permanence de l'infraction

184 ARTIFICE DOCTRINAL. — L'infraction permanente appartient à un genre purement doctrinal. Poussée par une quête d'amélioration des solutions relatives aux infractions instantanées, la doctrine a recherché le moyen d'y parvenir. Elle l'a trouvé dans la notion d'infraction permanente, qui correspond à une catégorie hybride, pour être une infraction instantanée dans sa nature, et une infraction continue dans son régime. Le constat a été fait d'une certaine inadaptation du délit instantané, qui connaît une répression trop abstraitement tournée vers sa matérialité, alors qu'elle gagnerait à être organisée par référence, moins à l'instantanéité de l'acte qui le consomme, qu'à ses retombées durables et profitables. Il n'est

1. Ainsi du recel-profit (c. pén., art. 321-1, al. 2).

qu'à prendre l'exemple du vol pour s'en convaincre, dont la matérialité instantanée sert de fondement à la répression, dans une indifférence totale aux effets qui s'ensuivent. Et pourtant, la soustraction est pour le voleur, lorsqu'il conserve la chose à son usage, moins intéressante par sa réalisation que par ses effets. Il suffit qu'il ait le profit personnel du bien volé pendant des années, pour que cet avantage l'emporte sur la soustraction elle-même, accusant de la sorte un écart sensible entre la réalité juridique et la réalité criminologique. Ceci est d'autant plus vrai que la qualification de recel ne peut être en principe retenue contre l'auteur d'un vol, les deux infractions relevant d'une incompatibilité bien établie en jurisprudence (*chapitre 4*). On se trouve ainsi dans une situation dépendante, quant à la répression, d'une matérialité peu significative, alors que les enjeux de la délinquance se manifestent ailleurs, dans les effets qui ont été recherchés, ou pour le moins exploités.

C'est pour éviter ce hiatus entre le fait et le droit que la doctrine a proposé de suivre la logique de la continuité [1]. Proposition qui consiste à organiser la répression des infractions instantanées, non plus sur la ponctualité de leur consommation, mais sur la permanence de leurs effets. Ainsi, du point de départ de la prescription de l'action publique, qui, au lieu d'être fixé au jour de l'acte instantané, pourrait être reporté au jour de la cessation des effets continus, ou encore de l'amnistie, qui serait inopérante lorsque les effets de l'infraction se manifesteraient au-delà de sa période de couverture, peu importe que l'acte constitutif de l'instantanéité y figure quant à lui. De nombreuses combinaisons sont possibles, qui ont d'ailleurs été envisagées, destinées à rendre ces propositions opérationnelles, tout en ne versant pas dans un systématisme nuisible. Elles convergent toutes vers un dessein bien compris : celui de tenir compte des effets permanents d'une infraction instantanée, lorsqu'ils sont significatifs d'un avantage substantiel et maîtrisable, avec pour conséquence d'avoir à les intégrer sur le plan de la répression, et d'aménager celle-ci de manière à prévenir des impunités déplacées ou des inadaptations regrettables.

1. D. Mayer, Plaidoyer pour la réhabilitation de la notion d'infraction permanente, D. 1979. *Chron.* 23.

185 REJET DE LA THÉORIE. — Malgré le gain intellectuel qu'elle représente, l'infraction permanente n'a jamais été expressément consacrée, ni par la loi, ni par la jurisprudence. Il est impossible de trouver un renvoi explicite à sa notion, qui reviendrait à en intégrer le principe, ainsi que toutes les conséquences sous-jacentes. La catégorie reste doctrinale, sans avoir franchi le seuil de la reconnaissance.

b) La pluralité d'infractions

186 ARTIFICE JURISPRUDENTIEL. — La pluralité d'infractions est une autre hypothèse permettant de parvenir également à une continuité fictive par une matérialité de substitution [1]. Elle se caractérise par la *réitération à l'identique de la même infraction*, si bien que plusieurs crimes ou délits sont commis, pouvant être reliés entre eux par une similitude juridique, bien que relevant de faits distincts. On renoue ici avec une situation de pluralité, mais qui affecte des infractions pleinement consommées, et non leur mode de consommation, comme c'est le cas pour les infractions complexes ou d'habitude.

Cette situation soulève la question de savoir si ces infractions doivent être traitées dans leur singularité, avec ce que cela implique de concours entre elles, ou, au contraire, de manière plus unitaire, à la faveur de ce qui peut les rapprocher. Et de fait, la répétition d'une infraction, qu'elle soit instantanée ou continue, peut être comprise comme relevant d'une certaine unité lorsqu'elle est guidée par un même dessein ou une même finalité. C'est l'exemple des vols réalisés au cours d'un même cambriolage, du faux monnayage portant sur des centaines de billets contrefaits, de la diffusion de propos injurieux ou diffamatoires sur des supports multiples, de recels d'un même bien par plusieurs personnes... Il est, dans ces hypothèses, autant d'infractions commises que d'actes réitérés dans leur matérialité, autant de vols que d'objets soustraits, de fausses monnaies que de billets contrefaits, de diffamations que de publications diffé-

1. A. Darsonville, *Les situations de dépendance entre infractions – Essai d'une théorie générale*, Thèse, Paris II, 2006.

rentes, de recels que de personnes intervenantes. Mais, ces renouvellements relèvent d'un particularisme prononcé, lié au fait que toutes les infractions réitérées ne sont pas étrangères entre elles, pour nouer au contraire des *relations de continuité* qui en font les éléments d'un tout. Alors, tout naturellement, se pose la question de savoir si une telle situation ne mérite pas que soit dépassé le constat de la pluralité, afin de ne retenir que celui de la continuité, et de considérer en conséquence les crimes et délits renouvelés comme l'expression d'une seule et unique infraction.

La jurisprudence est en ce sens, qui ménage doublement cette continuité de substitution, et en termes d'infraction continuée, et en termes d'infraction collective.

187 INFRACTION CONTINUÉE. — À l'infraction continuée, correspond une *continuité de but assurée par la même personne.* Il s'agit donc d'infractions commises par le même auteur dans un dessein criminel unique, ou s'insérant dans une entreprise criminelle aux éléments indivisibles, cette unité ou indivisibilité pouvant retirer aux infractions répétées leur autonomie juridique.

Ainsi, est constitutive d'un *vol* unique la soustraction frauduleuse de plusieurs objets commise en un même temps et en un même lieu [1]. En revanche, constituent plusieurs vols des soustractions au préjudice de personnes différentes, seraient-elles réalisées au cours d'une même action criminelle, dans un même lieu, au même moment, et avec les mêmes circonstances aggravantes [2]. La distinction engage notamment un enjeu de solidarité, les personnes condamnées pour un même crime ou pour un même délit étant tenues solidairement des restitutions et des dommages intérêts [3]. Aussi est-il nécessaire, pour se déterminer sur ces restitutions et l'importance du dommage à compenser, de connaître précisément l'étendue du vol sanctionné, l'approche unitaire étant beaucoup plus pénalisante que la conception pluraliste, avec en effet pour résultat de soumettre à solidarité tous les actes préjudiciables rentrant dans l'infraction unifiée.

1. Crim. 20 mars 1985, *Bull. crim.* n° 120.
2. Crim. 10 oct. 1990, *Bull. crim.* n° 337.
3. C. pén., ancien art. 55 ; c. pr. pén., art. 375-2, 480-1 et 543.

Pareillement, sont constitutives d'une seule *escroquerie* (c. pén., art. 313-1), lorsqu'elles sont réalisées à des fins de remises successives, les manœuvres constituant une opération délictueuse unique [1], ainsi que celles répétées et exécutées sur une longue période, formant entre elles un tout indivisible [2]. L'intérêt n'est pas négligeable, car la prescription ne court que du jour de la dernière remise, rendant possible la constitution de partie civile des premières victimes, même si leur dépouillement remonte à plus de trois ans.

La solution n'est pas différente pour le délit de publicité de nature à induire en erreur (c. consom., art. L. 121-1), lorsqu'il se présente sous la forme d'allégations identiques contenues dans le même message publicitaire et diffusées simultanément : en principe, l'infraction se manifeste lors de chaque communication au public d'une telle publicité, mais elle constitue ici une infraction unique, avec pour conséquence de ne pouvoir être poursuivie et sanctionnée qu'une seule fois [3].

De même, en cas d'*abus frauduleux de l'état d'ignorance ou de faiblesse* (c. pén., art. 223-15-2), les prélèvements bancaires successifs réalisés au moyen d'une même procuration procèdent d'un mode opératoire unique, et la prescription a pour point de départ le jour du dernier mouvement des fonds [4].

Il en est encore ainsi de la *concussion* (c. pén., art. 432-10), dont la prescription ne commence à courir qu'à compter de la dernière des perceptions de sommes indues lorsque celles-ci résultent d'opérations indivisibles [5], ce qui permet d'en sanctionner toutes les mani-

1. Crim. 23 oct. 1978, *Bull. crim.* n° 283 ; 27 mai 1991, *ibid.* n° 222 ; 26 sept. 1995, *ibid.* n° 288 ; *Dr. pénal* 1996. 61, obs. Véron ; *Rev. sc. crim.* 1996. 658, obs. Ottenhof.
2. Crim. 3 déc. 1963, *Bull. crim.* n° 344 ; 18 juill. 1968, *ibid.* n° 234 ; 22 juill. 1971, *ibid.* n° 237 ; 9 mai 1972, *ibid.* n° 161 ; 17 déc. 1974, *ibid.* n° 371 ; 20 juin 1994, *Dr. pénal* 1994. 260 ; *Rev. sc. crim.* 1995. 103, obs. Ottenhof ; 6 oct. 2004, *Dr. pénal* 2005. 27. – Paris, 13 févr. 1990, *Gaz. Pal.* 1990. 1. 293, note Marchi.
3. Crim. 8 déc. 1987, *Bull. crim.* n° 451 ; 27 mars 2007, *Bull. crim.* n° 94 ; *Dr. pénal* 2007. 87, obs. J.-H. Robert. – En revanche, constituent des publicités distinctes celles qui, adressées à des personnes différentes, mettent en scène de manière individualisée leurs destinataires, objet de leurs allégations trompeuses. – Crim. 30 janv. 1992, *Bull. crim.* n° 44 ; *RTD com.* 1993. 151, obs. Bouloc.
4. Crim. 27 mai 2004, *Bull. crim.* n° 141 ; D. 2004. *Somm.* 2750, obs. Mirabail ; D. 2005, *Panor.*, p. 685, obs. Pradel ; *Dr. pénal* 2004. 130, obs. Véron ; *Rev. sc. crim.* 2004, p. 881, obs. Mayaud, p. 886, obs. Ottenhof, et p. 897, obs. Commaret ; 5 oct. 2004, *Bull. crim.* n° 233 ; *AJ Pénal* 2005, p. 71, obs. Leblois-Happe ; *Dr. pénal* 2005. 1, obs. Véron.
5. Crim. 31 janv. 2007, n° 05-87.096 : *Bull. crim.* n° 24 (arrêt n° 1) ; D. 2007, *chron. C. cass.*, p. 1824, obs. Ménotti ; *AJ Pénal* 2007, p. 224, obs. Leblois-Happe ; *RLCT* 2007/28, n° 803, note Mayaud ; *Dr. pénal* 2007. 74 (1re espèce), obs. Véron ; 31 janv. 2007, n° 06-81.273, *Bull.*

festations, y compris lorsqu'elles remontent à plus de trois avant l'acte de poursuite.

Les *violences sexuelles* connaissent les mêmes applications, ce qui n'est pas sans orienter la manière dont les questions doivent être posées aux assises. Une seule question suffit, relative à des actes répétés de viols ou d'agressions sexuelles sur la même personne, lorsqu'ils ont été accomplis dans les mêmes conditions et entraînent les mêmes conséquences pénales [1]. Mais encourt le grief de complexité prohibée la question unique qui interroge la cour et le jury sur des viols qui, bien que commis sur la même victime, ne constituent pas un acte unique et indivisible accompli dans le même trait de temps, mais plusieurs pénétrations sexuelles de nature différente perpétrées par des auteurs différents, sur plusieurs jours [2], ou en divers endroits [3].

Quant aux viols commis sur plusieurs victimes, ils relèvent, depuis la loi n° 2005-1549 du 12 décembre 2005 relative au traitement de la récidive des infractions pénales, d'un concours réel désormais érigé en circonstance aggravante (c. pén., art. 222-24, 10°). De tels faits ne constituent donc plus des crimes distincts [4], et les questions doivent être posés en rapport avec l'aggravation.

Toutes ces solutions rejoignent les critères de la continuation, en considérant comme infraction unique la succession de crimes ou de délits liés entre eux par des éléments fortement marqués d'indivisibilité.

188 INFRACTION COLLECTIVE. — À l'infraction collective correspond une *continuité de but partagée entre plusieurs personnes.* Ce n'est plus en se référant à un auteur unique que l'infraction est envisagée, mais par référence à plusieurs, dont l'action, autonome sur le plan juridique, relève en fait d'une conti-

crim. n° 24 (arrêt n° 2) ; D. 2007, *chron. C. cass.*, p. 1824, obs. Ménotti ; *AJ Pénal* 2007, p. 224, obs. Leblois-Happe ; *RLCT* 2007/28, n° 803, note préc. Mayaud ; *Dr. pénal* 2007. 74 (2e espèce), obs. Véron.

1. Crim. 17 juin 1964, *Bull. crim.* n° 203 ; 17 oct. 1990, *ibid.* n° 344 ; 7 janv. 1998, *ibid.* n° 6 ; 25 nov. 1998, *ibid.* n° 317.
2. Crim. 24 juin 1987, *Bull. crim.* n° 265 ; *Rev. sc. crim.* 1988. 302, obs. Levasseur.
3. Crim. 3 juin 1992, *Bull. crim.* n° 220. – Rappr. Crim. 26 nov. 1990, *Bull. crim.* n° 402 ; *Rev. sc. crim.* 1991. 347, obs. Levasseur.
4. Comme c'était le cas avant la loi du 12 décembre 2005 (Crim. 2 juill. 1984, *Bull. crim.* n° 251).

nuité par le dessein ou l'objectif commun qu'ils partagent. Alors, il est possible, et même souhaitable, de faire jouer cette communauté d'intérêt entre eux, afin de récupérer sur le plan de la répression ce que la pluralité des infractions ne permet pas toujours. La réduction à l'unité est ici fort opportune, pour favoriser une réaction à la mesure, moins de l'apparence des infractions commises, que de la réalité de l'entente ou de l'organisation qui préside à leur commission.

Un exemple de qualité peut être emprunté à un arrêt de la Cour d'appel de Nancy, qui, de manière fort pertinente et fort motivée, a considéré que : « les recels successifs d'un même objet constituent des délits collectifs, comme étant composés de faits de même nature, réitérés par des individus différents en exécution de la même résolution criminelle pour atteindre le même but, ce qui doit les faire considérer comme les éléments d'une seule infraction dont le caractère continu fait apparaître chacun des receleurs successifs, non pas comme auteur d'un délit distinct, mais comme coauteur d'un même délit. En conséquence, c'est seulement lorsque le dernier receleur s'est dessaisi de l'objet au profit d'un tiers de bonne foi, ou en le restituant à son propriétaire, ou même en le détruisant, que cesse l'infraction à l'égard de tous » [1].

On ne saurait être plus méthodique et convaincant dans la manière de traiter de la pluralité pour en restituer la réalité unitaire. Tout est parfaitement analysé et justement qualifié, aux fins d'une rentabilité répressive qui situe, on ne peut mieux, l'intérêt de la réduction opérée, et donc de l'artifice de continuité qui en résulte. Il est un lien entre chacun des receleurs, les délits qu'ils ont commis, outre la succession qui les caractérise, étant qualifiés de « collectifs », ce qui rejoint leur réalisation à titre distinct par des auteurs différents, mais dont l'action est animée des mêmes intentions. S'appuyant sur cette finalité partagée, la cour en déduit que la pluralité des recels peut être ramenée à une seule et unique infraction continue, à un seul et unique recel, avec pour conséquence logique de faire de chacun des receleurs successifs, non pas l'auteur d'une infraction séparée, mais le coauteur d'une infraction partagée entre tous. L'effet est immédiat quant à la prescription, qui ne saurait être

1. Nancy, 24 mai 1950, *Gaz. Pal.* 1950. 2. 236.

acquise individuellement en fonction de l'acte singulier de détention de chacun des intervenants, mais qui court *erga omnes* du jour où le dernier coauteur n'a plus la détention de l'objet recelé. Et ceci est important sur le plan pratique, dans la mesure où chaque receleur ne peut plus invoquer à titre personnel le profit d'une prescription liée à son acte. Tributaire d'une seule et unique infraction, il est soumis à la durée globale de la détention, et c'est seulement lorsque celle-ci a cessé que le délai de l'impunité peut courir à l'égard de tous. Successifs et collectifs, c'est-à-dire caractérisés par une pluralité affectée d'un coefficient d'entente ou de complémentarité entre les intervenants, les recels sont finalement l'expression d'une entreprise indivisible, ce qui justifie qu'ils soient juridiquement traités sur un principe unitaire.

On vérifie ainsi que, lorsqu'elle se prolonge, la durée est un élément important de la configuration des infractions. D'abord, en alimentant la matérialité des infractions continues, mais aussi, en s'imposant comme un critère de répression à l'usage d'infractions marquées par une pluralité très resserrée. Certes, ce n'est pas sans artifice que les solutions sont retenues en ce sens, mais l'essentiel est de le savoir.

Section II
La variable : le résultat

189 Le comportement est indispensable à l'infraction, qui ne peut se concevoir sans une action ou une omission suffisamment extériorisée, sur le modèle de modalités ou d'une durée qui sont déterminantes du régime de répression applicable. Mais cette présentation des crimes, délits et contraventions ne suffit pas à rendre compte de leur version consommée. Il faut encore faire état du résultat, c'est-à-dire de l'impact dommageable de la conduite incriminée. Contrairement au comportement, qui est un élément obligé de la matérialité des infractions, le résultat, quant à lui, n'est pas systématiquement associé à leur consommation, ce qui en fait une donnée variable. C'est au constat de cette variabilité qu'il faut nous attacher (I), avant d'en apprécier les enjeux (II).

I | LE CONSTAT DE LA VARIABILITÉ

190 RÉSULTAT REDOUTÉ. — Le législateur s'engage sur la voie de la répression lorsqu'il redoute un dommage qu'il entend éviter, facteur de dérangement ou de trouble pour l'ordre public, et sa réaction consiste à se protéger contre les possibilités d'un tel résultat (*chapitre 1*). Ainsi de la mort d'autrui, de l'atteinte à l'intégrité corporelle des personnes, des appauvrissements d'ordre patrimonial..., qui sont autant de désordres à prévenir pour leurs conséquences négatives sur le plan social, et qui déterminent le législateur à ériger en infractions les inconduites pouvant y aboutir : meurtre, empoisonnement, risques causés à autrui, violences volontaires ou involontaires, vol, escroquerie, abus de confiance... Le résultat s'apparente ainsi au dommage envisagé dans sa dimension socialement redoutable, avec pour impératif d'avoir à le prévenir, et d'avoir à organiser une réaction à ce qui peut contribuer à le réaliser.

À toute infraction, correspond donc un *résultat redouté*, indissociable du processus de l'incrimination. Mais cela ne signifie pas qu'il est l'élément constitutif de tous les crimes, délits et contraventions. Même expressément visé dans le texte d'incrimination, il peut ne pas participer de leur matérialité constitutive. Il est objet, soit de référence (A), soit d'indifférence (B), cette dualité de situations rendant compte de deux catégories distinctes d'infractions, l'infraction matérielle dans le premier cas, l'infraction formelle ou obstacle dans le second.

A – La référence au résultat

191 INFRACTION MATÉRIELLE. — La première figure renvoie à l'infraction dite « matérielle », dont la caractéristique est de comprendre le résultat redouté parmi ses éléments constitutifs, de sorte que le crime ou le délit, voire la contravention, n'est juridiquement consommé que par l'atteinte effective et prouvée qui lui corres-

pond. Ainsi de la mort dans le meurtre (c. pén., art. 221-1) et l'homicide involontaire (c. pén., art. 221-6), des atteintes à l'intégrité physique ou psychique pour les violences intentionnelles (c. pén., art. 222-7 et s., R. 624-1, R. 625-1) ou non intentionnelles (c. pén., art. 222-19 et s., R. 622-1, R. 625-2 et s.). Elles sont ce résultat que le législateur redoute, résultat attaché aux différents comportements érigés en infractions, et tant que la mort ou les blessures ne sont pas acquises, l'homicide et les violences ne peuvent être considérés comme matérialisés, seule une tentative pouvant éventuellement être retenue, à supposer qu'elle soit punissable, et sous réserve des conditions qui lui sont propres. Ainsi encore du vol (c. pén., art. 311-1), de l'escroquerie (c. pén., art. 313-1), de l'abus de confiance (c. pén., art. 314-1), dont les éléments de définition intègrent également le résultat redouté, pour rejoindre des atteintes effectives au patrimoine d'autrui, en termes de soustraction, de remise ou de détournement. Empruntés aux qualifications les plus traditionnelles, ces quelques exemples suffisent à convaincre de l'originalité de l'infraction matérielle. Son appellation fait ressortir le « plein de matérialité » qui lui correspond, la consommation d'une infraction ne pouvant être, en effet, plus complète, en étant de la sorte tributaire du dommage retenu par le législateur comme donnée première de l'incrimination.

B – L'indifférence au résultat

192 INFRACTION FORMELLE. — L'indifférence au résultat est d'abord le propre de l'infraction dite « formelle ». C'est indépendamment de sa réalisation qu'elle se commet, ce qui en fait une infraction de structure très différente de l'infraction matérielle. Alors que celle-ci est une *infraction de résultat*, pour être dépendante de la réalisation effective du dommage qu'il incarne, l'infraction formelle, au contraire, n'est qu'une *infraction de comportement*, consommée par la seule action ou omission incriminée, peu importe que le résultat correspondant ait été ou non suivi d'effet.

Les exemples ne manquent pas, qui affectent des matières très sensibles. L'empoisonnement est matériellement défini comme le fait d'administrer des substances de nature à entraîner la mort (c. pén., art. 221-5), ce qui fait de ce crime une infraction consommée indépendamment de l'atteinte à la vie, pourtant recherchée ou acceptée par son auteur. Le nouveau délit de mise en danger est matérialisé par le fait d'exposer directement autrui à un risque de mort ou de blessures graves (c. pén., art. 223-1), ce risque suffisant à la consommation de l'infraction, qui n'est donc pas tributaire d'une mort ou de blessures effectives. Une pratique commerciale trompeuse est sanctionnée pour ce qu'elle représente d'allégations, d'indications ou de présentations fausses ou de nature à induire en erreur (c. consomm., art. L. 121-1), le caractère trompeur du message publicitaire matérialisant à lui seul le délit, sans qu'il soit besoin de faire la preuve que des consommateurs ont été personnellement trompés. Le non-respect des règles de santé et de sécurité dans le monde du travail est érigé en soi en infraction (c. trav., art. L. 4741-1), indépendamment des accidents corporels pouvant en résulter. Tous ces exemples témoignent de crimes ou de délits indifférents à la réalisation du résultat redouté, pour être consommés sans le support de ce résultat, ce qui en fait des éléments de répression fort originaux. Une répression fixée, non sur le résultat ayant motivé l'incrimination, mais sur ce qui est à même d'en favoriser la réalisation, à savoir des actions ou des omissions retenues pour ce qu'elles incarnent de potentialité de dommage, et non de dommage effectif.

193 INFRACTION-OBSTACLE. — L'infraction-obstacle partage avec l'infraction formelle la caractéristique de ne pas compter dans ses éléments constitutifs le résultat redouté. Elle est autant indifférente à sa réalisation que l'est l'infraction formelle elle-même. Mais elle s'en distingue par la distance plus prononcée qui la sépare de ce résultat. À l'infraction formelle correspond un résultat redouté précis et qualifié, de sorte que, s'il ne participe pas de sa consommation, il tient lieu malgré tout de référence à la potentialité de réalisation qui lui est attribuée. C'est ainsi que, dans l'empoisonnement, les substances administrées doivent être « de nature à entraîner la mort » (c. pén., art. 221-5), ce qui oriente le crime vers un résultat parfaitement déterminé, même s'il n'est pas constitutif. De même, le délit de risques causés à autrui se définit relativement à un « risque immédiat de mort ou de blessures de nature à entraîner une mutilation ou une infirmité permanente » (c. pén., art. 223-1), ce qui est une manière de cibler le résultat en cause, pour renvoyer à des dommages sélectionnés parmi les plus graves, avec pour conséquence d'éliminer tous ceux autrement qualifiés, telles les incapacités de travail. C'est également le cas pour les pratiques commerciales trompeuses (c. consomm., art. L. 121-1), qui consistent à sanctionner le fait d'induire en erreur le consommateur sur des éléments précis des biens ou services objet de la publicité (existence, disponibilité, nature, qualités substantielles, composition, accessoires, origine...), et ce qui oriente, là encore, vers la potentialité d'un dommage déterminé par rapport aux enjeux du commerce et de la distribution. Dans toutes ces hypothèses, le résultat redouté, moteur de l'incrimination, reste visible et accessible, pour être clairement défini, et dépendre d'une qualification porteuse.

Cette qualification fait défaut dans l'infraction-obstacle, et la conséquence est d'accuser une différence sensible par rapport à l'infraction formelle. L'infraction-obstacle, en effet, se caractérise par son absence de lien avec un résultat redouté précis. Non seulement elle est indifférente à la réalisation d'un tel résultat, mais encore ce dernier n'est pas identifiable de manière stricte. Ainsi de l'association de malfaiteurs, exemple traditionnellement retenu, qui est défini comme « *tout groupement formé ou entente établie en vue de la préparation... d'un ou plusieurs crimes ou d'un ou plusieurs délits punis d'au moins cinq ans d'emprisonnement* » (c. pén., art. 450-1). Il n'y a, dans cette formule, aucun résultat qualifié permettant de relier l'association à des dommages précis. En réalité, tout est ici redouté, de sorte que l'évocation en termes très généraux des retombées de l'infraction ne peut que prévenir ce qui est susceptible de rentrer dans les objectifs illimités des groupements ou ententes concernés, et le meilleur moyen d'y faire « obstacle » est de ne pas viser un résultat dénommé, mais de les envisager tous, en relation avec des crimes et des délits d'importance.

Par comparaison, serait plus proche de l'infraction formelle que de l'infraction-obstacle le délit de détention ou transport de substances incendiaires, tel que la loi n° 2007-297 du 5 mars 2007 relative à la prévention de la délinquance [1] en a intégré le principe : sont visés « *la détention ou le transport de substances ou produits*

1. *JO* 7 mars, p. 4297.

incendiaires ou explosifs ainsi que d'éléments ou substances destinés à entrer dans la composition de produits ou engins incendiaires ou explosifs en vue de la préparation, caractérisée par un ou plusieurs faits matériels, des infractions définies à l'article 322-6 ou d'atteintes aux personnes » (c. pén., art. 322-11-1). Même si l'infraction est définie, non en référence à un ou plusieurs résultats qualifiés, mais en rapport avec une série indéterminée de dommages, ceux-ci restent malgré tout très accessibles, s'agissant d'atteintes aux biens et aux personnes. Il en est pareillement du nouveau délit de bandes violentes, qui vient d'être inséré dans le code pénal par la loi n° 2010-201 du 2 mars 2010 renforçant la lutte contre les violences de groupes et la protection des personnes chargées d'une mission de service public [1] : est incriminé « *le fait pour une personne de participer sciemment à un groupement, même formé de façon temporaire, en vue de la préparation, caractérisée par un ou plusieurs faits matériels, de violences volontaires contre les personnes ou de destructions ou dégradations de biens* », et la formule est suffisamment parlante, pour être synonyme de mort, de blessures, ou de graves préjudices matériels.

II | Les enjeux de la variabilité

194 La distinction des infractions matérielles et des infractions formelles est au centre d'intérêts non négligeables, qui manifestent combien n'est pas innocente la manière dont les infractions se consomment. Leur différence draine un enjeu technique (A), mais qui n'est pas, non plus, sans retombée politique (B).

A – L'enjeu technique

195 Diversification des infractions. — Les infractions matérielles et les infractions formelles ne sont pas seulement dans un rapport de différence. Elles entretiennent entre elles une relation de complémentarité, qui se manifeste dans le fait que les

1. *JO* 3 mars, p. 4305.

secondes sont en général issues des premières, pour vivre ensuite d'une autonomie allant dans le sens de leur distinction. Souvent dérivée d'une infraction matérielle, l'infraction formelle prend appui sur celle-ci, afin d'aboutir à un nouveau délit, marqué, certes, par une différence de structure, mais doublé d'une filiation non négligeable. C'est par une opération juridique de diversification que sont créées la plupart des infractions formelles, au titre d'une technique aujourd'hui bien rodée.

Leur incrimination répond au schéma suivant. Elle repose d'abord sur un constat d'inadaptation des infractions matérielles, inadaptation tenant à la nécessité d'avoir à passer par le résultat redouté pour en caractériser la consommation. Considéré comme trop lourd, ce résultat est rejeté en tant que donnée constitutive. Se profile alors une nouvelle infraction, formelle quant à elle, ou obstacle, directement issue de l'infraction matérielle ayant servi de point de départ à sa création, dont le principe consiste à ne retenir comme élément de consommation que le comportement en relation avec le résultat redouté, et à le délester de ce dernier. L'infraction formelle devient ainsi une *infraction-fille* par rapport à l'*infraction-mère* qu'est l'infraction matérielle dont elle procède, empruntant à celle-ci sa matérialité comportementale, mais non le résultat redouté, dont la réalisation devient de ce fait indifférente. Les infractions formelles contribuent de la sorte à un enrichissement des crimes et des délits, puisqu'elles complètent le fonds des incriminations existantes, sans les faire disparaître pour autant. Il ne s'agit pas de remplacement, mais de complément.

Plusieurs exemples sont à même de l'illustrer. Ainsi de la publicité mensongère, aujourd'hui qualifiée de pratique commerciale trompeuse (c. consom., art. L. 121-1), qui a pour singularité de rejoindre le mensonge constitutif de l'escroquerie, mais non son résultat redouté, l'élément remise n'étant pas indispensable à sa réalisation. Réduit à une simple équation, le délit s'apparente volontiers à une escroquerie délestée de son résultat...

Il en est de même des rapports entre l'homicide involontaire ou les violences involontaires et la violation des normes de santé et de sécurité dans le monde du travail (c. trav., art. L. 4741-1). Là encore, pour des raisons bien comprises de politique répressive, le progrès a consisté à doubler les qualifications de droit commun d'une infraction formelle, dont la particularité est de rejoindre le comportement fautif caractéristique des premières, mais sans les réprimer sur le critère de leur résultat redouté, c'est-à-dire de l'effectivité d'un dommage corporel.

Le constat est identique entre les délits non intentionnels attentatoires à la vie ou à l'intégrité des personnes et le délit de risques causés à autrui (c. pén., art. 223-1). Ce qui existait en droit pénal du travail, est aujourd'hui généralisé dans le code pénal, et, de ce fait, étendu à tout ce qui est facteur d'insécurité ou de danger pour les personnes, quels qu'en soient les domaines. En faisant de la mise en danger une infraction formelle, c'est dans l'indifférence de son résultat redouté qu'elle est comprise, et donc des atteintes effectives à la vie ou à l'intégrité corporelle des victimes potentielles, ce qui la rend exclusivement tributaire des actions ou omissions génératrices d'un tel danger.

Enfin, on ne saurait passer sous silence le crime d'empoisonnement (c. pén., art. 221-5), infraction formelle par excellence, l'empoisonnement n'étant qu'un comportement meurtrier, mais érigé en crime spécifique par son indifférence légale au résultat mortel.

On ne peut mieux se convaincre de la portée préventive des infractions formelles, qui, par la répression plus immédiate qu'elles favorisent, contribuent à un meilleur respect de la loi. La valorisation sociale qui en découle est d'ailleurs là pour le prouver.

196 GAIN DE VALEURS SOCIALES. — La distinction des infractions matérielles et des infractions formelles est porteuse sur un plan qualitatif, en contribuant à une meilleure couverture des valeurs sociales protégées. En effet, la percée d'une infraction formelle se solde en général par la reconnaissance d'une nouvelle valeur sociale, par hypothèse distincte de celle correspondant à l'infraction matérielle ayant servi de support à sa définition. C'est dire combien l'impact politique de la matière est prononcé, puisqu'il affecte directement l'objet de protection du droit pénal, en renvoyant à sa dimension valorisante. C'est par le gain d'une valeur plus abstraite, empruntant son principe à une sensibilité plus collective, que se réalise le passage d'une infraction matérielle à une infraction formelle, valeur liée, moins au résultat redouté, dont la consommation est désormais indifférente, qu'à l'antisocialité inhérente au comportement constitutif du crime ou du délit, avec toutes les conséquences qui en découlent quant à la manière de résoudre les conflits de qualifications légales.

C'est le cas pour les pratiques commerciales trompeuses, anciennement la publicité mensongère, qui, en se distinguant de l'escroquerie, se veulent plus proches de la foi publique que de la propriété. La jurisprudence le confirme, qui admet le cumul des deux qualifications, lorsque le mensonge publicitaire est réalisé dans des circonstances telles, qu'il est, à la fois, constitutif d'escroquerie et de pratique trompeuse [1]. Retenir ce cumul, c'est nécessairement adhérer à la dualité des valeurs qui en rendent compte.

C'est aussi l'hypothèse pour le délit particulier du code du travail relatif au non-respect des règles de santé et de sécurité. Parce que l'infraction est de comportement, et non de résultat, elle renvoie davantage à ce qui est inhérent à ce comportement, c'est-à-dire à la sécurité, qui accède ainsi à la dimension d'une valeur socialement protégée, alors que le résultat correspondant aux délits non intentionnels dont elle est issue est plus concrètement et immédiatement lié aux atteintes corporelles. C'est dire que, lorsque la violation d'une norme de sécurité est également constitutive d'un accident physiquement ressenti par un ou plusieurs salariés, le conflit de qualifications qui en résulte doit trouver sa juste résolution dans le cumul des deux infractions en concours [2].

Le raisonnement est transposable au délit de risques causés à autrui. Délit formel, il a également pour finalité de protéger, plus la sécurité que l'intégrité corporelle. Certes les deux valeurs sont étroitement liées, mais ce lien est juridiquement rompu afin de promouvoir leur autonomie respective, et de rendre chacune tributaire d'une infraction différente. Les conflits de qualifications qui en résultent devraient normalement connaître les mêmes solutions que celles retenues en droit pénal du travail. Mais ce n'est pas le cas. Le législateur, en effet, a préféré régler lui-même le conflit, en faisant

1. Crim. 10 mai 1978, *Bull. crim.* n° 148 ; D. 1978. IR. 348, obs. Roujou de Boubée.
2. Crim. 8 nov. 1977, *Bull. crim.* n° 339 ; 4 mai et 13 juin 1979, *ibid.* n° 160 et 208 ; 23 janv. 1985, *ibid.* n° 38 ; 21 sept. 1999, *ibid.* n° 191 ; D. 2000. *Somm.* 383, obs. Amauger-Lattes ; *Rev. sc. crim.* 2000. 200, obs. Mayaud, 386, obs. Bouloc, et 406, obs. Cerf ; 13 sept. 2005, *Bull. crim.* n° 224 ; *AJ Pénal* 2005, p. 371, obs. Delprat ; *Rev. sc. crim.* 2006. 334, obs. Cerf-Hollender.

de la mise en danger une circonstance aggravante de l'homicide involontaire ou des violences involontaires (c. pén., art. 221-6, al. 2, 222-19, al. 2, 222-20, R. 625-3). Il en résulte que les deux infractions, formelle d'une part, et matérielle d'autre part, ne se prêtent pas à un cumul [1]. Mais il faut bien comprendre que c'est là l'effet d'une disposition particulière, qui ne saurait être interprétée comme la négation d'un gain de valeur sociale, de la version matérielle à la version formelle des infractions en cause.

En revanche, le crime d'empoisonnement ne répond pas à cette logique. La valeur protégée reste la même que celle du meurtre, et il n'est pas, sous couvert de sa nature formelle, d'autre bien collectif décelable. Sa spécificité est moins liée à un nouvel enjeu politique par rapport à l'homicide, qu'à une facilité probatoire pour en permettre la répression, par la dispense de toute référence, à la fois matérielle et psychologique, au résultat.

On le voit donc, par la diversification des incriminations qu'elles opèrent, les infractions formelles ne sont pas neutres, pour être, le plus souvent, l'expression d'une répression autrement comprise et aménagée. Mais elles portent aussi le risque de débordements dangereux pour les libertés, ce qui rejoint l'aspect plus politique de leur existence.

B – L'enjeu politique

197 ÉCUEIL DE L'ÉQUIVOQUE. — L'enjeu politique est lié au risque d'une matérialité trop équivoque plus celle-ci s'éloigne du résultat redouté.

Les infractions matérielles recoupent un modèle de répression très sûr. Il n'est pas de meilleur point d'ancrage dans la réalité de la criminalité ou de la délinquance, que celui résultant de la consommation du dommage redouté par le législateur. Mais tel n'est pas le cas pour les infractions formelles ou obstacle, qui, par leur caractère préventif très prononcé, poussent le droit pénal dans ses derniers retranchements, prenant ainsi le risque d'ériger en conduite

1. Crim. 11 sept. 2001, *Bull. crim.* n° 176 ; *Dr. pénal* 2002. 4, obs. Véron ; *Gaz. Pal.* 2002. 2. *Somm.* 1596, note Monnet ; *Rev. sc. crim.* 2002. 106, obs. Mayaud.

répréhensible ce qui ne s'affirme pas comme tel ou d'évidence. Si l'objectif de prévention n'est pas contestable, il peut passer par des modalités confinant au dérapage. Là est le principal écueil des infractions formelles, et plus encore des infractions-obstacles, qui se prêtent à des anticipations pouvant être déplacées ou abusives, avec des conséquences négatives pour les libertés et la présomption d'innocence.

Leur principe est dangereux, celui-ci pouvant s'extraire d'une juste conception du droit, par une distance trop prononcée entre les actions ou omissions qui en relèvent et le résultat redouté à l'origine de leur incrimination. Infractions de comportement, elles méritent, certes, la place qu'elles occupent, en donnant au droit pénal la possibilité d'intervenir avant que ne soit réalisé le résultat redouté, voire indépendamment de ses chances de réalisation. Mais ce n'est pas sans générer quelques risques qu'elles se manifestent ainsi, liés au fait qu'elles peuvent être purement spéculatives par rapport au dommage dont la prévention est en cause, auquel cas elles représentent une réelle menace pour les libertés, et font perdre au droit pénal son crédit et sa légitimité. Aussi, est-ce avec raison que le Conseil constitutionnel exerce un contrôle de proportionnalité, afin de dénoncer les excès de répression, et de veiller à ce que les infractions non matérielles ne se transforment pas en instruments de servitude, coupés de toute objectivité, et versant dans les procès d'intention [1].

Pour aller plus loin

198 INCRIMINATION ET INFRACTION – RETOMBÉE DE LA DISTINCTION SUR LA MATÉRIALITÉ. — Les deux notions ne sont pas à confondre, s'identifiant chacune à des réalités différentes. Le droit pénal se construit par l'incrimination, alors que l'infraction en contrarie les interdits.

1°) Il en résulte que *l'incrimination précède l'infraction*, aucune action ou omission ne pouvant être pénalement sanctionnée sans le support d'une réprobation légale en ce sens. C'est à l'incrimination de remplir ce rôle, afin de donner aux infractions le fondement textuel indispensable à la responsabilité de leurs auteurs (*chapitre 1*).

1. Cons. constit., 16 juill. 1996 (décision n° 96-377 DC) : *D.* 1997. 69, note Mercuzot ; *JCP* 1996. II. 22709, note Nguyen Van Tuong.

2°) Mais *ce qui participe de l'incrimination n'est pas toujours constitutif de l'infraction.* Le « résultat redouté » en témoigne. Il est la référence première, pour être à l'origine de l'incrimination et en inspirer le processus (*chapitre 1*), mais sans pour autant être systématiquement intégré dans la matérialité constitutive de l'infraction, avec pour conséquence une différence de structure entre les infractions matérielles et des infractions formelles.

I | LA STRUCTURE MATÉRIELLE DES INFRACTIONS

199 MATÉRIALITÉ ET CONDITIONS PRÉALABLES. — Il faut se garder d'appréhender les conditions préalables comme des données matérielles. Parce qu'elles n'intègrent pas la matérialité, mais permettent seulement de la révéler, elles ne sont pas « constitutives », avec pour conséquence de conserver aux infractions composites, particulièrement l'infraction complexe, une dimension bien ciblée.

Mais cela ne veut pas dire, non plus, que les conditions préalables soient toujours des données neutres, marquées du sceau de la régularité. Même si elles ne participent pas de la matérialité de l'infraction, elles peuvent éventuellement se caractériser par une certaine illicéité. Ainsi, dans le recel, de la condition que la chose recelée provienne d'un crime ou d'un délit (c. pén., art. 321-1). Par cette attache délictueuse, ladite condition porte les signes de l'irrégularité. Mais elle ne perd rien de son statut, pour rester préalable à la matérialité, sans aller jusqu'à la consubstantialité. Ce qui rend le recel répréhensible, c'est la détention de la chose recelée. Quant à l'origine délictueuse de cette chose, elle ne participe pas d'une telle détention. Même marquée du sceau de l'irrégularité, elle est étrangère à ce constitue l'infraction. Là est toute la subtilité permettant de séparer données préalables et éléments constitutifs : seraient-elles illicites, les conditions préalables, par hypothèse, n'empruntent rien au comportement incriminé.

200 MATÉRIALITÉ ET « FAITS CONSTITUTIFS ». — Le droit pénal renvoie parfois aux « faits constitutifs » de l'infraction, et la question se pose de savoir si cette référence est synonyme de matérialité.

C'est l'hypothèse pour l'article 113-2 du code pénal, relatif au principe de territorialité, dont le second alinéa est ainsi rédigé : « L'infraction est réputée commise sur le territoire de la République dès lors qu'un de ses *faits constitutifs* a eu lieu sur ce territoire ». En principe, ne devrait être considéré comme « fait constitutif » que ce qui participe de la structure matérielle de l'infraction. Mais la jurisprudence a une approche beaucoup plus large : elle retient tout ce qui contribue à la réalisation du crime ou du délit, même si cela ne renvoie pas à une composante reconnue de sa matérialité. Il en résulte une surenchère aux infractions complexes et d'habitude, et une dénaturation des infractions simples.

a / *Surenchère aux infractions composites* – Afin d'étendre le plus possible la compétence des juridictions françaises, la jurisprudence n'hésite pas à briser la logique constitutive des infractions composites. Par exemple, matérialisent le délit d'escroquerie, d'une part, les manœuvres frauduleuses, d'autre part, la remise, et c'est dans ce qu'elles représentent chacune de composante qualifiée qu'elles sont considérées comme constitutives. Mais ce n'est pas cette version exclusive que consacre la jurisprudence, qui fonde la compétence des juridictions françaises, non seulement sur ces composantes, mais encore sur ce qui participe partiellement de leur réalisation. Par exemple, de simples allégations mensongères ne caractérisent pas les manœuvres frauduleuses de l'escroquerie (Crim. 20 juill. 1960, *Bull. crim.* n° 382 ; D. 1961. 191, note Chavanne ; JCP 1961. II. 11973, note Guyon ; *Gaz. Pal.* 1960. 2. 252 ; S. 1961. 175 ; 6 nov. 1991, *Bull. crim.* n° 399), mais elles peuvent y contribuer : il s'ensuit que le délit est réputé commis en France, si, entrant dans le cadre des manœuvres retenues, elles ont été perpétrées sur le territoire national (Crim. 19 avr. 1983, *Bull. crim.* n° 108. – Il en est de même lorsqu'est accompli en France l'un des éléments d'une mise en scène. – Paris, 8 janv. 1993, *Gaz. Pal.* 1994. 1. 327, note J.-P. M.). Alors, le « fait constitutif » générateur de compétence n'est plus emprunté à la pluralité structurale de la complexité, mais à n'importe quel sous-ensemble facteur de réalisation de ses composantes.

b / *Dénaturation des infractions simples* - Alors que leur matérialité les rend en principe incompatibles avec le moindre démembrement, les infractions simples subissent elles aussi les assauts de la territorialité partielle, au prix d'une dénaturation très sensible.

1°) D'abord, la jurisprudence y a trop systématiquement recours, même lorsque l'application pure et simple du principe suffirait à rendre compte de la compétence des juridictions françaises. Ainsi a-t-il été jugé, sur le fondement de l'article 113-2, alinéa 2, du code pénal, que le fait de diffuser sur internet, depuis un site étranger, des propos révisionnistes, constitue un délit relevant de la compétence des tribunaux français (TGI Paris, 13 nov. 1998, *Gaz. Pal.* 2000. 1. *Doctr.* 697, obs. Manseur-Rivet). Mais il est artificiel de se fonder ici sur l'extension de la territorialité. Le délit se définissant matériellement comme un acte de contestation par tout moyen de publication (L. 29 juill. 1881 sur la liberté de la presse, art. 23 et 24 *bis*), il est par hypothèse entièrement commis sur le territoire français, du fait même de la communication des propos en France dans les termes de la loi. Certes, la solution revient au même pour les juridictions déclarées compétentes, mais le raisonnement n'est pas exact, ce qui fait de l'application du droit un enjeu, plus de hasard, que de méthode et de rigueur.

2°) Ensuite, toujours aux fins de favoriser la compétence des juridictions françaises, la jurisprudence considère comme « fait constitutif », au sens de l'article 113-2 du code pénal, tout ce qui peut être associé, de près ou de loin, à la matérialité de ces infractions, sans en être pourtant la manifestation juridique.

Ainsi est réputé commis sur le territoire de la République l'abus de confiance réalisé par un mandataire, lorsqu'il a été constaté que la remise des objets en vertu du contrat de mandat a été faite en France (Crim. 12 févr. 1979, *Bull. crim.* n° 60 ; D. 1979. IR. 177, obs. Roujou de Boubée ; *Rev. sc. crim.* 1979. 575, obs. Bouzat. – En revanche, ne peut être pris en considération le lieu de la conclusion du contrat : Crim. 22 avr. 1966, *Bull. crim.* n° 121 ; *Rev. sc. crim.* 1967. 171, obs. Legal ; 30 mai 1972, *Bull. crim.* n° 180). La solution ne respecte pas la matérialité de l'infraction, celle-ci se consommant par le détournement, et non par ce qui en est la condition préalable, à savoir la remise du bien détourné en exécution d'un contrat. Considérer cette condition comme un fait constitutif, c'est se détourner de la réalité juridique, et, à la limite, faire de toutes les infractions simples des infractions complexes...

Ce détour par le droit pénal international montre à quel point la fin justifie souvent les moyens en notre matière. On peut le comprendre, tant les besoins pratiques méritent de l'emporter sur les considérations théoriques. Mais il faut laisser à la théorie ce qui lui revient, et il serait nettement préférable, afin d'éviter le hiatus entre les solutions consacrées en jurisprudence et la formule de la loi, de ne plus renvoyer, dans l'alinéa 2 de l'article 113-2 du code pénal, à ce qui est « constitutif » à propos des faits partiels servant de critère à la compétence française, cette référence étant trop juridique pour être assimilée à des applications qui le sont aussi peu.

II | Le comportement

201 Action ou commission ?. — L'assimilation de l'action et de la commission est à éviter. L'action est une modalité matérielle propre à certaines infractions, et elle doit être réservée à ce qui l'oppose à l'omission. La commission, en revanche, est plus largement synonyme de réalisation ou de consommation de l'infraction, ce qui peut être indifféremment le fait d'une action ou d'une omission.

C'est en ce sens que le code pénal retient la notion de commission, comme en témoignent ses dispositions relatives à l'application de la loi pénale dans le temps (art. 112-1 et s.) ou dans l'espace (art. 113-2 et s.), à la responsabilité pénale des personnes morales (art. 121-2), à la répartition des crimes et des délits entre l'intention et la non-intention (art. 121-3), ou encore à la définition de l'auteur ou du complice de l'infraction (art. 121-4 et 121-7). Dans toutes ces hypothèses, la référence à la commission dépasse la simple action, et couvre toutes les modalités, positives ou négatives, de réalisation des infractions. C'est pourquoi, il importe de bien situer la portée exacte de l'assimilation traditionnellement faite entre action et commission, voire de la remettre en cause à des fins de clarification terminologique. Les équivoques sont trop nombreuses en droit pénal, fondées sur un vocabulaire insuffisamment maîtrisé, et le raisonnement juridique ne peut que gagner à plus de rigueur dans l'usage des concepts.

202 AFFAIRE DITE « DE LA SÉQUESTRÉE DE POITIERS ». — Cette affaire, portée au rang de la nouvelle littéraire (André Gide, *La séquestrée de Poitiers*, Paris, Gallimard, 1930), a été déterminante pour la réflexion juridique. On réalisa combien le droit pénal méritait de profondes retouches, afin de prendre en compte la criminalité et la délinquance d'omission, et d'en sanctionner les manifestations les plus choquantes. C'est ce qui fut fait, d'importantes réformes ayant eu pour objet d'élever en interdits ce que le droit positif ne contenait pas encore.

Un véritable travail de rattrapage a été réalisé par le législateur, qui, conscient de la nécessité d'intégrer l'omission comme modalité constitutive des infractions, a veillé à en retenir le principe au titre de dispositions adaptées.

- — Le code pénal porte la marque de cet enrichissement, manifesté au fil des années, avec, pour premières manifestations, la privation volontaire de soins ou d'aliments envers les enfants (L. du 19 avr. 1898), la non-représentation d'enfants (L. du 5 déc. 1901 et 23 mars 1928, ord. n° 45-1417 du 28 juin 1945), et l'abandon de famille (L. 7 févr. 1924 et 23 juill. 1942, ord. n° 58-1298 du 23 déc. 1958). Puis ce fut le contexte difficile de l'occupation, qui inspira trois autres figures, mises en place par le Gouvernement de Vichy (L. 25 oct. 1941), ensuite reprises et amendées par le Gouvernement provisoire de la République (Ord. n° 45-1391 du 25 juin 1945) : la non-dénonciation d'un crime tenté ou consommé, l'omission volontaire d'empêcher un crime ou un délit, et l'omission de porter secours à une personne en péril (c. pén., anciens art. 62 et 63). Manifestement marquées d'une « odieuse empreinte » (Garçon, *op. cit.*, art. 63, n° 21), pour avoir leur origine dans les exigences de l'ennemi, ces trois hypothèses ont été le symbole d'une période dramatique. Mais, une fois libérées de ce contexte, elles se sont naturellement imposées comme devant être sanctionnées, tout comme l'omission volontaire de témoigner en faveur d'un innocent, autre qualification venue les rejoindre.
- — Le code pénal n'est pas le seul à contenir ce que l'omission dévoile de répréhensible. Nombreux sont aujourd'hui les textes qui, afin de sanctionner des impératifs d'action, érigent en infractions toutes les résistances qui reviennent à les contrarier par des omissions répréhensibles. On rejoint d'ailleurs là un aspect contemporain très prononcé.

203 APPROCHE CONTEMPORAINE DE L'OMISSION. — L'omission, au même titre que l'action (ou la commission), est aujourd'hui une réalité criminologique non négligeable. Elle témoigne de l'évolution des besoins et des comportements.

— Des *besoins* d'abord, générés par une société de plus en plus complexe, où la rapidité et la diversité gagnent sur la stabilité d'antan, de sorte que l'omission mérite d'être sanctionnée pour obliger au respect de règles essentielles, dont la fonction est de réguler tout ce qui participe d'un tel dynamisme. Et cette régulation, surtout sensible dans les domaines économique et social, ne saurait être sans un minimum d'action imposée, ce qui passe par la sanction des défaillances correspondantes.
— Des *comportements* ensuite, qui versent de plus en plus dans l'individualisme. Les droits sont aujourd'hui centrés sur la personne, mais ce n'est pas sans quelque effet négatif, pour développer le repli sur soi et une certaine indifférence à autrui. Aussi, est-il impérieux de réagir, afin de tenir l'omission comme une modalité tout autant répréhensible que l'action (D. Rebut, *L'omission en droit pénal – Pour une théorie de l'équivalence entre l'action et l'inaction*, Thèse, Lyon III, 1993). Cela ne veut pas dire qu'elle doit être à parité avec celle-ci. Il ne s'agit pas d'une concurrence statistique. Il est seulement question de s'imprégner de la criminalité propre à l'abstention, afin d'en répercuter les méfaits sur la politique pénale, et de ménager une utile réaction à ce qu'elle représente d'atteinte aux valeurs sociales. Alors, l'action et l'omission ne peuvent que se compléter, en contribuant à couvrir de leur portée respective tout ce que les comportements contiennent de résistance inadmissible à ces valeurs, et en assurant de la sorte, par l'opportunité de leur conjugaison, une meilleure définition des infractions.

204 ABSTENTIONS POSITIVES. — Il n'est pas inutile de faire état d'une hypothèse un peu particulière, liée au fait que, tout en étant d'action, certaines infractions se manifestent sous les traits d'une omission ou d'une abstention. Mais il s'agit de pures apparences, ces manquements négatifs ayant une portée active, ce qui permet de les retenir comme remplissant la matérialité positive des crimes ou des délits en cause.

On peut retenir l'exemple de l'article 222-37 du code pénal, qui sanctionne divers trafics, parmi lesquels, prévu au deuxième alinéa, « le fait de faciliter, par quelque moyen que ce soit, l'usage illicite de stupéfiants ». Malgré cette indifférence aux moyens, l'infraction est considérée comme de commission, ce que la jurisprudence déduit de la nature positive de la « facilitation » incriminée (Crim. 27 févr. 1997, *Bull. crim.* n° 81 ; 13 déc. 2000, *ibid.* n° 379 ; *Rev. sc. crim.* 2001, p. 376, obs. Mayaud). C'est donc par action que le délit se commet, et non par omission. Mais ce principe étant acquis, reste la manière d'apprécier la positivité indispensable à l'infraction. Et c'est là que la solution devient originale, pour emprunter éventuellement son contenu à des *abstentions.* La « facilitation » est non seulement le fait d'actions tranchées, mais encore le résultat d'abstentions pouvant être ressenties comme des encouragements ou des approbations, tel le fait, pour le tenancier d'un établissement ouvert au public, de consentir que celui-ci serve de lieu de rendez-vous à des toxicomanes pour y acheter, vendre ou consommer de la drogue (Crim. 27 févr. 1997, préc.), ou encore de ne pas prendre les dispositions suffisantes qui permettraient d'éviter ces échanges (Crim. 13 déc. 2000, préc.). Une attitude passive, qui normalement ne constitue qu'une simple abstention, peut donc, dans des circonstances particulières, ou dans un contexte porteur, voire de la part de certaines personnes, revêtir les caractères d'une matérialité positive. Il en est de même de la complicité par aide ou assistance, qui est soumise à un principe de positivité, mais d'une positivité qui trouve souvent à se cacher derrière l'apparence d'omissions trompeuses (*chapitre 10*). La différence entre l'action et l'omission s'en trouve alors quelque peu perturbée, mais en apparence seulement, pour ne rien trahir de son principe, tant ce qui se commet ou s'omet peut se manifester sous de multiples formes et être l'objet de subtiles nuances.

205 INFRACTION SIMPLE. — La terminologie n'est pas toujours le reflet précis de l'infraction simple. Par exemple, on parle de « violences » au pluriel (c. pén., art. 222-7 et s.), ce qui pourrait laisser entendre que les crimes, délits, et contraventions qui en relèvent ne rentrent pas dans cette catégorie. Mais le *pluriel* et la *pluralité* sont d'un genre différent, grammatical pour l'un, juridique pour l'autre, et ce que les expressions doivent au premier ne correspond pas toujours à la nature du comportement visé. Il n'est besoin que d'un acte pour commettre... des violences, ce qui en fait des infractions simples, à moins que la loi n'en dispose autrement (ainsi des violences habituelles sur un mineur de quinze ans, une personne vulnérable ou au sein des couples : c. pén., art. 222-14 mod. L., n° 2010-769, art. 25-I).

Inversement, l'unicité de principe n'interdit par la pluralité dans les faits. Seule la définition de l'infraction est en cause, non point sa manifestation. Dire que le comportement passe par un acte unique, c'est seulement souligner que le délit se commet sur la base de cet acte, mais ce qui n'interdit pas que plusieurs aient pu être réalisés. Leur existence est tout simplement négligée en droit, pour dépasser les limites de la conception qu'il en a, et donc se situer en dehors de ses prévisions. L'infraction est consommée sur les faits qui rejoignent l'acte isolé suffisant à sa matérialité, et tout ce qui l'entoure ou s'y ajoute n'a aucune incidence, sauf à en tenir compte pour le choix de la peine. Les « violences » peuvent encore servir d'exemple. Si un acte suffit à révéler leur matérialité, elles sont le plus souvent caractérisées par une pluralité de coups ou de blessures, ce qui les rend beaucoup plus agressives. Cet écart entre le droit et les faits n'est pas sans raison. En fixant la matérialité de l'infraction sur l'unité, et non sur la pluralité, le législateur fonde la répression, moins sur l'intensité du comportement que sur sa portée symbolique, renforçant d'autant la protection des valeurs sociales. Parce que les violences sont l'expression d'une hostilité ou d'une indifférence qui mérite en soi d'être prévenue et sanctionnée, il est politiquement utile de les appréhender dès les premiers signes, sans attendre d'autres démonstrations de leur existence. D'ailleurs, le droit sait recourir à la pluralité, à des fins répressives particulières, comme en témoignent les infractions complexes et les infractions d'habitude.

206 INFRACTION COMPLEXE. — On s'interroge parfois sur la place de l'infraction complexe en droit pénal spécial. Et il faut reconnaître que, le délit d'escroquerie mis à part, voire les délits d'extorsion (c. pén., art. 312-1) ou de chantage (c. pén., art. 312-10), on éprouve quelque difficulté à l'illustrer, ce qui pourrait faire douter de la pertinence d'élever au rang de la théorie générale une figure aussi peu représentée. Mais, outre le fait que, par sa structure même, l'infraction complexe est un atout considérable pour prétendre à une bonne maîtrise de la matérialité des crimes et des délits, ce serait une erreur de la considérer comme relevant d'un genre isolé et fermé.

Nous voulons pour preuve, avec toute la mesure nécessaire à ce qui relève d'une jurisprudence relativement récente, le délit de risques causés à autrui (c. pén., art. 223-1). La Cour de cassation semble s'orienter vers une conception « complexe » de l'infraction. Elle a jugé que pour en caractériser la matérialité, il ne suffisait pas d'établir la violation de la norme de sécurité ou de prudence imposée par la loi ou le règlement, mais encore fallait-il la preuve d'un « comportement particulier », « s'ajoutant » à cette violation (Crim. 19 avr. 2000, *Bull. crim.* n° 161 ; D. 2000. 631, note Mayaud ; *Dr. pénal* 2000. 98, obs. Véron ; 3 avr. 2001, *Bull. crim.* n° 90 ; *Dr. pénal* 2001. 100, obs. Véron ; *Rev. sc. crim.* 2001. 575, obs. Mayaud ; JCP 2002. II. 10056, note Gauvin. – Toulouse, 27 sept. 2001, JCP 2002. IV. 1466). C'est dire que le délit présente apparemment les traits d'une infraction complexe, pour être tributaire d'une dualité d'actes dont la nature diffère. Le premier correspondant au non-respect de l'obligation érigée en impératif de prudence, et le second qui vient en compléter le principe par référence à un comportement distinct de la violation de la norme de sécurité. C'est la rencontre de ces deux composantes, de nature autonome, mais constitutive de matérialité par leur conjugaison, qui réalise l'infraction. Celle-ci ne serait donc pas une infraction simple, comme le laisserait volontiers supposer la formule d'incrimination, mais bien une infraction complexe, soumise à un principe de pluralité pour en assurer l'existence.

207 INFRACTION D'HABITUDE. — Les infractions d'habitude ne dépendent pas d'une technique imposée, mais de la pure politique criminelle, ce qui explique que la matière soit protéiforme et changeante. Protéiforme, pour se présenter assez souvent sous les traits de la diversité, certaines familles d'infractions ne relevant pas toujours de la même conception, ce qu'il est possible de vérifier en matière de proxénétisme (c. pén., art. 225-5 et 225-6). Changeante, lorsque le législateur passe d'une catégorie d'infraction à une autre. Ce mouvement est d'ailleurs fort intéressant, pour traduire la manière dont la criminalité ou la délinquance est politiquement comprise, selon que le changement opéré est à l'avantage de l'infraction simple ou de l'infraction d'habitude.

1°) On retiendra d'abord l'exemple du délit d'usure, qui fut une infraction d'habitude jusqu'à un décret-loi du 8 août 1935, et qui est devenue une infraction simple, aujourd'hui définie à l'article L. 313-5 du code de la consommation. Ce changement n'est pas anodin. Il est le signe d'une exigence particulière, pour avoir de l'infraction une conception plus proche de l'acte d'usure que de l'activité d'usurier.

Il en est de même du travail clandestin, devenu, depuis une loi du 11 mars 1997, le travail dissimulé (L. n° 97-210 relative au renforcement de la lutte contre le travail illégal ; *JO* 12 mars, p. 3824). Dans un premier temps, le travail clandestin ne fut incriminé que sous condition d'habitude, l'article L. 324-10 du code du travail ayant exclu de ses dispositions le recours à des activités occasionnelles. Mais, à la faveur d'une modification opérée par une loi du 27 janvier 1987 (L. n° 87-39 portant diverses mesures d'ordre social ; *JO* 28 janv., p. 991), il n'a plus été défini par référence à des services répétés, et le délit est devenu une infraction simple (c. trav., art. L. 8224-1). Ce changement n'est pas négligeable, en renvoyant désormais, y compris sous le régime actuel, à une matérialité fort allégée, puisqu'un acte occasionnel suffit à la réaliser, et non plus une pluralité d'actes constitutive d'habitude. C'est dire que cet acte est devenu le symbole d'une résistance inadmissible à la loi. Compte tenu de ses enjeux, la clandestinité méritait d'être sanctionnée, moins pour l'activité sous-jacente qu'elle rejoint le plus souvent, que pour ce qu'elle traduit en soi d'hostilité aux valeurs engagées au titre de la transparence recherchée, en termes de sécurité, de solidarité et de lutte contre le chômage.

Enfin, un dernier exemple peut être tiré de la loi du 9 septembre 2002 d'orientation et de programmation pour la justice (L. Perben I n° 2002-1138 ; *JO* 10 sept., p. 14934). Elle a modifié l'article 227-21 du code pénal, relatif à la provocation d'un mineur à la commission de crimes ou de délits, par la suppression de la condition d'habitude qui en rendait compte jusqu'ici, cette référence ne participant plus de l'infraction dans sa constitution de base, mais étant seulement prise en compte au titre de son aggravation. Il en résulte un élargissement de la portée du délit, et la modification opérée est une réponse à ce que représente d'inadmissible le recours à un mineur pour commettre une infraction, ne serait-ce que de manière ponctuelle.

2°) À l'inverse, le législateur peut préférer l'habitude là où l'infraction était simple. C'est le cas du mariage religieux sans mariage civil préalable. Il s'agit d'un délit d'habitude depuis la réforme du code pénal, alors que le simple fait était antérieurement érigé en contravention (anciens art. 199 et 200). L'infraction a donc gagné en répression, mais ce qui est compensé par la nécessité d'avoir à prouver une résistance particulière à la loi, seule la répétition étant désormais sanctionnée. On comprend les raisons de ce changement, liées à une évolution sensible des mentalités, et si le civil doit toujours l'emporter sur le religieux, les manifestations contraires ne sont plus d'emblée perçues comme de l'hostilité, sauf à en réserver le principe lorsqu'elle s'affirme d'évidence par des pratiques habituelles.

208 PRESCRIPTION DES INFRACTIONS COMPLEXE ET D'HABITUDE. — Les infractions complexes et d'habitude soulèvent une difficulté particulière. Du fait de la pluralité de leurs composantes matérielles, il peut arriver que celles-ci soient séparées les unes des autres par des intervalles de temps plus longs que le délai de la prescription. Il s'agit alors de déterminer les effets de cette situation sur les infractions en cause, afin de dire si la prescription les concernant doit être ou non considérée comme acquise. En fait, la question a été posée pour les infractions d'habitude (C. Courtin, *Rép. pén.*, V° Prescription pénale, 2008, n° 32), mais rien n'interdit de l'envisager également pour les infractions complexes, étant liée à leur structure commune, faite d'une pluralité d'actes séparés, et donc étant à même de se succéder dans le temps à des intervalles plus ou moins prononcés.

Une jurisprudence fort ancienne répond par la négative, considérant que la prescription ne s'applique pas à chacun des actes participant de la pluralité, mais affecte seulement leur complémentarité, en termes de conjugaison ou de répétition. C'est donc dans l'indifférence de l'effet du temps relatif à ses composantes que se joue la prescription de l'infraction elle-même. Par exemple, à supposer qu'un acte médical ait été exercé sans titre, et que l'auteur de cet acte en renouvelle le principe plus de trois ans après, la pluralité inhérente à cette répétition n'est pas détruite par la prescription apparemment acquise sur le premier acte, et l'infraction peut être prescrite sur le fondement du second, voire de ceux qui pourraient suivre. La solution nous semble correcte, pour correspondre à la structure même des infractions d'habitude, dont la criminalité ne tient pas à un acte, mais à plusieurs, de sorte que c'est sur cette pluralité constitutive qu'il convient de s'appuyer pour juger de la prescription. Mais il est possible qu'elle révèle alors la défaillance d'une autre condition mise à l'habitude, liée à la nécessaire proximité des actes destinés à la caractériser. Ce n'est que sous couvert d'une certaine constance dans la répétition que l'habitude se crée, et on peut s'interroger sur la portée plurale d'actes qui seraient séparés par plusieurs années correspondant à une prescription criminelle ou délictuelle... Une telle habitude mériterait d'être dénoncée comme relevant de manifestations trop distendues.

Une comparaison s'impose avec la récidive, dont les termes relèvent d'une totale autonomie, engageant, non une infraction unique (serait-elle matérialisée par une pluralité d'actes), mais deux infractions bien distinctes. Par exemple, les condamnations effacées par une loi d'amnistie ne peuvent être prises en compte pour caractériser l'état de récidive (Crim. 18 sept. 1890 : D.P. 1891. 1. 186 ; 21 avr. 1932 : *Bull. crim.* n° 111 ; S. 1933. 1. 320 ; 22 déc. 1966 : JCP 1967. II. 14968 ; 23 mars 1982 : *Bull crim.* n° 84 ; 20 févr. 1989 : *ibid.* n° 81 ; 5 juin 1996 : *ibid.* n° 232 ; *Rev. sc. crim.* 1997. 373, obs. Bouloc), solution parfaitement transposable à la prescription.

209 REPÈRES DE L'INSTANTANÉITÉ. — L'instantanéité est le fait d'une ponctualité dans le temps. C'est dire que tout ce qui la précède ou la suit n'en participe pas, et que la matérialité ne saurait être confondue avec ce qui est manifestation d'antériorité ou de postériorité par rapport à sa réalisation. La précision est importante. Elle engage un certain nombre de solutions, qui tout en étant proches ou tributaires de l'instantanéité, ne peuvent lui être assimilées.

a) ***Avant l'acte instantané***. – L'instantanéité constitutive de l'infraction n'interdit pas qu'elle soit précédée d'agissements ayant pour destination d'y conduire. En d'autres termes, il est possible que des actes antérieurs se soient manifestés, l'ayant favorisée, mais sans se confondre avec elle. On retrouve alors une situation de pluralité, qu'elle soit de fait ou de droit, l'instantanéité restant compatible avec ce qu'elle contient de données.

1°) *Possibilité d'une pluralité factuelle.* – Il est possible que l'instantanéité constitutive de l'infraction soit le résultat d'actes multiples l'ayant préparée. Mais le fait que plusieurs actes aient été nécessaires pour parvenir à la réalisation de l'infraction n'efface pas son caractère instantané. L'instantanéité n'est en rien incompatible avec ce qui participerait d'une pluralité d'agissements en relation de complémentarité entre eux. La matérialité d'une infraction est une donnée légale, et c'est dans les termes de la loi qu'il convient de se prononcer sur sa nature, peu importe que, par la pluralité des actes ayant contribué à sa réalisation, une durée plus accentuée soit perceptible. Parce qu'elle ne participe pas de la matérialité proprement dite, elle ne saurait servir de critère pour en déterminer le caractère exact.

Le meurtre est l'exemple parfait de cette situation. Défini comme « *le fait de donner volontairement la mort à autrui* » (c. pén., art. 221-1), il est une infraction instantanée. Ce qui est en effet constitutif, c'est la mort de la victime, laquelle ne supporte aucune étape intermédiaire entre ce qui est vivant et ce qui ne l'est plus, de sorte qu'est immédiat le passage d'un état à l'autre. Mais cette version juridique de l'infraction n'est pas synonyme d'une modalité particulière de donner la mort. La manière d'y parvenir n'est pas légalement fixée, seul le résultat étant pris en compte. La jurisprudence en a déduit qu' « un homicide volontaire peut résulter de moyens multiples et successifs employés pendant un temps plus ou moins long », avec pour conséquence de rendre régulière la question interrogeant la Cour et le jury sur le point de savoir si un accusé est coupable d'avoir commis un homicide volontaire en des lieux différents (Crim. 13 mai 1965, *Bull. crim.* n° 139 ; 9 juin 1977, *ibid.* n° 211 ; D. 1977. IR. 369 ; *Rev. sc. crim.* 1978. 97, obs. Levasseur). Il ne faut pas se tromper sur la portée de cette solution. L'infraction se définissant par référence à la mort que l'on donne, ce n'est pas la manière dont celle-ci est réalisée qui tient lieu de critère, mais la mort elle-même, dont l'instantanéité accompagne par principe tous les moyens retenus pour y parvenir.

Cette analyse renforce d'ailleurs un autre aspect de la nature juridique du meurtre. L'infraction est non seulement instantanée, mais également simple. Tout comme les différents moyens employés n'enlèvent rien à l'instantanéité de la mort, de même ils ne sauraient être considérés comme les composantes d'une infraction complexe.

2°) *Compatibilité de la pluralité juridique.* – La nature plurale des infractions à composantes multiples est compatible avec une matérialité instantanée.

Ainsi de l'escroquerie, qui est une infraction instantanée dans sa complexité. Seconde composante après la manœuvre frauduleuse, la remise réalise l'infraction par l'instantanéité de la réception des biens ou services qui en sont l'objet.

Les infractions d'habitude, malgré la répétition des actes qui les caractérisent, sont également compatibles avec l'instantanéité. Par exemple, l'exercice illégal d'une profession médicale est un délit instantané, pour se commettre ponctuellement dès la seconde initiative correspondant à un acte réservé à la profession en cause. La pluralité des actes constitutifs de l'habitude n'est donc pas exclusive d'une instantanéité participant de la matérialité de celle-ci, ce qui permet de se convaincre que, malgré l'étalement dans le temps des éléments de la pluralité, l'infraction peut être juridiquement d'une nature peu durable.

b) *Après l'acte instantané*. – L'instantanéité est une durée ponctuelle, et ne saurait la rejoindre, non seulement ce qui précède, mais encore ce qui suit. C'est le cas des effets postérieurs à l'infraction, qui en assurent la relève. Mais il est une réserve importante, liée au jeu de la rétroactivité.

1°) *Relève des effets.* – Par hypothèse, ce qui est instantané ne se prête à aucun prolongement. Mais il n'en est pas de même des suites ou des effets de l'instantanéité, qui peuvent au contraire se révéler durables, voire éternels. Ainsi de l'homicide, réalisé par l'instantanéité du passage de la vie à la mort, mais dont les effets sont constants, l'état de mort qui s'ensuit étant définitif. C'est également le cas du vol, réalisé par l'acte instantané de soustraction du bien volé, avec des effets se prolongeant tant que dure le profit de la chose soustraite. Toutes les infractions instantanées sont tributaires de cette distinction, mais parce que la durée des effets ne participe pas de leur matérialité, elle est indifférente à leur réalisation, et donc ne peut interférer avec ce qui relève de la consommation juridique proprement dite. La jurisprudence le souligne parfois, insistant sur la nécessité de ne pas se déterminer, quant à la nature instantanée d'une infraction, en fonction des effets qu'elle produit au delà de ce qui la caractérise matériellement. Elle parle alors de la *permanence des effets*, reprenant en cela une expression doctrinale, et veille à bien en isoler les manifestations, afin d'éviter toute confusion avec la matérialité constitutive de l'infraction (Crim. 30 avr. 1968, *Bull. crim.* n° 135. – Colmar, 30 juin 1988, JCP 1989. IV. 55), témoignant ainsi de la différence sensible entre ce qui rend compte de la structure même de l'infraction, et ce qui en est seulement le prolongement.

2°) *Réserve de la rétroactivité.* – Pour correspondre à une ponctualité d'action, et parce qu'elle fige le crime ou le délit dans le contexte qui fut le sien au moment de sa réalisation, l'instantanéité ne devrait pouvoir être remise en cause, et ce qui a été décidé et consacré de son fait devrait en principe revêtir une autorité définitive. Telle était la position de la Cour de cassation jusqu'à ces dernières années, et il en résultait que l'évolution des données ayant contribué à l'infraction n'avait aucune portée, particulièrement l'annulation de l'acte ou de la décision qui lui avait servi de support ou de condition préalable (Crim. 7 janv. 1998, *Gaz. Pal.* 1998. 1, *chr. crim.* 71 ; 21 févr. 2006, *Bull. crim.* n° 50 ; *Dr. pénal* 2006. 71, obs. J.-H. Robert). Mais un revirement est intervenu, et il est désormais de règle que « l'annulation par la juridiction administrative d'un acte administratif implique que cet acte est réputé n'avoir jamais existé et prive de base légale la poursuite engagée pour violation de cet acte » (Crim. 21 nov. 2007, *Bull. crim.* n° 290 ; D. 2008, *chron. C. cass.*, p. 111, obs. Caron ; *Dr. pénal* 2008. 20, obs. J.-H. Robert ; *Rev. sc. crim.* 2008. 915, obs. J.H. Robert ; 12 mars 2008, *Bull. crim.* n° 63 ; *AJ pénal* 2008, obs. Céré ; *Dr. pénal* 2008. 64, obs. J.-H. Robert. – Rappr. : Crim. 11 déc. 2007, *Dr. pénal* 2008. 55, obs. J.-H. Robert). C'est dire que la rétroactivité peut désormais anéantir ce que l'instantanéité avait saisi de répréhensible au temps de l'action. Ainsi de la conduite d'un véhicule malgré l'invalidation du permis de conduire, qui peut ne plus correspondre à une infraction si cette invalidation est par la suite annulée.

210 DIFFAMATIONS, INJURES ET PROVOCATIONS SUR INTERNET : INFRACTIONS INSTANTANÉES OU INFRACTIONS CONTINUES ?. — C'est à la jurisprudence de repérer les actes correspondant à la continuité, et elle le fait parfois en des termes très explicites, contribuant à un renouvellement des solutions, notamment à des fins appréciables d'actualisation. On voudra pour preuve la diffusion de propos diffamatoires ou révisionnistes sur le réseau Internet.

1°) *Juridictions du fond.* – Les nouvelles technologies sont facteur de criminalité et de délinquance, y compris pour s'adapter aux infractions existantes, et c'est bien le cas de la télématique, qui sert de plus en plus de relais à des agissements répréhensibles, particulièrement en relation avec la loi du 29 juillet 1881 sur la liberté de la presse. Aussi faut-il approuver les décisions rendues en la matière, qui, dépassant le contexte historique de ladite loi, et intégrant le nouveau support représenté par l'Internet, considèrent que le critère de consommation des délits résultant d'une publication peut être désormais le fait d'une action continue. S'agissant d'écrits ou d'images diffusés sur support papier (livres, journaux, affiches...) ou audiovisuel (radio, télévision, cinéma...), la détermination du seuil de consommation de l'infraction est facile, pour résulter du support lui-même, ou correspondre à un acte précis (routage pour les livres), et c'est tout naturellement que, s'appuyant sur le caractère « périssable », voir « furtif » des messages publiés, l'infraction est considérée comme instantanée. Mais il n'en est plus de même lorsque le propos passe par le réseau Internet, « qui constitue un mode de communication dont les caractéristiques techniques spécifiques obligent à adapter les principes posés par la loi sur la presse ». Alors, en effet, l'infraction s'inscrit dans la durée et devient continue, à la mesure de la perpétuation possible du message publié, et de la volonté renouvelée de l'émetteur de le maintenir sur le site ou de l'en retirer quant bon lui semble (Paris, 15 déc. 1999, JCP 2000. II. 10281, note Ph.-A. Schmidt et V. Facchina ; D. 2000. *Somm.* 403, obs. Dupeux ; *Gaz. Pal.* 2000. 1. *Doctr.* 697, note A. Cousin ; *Rev. sc. crim.* 2000. 644, obs. Francillon. – TGI Paris, 6 déc. 2000, D. 2001, IR p. 180 ; JCP 2001. II. 10515, note A. Lepage ; *Gaz. Pal.* 2001. 1. 122, note B. Ader ; *ibid.* 2001. 2. 1054, note A. Blanchot).

2°) *Cour de cassation.* – Certes, la solution ne fait pas l'unanimité, et la Cour de cassation y est même hostile (Crim. 30 janv. 2001, *Bull. crim.* n° 28 ; D. 2001. 1833, note Dreyer ; JCP 2001. II. 10515, note préc. A. Lepage ; *Gaz. Pal.* 2001. 1. 661, note Monnet ; *Rev. sc. crim.* 2001. 605, obs. Francillon ; 16 oct. 2001, *Bull. crim.* n° 211 ; JCP 2002. II. 10028, note Blanchetier ; *Dr. pénal* 2002. 12, obs. Véron ; *Gaz. Pal.* 2002. 1. 119, note Monnet ; *ibid.* 2002. 2. 956, note L'Hénoret-Marcellesi ; *Rev. sc. crim.* 2002. 621, obs. Francillon ; 27 nov. 2001, *Bull. crim.* n° 246 (cassation de Paris, 15 déc. 1999, préc.) ; *Rev. sc. crim.* 2002. 621, obs. préc. Francillon ; 6 janv. 2009, Bull. crim. n° 4 ; D. 2009, p. 1260, note Courtin ; JCP G 2009, n° 46, 441, § 8, obs. Tricoire ; *Gaz. Pal.* 2009. 1. *Somm.* 1477, note Marcellesi et Bensoussan-Brulé. – Dans le même sens, Poitiers, 11 déc. 2001, JCP 2002. IV. 2210. – *Adde* : Ph. Blanchetier, Point de départ du délai de prescription des délits de presse sur Internet : vers une solution libertaire et contraire au bon sens, D. 2001. *Chron.* 2056).

Il faut dire qu'il est difficile, pour une même infraction, de retenir des conceptions différentes quant à leur mode de réalisation matérielle. Mais, outre que sont protéiformes les notions de publication ou de diffusion propres à la loi sur la presse, pour renvoyer à de multiples supports, et justifier ainsi que le droit en intègre les différences, la question est une bonne illustration de ce que la continuité engage de matérialité particulière : *une matérialité demeurant inchangée dans sa durée, si bien que la cessation de celle-ci en constitue le dernier état, et non point le dernier effet.* Autant la publication de propos diffamatoires par la voie d'un quotidien peut être considérée comme une action instantanée aux effets permanents (TGI Paris, 6 déc. 2000, préc.), autant la diffusion de ces mêmes propos sur Internet paraît rejoindre la matérialité continue. Dans la première hypothèse, l'auteur de la publication ne crée pas un état durable, faute d'avoir toujours et pleinement la maîtrise du support utilisé. De fait, la multiplicité des exemplaires distribués et leur répartition tous azimuts lui font perdre le pouvoir sur le message lui-même. Seules les retombées de son action s'inscrivent dans la durée, la manière d'y mettre fin supposant de nouvelles initiatives pour arrêter la diffusion. Au contraire, dans la seconde hypothèse, par les possibilités d'intervention inhérentes à l'informatique, très à l'avantage d'une continuité d'action sur le message diffusé, l'agent a la maîtrise d'un état durable, ce qui justifie que l'infraction puisse être envisagée comme continue [En ce sens, Ph. Blanchetier, préc. - La Cour de cassation en décide ainsi pour la publicité illicite en faveur du tabac (c. santé publ., art. L. 3511-3), dont le caractère continu est reconnu quel qu'en soit le support, s'agirait-il d'un site internet, et « qui se poursuit tant que le message litigieux reste accessible au public » : Crim. 17 janv. 2006, *Bull. crim.* n° 21 ; *Dr. pénal* 2006. 41, obs. J.-H. Robert].

3°) *Législation.* – La question a fait l'objet de deux interventions législatives.

— La première est liée à la loi Perben II du 9 mars 2004, portant adaptation de la justice aux évolutions de la criminalité (L. n° 2004-204, *JO* 10 mars, p. 4567). Elle a porté de trois mois à un an le délai de prescription de l'action publique pour les messages racistes ou xénophobes publiés par voie de presse (L. 29 juill. 1881, nouvel art. 65-3). Mais, bien que destinée à répondre à la spécificité du réseau Internet, cette disposition ne résout pas la difficulté relative au point de départ de la nouvelle prescription, et les divergences restent entières sur la structure matérielle des infractions en cause.

— La seconde est liée à la loi du 21 juin 2004 pour la confiance dans l'économie numérique (L. n° 2004-575 du 21 juin 2004, *JO* 22 juin, p. 11168). Cette loi avait explicitement opté pour le caractère continu des délits de presse commis sur Internet, fixant son point de départ au jour de la cessation de la mise à disposition du public du message, mais tout en prévoyant que, dans l'hypothèse où le même texte serait doublement diffusé, et sous forme électronique, et sous forme papier, le délai continuerait à courir du jour du premier acte de publication, afin de ne rien changer au droit de la presse écrite. Et de fait, on ne saurait nier la spécificité de la presse écrite qui a l'habitude de reproduire ses propres messages sur Internet. Cette formule n'a pas eu les faveurs du Conseil constitutionnel, qui a considéré qu'elle méconnaissait le principe d'égalité devant la loi, si bien que ses dispositions ont été retirées du texte publié (Décision n° 2004-496 DC du 10 juin 2004, *JO* 22 juin, p. 11182 ; JCP 2004. II. 10116, note Zarka, et 10117, note Blanchetier. – A. Lepage, Libertés sur l'Internet et cybercriminalité : les apports au droit pénal de la loi pour la confiance dans l'économie numérique du 21 juin 2004, *Dr. pénal* 2004, *Etudes*, n° 18). Mais là encore, la solution n'est pas une condamnation de la thèse « continue ». Le Conseil constitutionnel admet expressément que : « *par elle-même, la prise en compte de différences dans les conditions d'accessibilité d'un message dans le temps, selon qu'il est publié sur un support papier ou qu'il est disponible sur un support informatique, n'est pas contraire au principe d'égalité* ». Sa censure ne porte donc pas sur le caractère continu de l'infraction, qui reste juridiquement du domaine du possible, mais sur la diversité des régimes de prescription en fonction du caractère exclusif ou non du support informatique comme moyen de diffusion.

4°) *De lege ferenda.* – Une proposition de loi est actuellement en cours d'examen, qui tend, sur le principe de l'instantanéité de l'infraction, à porter de trois mois à un an le délai de prescription pour tout délit de diffamation ou d'injure lorsqu'il est commis par l'intermédiaire d'un service de communication au public en ligne. Cet allongement est volontiers présenté comme un « traitement proportionné » à la prise en compte de la spécificité du support informatique.

211 MATÉRIALITÉ DES INFRACTIONS ET *NON BIS IN IDEM*. — Toute infraction réitérée ou prolongée depuis une précédente condamnation se prête à de nouvelles poursuites, dès lors que son auteur démontre sa volonté de persévérer dans son attitude, peu importe le caractère instantané ou continu de l'infraction en cause. Lorsqu'elle est instantanée, son renouvellement est constitutif d'une succession d'infractions, dont chacune est répréhensible, et lorsqu'elle est continue, sa prolongation n'est rien d'autre que l'indice d'une matérialité persistante, ce qui permet de la sanctionner pour ce qu'elle traduit également d'infraction consommée après un premier jugement. Aussi le rattachement à la matérialité devient-il secondaire, et on comprend que, malgré les divergences de vue qu'il peut susciter pour certaines infractions, la jurisprudence s'en tienne à une position uniforme. Le droit pénal de la famille l'illustre avantageusement, qui reconnaît que de nouvelles poursuites peuvent être exercées après une première condamnation, qu'il s'agisse d'abandon de famille (c. pén., art. 227-3. – Crim. 9 févr. 1965, D. 1965. 475 ; *Gaz. Pal.* 1965. 1. 420 ;

2 déc. 1998, *Bull. crim.* n° 326 ; D. 2000. *Somm.* 36, obs. Mayaud ; JCP 1999. II. 10108, note Rebut ; *ibid.* 2000. I. 207, n° 3, obs. Véron ; *Dr. pénal* 1999. 64, obs. Véron ; *Gaz. Pal.* 1999. 2. *Somm.* 375, obs. Massip), de non-représentation d'enfant (c. pén., art. 227-5. – Crim. 10 avr. 1930, *Bull. crim.* n° 119 ; 5 nov. 1936, *ibid.* n° 107 ; D.H. 1936. 573 ; 30 juin 1937, *Bull. crim.* n° 138 ; D.H. 1937. 455 ; 14 févr. 1957, *Bull. crim.* n° 150 ; D. 1958. Somm. 30), ou de détournement de mineur (c. pén., art. 227-8. – Crim. 30 juin 1981, *Bull. crim.* n° 223), alors que l'unanimité n'est pas faite sur la nature exacte de ces infractions, tout particulièrement pour le délit d'abandon de famille, dont il est difficile de dire s'il est une infraction continue ou une infraction instantanée.

III | LE RÉSULTAT

212 DIFFÉRENCE DU RÉSULTAT REDOUTÉ ET DU PRÉJUDICE. — Au résultat redouté correspond le dommage que le législateur entend éviter par l'incrimination, ou sanctionner dans l'hypothèse où la prévention ne serait pas suffisante (A. Decocq, *Droit pénal général*, p. 171). Mais il faut se garder de le confondre avec le préjudice au sens du droit de la responsabilité civile. Les deux notions sont distinctes (Y. Mayaud, *La résistance du droit pénal au préjudice*, Mélanges B. Bouloc, *Dalloz*, 2006, pp. 807 et s.). Au résultat redouté correspond un dommage non individualisé, alors que le préjudice renvoie à une atteinte personnalisée. C'est sur le résultat que se construit le droit pénal, non sur le préjudice (*chapitre 1*). La raison en est simple, qui tient à l'objet particulier de la matière, tout orientée vers la défense de l'intérêt général. Aussi, est-ce toujours sous couvert de l'ordre public que les infractions sont définies et appliquées, pour ce que réalise d'entrave à cet ordre le fait de ne pas respecter les valeurs sociales, seraient-elles relatives à des enjeux privés. On comprend, dans ce contexte, que la première victime d'une infraction, et de toute infraction, soit la société. La procédure pénale le traduit au mieux, en faisant de l'action publique l'objet principal du procès pénal, qui, en principe, l'emporte sur les considérations plus personnelles développées et soutenues au titre de l'action civile.

213 POLITIQUE CRIMINELLE ET RÉSULTAT DE L'INFRACTION. — Politiquement parlant, les infractions matérielles sont plus « sécurisantes » que les infractions formelles, ce qui est doublement sensible :

— D'abord pour la *justice*, qui, par la réalisation du dommage redouté, dispose d'un signe tangible et manifeste d'infraction. Certes, ce n'est pas dire que là où ce résultat est effectivement atteint, la responsabilité de son auteur en découle d'office et d'évidence. Une infraction n'est pas que d'ordre matériel, du moins pour les crimes et les délits, et c'est en rapport avec la psychologie de son auteur que la responsabilité est retenue. Mais une matérialité prononcée n'est pas pour autant négligeable. Elle facilite l'approche du comportement, en étant un facteur puissant d'apparence, tant il est vrai que la réalisation d'un dommage conforme au modèle que le législateur entend prévenir, ne peut qu'orienter vers des indices très forts d'une infraction en ce sens.

— Ensuite pour le *justiciable*, parce qu'il est évident que, plus la responsabilité pénale est rivée à la réalisation du résultat dommageable, plus la théorie de l'infraction se met au service de la liberté et de la présomption d'innocence. L'atteinte au résultat étant un critère de plus grande certitude dans la démarche répressive, le fait de ne pas considérer l'infraction comme commise tant que ledit résultat n'est pas atteint, revient à préserver les intérêts des personnes. C'est dire combien est politiquement porteur le choix d'un mode de consommation, la manière dont les infractions se matérialisent pouvant être facteur, soit de ménagement des libertés, soit de pression sur elles, ce que le résultat illustre avec avantage, selon qu'il est ou non constitutif des crimes ou des délits.

214 CONTRÔLE DES INFRACTIONS FORMELLES PAR LE CONSEIL CONSTITUTIONNEL. — Un exemple peut être emprunté au débat relatif à l'adoption de la loi du 22 juill. 1996 tendant à renforcer la répression du terrorisme (L. n° 96-647, *JO* 23 juill., p. 11104), dont la publication a été précédée d'une importante censure du Conseil constitutionnel (Cons. const., 16 juill. 1996 (décision n° 96-377 DC), *D.* 1997. 69, note Mercuzot ; *JCP* 1996. II. 22709, note Nguyen Van Tuong).

Le législateur avait complété l'article 421-1 du code pénal, relatif à la liste des actes de terrorisme, afin de comprendre, parmi les hypothèses visées, l'aide à l'entrée, à la circulation ou au séjour irréguliers d'un étranger, telle que définie à l'article 21 de l'ordonnance n° 45-2658 du 2 nov. 1945 relative aux conditions d'entrée et de séjour des étrangers en France [*devenu, depuis l'ordonnance de codification n° 2004-1248 du 24 novembre 2004 (JO 25 nov., p. 19924), l'art. L. 622-1 du code de l'entrée et du séjour des étrangers et du droit d'asile*]. Mais le Conseil constitutionnel a déclaré que le législateur avait entaché son appréciation d'une disproportion manifeste, après avoir observé que, contrairement aux infractions du code pénal, l'ordonnance du 2 nov. 1945 incriminait, « non pas des actes matériels directement attentatoires à la sécurité des biens ou des personnes mais un simple comportement d'aide directe ou indirecte à des personnes en situation irrégulière », ce qu'il a jugé comme n'étant pas « en relation immédiate avec la commission de l'acte terroriste », et l'a déterminé à douter du caractère « strictement et évidemment nécessaire », au sens de l'article 8 de la Déclaration des droits de l'homme et du citoyen, de la qualification d'aide à la clandestinité pour renforcer utilement la répression en la matière.

La loi Perben II du 9 mars 2004 (préc.) n'a pas directement renoué avec cette tentative, mais elle en récupère indirectement les conséquences recherchées, en faisant rentrer les délits en cause dans la nouvelle procédure applicable à la criminalité et à la délinquance organisées, au même titre que... les crimes et délits constituant des actes de terrorisme prévus par les articles 421-1 à 421-6 du code pénal (c. pr. pén., art. 706-73, entrée en vigueur le 1er oct. 2004).

215 LIEN DE CAUSALITÉ DU COMPORTEMENT AU DOMMAGE. — V. *chapitre 7.*

Chapitre 6

La dimension morale de l'infraction

216 MESURE DE LA CULPABILITÉ. — Une infraction s'apprécie en fonction de la culpabilité de son auteur, et donc de ce qui a dicté psychologiquement le comportement et l'adhésion au dommage qui en est résulté. Et de fait, c'est par cette approche subjective qu'il est possible de différencier entre elles les actions et omissions constitutives de la matérialité des crimes, délits et contraventions, de les faire sortir de leur neutralité apparente, et d'en révéler toute la portée contraire aux intérêts de la société. Une violence, par exemple, n'est pas en soi expressive d'une délinquance précise. Deux interprétations peuvent en rendre compte, selon qu'elle est le produit d'une détermination en ce sens, d'une volonté tournée vers l'action qui la caractérise et le dommage qui s'ensuit, ou, au contraire, d'une simple faute d'imprudence ou d'inattention, mais dont les conséquences se révèlent regrettables pour la victime. Il va de soi que, d'une version à l'autre, l'infraction ne se présente pas sous les mêmes traits. Si l'acte est volontaire, il est fait d'une hostilité manifeste à l'ordre social, contrairement à l'acte involontaire, qui est, quant à lui, l'indice d'une simple indifférence à cet ordre. La culpabilité n'est pas la même, ni la connotation sociale de l'infraction, tant il est vrai que ce qui relève d'une hostilité est doté d'une réprobation plus prononcée que ce qui s'inscrit dans une démarche d'indifférence. On parle d'ailleurs d'*élément moral de l'infraction*. Et cela n'est pas faux. Il s'agit bien d'un enjeu de moralité, ou d'immoralité, tributaire de l'esprit avec lequel l'auteur du crime ou du délit a commis ce qui lui est reproché, pour avoir agi, soit avec intention (Section I), soit par non-intention (Section II).

Section I
L'intention, ou de l'hostilité aux valeurs sociales

217 Agir avec intention, ou *dol*, c'est tourner délibérément son action vers un certain but. Une infraction intentionnelle est donc une infraction qui procède d'une détermination bien établie dans le sens de sa réalisation, son auteur ayant la volonté de la commettre telle qu'elle correspond aux prévisions de la loi. L'intention, c'est le « fait exprès », de sorte que l'atteinte à la valeur sociale protégée procède bien d'une hostilité à ladite valeur. Cette atteinte n'est pas le fait du hasard ou d'un manque de contrôle, mais bien celui d'une volonté dirigée vers ce qu'elle représente et les conséquences dommageables qui lui sont attachées.

Ainsi présentée, l'intention doit être maîtrisée, et dans sa définition, qui est marquée par une abstraction prononcée (I), et par référence à la place qu'elle occupe, pour être une place privilégiée (II).

I | La définition de l'intention

218 Autant la non-intention, comme nous aurons à le voir, a été l'objet d'une concrétisation poussée, autant l'intention est restée abstraite dans son principe. Il est essentiel de s'en convaincre, cette donnée conditionnant tout le reste. C'est donc à la lumière de ce trait majeur que l'intention mérite d'être appréhendée, d'abord négativement, au regard de ce qu'elle n'est pas (A), ensuite positivement, par rapport à ce qu'elle est (B).

A – Ce que n'est pas l'intention

219 C'est par élimination que le sujet doit être abordé, tant les confusions sont nombreuses le concernant, et les tentatives de définition abusives, du moins maladroites, pour passer par des notions qui, tout en étant proches de l'intention, n'en sont pas moins étrangères à ce qu'elle recoupe en vérité. Aussi, est-il de bonne méthode de délivrer la matière des scories qui l'envahissent, et de procéder d'abord par soustraction, en l'allégeant des quelques éléments qui pourraient trop facilement prétendre en rendre compte. En fait, deux données méritent de disparaître, pour ne pas participer de la définition stricte de l'intention : il s'agit de la conscience et des mobiles.

a) La conscience

220 ÉLÉMENT D'IMPUTABILITÉ. — C'est le point de départ de toute approche de l'intention, et qui est insuffisamment exploité. On définit volontiers l'intention comme « la conscience, chez le coupable, d'enfreindre les prohibitions légales » [1]. Mais cette référence à la conscience est déplacée. La conscience n'est pas le propre de l'intention, et en faire mention procède d'une confusion entre l'imputabilité et la culpabilité. Réduire la conscience à l'élément moral de l'infraction, c'est la minimiser fortement, alors qu'elle remplit un rôle autrement plus fondamental dans la théorie de la responsabilité pénale.

La conscience est la manifestation du discernement, sans lequel il n'est pas de responsabilité, faute d'imputabilité. La responsabilité pénale a un fondement éthique, et c'est l'imputabilité qui en rend compte. Elle repose sur le discernement et le libre arbitre, en dehors desquels les poursuites n'ont plus de sens. Si les justiciables sont redevables de leur comportement devant la justice pénale, c'est parce qu'ils ont pour eux la liberté, et ils ne sont reprochables, imputables, que dans la mesure de cette liberté. Il en résulte que là où le discernement n'est plus, la responsabilité ne saurait être également [2]. On parle d'ailleurs de causes de non-imputabilité pour désigner les circonstances qui font disparaître le discernement ou le libre arbitre, ainsi des troubles psychiques ou neuropsychiques au sens de l'article 122-1 du code pénal, ou de la contrainte au sens de l'article 122-2 (*chapitre 12*).

1. Garçon, Code pénal annoté, art. 1er, 1ère et 2e éd., n° 77.
2. Ph. Bonfils, Le discernement en droit pénal, Mélanges R. Gassin, *PUAM*, 2007, p. 97.

Eriger la conscience en composante de l'intention est donc très réducteur. L'intention, comme les différentes manifestations de la faute non intentionnelle, n'est qu'un aspect technique du droit de la responsabilité pénale, destinée à asseoir la culpabilité de l'auteur de l'infraction. L'auteur d'un crime ou d'un délit n'est pas puni de la même manière, selon qu'il a agi avec ou sans intention. Le droit pénal consacre ici une différence d'ordre technique, fondée sur la plus ou moins forte culpabilité de celui qui a troublé l'ordre social, à la mesure de son état d'esprit. Rien de tel dans la conscience, qui engage plus profondément l'imputabilité. La philosophie du droit de punir est en cause, que l'on ne saurait dissocier d'une action ou d'une omission commise avec discernement et liberté. D'ailleurs, la conscience est non seulement indispensable à l'intention, mais aussi à la non-intention, qu'elle se manifeste sous la forme d'une mise en danger, ou d'une imprudence ou négligence plus classique. Si le discernement n'est pas, il n'est pas d'infraction non plus, quelle que soit sa qualification, qu'il s'agisse d'une infraction intentionnelle ou non intentionnelle, ce qui est la conséquence logique du fondement moral de la responsabilité pénale, et de son renvoi à des actions humainement imputables.

L'intention suppose l'imputabilité, mais elle ne saurait être définie par référence à elle. La conscience étant un préalable à toute infraction, y compris non intentionnelle, elle ne peut être accaparée par l'intention pour contribuer à sa propre définition.

b) Le mobile

221 INDIFFÉRENCE DE PRINCIPE. — Les mobiles ne sont pas pris en compte en droit pénal, qui manifeste une indifférence à ce qu'ils sont, et au rôle qu'ils ont joué dans la détermination ou la volonté de celui qui a intentionnellement agi. Quelle que soit la raison profonde ayant inspiré son action — haine, vengeance, cupidité, compassion, amour, passion —, il en est redevable devant la justice, pour l'avoir recherchée et retenue dans sa dimension dommageable. L'acte criminel ou délictueux ne perd pas son caractère intentionnel en fonction de ce qui pourrait être considéré comme de bons mobiles, et cette règle est traditionnelle, par la constance de sa consécration et de ses applications.

Ainsi, caractérise des actes de torture et de barbarie ayant entraîné la mort sans intention de la donner (c. pén., art. 222-6) le fait d'avoir, au cours d'une séance de désenvoûtement, pendant plus de cinq heures, infligé des souffrances intolérables à la victime, même si, aux dires de l'accusé, compte tenu de ses convictions religieuses, elles étaient seulement destinées au « démon logé en elle », le mobile ne pouvant ôter à de tels actes leur caractère criminel [1]. De même, le délit de vol est constitué quel que soit le mobile qui a inspiré son auteur, dès lors que la soustraction frauduleuse de la chose d'autrui est constatée [2], ce qui rend indifférent le fait que le montant du vol fût dans l'esprit des prévenus une rémunération de nature salariale, telle la vente de biens de production par les ouvriers d'une entreprise et pour leur propre compte [3]. On pourrait multiplier les exemples, et trouver en chacun le principe d'une indifférence bien établie.

222 RÉFÉRENCES D'EXCEPTION. — Le principe n'est cependant pas sans quelques concessions, mais dont les effets ne vont pas jusqu'à rendre plus concrète la définition de l'intention.

1 / Tout d'abord, les mobiles ne sont indifférents que jusqu'à concurrence de dispositions contraires dans les textes d'incrimination. Leur exclusion n'est qu'une règle ordinaire, et la loi peut parfaitement y déroger. Alors, dans ces hypothèses d'exception, le mobile participe de l'élément moral, et c'est conformément à la légalité pénale qu'il en devient une composante, ce qui est une manière pour le législateur de finaliser davantage son objectif de prévention, et de mieux définir ce qu'il entend sanctionner. En général, c'est par référence au but ou au motif que cette intégration est opérée [4].

1. Crim. 3 sept. 1996, *Dr. pénal* 1997. 4, obs. Véron ; *Gaz. Pal.* 1997. 1, *chr. crim.* 20.
2. Crim. 8 févr. 1977, *Bull. crim.* n° 52 ; 8 janv. 1992, *ibid.* n° 5 ; *Rev. sc. crim.* 1993. 311, obs. Bouloc.
3. Crim. 8 janv. 1992, préc.
4. Par exemple, le mobile est un élément de définition des actes terroristes (c. pén., art. 421-1). Le système d'incrimination consiste à emprunter à des infractions de droit commun leurs éléments constitutifs, et en retirer une qualification terroriste dès lors que leur réalisation s'inscrit dans un contexte d'intimidation ou de terreur : l'entreprise en relation avec l'acte terroriste doit, en effet, avoir « *pour but de troubler gravement l'ordre public par l'intimidation ou la terreur* ». Cette donnée revient à enrichir l'élément moral des infractions servant de base

2 / Ensuite, le juge peut tenir compte des mobiles dans le prononcé de la peine, afin d'en assurer la personnalisation, la juridiction devant se déterminer à cet égard en fonction, non seulement des circonstances de l'infraction, mais encore de la personnalité de son auteur (c. pén., art. 132-24). Les raisons qui l'ont poussé à agir participent de cette personnalité, et si, dans son principe, la responsabilité pénale ne saurait être dépendante de ce qu'elles sont, la sanction qui en consacre la reconnaissance, au contraire, peut être choisie et retenue en fonction de ce qu'elles permettent d'individualisation adaptée à une réaction personnalisée [1]. Il importe donc de ne pas confondre les deux aspects de la question, l'un relatif à la structure morale de l'infraction, qui reste imperméable à toute infiltration des mobiles, sauf dérogation légale en ce sens, l'autre intéressant la personnalisation de la sanction, avec pour relais possible les impulsions du for interne.

La solution est bonne. La responsabilité pénale se doit d'être à la hauteur de la gravité objective des comportements, dont la conception est de la seule autorité du législateur. Il est un droit pénal, et non pas autant de droits que de consciences... Deux niveaux différents se complètent, l'un normatif et extérieur au justiciable, l'autre plus subjectif et intérieur. Pour ce qui est de l'affirmation de la responsabilité dans son principe, elle ne peut que dépendre d'un critère objectif, sauf à rejeter le concept même d'ordre public. En revanche, relativement au choix de la peine, des critères plus subjectifs sont possibles, au nom d'une juste individualisation de la sanction. Mais jamais celle-ci ne saurait aller jusqu'à déborder sur les assises objectives de la répression, qui contiennent et engagent la pérennité de la société elle-même.

à l'action terroriste, en les doublant d'une approche psychologique qui leur est commune, chacune se devant d'être non seulement volontaire dans sa réalisation, mais encore inspirée par un mobile particulier, lié à un objectif d'insécurité et de déstabilisation par la peur.

1. Par exemple, il a été jugé que constitue le délit de destruction volontaire d'un bien appartenant à autrui commis en réunion (c. pén., art. 322-1 et 322-3), le fait de faucher un champ de colza transgénique dont la culture était autorisée à des fins de recherche et de tenter d'y mettre le feu ; mais, parce que la motivation des prévenus répondait à une inquiétude que génère une évolution peut-être trop rapide de la société, laquelle peut entraîner notamment pour la santé des consommateurs et l'environnement de graves conséquences, c'est avec de larges « circonstances atténuantes » que cette responsabilité a été engagée (TGI Foix, 3 oct. 2000, D. 2001. *Somm.* 1357, obs. Galloux).

B – Ce qu'est l'intention

Envisagée positivement, l'intention est une connaissance doublée de volonté.

a) Une connaissance

223 Il faut la connaissance pour agir avec intention, la connaissance de la situation dans laquelle on s'engage. Cette connaissance ne doit pas être confondue avec la conscience. Autant la conscience relève de l'imputabilité, autant la connaissance participe de l'élément moral et rentre dans la culpabilité. La connaissance est une *approche éclairée de la réalité*, et il en résulte que l'on peut être conscient, c'est-à-dire avoir son libre arbitre, mais être malgré tout dans l'erreur, faute d'une connaissance suffisante. Les deux notions ne sont donc pas synonymes, et, par leur différence, elles contribuent chacune à donner de la responsabilité pénale une image nuancée.

La connaissance engage doublement la dimension morale de l'infraction, par rapport au droit, et en relation avec les faits eux-mêmes.

224 CONNAISSANCE DU DROIT. — La connaissance du droit est essentielle à l'intention. Celle-ci ne pouvant être sans la volonté de contrevenir à l'interdit légal, il est indispensable d'en connaître le contenu, et toute ignorance établie sur ce plan ne peut que faire échec à la culpabilité. On rejoint d'ailleurs le principe de la légalité, qui a été précisément recherché pour ce qu'il permet de connaissance préalable des incriminations et de leurs sanctions (*chapitre 1*).

Avant la réforme du code pénal, la preuve de cette connaissance relevait d'une présomption absolue. Nul n'est censé ignorer la loi (*Nemo censetur ignorare legem*), et cette donnée, par son caractère irréfragable, était une véritable règle de fond. Mais avec la réforme, la présomption a gagné en souplesse, en étant désormais susceptible de preuve contraire. L'erreur sur le droit est une cause d'irresponsabilité, ce que l'article 122-3 du code pénal reconnaît en ces termes : « *N'est pas pénalement responsable la personne qui justifie avoir cru, par une erreur sur le droit qu'elle n'était pas en mesure d'éviter, pouvoir légitimement accomplir l'acte* ». Certes, les conditions mises à cette irresponsabilité sont de stricte conception, l'erreur invoquée devant être invincible, ce qui renvoie à des applications assez limitées [1], voire ce qui en fait une cause de non-imputabilité (*chapitre 12*). Il n'en demeure pas moins que la connaissance du droit est aujourd'hui ouverte à discussion, ce qui n'est pas insignifiant pour la présomption d'innocence, laquelle ne peut que gagner à se séparer de solutions trop à l'avantage de la répression.

225 CONNAISSANCE DES FAITS. — Avec la connaissance des faits, le contexte juridique n'est plus en cause. Il n'est plus question de s'interroger sur la bonne assimilation des textes, mais d'apprécier la manière dont les circonstances ayant entouré la commission de l'infraction ont été psychologiquement intégrées par son auteur. L'intention suppose en effet que tout ce qui contribue à réaliser le crime ou le délit ait été parfaitement connu de l'accusé ou du prévenu, afin que sa détermination rejoigne chacune des composantes de son action ou de son omission, en termes, et de conditions préalables, et de matérialité constitutive. C'est le cas de la minorité de la victime, lorsqu'elle est une donnée de l'infraction [2], ce qui nécessite la connaissance de cet état, avec la possibilité d'échapper aux poursuites ou à la condamnation en démontrant qu'elle a fait défaut [3]. Pareillement, le crime d'empoisonnement suppose « l'emploi ou l'administration de substances de nature à entraîner la mort » (c. pén., art. 221-5), et si preuve est faite que l'utilisation ou la commercialisation de produits qui se sont révélés mortels ne procédait pas d'une connaissance de cette propriété,

1. Deux hypothèses ont été avancées au cours des débats parlementaires : celle d'une « information erronée fournie par l'autorité administrative interrogée préalablement à l'acte », et celle du « défaut de publication du texte normatif ».
2. Ainsi des différentes hypothèses de mise en péril des mineurs (c. pén., art. 227-15 et s.).
3. Pour un exemple où un prévenu de recours à la prostitution d'une mineure (c. pén., art. 225-12-1) n'avait pu se méprendre sur l'âge de la victime : Crim. 29 mars 2006, *Bull. crim.* n° 95 ; *Dr. pénal* 2006. 97, obs. Véron ; *AJ Pénal* 2006, p. 262, obs. Remillieux ; *Gaz. Pal.* 2006. 2. *Somm.* 3478, note Monnet ; *Rev. sc. crim.* 2006. 603, obs. Mayaud.

l'intention ne saurait être établie et l'irresponsabilité doit l'emporter [1].

Ces solutions consacrent l'erreur de fait et rangent parmi les causes possibles de bonne foi ce qui s'inscrit dans une mauvaise appréhension des réalités, et ne saurait donc être l'indice d'une culpabilité caractérisée. Mais ce n'est pas dire que toute erreur est retenue, et que l'impunité est acquise du fait même de son existence. Il est des erreurs qui sont neutres pour l'intention, voire qui vont même jusqu'à la révéler. Par exemple, l'erreur sur la personne n'a pas pour effet de faire disparaître les infractions d'homicide ou de coups et blessures volontaires, et le fait que la victime de l'acte de violence ne soit pas celle que l'accusé ou le prévenu avait l'intention d'atteindre (*aberratio ictus*), ne change rien à la volonté qu'il a eu de donner la mort ou d'exercer des violences, qui reste en effet punissable quelles que soient les personnes visées ou concernées [2]. L'erreur n'est donc compatible avec la bonne foi de celui qui l'invoque que dans la mesure où elle détruit l'intention dans ce qui en caractérise les données, ce qui n'est manifestement pas le cas lorsque persiste l'hostilité à la valeur sociale.

b) Une volonté

226 La connaissance ne suffit pas pour caractériser l'intention. Elle n'est opérationnelle que par la volonté qui l'accompagne, volonté d'agir en opposition aux interdits de la société. L'intention se situe parmi les manifestations les plus graves de la culpabilité, parce qu'elle consiste à projeter sur un interdit une détermination contraire. Et la volonté le traduit au mieux, qui témoigne de la totale adhésion intellectuelle ou psychologique à ce qui est l'instru-

1. C'est en ces termes que s'est dénouée l'affaire du « sang contaminé » (Crim. 18 juin 2003, *Bull. crim.* n° 127 ; JCP 2003. II. 10121, note Rassat ; *Dr. pénal* 2003, *comm.* 97, obs. Véron ; Rev. sc. crim. 2003, p. 781, obs. Mayaud ; D. 2004, p. 1620, note Rebut, et *Somm.*, p. 2751, obs. Mirabail ; D. 2005, p. 195, note Prothais. – *Adde* : V. Malabat et J.-Ch. Saint-Pau, Le droit pénal général malade du sang contaminé, *Dr. pénal* 2004. *Chron.* 2).
2. Crim. 31 janv. 1835, S. 1835. 1. 564 ; 18 févr. 1922, *Bull. crim.* n° 82 ; S. 1922. 1. 329, note Roux ; 4 janv. 1978, *Bull. crim.* n° 5 ; D. 1978. IR. 330 ; *Rev. sc. crim.* 1978. 859, obs. Levasseur. – Montpellier, 12 févr. 1947, D. 1947. Somm. 22 ; *Gaz. Pal.* 1947. 1. 220.

ment de réalisation de l'infraction, en termes, tant de comportement, que de résultat.

227 VOLONTÉ DU COMPORTEMENT. — L'intention, c'est d'abord vouloir le comportement qui matérialise l'infraction. C'est vouloir, en connaissance de cause, l'action ou l'omission telle que le texte d'incrimination les contient pour en sanctionner le principe. L'auteur du délit, en sachant parfaitement qu'il emprunte à la loi les éléments qui vont le placer sur le terrain de l'infraction, non seulement en accepte l'idée, mais encore la double d'une volonté destinée à la rendre effective. Il reproduit, par son comportement, le modèle de la conduite réprouvée, et en accuse les traits par une volonté délibérément orientée vers ce qui est censé la matérialiser. Ainsi de l'escroc qui se fait remettre la chose qu'il convoite, et dont le comportement consiste à réaliser délibérément tout ce que l'article 313-1 du code pénal décrit comme relevant d'une appropriation interdite. Il est autant d'illustrations que de crimes et de délits ayant l'intention pour élément moral, tant il est vrai que celle-ci ne saurait être remplie sans la volonté de l'associer à ce qui participe de la matérialité même des comportements en cause.

228 VOLONTÉ DU RÉSULTAT. — À toute infraction, nous le savons, correspond un dommage redouté par le législateur, ce que le droit pénal intègre par le résultat, tel l'appauvrissement de la victime dans le vol, l'escroquerie ou l'abus de confiance, ou encore la mort ou des blessures dans l'homicide et les violences (*chapitres 1 et 5*). La référence à ce résultat est essentielle pour caractériser l'intention. Celle-ci procède d'une volonté dirigée vers sa réalisation, de sorte que, pour commettre intentionnellement une infraction, il faut non seulement vouloir le comportement pour ce qu'il représente d'illicite en soi, mais encore vouloir le résultat redouté à travers ce comportement. Dans le meurtre, par exemple, il ne suffit pas d'avoir la volonté du coup porté, il faut également celle du résultat inhérent à ce coup, et donc vouloir l'atteinte à la vie de la victime.

L'originalité de l'intention tient à cette volonté associée au résultat, pour en être une donnée obligée [1]. Son appréciation nécessite quelques précisions.

1. La volonté du résultat participe de l'intention, pour en constituer la substance même dans toutes les infractions dont la nature est intentionnelle. Il est donc inutile d'en rendre compte

1 / *La nécessité du lien entre volonté et résultat.* – Toute la spécificité de l'intention est contenue dans le lien qu'elle suppose entre ce qu'elle représente de volonté et le résultat redouté. De deux choses l'une, ou bien la volonté reste rivée au comportement, sans aucunement tendre vers le résultat qui en découle, et l'infraction n'est pas intentionnelle, ou bien, au contraire, la volonté se projette au delà du comportement pour rejoindre le résultat, de sorte que ce dernier est recherché lui aussi, et l'infraction est intentionnelle. Ces principes de distinction contiennent toutes les nuances qui permettent de bien séparer des hypothèses apparemment très proches.

La réforme du code pénal, en effet, est à l'origine d'une nouvelle notion, dont on pourrait croire qu'elle rejoint les réalités intentionnelles : il s'agit de la *mise en danger délibérée* de la personne d'autrui (art. 121-3), qui trouve une double expression en droit pénal spécial, en tant qu'infraction formelle d'abord, au titre du délit de risques causés à autrui (art. 223-1), ensuite comme circonstance aggravante de l'homicide involontaire et des violences involontaires (art. 221-6, al. 2, 222-19, al. 2, et 222-20). Or, par son caractère « délibéré », voire « manifestement délibéré », la mise en danger procède elle aussi d'une détermination volontaire, mais qui n'en fait pas pour autant une infraction intentionnelle. Dans cette infraction, la volonté du comportement ne se double pas, en effet, de la volonté de parvenir au résultat qui en est découlé ou aurait pu en découler. L'auteur d'une mise en danger fait certes courir des risques à autrui, mais il se porte fort d'éviter que ces risques deviennent effectifs, ne voulant pas de leur réalisation, et rejetant au contraire le résultat qui leur correspond. En revanche, dans les violences volontaires, leur auteur, non seulement adhère à ces violences pour ce qu'elles représentent de comportement, mais encore il entend parvenir au résultat qui leur est associé, en portant atteinte à l'intégrité corporelle ou psychique de la victime. Il consent à cette atteinte, ayant la volonté de la réaliser, et parce que le résultat redouté est également objet d'une détermination en ce sens, objet de volonté, l'infraction est intentionnelle.

autrement, notamment en ayant recours à la notion de *dol spécial* (V. *infra* « Pour aller plus loin).

Mais deux remarques s'imposent, l'une sur la consistance du résultat ainsi rapporté à la volonté, l'autre relative à la manière d'en établir la preuve.

2 / *La consistance du lien entre volonté et résultat.* – Il n'est pas nécessaire de se convaincre que le résultat effectivement atteint correspond bien à la volonté de l'auteur de l'infraction. La volonté tient non pas à cette causalité psychologique complète, mais à un lien beaucoup plus simple. L'intention n'est autre que la volonté du résultat redouté dans son principe, ce résultat dépasserait-il en manifestation les prévisions ou la détermination de son auteur. L'exemple des violences volontaires ayant entraîné la mort sans intention de la donner en est une illustration parfaite (c. pén., art. 222-7) : l'infraction est intentionnelle, parce que l'atteinte à l'intégrité de la victime est recherchée en soi, même si elle s'est manifestée par une mort non désirée, tout comme elle eût pu se solder par un dommage moindre sous forme d'infirmité, d'amputation, voire d'une simple incapacité de travail. L'intention ne tient pas à la preuve d'une relation certaine entre le dommage et la perception qu'en avait son auteur, elle est seulement liée à la volonté d'atteindre la valeur protégée, sans égard pour ce qui en révèle concrètement l'effectivité.

La précision est d'importance pour toutes les infractions qui, comme les violences, ne sont pas en elles-mêmes porteuses de leur résultat. La pression physique ou psychique que représente un acte de violence peut avoir des conséquences très variables d'une hypothèse à l'autre, le même coup pouvant être, selon les circonstances, facteur d'incapacité ou de mort. Il est impossible de savoir à l'avance quelle sera sa portée, et donc en quoi va consister exactement le dommage. Ce n'est pas le cas pour d'autres délits, dont la caractéristique est au contraire de relever d'un résultat immuable : ainsi de la soustraction dans le vol, qui ne peut qu'aboutir à une dépossession.

Les violences sont donc sujettes à des résultats fort divers, si bien que nul ne peut prévoir quelles en seront les retombées effectives. C'est pourquoi, il est une différence importante à faire entre ce qui relève de leur consommation et de leur qualification. L'élément moral de l'infraction est engagé plus par la consommation que par la qualification. L'intention est acquise par référence à la volonté d'attenter au résultat que représente le dommage redouté en soi, et non à celle de parvenir au résultat précis correspondant à la manifestation de ce dommage, et à ce qu'il représente de préjudice qualifié. On perçoit toutes les difficultés de preuve qui seraient liées à une telle conception. Il est impossible de « sonder les reins et les cœurs », et les poursuites se heurteraient systématiquement à la difficulté d'avoir à établir ce lien psychologique entre l'action et son résultat, l'auteur de l'infraction ne pouvant que se défendre d'avoir adhéré et consenti au dommage effectivement réalisé. Aussi, est-ce par présomption que la loi opère, ce qu'elle fait sous couvert de qualifications d'autant plus élevées dans la hiérarchie des peines que le dommage se manifeste sous des gravités différentes [1], le droit posant pour principe que l'intention est conforme au résultat atteint [2]. Il n'est donc pas nécessaire d'établir la preuve réelle de cette conformité, et seule est à prouver la volonté d'attenter à l'intégrité de la personne, ce qui n'est qu'un enjeu de consommation, les textes prenant de suite la relève pour opérer les déductions qui s'imposent sur la qualification. On comprend alors que, malgré l'absence de preuve quant à l'intention de donner la mort, soit des violences intentionnelles le fait de porter délibérément des coups sur une personne qui va en décéder [3].

1. La hiérarchie est la suivante dans le code pénal, des violences les moins graves aux violences les plus graves, sans égard pour les circonstances aggravantes pouvant éventuellement jouer : aucune incapacité : contravention de 4ème classe (art. R. 624-1) ; incapacité inférieure ou égale à huit jours : contravention de 5ème classe (art. R. 625-1) ; incapacité supérieure à huit jours : délit puni de trois ans d'emprisonnement et de 45 000 euros d'amende (art. 222-11) ; mutilation ou infirmité : délit puni de dix ans d'emprisonnement et de 150 000 euros d'amende (art. 222-9) ; mort : crime puni de 15 ans de réclusion (art. 222-7).
2. On dit encore que, indéterminée dans son principe, l'intention est déterminée par l'événement : *dolus indeterminatus determinatur eventu.*
3. Dans la logique de la présomption de conformité de l'intention au résultat atteint, les violences mortelles eussent mérité les peines du meurtre, voire de l'assassinat, à savoir 30 ans de réclusion ou la réclusion à perpétuité (c. pén. art. 221-1 et 221-3). Mais la loi ne va pas jusque là, la peine étant de 15 ans de réclusion, ce qui s'explique par le dessein de ne point assimiler à des hypothèses extrêmes ce qui relève d'une fiction, fondée sur une difficulté de preuve, et donc sur un doute persistant quant à la culpabilité. L'infraction est dite *praeterintentionnelle*, se situant au-delà de l'intention supposée de l'auteur, mais sans aller jusqu'à une assimilation totale à la qualification correspondant à une intention véritablement prouvée. D'où l'écart répressif qui en résulte. Mais le législateur ne se situe pas toujours ainsi, allant parfois jusqu'à cette assimilation. C'est le cas des destructions, dégradations ou détériorations de biens dangereuses pour les personnes, lorsqu'elles entraînent la mort d'autrui : l'infraction est alors punie de la réclusion criminelle à perpétuité (c. pén., art. 322-10), ce qui revient à considérer le résultat atteint comme procédant d'une volonté d'action en ce sens, alors que la preuve ne peut en être établie avec certitude.

3 / *La preuve du lien entre volonté et résultat.* – Ainsi présentée dans ses rapports avec le résultat, et dans ce qui en fait un élément de consommation à ce titre, l'intention se doit de relever d'une preuve parfaitement établie, afin que la responsabilité pénale soit bien le reflet de l'hostilité qu'elle suppose aux valeurs sociales protégées. Cette preuve est libre, puisqu'il s'agit d'une donnée que seules les circonstances sont à même de révéler, avec pour conséquence d'engager l'appréciation souveraine des juridictions du fond. Elle passe notamment par certaines déductions, dont l'originalité consiste à retirer de la volonté du comportement une volonté équivalente quant au résultat. Il est parfois une indivisibilité très forte entre les deux données, de sorte que les exigences de preuve relatives au résultat sont couvertes par ce que le comportement traduit déjà de manifestation de volonté. Deux figures en rendent compte, selon que l'infraction est matérielle ou formelle.

La volonté du résultat dans les infractions matérielles est souvent associée à l'impact de l'acte par lequel est engagée l'infraction, ainsi, dans les violences volontaires, de l'acte de violence lui-même, le juge s'appuyant sur la manière dont le coup a été porté pour se convaincre de l'intention appliquée au résultat. La jurisprudence relative au meurtre est ici très significative, la Cour de cassation reconnaissant que l'intention homicide, l'*animus necandi*, peut s'induire de la circonstance que l'auteur des coups portés et des blessures faites volontairement a fait usage d'une arme dangereuse et frappé la victime sur une partie du corps particulièrement exposée [1], voire sur tout le corps [2], ou peut encore résulter de tirs groupés ayant atteint la victime dans le dos [3], ou de la force avec laquelle le coup aurait été donné [4]. Toutes ces solutions sont autant d'emprunts à des indices très forts d'une volonté dirigée vers la mort, et qui sont d'autant plus utiles à retenir que l'intention n'est pas autrement prouvable en dehors des aveux de l'accusé. Le comportement est en quelque sorte la préfiguration du résultat, y compris dans sa dimension psychologique et morale.

1. Crim. 5 févr. 1957, *Bull. crim.* n° 110 ; 13 nov. 1990, *Rev. sc. crim.* 1991. 345, obs. Levasseur ; 18 juin 1991, *Dr. pénal* 1991. 277 ; *Rev. sc. crim.* 1992. 73, obs. Levasseur ; 6 janv. 1993, *Dr. pénal* 1993. 103 ; *Rev. sc. crim.* 1993. 773, obs. Levasseur.
2. Crim. 24 juill. 1974, *Gaz. Pal.* 1974. 2. Somm. 289.
3. Crim. 22 mai 1989, *Dr. pénal* 1989. 56.
4. Crim. 9 janv. 1990, *Bull. crim.* n° 15 ; *Rev. sc. crim.* 1990. 337, obs. Levasseur.

justification malaisée, c'est toute la cohérence du droit pénal qui risquerait d'être affectée.

La matière délictuelle contribue à cette cohérence, qui, sans aller jusqu'à consentir à l'intention une exclusivité, en fait un élément de primauté, auquel il ne peut être dérogé que de manière expresse dans les seuls cas prévus par la loi. C'est dire que l'intention relève également d'une appartenance de principe aux délits, et que ceux-ci n'intègrent pas naturellement la culpabilité non intentionnelle. Seule une exception peut justifier qu'il en soit différemment, ce qui situe la non-intention, sinon en marge des délits, du moins très en retrait de ce qui participe de leur conception première.

Quant aux contraventions, elles ne sont pas, en principe, affectées par l'intention, sauf de rares hypothèses, qui ont pour originalité de participer d'un ensemble d'infractions indissociables de leur caractère volontaire [1]. Il faut dire qu'elles sont une espèce à part, engageant moins la délinquance que l'indiscipline (*chapitre 8*), ce qui explique et justifie que la responsabilité de leur chef soit purement objective, c'est-à-dire indépendante de toute considération d'ordre psychologique ou moral.

B – Une place stratégique

231 CLEF DE LECTURE DU DROIT PÉNAL SPÉCIAL. — La place de l'intention est stratégique par le fait qu'elle s'est déplacée du droit pénal spécial au droit pénal général. Avant la réforme du code pénal, aucune orientation de principe n'affectait les infractions, destinée à les situer par rapport à l'intention ou à la non-intention. Il n'était aucun équivalent à l'article 121-3, qui permettait de répartir les crimes et les délits entre ces deux composantes de la culpabilité, et d'en livrer de manière sûre la dimension morale. Cet aspect de la théorie de l'infraction échappait au droit pénal général, et seul le droit pénal spécial était à même d'assurer

1. Ainsi des violences contre les personnes, soient qu'elles n'aient entraîné aucune incapacité totale de travail (c. pén., art. R. 624-1), soit qu'elles aient entraîné une telle incapacité d'une durée inférieure ou égale à huit jours (c. pén., art. R. 625-1). Dans les deux hypothèses, respectivement constitutives d'une contravention de la 4e et de la 5e classe, c'est par référence à des « violences volontaires » qu'elles sont incriminées.

la réponse, en consultant les incriminations les unes après les autres afin de se déterminer sur leur nature précise. Aucune philosophie ne donnait une cohérence à l'ensemble, ce qui rendait la matière très disparate. L'apport de la réforme est à ce titre d'une grande richesse. Désormais, l'élément moral de l'infraction ne dépend plus d'une casuistique laborieuse, mais il s'inscrit dans une démarche constructive. Il n'est plus cette donnée dont l'éparpillement confinait à un aveu d'immaturité, étant enfin élevé au rang des principes directeurs de la responsabilité pénale.

Cette évolution n'est pas que substantielle. Elle est également stratégique, en faisant de l'article 121-3 du code pénal la clef de lecture du droit pénal spécial. Il en découle, en effet, que, le principe étant affirmé de l'exclusivité de l'intention en matière criminelle, et de sa primauté en matière délictuelle, point n'est besoin de le reformuler dans les textes d'incrimination, et que le silence de ces textes sur l'élément moral ne peut qu'être compris comme renvoyant à l'intention. Les conséquences en sont doubles, d'abord dans le code pénal lui-même, ensuite en dehors de ses dispositions.

232 CODE PÉNAL. — Fidèle à ses options, le code pénal les a appliquées à ses propres incriminations. Il a, dans ses livres II et suivants, fait l'économie de toute référence à l'élément moral pour les crimes, ou ne l'évoque pour les délits qu'en termes non intentionnels, conformément à la nécessité d'en faire expressément mention lorsque l'infraction ne procède pas de l'intention.

Mais il faut reconnaître que cette orientation n'est pas toujours respectée, et qu'il est des exceptions dont la justification est difficile. Par exemple, depuis une loi du 22 juillet 1996, les articles 421-1 et suivants du code pénal définissent les actes de terrorisme par référence expresse à l'intention. Ceci étant, cet apport de la loi ne répond à aucune nécessité, l'article 121-3 du code pénal étant suffisant pour se convaincre de la nature intentionnelle des actes en cause, en dehors de toute prévision en ce sens. C'est donc verser dans la redondance que de le dire, là où, en application du code pénal lui-même, le silence de la loi eût, de toute façon, été interprété comme impliquant un tel caractère. Sur le fond le législateur a raison, le terrorisme ne pouvant se concevoir autrement que par référence à une action intentionnelle. Mais il ne respecte pas ses propres principes quant à la manière de légiférer. Pis encore, il les affaiblit, ce qui rend le code pénal moins lisible. Plus les textes d'incrimination intègrent l'intention comme élément explicite de définition, plus est grand le risque de s'interroger *a contrario* sur le caractère intentionnel ou non des infractions ne renvoyant pas expressément à la volonté coupable de leur auteur. L'efficacité du système mis en place est à terme menacée...

233 HORS CODE PÉNAL. — Les réalités sont quelque peu différentes en dehors du code pénal, la réforme n'ayant pas été suivie des retouches nécessaires pour en adapter les dispositions. Ce travail de mise à jour eût été trop lourd. Mais ce n'est pas sans conséquences sur la manière dont il convient de lire et interpréter les incriminations en cause. Trois hypothèses méritent l'attention.

1 / La première est relative aux nombreux textes qui intègrent explicitement l'intention. Il s'agit là d'une redondance par rapport à la règle énoncée à l'article 121-3 du code pénal, mais qui ne soulève aucune difficulté d'application, étant seulement regrettable sur le plan des principes.

2 / La deuxième affecte les incriminations définies sans aucune référence à l'élément moral. Confrontées à l'article 121-3 du code pénal, elles risquaient de basculer dans l'intention. On perçoit de suite combien cette interprétation, pourtant dans la logique de la réforme, eût abouti à un résultat qu'il n'était pas possible de cautionner. C'est pourquoi le législateur est intervenu par une mesure opportune, tirée de la loi d'adaptation n° 92-1136 du 16 décembre 1992, dont l'article 339 est ainsi rédigé : « *Tous les délits non intentionnels réprimés par des textes antérieurs à l'entrée en vigueur de la présente loi demeurent constitués en cas d'imprudence, de négligence ou de mise en danger délibérée de la personne d'autrui, même lorsque la loi ne le prévoit pas expressément* ». Cette disposition est importante, en ce qu'elle permet de confirmer le caractère non intentionnel de délits, qui sur le fondement de dispositions antérieures étrangères à toute référence à l'élément moral, avaient été retenus comme de nature involontaire.

3 / Enfin, il est une dernière hypothèse, qui intéresse les délits dits « contraventionnels » ou « purement matériels »[1]. Avant le 1er mars 1994, date d'entrée en vigueur du code pénal réformé, certains délits connaissaient un régime emprunté aux contraventions, pour être soustraits à toute évaluation d'ordre moral, la culpabilité étant suffisamment établie par la constatation même de la matérialité des faits incriminés[2]. Ces délits ne peuvent que disparaître de notre droit, en application, tant de l'article 121-3 du code pénal, que de l'article 339 de la loi d'adaptation du 16 décembre 1992. Il revient aux juridictions de les répartir entre l'intention ou la non-intention. Si l'intention est préférée, il suffit de faire état de l'article 121-3, en jugeant que l'absence de référence à l'élément moral est un renvoi implicite à celle-ci. Si la non-intention est la solution, l'article 339 peut être également exploité, puisque ce texte s'applique même si la loi ne fait pas expressément mention de l'imprudence ou de la négligence[3].

Les délits, et encore moins les crimes, ne sauraient donc relever d'une conception objectivement matérielle, et échapper ainsi à tout débat sur la culpabilité, comme c'était parfois le cas avant la réforme. Il s'agissait là d'une version trop éloignée de la présomption d'innocence. Elle est aujourd'hui opportunément condamnée, avec un salutaire retour à des règles plus conformes aux fondements

1. À ne pas confondre avec l' « infraction matérielle », par opposition à l'infraction formelle : dans le délit « purement matériel », ou contraventionnel, la structure morale de l'infraction est engagée, alors que dans la distinction évoquée, seule la structure matérielle est en cause.
2. C'était le cas de la publicité « fausse ou de nature à induire en erreur », telle qu'elle était incriminée à l'article 44-I de la loi du 27 décembre 1973 (Crim. 4 déc. 1978, *Bull. crim.* n° 342), après l'avoir été en termes de publicité mensongère « faite de mauvaise foi comportant des allégations fausses ou induisant en erreur » par la loi de finances rectificative du 2 juillet 1963.
3. Le plus souvent la non-intention l'emporte, tout simplement parce que les anciens délits contraventionnels ont été recherchés pour sanctionner l'équivalent de véritables obligations de résultat, pesant notamment sur les professionnels ou les décideurs publics ou privés. Or, c'est plus en rapport avec des imprudences présumées que des intentions affirmées qu'ils ont été retenus. Il est donc normal que la version non-intentionnelle l'emporte. C'est le cas de la publicité fausse ou de nature à induire en erreur (Crim. 14 déc. 1994, *Bull. crim.* n° 415 ; *Dr. pénal* 1995. 98, obs. J-H. Robert ; *Rev. sc. crim.* 1995. 570, obs. Bouloc ; 26 oct. 1999, *Bull. crim.* n° 233 ; *Dr. pénal* 2000. 21, obs. J-H. Robert), et la nouvelle qualification de pratiques commerciales trompeuses, issue de la loi n° 2008-3 du 3 janvier 2008 pour le développement de la concurrence au service des consommateurs (*JO* 4 janv., p. 258), ne semble pas remettre en cause cette solution, faute d'avoir modifié la formule d'incrimination, qui continue à renvoyer à des « allégations, indications ou présentations fausses ou de nature à induire en erreur ».

de la répression, qui ne saurait être sans aucun lien avec la psychologie de ceux qui ont à la subir [1].

Cette conclusion est pourtant dénoncée comme mise à mal par la Cour de cassation, dont la jurisprudence semble indirectement renouer avec les délits purement matériels. Elle décide avec régularité que : « La seule constatation de la violation en connaissance de cause d'une prescription légale ou réglementaire implique, de la part de son auteur, l'intention coupable exigée par l'article 121-3, alinéa 1er, du code pénal » [2]. D'où la déduction facile que la matérialité des faits, telle que constatée dans ce qui en caractérise les données, emporte culpabilité, leur auteur engageant en quelque sorte sa responsabilité indépendamment d'une approche personnalisée de son intention.

Mais l'interprétation est trompeuse. S'il est certain que la solution ne répond que de très loin à une approche concrète de la culpabilité, pour ce qu'elle devrait laisser filtrer de sensibilité variable en fonction des espèces, elle ne saurait, pour autant, être le signe d'un retour à la théorie des délits purement matériels. En vérité, c'est la définition même de l'intention que l'on retrouve ici, pour ce qu'elle manifeste d'indifférence aux mobiles, et de référence à la connaissance doublée de volonté. La formule de la Cour de cassation ne fait que traduire cette réalité. Parce que, par définition, l'intention est exclusive de tout lien avec la psychologie profonde de l'auteur de l'infraction, la seule version concrète que l'on puisse en avoir tient finalement à la preuve de la connaissance des interdits, avec pour conséquence fort logique d'en déduire une volonté hostile à la loi, dès lors qu'elle se double d'une action contraire à ses prescriptions. Il n'est aucun retour déguisé à une approche objective de

1. Le Conseil constitutionnel lui-même le confirme en ces termes : « Il résulte de l'article 9 de la Déclaration des droits de l'homme et du citoyen, s'agissant des crimes et délits, que la culpabilité ne saurait résulter de la seule imputabilité matérielle d'actes pénalement sanctionnés ; en conséquence, et conformément aux dispositions combinées de l'article 9 précité et du principe de légalité des délits et des peines affirmé par l'article 8 de la même Déclaration, la définition d'une incrimination, en matière délictuelle, doit inclure, outre l'élément matériel de l'infraction, l'élément moral, intentionnel ou non, de celle-ci » (Cons. constit., 16 juin 1999 (n° 99-411 DC), *JO* 19 juin, p. 9018 ; D. 1999. 589, note Mayaud ; *ibid.* 2000. *Somm.* 197, obs. Sciortino-Bayart).
2. Voir, en dernier lieu, Crim. 17 juin 2008, *Bull. crim.* n° 155 ; 15 déc. 2009, D. 2010, *AJ*, p. 203, Obs. Delpech.

l'intention, mais que pure restitution de ce qu'elle représente de conception intellectuelle et abstraite.

Section II
La non-intention, ou de l'indifférence aux valeurs sociales

234 À la non-intention se rattachent tous les comportements qui ne procèdent pas d'une volonté délibérée d'atteindre le résultat de l'infraction. L'imprudence, la négligence, la maladresse en rendent compte, avec pour domaine d'élection les qualifications d'homicide involontaire et de violences involontaires, ou encore le délit de risques causés à autrui. Les enjeux juridiques ne sont pas les mêmes de l'intention à la non-intention. Autant la première se prête à une responsabilité de principe, pour sanctionner une résistance aux valeurs sociales, autant la seconde, qui n'est qu'une manifestation d'indifférence à ces mêmes valeurs, impose une certaine relativité, afin de la réserver aux hypothèses les plus significatives. Le législateur en est conscient, qui s'est engagé dans des réformes importantes en ce sens. La non-intention relève aujourd'hui d'un régime très nuancé, qui tient, à la fois, à la hiérarchie des fautes qui la caractérisent (I), et à un allégement de la répression (II).

I | LA HIÉRARCHIE DES FAUTES NON INTENTIONNELLES

235 DÉCLINAISON. — La faute pénale est restée pendant très longtemps une faute uniforme, c'est-à-dire toujours identique à elle-même, sans différence aucune permettant de la situer au sein d'une hiérarchie. Les "maladresse, imprudence, inattention, négligence ou inobservation des règlements", auxquelles renvoyaient les anciens articles 319 et 320 du code pénal, étaient autant d'expressions synonymes de la même réalité fautive, dont la portée couvrait indifféremment, pour être soumises au même régime répressif, toutes les défaillances, depuis les moins graves jusqu'aux plus conséquentes. La faute ne se prêtait à aucune diversité répressive, toutes ses manifestations étant soumises aux mêmes peines, et aucune distinction n'étant faite afin d'en varier le régime sur le critère de sa gravité. Mais cette conception s'est révélée inadaptée, et les critiques n'ont pas manqué, doublées de propositions destinées à en compenser les défauts, qui ont finalement abouti à un enrichissement de la matière. La non-intention connaît aujourd'hui plusieurs figures, selon que la faute reprochée au prévenu est simple (A) ou qualifiée (B).

A – La faute simple

236 FAUTE MINIMALE. — C'est la faute la moins grave, que l'article 121-3, troisième alinéa, du code pénal décrit comme « *une faute d'imprudence, de négligence ou de manquement à une obligation de prudence ou de sécurité prévue par la loi ou le règlement...* ». Elle consiste en une défaillance qui, en quelque sorte, échappe à son auteur. Le droit pénal a connu une évolution sensible sur cette catégorie. Elle est aujourd'hui délestée d'une partie de ce qui a contribué à l'illustrer pendant des années par référence à la faute très légère (*culpa levissima*). Ce type de faute était retenu en jurisprudence, alors qu'il est difficile d'assimiler à une délinquance le fait de ne pas avoir une conduite attentive à tout instant. Personne n'est à l'abri d'une maladresse ou d'une inattention, et ce n'est pas le rôle du droit pénal que de sanctionner les écarts les plus minimes, la responsabilité civile et le droit des assurances suffisant pour en réparer les dommages.

237 FAUTE AUTONOME. — L'origine de la solution tient à un arrêt de principe du 18 décembre 1912 [1], par lequel la Cour de cassation a consacré une théorie unitaire des fautes civile et pénale, qui a persisté pendant près d'un siècle. Elle a considéré qu'étaient de même nature les fautes des articles 1382 et 1383 du code civil et les fautes des articles 319 et 320 du code pénal, devenus

1. Civ., 18 déc. 1912, D.P. 1915. 1. 17, note L. S. ; S. 1914. 1. 249, note Morel ; *Gaz. Pal.* 1913. 1. 107.
V. également : Civ. 30 déc. 1929, D.P. 1930. 41 (3e espèce), note R. Savatier. – Crim. 6 juill. 1934, D.H. 1934. 446. – Rappr. Grenoble, 15 juin 1993, D. 1994. 239, note Lebreton.

les articles 221-6 et 222-19. Cette unité a été justifiée par le souci d'éviter des divergences d'appréciation, la même faute, en effet, pouvant être doublement traitée, et pour ce qu'elle représente d'inconduite au sens du droit pénal, avec nécessité d'avoir à la sanctionner à ce titre, et pour ce qu'elle constitue de « fait quelconque de l'homme » au sens du droit de la responsabilité civile, obligeant son auteur à réparation. Aussi, la préoccupation fut-elle de veiller à ce que les intervenants judiciaires ne se missent pas en contradiction avec eux-mêmes, notamment en retenant la faute au pénal, mais non au civil, ou, au contraire, en la considérant comme acquise au civil, mais sans l'avoir été au pénal.

Mais, peu à peu, ce principe unitaire a dérivé vers des conséquences incontrôlées. Le juge pénal a projeté sur sa décision des préoccupations indemnitaires, par hypothèse étrangères au débat pénal. Afin d'éviter aux victimes une absence de réparation liée à une éventuelle relaxe, il a eu tendance à se montrer fort exigeant sur le plan répressif, jusqu'à retenir des fautes insignifiantes, des « poussières de fautes » [1], quitte à ne les sanctionner que de manière symbolique, mais avec l'avantage de déductions favorables quant aux intérêts civils. C'est ainsi que le droit pénal a suivi la pente d'une dénaturation regrettable, les condamnations étant moins l'expression d'une réaction répressive, que la volonté d'une couverture civile. Il était donc opportun de rompre avec cette théorie.

La rupture a été opérée par la loi n° 2000-647 du 10 juillet 2000 tendant à préciser la définition des délits non intentionnels [2], qui, à cette fin, a inséré, après l'article 4 du code de procédure pénale, un nouvel article 4-1 ainsi rédigé : « *L'absence de faute pénale non intentionnelle au sens de l'article 121-3 du code pénal ne fait pas obstacle à l'exercice d'une action devant les juridictions civiles afin d'obtenir la réparation d'un dommage sur le fondement de l'article 1383 du code civil si l'existence de la faute civile prévue par cet article est établie...* ».

Désormais, parce que l'absence de faute au pénal ne prive plus la victime d'une indemnisation fondée sur la faute civile, les juridictions pénales ont retrouvé l'autonomie d'action qu'elles avaient

1. R. Dosière, *Rapp. Assemblée nationale*, n° 2266, 22 mars 2000, p. 15 et s.
2. *JO* 11 juill., p. 10484.

perdue. En ménageant la voie de la réparation civile malgré l'absence de faute au pénal, la loi du 10 juillet 2000 permet au juge répressif de se dégager des suites indemnitaires de sa décision, ce qui revient à placer les deux fautes dans leur domaine propre, avec pour avantage de pouvoir les apprécier sur le fondement d'une philosophie séparée. Le retour à la dualité des fautes est donc une invitation à tempérer la répression. La *culpa levissima* doit être exclue de son champ, parce qu'elle ne rejoint pas l'objet du droit pénal, qui est de sanctionner ce qui correspond à une culpabilité manifeste. Une faute très légère n'est que l'expression d'une défaillance toujours possible, et non point le signe d'une délinquance avérée. Aussi, n'a-t-elle pas sa place comme fait générateur de responsabilité pénale, et on ne peut que se féliciter de la voir enfin disparaître, du moins de la possibilité qui est donnée au juge de contribuer à cette disparition [1].

B – Les fautes qualifiées

238 Si les fautes les plus légères n'avaient plus à être sanctionnées, en revanche les fautes les plus graves méritaient, au contraire, d'être élevées au rang de catégories reconnues. C'est ce qui a été fait en deux étapes successives, la première marquée par la réforme du code pénal, issue des lois du 22 juillet 1992, avec la *faute délibérée* à l'appui, et la seconde liée à la loi du 10 juillet 2000, à laquelle se rattache la *faute caractérisée.*

a) La faute délibérée

239 FAUTE MAXIMALE. — La faute délibérée est doublement visée à l'article 121-3 du code pénal, et dans son deuxième alinéa comme hypothèse de « *mise en danger délibérée de la personne*

1. La logique veut que les deux fautes, civile et pénale, désormais rendues à leur autonomie, puissent être distinguées, non seulement par le juge civil dans le cadre d'une action séparée, mais encore par le juge pénal après avoir statué sur l'action publique. Les dispositions de l'article 470-1 du code de procédure pénale sont en ce sens, et elles complètent utilement celles de l'article 4-1 (Pour des exemples d'application : Agen, 27 nov. 2000, *Bull. inf. C. cass.* 2001.

d'autrui », et dans son quatrième alinéa, en référence au fait, pour une personne physique, d'avoir « *violé de façon manifestement délibérée une obligation particulière de prudence ou de sécurité prévue par la loi ou le règlement* ». Cette faute – doublement intégrée en droit pénal spécial, et au titre du délit formel de risques causés à autrui (c. pén., art. 223-1), et en tant que circonstance aggravante des délits matériels d'homicide involontaire et de coups et blessures par imprudence (c. pén., art. 221-6 (al. 2), 222-19 (al. 2), 222-20 et R. 625-3) – soulève une question d'appartenance, tant il apparaît difficile de concilier des actions ou des omissions délibérées avec ce qui est traditionnellement présenté comme relevant de comportements involontaires. Mais l'antinomie n'est qu'apparente. Si la faute délibérée est bien volontaire, elle n'en reste pas moins non intentionnelle.

240 FAUTE VOLONTAIRE. — Ce qui est délibéré ne peut qu'être volontaire. Alors la faute se double d'une consistance particulière, faite d'une adhésion à sa réalisation, avec pour effet d'en accuser la gravité. Dans sa nature première, la faute pénale est en général subie, en ce sens que, tout en étant imputable à celui qui la commet, elle témoigne moins d'une volonté de mal faire, que d'une défaillance regrettable. Mais il est des fautes plus prononcées, qui correspondent à toutes les hypothèses de négligence ou d'imprudence consciente, doublée de la volonté d'agir malgré tout, ce que le code pénal entend précisément sanctionner, en les isolant des figures plus classiques de simples manquements. La volonté devient de ce fait composante de la faute, pour en renforcer la gravité, en prenant en compte l'état d'esprit de son auteur, qui, loin d'être la victime de ses propres faiblesses, y trouve, au contraire, le soutien nécessaire à une détermination coupable. Telle est la faute délibérée, qui n'est rien d'autre qu'une attitude volontaire dans une conduite négligente. Elle est la part du vouloir dans l'imprudence, qui justifie des sanctions spécifiques, parce que tous les comportements ne procèdent pas d'une même démarche psychologique, et qu'il est des

606 ; Pau, 26 juin 2001, JCP 2002. IV. 1613 ; Versailles, 16 mars 2004, D. 2005, *Pan.*, p. 407, obs. Penneau. – Crim. 5 juin 2007, *Bull. crim.* n° 152 ; *Rev. sc. crim.* 2008. 78, obs. Mayaud).

fautes qui peuvent se distinguer sur le critère d'une gravité subjective plus marquée [1].

La jurisprudence en fait des applications très ciblées. Ainsi, commet une telle faute le chef d'entreprise, coupable d'homicide involontaire à la suite du décès d'un salarié dans l'éboulement d'une tranchée, qui avait décidé de laisser au dépôt le matériel de blindage dont l'installation relevait pourtant d'un impératif réglementaire [2], ou encore le médecin anesthésiste qui n'a pas utilisé un produit en conformité avec l'arrêté d'autorisation de mise sur le marché, provoquant ainsi des blessures à six patients [3]. Ces exemples témoignent de la gravité des comportements sanctionnés, qui, par le caractère en quelque sorte prémédité de la faute, se situent en tête des actions nuisibles, et expriment une indifférence extrême à la vie ou à l'intégrité physique d'autrui. Telle est la réalité que le législateur a entendu sanctionner de manière spécifique, en blâmant, certes la faute, mais aussi la volonté qui en accompagne la réalisation. Cette association d'un genre nouveau a d'ailleurs fait douter de sa véritable nature.

241 FAUTE « NON INTENTIONNELLE ». — Les manquements délibérés, qui participent d'un comportement volontaire, ont d'emblée soulevé un problème d'identité, et c'est fort légitimement que l'on s'est posé la question de savoir s'il s'agissait encore de non-intention.

La réponse ne peut faire de doute. Malgré sa gravité, la faute délibérée ne franchit pas le seuil de l'intention. Elle reste du domaine de la faute et participe de sa nature, même si, en raison de son caractère volontaire, grande est la tentation d'en faire un comportement intentionnel [4]. Autrement dit, le gain de nuance qui en résulte ne doit pas être interprété au désavantage de la non intention, et il convient d'éviter le piège d'une synonymie trompeuse

1. Y. Mayaud, La volonté à la lumière du nouveau code pénal, *Mélanges Jean Larguier*, PUG, 1993, p. 203.
2. Crim. 12 sept. 2000, *Bull. crim.* n° 268 ; *Dr pénal* 2001. 3, obs. Véron ; *Dr. social* 2000, p. 1075 et s., obs. Morvan ; *Rev. sc. crim.* 2001, p. 154, obs. Bouloc, p. 159, obs. Mayaud, et p. 399, obs. Cerf-Hollender.
3. Crim. 11 sept. 2001, *Bull. crim.* n° 176 ; *Dr. pénal* 2002. 4, obs. Véron ; *Gaz. Pal.* 2002. 2. *Somm.* 1596, note Monnet ; *Rev. sc. crim.* 2002. 106, obs. Mayaud.
4. Pour une synthèse des controverses doctrinales et des ambiguïtés jurisprudentielles à ce sujet, V. J. Francillon, *Code pénal commenté*, Dalloz, 1996, p. 270 s.

entre ce qui est intentionnel et ce qui est délibéré. Même doublée de volonté, la faute reste non intentionnelle, parce que cette volonté est seulement associée au comportement, et non au résultat. Dans l'homicide involontaire, par exemple, ou les coups et blessures par imprudence, elle ne participe pas de la nature de l'intention, faute d'être psychologiquement orientée vers la réalisation d'une atteinte à la vie ou à l'intégrité physique des personnes [1].

Alors, ne relève pas de la meilleure présentation la référence souvent faite à la théorie du « dol éventuel » pour rendre compte de la faute délibérée [2]. Cette théorie consacre un raisonnement par analogie, en consentant à ce que les fautes non intentionnelles les plus graves soient assimilées à de véritables intentions. Mais aucune transposition de cette logique extensive n'a été consacrée sur le fondement de la faute délibérée, dont l'originalité n'est pas de franchir le seuil de l'intention, mais de rester au contraire dans la non-intention, tout en étant tributaire d'une répression adaptée [3].

De même, se révèlent d'elles-mêmes les incohérences liées au mauvais usage du qualificatif « involontaire ». Il est pourtant difficile d'admettre que soit involontaire ce qui est délibéré... Aussi l'homicide involontaire et les violences involontaires, dans leur rapport avec la faute délibérée, seraient-ils mieux dénommés par référence à ce qui en constitue le caractère « non intentionnel ».

b) La faute caractérisée

242 FAUTE INTERMÉDIAIRE. — La loi du 10 juillet 2000 est à l'origine d'une nouvelle catégorie de faute, que l'on peut dire intermédiaire entre la faute simple et la faute délibérée. Il s'agit de la

1. C'est par cette psychologie particulière, en relation avec le comportement, que la mise en danger se distingue de l'infraction *praeterintentionnelle*, qui correspond à la réalisation d'un résultat non voulu, mais tout en ne perdant rien de sa nature intentionnelle. Alors que l'auteur d'une mise en danger ne veut pas du résultat redouté, dans les violences volontaires ayant entraîné la mort sans intention de la donner (c. pén., art. 222-7) le principe d'une atteinte à l'intégrité corporelle est au contraire recherché, même si la mort n'a pas été souhaitée. La différence tient donc à la relation entre la volonté et le résultat, seule la volonté du comportement étant concernée dans la mise en danger, où aucun résultat sous forme d'atteinte effective à l'intégrité physique n'est recherché en soi, alors que la volonté, *sinon du résultat atteint, du moins de l'atteinte d'un résultat*, rend compte de l'infraction *praeterintentionnelle*.
2. En ce sens, Circulaire du 14 mai 1993, commentant les dispositions de la partie Législative du nouveau Code pénal (livres I à V) et les dispositions de la loi du 16 décembre 1992 relative à son entrée en vigueur, *Direction des journaux officiels*, sept. 1993, p. 128.
3. J. Cedras, Le dol éventuel : aux limites de l'intention, D. 1995. *Chron.* 18.

faute caractérisée, prévue et définie à l'article 121-3 du code pénal, quatrième alinéa. Cette faute pèse sur les personnes lorsqu'il est établi qu'elles ont eu un comportement qui « *exposait autrui à un risque d'une particulière gravité qu'elles ne pouvaient ignorer* ». La notion est utile, pour procéder d'une nuance qui a sa place parmi les défaillances constitutives de la non-intention. C'est naturellement en relation avec la faute délibérée qu'il convient d'en juger.

En fait, les deux fautes sont complémentaires, d'une complémentarité dictée par la différence de degré qui les sépare. La faute délibérée, nous l'avons dit, suppose un acte volontaire. Sa gravité, comme sa position au sommet de la hiérarchie, en fait un comportement aux confins de la culpabilité non intentionnelle, mais sans franchir le seuil de l'intention, à défaut d'une volonté également orientée vers la réalisation du résultat. Tel n'est pas le cas de la faute caractérisée, qui emprunte sa substance à un manquement non délibéré dans son principe, ce qui en fait une faute classique, tout en étant revêtue d'une certaine importance pour ce qu'elle représente de défaillance inadmissible.

En réalité, la faute caractérisée offre des perspectives d'application très étendues. Il faut dire qu'elle est une faute moins conditionnée que la faute délibérée. Alors que celle-ci ne peut être réalisée que par référence à une obligation particulière de prudence ou de sécurité, inscrite dans des textes, tout en se doublant d'une volonté « manifeste », la faute caractérisée, quant à elle, n'est pas limitée à ce qui est légalement ou réglementairement imposé, toute défaillance étant prise en compte, pourvu qu'elle génère un risque particulièrement grave. La jurisprudence veille à l'établir au regard de cette gravité, le plus souvent en relation avec des manquements correspondant à des besoins de prudence ou de sécurité d'autant plus forts, que les situations en cause sont objectivement des situations à risques. Ainsi de l'accumulation de négligences ou de défaillances en séries [1], ou d'un manquement à des obligations professionnelles essentielles [2]. Les hypothèses ne manquent pas, qui

1. Pau, 2 mai 2001, JCP 2001. IV. 3098.
2. Lyon, 28 juin 2001 (*affaire du Drac*), *Gaz. Pal.* 2001. 2. 1140, note S. Petit ; *Rev. sc. crim.* 2001. 804, obs. Mayaud. – Paris, 24 janv. 2002 (n° 00/05096), confirmé par Crim. 10 déc. 2002, *Bull. crim.* n° 223 ; *Dr. pénal* 2003. 45 (2e arrêt), obs. Véron ; *Rev. sc. crim.* 2003. 332, obs. Mayaud. – Grenoble, 4 juill. 2007, JCP 2007. IV. 3248.

rejoignent tous les secteurs marqués par une insécurité grandissante...

II | LA RÉPRESSION DE LA FAUTE NON INTENTIONNELLE

243 DÉPÉNALISATION. — De même que, à la faveur de leur hiérarchie, les fautes non intentionnelles témoignent de subtiles nuances, qui passent notamment par le rejet des fautes les plus légères, de même leur régime de répression s'inscrit dans une logique de dépénalisation, afin d'en cantonner les applications aux fautes les moins graves. Deux éléments techniques contribuent à cet objectif, en termes, et d'appréciation, et de causalité, la première relevant d'une démarche concrète (A), la seconde d'un relais diversifié (B).

A – L'appréciation in concreto

244 La matière se démarque ici de l'intention. Autant cette dernière est le reflet d'une conception abstraite, manifestée par le rejet des mobiles, autant la non-intention doit résulter de circonstances concrètes, destinées à en restituer la réalité autrement que par de simples présomptions, ou par référence à des conduites trop idéalisées. Une exigence d'appréciation motivée pèse donc sur le juge, ce qui est le fait d'une mention explicite pour la faute simple ou ordinaire, et d'une donnée implicite pour les fautes qualifiées.

245 EXIGENCE EXPLICITE. — La faute simple est expressément soumise à une appréciation *in concreto*, ce que le troisième alinéa de l'article 121-3 du code pénal formule en ces termes : « Il y a également délit, lorsque la loi le prévoit, en cas de faute d'imprudence, de négligence ou de manquement à une obligation de prudence ou de sécurité prévue par la loi ou le règlement, *s'il est établi que l'auteur des faits n'a pas accompli les diligences normales compte tenu, le cas échéant, de la nature de ses missions ou de ses fonctions, de ses compétences ainsi que du pouvoir et des moyens dont il disposait* ».

C'est donc sur des critères objectifs que le juge est invité à se déterminer, en approchant tout ce qui peut contribuer à rendre effective la constatation de la normalité, à la mesure d'une appréciation des faits eux-mêmes, et sans se démarquer des critères retenus par la loi. Il s'agit de déceler, dans la conduite des missions ou des fonctions exercées, dans l'exercice des compétences attribuées, ainsi que dans l'usage des pouvoirs et des moyens dévolus, tous les signes d'une diligence normale, interdisant de considérer la faute comme pénalement constituée, ou, au contraire, ceux d'une insuffisance marquée, avec les conséquences répressives en découlant. Disparaît ainsi tout système d'appréciation à base de transposition d'un modèle idéal, ce qui a été délibérément rejeté comme étant par trop éloigné d'une culpabilité à la mesure des circonstances [1].

246 EXIGENCE IMPLICITE. — Les fautes qualifiées sont également soumises à une appréciation concrète. Mais, contrairement à la faute plus ordinaire, il ne s'agit pas d'une précision de la loi, qui ne contient à leur sujet aucune disposition équivalente à celle renvoyant aux diligences normales. Le principe est ici implicite, pour être indissociable des fautes en cause, tant il est évident qu'elles ne peuvent être autrement retenues que par une référence circonstanciée à ce qui en rejoint les éléments de définition.

Ainsi de la faute délibérée, qui renvoie à un comportement dont la gravité est extrême, ce qui implique qu'elle soit séparée de conduites plus ordinaires. La détermination dans le risque, l'installation dans le danger, dont la nature n'échappe pas à leur auteur, ne peut que passer par la constatation de faits particulièrement sen-

1. La référence aux diligences normales a pour origine la loi n° 96-393 du 13 mai 1996 relative à la responsabilité pénale pour des faits d'imprudence ou de négligence (*JO* 14 mai, 7211). Un cri d'alarme avait été lancé sur la situation des élus locaux et agents publics, considérés comme trop souvent confrontés à des poursuites et condamnés ès qualités pour homicide ou violences involontaires. Le législateur est donc intervenu en invitant le juge à une meilleure motivation dans ses décisions. Mais il a bien compris que sa réforme ne pouvait être réservée à cette catégorie de justiciables. Aussi, les retouches de l'article 121-3 du code pénal ne doivent leur existence qu'à un besoin de justification des modifications qui affectent par ailleurs le code général des collectivités territoriales (art. L. 2123-34, L. 3123-28, L. 4135-28, L. 4422-11, et L. 5211-15), ou le statut des fonctionnaires (L. n° 83-634 du 13 juill. 1983, art. 11 *bis* A), le législateur ayant entendu éviter toute critique fondée sur un quelconque favoritisme au bénéfice des politiques ou des agents publics.

sibles et révélateurs en ce sens, avec pour résultat de convaincre d'une indifférence manifeste à la valeur sociale protégée.

De même, la faute caractérisée est totalement tributaire d'une telle appréciation, n'étant définie que sur des critères la situant au sommet d'exigences particulières. Que ce soit en termes de risques ou de connaissance, l'auteur d'une telle faute ne peut qu'être poursuivi et condamné sur des éléments probants de conviction, empruntés aux faits eux-mêmes et à leur gravité.

On le voit, l'appréciation *in concreto* est le seul mode permettant de se convaincre de l'existence d'une faute non intentionnelle : pour la faute ordinaire, elle est *guidée* par les diligences normales, et, pour les fautes qualifiées, elle est *dictée* par les manquements qui en relèvent.

B – Le relais de la causalité

247 La loi du 10 juillet 2000, dans un but de dépénalisation, a exploité une importante donnée du droit de la responsabilité, à savoir le lien de causalité entre la faute et le dommage. Toute responsabilité suppose cet élément, indispensable à sa mise en œuvre, le dommage éprouvé par les victimes devant être en relation avec le fait fautif par ailleurs reproché au prétendu responsable. Mais la causalité peut être comprise plus ou moins largement, et c'est sur cette souplesse de conception que s'est appuyée la réforme, afin d'orienter différemment la responsabilité pénale des personnes physiques et celle des personnes morales.

a) Les personnes physiques

248 AVANT LA LOI DU 10 JUILLET 2000. — La causalité est doublement appréhendée dans le droit de la responsabilité. Soit elle s'entend d'une relation directe entre la faute et le dommage, auquel cas elle relève d'une conception étroite, soit elle se comprend plus largement, pour intégrer tout ce qui participe indirectement d'une telle relation, et elle relève d'une approche beaucoup plus opérationnelle. Les enjeux ne sont pas négligeables. Opter pour la causalité directe, c'est retenir une responsabilité à la mesure de ce qui relie la faute à ses conséquences immédiates et de portée maîtrisable. Au contraire, par la causalité indirecte, la responsabilité est élargie à tout ce qui s'inscrit dans une chaîne d'effets en série. La causalité directe est "adéquate", pour ne prendre en compte que ce qui procède d'une juste mesure de la faute qui en a généré le mouvement, alors que, dans la causalité indirecte, toutes les retombées du comportement sont "équivalentes", avec pour principe de pouvoir en sanctionner les diverses manifestations.

Le droit pénal a privilégié pendant longtemps la causalité indirecte, contrairement au droit civil. Il suffisait donc que le dommage invoqué fût en relation quelconque avec la faute pour que celle-ci engageât la responsabilité pénale de son auteur. Les conséquences en furent nettement répressives, en ouvrant la matière à des applications très larges. Et cette ouverture, associée à une conception elle-même très extensive de la faute, ne put qu'être source d'une responsabilité omniprésente, du moins dont le poids se fit exagérément ressentir. La rencontre d'une *faute étendue* et d'une *causalité distendue* engendra rejet et incompréhension, parce qu'aboutissant à des applications incontrôlables, dont la mesure n'était plus le reflet du droit, mais de la seule sensibilité du juge.

249 DEPUIS LA LOI DU 10 JUILLET 2000. — La loi du 10 juillet 2000 a rompu avec le système antérieur. Désormais, la causalité est facteur de différence pour la faute elle-même, qui devient une source diversifiée de responsabilité selon que le dommage en est le produit direct ou indirect. Une simple faute suffit lorsque le dommage est direct, alors qu'une faute délibérée ou caractérisée est exigée en cas de dommage indirect. L'article 121-3 du code pénal est modifié en ce sens, avec, à l'appui, un quatrième alinéa dont l'objet est de dépénaliser une partie des violences jusqu'ici réprimées : « *Dans le cas prévu par l'alinéa qui précède, les personnes physiques qui n'ont pas causé directement le dommage, mais qui ont créé ou contribué à créer la situation qui a permis la réalisation du dommage ou qui n'ont pas pris les mesures permettant de l'éviter, sont responsables pénalement s'il est établi qu'elles ont, soit violé de façon manifestement délibérée une obligation particulière de prudence ou de sécurité prévue par la loi ou le règlement, soit commis une faute carac-*

térisée et qui exposait autrui à un risque d'une particulière gravité qu'elles ne pouvaient ignorer ». C'est dire que, par référence au lien de causalité, la responsabilité a aujourd'hui perdu de son uniformité au profit de deux nouvelles versions.

La première est relative à la causalité directe. Toutes les fautes peuvent être retenues, qu'elles soient légères ou graves, lorsqu'une telle causalité est démontrée. Seules les fautes les plus minimes devraient échapper à la responsabilité, du fait de la possibilité de les indemniser au civil indépendamment d'une condamnation pénale préalable. Mais, à cette nuance près, dictée par le retour à la dualité des fautes civile et pénale, la causalité directe permet de s'appuyer sur n'importe quelle défaillance, qu'il s'agisse d'une simple faute, ou de fautes délibérées ou caractérisées. Rien n'est donc changé par rapport à l'état antérieur du droit, qui a toujours sanctionné, sans distinction de gravité, les fautes constitutives d'un dommage direct.

En revanche, une modification substantielle intervient dans la seconde version, lorsque le dommage est indirect. Seule la faute qualifiée est alors prise en compte, à l'exclusion de la faute ordinaire. Seule la démonstration d'une faute délibérée ou d'une faute caractérisée, au sens de l'article 121-3 du code pénal, est à même de générer une responsabilité en relation avec le dommage constaté. La faute simple n'est donc plus punissable dans ce cas de figure, et la loi du 10 juillet 2000 se présente ainsi comme une loi de dépénalisation sensible. Mais si la faute dépasse ce seuil de l'ordinaire, pour atteindre la gravité d'une faute qualifiée, la répression retrouve son cours, et la responsabilité continue à être engagée.

En définitive, le système adopté revient à déplacer le curseur de la répression de la faute au lien causal, et il ne faut pas se cacher que les applications qui en sont faites ne sont pas toujours dictées par l'évidence, tant la maîtrise d'une causalité passe par de subtiles nuances [1]. Il n'en demeure pas moins que la réforme est bonne dans son principe, par les assouplissements qu'elle apporte à une responsabilité devenue envahissante.

1. À la limite, il est à craindre que le bénéfice de la réforme ne soit amoindri, voire anéanti, par une approche extensive de la causalité directe... (Y. Mayaud, La loi Fauchon du 10 juillet 2000 après plus de cinq ans d'application..., *AJ Pénal* 2006, p. 146).

b) Les personnes morales

250 *STATU QUO.* — La loi du 10 juillet 2000 est facteur de contraste entre les personnes physiques et les personnes morales. Alors que les premières bénéficient d'une dépénalisation sensible, liée au fait que seule une faute qualifiée peut rendre compte de leur responsabilité pénale lorsque le dommage est indirect, les secondes, en revanche, ne voient leur situation en rien modifiée, et continuent à être justiciables des infractions non intentionnelles, que le dommage soit direct ou indirect. Le support de la matière est l'article 121-2 du code pénal, qui précise que la responsabilité pénale des personnes morales n'exclut pas celle des personnes physiques auteurs ou complices des mêmes faits, « *sous réserve des dispositions du quatrième alinéa de l'article 121-3* ». C'est donc en relation avec les nouveautés de ce dernier texte, que s'articulent les responsabilités entre personnes physiques et personnes morales, et que se profile le partage organisé entre elles.

La solution a été voulue de manière à éviter des situations extrêmes, où n'existerait plus aucune responsabilité pénale. En effet, une simple faute, même indirect, peut être le signe de défaillances structurelles, et il est bon que la personne morale puisse en répondre, afin de compenser la dépénalisation dont bénéficient par ailleurs les personnes physiques. Les deux responsabilités trouvent ainsi dans la loi elle-même le critère d'une complémentarité très utile.

Pour aller plus loin

251 BIBLIOGRAPHIE. – Y. Mayaud, Violences involontaires et responsabilité pénale, *Dalloz Référence*, 2003.

252 LA VOLONTÉ AUX CONFINS DE L'INTENTION ET DE LA NON-INTENTION. – La volonté renvoie naturellement à l'intention. Elle en est le *support*, pour incarner au mieux la détermination d'agir à l'opposé des valeurs sociales protégées. L'intention de blesser, l'intention de tuer (*animus necandi*), l'intention de voler, sont autant de manifestations psychologiques à base d'hostilité à ces valeurs, et, à ce titre, il ne fait de doute que l'intention est bien synonyme de volonté.

Mais il faut se garder de confondre les deux concepts, alors qu'il n'y a que recoupement. La volonté participe également de la non-intention, pour lui servir de *renfort*. Elle en est une composante dans la « faute délibérée », en l'aggravant par une détermination particulière, ce qui en rend la réalisation plus coupable.

Sous l'angle de l'élément moral, la volonté est donc la part de fermeté, signe de détermination, qui accompagne, soit l'intention, soit la faute, et par laquelle le comportement se place dans les manifestations les plus graves de culpabilité (Y. Mayaud, La volonté à la lumière du nouveau code pénal, Mélanges *Larguier*, 1993, p. 203).

253 DOL SPÉCIAL. – Opposé au dol général, le dol spécial (*dolus specialis*) est volontiers défini comme une donnée psychologique particulière à certaines infractions, venant en compléter la dimension morale. Mais on l'a pertinemment écrit, cette notion est « dans bien des cas, utilisée hors de propos » (A. Decocq, *Droit pénal général*, p. 218). Et de fait, il s'agit d'une référence qui ne recoupe pas toujours, loin s'en faut, une spécificité marquée. Plusieurs exemples peuvent en convaincre.

1°) Relativement aux *coups et blessures volontaires*, Garçon écrit : « la loi, en employant dans les art. 309 et 311, le mot *volontairement* n'a point entendu rappeler seulement ce principe général que toute infraction exige la volonté libre et la responsabilité morale de l'agent. Cette expression, qui n'est pas d'ailleurs inexacte, a ici un sens particulier : elle indique la nécessité d'une autre condition, qui est précisément l'intention délictuelle : le mot volontairement signifie intentionnellement ». Et de définir plus loin cette intention comme : « la connaissance du préjudice qui peut résulter du fait matériel », puis d'en conclure que : « L'intention exige ici un *dolus specialis* » (Garçon, *Code pénal annoté*, Sirey, 1956, art. 309 à 311, n° 63 et 64).

On saisit de suite ce que cette analyse contient de redondant par rapport à ce qui participe de la définition même de l'intention. Si Garçon fait de la référence au préjudice un dol spécial, c'est parce qu'il considère le dol général comme caractérisé par « la volonté libre et la responsabilité morale de l'agent ». Or, c'est là confondre imputabilité et culpabilité. Le discernement et le libre arbitre ne sont pas le propre de l'intention, mais le préalable moral de toute infraction, pour servir d'éthique à la responsabilité pénale elle-même. Il en résulte que la volonté du résultat est le seul et véritable critère de l'intention, quelle que soit la qualification en cause, ce qui rend inutile et superfétatoire toute référence au dol spécial.

2°) Le raisonnement est le même pour la volonté de tuer, l'*animus necandi*, volontiers présentée comme un dol spécial dans le *meurtre* (A. Vitu, *Droit pénal spécial*, Cujas, 1982, n° 1706). Mais, là encore, cette volonté rejoint l'intention dans sa définition, ce qui est intentionnel ne pouvant être autrement vécu que par une adhésion psychologique au résultat de l'infraction. Faire de la volonté de donner la mort un dol spécial revient à sortir de la définition même de l'intention, en se séparant de ce qui en constitue l'élément déterminant et essentiel.

Certes, l'*animus necandi* est une donnée importante, pour marquer la différence morale entre ce qui participe d'une intention meurtrière et d'une simple violence mortelle. Garçon insiste d'ailleurs sur cette distinction, après que la révision du code pénal opérée par la loi du 28 avril 1832 eut séparé les deux hypothèses, en érigeant en crime spécifique les violences volontaires ayant entraîné la mort sans intention de la donner, qui étaient jusque là considérées comme des homicides (Garçon, *op. cit.*, art. 295, n° 40 et s.). Mais, même pour appuyer cette dualité d'infractions, la référence au dol spécial est superflue : la spécificité des violences mortelles ne tient pas à leur *consommation*, qui reste intentionnelle par la volonté d'attenter à l'intégrité physique de la victime, mais à leur *qualification*, pour ne plus être réprimées comme un homicide. Qu'il s'agisse de coups et blessures volontaires ou d'homicide volontaire, l'intention reste immuablement rivée à la volonté du résultat. Seule la qualification évolue sur le critère de la gravité du dommage effectivement atteint. Point n'est besoin du dol spécial pour en rendre compte (en ce sens, A. Decocq, *op. cit.*, pp. 217 et 218).

3°) Une autre infraction est traditionnellement associée au dol spécial. Il s'agit du *vol*, qui est présenté comme relevant de cette donnée particulière en référence à l'*animus domini*, c'est-à-dire à « la volonté de l'agent de s'approprier la chose, ou plus exactement, d'usurper la possession civile de cette chose » (Garçon, *op. cit.*, art. 379, n° 358). Le dol spécial s'attacherait ainsi au caractère frauduleux de la soustraction.

Les mêmes réserves s'imposent, l'intention en matière de vol étant, comme pour les atteintes aux personnes, suffisamment remplies par la définition générale qui en est donnée, en termes de volonté du résultat. La volonté du voleur d'intervertir à son avantage la possession de la chose volée n'est rien d'autre que cette adhésion psychologique au résultat, tant il est vrai que la soustraction n'est incriminée que pour ce qu'elle représente d'atteinte, sinon à la propriété, du moins à ses prérogatives apparentes : c'est par la maîtrise effective de la chose, serait-elle momentanée (précision importante pour les vols par photocopies ou reproductions), par l'usage qu'il en fait, voire son élimination physique ou sa transmission juridique, que le voleur manifeste sa détermination de « s'approprier » le bien d'autrui, privant ainsi la victime de ses droits légitimes. La fraude indispensable au vol s'identifie à cette volonté du résultat redouté, et le dol spécial ne l'enrichit d'aucun élément qui ne soit déjà compris dans l'intention elle-même.

Ces trois exemples illustrent la difficulté de trouver dans le dol spécial la donnée venant en complément de l'intention, telle que définie en rapport avec le résultat. En réalité, rares sont les hypothèses se prêtant à cette spécialité : il faut imaginer que, outre la volonté d'atteindre le résultat redouté au titre de l'incrimination, soit également exigée une composante qui s'en distingue juridiquement. C'est le cas de certains mobiles lorsqu'ils sont intégrés dans la définition de l'infraction (mobile terroriste, par exemple...), puisque le principe de leur indifférence à l'élément moral ne peut que les rendre compatibles avec un dol plus qualifié. Mais le concept devient redondant et superfétatoire lorsqu'il est utilisé pour souligner ce qui rentre nécessairement dans la définition générale de l'intention.

Chapitre 7

La tentative de l'infraction

254 ANTICIPATION RÉPRESSIVE. — Il ressort de l'article 121-4 du code pénal que : « *est auteur de l'infraction la personne qui : 1° commet les faits incriminés ; 2° tente de commettre un crime ou, dans les cas prévus par la loi, un délit* ». Ce texte, qui exclut de ses dispositions les contraventions, établit une équivalence, générale pour les crimes, et spéciale pour les délits, en rangeant dans la même catégorie les personnes qui commettent une infraction, jusqu'à réaliser toutes les conditions correspondant à son incrimination, et celles qui ne font que la tenter, c'est-à-dire en exécuter une partie seulement. L'équivalence est répressive, puisque, dans les deux hypothèses, les peines sont les mêmes et leur application identique. C'est en qualité d'auteur que le responsable est poursuivi, et doit donc répondre de l'une comme de l'autre, sans pouvoir se disculper ou se défendre en invoquant le fait qu'une tentative serait de moindre criminalité ou délinquance qu'une infraction pleinement consommée. D'emblée, la tentative n'a pas cette portée minimisante, ce qui en fait une anticipation répressive redoutable. Et il s'agit bien d'anticipation, pour renvoyer à un régime identique à celui appliqué lorsque l'infraction est achevée, alors que, précisément elle ne l'est pas.

L'article 121-5 du code pénal en contient le principe, rendant punissable la tentative « *dès lors que, manifestée par un commencement d'exécution, elle n'a été suspendue ou n'a manqué son effet qu'en raison de circonstances indépendantes de la volonté de son auteur* ». C'est donc doublement qu'elle se caractérise, et par le commencement d'exécution qui la manifeste (Section I), et par la défaillance du résultat qui en est l'effet obligé (Section II).

Section I
Le commencement d'exécution

255 PROBLÉMATIQUE. — La quête d'une matérialité suffisante, comme la peur d'une matérialité trop évasive, sont au cœur de toutes les tensions relatives à la tentative. Parce que celle-ci est une anticipation sur une infraction qui ne sera jamais achevée, il importe, au nom des libertés et de la présomption d'innocence, de ne pas intervenir trop tôt, ce qui serait, en effet, une manière de dépouiller les crimes et délits de leur matérialité, et de faire jouer la répression sur de simples considérations d'opportunité. C'est pourquoi, le code pénal donne lui-même le critère de l'infraction tentée, en renvoyant à un commencement d'exécution. La mesure de la tentative est ainsi légale. Une mesure doublement exploitée, et en termes conceptuels, et en applications factuelles, le droit ayant ses formules pour en circonscrire toute l'étendue (I), mais qui cachent difficilement la très forte emprise des faits sur les solutions retenues (II).

I | LES CONCEPTIONS DU DROIT

256 *ITER CRIMINIS.* — Le commencement d'exécution est le critère de la tentative punissable. Il s'agit d'un comportement réduit, pour ne pas être l'exécution elle-même, c'est-à-dire, pour ne pas correspondre à une matérialité complète. Mais cette réduction ne va pas jusqu'à en faire un élément équivoque, le commencement d'exécution se situant dans une phase suffisamment expressive de l'*iter criminis* pour ne pas le considérer comme une référence incertaine.

L'*iter criminis* – ou chemin du crime – se définit comme le processus de réalisation de l'infraction par rapport au résultat redouté qui en marque la phase ultime. La pensée criminelle en est la première étape, qui renvoie à l'idée du crime. Puis vient la résolution criminelle, signe de détermination dans l'engagement de l'action. Suivent alors les actes préparatoires, eux-mêmes suivis d'un commencement d'exécution, puis de l'exécution proprement dite, c'est-à-dire de la réalisation du résultat escompté. Le commencement d'exécution se situe donc entre les actes préparatoires et l'exécution proprement dite correspondant à la consommation pleine et entière de l'infraction. Le souci du législateur de contrôler la matérialité constitutive de la tentative s'affirme ainsi de lui-même. Par la place qu'il occupe, immédiatement antérieure à la réalisation de l'infraction, le comportement tenté, tout en relevant d'une matérialité réduite, reste dans le domaine du lisible ou du visible, avec l'avantage de fonder la répression sur des éléments significatifs d'une criminalité ou d'une délinquance engagée.

Mais toutes les difficultés ne tombent pas par enchantement. Disposer d'un critère fondé sur une préoccupation d'objectivité est une chose, autre chose est de se convaincre de ce qu'il recoupe exactement. La notion de commencement d'exécution est politiquement rassurante, mais elle est techniquement peu opérationnelle, faute d'en savoir plus sur ce qu'elle engage concrètement de comportements punissables. C'est le travail de la jurisprudence, aidée en cela par la doctrine, que de la remplir de son contenu, ce qui est le résultat d'une double conception, à la fois objective (A) et subjective (B).

A – La conception objective

257 MORCEAU DE MATÉRIALITÉ. — À la conception objective se rattachent plusieurs formules de la Cour de cassation, qui ont en commun de fonder le commencement d'exécution sur la causalité directe et immédiate avec la consommation de l'infraction : « *Le commencement d'exécution n'est caractérisé que par des actes devant avoir pour conséquence directe et immédiate de consommer le crime, celui-ci étant ainsi entré dans la période d'exécution* » [1] ; « *Le commencement d'exécution est constitué... par tous les actes qui tendent directement et immédiatement à la consommation du délit, le prévenu étant ainsi entré dans la période d'exécution* » [2] ; « *Le com-*

1. Crim. 25 oct. 1962 (deux arrêts), *Bull. crim.* n° 292 (*Lacour*), et n° 293 (*Benamar et Schieb*) ; D. 1963. 221, note Bouzat ; JCP 1963. II. 12985, note Vouin ; 18 août 1973, *Bull. crim.* n° 339 ; *Gaz. Pal.* 1973. 2. 861.
2. Crim. 3 mai 1974, *Bull. crim.* n° 157 ; D. 1973. *Somm.* 20 ; 5 juin 1984, *Bull. crim.* n° 212.

mencement d'exécution de la tentative n'est caractérisé que par un acte devant avoir pour conséquence directe de consommer le délit, celui-ci étant entré dans sa période d'exécution » [1]. Tous ces attendus traduisent la même approche du commencement d'exécution, caractérisé par un acte dont la matérialité est irrémédiablement tournée vers la réalisation de l'infraction. En fait, c'est un lien objectif que la jurisprudence entend promouvoir et exploiter, de manière à rendre la tentative tributaire de ce qui rentre dans la définition même de l'infraction. Est un commencement d'exécution l'acte qui rejoint la matérialité constitutive du crime ou du délit tenté, de sorte qu'il en débute la consommation, et que celle-ci ne peut que s'ensuivre immédiatement. Cette version a pour elle d'ouvrir la tentative à des applications sûres et sans danger. Il est évident que fonder son principe sur une parcelle de la matérialité de l'infraction, c'est s'appuyer sur les acquis de cette matérialité, et donc disposer d'une extériorisation comportementale allant manifestement dans le sens de l'aboutissement de l'infraction.

Mais il faut convenir aussi que cette quête d'objectivité n'est pas sans soulever quelques difficultés d'application. Rentrer dans la matérialité de l'infraction, pour tenir comme tentative ce qui n'en est qu'une partie, c'est bien souvent arriver aussitôt à l'achèvement du crime ou du délit tenté, faute de pouvoir parcelliser la matérialité en cause. L'exemple du vol est très significatif. Il est difficile de concevoir un début de soustraction qui ne soit pas, dans le même temps, toute la soustraction correspondant au délit consommé. Certains comportements ne se divisent pas, et relèvent d'une unité telle, que s'y engager ne peut que les réaliser dans leur plénitude, sans pouvoir prétendre en isoler quelques parties. La conception objective de la tentative, qui, précisément, suppose pareille division, n'a alors aucune prise sur eux, ce qui la condamne d'elle-même, malgré sa pertinence politique. En fait, seules certaines infractions se prêtent à une telle fragmentation, pour relever d'une structure les soumettant à une pluralité de composantes, si bien que leur réalisation complète passe par une addition d'éléments naturellement compatibles avec une chronologie de réalisation. On rejoint là les

1. Crim. 15 mai 1979, *Bull. crim.* n° 175 ; D. 1979. IR. 525, obs. Puech, et 1980. 409, note Cambassédès ; *Gaz. Pal.* 1980. 1. 88, note P.L.G. ; *Rev. sc. crim.* 1980. 969, obs. Larguier.

infractions complexes et les infractions d'habitude, avec pour conséquence objective de tenir comme exécution commencée ce qui participe de la réalisation du premier acte constitutif de leur matérialité.

La conception objective est, à la limite, trop proche de l'infraction consommée pour prétendre servir utilement la tentative. Aussi, la jurisprudence l'a-t-elle quelque peu amendée, en l'enrichissant d'un apport subjectif.

B – La conception subjective

258 PROXIMITÉ D'EXÉCUTION. — Un attendu domine dans la jurisprudence de la Chambre criminelle, tout en restant concurrent de ceux correspondant à l'approche plus objective : « *Caractérisent le commencement d'exécution les actes qui tendent directement au crime ou au délit avec intention de le commettre* » [1]. La tentative s'en ressent différemment, pour être moins rivée à la matérialité de l'infraction, même s'il est toujours fait référence à une causalité en ce sens. En fait, deux données se conjuguent pour en caractériser l'existence. La première est la destination objective des actes visés, qui doivent tendre à la réalisation de l'infraction, et y tendre directement. La seconde est leur destination subjective, les actes en cause devant relever d'une intention de consommation de l'infraction.

Une double destination, à la fois causale et psychologique, caractérise ainsi la tentative. Par la causalité, on rejoint la nécessité de rester adossé à la phase d'exécution de l'infraction, afin de conserver au commencement d'exécution une matérialité qui soit suffisante pour préfigurer la consommation. Mais ce lien direct ne s'impose pas comme une partie de la matérialité de l'infraction. La causalité est un rapport de proximité, sans être un « morceau » de matérialité. La référence à l'intention le confirme, qui renvoie à une détermina-

1. Crim. 5 juill. 1951, *Bull. crim.* n° 198 ; *Rev. sc. crim.* 1952. 439, obs. Légal ; 9 mai 1956, *Bull. crim.* n° 362 ; 29 déc. 1970, *ibid.* n° 356 ; JCP 1971. II. 16770, note Bouzat ; *Gaz. Pal.* 1971. 1. 134 ; *Rev. sc. crim.* 1972. 99, obs. Légal ; 8 nov. 1972, *Bull. crim.* n° 331 ; *Gaz. Pal.* 1973. 1. 205 ; 3 janv. 1973, *Gaz. Pal.* 1973. 1. 290 ; *Rev. sc. crim.* 1974. 577, obs. Larguier ; 4 janv. 1974, *Gaz. Pal.* 1974. 1. *Somm.* 152 ; 2 mai 1974, *Bull. crim.* n° 156 ; 11 juin 1975, *ibid.* n° 150 ; *Rev. sc. crim.* 1976. 407, obs. Larguier.

tion toute orientée vers la réalisation finale de l'infraction. Les deux données sont en complément l'une de l'autre, l'intention de commettre l'infraction n'étant acquise que sous couvert d'un acte univoque en ce sens, ce que la causalité, par son caractère direct, permet d'établir, et la causalité, quant à elle, gagnant en certitude là où l'intention est de son côté manifeste. Il y a donc une interaction entre les deux éléments contribuant à la définition du commencement d'exécution, ce qui fait de ce dernier un acte maîtrisable, moins sur des considérations abstraites, que sur des certitudes factuelles, empruntées aux circonstances des différentes espèces que les juges ont à connaître.

II | L'EMPRISE DES FAITS

259 RELATIVITÉ DES DEUX THÈSES. — Toute la difficulté en notre matière consiste à ne pas considérer comme tentative ce qui n'est que préparation de l'infraction. Finalement, quelle que soit la conception retenue et appliquée en jurisprudence, elle a toujours pour objet d'aboutir à ce que les actes dont la portée est en cause soient plus proches de l'exécution que de la préparation. La tentative est caractérisée par un commencement d'exécution, et non par une fin de préparation... Chacune des versions concurrentes traduit à sa manière cette finalité exécutoire, et il ne faut prêter, ni à l'une, ni à l'autre, plus que ce qu'elles contiennent, à savoir la consécration d'un acte ostensiblement tourné vers l'exécution, peu importe, en définitive, que les données permettant d'en juger soient objectives ou subjectives, dès lors qu'elles sont suffisamment expressives d'une telle destination.

En réalité, l'intuition, plus que le respect d'une formule, guide et conduit le juge dans ses appréciations, ce qui place la tentative davantage sur le terrain des faits que sur celui du droit. Les applications sont d'ailleurs plus ou moins larges selon les infractions, étant dépendantes de la distinction des infractions matérielles et des infractions formelles ou obstacles. Avec les premières, les faits ont une emprise maximale sur la tentative (A), alors que leur rayonnement est beaucoup plus modeste dans les secondes, qui correspondent, quant à elles, à une emprise minimale (B).

A – L'emprise maximale dans les infractions matérielles

260 TENTATIVE ÉTENDUE. — Les infractions matérielles contiennent les possibilités les plus étendues de tentative. En effet, ces infractions étant caractérisées par l'intégration du dommage redouté dans leur structure constitutive, elles se prêtent assez facilement à un commencement d'exécution, pour en favoriser les manifestations tant que ce dommage n'est pas atteint. C'est au juge de déterminer en toute souveraineté si les circonstances rejoignent la phase d'exécution ou relèvent encore de la préparation, mais il faut bien comprendre que cette appréciation couvre une surface appréciable de possibilités, tant la distance peut être longue entre les actes préparatoires et la réalisation du dommage correspondant à la consommation de l'infraction matérielle.

Les exemples ne manquent pas, pour correspondre à des solutions qui ne sont le propre d'aucune des deux thèses consacrées en droit, mais dont la teneur est seulement dictée par la nécessité de conférer au commencement d'exécution une solidité ou un ancrage matériel que les actes préparatoires, par leur caractère trop équivoque, ne sauraient contenir. Ainsi du vol, dont les tentatives reconnues expriment au mieux cette préoccupation de proximité par rapport à la soustraction elle-même, qui en constitue la pleine matérialité. Il s'agit d'une proximité à la fois temporelle et opérationnelle. La première tient à l'immédiateté de l'enchaînement devant aboutir à l'exécution proprement dite, tel le fait, par des individus, de s'être postés, munis d'armes, à quelques pas de l'entrée de l'immeuble d'où devait sortir peu d'instants après un encaisseur [1]. La seconde emprunte à la densité des indices favorables à l'exécution, de sorte que leur présence ne peut être interprétée que comme une préfiguration de la consommation elle-même. C'est le cas de la mise en place par des malfaiteurs d'un puissant dispositif d'attaque [2], voire d'une

1. Crim. 3 janv. 1913, D.P. 1914. 1. 41, note Donnedieu de Vabres ; S. 1913. 1. 281, note Roux.
2. Crim. 29 déc. 1970, *Bull. crim.* n° 356 ; JCP 1971. II. 16770, note Bouzat ; *Gaz. Pal.* 1971. 1. 134 ; *Rev. sc. crim.* 1972. 99, obs. Légal ; 19 juin 1979, *Bull. crim.* n° 219 ; D. 1979. IR. 525, obs. Puech ; *Gaz. Pal.* 1980. 1. 89 ; *Rev. sc. crim.* 1980. 969, obs. Larguier.

simple assistance, mais dont la portée active en fait un signe non équivoque de l'exécution projetée [1].

Toutes ces solutions, et d'autres encore, se justifient indépendamment de leur rattachement à une conception théorique et figée du commencement d'exécution. Elles ont pour fondement la souveraineté d'appréciation du juge, lequel cherche moins à rejoindre une formule abstraite, empruntée à la version objective ou subjective de la tentative, qu'à traduire la sensibilité des faits qui lui sont soumis, afin de fonder le commencement d'exécution sur une matérialité probante, du moins une matérialité suffisante pour justifier l'anticipation répressive qui en est la conséquence. Et l'objet de cette appréciation est large. Elle couvre une étendue allant des actes préparatoires jusqu'à la réalisation du dommage infractionnel, avec toutes les nuances qu'implique une telle situation. Nous allons voir que ce n'est pas le cas des infractions formelles et obstacles.

B – L'emprise minimale dans les infractions formelles et obstacles

261 TENTATIVE RÉDUITE. — Avec les infractions formelles et les infractions-obstacles, la tentative perd beaucoup de sa force répressive. Les infractions formelles ont pour seuil de consommation ce qui correspond au commencement d'exécution dans le processus complet de la matérialité par rapport au résultat redouté. Il en résulte que la tentative punissable ne peut, dans ce type d'infractions, qu'être située avant, c'est-à-dire sur les actes préparatoires. Quant aux infractions-obstacles, parce que leur consommation légale se situe sur la préparation du dommage redouté, elles ne sont compatibles avec une tentative que par référence à un commencement d'exécution encore plus proche des premières phases du processus infractionnel, ce qui revient à la situer aux confins des étapes purement psychologiques. Plus la consommation légale est placée en retrait du résultat redouté, plus la tentative se restreint donc,

1. Constitue le commencement d'exécution d'un vol avec arme, et non de simples actes préparatoires, le fait pour un individu de se présenter à visage découvert à la porte d'une banque afin d'en faciliter l'ouverture et de permettre à deux complices armés d'y pénétrer en vue de commettre un vol. – Crim. 7 sept. 1993, *Bull. crim.* n° 262 ; *Rev. sc. crim.* 1994. 323, obs. Bouloc.

voire devient difficilement concevable, faute d'une assise matérielle suffisante pour la rendre efficiente.

Mais ce n'est pas dire que les infractions formelles et les infractions-obstacles sont exclusives de toute tentative. Tout est fonction de l'infraction en cause, de ses éléments de définition, et de la place disponible pour un commencement d'exécution. La tentative n'est pas fonction de la structure des infractions, mais de leur gravité, dans les termes du code pénal, qui la réserve aux crimes et à certains délits. Il n'est donc aucune exclusion de droit, hors des termes du code pénal, mais seulement des incompatibilités de fait. Ainsi de l'empoisonnement, juridiquement consommé par l'emploi ou l'administration de substances susceptibles de donner la mort (c. pén., art. 221-5), de sorte que constitue l'infraction, dans sa dimension achevée, la remise directement faite à la victime desdites substances, en vue de leur absorption [1]. Mais, même très propice à une consommation rapide, en raison de son caractère formel, le crime n'en reste pas moins compatible avec une tentative punissable. Il suffit, pour qu'elle soit prise en compte, qu'un début d'exécution se manifeste juste avant l'administration elle-même, telle la remise d'un flacon contenant la substance empoisonnée, mais présentée comme un médicament utile, à un tiers chargé de l'administrer [2], ou encore le fait de jeter dans un puits alimentant la propriété de la victime un produit dont la présence dans l'eau de boisson est de nature à provoquer des phénomènes d'intoxication lente pouvant aboutir à la mort [3]. Il y a, dans les circonstances relatives à ces deux exemples, une exécution seulement en voie de réalisation, qui ne se confond pas encore avec l'administration proprement dite de la substance mortelle, l'intervention d'un tiers dans le processus criminel, tout comme le relais du puits par rapport à l'eau de boisson, s'analysant comme des étapes préalables à l'administration elle-même, en tant que telles constitutives d'un commencement d'exécution, et laissant place à une possibilité de désistement.

1. Crim. 8 juin 1993, *Bull. crim.* n° 203 ; *Gaz. Pal.* 1993. 2. 456, note Doucet ; *Rev. sc. crim.* 1993. 774, et 1994. 107, obs. Levasseur.
2. Crim. 2 juill. 1886, S. 1887. 1. 489.
3. Crim. 5 févr. 1958, *Bull. crim.* n° 126.

Section II
La défaillance du résultat

262 RÉSULTAT LÉGAL. — Matérialisée par un commencement d'exécution, la tentative a pour caractéristique de servir de soutien à la répression malgré le défaut d'une consommation complète. L'infraction n'est achevée qu'une fois tous les éléments constitutifs réalisés dans les termes de la loi. Sa commission est alors marquée par un résultat qui correspond à l'aboutissement de ce qui participe de sa définition. Ce résultat est dit « légal »[1] : il situe le crime ou le délit dans sa consommation par référence aux prévisions du législateur en ce sens. Or, la consommation étant le fait de ce résultat, une infraction tentée ne peut qu'en être dépourvue. La tentative est ainsi une manifestation d'indifférence au résultat légal, tout comme, par ailleurs, l'infraction formelle ou obstacle est indifférente au résultat redouté (*chapitre 5*). Mais chacune de ces hypothèses remplit un rôle bien spécifique. Par l'indifférence au résultat redouté, c'est la consommation des infractions qui est visée, alors que l'indifférence au résultat légal affecte la tentative, quel que soit le mode de consommation de l'infraction en cause, qu'il s'agisse d'une infraction matérielle ou d'une infraction formelle. C'est dire que l'indifférence au résultat est doublement sensible en droit pénal, pour concerner d'abord le résultat redouté, ce qui permet de distinguer les infractions formelles par opposition aux infractions matérielles, ensuite pour s'appliquer au résultat légal, ce qui est le moyen d'isoler les infractions tentées, et de les distinguer des infractions dites « commises » par la réunion de toutes leurs composantes légales.

Il est vrai que le code pénal ne parle pas en termes de résultat. Son article 121-5 mentionne la tentative comme constituée, « *dès lors que...elle n'a été suspendue ou n'a manqué son effet qu'en raison de circonstances indépendantes de la volonté de son auteur* ». Mais ce que la loi retient ainsi en « effet » défaillant rejoint en réalité le

1. A. Decocq, Droit pénal général, p. 171 et s. ; Ph. Conte et P. Maistre du Chambon, Droit pénal général, n° 319, p. 182. – Mais la terminologie n'est pas unanimement fixée en ce sens. On parle encore de « résultat efficient » : M. Puech, Droit pénal général, n° 586, p. 212.

résultat légal. La tentative étant une action destinée à la consommation de l'infraction, son « effet » recherché ne peut que renvoyer à ce qui est réalisable en plénitude, à savoir le crime ou le délit dans sa version légalement achevée. C'est donc bien au regard du résultat légal que la défaillance doit s'entendre, pour en être une démonstration d'indifférence à un double titre, et par son caractère involontaire (I), et par son caractère qualifié (II).

I | Une défaillance involontaire

263 Absence de désistement volontaire. — La tentative n'est punissable qu'en l'*absence de désistement volontaire.* Il s'agit là d'une condition traditionnellement associée à la matière, plus exactement d'une expression classique, destinée à rendre compte des termes de la loi, selon lesquels l'échec de la tentative doit être le fait de « *circonstances indépendantes de la volonté de son auteur* ». C'est en relation avec des événements échappant à la maîtrise de l'auteur de la tentative que celle-ci est punissable, afin de ne sanctionner que ce qui s'inscrit dans la continuité d'une détermination criminelle, et non pas ce qui est la manifestation d'une volonté contraire. Aussi, le commencement d'exécution doit-il être situé par rapport à deux suites possibles. Soit il est suivi d'un désistement volontaire, et la tentative n'est pas punissable, soit, au contraire, il n'aboutit pas à la réalisation de l'infraction pour des raisons indépendantes d'une volonté en ce sens, et la tentative est punissable. Tout est fonction de la psychologie de celui qui agit, afin de faire dépendre la répression de ce que la tentative livre ou non de détermination contraire aux apparences d'une exécution en cours. La tentative reste donc ouverte au désistement, mais à la condition qu'il se situe avant la consommation (A), celle-ci marquant l'achèvement définitif et irréversible de l'infraction, serait-elle suivie d'un repentir actif (B).

A – L'impunité relative au désistement

264 L'anticipation sur la répression que représente la tentative n'est pas seulement le fait d'un début d'exécution, mais il faut encore que cette amorce de consommation ne soit pas contrariée par un revirement de comportement, qui reviendrait à en détruire la progression. Ici se noue tout l'intérêt du désistement, en termes d'impunité malgré l'entrée dans la phase d'exécution. Une impunité à connotation politique prononcée, et aux conditions techniques exigeantes.

265 FONDEMENT DE L'IMPUNITÉ. — C'est de manière bien comprise que le désistement volontaire est juridiquement pris en compte. Il s'agit d'inciter à ce désistement, par la perspective d'un défaut total de répression, à supposer qu'il intervienne à temps. C'est l'équivalent d'un marché que conclut le législateur avec l'auteur de la tentative. Ou bien il persiste dans sa détermination, et la répression s'exerce, ou bien, au contraire, il renonce à son projet, mais sans entrave ni contrainte, et il a la garantie de ne pas être poursuivi, malgré le début d'exécution qui a marqué son entrée dans la criminalité ou la délinquance. Cette perspective d'une impunité assurée s'apparente à une récompense pour renoncement à de mauvais penchants... Et le calcul est bon, en laissant une dernière chance, non seulement à l'auteur de l'infraction, mais encore, et même surtout, à ses victimes potentielles. Il est préférable de l'encourager au désistement, en ne tenant pas compte de ce qu'il a exécuté, plutôt que de le livrer à une certitude de répression, quoi qu'il fasse, ce qui ne pourrait que le convaincre de ne ménager personne et d'aller au terme de son action.

Alors le désistement doit être situé dans ce qui est à même de le rendre opérationnel. Par hypothèse, il ne peut que suivre le commencement d'exécution, tout en précédant immédiatement la consommation de l'infraction. Sa position sur l'*iter criminis* est donc très limitée. En réalité, elle est fonction de la nature matérielle ou formelle du crime ou du délit dont la tentative est en cause. On retrouve ici, comme une suite logique de toutes les retombées que nous avons déjà fait valoir liées à cette distinction, la *summa divisio* des infractions selon leur mode de consommation. Il est évident que l'infraction matérielle, par l'intégration du dommage redouté qui la caractérise, se prête davantage à un désistement que l'infraction formelle ou obstacle. Plus, en effet, est large le processus de consommation, pour aller jusqu'à la réalisation du résultat dont le législateur entend prévenir le principe, plus un désistement peut se manifester, interrompant ainsi le cours de l'exécution commencée. En revanche, à la mesure de la place déjà très réduite occupée par le commencement d'exécution, les infractions formelles, et plus encore les infractions-obstacles, ne favorisent pas ce désistement, étant légalement consommées sur les premières étapes sensibles du processus infractionnel dirigé vers le résultat redouté. Ce constat ne peut que renforcer la portée nettement plus répressive de ce type d'infraction, qui, non seulement retient les premières phases de l'*iter criminis* comme autant de supports d'une consommation légalement acquise, mais encore, par le champ restreint qui en résulte pour la tentative, se montre plutôt fermé au jeu du désistement, et donc à des chances de repli doublées d'impunité. Une impunité strictement conditionnée par le caractère volontaire du désistement...

266 VOLONTÉ DU DÉSISTEMENT. — Le désistement n'est facteur d'impunité que s'il est volontaire. C'est la spontanéité du retour à une situation normale qui en fait une attitude digne d'intérêt, alors que toute interruption provoquée de la tentative ne traduit aucun sentiment de regret ou de remords méritant d'être pris en compte. L'impunité étant la compensation d'une contrition, il est normal d'exiger de celle-ci qu'elle soit parfaite, et donc qu'elle soit l'objet d'une détermination certaine de l'auteur de la tentative à se retirer de la délinquance dans laquelle il s'est engagé, en mettant fin au processus d'exécution de l'infraction. Mais la volonté du désistement n'est pas pour autant d'une approche facile, et les hypothèses ne sont pas toujours évidentes, certains cas de figure soulevant quelques difficultés d'appréciation.

De fait, les apparences sont parfois trompeuses, les circonstances pouvant donner le sentiment d'un désistement là où l'interruption de l'action n'est que le résultat d'une contrainte incompatible avec toute prétention à un acte libre. C'est toute la difficulté de la matière que de séparer ce qui est vraiment le fruit d'une libre détermination et ce qui ne l'est pas. Seul ce qui est revêtu d'une liberté totale et intacte vaut désistement, afin de ne pas brader l'impunité, et d'en faire toujours la réponse à une attitude de vrai renoncement. Le droit n'est d'ailleurs plus en cause, tant cette réponse est tributaire des faits, avec tout ce que cela suppose d'intuition et de bonne perception de la part du juge. Les exemples ne manquent pas en jurisprudence, ce qui n'est pas surprenant, le désistement étant avancé en défense dans la plupart des poursuites pour tentative, les accusés ou prévenus n'ayant le plus souvent que cet argument à faire valoir. Il est donc possible d'en saisir toute la mesure, en ne négligeant rien des nuances ou subtils distinguos qui en sont les données les plus porteuses.

Tout est une question d'espèce, dont la résolution est fonction de la portée des événements, de leur interprétation, et de la restitution qui peut en être faite, dans le sens favorable ou défavorable à l'impunité. Mais certaines situations sont plus sensibles que d'autres, pour correspondre à des comportements plus difficiles à qualifier, et être à la limite du volontaire et de l'involontaire. C'est notamment le cas lorsque le désistement fait suite à l'intervention d'un tiers, avec pour conséquence d'hésiter sur ce qui a pu le déterminer. On pourrait croire que le principe même d'une telle intervention est incompatible avec toute prétention à un acte libre et volontaire. Mais la jurisprudence n'est pas dans ce sens, qui juge, au contraire, que « l'intervention d'un tiers, alors même qu'elle a déterminé le désistement de l'auteur d'une tentative, n'exclut pas nécessairement le caractère spontané de ce désistement » [1], ajoutant que ne sont pas à négliger les conclusions par lesquelles le prévenu soutient que le tiers s'est contenté de le dissuader de son entreprise, sans exercer aucune contrainte, et que les conseils ainsi reçus l'ont conduit à suspendre sa tentative par un acte libre et spontané de sa volonté. Il est donc essentiel de ne pas confondre conseils et contrainte. Seule cette dernière est exclusive d'un désistement efficace, pour ne plus être compatible avec une action librement déterminée.

C'est dans le même esprit que la jurisprudence traite des hypothèses de désistement associées aux peurs et angoisses de l'auteur de la tentative. Là encore, la question est de savoir si ces états d'âme restent compatibles avec la spontanéité requise. Deux conceptions sont possibles. Soit, pour perdre son caractère volontaire, le désistement doit avoir été provoqué par un événement extérieur à l'auteur de l'infraction, auquel cas tout ce qui relève du sentiment reste com-

1. Crim. 20 mars 1974, *Bull. crim.* n° 124 ; D. 1974. *Somm.* 56 ; *Gaz. Pal.* 1974. 1. 449 ; *Rev. sc. crim.* 1974. 575, obs. Larguier.

patible avec une liberté d'action. Soit, au contraire, l'origine de la contrainte est indifférente, serait-elle moralement ressentie, et le désistement peut alors ne plus être volontaire du fait de pressions internes. C'est à cette dernière conception que semble se rattacher la Chambre criminelle, qui juge qu'est incompatible avec un désistement volontaire, la crainte d'une dénonciation [1], ou encore la crainte des conséquences possibles d'une enquête judiciaire [2]. C'est donc indépendamment de toute considération de principe qu'elle se détermine, contrairement à certaines juridictions du fond, qui séparent volontiers ce qui est le résultat de circonstances externes et ce qui est le fait de ressentiments profonds, ne considérant comme incompatible avec un désistement volontaire seulement la première version, et non la seconde [3].

Telles sont les principales manifestations du désistement, correspondant aux hypothèses les plus extrêmes. Elles témoignent de l'importance des faits dans les solutions retenues, ce qui ne saurait surprendre pour une matière aussi dépendante de la psychologie de ceux qui en sont les acteurs. Le droit retrouve son empreinte dans le repentir, autre forme de désistement, mais dont les effets sont totalement opposés.

B – L'indifférence répressive au repentir

267 Tout comme le désistement, le repentir est un remords ou un regret, manifesté par l'auteur de l'infraction. Mais, à la différence du désistement, il n'est pas suivi de conséquences à l'avantage de ce dernier, qui continue à relever de la loi pénale et de ses sanctions, sous réserve cependant de certaines exemptions.

268 MAINTIEN DE LA RÉPRESSION. — Lorsque le commencement d'exécution constitutif de la tentative est suivi d'un désistement volontaire, l'auteur de l'infraction tentée échappe à la

1. Crim. 29 mai 1902, D.P. 1904. 1. 31.
2. Crim. 20 juill. 1933 (deux arrêts), *Bull. crim.* n° 157 et 158.
3. Le fait que les prévenus, sous l'influence de la peur et non sous l'influence d'une circonstance extérieure, aient interrompu un travail de fouille dans un cimetière, avec l'intention de soustraire une partie de cadavre, constitue un désistement volontaire qui rend non punissable la

répression. Son renoncement est opérationnel, parce qu'il se manifeste utilement, pour se situer avant que l'infraction ne soit pleinement exécutée et donc juridiquement consommée. Mais ce n'est pas le cas du regret tardif, appelé *repentir actif*, dont la caractéristique est d'intervenir une fois cette consommation réalisée [1]. Alors, du fait de l'achèvement du processus dont elle est l'aboutissement, l'infraction ne peut disparaître par rétroactivité, empruntée à une détermination contraire de la part de son auteur. Ce qui se révèle comme constitutif d'une infraction ne peut être supprimé que par un acte législatif venant en consacrer l'effacement, telle une loi d'amnistie, mais non par une volonté unilatérale en ce sens, émanant de celui qui l'a commise, dont le principe serait trop facilement acquis, tout comme le droit pénal y perdrait en dissuasion.

Ce que le désistement permet, le repentir ne saurait le contenir. Avec lui, le seuil de l'irréparable est atteint, l'infraction étant par hypothèse consommée, sans aucun espoir d'un repli stratégique. En aucun cas la situation liée à la réalisation de l'infraction ne saurait être affectée, parce qu'elle est définitivement cristallisée, pour renvoyer à la preuve, au temps même de l'action criminelle, d'une détermination contraire aux intérêts de la société et des victimes.

Cette indifférence répressive au repentir prend une dimension toute spéciale lorsqu'elle est ramenée à la distinction des infractions matérielles et des infractions formelles. Et de fait, le désistement se situant avant la consommation, et le repentir après, leur séparation est directement fonction de leur structure légale. Si l'infraction est matérielle, ce n'est qu'après la réalisation effective du dommage redouté participant de ses éléments que le repentir actif se manifeste, alors qu'il y a place pour un désistement profitable tant que ce dommage n'a pas été atteint. En revanche, lorsque l'infraction est formelle, du fait de l'indifférence au résultat redouté, la consommation est plus immédiate, pour s'apparenter à un commencement d'exécution érigé en infraction autonome, ce qui a pour conséquence de limiter en proportion le désistement, et donc de rendre plus présentes les manifestations de repentir. Enfin, version extrême,

tentative de vol. – Trib. corr. Fort-de-France, 22 sept. 1967, JCP 1968. II. 15583, note Biswang ; *Rev. sc. crim.* 1969. 130, obs. Légal.

1. La réparation du préjudice, alors que le délit est consommé, ne saurait effacer l'infraction. – Crim. 11 oct. 1872, D.P. 1873. 1. 391 ; 9 mai 1979, *Bull. crim.* n° 168.

l'infraction-obstacle, qui se confond sur l'*iter criminis* avec les actes préparatoires, suit en désistement le sort de la tentative. Sa place est aussi restreinte que celle du commencement d'exécution, et l'infraction étant réalisée dès les premiers signes d'un comportement suspect, le domaine du repentir actif s'élargit plus encore.

269 CONCESSION À L'EXEMPTION OU À LA RÉDUCTION DE PEINE. — Se développe aujourd'hui toute une politique d'incitation au repentir, des considérations d'efficience l'emportant très nettement sur l'orthodoxie des solutions théoriques. Le principe reste celui du maintien de la répression, mais le législateur multiplie les dérogations, assurant aux « repentis » une exemption ou une réduction de peine toutes les fois que leur contrition peut être positivement ressentie. La loi Perben II du 9 mars 2004 [1] a même pris le parti d'étendre à de nombreuses infractions ces mesures dérogatoires sous deux propositions distinctes, posant pour règles :

— d'une part, que : « La personne qui a tenté de commettre un crime ou un délit est, dans les cas prévus par la loi, exempte de peine si, ayant averti l'autorité administrative ou judiciaire, elle a permis d'éviter la réalisation de l'infraction et, le cas échéant, d'identifier les autres auteurs ou complices » (c. pén., art. 132-78, al. 1er) ;

— d'autre part, que : « Dans les cas prévus par la loi, la durée de la peine privative de liberté encourue par une personne ayant commis un crime ou un délit est réduite si, ayant averti l'autorité administrative ou judiciaire, elle a permis de faire cesser l'infraction, d'éviter que l'infraction ne produise un dommage ou d'identifier les autres auteurs ou complices » (c. pén., art. 132-78, al. 2).

Sont en fait concernées la délinquance et la criminalité dans leurs manifestations les plus graves, comme c'était déjà le cas pour des précédents plus isolés [2].

1. *JO* 10 mars, p. 4567.
2. En dehors des infractions politiques (c. pén., art. 414-2 et s.), l'exemption et la réduction de peine portaient déjà sur le trafic de stupéfiants (c. pén., art. 222-43), l'évasion (c. pén., art. 434-37), le terrorisme (c. pén., art. 422-1 et 422-2), la fausse monnaie (c. pén., art. 442-9 et 442-10), et l'association de malfaiteurs (c. pén., art. 450-2). Désormais, sont également en cause : l'assassinat et l'empoisonnement (c. pén., art. 221-5-3), les tortures et actes de barbarie

Les deux hypothèses sont des figures bien distinctes.

1 / Il est évident que l'*exemption* renvoie à une efficacité maximale. Mais le texte, qui ne correspond pas à un véritable repentir, n'est pas sans soulever une difficulté d'interprétation. Le coupable doit avoir tenté de commettre le crime ou le délit, l'exemption de peine ne se greffant sur cette tentative que si la réalisation de l'infraction a été évitée par la dénonciation qu'il en a faite aux autorités. Il faut donc que soient établis, non seulement la tentative, mais encore l'effet positif du « repentir » par l'absence de toute infraction consommée. Pour être opérantes, ces conditions supposent que la saisine des autorités par l'auteur de la tentative ne soit pas assimilée à un désistement volontaire de sa part, sauf à faire perdre tout intérêt à l'exemption, puisque, dans le cas contraire, elle ne pourrait s'adosser à une responsabilité pénale préalable. Or, il semble bien difficile de ne pas voir un désistement dans la dénonciation d'une infraction non encore réalisée, ce qui fait douter du caractère opérationnel de l'exemption...

2 / Moins problématique est la seconde hypothèse, à laquelle s'attache la *réduction* de peine. Elle vise le repentir au sens précis du terme, pour se situer par rapport à une infraction pleinement consommée, mais dont les effets sont interrompus ou limités, en même temps que peuvent être déterminés ses auteurs ou complices. Il s'agit donc bien d'un retour actif sur le crime ou le délit, mais d'un retour exceptionnellement pris en compte, pour ce qu'il permet d'éviter de suites ou d'effets dommageables encore possibles, ou d'arrestations utiles.

Telles sont les possibilités d'exemption ou de réduction de peine autour de ce que l'auteur d'une infraction peut manifester de repentir. Mais cela ne veut pas dire que le juge ne puisse en tenir compte autrement, le repentir étant par ailleurs un élément de personnalisation de la sanction (c. pén., art. 132-24), voire pouvant jouer comme un facteur de dispense ou d'ajournement de son prononcé (c. pén., art. 132-58 et s.), sans négliger la réduction de peine exceptionnelle qui peut en récompenser le principe, accordée par le tribunal de

(c. pén., art. 222-6-2), l'enlèvement et la séquestration (c. pén., art. 224-5-1), le détournement d'aéronef, de navire ou de tout autre moyen de transport (c. pén., art. 224-8-1), la traite des êtres humains (c. pén., art. 225-4-9), le proxénétisme (c. pén., art. 225-11-1), le vol en bande organisée (c. pén., art. 311-9-1), et l'extorsion en bande organisée (c. pén., 312-6-1).

l'application des peines (c. pr. pén., art. 721-3, réd. L. n° 2004-204 du 9 mars 2004).

II | UNE DÉFAILLANCE QUALIFIÉE

270 ALTERNATIVE. — C'est de deux manières que se réalise la défaillance du résultat, soit par suspension (A), soit par manquement (B). Deux manières légalement qualifiées, pour correspondre à une « alternative » explicite en ce sens formulée à l'article 121-5 du code pénal.

A – La défaillance par suspension

271 ABANDON SANS DÉSISTEMENT. — Manifestée par un commencement d'exécution, la tentative est d'abord constituée lorsqu'elle a été involontairement suspendue. Cette première cause tient donc à l'arrêt du processus de réalisation de l'infraction, qui, parvenue au commencement d'exécution, n'est pas continuée du fait de circonstances étrangères à une détermination délibérée et spontanée en ce sens. La suspension est une cessation momentanée, ce qui, appliquée à la tentative, laisse entendre que l'exécution du crime ou du délit était encore possible pour être menée à son terme, si elle n'avait fait l'objet d'une telle mesure. Elle s'analyse comme un abandon, mais sans profit pour son auteur, faute d'être un véritable désistement. Parce qu'elle n'est pas animée d'une volonté de rompre avec l'infraction, mais est davantage le signe d'un obstacle ou d'une entrave à sa réalisation, elle ne saurait prétendre à l'impunité. On rejoint ainsi toutes les circonstances par lesquelles l'auteur ne va pas jusqu'à la consommation de l'infraction, alors que celle-ci est pourtant réalisable, mais sans pour autant s'expliquer par une volonté bien comprise de désistement. Une tentative peut être suspendue pour des raisons aussi variées qu'il est d'événements ou de sentiments contraires à son maintien, telle une surveillance discrète alors que l'on s'apprête à commettre l'infraction [1], ou encore de

1. Crim. 3 janv. 1973, *Gaz. Pal.* 1973. 1. 290 ; *Rev. sc. crim.* 1974. 577, obs. Larguier.

fortes émotions qui confinent à la peur ou à l'angoisse, et qui privent l'acte d'abandon de son support volontaire [1]. L'essentiel est que le repli opéré ne puisse être interprété comme un acte de liberté spontanée.

B – La défaillance par manquement

272 FIN D'EXÉCUTION. — Le manquement est la seconde branche de l'alternative posée par le législateur, la tentative étant constituée dès lors qu'elle a manqué son effet en raison de circonstances indépendantes de la volonté de son auteur. Le manquement renvoie à une cessation définitive du projet correspondant à l'infraction tentée, contrairement à la suspension, qui situe la tentative dans une phase encore ouverte à une potentialité de réalisation. C'est dire qu'il est *interruptif* de la tentative, en condamnant objectivement toute possibilité de reprise. Par le manquement, le commencement d'exécution est une fin d'exécution, qui, soit traduit un échec, soit révèle une impossibilité.

a) Le manquement par échec

273 PROJET NON MAÎTRISÉ. — Toute tentative est potentiellement vouée à l'échec, le succès n'étant jamais garanti. Le droit pénal en tire les conséquences à sa manière, en assimilant à une infraction consommée celle qui n'est que tentée, afin de ne pas laisser impunies les actions qui témoignent d'une détermination antisociale manifeste, n'auraient-elles pas été suivies d'effet par la réalisation effective du résultat recherché. L'échec ne peut être une cause d'impunité. Au contraire, il est l'aboutissement contrarié de ce qui a été recherché, la version malheureuse d'un projet non maîtrisé, mais qui ne témoigne pas moins d'une conduite répréhensible et méritant sanction.

La jurisprudence abonde de ces manquements constitutifs de tentative, qui sont autant d'échecs confirmés. Ainsi de l'intervention

1. Crim. 29 mai 1902, préc. ; 20 juill. 1933, deux arrêts préc.

ou de l'interposition des forces de police [1], s'agirait-il d'une autorité de police étrangère [2], de la résistance des victimes [3], de leur fuite [4], ou de leur perspicacité [5], de déficiences physiques [6], de défauts de coordination [7], d'erreurs de destination [8]... Autant de tentatives manquées, par maladresse, par insuffisance de préparation, voire par malchance, alors qu'elles relevaient de possibilités de réussite. Mais, n'ayant pas été, par hypothèse, précédées d'un désistement volontaire, elles figent définitivement la situation au désavantage de leur auteur, qui est soumis au même régime que s'il avait réussi son projet. L'approche de la tentative en ces termes ne soulève d'ailleurs aucune difficulté majeure, contrairement au manquement par impossibilité, qui a été au cœur de débats plus soutenus.

b) Le manquement par impossibilité

274 PROJET NON RÉALISABLE. — Il est évident que le fait de s'engager dans une action criminelle dans des conditions telles que cette action ne peut aboutir, consacre à sa manière un manquement caractérisé. Une infraction ne peut être que manquée, lorsqu'elle ne repose pas sur les bases juridiques ou factuelles permettant de la réaliser. Ainsi de violences exercées sur une personne dans l'intention de lui donner la mort, alors que la victime est déjà

1. Crim. 2 févr. 1961, *Bull. crim.* n° 71 ; 29 déc. 1970, *ibid.* n° 356 ; JCP 1971. II. 16770, note Bouzat ; *Gaz. Pal.* 1971. 1. 134 ; *Rev. sc. crim.* 1972. 99, obs. Légal ; 19 juin 1979, *Bull. crim.* n° 219 ; D. 1979. IR. 525, obs. Puech ; *Gaz. Pal.* 1980. 1. 89 ; *Rev. sc. crim.* 1980. 969, obs. Larguier.
2. Crim. 27 mars 1968, *Bull. crim.* n° 107.
3. Crim. 16 mars 1961, *Bull. crim.* n° 172 ; JCP 1961. II. 12157, note Larguier (résistance opposée par une femme soumise à une tentative d'avortement). – Crim. 26 avr. 2000, *Bull. crim.* n° 164 ; *Dr. pénal* 2000. 137 (1er arrêt), obs. Véron (résistance opposée par la victime d'une tentative d'enlèvement de mineure ayant provoqué la fuite de son auteur).
4. Crim. 14 juin 1995, *Bull. crim.* n° 222 ; *Dr. pénal* 1995. 222, obs. Véron ; *Rev. sc. crim.* 1996. 365, obs. Bouloc (fuite de la victime d'une agression sexuelle).
5. Crim. 27 avr. 2000, *Dr. pénal* 2000. 137 (2e arrêt), obs. préc. Véron (découverte par une compagnie d'assurances de la surévaluation des factures présentées par les auteurs d'une tentative d'escroquerie).
6. Crim. 10 janv. 1996, *Bull. crim.* n° 14 ; *Dr. pénal* 1996. 97, obs. Véron ; *Rev. sc. crim.* 1996. 656, obs. Mayaud, et 846, obs. Bouloc (déficience momentanée lors d'une tentative de viol).
7. Crim. 7 sept. 1993, *Bull. crim.* n° 262 ; *Rev. sc. crim.* 1994. 323, obs. Bouloc (échec d'une tentative de vol par suite d'un manque de coordination des complices entre eux).
8. Crim. 4 janv. 1978, *Bull. crim.* n° 5 ; *Rev. sc. crim.* 1978. 859, obs. Levasseur (victimes autres que celle visée dans l'intention de son auteur).

décédée, ou de l'impropriété des moyens employés pour parvenir au résultat escompté, alors qu'ils sont condamnés à l'inefficacité. Ces hypothèses ont pour originalité de rendre l'infraction impossible, tant il est vrai que l'on ne saurait tuer une personne déjà morte, ni prétendre empoisonner une victime par une substance inoffensive. Et pourtant, preuve est faite de la détermination des auteurs de ces actes, qui, convaincus des possibilités de réussite de telles entreprises, se sont engagés dans des comportements destinés à en assurer le succès. C'est malgré eux que le résultat escompté n'est pas atteint, ce qui soulève la question de savoir si ces manquements particuliers peuvent être sanctionnés comme des tentatives punissables. La réponse est positive, avec d'intéressantes retombées.

275 RÉPRESSION DE L'INFRACTION IMPOSSIBLE. — Les actions impossibles s'apparentent assez bien à ce qui est légalement constitutif d'une tentative, et pour matérialiser une exécution commencée, et pour se solder par un effet manqué en raison de circonstances indépendantes de la volonté de leur auteur. Aussi, est-ce naturellement que le débat s'est porté sur ce terrain, afin de ne pas laisser impunis des indices aussi forts de criminalité ou de délinquance [1]. Cependant, l'unanimité ne s'est pas faite sur la réponse à donner, tant la question est aux confins d'enjeux opposés, à la fois pour dérouter par son caractère irrationnel, et pour orienter vers des besoins bien compris de répression. Et il est vrai que la raison y trouve difficilement son compte, tant il est malaisé de concevoir que l'on puisse commencer à exécuter ce qui ne peut être exécuté... À s'en tenir à un intellectualisme pur, l'argument est décisif, et c'est à l'impunité totale qu'il conduit.

Entre le *rationnel* et le *rassurant*, le choix était simple, et c'est finalement le « rassurant » qui l'a emporté. Après quelques hésitations en jurisprudence, il est désormais bien acquis que l'infraction impossible est une infraction manquée, punissable en tant que telle, et qu'il est possible de tenter l'impossible... Les décisions sont en ce sens, qui soulignent explicitement que l'impossibilité n'est qu'une circonstance indépendante de la volonté de l'auteur de l'infraction,

1. A. Varinard, La théorie de l'infraction impossible : vers la disparition d'un mythe doctrinal, Mélanges offerts à Albert Chavanne, Litec, 1990, p. 165.

par suite de laquelle la tentative a manqué son effet. Ainsi de l'absence d'objets en des lieux investis à des fins de vol [1], des clauses d'un contrat d'assurance à même de faire obstacle à une escroquerie [2], ou du décès de la victime antérieur aux violences mortelles exercées contre elle [3]. Tous ces exemples sont autant d'illustrations de poursuites et de condamnations pour tentative, les impossibilités qui en relèvent n'ayant pas eu pour conséquence de les empêcher, mais ayant été considérées, au contraire, comme échappant à la volonté des accusés ou prévenus mis en cause.

276 RETOMBÉES DE L'INFRACTION IMPOSSIBLE. — 1 / Une première observation est à faire, portant sur la *différence entre l'infraction impossible et l'infraction putative.* Nous l'avons dit, l'infraction impossible est un crime ou un délit dont les conditions de réalisation ne permettent pas de parvenir au résultat recherché, faute de recouper les éléments compatibles avec cette réalisation. Il en est de même de l'infraction putative, qui se définit comme une action pareillement impossible, mais en raison de l'inexistence d'un texte servant de support à une incrimination correspondante. L'infraction putative (du latin *putare*) est une infraction supposée, pour n'exister que dans l'esprit de celui qui agit, mais sans rattachement aucun à une qualification pénale. C'est l'exemple d'un trafic portant sur des objets que l'on croit interdits de vente, alors qu'aucune prohibition ne les atteint. L'infraction est bien impossible, puisque, faute d'être incriminée, elle n'est en aucun cas susceptible de réalisation. Ce type d'infraction n'est pas punissable. Certes, son auteur a fait preuve d'une certaine déviance, pour avoir adhéré psychologiquement à ce qu'il considérait comme un interdit social. Mais le délit n'est qu'imaginaire, et le droit ne saurait se faire l'arbitre des consciences, en dehors de toute référence objective à un

1. Crim. 19 mai 1949, *Bull. crim.* n° 181 (chambre d'hôtel). – Crim. 14 juin 1961, *Bull. crim.* n° 299 ; 23 juill. 1969 : *ibid.* n° 234 ; D. 1970. 361, note Roujou de Boubée ; JCP 1970. II. 16507 *bis*, note Littmann ; *Gaz. Pal.* 1969. 2. 256 (voitures). – Crim. 15 mars 1994, *Dr. pénal* 1994. 153 (maison).
2. Crim. 7 janv. 1980, *Bull. crim.* n° 8 ; D. 1980. IR. 521, obs. Puech ; *Rev. sc. crim.* 1981. 365, obs. Larguier.
3. Crim. 16 janv. 1986 (*Perdereau*), *Bull. crim.* n° 25 ; D. 1986. 265, note Mayer et Gazounaud, et note Pradel ; JCP 1987. II. 20774, note Roujou de Boubée ; *Gaz. Pal.* 1986. 1. 377, note Doucet ; *Rev. sc. crim.* 1986. 839, obs. Vitu, et 849, obs. Levasseur.

modèle de conduite correspondant à une incrimination préalable. Principe de légalité oblige, c'est seulement par référence à l'incrimination que les intentions peuvent être jugées, et, à défaut, il n'est que des représentations ou fantasmes, bons ou mauvais, mais étrangers au droit et à la justice.

2 / Une seconde observation s'impose, dictée par l'hypothèse extrême de tentative que représente l'infraction impossible. Elle affecte l'*intention*, dont on perçoit le rôle majeur dans la théorie du droit pénal. Plus, en effet, la matérialité de l'infraction se réduit, plus l'intention occupe une place déterminante, pour être le relais d'une répression ressentie comme juste et nécessaire. L'infraction impossible en est la meilleure illustration, qui consiste à sanctionner ce qui ne peut être matérialisé en plénitude, faute de se situer dans un contexte porteur. Et pourtant la répression va jouer, la tentative assurant techniquement cette fonction... Une répression qui emprunte davantage à la psychologie de l'auteur du comportement manqué, qu'à une matérialité parfaitement établie.

Pour aller plus loin

277 TENTATIVE PAR SIMPLE INTENTION ?. — Serait-elle reconnue comme mauvaise, révélatrice d'un état d'esprit peu recommandable, viendrait-elle confirmer des actions déjà réprimées au titre de poursuites antérieures ou en cours, l'intention ne saurait à elle seule servir de fondement à la répression. Elle n'est qu'un instrument d'interprétation d'une matérialité préalable, et ne saurait prétendre s'y substituer. Avec la non-intention, elle est ce qui donne à l'infraction sa dimension humaine, en projetant sur les comportements une psychologie, un état d'esprit, une mentalité, une sensibilité, selon que les agissements sont animés d'hostilité ou d'indifférence aux valeurs sociales. Mais encore faut-il qu'elle repose sur des éléments tangibles. Et c'est précisément cette tangibilité que la théorie de la tentative, particulièrement ses applications aux infractions impossibles, contribue à mettre en évidence. En fait, deux données sont indispensables à l'intention pour prétendre animer la répression, y compris dans un contexte de pauvreté ou de dépouillement, tel que la tentative le révèle : d'abord un support textuel, ensuite un support matériel.

1°) Le *support textuel* est la conséquence de ce que nous avons dit relativement à l'infraction putative (V. *ci-dessus*). Cette infraction n'étant pas punissable, du fait de l'absence d'incrimination, il en résulte que de mauvaises intentions, une volonté manifeste de nuire, ne sauraient être prises en compte pour asseoir et fonder une quelconque répression. Jamais l'intention ne saurait être retenue pour soutenir des poursuites en dehors des prévisions de la loi. C'est là le point de départ de tout ce qui gravite autour de l'intention, et de sa progression manifeste pour appuyer la répression. Il est une limite infranchissable, et elle doit toujours le rester, à savoir qu'elle ne peut servir en soi de référence répressive sans le relais d'une incrimination. Le droit n'étant pas une morale, il n'a pas à favoriser des réactions sur le constat d'intentions malveillantes, indépendamment de tout texte préalable venant en sanctionner le principe.

2°) Cette donnée première étant acquise, l'intention doit ensuite passer par un *support matériel.* Il ne suffit pas qu'une incrimination existe, assurant le support légal indispensable aux poursuites, encore faut-il que l'intention, dans ce contexte de prévision, puisse se greffer sur un comportement correspondant à un minimum de matérialité. Et on rejoint là ce qui est la préoccupation essentielle en notre matière : éviter que l'intention ne supplante trop facilement la matérialité de l'infraction. Notre système juridique veille à se protéger d'une telle dérive. La tentative en témoigne, qui ne peut être sans l'extériorisation d'un comportement suffisamment porteur pour contenir les indices d'une criminalité ou d'une délinquance en action. Le commencement d'exécution répond à cette finalité, qui se situe au delà des actes préparatoires, et à la limite de l'exécution complète, afin de faire reposer la répression sur un critère de quasi-certitude. Même réduite, comme c'est le cas dans la tentative, la matérialité est inséparable de l'infraction et de toute infraction, et le rôle de l'intention est seulement de l'éclairer, en la dotant d'une connotation d'ordre moral, lui donnant, en quelque sorte, une dimension subjective et humaine. Mais jamais l'intention, à elle seule, ne saurait jouer le rôle de cet ancrage dans l'infraction.

En revanche, il suffit que le comportement matérialisé soit suffisamment explicite quant à sa dimension pénale, pour que la relève de l'intention en permette la répression. C'est exactement ce qui se joue dans l'infraction impossible. L'impossibilité condamne toute prétention au résultat, mais elle n'est pas exclusive de répression, dès lors que, manifestée par un comportement, elle se double d'une intention tournée vers le résultat. S'il est donc vrai que l'impossibilité procède d'une rupture objective de causalité, faute d'aboutir au résultat, elle n'en demeure pas moins, par l'intention, en continuité de causalité subjective. Ce n'est pas autrement que la formule de la jurisprudence doit être comprise, selon laquelle caractérisent le commencement d'exécution les actes qui « *tendent directement au crime ou au délit avec intention de le commettre* ». La causalité en question est d'ordre subjectif. Il suffit que, portée par des actes proches de l'exécution, l'intention soit tendue vers la réalisation du crime ou du délit, serait-elle impossible. Alors, le lien causal n'est plus le fait d'un enchaînement matériel, mais le produit d'une forte détermination en ce sens.

On perçoit ainsi ce que l'élément moral de l'infraction contient de décisif dans l'aménagement de la répression et d'influent sur la théorie du droit pénal. Révélateur de l'antisocialité de l'infraction, sa place est déterminante, pourvu qu'un minimum de matérialité la précède.

278 BILAN SUR LE RÉSULTAT EN DROIT PÉNAL

▶ Trois **figures** rendent compte du résultat en droit pénal :

— le résultat *redouté*, par lequel l'incrimination se construit (*chapitre 5*),
— le résultat *légal*, par lequel l'infraction se consomme (*présent chapitre*),
— le résultat *juridique*, par lequel la valeur sociale protégée est atteinte (*chapitre 1*).

▶ Plusieurs **théorèmes** permettent de fixer leurs rapports :

— À toute infraction correspond un résultat redouté, qui est à l'origine de l'incrimination,
— À toute infraction correspond un résultat légal, pour passer nécessairement par un seuil de consommation,

— Au résultat légal ne correspond pas toujours le résultat redouté, selon que l'infraction est matérielle ou formelle,
— À tout résultat légal correspond un résultat juridique, qui est indissociable de la consommation de l'infraction, laquelle se solde toujours par une atteinte à une valeur sociale protégée.

279 LIEN DE CAUSALITÉ ET RESPONSABILITÉ PÉNALE

Un dommage ne peut être sans rattachement au fait l'ayant provoqué, et il n'est de responsabilité sans relation établie entre une action ou une omission répréhensible et ce qui en est la manifestation en préjudice. La causalité permet ce rapprochement, de sorte que le dommage et le comportement sortent de leur neutralité, pour se rejoindre et se fondre dans un processus actif auquel le droit apporte utilement sa sanction. Participant de sa définition et de sa finition à la fois, elle rend définitive la responsabilité, elle en scelle les éléments dans une version incontestable.

La causalité doit être présentée en rapport avec la spécificité du droit pénal. Non qu'elle soit différente de ce qu'elle est dans les autres disciplines, mais parce qu'il est nécessaire de tenir compte des notions et concepts propres à notre matière. Parvenus au terme de ce chapitre, nous avons les connaissances suffisantes pour en exposer sommairement la réalité.

a) Composantes de la causalité

Nous l'avons dit, la causalité est un rapport entre le dommage et le fait présenté comme l'ayant généré. Ramenée à la dimension du droit pénal, il convient de replacer l'une et l'autre de ces données dans ce qu'elles présentent chacune d'originalité dictée par la matière.

1) *Fait générateur*

Au fait générateur correspond le comportement (*chapitre 5*), c'est-à-dire l'action ou l'omission telle qu'elle est contenue et sanctionnée par un texte d'incrimination. On rejoint le principe de la légalité (*chapitre 1*), et une différence majeure avec le droit civil : alors que ce dernier renvoie à « *tout fait quelconque de l'homme* » (c. civ., art. 1382) pour obliger celui par la faute duquel il est arrivé à en réparer les conséquences dommageables, c'est seulement sous l'angle de faits qualifiés que la responsabilité pénale est possible.

2) *Dommage*

• Sur ce plan encore la spécificité pénale est très marquée. Le dommage dont il est question n'est pas le préjudice du droit civil, même s'il figure parfois dans les éléments de définition de l'infraction (Y. Mayaud, La résistance du droit pénal au préjudice, Mélanges B. Bouloc, *Dalloz*, 2006, p. 807). La raison en est simple : par sa finalité propre, toute orientée vers la défense de l'ordre public et de l'intérêt général, le droit pénal a moins pour objet de relever et de sanctionner des déséquilibres d'ordre privé, que de poursuivre et de punir des atteintes à l'équilibre social lui-même. Il en résulte que le dommage de référence n'est pas le préjudice personnellement ressenti par les victimes de l'infraction, mais le dommage social révélé par le crime ou le délit commis, se manifesterait-il par un préjudice d'ordre privé. Ce dommage n'est autre que le *résultat légal*, que nous avons défini comme le seuil de consommation de l'infraction, et qui contient en lui tout le mal ou tous les désordres pouvant être ressentis par la société, en nécessaire rapport avec les prévisions de la loi en ce sens.

• Incarné par le résultat légal, le *dommage pénal* rejoint alors une double réalité concrète, pour correspondre :

— en cas d'infraction matérielle (meurtre, homicide involontaire, violences volontaires ou involontaires...), à une atteinte effective à ce qui est redouté ;
— en cas d'infraction formelle ou obstacle (empoisonnement, risques causés à autrui...), à une atteinte potentielle à ce qui est redouté.

On réalise combien cette dualité nous éloigne du préjudice civil, puisqu'est considéré comme un dommage en soi, source de responsabilité pénale, non seulement un désordre acquis, mais encore un désordre possible.

• Il est une autre manifestation de l'indifférence au préjudice, qui tient à la tentative. Instrument d'anticipation, la tentative a pour originalité de permettre des poursuites avant que ne soit atteint le résultat légal. La responsabilité pénale peut donc être indépendante du dommage pris en compte par la loi d'incrimination, et donc de tout préjudice. La causalité requise au titre du commencement d'exécution n'est plus constitutive, mais seulement répressive.

b) Etendue de la causalité

Ainsi fixé dans ses composantes, le lien de causalité doit être précisé dans son étendue, c'est-à-dire dans les données juridiquement retenues pour en consacrer le principe. Deux conditions sont à remplir, tenant, d'une part, à sa certitude, d'autre part, à son intensité.

1) *Certitude*

• Indispensable à la responsabilité, la causalité doit être certaine dans son existence. Une certitude qui passe par l'absence de toute hésitation sur le fait que le comportement incriminé est bien à l'origine du dommage pénal (Y. Mayaud, Quelle certitude pour le lien de causalité dans la théorie de la responsabilité pénale ?, Mélanges A. Decocq, *Litec*, 2004, p. 475). Mais des doutes peuvent exister, particulièrement lorsque la réalisation dudit dommage est contrariée ou concurrencée dans son processus par des données extérieures au comportement : à la contrariété se rattache l'interférence de la force majeure, à la concurrence l'existence de causes multiples.

• La *force majeure* est définie à l'article 122-2 du code pénal comme une cause d'irresponsabilité bénéficiant à « *la personne qui a agi sous l'empire d'une force ou d'une contrainte à laquelle elle n'a pu résister* ». La force majeure se présente ainsi comme une causalité extérieure au comportement de l'agent, faute pour lui d'avoir disposé du libre arbitre nécessaire à sa responsabilité. Certes, quant à sa nature, la force majeure relève de la théorie de l'imputabilité (*chapitre 12*). Mais, dans ses effets et ses conséquences, elle participe de la théorie de la causalité. Son impact est causal, parce qu'elle entraîne une rupture du lien entre l'action ou l'omission se prêtant à répression et le dommage qui lui est apparemment associé. La force majeure se présente en quelque sorte comme un dérèglement de causalité, entravant la relation apparente entre le comportement et le résultat. Elle a pour effet de récupérer la causalité, en s'appropriant l'exclusivité du dommage. Toute la difficulté est de bien l'identifier, afin de ne pas l'associer systématiquement ou trop facilement à ce qui se présente volontiers sous les traits d'une rupture dans le processus de causalité. La causalité peut être certaine même dans des manifestations chaotiques.

• La responsabilité pénale n'est pas affectée par la *pluralité des causes* pouvant rendre compte du dommage. L'absence d'exclusivité ne perturbe pas la certitude de la causalité.

En droit pénal, serait-elle commune à plusieurs participants (coactivité), associée à d'autres événements (fait d'un tiers...), voire en rapport avec une faute imputable à la victime elle-même, la responsabilité reste totale pour le prévenu, réserve faite de la force majeure. Il n'en est pas de la responsabilité pénale comme de la responsabilité civile, qui se prête à un partage, selon le degré de participation du responsable dans la réalisation du préjudice. L'explication tient à la finalité particulière de notre matière – toujours elle – dont l'objet est moins d'assurer une juste indemnisation, qui peut être en effet partagée entre tous les acteurs du dommage, que de sanctionner chaque comportement, pour ce qu'il représente en soi, et indépendamment de tous autres, de conduite blâmable et attentatoire aux valeurs sociales.

2) *Intensité*

• L'intensité est la seconde étape pour juger de l'étendue de la causalité. Autant la certitude ne passe par aucun aménagement, pour être ou ne pas être, autant, au contraire, cet aspect de la causalité se prête à une certaine souplesse, selon qu'elle est directe ou indirecte. Il n'est aucune primauté de principe d'une version sur l'autre, et c'est uniquement au regard des textes que le juge est invité à se déterminer.

• Les délits non intentionnels en témoignent (homicide involontaire, violences involontaires...), dont la définition a été reprise à des fins de dépénalisation par la loi n° 2000-647 du 10 juillet 2000 (*JO* 11 juill., p. 10484). C'est en opérant sur la causalité que la réforme a été possible à l'avantage des personnes physiques. Avant ce texte, la faute non intentionnelle était toujours sanctionnée, quel que soit son impact sur le dommage, qu'elle ait contribué directement ou indirectement à sa réalisation. Aujourd'hui, la causalité est facteur de différence pour la faute elle-même, qui devient une source diversifiée de responsabilité selon que le dommage en est le produit direct ou indirect : une simple faute suffit lorsque le dommage est direct, alors qu'une faute délibérée ou caractérisée est exigée en cas de dommage indirect (c. pén., art. 121-3, al. 4 ; *chapitre 6*). Il n'est donc plus d'uniformité au sein de la même discipline, ce qui illustre au mieux la souplesse de la causalité, et surtout les possibilités d'en jouer pour le législateur, à la mesure de sa politique criminelle.

Chapitre 8
Le classement des infractions

280 QUALIFICATION LÉGALE. — Les infractions n'ont pas toujours les mêmes retombées sur le plan social, ce que le législateur manifeste par leur répartition au sein de catégories différentes. Certes, à chacune correspond un enjeu d'intérêt général, en atteignant l'ordre public dans ce qu'il a de plus essentiel. Mais cette donnée n'est pas incompatible avec certaines nuances, et la loi les exprime par des classements, destinés à mieux situer les infractions les unes par rapport aux autres, soit sur le critère de leur gravité (Section I), soit sur celui de leur nature (Section II).

Section I
La gravité de l'infraction

281 CRIMES, DÉLITS, CONTRAVENTIONS. — Les infractions relèvent entre elles d'un classement hiérarchique, qu'il appartient au législateur de gérer en fonction de sa politique criminelle, et donc de l'appréciation de gravité qu'il porte sur chacune des incriminations qu'il définit. C'est la distinction des crimes, des délits et des contraventions. Cette trilogie est traditionnelle (I), mais on peut se demander si elle n'est pas quelque peu dépassée au profit d'une philosophie bipartite (II).

I | UNE DISTINCTION TRIPARTITE

282 La distinction est clairement affirmée par le code pénal (A), et ses manifestations sont nombreuses (B).

A – L'affirmation

283 ÉNONCÉ. — L'article 111-1 du code pénal est très explicite : « *Les infractions pénales sont classées, suivant leur gravité, en crimes, délits et contraventions* ». Premier élément d'articulation de toutes les dispositions du code, le principe engage une donnée majeure du droit pénal, qui emprunte à la fois au réalisme et à la politique.

284 RÉALISME. — La répartition des infractions au sein de catégories hiérarchisées n'a rien d'exceptionnel. Elle est l'expression d'une réalité qui s'impose d'elle même, tant il est évident que tous les comportements relevant d'une qualification pénale méritent d'être différemment appréhendés selon leur gravité. La sanction est le premier critère de cette différence, en évoluant en sévérité plus l'infraction monte en antisocialité. Mais elle n'est pas le seul, le législateur ayant également retenu le principe d'un regroupement des infractions sur la base de leur appartenance à une même famille. C'est sur ce plan que les crimes, les délits et les contraventions gagnent à être séparés, pour représenter, non seulement des peines graduées, mais encore des types d'infractions participant d'une même nature, avec pour conséquence de générer une réaction sociale à la mesure de leur gravité. Le classement dépasse un simple enjeu punitif. Il engage une véritable politique.

285 POLITIQUE. — La distinction des crimes, délits et contraventions est l'instrument d'une politique répressive cohérente. Selon que l'action ou l'omission incriminée mérite de figurer au sein de l'une ou l'autre de ces catégories, de grandes différences juridiques en résultent, et il est important pour le législateur de se situer par rapport à ce que chacune de ces trois figures représente de spécificité. Par exemple, en optant pour la qualification criminelle, la loi considère l'infraction comme relevant d'une gravité extrême, avec ce que cela suppose de réaction indissociable, même si les peines varient d'un crime à un autre, pour ne pas atteindre toujours les seuils les plus élevés. Mais cette souplesse relative quant à la peine ne saurait cacher la rigueur absolue de la qualification, dont l'intérêt est de projeter l'infraction dans la sphère des comportements les plus immoraux ou les plus dangereux. L'acte légal de qualification, destiné à classer l'infraction au sein de l'une des trois catégories disponibles, n'est donc pas un acte neutre. Il emporte à sa suite toute une logique de solutions destinées à en traduire la portée politique.

Le législateur se doit notamment de ne pas composer avec des systèmes hybrides, consistant à retenir une qualification tout en appliquant des peines correspondant à une autre. Certes, rien ne lui interdit de le faire, le classement tripartite des infractions n'ayant pas une dimension constitutionnelle. Mais il y aurait rupture de logique à s'aventurer dans cette voie, pour ce qu'elle consacrerait d'incohérence par rapport aux principes. La réforme du code pénal est d'ailleurs significative d'une détermination à ne pas renouveler avec les pratiques antérieures en ce sens. Avant le 1er mars 1994, les délits étaient punis d'un maximum de 5 ans d'emprisonnement (c. pén. ancien art. 40). Au delà on était dans la catégorie des crimes. Les peines correspondant à certains délits étaient cependant nettement supérieures à 5 ans [1], et il en résultait un mélange assez regrettable, puisque les sanctions retenues, empruntées à la catégorie criminelle, n'étaient pas en rapport avec la qualification correctionnelle, le législateur se plaçant ainsi en contradiction avec lui-même [2]. Cette situation ne semble plus possible aujourd'hui. Les délits, en effet, ont vu leur maximum doubler par rapport à l'état antérieur du droit positif, la peine d'emprisonnement pouvant aller jusqu'à 10 ans. La matière correctionnelle couvre donc un champ répressif suffisant pour éviter à l'avenir tout conflit entre la peine et la qualification, et, même à supposer que le législateur s'y engage, cette option pourrait ne pas être partagée par le Conseil constitutionnel, en application des principes de nécessité et de proportionnalité.

B – Les manifestations

La distinction des crimes, délits et contraventions est la pierre angulaire du droit pénal. Elle préside à des différences sensibles de régime juridique, tant sur le fond qu'en procédure.

1. Ainsi du trafic de stupéfiants, qui était puni d'un emprisonnement pouvant aller jusqu'à dix ans (c.santé publ., ancien art. L. 627 et s.), voire vingt ans en cas de récidive (c.santé publ., ancien art. L. 630-2).
2. Une contradiction qui avait ses raisons. En fait, il s'agissait, par la qualification correctionnelle, d'éviter la procédure des assises, considérée comme trop lourde et inadaptée à la matière, tout en bénéficiant d'une répression criminelle.

286 FOND. — Il serait fastidieux de dresser une liste exhaustive des écarts pouvant être relevés entre les infractions sur le critère de leur gravité. Toute la théorie générale du droit pénal est concernée, ce qui reviendrait à en reprendre bien inutilement les termes. Quelques illustrations suffiront à se convaincre de l'importance de ce critère dans les dispositions qui engagent substantiellement la matière.

1 / La *réciprocité d'incrimination* exigée au titre de la personnalité active n'affecte que les délits, et non les crimes, les contraventions échappant quant à elles à la compétence française lorsqu'elles sont commises hors du territoire de la République (c. pén., art. 113-6) ;

2 / L'*intention* relève d'une exclusivité pour les crimes, seulement d'une primauté pour les délits, qui peuvent être également non intentionnels, les contraventions répondant pour leur part à une conception purement matérielle (c. pén., art. 121-3) ;

3 / La *tentative* est toujours punissable pour les crimes, contrairement aux délits, où elle n'est sanctionnée que dans les cas prévus par la loi, et aux contraventions, qui échappent en principe à toute poursuite de ce chef (c. pén., art. 121-4) ;

4 / La *complicité* est punissable dans toutes ses modalités pour les crimes et les délits, qu'il s'agisse d'aide ou d'instigation, alors que seule cette dernière est sanctionnée en matière contraventionnelle (c. pén., art. 121-7) ;

5 / La *dispense de peine* et l'*ajournement du prononcé de la peine* sont des mesures réservées aux délits et aux contraventions, à l'exclusion des crimes (c. pén., art. 132-58) ;

6 / La *prescription de la peine* est de vingt ans pour les crimes, de cinq ans pour les délits, et de trois ans pour les contraventions (c. pén., art. 133-2 et s.).

Tels sont les exemples à retenir permettant d'illustrer sur le fond les principales différences liées à la gravité respective des infractions. Ils ne sont pas les seuls, les lois de forme intégrant elles aussi le principe d'une différenciation en fonction de l'appartenance des infractions à l'une ou l'autre des trois catégories en cause.

287 FORME. — La procédure pénale répercute la distinction des crimes, des délits et des contraventions, chacune de ces figures connaissant des règles séparées de poursuite, d'instruction ou de jugement. Il ne saurait d'ailleurs en être autrement, la gravité plus ou moins prononcée que représentent les éléments de cette trilogie ne pouvant que se ressentir de mesures destinées à en répercuter le principe sur le plan judiciaire. C'est particulièrement le cas pour les juridictions de jugement, dont l'organisation n'est rien d'autre que la version institutionnelle du classement qui nous retient, les crimes relevant de la compétence de la cour d'assises (c. pr. pén., art. 231), les délits de la compétence du tribunal correctionnel (c. pr. pén., art. 381), et les contraventions de la compétence du tribunal de police et de la juridiction de proximité (c. pr. pén., art. 521). Mais les illustrations ne s'arrêtent pas là, qui dépassent de loin cette première approche.

1 / La *prescription de l'action publique* est de dix ans pour les crimes, trois ans pour les délits, et de un an pour les contraventions (c. pr. pén., art. 7 à 9), ces délais s'appliquant à défaut de dispositions plus particulières destinées à les écourter ou, au contraire, à les allonger, voire à constater une imprescriptibilité, comme c'est le cas pour les crimes contre l'humanité (c. pén., art. 213-5 ; L. n° 64-1326 du 26 déc. 1964) ;

2 / Les *alternatives aux poursuites*, telle la composition pénale (c. pr. pén., art. 41-2 et 41-3) n'affectent, sous certaines conditions, que les matières correctionnelle et contraventionnelle, à l'exclusion des crimes ;

3 / L'*enquête de flagrance* n'est compatible qu'avec les crimes et les délits, mais n'existe pas pour les contraventions (c. pr. pén., art. 53) ;

4 / L'*instruction préparatoire* est obligatoire en matière de crime, et, sauf dispositions spéciales, facultative en matière de délit ; en revanche, les contraventions n'y sont soumises qu'à titre exceptionnel (c. pr. pén., art. 79) ;

5 / La *convocation par procès-verbal* et la *comparution immédiate* (c. pr. pén., art. 393 et s.) sont des procédures réservées aux seuls délits, de même que le dispositif de *comparution sur reconnaissance préalable de culpabilité*, dit « plaider coupable » [1] (c. pr. pén., art. 495-7 et s.) ;

1. Il a été mis en place par la loi Perben II n° 2004-204 du 9 mars 2004 portant adaptation de la justice aux évolutions de la criminalité (*JO* 10 mars 2004, p. 4567 ; art. 137).

6 / Les *demandes en révision* ne sont possibles qu'au bénéfice de personnes reconnues coupables d'un crime ou d'un délit, les contraventions étant exclues de cette procédure (c. pr. pén., art. 622) ;

7 / Pour les *infractions commises hors du territoire de la République*, la poursuite des crimes relève du droit commun, alors que celle des délits ne peut être exercée qu'à la requête du ministère public, et elle doit être précédée d'une plainte de la victime ou de ses ayants droit ou d'une dénonciation officielle par l'autorité du pays où le fait a été commis (c. pén., art. 113-8).

Toutes ces nuances sont autant de manifestations de ce que la procédure concède à la gravité des infractions. Elles sont à la mesure des besoins de la justice, tant celle-ci gagne à disposer de moyens adaptés à chacune des catégories concernées. Mais si la distinction tripartite s'affirme de la sorte, elle ne saurait cependant cacher une autre réalité, faite d'un rapprochement sensible entre les crimes et les délits, et d'une spécificité contraventionnelle reconnue.

II | Une philosophie bipartite

288 Sur la distinction tripartite des infractions, avec ce qu'elle emporte de différences substantielles et formelles quant au régime de répression qui leur est appliqué, se greffe depuis quelques années une nouvelle philosophie, dont la caractéristique est de réduire les écarts entre les crimes et les délits, et d'accentuer l'isolement des contraventions. Ce nouveau clivage est sensible à plus d'un titre, ce qu'il convient d'abord de constater (A), avant de l'expliquer (B).

A – Le clivage

289 Spécificité des contraventions. — Le rapprochement des crimes et des délits, et la spécificité des contraventions en résultant, sont le fait de plusieurs indices, qui contribuent chacun à se convaincre de la montée d'une nouvelle conception des infractions.

290 INDICE CONSTITUTIONNEL. — Le premier indice est constitutionnel. On sait, en effet, en application des articles 34 et 37 de la Constitution, que la détermination des crimes et des délits, ainsi que des peines qui leur sont applicables, ressortit à la compétence du Parlement, alors que les contraventions sont de la compétence du Gouvernement. Expressément repris dans le code pénal (art. 111-2 et 111-3), ce partage a une signification politique très forte. Il consacre une dualité, en reconnaissant que les crimes et les délits sont très proches, à l'opposé des contraventions, soumises quant à elles à une spécificité les rendant moins tributaires de la souveraineté parlementaire. Telle est la conséquence de cette rupture constitutionnelle par rapport à la compétence législative dont les contraventions sont privées. La solution n'est pas neutre. Elle engage philosophiquement le droit pénal, en laissant entendre que la différence entre les crimes et les délits est plus de degré que de nature, là où les contraventions, au contraire, se distinguent par une originalité nettement plus prononcée.

291 INDICE CONSTITUTIF. — Le deuxième indice est constitutif. Il concerne la culpabilité de l'auteur de l'infraction, plus exactement le débat préalable permettant de s'en convaincre. Il est encore ici une grande différence entre, d'une part, les crimes et les délits, d'autre part, les contraventions. Alors que les premiers ne peuvent échapper à la preuve réelle et tangible de l'intention ou de la non intention composant l'infraction commise, les secondes relèvent d'une conception purement matérielle, qui les dispense de toute investigation en ce sens.

Les crimes et les délits ont pour dénominateur commun de ne se prêter à des poursuites utiles, et donc à des sanctions possibles, que si la démonstration est faite de leur élément moral, que ce soit en termes intentionnels ou non intentionnels, aucune présomption à ce titre ne pouvant être tirée de la matérialité des faits [1]. La réforme du code pénal a d'ailleurs opéré en ce sens, en s'efforçant de renforcer la

1. Il résulte de l'art. 9 de la Déclaration des droits de l'homme et du citoyen, s'agissant des crimes et délits, que la culpabilité ne saurait résulter de la seule imputabilité matérielle d'actes pénalement sanctionnés. – Cons. constit., 16 juin 1999 (n° 99-411 DC), *JO* 19 juin, p. 9018 ; D. 1999. 589, note Mayaud ; *ibid.* 2000. *Somm.* 197, obs. Sciortino-Bayart.

présomption d'innocence, notamment par l'admission de l'erreur de droit, et par la suppression des délits contraventionnels.

À l'inverse, les contraventions sont marquées par une conception objective, fermée à toute dialectique ayant pour objet de révéler l'hostilité ou l'indifférence qui a présidé à leur réalisation. L'article 121-3 du code pénal s'en fait l'écho, qui traite de l'élément moral des infractions, et de la place respective de l'intention et de la non intention, mais sans autre référence aux contraventions que sous forme d'un dernier alinéa, dont il résulte que : « *Il n'y a point de contravention en cas de force majeure* ». Contrairement aux crimes et aux délits, dont la nature intentionnelle ou non intentionnelle est explicite, sur le fondement de critères bien établis, les contraventions ne connaissent aucune affectation en ces termes, seule la force majeure étant à même d'en effacer l'existence [1]. C'est dire qu'elles sont indifférentes aux nuances constitutives par ailleurs requises pour les crimes et les délits, et que nul n'est besoin de s'interroger sur ce qui caractérise leur élément moral, la responsabilité étant directement liée au constat de la matérialité des faits.

Cette différence est une marque de plus allant dans le sens de la spécificité des contraventions, qui, contrairement aux crimes et aux délits, ont une nature telle, qu'il est admis que la responsabilité les concernant soit réduite à la preuve d'une simple matérialité.

292 INDICE PÉNOLOGIQUE. — Le troisième indice est pénologique. Il tient au fait que le principe de personnalisation, normalement à respecter lors du prononcé de la peine (c. pén., art. 132-24), est fortement minimisé quant aux contraventions. Et cela est d'autant plus sensible que les crimes et les délits ont quant à eux bénéficié de mesures destinées à en faciliter l'application, telle la disparition, du moins dans le code pénal (art. 132-17), des peines accessoires, dont l'automaticité était difficilement compatible avec une politique d'individualisation. Les contraventions sont très éloignées de cette préoccupation, favorisant au contraire des systèmes plus rigides, à l'opposé de la souplesse nécessaire à des mesures

1. La précision est d'ailleurs inutile, pour renvoyer, moins à la culpabilité qu'à l'imputabilité. Elle est de plus trompeuse, pour laisser entendre que seules les contraventions en relèveraient, alors qu'elle est une cause générale d'irresponsabilité, applicable à toutes les infractions, quelle que soit leur qualification (c. pén., art. 122-2).

personnalisées. On voudra pour preuve le principe du cumul des peines, qui est de règle en matière contraventionnelle, puisque les peines d'amende se cumulent entre elles et avec celles encourues ou prononcées pour des crimes ou délits en concours (c. pén., art. 132-7), alors que le non-cumul l'emporte pour les crimes et les délits, les sanctions prononcées ou exécutées ne pouvant jamais aller, pour les peines de même nature, au delà du maximum légal le plus élevé (c. pén., art. 132-3 et 132-4). Cette différence est l'indice d'un clivage supplémentaire entre les infractions, les contraventions laissant entrevoir une nature que ne partagent pas les crimes et les délits.

293 INDICE PROCÉDURAL. — Le quatrième indice est procédural. Les contraventions sont soumises à des modalités de poursuites différenciées par rapport à celles des crimes et des délits.

Ainsi du pouvoir de transaction dont les maires disposent depuis la loi n° 2006-396 du 31 mars 2006 [1], tant que l'action publique n'a pas été mise en mouvement, relativement à certaines contraventions ayant causé un préjudice à la commune (c. pr. pén., art. 44-1). Bien que soumise à homologation judiciaire, pareille transaction n'en reste pas moins confiée à une autorité administrative, ce qui lui confère une originalité certaine, recherchée pour ce qu'elle contient de réponse pertinente et efficace en rapport avec la nature des infractions en cause [2].

Ainsi également des dispositions relatives au jugement des contraventions, qui connaissent des régimes diversifiés, recherchés pour ce qu'ils représentent de justice plus immédiate et rapide qu'en matière de crime ou de délit. Il est évident que les crimes sont tributaires de la procédure la plus lourde. De même, malgré certains allégements, notamment par exception au principe de collégialité et recours au juge unique, voire par la possibilité de désigner un juge de proximité en qualité d'assesseur du tribunal correctionnel (c. pr. pén, art. 398, 398-1 et 398-2), les délits sont pareillement soumis à un contentieux formaliste, à la mesure des peines encourues.

1. Loi pour l'égalité des chances (*JO* 2 avr., p. 4950).
2. Sur la conformité de la mesure à la Constitution : Cons. const. 30 mars 2006, n° 2006-535 DC, *JO* 2 avr. 2006, p. 4964.

Les règles sont au contraire beaucoup plus souples pour les contraventions. La répression n'est pas toujours le résultat d'un jugement : il peut s'agir, soit d'une ordonnance pénale, décision rendue sans débat contradictoire dans le cadre d'une procédure « simplifiée » (c. pr. pén., art. 524 et s.), soit d'une amende forfaitaire, acquittée directement entre les mains de l'agent verbalisateur ou dans un délai proche de la constatation de l'infraction (c. pr. pén., art. 529 et s.) [1]. Mais surtout, le tribunal de police cède de plus en plus le pas à la juridiction de proximité [2]. Depuis la loi n° 2005-47 du 26 janvier 2005 [3], la matière contraventionnelle est l'objet d'un nouveau partage (c. pr. pén., art. 521) : alors que le tribunal de police connaît des contraventions de la cinquième classe, la juridiction de proximité est quant à elle compétente pour les contraventions des quatre premières classes [4]. Cette répartition est une concession évidente à ce que la matière représente de particularité prononcée, faite d'un enjeu manifestement très éloigné des autres catégories d'infractions, les contraventions de la cinquième classe mises à part [5]. Les juges de proximité, en effet, ne sont pas des magistrats de carrière : ils ont pourtant ici une compétence à juge unique, qui serait inconcevable pour les crimes et les délits... L'explication tient à une nette différence de philosophie.

1. Sur la validité de la procédure d'amende forfaitaire au regard de la Convention européenne des droits de l'homme : Cour EDH, 21 mai 2002 (*Peltier c/ France*), D. 2002. 2968, note Céré ; *Gaz. Pal.* 2002. 2. 1469 ; *Adde* : F. Samson et X. Morin, Chronique de droit de la circulation routière, *Gaz. Pal.* 2002. 2. *Doctr.* 1497, spéc. II, p. 1500. – CE 5 janv. 2005, D. 2005. IR. 521.
2. La juridiction de proximité a été créée par la loi n° 2002-1138 du 9 septembre 2002 d'orientation et de programmation pour la justice, dite Loi Perben I (*JO* 10 sept., p. 14934 ; *rectificatifJO* 24 déc., p. 21500).
3. Loi relative aux compétences du tribunal d'instance, de la juridiction de proximité et du tribunal de grande instance (*JO*, 27 janv., p. 1409).
4. Sauf exception prévue par décret en Conseil d'État ou connexité avec une contravention relevant de la compétence du tribunal de police et poursuivie concomitamment devant cette juridiction (c. pr. pén., art. 521). Ces réserves continuent à faire du tribunal de police la juridiction de droit commun en matière contraventionnelle. C'est du moins la conception du Conseil constitutionnel, qui considère que « le législateur n'a pas confié à la juridiction de proximité des compétences excédant la part limitée que l'article 64 de la Constitution permet de lui attribuer » (Cons. constit., 20 janv. 2005 (n° 2004-514 DC), *JO* 27 janv. 2005, p. 1412).

   Avant la loi du 26 janv. 2005, la juridiction de proximité était compétente pour juger des contraventions de police dont la liste était fixée par décret en Conseil d'État (c. pr. pén., ancien art. 706-72, aujourd'hui abrogé), parmi lesquelles figuraient des contraventions de 5e classe (c. pr. pén., art. R. 53-40, désormais sans objet).
5. « Celles-ci sont les plus graves, les plus complexes et les seules susceptibles de faire l'objet d'une inscription au casier judiciaire et d'être prises en compte pour retenir l'état de récidive... », ce qui justifie qu'elles soient réservées à la compétence du tribunal de police (Cons. constit., 20 janv. 2005, préc.).

B – L'explication

294 NUANCE DE FINALITÉ. — Les indices que nous venons de recenser, allant dans le sens d'un fonds commun de solutions pour les crimes et les délits, et d'une spécificité plus prononcée pour les contraventions, sont l'expression d'une importante nuance de finalité entre les premiers et les secondes. Les crimes et les délits renvoient très nettement à la criminalité et à la délinquance. Les contraventions, au contraire, tout en ressortissant au droit pénal, n'engagent pas à proprement parler ces deux réalités. Elles ne sont que des atteintes à l'organisation de la vie sociale et à ses contraintes quotidiennes, sans affecter les intérêts par ailleurs protégés au titre des qualifications criminelles et correctionnelles. La distinction n'est pas théorique. Elle a inspiré les travaux de révision du code pénal, jusqu'à figurer dans l'avant-projet de 1983 [1], puis être reprise en 1986 dans l'exposé des motifs du projet adopté en Conseil des ministres et déposé en première lecture au Sénat [2]. Il en ressort que les contraventions ont une portée essentiellement pragmatique et disciplinaire. Elles sont destinées à sanctionner les divers et nombreux écarts de conduite incompatibles avec les exigences minimales et répétitives de l'ordre et de la sécurité. Les actions ou omissions qui en dépendent ne portent pas la marque de l'hostilité ou de l'indifférence aux valeurs qui, sur un autre chapitre, justifient la réaction aux crimes et aux délits. Pour ceux-ci, bien différent est l'enjeu de la répression, qui rejoint la dimension éthique du droit pénal et correspond à une réprobation d'une autre nature.

On comprend alors que les contraventions relèvent d'un régime nettement démarqué de celui applicable aux crimes ou aux délits. Pour n'être que des relais disciplinaires, elles se prêtent à une détermination réglementaire et non législative, cet élément de souplesse ne pouvant que servir les besoins constants d'évolution inhérents à

1. Avant-projet de code pénal, Livre premier (Dispositions générales), Ministère de la Justice, Juin 1983, article 1er : « Les crimes et les délits sont des atteintes aux valeurs essentielles de la société (al. 1er) – Les contraventions sont des atteintes à l'organisation de la vie sociale (al. 2) ».
2. Projet de loi portant réforme du code pénal, n° 300, Sénat, 2e session extraordinaire de 1985-1986, Annexe au procès-verbal de la séance du 20 févr. 1986, Exposé des motifs, p. 10.

la matière. Le même souci d'adaptation rend compte de leur caractère purement matériel, qui revient à faire fi des nuances d'ordre psychologique ou moral, par hypothèse inadaptées à une réaction que l'on veut tranchée et immédiate. Le cumul des sanctions leur est également indissociable, la discipline ne pouvant que gagner en dissuasion et en prévention par des peines automatiques. Enfin, leur gravité relative justifie certains écarts de procédure, au profit de régimes qui se veulent plus réactifs.

Section II
La nature de l'infraction

295 DU GÉNÉRAL AU SPÉCIAL. — Les infractions présentent entre elles des différences de nature, qui s'ajoutent à leur gravité respective. La loi elle-même s'en fait l'écho, qui aménage des solutions en fonction des domaines qu'elles affectent. Ainsi, il n'est aucune commune mesure entre un assassinat et un abus de biens sociaux, et on peut comprendre que certaines règles, parfaitement adaptées au premier, ne le soient plus pour le second. La tendance actuelle est d'ailleurs à la reconnaissance de l'originalité des infractions les unes par rapport aux autres, avec ce que cela implique de diversification des mesures destinées à les sanctionner. Il est possible d'en faire état en opposant les infractions de droit commun (I), pour lesquelles il n'est d'autres dispositions applicables que celles correspondant à la généralité des situations, et les infractions qui, au contraire, y dérogent, en relevant de régimes qui se veulent adaptés à leur nature particulière (II).

I | LES INFRACTIONS DE DROIT COMMUN

296 UNIFORMITÉ. — Il s'agit des infractions, de loin les plus nombreuses, que rien ne destine à des règles de répression marquées du sceau du particularisme. Le droit pénal se construit par référence à des dispositions dont la vocation est de s'appliquer à tous les crimes et délits, et, tant que le législateur n'y fait pas expressément exception, aucune n'est censée leur échapper. Elles fixent la matière à l'usage de toutes les infractions, qui sont alors dites « de droit commun », pour ne point se distinguer sur le fondement d'une spécificité empruntée à ce que leur nature dicterait de solutions différentes. L'uniformité caractérise ces infractions, ancrée doublement, et sur le fond, et sur la procédure, le droit commun ayant en effet une double assise, à la fois substantielle (A) et formelle (B).

A – Le droit commun substantiel

297 SUPPORT. — Sur le fond, le droit commun a pour principale source les dispositions générales du Livre 1er du code pénal. Sont engagés les grands principes sur lesquels se fonde la répression, et il faut reconnaître que toute dérogation à ces principes est un acte grave, tant ils engagent une philosophie indissociable de la prétention à punir. Il faut d'ailleurs remarquer que les exceptions affectent davantage la procédure que le droit pénal de fond. La légalité des incriminations (c. pén., art. 111-2) ou la responsabilité personnelle (c. pén., art. 121-1), pour ne retenir que ces deux exemples, sont des principes dont le respect s'impose quelles que soient les infractions, sauf à sortir du droit pénal lui-même, et toutes les lois qui y ont dérogé n'ont pas manqué de susciter de vives réactions [1]. Il est donc un fonds de règles sans lesquelles le droit pénal n'a plus sa place, et s'en éloigner dépasse l'exception, pour finalement rompre avec la rigueur juridique elle-même. La réforme du code pénal a eu pour objectif de renforcer ces principes [2] : elle ne serait qu'une vaine opération si, par des mesures au contenu exceptionnel trop prononcé, devaient être définis des régimes revenant à les contrarier.

1. Ainsi de la loi « anti-casseurs » du 8 juin 1970 (loi n° 70-480 tendant à réprimer certaines formes nouvelles de délinquance), qui avait inséré dans le code pénal un article 314, aux dispositions fort éloignées du principe de responsabilité personnelle, et qui fut abrogé par la loi n° 81-1134 du 23 déc. 1981.
2. « Renforcer l'État de droit », tel a été l'objectif affirmé de la réforme : Projet de nouveau code pénal, *Dalloz*, 1988, présentation par R. Badinter, p. 15.

298 ÉTENDUE. — Bien évidemment, la portée des règles en cause a un rayonnement plus large que le champ d'application du code pénal lui-même. Elles ont vocation à s'appliquer à tout ce qui porte la marque de la répression. La loi d'adaptation n° 92-1336 du 16 décembre 1992 en témoigne, qui a eu pour objet de les rendre opérationnelles par des mesures destinées à les répercuter dans tous les textes répressifs, qu'ils soient ou non codifiés. Toutes les infractions, dans le code pénal et hors code pénal, sont de ce fait soumises au droit issu de la réforme. Certes, il est encore quelques traces du dispositif antérieur, mais qui sont accompagnées de mesures destinées à en tempérer l'existence ou l'efficience. Ainsi des peines accessoires, dont la particularité est d'être attachées de plein droit à certaines condamnations pénales, ce qui les rend automatiquement applicables. Le code pénal n'en contient plus, en conformité avec le principe selon lequel « aucune peine ne peut être appliquée si la juridiction ne l'a expressément prononcée » (c. pén., art. 132-17). En revanche, elles sont encore présentes dans d'autres codes ou nombre de lois particulières, notamment sous forme d'interdictions, déchéances ou incapacités professionnelles. L'explication tient au fait que leur suppression n'était pas sans implications sensibles, et qu'il était préférable de l'opérer de manière progressive. Le code pénal ne s'est pas pour autant désintéressé de ces hypothèses, subitement transformées en exceptions : il a prévu une procédure de relèvement, par laquelle ceux qui en sont frappés peuvent en être dispensés en tout ou en partie (c. pén., art. 132-21).

On le voit, le droit commun, nettement renforcé dans ce qui en constitue les principes substantiels, a gagné à la fois en fermeté et en étendue. Il en résulte qu'il est difficile de s'en départir, et que les gains de la réforme marquent ici une emprise philosophique très forte.

B – Le droit commun formel

299 SUPPORT. — Dans ses rapports avec la procédure, le droit commun n'a pas de support équivalent au Livre 1er du code pénal. Les règles qui en relèvent sont plus disparates, faute pour le code de procédure pénale de contenir une véritable articulation à l'avantage de principes destinés à stabiliser la matière. Seul un article préliminaire joue ce rôle, qui a été inséré par la loi du 15 juin 2000 renforçant la protection de la présomption d'innocence et les droits des victimes [1]. Il faut bien reconnaître que c'est peu pour un code de cette importance, et que les quelques principes énoncés relèvent plus d'un résumé que d'une construction élaborée autour de ce qu'ils sont censés exprimer. Ils ont au moins le mérite d'exister, à l'avantage de rappels très forts, destinés à compenser ce que la justice incarne de pression redoutée, ou à répondre à ce qu'elle symbolise d'attentes légitimes : équité, contradiction, équilibre des droits entre les parties, séparation des autorités chargées de l'action publique et des autorités de jugement, égalité devant les poursuites, garantie des droits des victimes, présomption d'innocence, information sur les charges retenues, droit à un avocat, contrôle effectif de l'autorité judiciaire sur les mesures de contrainte, nécessité et proportionnalité de ces mesures, respect de délais raisonnables, double degré de juridiction... Ce sont là autant de données destinées à accompagner la démarche judiciaire dans ce qui en caractérise les éléments essentiels, sans lesquels le procès pénal ne saurait être digne de la politique qui l'inspire.

300 INFLUENCE EUROPÉENNE. — Bien que formulés depuis peu, ces principes ne sont cependant pas une nouveauté. Ils sont directement issus des instruments internationaux auxquels la France a adhéré, et plus particulièrement de la Convention européenne de sauvegarde des droits de l'homme et des libertés fondamentales. Cette référence au droit européen est importante, pour favoriser une cristallisation de notre procédure sur des règles immuables. Elle relève d'une culture plus que de la politique pure, ce qui ne peut qu'aller dans le sens de l'enracinement d'un droit commun sur des bases intangibles, avec ce que cela représente d'accès plus difficile à des régimes d'exception. Les débats relatifs aux réformes entreprises depuis des années dans le domaine de la procédure en sont une illustration parfaite. Le moindre écart est surveillé, pour ne pas dire contrôlé, voire sanctionné par le Conseil constitutionnel. Le procès pénal gagne de ce fait en légitimité, et les

1. *JO* 16 juin, p. 9038 ; rect. *JO* 8 juill., p. 10323.

dérogations en deviennent beaucoup plus difficiles, sans être pour autant inexistantes.

II | Les infractions dérogatoires au droit commun

301 SINGULARITÉS. — Nous venons de le dire, plus les règles de forme empruntent au droit européen, plus les dérogations à ce qu'elles contiennent deviennent difficiles à soutenir. Cette réalité est à l'origine d'un recul assez net des infractions d'exception. Il est possible de le démontrer doublement, et par rapport à des hypothèses classiques (A), et au regard de dérogations plus nouvelles (B).

A – Les exceptions classiques

302 INFRACTION POLITIQUE ET INFRACTION MILITAIRE. — Deux séries d'infractions ont toujours été marquées par l'exception, mais qui le sont aujourd'hui sous une forme moins prononcée : il s'agit des infractions politiques et des infractions militaires.

a) L'infraction politique

303 PROBLÉMATIQUE. — Les infractions politiques sont des infractions dirigées contre les institutions de l'État ou les libertés publiques, afin d'en atteindre l'organisation ou la reconnaissance. Leur nature est donc particulière, pour procéder d'une hostilité au régime politique en place, dont la légitimité est contestée, voire combattue. Ces infractions, très marquées par leur caractère de « délits d'opinion », ont toujours été au cœur de réactions contrastées, soit qu'elles inspirent une certaine réserve, au nom de la relativité de l'histoire et des alternances qui la caractérisent, soit, au contraire, qu'elles conduisent à plus de sévérité, en rapport avec la pérennité des valeurs reconnues sur le plan constitutionnel. En

fait, les deux tendances n'ont eu de cesse de se croiser et de se manifester, l'infraction politique ayant le plus souvent connu un régime conciliant dans les périodes calmes, et, à l'inverse, une répression plus brutale lors de crises confinant à la guerre civile, à l'insurrection ou au mouvement armé.

Les réponses ont donc évolué au fil des temps, évolution qui semble aujourd'hui marquer une certaine pause, au nom de plus grandes certitudes, et quant à la notion d'infraction politique, et quant à la manière de la traiter.

304 NOTION. — Il est d'abord essentiel de s'entendre sur le concept d'infraction politique, afin de bien cerner les actions et omissions qui en dépendent, et qui, de ce fait, relèvent du régime de répression qui leur est destiné. La notion est plutôt objective : est politique ce qui s'inscrit dans une action ayant pour *résultat* d'attenter aux pouvoirs publics ou aux libertés publiques, à l'exclusion de tout emprunt à des considérations personnelles. La loi et la jurisprudence se rejoignent sur ce critère, la première en associant les peines politiques à des infractions marquées par leurs retombées directes sur les institutions, la seconde en restant indifférente au mobile politique pouvant accompagner les infractions de droit commun.

1 / *La loi* est la première référence. Elle contient un indice très fort permettant de se convaincre de la nature politique de certaines infractions, tiré d'une nuance de terminologie entre les peines criminelles. Ces peines sont, soit la réclusion criminelle, soit la détention criminelle (c. pén., art. 131-1), la différence de l'une à l'autre tenant au caractère de droit commun des infractions sanctionnés par la première, et à la nature politique de celles affectées par la seconde. Il en résulte que, toutes les fois qu'une infraction est punie d'une détention criminelle, peu importe sa durée, il ne peut s'agir que d'une infraction politique, ce qui est un moyen sûr d'en investir le domaine. Tel est le cas des atteintes aux intérêts fondamentaux de la nation, incriminées aux articles 410-1 et suivants du code pénal sous les qualifications de trahison, d'espionnage, d'attentat, de complot, de mouvement insurrectionnel, de levée de forces armées, d'entrave à la sécurité militaire, et de violation des secrets de la défense nationale. Ce sont autant d'infractions politiques, que la loi

pénale reconnaît comme telles par leur portée objectivement attentatoire à ce qui fonde la nation dans ses intérêts supérieurs, à savoir son indépendance, l'intégrité de son territoire, sa sécurité, la forme républicaine de ses institutions, ou les moyens de sa défenses et de sa diplomatie... [1]. Il n'est rien de subjectif dans cette version de l'infraction, toutes les données participant de sa nature étant descriptives d'un impact direct sur les pouvoirs constitutionnellement établis.

Cette référence à la loi a cependant ses limites. Il n'est pas de peines proprement politiques pour les délits, ce qui ne permet pas de raisonner comme on le fait en matière criminelle. Le délit politique relève en conséquence d'une détermination moins évidente, sauf à être expressément qualifié comme tel, ou à se déduire d'un environnement juridique où la détention criminelle est systématique pour les crimes également incriminés [2]. Le relais de la jurisprudence est alors important, à qui il revient d'opter entre la nature politique ou de droit commun de l'infraction concernée.

2 / La *jurisprudence* a la tâche difficile de suppléer aux non-dits de la loi. Elle dispose, pour ce faire, de plusieurs moyens.

Le premier consiste à déduire de certaines dispositions le caractère politique des infractions qui y sont soumises. Ainsi des infractions de presse, considérées comme des délits politiques [3] pour ce qu'elles représentent d'abus dans l'exercice de la liberté d'expression [4]. La solution est à rapprocher des dispositions de l'article 131-6 du code pénal, qui, au titre des peines privatives ou restrictives de droits pouvant être prononcées en matière correctionnelle, prévoit notamment la confiscation de la chose qui a servi ou était destinée à commettre l'infraction, voire qui en est le produit, ainsi que l'interdiction d'exercer une activité professionnelle ou sociale en rapport

1. L'article 410-1 du code pénal fait également état, au titre des intérêts fondamentaux de la nation, de la sauvegarde de sa population en France et à l'étranger, de l'équilibre de son milieu naturel et de son environnement, des éléments essentiels de son potentiel scientifique et économique, et de son patrimoine culturel.
2. Ce qui est le cas des délits attentatoires aux intérêts fondamentaux de la nation.
3. Crim. 22 juin 1993, *Bull. crim.* n° 218 ; *Rev. sc. crim.* 1994. 326, obs. Bouloc ; 22 nov. 1994, JCP 1995. IV. 885 ; 24 janv. 1995, *Bull. crim.* n° 33 ; 11 avr. 1995, D. 1995. IR. 152 ; JCP 1995. IV. 1755 ; 30 mars 2005, JCP 2005. IV. 2133.
4. Les dispositions de la loi du 29 juill. 1881 qui protègent et délimitent la liberté de la presse ne concernent pas la liberté de pensée prévue par l'art. 9 de la Conv. EDH, mais la liberté d'expression régie par son art. 10. – Crim. 13 juin 1995, *Bull. crim.* n° 217.

avec la préparation ou la commission du délit. Mais une exception est faite à ces sanctions, qui ne s'appliquent pas en matière de presse. Les infractions à la loi sur la liberté de la presse relèvent donc d'une particularité reconnue par le législateur lui-même, ce que la jurisprudence intègre justement en les assimilant à des infractions politiques.

Il est une autre méthode permettant de se déterminer. Elle consiste à s'appuyer sur la nature politique légalement reconnue de certaines infractions, afin d'en reconduire les critères aux délits dont la qualification est en cause. Ces critères étant objectifs, pour ne s'attacher qu'au résultat politique des actions concernées, il est possible de les transposer à toutes les situations comparables, marquées par une atteinte tangible à ce qui participe de la mise en place et de l'organisation des pouvoirs publics, ainsi que des instruments de liberté non séparables de leur fonctionnement. Telle est la solution pour la participation délictueuse à un attroupement [1], la provocation directe à un attroupement armé [2], ou les infractions au code électoral [3].

En revanche, restent de droit commun les infractions motivées par des considérations politiques, sans se doubler d'un résultat qui serait lui-même politique. La jurisprudence est indifférente aux mobiles, ce qu'elle applique en notre matière, et il en résulte que la motivation politique de l'auteur d'une infraction, dès lors que celle-ci n'est pas en soi de nature politique, ne saurait la faire sortir du droit commun. Ainsi de l'assassinat d'un chef d'État, qui reste une infraction crapuleuse même en cas de détermination politique du coupable [4], mais non d'un assassinat commis à l'occasion d'une atteinte à la sûreté de l'État [5], dont le caractère d'exception tient à sa connexité à une infraction objectivement politique.

1. Crim. 12 déc. 1963, *Bull. crim.* n° 359, D. 1964. 185.
2. Crim. 23 févr. 1954, *Bull. crim.* n° 85 ; D. 1955. 465, rapp. Patin. – *Contra* Paris, 13 mars 1951, JCP 1951. II. 6278, concl. Turlan.
3. Crim. 2 oct. 2001, *Bull. crim.* n° 197 ; *Dr. pénal* 2002, *chron.* n° 2, obs. Marsat ; *ibid.* 2002. 20, obs. J.-H. Robert ; *Rev. sc. crim.* 2002. 319, obs. Bouloc ; 7 nov. 2001, *Dr. pénal* 2002. 19, obs. J.-H. Robert.
4. Par sa nature, et quels qu'en aient été les motifs, l'assassinat constitue un crime de droit commun ; il ne perd point ce caractère par le fait qu'il a été commis sur la personne du Président de la République, faute d'un texte qui, par une survivance du crime de lèse-majesté, prévoirait spécialement les attentats contre la vie ou contre la personne du chef de l'État. – Crim. 20 août 1932, D.P. 1932.1.121, concl. Matter ; D.H. 1932.430 ; *Gaz. Pal.* 1932. 2. 431.
5. Crim. 18 nov. 1959, JCP 1960. 11475, note C. L. – Opposer : Crim. 9 mars 1849, D. 1849. 1. 60, concl. Dupin.

La matière trouve apparemment des solutions rationnelles. Mais elle se prête encore à des interrogations, faute d'avoir épuisé toutes les questions qu'elle soulève. Il faut dire que leur importance est moindre, depuis que la répression s'est quelque peu départie de ses aspects dérogatoires les plus forts.

305 RÉGIME. — Les infractions politiques ont pendant longtemps été soumises à un régime d'exception au sens le plus aigu du terme. Cette réalité est aujourd'hui dépassée, la matière ayant renoué avec plus de mesure. Mais encore faut-il distinguer entre le fond et la procédure, les manifestations de leurs dérogations ayant toujours accusé de sensibles différences.

306 FOND. — Sur le fond, outre le fait que le principe de la légalité est parfois négligé [1], les peines oscillent entre sévérité [2] et clémence [3]. L'indulgence l'emporte davantage quant à l'exécution des condamnations, encore que les solutions actuelles se rapprochent de plus en plus du droit commun. C'est le cas de la nouvelle contrainte judiciaire, qui remplace la contrainte par corps, mais en des termes qui n'excluent plus expressément les infractions

1. Les éléments constitutifs de certaines infractions ne répondent que de très loin aux exigences de précision et de clarté inhérentes à la légalité pénale. C'était le cas de la « haute trahison » qui pouvait être reprochée au président de la République dans l'exercice de ses fonctions, et qui ne renvoyait à aucun élément de définition : désormais, depuis la loi constitutionnelle n° 2007-238 du 23 février 2007 portant modification du titre IX de la Constitution (JO 24 févr., p. 3354), l'accusation de haute trahison n'est plus possible, une procédure politique de destitution lui ayant été substituée (Constitution du 4 oct. 1958, art. 68).
2. Par exemple, la non dénonciation d'une atteinte criminelle aux intérêts fondamentaux de la nation est punie de 5 ans d'emprisonnement et de 75 000 euros d'amende (c. pén., art. 434-2), alors que, dans sa version de droit commun, le délit est sanctionné de 3 ans d'emprisonnement et de 45 000 euros d'amende (c. pén., art. 434-1).
3. Le régime du sursis est notamment très sensible aux infractions politiques :

— d'abord, son prononcé est parfois jugé incompatible avec ce type d'infraction, ce qui est le cas du sursis avec mise à l'épreuve (c. pr. pén., ancien art. 738 ; c. pén., art. 132-41), et du sursis assorti de l'obligation d'accomplir un travail d'intérêt général (c. pén., art. 132-54) ; encourt dès lors la cassation l'arrêt qui, après avoir déclaré un prévenu coupable d'infraction au code électoral, délit politique, le condamne à une peine d'emprisonnement avec sursis et mise à l'épreuve (Crim. 17 févr. 1972, *Bull. crim.* n° 67) ;

— ensuite, une condamnation pour infraction politique est souvent sans incidence sur le sursis, soit qu'elle ne puisse provoquer la révocation d'un sursis simple ou d'un sursis avec mise à l'épreuve antérieurement octroyé (c. pén., art. 132-35 et 132-48), soit qu'elle ne fasse pas obstacle à l'octroi ultérieur d'un sursis simple (c. pén., art. 132-30 et 132-33).

politiques de ses dispositions [1]. Pareillement, la nuance entretenue entre la détention criminelle et la réclusion criminelle, dont nous avons dit qu'elle était un critère utile dans la détermination des infractions politiques, a nettement perdu de son intérêt quant au régime d'incarcération, du fait de la libéralisation des conditions pénitentiaires auxquelles sont par ailleurs soumis les condamnés de droit commun.

En définitive, peu de choses opposent les deux catégories d'infractions, sauf quelques mesures spéciales persistantes, telles la séparation des détenus, ou des visites plus fréquentes, qui continuent à bénéficier, pour l'exécution d'une détention provisoire ou d'une peine privative de liberté, aux personnes poursuivies ou condamnées pour infractions de presse ou pour atteintes aux intérêts fondamentaux de la nation (c. pr. pén., art. D. 490 et s.).

307 PROCÉDURE. — La procédure, en revanche, est plus marquée, mais de manière assez contrastée.

1 / Les règles de *compétence* sont les plus caractéristiques, pour renvoyer parfois à des juridictions ne participant pas du mode général de l'organisation judiciaire. Tel est le cas de la *Cour de justice de la République*, compétente pour les crimes et les délits commis par les membres du gouvernement dans l'exercice de leurs fonctions [2]. Il en était pareillement de la Haute Cour de Justice, compétente pour juger le président de la République en cas de haute trahison, avant qu'elle ne fût supprimée par la loi constitutionnelle n° 2007-238 du 23 février 2007 [3] et remplacée par la Haute Cour, qui n'est

1. Le remplacement de la « contrainte par corps » par la « contrainte judiciaire » (c. pr. pén., art. 749 et s.) a été opéré par la loi Perben II du 9 mars 2004 portant adaptation de la justice aux évolutions de la criminalité (art. 198). Les infractions politiques étaient jusqu'ici exclues de la contrainte, qui consiste à emprisonner le condamné à une peine d'amende en cas de non paiement volontaire de celle-ci. Ce n'est plus le cas dans le nouveau dispositif, ce qui permet désormais d'emprisonner un condamné politique sous couvert de contrainte judiciaire. Il est vrai que, parmi les conditions mises à l'amende prononcée, elle doit l'avoir été pour un crime ou un délit puni d'une peine d'emprisonnement, ce qui revient indirectement à exclure les délits de presse, lesquels, depuis la loi n° 2000-516 du 15 juin 2000, échappent, pour la plupart, à toute peine privative de liberté. Mais les infractions politiques ne s'arrêtent pas là... – Sur le nouveau régime de la contrainte judiciaire, S. Detraz, Rémanence et renaissance d'une institution : de la contrainte par corps à la contrainte judiciaire, *Dr. pénal* 2004, *Etudes*, n° 14.
2. Constitution de la République française du 4 oct. 1958, art. 68-1 à 68-3, complétés par la loi organique n° 93-1252 du 23 nov. 1993 (*JO* 24 nov., p. 16168).
3. Loi portant modification du titre IX de la Constitution (*JO* 24 févr., p. 3354).

pas une juridiction, mais une constitution du Parlement réuni pour la destitution du chef de l'État en cas de manquement à ses devoirs manifestement incompatible avec l'exercice de son mandat [1].

La Cour de sûreté de l'État rentrait également dans l'hypothèse, qui connaissait, en temps de paix, des crimes et délits dirigés contre les institutions, et de certaines infractions qui leur étaient assimilées [2]. Désormais, depuis la loi du 4 août 1981, cette cour spéciale est supprimée, en faveur d'un transfert de sa compétence aux juridictions de droit commun [3], de même que n'est plus de droit positif la référence à la sûreté de l'État, à laquelle se sont substitués, depuis la réforme du code pénal, les intérêts fondamentaux de la nation. Il en résulte un repli sensible de l'exception, mais dont la disparition n'est pas pour autant totale.

Il convient en effet de distinguer entre deux périodes :

— en temps de *paix* (c. pr. pén., art. 702), les crimes et délits contre les intérêts fondamentaux de la nation sont en principe jugés par les juridictions de droit commun, sous réserve de certains d'entre eux [4], qui ressortissent à la compétence de juridictions dites « spécialisées », c'est-à-dire de cours d'assises sans jury, lequel est remplacé par des assesseurs magistrats (c. pr. pén., art. 698-6), et de tribunaux de grande instance composés de formations exclusivement habilitées à connaître ce type d'infractions (c. pr. pén., art. 697) ; tout en ne reproduisant pas le modèle antérieur de l'exception, cette spécialisation en reste malgré tout une forme, certes atténuée, mais néanmoins persistante ;

— en temps de *guerre* (c. pr. pén., art. 701), les crimes et délits contre les intérêts fondamentaux de la nation, qui connaissent alors des sanctions aggravées (c. just. mil., art. L. 331-1 et s.), sont

1. Constitution de la République française du 4 oct. 1958, art. 67 et 68 (réd. L. n° 2007-238 du 23 févr. 2007).
2. Loi n° 63-22 du 15 janv. 1963 modifiant et complétant le code de procédure pénale en vue de la répression des crimes et délits contre la sûreté de l'État (*JO* 16 janv., p. 507), et loi n° 63-23 du 15 janv. 1963 fixant la composition, les règles de fonctionnement et la procédure de la Cour de sûreté de l'État instituée par l'article 698 du code de procédure pénale (*JO* 16 janv., p. 508).
3. Loi n° 81-737 du 4 août 1981 portant suppression de la Cour de sûreté de l'État.
4. Crimes ou délits prévus et réprimés par les art. 411-1 à 411-11 c. pén. (trahison et espionnage) et 413-1 à 413-12 c. pén. (atteintes à la sécurité des forces armées et aux zones protégées intéressant la défense nationale, et atteintes au secret de la défense nationale), ainsi que les infractions qui leur sont connexes.

instruits et jugés par les juridictions des forces armées (c. just. mil., art. L. 255-1 et s.), lesquelles sont de véritables juridictions d'exception, composées notamment, voire exclusivement, de militaires.

2 / Les règles de *poursuites*, d'*instruction* et de *jugement* sont à la mesure des règles de compétence, c'est-à-dire au contenu dérogatoire plus prononcé pour les juridictions d'exception que pour les formations spécialisées des juridictions ordinaires.

Par ailleurs, certaines dérogations sont applicables sur le critère de la qualification de l'infraction, et donc indépendamment de la nature de la juridiction saisie. C'est le cas de la composition pénale, de la comparution immédiate, et de la comparution sur reconnaissance préalable de culpabilité, qui sont autant de procédures exclues en matière de délits de presse et de délits politiques (c. pr. pén., art. 41-2, 397-6, et 495-16).

De même, un mandat de dépôt ou d'arrêt ne peut être en principe décerné à l'audience pour un délit politique (c. pr. pén., art. 465), sauf s'il est le fait d'un tribunal correctionnel spécialisé pour connaître de certains délits contres les intérêts fondamentaux de la nation (c. pr. pén., art. 702, al. 3), tout comme la prolongation exceptionnelle de la détention provisoire au-delà de sa durée normale, en fonction des antécédents judiciaires du mis en examen, ne saurait se fonder sur une condamnation à une infraction politique (c. pr. pén., art. 145-1, al. 1er).

Enfin, l'extradition n'est pas accordée lorsque le crime ou le délit a un caractère politique ou lorsqu'il résulte des circonstances qu'elle est demandée dans un but politique (c. pr. pén., art. 696-4). Cette exclusion [1] est d'ailleurs à l'origine d'une nouvelle hypothèse de compétence internationale au profit des juridictions françaises, qui, dans le cas visé, peuvent en effet poursuivre et juger elles-mêmes, sous certaines conditions de gravité de l'infraction commise, l'étranger dont l'extradition a été refusée (c. pr. pén., art. 113-8-1). Une réserve comparable affecte l'exécution d'un mandat d'arrêt européen décerné par une juridiction étrangère, qui doit être rejetée s'il est établi qu'il a été émis dans le but de poursuivre ou de condamner

1. De même, le transit sur le territoire national d'une personne remise par un autre gouvernement n'est possible que s'il fait l'objet d'une demande appuyée des pièces nécessaires pour établir qu'il ne s'agit pas d'un délit politique (c. pr. pén., art. 696-42).

la personne recherchée en raison de ses opinions politiques (c. pr. pén., art. 695-22). On observera, tant pour l'extradition que pour le mandat d'arrêt européen, que ce n'est pas toujours par référence à la nature politique de l'infraction commise que le refus est de principe, mais, de manière plus souple, au regard de toute infraction supposée, servant d'écran à une volonté présumée de répression politique.

b) L'infraction militaire

308 PROBLÉMATIQUE. — Les infractions militaires sont la seconde catégorie d'infractions à relever, avec les infractions politiques, d'un régime de répression traditionnellement marqué par de fortes exceptions, même si elles sont aujourd'hui en voie de recul assez net. Il faut dire qu'elles interviennent dans un domaine où se manifeste une spécificité prononcée, avec ce qu'elle implique de protection particulière, notamment quant au secret de la défense nationale. De plus, la sensibilité militaire, fondée sur un principe de hiérarchie et de discipline, a toujours inspiré une manière différente de réagir à ce qui s'en éloigne, afin de favoriser une réaction mieux adaptée. Aussi, des écarts de régime ont-ils toujours accompagné cette matière, qu'il convient de délimiter par référence à la notion d'infraction militaire, et de restituer dans ce qu'elle contient de répression dérogatoire.

309 NOTION. — La notion d'infraction militaire est d'approche moins difficile que celle d'infraction politique. Il est ici un critère plus sûr, tenant à des qualifications légales, contenues dans le livre III, Titre II, du code de justice militaire, tel que l'ordonnance n° 2006-637 du 1er juin 2006 en a refondu les dispositions dans sa partie législative [1], elle-même ratifiée et modifiée par la loi n° 2007-289 du 5 mars 2007 [2].

1. Ordonnance n° 2006-637 du 1er juin 2006 portant refonte du code de justice militaire(partie législative) (*JO* 2 juin, p. 8266).
2. Loi n° 2007-289 du 5 mars 2007 portant modifications du code de justice militaire et du code de la défense (*JO* 6 mars, p. 4188).

Ces infractions correspondent à une liste d'actions ou d'omissions qui ne peuvent être autrement réalisées que dans un environnement militaire, avec pour conséquence de les fonder sur des critères objectifs : soustraction aux obligations militaires (insoumission, désertion, provocation à la désertion, recel de déserteur, mutilation volontaire), atteinte à l'honneur ou au devoir militaire (capitulation, complot militaire, pillages, destructions...), infractions contre la discipline (insubordination, abus d'autorité), infractions aux consignes... Toutes ces qualifications situent le crime ou le délit militaire dans ce qui en fait l'originalité profonde, par hypothèse assise sur des données qui ne peuvent être ailleurs retenues ou relevées.

Cela ne signifie pas que les infractions de droit commun commises dans l'exécution de leur service par les militaires [1] soient exclues du système. À des fins unitaires bien comprises, la loi procède parfois par assimilation, et elle déborde l'infraction militaire au sens précis du terme, pour aller jusqu'à infiltrer ce qui participe du droit commun. Mais cette réalité est de l'ordre du constat, sans aucune conséquence quant à la notion d'infraction militaire, qui reste et demeure objective : ne deviennent pas militaires les crimes et délits de droit commun commis par des militaires, relèveraient-ils de la compétence des juridictions spécialisées pour en connaître (c. pr. pén., art. 697-1, al. 1er et 3 ; c. just. mil., art. L. 2).

310 Répression. — 1 / Sur le *fond*, les infractions militaires sont soumises à un régime particulier surtout sensible quant aux peines. Outre le fait que certaines d'entre elles n'ont pas d'équivalent en droit commun, pour être la sanction d'un statut militaire, telle la destitution ou la perte de grade (c. just. mil., art. L. 311-3), leur exécution connaît quelques aménagements, notamment en termes de sursis et de récidive [2]. En revanche, les mesures privatives de liberté sont subies conformément aux dispositions du droit

1. Au sens où l'entend le code de justice militaire dans ses articles L. 121-3 à L. 121-5.
2. Les règles du sursis s'appliquent aux infractions militaires, sous réserve de modalités particulières concernant le sursis avec mise à l'épreuve (c. just. mil., art. L. 265-1). Par ailleurs, comme pour les infractions politiques, le système est conçu de manière à neutraliser l'impact de la condamnation pour un crime ou délit militaire sur les infractions de droit commun (c. pén., art. 132-30, 132-35, 132-48 ; c. just. mil., art. 370 et 371 ; *nouveaux art. L. 265-2 et L. 265-3*).

commun, sous réserve d'un placement dans des établissements ou des quartiers spéciaux aux militaires (c. just. mil., art. L. 211-21 et L. 262-1 ; c. pr. pén., art. 698-5).

2 / Sur la *compétence*, les infractions militaires ont connu la même évolution que les infractions politiques. Elles ont été soumises pendant longtemps à de véritables juridictions d'exception, avant de renouer avec une compétence, sinon de droit commun, du moins ayant la prétention de s'en rapprocher [1].

Là encore, comme c'est le cas pour les infractions politiques, il convient de distinguer entre la période de paix et la période de guerre.

— Pour le temps de *paix*, la compétence est différemment organisée, selon que sont en cause des militaires stationnés sur le territoire de la République ou hors du territoire de la République. S'agissant des premiers, sont désormais compétentes les juridictions de droit commun spécialisées, telles que nous les avons déjà évoquées à propos des crimes et délits contre les intérêts fondamentaux de la nation, c'est-à-dire certains tribunaux de grande instance dotées de formations *ad hoc* (c. pr. pén., art. 697), et les cours d'assises spéciales sans jury (c. pr. pén., art. 698-6) : elles connaissent des infractions militaires prévues par le livre III du code de justice militaire, ainsi que des crimes et délits de droit commun commis dans l'exécution du service par les militaires [2], et elles exercent leur compétence à l'égard de toutes personnes majeures,

1. Ce retour relatif au droit commun s'est fait en deux étapes : d'abord par la loi n° 82-621 du 21 juill. 1982 relative à l'instruction et au jugement des infractions en matière militaire et de sûreté de l'État et modifiant les codes de procédure pénale et de justice militaire (*JO* 22 juill., p. 2318 ; rect. *JO* 3 août, p. 2486) ; ensuite par la loi n° 99-929 du 10 nov. 1999 portant réforme du code de justice militaire et du code de procédure pénale (*JO* 11 nov., p. 16799).

2. En temps de paix, les infractions commises hors service par les militaires sur le territoire de la République relèvent des juridictions de droit commun (c. just. mil., art. L. 2).

Relativement aux crimes et délits de droit commun commis en service par les militaires sur le territoire de la République, il est une condition et une dérogation :

1°) La *condition* affecte les crimes. La cour d'assise spéciale n'en connaît que s'il existe un risque de divulgation d'un secret de la défense nationale (c. pr. pén., art. 698-7). Pour les délits, les formations spécialisées sont toujours compétentes, mais elles peuvent constater que la publicité des débats risque d'entraîner la divulgation d'un secret de la défense nationale, et ordonner en conséquence le huis clos (c. pr. pén., art. 698-9).

2°) Par *dérogation*, les juridictions spéciales ne peuvent connaître des infractions de droit commun commises par les militaires de la gendarmerie dans l'exercice de leurs fonctions relatives à la police judiciaire ou à la police administrative ; elles restent néanmoins compétentes à leur égard pour les infractions commises dans le service du maintien de l'ordre (c. pr. pén., art. 697-1, al. 3).

auteurs ou complices, ayant pris part à l'infraction (c. pr. pén., art. 697-1, al. 1er et 2). Quant aux militaires, et personnes qui leur sont assimilées, opérant hors du territoire national, ils sont justiciables d'une juridiction unique, le *Tribunal aux armées* (c. just. mil., art. L. 111-1 et s.), qui siège à Paris, et qui connaît des infractions de toute nature, crimes, délits ou contraventions, avec des règles de composition et de fonctionnement empruntées, selon les cas, aux juridictions de droit commun ou à leurs formations spéciales [1].

— Pour le temps de *guerre*, voire en cas de mobilisation, d'état de siège ou d'état d'urgence, les juridictions d'exception sont maintenues (c. pr. pén., art. 699 et s.). Il s'agit, sur le territoire de la République, des *tribunaux territoriaux des forces armées* (c. just. mil., art. L. 112-1 et s.), et, hors du territoire de la République, des *tribunaux militaires aux armées* (c. just. mil., art. L. 112-27 et s.). La présence de militaires signe la nature exceptionnelle de ces juridictions, présence d'ailleurs exclusive pour les tribunaux de la seconde catégorie.

3 / Les règles de *poursuites*, d'*instruction* et de *jugement* sont à la hauteur des préoccupations qui président à la particularité des règles de compétence.

Concernant les poursuites, le temps de paix est marqué par une spécificité directement en rapport avec la sensibilité militaire, le procureur de la République ne pouvant les engager que sur dénonciation ou avis préalable, sauf crime ou délit flagrant, du ministre chargé de la défense ou de l'autorité militaire habilitée par lui (c. pr. pén., art. 698-1 ; c. just. mil., art. L. 211-11). En revanche, la victime personnelle et directe de l'infraction peut librement se constituer partie civile (c. pr. pén., art. 698-2 ; c. just. mil., art. L. 211-11). En temps de guerre, le droit de mettre en mouve-

1. – Pour le jugement des contraventions et des délits, le tribunal est formé comme une juridiction de droit commun (c. just. mil., art. L. 111-3). Toutefois, des chambres détachées peuvent, en cas de besoin, et à titre temporaire, être instituées par décret hors du territoire de la République (c. just. mil., art. L. 111-2, al. 2).

— Pour les crimes, la formation de jugement est composée selon les dispositions relatives aux cours d'assises spéciales (c. pr. pén., art. 698-6), c'est-à-dire avec des assesseurs magistrats professionnels. Cependant, pour le jugement des crimes de droit commun commis par les militaires dans l'exécution du service, cette composition n'est de droit que s'il existe un risque de divulgation d'un secret de la défense nationale, la compétence des cours d'assises ordinaires, avec un jury populaire, restant de principe dans le cas contraire (c. pr. pén., art. 698-7 ; c. just. mil., art. L. 221-4).

ment l'action publique n'appartient qu'au ministre chargé de la défense, ce qui exclut la partie lésée, tout en ne la privant pas de la possibilité de se constituer partie civile par voie d'intervention (c. just. mil., art. L. 212-34 et L. 212-35).

Relativement aux procédures d'enquête, d'instruction et de jugement, il faut distinguer, là encore, entre le temps de paix et le temps de guerre. En temps de paix, les règles applicables devant les juridictions spéciales compétentes sur le territoire de la République sont en principe celles du droit commun, sous réserve de dispositions particulières, destinées à intégrer la spécificité militaire (c. pr. pén., art. 698 à 698-9). Concernant celles applicables hors du territoire, le code de justice militaire en détaille le régime, qui s'apparente ainsi à une véritable matière autonome (c. just. mil., notamment art. L. 211-1 à L. 211-24, et art. L. 221-1 à L. 221-4). À plus forte raison en est-il pour le temps de guerre, qui connaît des règles très dérogatoires à l'avantage des autorités militaires (c. just. mil., notamment art. L. 212-1 à L. 212-191, et art. L. 222-1 à L. 222-80).

Enfin, l'extradition est exclue, y compris par voie de transit sur le territoire français ou par les bâtiments des services maritimes français (c. pr. pén., art. 696-4, 8° et 696-42). En revanche, aucune disposition comparable n'est prévue pour le mandat d'arrêt européen.

4 / Les dispositions relatives aux *voies de recours* sont les moins affectées par l'exception que représentent les infractions militaires. Il est ici une recherche sensible d'harmonisation avec le droit commun, ce que la loi n° 2007-289 du 5 mars 2007 traduit de manière assez nette. Parce que l'ordonnance n° 2006-637 du 1er juin 2006 a opéré une refonte du code de justice militaire à droit constant, certaines voies de recours ont été délaissées, tel l'appel en matière criminelle, issu des dispositions de la loi n° 2000-516 du 15 juin 2000 renforçant la protection de la présomption d'innocence et les droits des victimes [1]. La ratification s'est donc accompagnée de quelques compléments, relatifs notamment à ce nouvel appel, et c'est toujours en faisant la distinction entre le temps de paix et le

1. *JO* 16 juin, p. 9038 ; *rectificatif JO* 8 juill., p. 10323.

temps de guerre que les dispositions retenues se déclinent, avec pour objectif de coller au plus près du régime de droit commun [1].

B – Les dérogations nouvelles

311 OBJET. — La tendance est aujourd'hui très prononcée, qui consiste à regrouper certaines infractions, afin de les soumettre à des règles particulières. Ce regroupement se fait autour de matières sensibles, et le particularisme affecte la procédure. Il en résulte une nouvelle répression, dictée par des considérations d'efficacité, elles-mêmes inspirées par ce que ces infractions sont censées contenir de perversité exceptionnelle. À côté des infractions politiques et militaires, ces catégories qualifiées témoignent d'une autre orientation du droit pénal, qui se veut toujours plus en adéquation avec les réalités de la délinquance et son impact sur les personnes et sur les biens. La loi Perben II du 9 mars 2004, portant adaptation de la justice aux évolutions de la criminalité [2], est très représentative de cette politique. Elle reprend et complète de nombreuses dispositions dérogatoires au droit commun, tout en ne versant pas dans la franche exception, mais dont le contenu est suffisamment explicite pour ne pas se tromper sur les motivations qui en inspirent le principe. Il s'agit bien de répondre, par une certaine dose d'originalité, à des crimes et délits eux-mêmes marqués par une spécificité certaine.

1. ► Le système de *l'appel* est le suivant :
1°) En temps de paix,
— pour les infractions commises sur le territoire de la République, le droit commun s'applique ;
— pour les infractions commises hors du territoire de la République, la cour d'appel de Paris est compétente pour connaître de l'appel des jugements du Tribunal aux armées. Relativement aux décisions rendues en matière criminelle, par dérogation aux règles du code de procédure pénale (art. 380-1, al. 2), il appartient à la chambre criminelle de la Cour de cassation de désigner, soit une cour d'assises d'appel compétente en matière militaire, soit le même tribunal aux armées, mais autrement composé, cette dernière solution s'imposant s'il existe un risque de divulgation d'un secret de la défense nationale (c. just. mil., art. L. 221-2, al. 2, réd. L. n° 2007-289 du 5 mars 2007).
2°) En temps de guerre, l'appel est examiné par la juridiction des forces armées qui a rendu la décision, cette juridiction devant être composée différemment. ou, en cas d'impossibilité, par la juridiction désignée par la chambre criminelle de la Cour de cassation (c. just. mil., art. L. 251-23, réd. L. n° 2007-289 du 5 mars 2007).
► Sur les *voies de recours extraordinaires* (pourvoi en cassation, pourvoi dans l'intérêt de la loi, demandes en révision), V. c. just. mil., art. L. 231-1 à L. 233-4.
2. L. n° 2004-204, *JO* 10 mars, p. 4567.

312 DOMAINE. — Les infractions concernées sont nombreuses. Elles sont facilement identifiables, relevant de titres séparés dans le livre IV du code de procédure pénale, qui contient les différentes dérogations auxquelles elles sont soumises :

— infractions en matière économique et financière (art. 704 et s.),
— infractions en matière sanitaire (art. 706-2 et 706-2-1),
— actes de terrorisme (art. 706-16 et s.),
— infractions en matière de trafic de stupéfiants (706-26 et s.),
— infractions en matière de traite des êtres humains, de proxénétisme ou de recours à la prostitution des mineurs (art. 706-34 et s.),
— infractions de nature sexuelle (706-47 et s.),
— criminalité et délinquance organisées (art. 706-73 et s.),
— infractions en matière de pollution des eaux maritimes par rejets des navires (art. 706-107 et s.).

Autour de ces différentes infractions sont regroupés tous les crimes et délits supposés répondre à leur catégorie, afin de les soumettre à des règles particulières d'enquête, de poursuite, d'instruction ou de jugement. On l'aura remarqué, le critère est matériel, tenant à la nature des infractions en cause. Celles-ci se manifestent ainsi sous les traits, non seulement d'un crime ou d'un délit isolé, mais encore d'une qualification partagée. Il est donc deux façons de les aborder, et en se référant à ce qu'elles traduisent de délinquance ou de criminalité singulière, et au regard de ce qu'elles illustrent de rattachement catégoriel. Leur approche ne peut qu'en être facilitée, pour se prêter à un nouveau classement.

313 CONTENU. — Les dérogations empruntent à des dispositions qui sont en général reproduites d'une famille d'infractions à une autre, la loi du 9 mars 2004 ayant beaucoup œuvré pour cette uniformisation. Il n'en demeure pas moins que des différences existent, à la mesure des crimes et des délits en cause, et que seule une analyse méthodique des régimes de procédure applicables par catégorie peut donner de la matière sa véritable dimension. Notre propos n'est pas de cet ordre. Quelques illustrations suffiront à nous convaincre, tant de leur diversité, que de leur portée dérogatoire.

1 / La *compétence* est la première exception que connaissent ces infractions, qui échappent pour la plupart aux règles normales de dévolution des contentieux. La complexité de leur dénouement, en raison notamment du grand nombre d'auteurs, de complices ou de victimes, inspire un recentrage institutionnel au profit de juridictions spécialisées. C'est ainsi que, en matière économique et financière, sanitaire, de criminalité et de délinquance organisée, et de pollution maritime, la compétence territoriale d'un tribunal de grande instance et d'une cour d'assises peut être étendue au ressort d'une ou de plusieurs cours d'appel, avec des magistrats spécialement chargés de l'enquête, de la poursuite, de l'instruction et du jugement. Pour les actes de terrorisme, en revanche, le tribunal correctionnel et la cour d'assises spéciale de Paris sont les seuls à exercer une compétence concurrente avec les juridictions de droit commun (c. pr. pén., art. 706-17), la solution consistant ici, non en une régionalisation ou interrégionalisation des juridictions spécialisées, mais en une centralisation au profit des juridictions parisiennes. Mieux encore, le tribunal de grande instance de Paris exerce parfois une compétence exclusive, et non plus concurrente, ce qui est notamment le cas pour les infractions commises hors des espaces maritimes sous juridiction française (c. pr. pén., art. 706-108).

2 / La *procédure* connaît également des modalités particulières, en réponse aux difficultés d'investigation que soulèvent les crimes ou délits en cause, et afin de mieux en prévenir la réalisation. Les dispositions applicables à la criminalité et à la délinquance organisées sont à ce titre très parlantes, que ce soit en termes de surveillance, d'infiltration, de garde à vue, de perquisitions, d'écoutes téléphoniques, ou de sonorisation de certains lieux ou véhicules (c. pr. pén., art. 706-80 à 706-106). La procédure est tout autant dérogatoire en matière de terrorisme, de trafic de stupéfiants, de traite des êtres humains, de proxénétisme ou de recours à la prostitution des mineurs, avec des modalités exceptionnelles notamment de garde à vue ou de perquisitions (c. pr. pén., art. 706-24 et s., 706-28 et s., 706-35 et s.). De même, les infractions de nature sexuelle sont soumises à un dispositif propre, destiné tant à la prévention de la récidive par un suivi socio-judiciaire, qu'à la protection des mineurs victimes (c. pr. pén., art. 706-47 et s.). Enfin, les délais de prescription de l'action publique sont parfois beaucoup plus longs, ce qui

est par exemple le cas pour les crimes et délits terroristes (c. pr. pén., art. 706-25-1), le trafic de stupéfiants (c. pr. pén., art. 706-31), et les infractions de nature sexuelle commises contre des mineurs (c. pr. pén., art. 7 et 8).

Tels sont les quelques éléments forts de dérogation concernant les infractions soumises au classement catégoriel qu'inspire leur nature commune. Comme nous l'avons dit, et elles rejoignent en cela le dernier état du droit positif dans les domaines politique et militaire, du moins en période de paix, les dispositions qui les contiennent ne versent pas dans l'exception caractérisée. Il ne s'agit pas de se couper du droit commun, mais seulement de s'en extraire de manière mesurée et proportionnée, afin de conjuguer au mieux les libertés constitutionnellement garanties et les investigations nécessaires à la constatation des crimes et délits d'une gravité et d'une complexité particulières [1].

Pour aller plus loin

314 STATUT PÉNAL DU PRÉSIDENT DE LA RÉPUBLIQUE. — V. *chapitre 11.*

315 RESPONSABILITÉ PÉNALE DES MEMBRES DU GOUVERNEMENT. — V. *chapitre 11.*

1. Le Conseil constitutionnel s'est déterminé en ce sens à propos de la loi portant adaptation de la justice aux évolutions de la criminalité : Décision n° 2004-492 DC du 2 mars 2004, considérants 3 à 6 (*JO* 10 mars, p. 4637).

TROISIÈME PARTIE

L'IMPUTATION DE L'INFRACTION – LES RESPONSABLES

316 SUJETS DU DROIT PÉNAL. — L'analyse de l'infraction ne présente de l'intérêt que par rapport à des responsables, qui sont en quelque sorte les sujets du droit pénal. Mais cette relation à la responsabilité n'est pas évidente, l'imputation de l'infraction passant par de subtiles nuances.

Elle suppose que soit préalablement précisée la liste des personnes pouvant être poursuivies et condamnées, les réponses ayant varié au fil du temps sur leur *détermination*, et continuant à relever aujourd'hui de différences importantes (chapitre 9). Une fois cette identification opérée, il est indispensable de ne rien négliger des principes relatifs à la responsabilité elle-même : principes positifs d'abord, par référence à son *caractère personnel* (chapitre 10), principes négatifs ensuite, envisagés sous l'angle des différentes cause pouvant en entraver l'engagement, qu'il s'agisse de *causes objectives* (chapitre 11) ou de *causes subjectives d'irresponsabilité* (chapitre 12).

Chapitre 9

La détermination des responsables

317 FLUCTUATIONS. — Le droit pénal n'a pas toujours donné une réponse uniforme quant à la question de savoir quelles personnes sont à même d'engager leur responsabilité devant les juridictions répressives. Il faut dire que la matière n'est pas anodine, s'agissant, moins de traiter une affaire, dans sa dimension matérielle ou financière, que de juger un homme, voire de le condamner à des sanctions qui ne sont pas sans l'affecter personnellement, dans sa liberté et dans son honneur. C'est pourquoi, la responsabilité pénale a toujours été en retrait par rapport aux solutions plus consensuelles du droit civil, ce qui s'est manifesté doublement, et pour les personnes physiques, qui n'en répondent pas de manière égale (Section I), et pour les personnes morales, qui n'ont rejoint ses contraintes que depuis peu (Section II).

Section I
Les personnes physiques

318 MAJEURS ET MINEURS. — Les personnes physiques sont les premiers sujets de droit à être redevables de leurs actions ou omissions devant la justice pénale. Ils en ont même eu l'exclusivité jusqu'à la réforme du code pénal, entrée en vigueur le 1er mars 1994, c'est-à-dire avant que ne soit reconnue la responsabilité pénale des personnes morales. Historiquement, toute la construction du droit pénal traduit cette volonté de responsabiliser les acteurs physiques de la vie sociale, hommes et femmes, qui, par leurs comporte-

ments ou le mépris qu'ils ont de la loi, perturbent la vie en société, et ce n'est que beaucoup plus tard, à la faveur d'une maturité juridique allant de pair avec une certaine capacité d'abstraction, que la responsabilité des personnes morales a retenu l'attention. Mais, même au sein des personnes physiques, toutes les questions n'ont pas été résolues avec facilité. Deux catégories se sont affirmées comme distinctes, ou du moins méritant d'être différenciées : les personnes majeures, d'une part, les personnes mineures d'autre part. Elles trouvent aujourd'hui leur séparation dans un principe bien acquis, à savoir que la répression ne saurait être identique, et que des nuances s'imposent, dictées par l'immaturité ou la vulnérabilité des secondes. Deux questions en découlent, l'une relative au critère de la majorité pénale (I), l'autre au contenu du droit pénal des mineurs (II).

I | Le seuil de la majorité pénale

319 Confusion avec la majorité civile. — Il ne suffit pas de se convaincre de la nécessité de soumettre les majeurs et les mineurs à des régimes distincts de responsabilité. Encore faut-il se déterminer sur l'âge permettant d'appuyer cette distinction. La majorité pénale a été, jusqu'à une époque récente, plus précoce que la majorité civile, avec ce que cette dissociation entraînait de responsabilité pleine et entière pour des mineurs au sens du droit civil, mais ayant dépassé la minorité du droit pénal. L'évolution a consisté à remonter toujours plus le seuil servant de référence à la répression, afin de se rapprocher au plus près de la majorité civile, voire à se confondre avec elle. C'est aujourd'hui chose faite, les deux majorités étant désormais fixées à 18 ans.

Trois étapes ont été nécessaires. Le code pénal de 1810 s'était prononcé pour une majorité pénale à 16 ans. Puis une loi du 12 avril 1906 l'a portée à 18 ans. La majorité civile étant quant à elle de 21 ans, il y avait donc, du pénal au civil, une importante différence : de 18 à 21 ans, l'auteur d'une infraction voyait sa responsabilité pénale retenue dans les termes du droit commun, alors qu'il n'était pas encore majeur sur le plan civil. Ce régime s'est prolongé jusqu'à la loi du 5 juillet 1974, qui a finalement fixé à 18 ans l'âge de la majorité civile [1]. Il n'est donc plus de disparité entre les deux disciplines, mais on remarquera que c'est à la faveur du droit civil qu'elle a disparu.

320 ÉTABLISSEMENT DE L'ÂGE. — La minorité pénale étant d'ordre public [2], la référence à l'âge est essentielle.

Il est d'abord bien acquis que c'est par l'âge du prévenu ou de l'accusé au jour, non des poursuites, mais de la perpétration des crimes ou délits que se détermine la compétence des juridictions appelées à en connaître [3]. La mesure de la responsabilité, dont participe l'état de majorité ou de minorité, s'évalue « au temps de l'action », c'est-à-dire au moment des faits constitutifs de l'infraction.

Ensuite, il peut arriver, surtout concernant un étranger, que l'âge soulève des difficultés de preuve. La jurisprudence retient quelques principes que l'on ne peut qu'approuver. Tout d'abord, il est de règle que l'âge d'une personne se détermine par le temps écoulé depuis sa naissance, ce temps devant être calculé d'heure en heure [4]. Ensuite, devant les juridictions répressives, la preuve de l'âge réel d'un mis en examen, d'un prévenu ou d'un accusé de nationalité étrangère peut être rapportée par tout moyen [5], aucune force probante irréfragable ne s'attachant aux actes de l'état civil des pays étrangers [6]. Cette solution se comprend, faute pour la France de pouvoir émettre une quelconque prétention pour contrôler leur

1. Loi n° 74-631 (*JO* 7 juill., p. 7099). – C. civ., art. 414 (réd. L. n° 2007-308 du 5 mars 2007 portant réforme de la protection juridique des majeurs, art. 7, *JO* 7 mars, p. 4325).
2. Si un prévenu, poursuivi pour des faits commis alors qu'il était mineur, usurpe l'identité d'un majeur et est condamné comme tel, méconnaît l'art. 1er de l'ordonnance du 2 févr. 1945 la cour d'appel qui, sur l'appel de ce prévenu, limité aux dispositions pénales, et celui du ministère public, confirme le jugement sur la déclaration de culpabilité, et le réforme partiellement sur la peine ; en effet, en l'état de la véritable identité du prévenu révélé depuis lors, il apparaît que celui-ci étant mineur au moment des faits, les juridictions correctionnelles ne pouvaient statuer sur la poursuite sans méconnaître le texte susvisé ; la cassation est ainsi encourue dans l'intérêt de la loi et de la personne condamnée, sans toutefois pouvoir préjudicier aux droits acquis par les parties civiles. – Crim. 30 mars 1999, *Bull. crim.* n° 62. – Rappr. : Crim. 11 sept. 2002, *Bull. crim.* n° 164.
3. Crim. 21 mars 1947, *Bull. crim.* n° 88 ; 22 avr. 1948, *ibid.* n° 116 ; S. 1948. 1. 130.
4. Crim. 3 sept. 1985, *Bull. crim.* n° 283 ; *Gaz. Pal.* 1986. 1. 20, note Doucet ; *Rev. sc. crim.* 1986. 355, obs. Vitu
5. Crim. 1er déc. 1999, *Bull. crim.* n° 289 ; *Rev. sc. crim.* 2000. 602, obs. Bouloc.
6. Crim. 17 juill. 1991, *Bull. crim.* n° 299.

autorité [1]. En conséquence, est justifiée la décision qui motive la compétence d'une juridiction par le résultat d'expertises et de contre-expertises judiciaires, alors que l'inculpé faisait état d'un acte de naissance délivré dans son pays d'origine [2], ou encore se fonde sur divers documents, bien que l'intéressé invoquait les mentions portées sur le livret de famille de ses parents [3]. C'est donc une totale liberté de preuve que la jurisprudence consacre, dans la logique qui préside à la souveraineté des États. Il ne peut en être autrement que sous couvert de conventions internationales, qui auraient pour objet la reconnaissance mutuelle des actes de l'état civil.

II | Le droit de la minorité pénale

321 Politique. — Etant considérés dans leur vulnérabilité naturelle, les mineurs ne sont pas soumis à la même responsabilité pénale que les majeurs. Et de fait, il est important de ne pas procéder à une assimilation qui serait facteur d'injustice, tant la délinquance juvénile doit sa part de désordre à la minorité elle-même, pour ce qu'elle représente de facultés souvent réduites ou d'insuffisances éducatives. Autant le majeur, par le statut d'homme ou de femme responsable auquel il a accédé, peut être traité en tenant compte de la maturité et de la liberté qui lui sont reconnues, autant le mineur doit inspirer plus de nuances et de souplesse quant à la manière de le sanctionner, ce qui légitime un droit spécifique et des règles particulières. Il s'agit là d'un enjeu de politique criminelle, qui a toujours accompagné la répression, même si cet accompagnement s'est fait selon des modalités plus ou moins prononcées ou réussies. À partir du moment où le droit pénal admet le clivage d'une minorité et d'une majorité, c'est qu'il adhère, sinon à des régimes opposés, du moins à des systèmes suffisamment distincts pour justifier leur séparation.

Tout revient alors à se prononcer sur les différences à consacrer. Elles peuvent éventuellement porter sur le principe même de la

1. Crim. 13 oct. 1986, *Bull. crim.* n° 282 ; *Rev. sc. crim.* 1987. 863, obs. Vitu.
2. Crim. 13 oct. 1986, préc.
3. Crim. 17 juill. 1991, préc.

responsabilité. Mais cette solution extrême n'est pas celle du droit positif, qui adhère à la compatibilité entre minorité pénale et responsabilité pénale (A). En revanche, de nombreuses compensations existent, mises au service d'un régime de responsabilité marqué par une importantes spécificité, toutes destinées à doter le mineur délinquant d'une protection particulière et immuable liée à son état (B).

A – La compatibilité pénale entre minorité et responsabilité

322 PROBLÉMATIQUE. — La minorité a toujours soulevé la question de sa compatibilité avec la responsabilité pénale. À toutes les époques, le droit a été confronté à cette interrogation, et surtout à la nécessité d'y répondre. Les systèmes se sont succédé, qui ont épuisé toutes les possibilités, donnant ainsi une idée de la complexité de la matière, et de l'esprit inventif des juristes. En fait, la problématique est celle de l'imputabilité, pour avoir à se prononcer sur la possibilité de reprocher une infraction à un mineur, et de le sanctionner en conséquence. Nous en traiterons de manière plus complète à propos des causes dites subjectives d'irresponsabilité (*chapitre 12*), mais il importe de situer le droit positif dans le contexte des évolutions qui l'ont précédé, afin de mieux apprécier, au delà de la diversité des solutions passées, l'originalité de celles aujourd'hui retenues.

323 HISTORIQUEMENT. — Le droit pénal des mineurs, depuis sa version napoléonienne, ne s'est jamais départi de la responsabilité, si bien que l'on peut affirmer que la minorité n'a pas été recherchée pour lui échapper. Au mieux, outre les dispositions destinées à en atténuer le prononcé ou les conséquences, cette responsabilité a-t-elle été soumise à des conditions d'âge ou de discernement, mais dont l'objet a été, en quelque sorte, d'en renforcer le principe, et non d'en affaiblir la portée.

1 / *Code pénal de 1810*. – C'est d'abord le cas du code pénal lui-même, dans sa version de 1810, qui subordonna la responsabilité pénale du mineur à la preuve établie de son discernement. Les juges, qui n'étaient pas des juridictions spécialisées à l'époque, se devaient

de rechercher, dans chaque cas d'espèce, si le mineur mis en cause avait ou non agi avec une perception suffisante, et donc une liberté d'action à même de justifier le prononcé d'une sanction pénale. Si la réponse était positive, l'intéressé était déclaré responsable et condamné, avec cependant le bénéfice d'une excuse légale atténuante. À l'inverse, si la réponse était négative, il était acquitté ou relaxé, mais avec possibilité d'être placé dans une « maison de correction », ce qui revenait à une véritable privation de liberté. Ce système se révéla peu efficace, non pas tant en raison des principes qui en fondaient le mécanisme, mais faute des moyens nécessaires pour en permettre des applications conformes à son esprit. Les maisons de correction tardèrent à être mises en place, et celles qui le furent, officiellement organisées sous la forme de « colonies pénitentiaires de jeunes détenus », eurent finalement vocation à accueillir tous les mineurs, sans répercuter les distinctions pourtant légales entre ceux acquittés pour défaut de discernement, et ceux au contraire condamnés comme ayant agi avec un tel discernement.

2 / *Loi du 22 juillet 1912*. – Des réformes partielles tentèrent d'améliorer les règles du code pénal, ayant notamment pour objet de diversifier les mesures de placement et d'encadrement des mineurs. Mais un texte domine, qui a totalement refondu la matière : il s'agit de la loi du 22 juillet 1912, qui a supprimé la question du discernement pour les mineurs de moins de 13 ans. Il en est résulté une autre manière de se situer par rapport à la responsabilité pénale : soit le mineur commettait une infraction alors qu'il n'avait pas 13 ans, et il était pénalement irresponsable, soit, au contraire, il avait atteint cet âge, et sa responsabilité était engagée, mais sous réserve de son discernement. Une double condition était ainsi mise à la compatibilité de la minorité et de la responsabilité pénale, d'âge d'abord, par référence à la présomption absolue d'irresponsabilité en dessous de 13 ans, de discernement ensuite, en continuant à légitimer la responsabilité à partir de ce seuil.

324 POSITIVEMENT. — La seconde guerre mondiale devait inspirer de profondes remises en cause, qui se sont soldées par l'ordonnance du 2 février 1945, relative à l'enfance délinquante [1].

1. Ordonnance n° 45-174 (*JO* 4 févr., p. 530 ; rect. *JO* 6 et 21 mars).

Elle est cette « loi particulière » à laquelle l'article 122-8 du code pénal fait référence, et qui a trouvé un support d'interprétation non négligeable dans la loi Perben I du 9 septembre 2002 d'orientation et de programmation pour la justice [1].

1 / *Ordonnance du 2 février 1945.* – L'ordonnance de 1945, complétée et modifiée à plusieurs reprises, est largement inspirée du mouvement de défense sociale nouvelle [2], avec pour préoccupation dominante de mettre l'accent, davantage sur la réadaptation sociale du mineur, que sur la rétribution pénale liée à sa condamnation. L'article 122-8 du code pénal en témoigne, qui en résume l'esprit, en faisant état des « mesures de protection, d'assistance, de surveillance et d'éducation » dont les mineurs reconnus coupables d'infractions peuvent faire l'objet. Il en résulte des dispositions plus teintées d'efficacité que de juridisme, avec une perte de repère quant à la responsabilité pénale. Aucun renvoi explicite ne permet en effet de la situer. Mieux encore, l'exposé des motifs évoque ouvertement un « *régime d'irresponsabilité* », ce que la doctrine a répercuté dès ses premiers commentaires. Mais cette position a très vite cédé à une réalité contraire, tenant, tant au contenu de l'ordonnance elle-même, qu'à la jurisprudence qui en a interprété et appliqué le dispositif. En fait, la responsabilité demeure le fondement du droit pénal des mineurs. Seules les sanctions n'en répercutent pas la dimension traditionnelle, en empruntant davantage à des mesures éducatives qu'à des peines classiques. Mais, dans le même temps, elles n'ont jamais cessé d'être dépendantes d'une imputabilité directement tributaire du discernement (*chapitre 12*). Il a fallu attendre 2002 pour, enfin, mettre la formulation du droit en conformité avec ses dispositions, ceci à la faveur d'une loi que l'on peut considérer comme purement interprétative.

2 / *Loi du 9 septembre 2002.* – L'évolution retracée a donc trouvé son aboutissement dans la loi du 9 septembre 2002. Elle reprend et complète la rédaction de l'article 122-8 du code pénal. Alors que sa première version, issue de la réforme de 1992, ne disait

1. Loi n° 2002-1138 (*JO* 10 sept., p. 14934 ; rect. *JO* 24 déc., p. 21500).
2. Sur ce mouvement, V. R. Gassin, Criminologie, Précis *Dalloz*, 5e éd., 2003, n° 783 et 855.

mot de la responsabilité, celle émanant de la loi de 2002 est au contraire nettement plus expressive : « *Les mineurs capables de discernement sont pénalement responsables des crimes, délits ou contraventions dont ils ont été reconnus coupables...* ». Tous les doutes sont donc levés, et c'est de façon explicite que minorité et responsabilité sont à nouveau associées, un peu comme elles l'étaient en 1810, mais avec un seuil de majorité aujourd'hui plus élevé.

325 *DE LEGE FERENDA*. – L'histoire mouvementée du droit pénal des mineurs n'est pas close. La matière est aujourd'hui au cœur d'une réflexion d'ensemble, avec la mise en place, le 14 avril 2008, de la « Commission de propositions de réforme de l'ordonnance du 2 février 1945 relative aux mineurs délinquants », présidée par le Recteur André Varinard. Cette commission a remis son rapport le 3 décembre 2008, sous l'intitulé : « *Entre modifications raisonnables et innovations fondamentales : 70 propositions pour adapter la Justice pénale des mineurs* ». Il en ressort que la responsabilité pénale resterait conditionnée par le discernement, ce qui est une excellente mesure. Mais une présomption de discernement affecterait les mineurs à compter de 12 ans, ce qui inspire beaucoup plus de réserves... Des réserves d'ailleurs intégrées dans l'avant-projet de « Code de la justice pénale des mineurs » qui a été élaboré par la Chancellerie dans une version de travail du 30 mars 2009, et qui reste fort en retrait de cette solution...

B – La spécificité de la responsabilité pénale des mineurs

326 RECONNAISSANCE. — Le droit pénal des mineurs est non seulement une discipline en soi, mais il s'est même enrichi d'un volet constitutionnel qui en cristallise toute la spécificité. En fait, le Conseil constitutionnel a repris les règles essentielles qui ont toujours accompagné la responsabilité des mineurs, particulièrement depuis le début du XXe siècle, et, fort de leur permanence, il les a élevées au rang de principes fondamentaux reconnus par les lois de la République. Il en résulte une cristallisation de la matière sur ses aspects les plus protecteurs pour le mineur lui-même. C'est en effet sous l'angle d'une plus grande indulgence que le droit de l'enfance délinquante s'est distingué, en même temps que se sont développées des mesures et procédures mieux à même de répondre à la personnalité des mineurs, afin de leur permettre de renouer avec leur dignité et de retrouver leur place dans la société. Le droit constitutionnel, pour sa part, ne fait que se situer sur le terrain de cette philosophie première, qui a toujours présidé aux évolutions de la matière, et hors de laquelle d'autres ne devraient plus être possibles. Il n'est donc aucune invention dans les principes qu'il formule : tout au plus manifeste-t-il une volonté de les voir se pérenniser, pour ce qu'ils incarnent de données consensuelles, voire internationales [1], méritant de ne point disparaître.

327 ÉLÉMENTS. — L'adoption des lois récentes relatives à la justice, à la sécurité ou à la prévention – du 9 septembre 2002 d'orientation et de programmation pour la justice, du 18 mars 2003 pour la sécurité intérieure, du 9 mars 2004 portant adaptation de la justice aux évolutions de la criminalité, du 5 mars 2007 relative à la prévention de la délinquance, du 10 août 2007 renforçant la lutte contre la récidive des majeurs et des mineurs – ont été autant d'opportunités pour le Conseil constitutionnel de marquer sa position, et de confirmer son attachement aux principes en cause : « *Considérant que l'atténuation de la responsabilité pénale des mineurs en fonction de l'âge, comme la nécessité de rechercher le relèvement éducatif et moral des enfants délinquants par des mesures adaptées à leur âge et à leur personnalité, prononcées par une juridiction spécialisée ou selon des procédures appropriées, ont été constamment reconnues par les lois de la République depuis le début du XXe siècle ...* » [2]. Plusieurs règles dominent donc le droit pénal des mineurs, que nous allons développer dans un ordre quelque peu

1. Ainsi du Pacte international relatif aux droits civils et politiques, entré en vigueur à l'égard de la France le 4 février 1981, dont l'article 14 prévoit expressément que : « *La procédure applicable aux jeunes gens qui ne sont pas encore majeurs au regard de la loi pénale tiendra compte de leur âge et de l'intérêt que présente leur rééducation* » (§ 4).
2. Cons. constit., Décision n° 2002-461 DC du 29 août 2002, *JO* 10 sept. 2002, p. 14953 ; *Rev. sc. crim.* 2003, p. 606 et s., obs. Bück. – Cons. constit., Décision n° 2003-467 DC du 13 mars 2003, *JO* 19 mars 2003, p. 4789 – Cons. constit., Décision n° 2004-492 DC du 2 mars 2004, *JO* 10 mars 2004, p. 4637. – Cons. constit., Décision n° 2007-553 DC du 3 mars 2007, *JO* 7 mars 2007, p. 4356. – Cons. constit., Décision n° 2007-554 DC du 9 août 2007, *JO* 11 août 2007, p. 13478 ; D. 2008, *Pan.*, p. 2034, obs. Bernaud et Gay ; *Rev. sc. crim.* 2008, p. 133, et p. 136, obs. de Lamy.

modifié par rapport à ce considérant. Nous verrons successivement : le relèvement éducatif et moral par des mesures adaptées, l'atténuation de la responsabilité, l'existence de juridictions spécialisées, et l'aménagement de procédures appropriées.

a) Le relèvement éducatif et moral

328 PRIMAUTÉ. — La sanction a toujours été au cœur des préoccupations du droit pénal des mineurs, et l'ordonnance du 2 février 1945 le traduit à sa façon, en donnant priorité aux mesures de protection, d'assistance, de surveillance et d'éducation, reléguant ainsi la peine traditionnelle dans un rôle secondaire et supplétif, pour ne pouvoir être prononcée qu'à l'encontre des mineurs de 13 à 18 ans, lorsque les circonstances et leur personnalité l'exigent (ord. 2 févr. 1945, art. 2, al. 2). Mieux encore, le système, du moins dans sa conception initiale, repose sur une opposition rigide, interdisant toute conjugaison des deux sanctions, la mesure éducative et la peine procédant d'une alternative entre elles, jamais d'un cumul.

À cette version des textes, il faut ajouter la version des faits, liée à la double compétence du juge des enfants, puisqu'il intervient, non seulement pour traiter de la délinquance des mineurs, mais encore en matière d'assistance éducative, son rôle ne se limitant pas à restituer la loi pénale, mais à appliquer également la loi civile (c. civ., art. 375 et s.). Or, certains magistrats savent jouer de l'opacité de leurs critères. Ils considèrent que si tous les mineurs en danger ne sont pas des délinquants, les mineurs délinquants en revanche sont le plus souvent en danger, et ils font souvent le choix de ne pas placer un mineur sur le fondement de l'ordonnance de 1945, préférant le faire au titre des dispositions relatives à l'assistance éducative. Les frontières entre éducation et répression en deviennent plus incertaines encore.

En définitive, les options de 1945 ne sont pas sans critique. On peut d'abord déplorer l'opposition trop tranchée entre éducation et peine, malgré la percée de quelques exceptions. Une peine peut avoir une vertu éducative [1], de même qu'une mesure de réparation, juridiquement comprise comme participant de l'éducation, peut comporter une dimension punitive [2]. Leur séparation est donc une simple vue de l'esprit, et le droit pénal des mineurs reste naturellement ouvert à leur rapprochement. Ensuite, a été justement dénoncée la confusion entre les mesures civiles d'assistance éducative et les mesures éducatives destinées à traiter de la délinquance des mineurs. Dans une optique de responsabilisation, cette démarche revient à se priver du meilleur instrument d'éducation des jeunes délinquants, qui ne peuvent que gagner à être confrontés à leurs comportements, sans rien négliger de leur connotation pénale. Une reconsidération des mesures éducatives s'imposait donc, plus conciliante entre relèvement et peine, et c'est ce vers quoi a tendu la loi Perben I du 9 septembre 2002, qui a complété en ce sens l'ordonnance de 1945, et dont les dispositions ont ensuite été renforcées par la loi n° 2007-297 du 5 mars 2007 relative à la prévention de la délinquance [3].

329 MODALITÉS. — La loi du 9 septembre 2002, d'orientation et de programmation pour la justice, a rompu avec la conception d'une éducation par trop dissociée de la peine. L'objectif que représente la première à trouvé une modalité dans la seconde, ce qui est doublement perceptible, par la création, d'abord de sanctions éducatives, ensuite de centres éducatifs fermés.

1 / *Les sanctions éducatives.* – L'article 122-8 du code pénal et l'article 2 de l'ordonnance du 2 février 1945, l'un et l'autre modifiés à cette fin par la loi du 9 septembre 2002, font une distinction entre *mesure éducative* et *sanction éducative.* La nuance est minime sur le plan terminologique, mais elle est importante sur le fond, pour engager une autre conception du droit pénal des mineurs, non plus fondée sur l'incompatibilité jusqu'ici dominante entre peine et édu-

1. Le travail d'intérêt général est d'ailleurs perçu comme tel, étant applicable aux mineurs de 16 à 18 ans (Ord. 2 févr. 1945, art. 20-5).
2. Ainsi d'une mesure ou d'une activité d'aide ou de réparation à l'égard de la victime ou dans l'intérêt de la collectivité : elle a été introduite à l'article 12-1 de l'ordonnance du 2 février 1945 par la loi n° 93-2 du 4 janvier 1993 portant réforme de la procédure pénale (*JO* 5 janv. 1993, p. 215), et elle est aujourd'hui expressément visée à l'article 15-1 comme sanction éducative possible.
3. *JO* 7 mars, p. 4297.

cation, mais adhérer au contraire à ce qu'elles peuvent avoir de complémentaire par leur combinaison. Ce n'est pas dire que soit remis en cause le principe de primauté de l'éducation sur la peine. C'est seulement faire état d'une possibilité nouvelle quant à la peine : alors que celle-ci n'était comprise que dans sa dimension répressive traditionnelle, elle est aujourd'hui conçue comme un instrument possible d'éducation [1].

L'articulation de chacune des dispositions visées en témoigne. Le premier alinéa est inchangé. Relatif aux *mesures d'éducation*, il en affirme la primauté sur les propositions du second ou du deuxième alinéa. En revanche, ce dernier est modifié, afin de poser le nouveau principe de *sanctions éducatives* à l'encontre des mineurs de 10 à 18 ans, qui s'ajoute au prononcé toujours possible d'une *peine* lorsque les mineurs poursuivis sont âgés de plus de 13 ans. Il en résulte un plus large éventail de décisions, qui s'ouvrent désormais à une triple qualification : la mesure éducative, la sanction éducative, et la peine.

La place intermédiaire des sanctions éducatives est le signe de leur nature complexe, empruntant à la fois à la peine et à la mesure éducative. Poursuivant un objectif de répression à des fins éducatives, le système mis en place consiste à faire le choix de la contrainte punitive pour mieux sensibiliser le condamné, et le ramener ainsi à la conscience de ses devoirs. Mais on ne rejoint pas pour autant la peine au sens fort du terme.

Les sanctions en cause sont définies sur le modèle des peines complémentaires des articles 131-19 à 131-36 du code pénal, c'est-à-dire sur des peines nettement moins lourdes par rapport à une privation de liberté ou à une amende, et encore sous une forme aménagée, afin de tenir compte de l'âge des mineurs concernés. Enumérées à l'article 15-1 de l'ordonnance de 1945, elles sont suffisamment variées et contraignantes pour en retirer les profits escomptés : confiscation de l'objet ayant servi à commettre l'infraction ou qui en est le produit, interdiction de paraître dans certains lieux ou de rencontrer certaines personnes, mesure d'aide ou de réparation à l'égard de la victime ou dans l'intérêt de la collectivité, obligation

1. B. Brunet, « La lutte contre la délinquance – Entre répression, éducation, processus démocratique et rôle de l'institution judiciaire », *Gaz. Pal.* 2002. 2. *Doctr.*, p. 1284.

de suivre un stage de formation civique, placement dans une institution ou un établissement d'éducation habilité permettant la mise en œuvre d'un travail psychologique, éducatif et social, exécution de travaux scolaires, avertissement solennel, placement dans un établissement scolaire doté d'un internat. Toutes sont à prononcer dans un esprit d'éducation, sauf à en dénaturer l'esprit, et toutes doivent avoir pour objet l'amendement du jeune condamné, qui est le seul moyen de parvenir à une véritable réinsertion sociale. Elles constituent donc des mesures nettement plus probantes qu'une simple décision de remise du mineur à ses parents, ou qu'une mesure de placement sans garantie d'exécution [1].

2 / *Les centres éducatifs fermés.* – La loi du 9 septembre 2002 est également à l'origine de la création de nouveaux centres de placement : les centres éducatifs fermés, où les mineurs font l'objet de mesures de surveillance et de contrôle permettant d'assurer un « *suivi éducatif et pédagogique renforcé et adapté à leur personnalité* ». Ils ont symbolisé une résistance politique très ferme, et ont été dénoncés comme un retour déguisé à l'enfermement des mineurs. Mais cette présentation est excessive. Il est une destination ciblée à ces centres, très clairement exposée à l'article 33 de l'ordonnance de 1945, qui les définit comme des « *établissements publics ou des établissements privés habilités dans des conditions prévues par décret en Conseil d'État, dans lesquels les mineurs sont placés en application d'un contrôle judiciaire ou d'un sursis avec mise à l'épreuve ou d'un placement à l'extérieur ou à la suite d'une libération conditionnelle* » [2].

1. Il est à noter que les mesures de placement dans une institution ou un établissement ont été ajoutées par la loi n° 2007-297 du 5 mars 2007 relative à la prévention de la délinquance, tout comme l'exécution de travaux scolaires et l'avertissement solennel. Avant cette loi, le placement dans un organisme approprié était davantage envisagé comme la sanction possible du non-respect par le mineur des sanctions éducatives prononcées contre lui, que comme une mesure autonome, même si la juridiction pouvait y avoir recours immédiatement sur le fondement de l'article 15 de l'ordonnance du 2 févr. 1945.
2. La référence à la libération conditionnelle est le résultat de la loi Perben II du 9 mars 2004 portant adaptation de la justice aux évolutions de la criminalité (art. 195), celle au placement à l'extérieur le fait de la loi n° 2007-297 du 5 mars 2007 relative à la prévention de la délinquance (art. 62).

   En pratique, la plupart des jeunes sont accueillis dans le cadre d'un contrôle judiciaire, et y restent après leur condamnation en sursis avec mise à l'épreuve. Les hypothèses de placement en centre éducatif fermé dans le cadre de libérations conditionnelles sont rares (Pour un premier bilan des centres éducatifs fermés, Jean-René Lecerf, Sénat, 2005-2006, Rapport n° 476).

Ils interviennent donc, soit comme une modalité de contrôle judiciaire, soit comme une modalité d'épreuve dans le cadre d'un sursis, d'un placement à l'extérieur ou d'une libération conditionnelle.

La première version n'a pas à nous retenir ici. En revanche, la seconde ne peut que participer avantageusement du rapprochement utilitaire entre l'éducation et la peine, en évitant l'emprisonnement, tout en favorisant un travail pertinent d'éducation.

Telles sont les principales dispositions répondant à l'objectif de relèvement éducatif et moral des mineurs délinquants. Il n'est pas question, par les amendements apportés à l'ordonnance de 1945, de rompre avec sa philosophie. La primauté de l'éducation n'est pas remise en cause. Elle n'a fait que s'enrichir de modalités, certes plus contraignantes, mais à la mesure légitime du défi lancé à la société et à ses institutions par une délinquance de plus en plus jeune et de plus en plus violente [1].

b) L'atténuation de la responsabilité

330 DIMINUTION DE LA PEINE. — L'atténuation de la responsabilité bénéficie aux mineurs condamnés à une peine privative de liberté ou d'amende. Cette éventualité concerne donc les mineurs de 13 à 18 ans, qui sont en effet les seuls, lorsque les circonstances et leur personnalité l'exigent, à pouvoir être soumis à de telles peines (ord. 2 févr. 1945, art. 2, al. 2). On s'éloigne alors des mesures de protection, d'assistance, de surveillance et d'éducation, voire des sanctions éducatives, et on rejoint le droit pénal classique. Mais le mineur n'est pas pour autant soumis au même régime de

Quant au placement à l'extérieur, il constitue une modalité d'exécution des peines privatives de liberté (c. pén., art. 132-26 ; c. pr. pén., art. 723 et s.). Un mineur peut donc être mis sous écrou dans un centre éducatif fermé. Pour ceux déjà intégrés dans un tel centre, le placement à l'extérieur a l'avantage de ne pas interrompre les mesures éducatives engagées. Pour les autres, le prononcé *ab initio* ou en cours d'incarcération du placement permet d'élargir les possibilités d'aménagement de peine par le juge des enfants et d'éviter une sortie de détention sans suivi éducatif (« sortie sèche »), afin de mieux lutter contre la récidive (sur tous ces points, V. Jean-René Lecerf, Rapport précit.).

1. Commission d'enquête sur la délinquance des mineurs, créée en vertu d'une résolution adoptée par le Sénat le 12 février 2002, Sénat, 2001-2002, Rapport n° 340, « *Délinquance des mineurs – La République en quête de respect* », J.-P. Schosteck, président, et J.-Cl. Carle, rapporteur, 2 Tomes.

répression que les majeurs. Un allègement de responsabilité joue en sa faveur, autrefois appelée excuse de minorité, qui se traduit par une réduction sensible des peines de référence.

Le tribunal pour enfants et la cour d'assises des mineurs ne peuvent en effet prononcer à l'encontre des mineurs âgés de plus de 13 ans une peine privative de liberté supérieure à la moitié de la peine encourue, et si cette peine est la réclusion criminelle à perpétuité, ils ne peuvent prononcer une peine supérieure à vingt ans de réclusion criminelle. Le principe de cette diminution s'applique aux peines minimales mises en place par la loi du 10 août 2007 affectant les hypothèses les plus graves de récidive légale (c. pén., art. 132-18-1 et 132-19-1). Pareillement, ne peut être prononcée une peine d'amende d'un montant supérieur à la moitié de l'amende encourue ou excédant 7 500 euros (ord. 2 févr. 1945, art. 20-2 et 20-3).

Toutefois, si le mineur est âgé de plus de 16 ans, ces juridictions peuvent décider qu'il n'y a pas lieu de faire application de ces dispositions, « 1° *lorsque les circonstances de l'espèce et la personnalité du mineur le justifient ; 2° lorsqu'un crime d'atteinte volontaire à la vie ou à l'intégrité physique ou psychique de la personne a été commis en état de récidive légale ; 3° lorsqu'un délit de violences volontaires, un délit d'agression sexuelle, un délit commis avec la circonstance aggravante de violences a été commis en état de récidive légale...* » (ord. 2 févr. 1945, art. 20-2, al. 2). Trois hypothèses sont en cause, ayant pour effet de priver le condamné du statut favorable lié à sa minorité, la décision en ce sens, lorsqu'elle est prise par le tribunal pour enfants, devant être spécialement motivée, sauf pour les infractions correspondant au 3° susvisé. La première hypothèse, qui a toujours existé, a pour origine les anciens articles 66 et 67 du code pénal en vigueur en 1945. Les deux autres sont le résultat des lois conjuguées du 5 mars 2007 relative à la prévention de la délinquance et du 10 août 2007 renforçant la lutte contre la récidive des majeurs et des mineurs : elles reposent sur la gravité particulière des faits, qui plus est commis en état de récidive, ce qui a permis au Conseil constitutionnel de rejeter tout grief d'inconstitutionnalité [1]. On ajoutera que l'atténuation de la responsabilité n'est reconnue comme

1. Cons. constit., Décision n° 2007-553 DC du 3 mars 2007, préc., § 24 et s. – Cons. constit., Décision n° 2007-554 DC du 9 août 2007, préc., § 21 et s.

un principe fondamental de la justice des mineurs qu'en « *fonction de l'âge* » de ces derniers, ce qui laisse toute la souplesse nécessaire pour ce type d'exception, légalement réservé à des délinquants proches de la majorité.

La même souplesse est vérifiable relativement à une dernière dérogation, qui a été mise en place par la loi du 10 août 2007. L'atténuation de la peine ne s'applique pas aux mineurs de plus de 16 ans lorsque les infractions mentionnées aux 2° et 3° ci-dessus ont été commises une nouvelle fois en état de récidive légale. L'exception est alors de droit, sauf à la cour d'assises d'en décider autrement, ainsi qu'au tribunal pour enfants, mais ce dernier devant statuer par une décision spécialement motivée.

c) L'existence de juridictions spécialisées

331 BILAN. — L'existence de juridictions particulières pour appliquer le droit pénal des mineurs est dans le droit fil des préoccupations inhérentes à la spécificité de ce droit. Il s'agit de faire en sorte que la justice soit rendue par des instances attentives à la situation des jeunes délinquants, et surtout ayant une expérience suffisante pour prendre les meilleures décisions. La loi du 22 juillet 1912 a été la première à mettre en place un tribunal *ad hoc*, le tribunal pour enfants et adolescents, et cette initiative n'a jamais été démentie par la suite. Bien au contraire, le bilan est aujourd'hui très à l'avantage de la spécialisation, puisque seules les contraventions des quatre premières classes continuent à être soumises aux juridictions de droit commun, à savoir le tribunal de police ou, depuis la loi Perben I du 9 septembre 2002, le juge de proximité (ord. 2 févr. 1945, art. 21).

Trois juridictions interviennent, ayant chacune une compétence spécialisée : le juge des enfants, le tribunal pour enfants, et la cour d'assises des mineurs.

332 JUGE DES ENFANTS. — Le juge des enfants est une création de l'ordonnance du 2 février 1945. Il est certainement la figure la plus originale, non seulement du droit pénal des mineurs, mais encore de notre système judiciaire. Il s'agit en effet d'un magistrat qui est à la fois juge d'instruction et juridiction de jugement, contrairement au principe de séparation de ces deux fonctions [1].

Il est d'abord juge d'instruction pour les contraventions de 5e classe et les délits, quel que soit l'âge du mineur, l'une des particularités de notre matière étant en effet de soumettre ces infractions à une instruction obligatoire, afin de mieux connaître la personnalité de leurs auteurs (ord. 2 févr. 1945, art. 5 et 20-1). Mais cette compétence n'est cependant pas exclusive, venant en concurrence avec celle du juge d'instruction classique.

Il est ensuite juridiction de jugement pour les mêmes contraventions de 5e classe et les mêmes délits, ayant en effet compétence pour décider lui-même s'il doit juger le mineur en chambre du conseil ou s'il doit le renvoyer devant le tribunal pour enfants. Mais cette possibilité connaît quelques limites (ord. 2 févr. 1945, art. 8). Tout d'abord, lorsque la peine encourue est supérieure ou égale à sept ans, et que le mineur est âgé de 16 ans révolus, le juge des enfants ne peut rendre de jugement en chambre du conseil, et il doit donc impérativement saisir le tribunal pour enfants. Ensuite, relativement aux sanctions à même d'être prononcées, il ne peut s'agir que de mesures d'assistance ou de surveillance, voire de placement en internat, de mise sous protection judiciaire, ou de liberté surveillée, mais jamais de sanctions éducatives (mineurs de 10 à 18 ans), ni de peines (mineurs de 13 à 18 ans), de telles décisions ne pouvant être prises que par le tribunal pour enfants.

333 TRIBUNAL POUR ENFANTS. — Le tribunal pour enfants, qui a ses origines dans la loi du 22 juillet 1912, est une juridiction collégiale, composée de trois magistrats, et dont le président

1. L'ordonnance du 2 févr. 1945, en permettant pour les mineurs délinquants, dans un souci éducatif, une dérogation à la règle de procédure interne selon laquelle un même magistrat ne peut exercer successivement, dans une même affaire, les fonctions d'instruction et de jugement, ne méconnaît aucune disposition de la Convention européenne de sauvegarde des droits de l'homme et des libertés fondamentales ; une telle dérogation entre dans les prévisions de l'art. 14 du Pacte international de New-York, relatif aux droits civils et politiques, comme aussi dans celles des règles de Beijing, approuvées par les Nations Unies le 6 sept. 1985, qui reconnaissent la spécificité du droit pénal des mineurs. – Crim. 7 avr. 1993, *Bull. crim.* n° 152 ; D. 1993. 553, note Pradel, et 1994. Somm. 37, obs. Becquerelle ; JCP 1993. II. 22151, note Allaix ; *Dr. pénal* 1993. *Chron.* 27 (rapport Nivôse) ; *Rev. sc. crim.* 1994. 67 et s., obs. Huyette, et 75 et s., obs. Lazerges. – Crim. 8 nov. 2000, *Dr. pénal* 2001, *Chron.* n° 15, obs. Cl. Marsat. – Pour une jurisprudence identique fondée sur la Conv. EDH (art. 6, paragr. 1) : CEDH, 24 août 1993, D. 1994. *Somm.* 37, obs. préc. Becquerelle, et 1995. *Somm.* 105, obs. Renucci.

est le juge des enfants lui-même. Quant aux deux assesseurs, il s'agit de non professionnels, choisis en fonction de l'intérêt qu'ils portent aux questions de l'enfance (c. org. jud., art. L. 522-3).

Le tribunal recoupe d'abord la compétence du juge des enfants, puisqu'il peut juger, nous l'avons déjà précisé, les contraventions de 5e classe et les délits, soit que leur connaissance échappe au juge des enfants à raison de la peine encourue et de l'âge du mineur, soit que ce magistrat envisage une sanction qu'il n'a pas le pouvoir de prononcer, telle une sanction éducative ou une peine [1]. Mais une fois saisie, il n'est pas limité dans ses décisions, et c'est souverainement qu'il se détermine, dès lors que sont respectées les conditions correspondant aux trois mesures ou sanctions désormais envisageables : mesures d'éducation ou d'assistance, sanctions éducatives, et peines.

Le tribunal a ensuite une compétence plus exclusive, pour connaître des crimes des mineurs de moins de 16 ans (ord. 2 févr. 1945, art. 9), ceux commis par des jeunes de 16 à 18 ans relevant de la cour d'assises des mineurs. On notera qu'en matière criminelle, l'instruction est toujours conduite par un juge d'instruction, et non le juge des enfants lui-même, de sorte que celui-ci, à supposer qu'il ait été saisi pour des faits qui se révèlent criminels, doit renvoyer le mineur devant le juge d'instruction compétent.

334 COUR D'ASSISES DES MINEURS. — Troisième juridiction spécialisée, la cour d'assises des mineurs a été créée par une loi du 24 mai 1951. Elle diffère assez peu de la cour d'assises des majeurs, mais marque son originalité par le fait que son président peut être le conseiller délégué à la protection de l'enfance [2], et que les deux assesseurs doivent être choisis parmi les juges des enfants du ressort de la cour d'appel (ord. 2 févr. 1945, art. 20, al. 2). Il

1. Si la décision, par le juge des enfants, de saisir le tribunal pour enfants et non de prononcer lui-même une mesure éducative, implique qu'une sanction pénale puisse être envisagée à l'égard du mineur, le risque objectif de partialité qui pourrait en résulter est compensé par la présence de deux assesseurs délibérant collégialement en première instance et par la possibilité d'un appel, déféré à une juridiction supérieure composée de magistrats n'ayant pas connu de l'affaire et dont l'un des membres est délégué à la protection de l'enfance. – Crim. 7 avr. 1993, préc.
2. Magistrat conseiller de cour d'appel, désigné dans cette fonction pour trois ans par le Garde des Sceaux (c. org. jud., art. L. 223-2).

n'est aucune spécificité quant au jury criminel, qui reste composé de jurés tirés au sort sur la liste de la cour d'assises des majeurs.

La compétence de la cour d'assises est limitée aux crimes commis par les mineurs âgés de 16 à 18 ans (ord. 2 févr. 1945, art. 20, al. 1er). L'instruction étant obligatoire, la juridiction est donc saisie par une ordonnance ou un arrêt de mise en accusation, selon qu'en décide, en fonction des aléas de la procédure, le juge d'instruction ou la chambre de l'instruction.

d) L'aménagement de procédures appropriées

335 OBJECTIF. — Enfin, l'engagement de la responsabilité pénale des mineurs est tributaire d'une procédure en grande partie dérogatoire au droit commun. Des dérogations qui se justifient parfaitement, à la fois parce que les contraintes inhérentes aux poursuites ne sont pas toujours adaptées aux mineurs, mais aussi parce que d'autres contraintes, indissociables de leur état, méritent au contraire d'être prises en compte. Il n'est pas question de développer ici ce qui relève d'un manuel de pure procédure. Mais il est possible de s'arrêter aux principales préoccupations que suscite la minorité pénale dans ce domaine, relatives notamment à la personne du justiciable et à la célérité de la justice.

336 JUSTICIABLE. — Pour ce qui est du mineur lui-même, l'ordonnance du 2 février 1945 reflète à plus d'un titre la volonté de protéger sa personne, eu égard à sa personnalité d'abord, à sa vulnérabilité ensuite, à son isolement enfin.

1 / *La personnalité du mineur.* – La procédure est en premier lieu axée sur la personnalité du mineur. Il est indispensable, aux fins éducatives et de relèvement moral que nous connaissons, d'en avoir une juste idée, afin de prendre les mesures les mieux appropriées à son caractère et à ses capacités de réadaptation. Seules des investigations en ce sens, destinées à s'assurer une parfaite connaissance de l'environnement familial et social du mineur, de sa situation matérielle et morale, de son caractère et de ses antécédents, ainsi que de son état médical et psychologique, peuvent aboutir aux meilleures

décisions, peu importe les juridictions amenées à les prendre. L'ordonnance de 1945 témoigne de cette préoccupation, qui en est un élément dominant, quelles que soient les procédures engagées, s'agirait-il de celles marquées par un fort coefficient de rapidité (ord. 2 févr. 1945, art. 5 et 8-1).

2 / *La vulnérabilité du mineur.* – La procédure est ensuite très attentive à la vulnérabilité du mineur [1], en ce sens que sont évitées toutes les dispositions incompatibles avec son très jeune âge, ou encore pouvant avoir un effet négatif sur les décisions en attente.

Ainsi le mineur de 13 ans ne peut être placé en garde à vue, sauf à être « retenu », à partir de l'âge de 10 ans, et à titre exceptionnel, pour les nécessités de l'enquête, dans des conditions très strictes de durée et de régime (ord. 2 févr. 1945, art. 4). Pour les mineurs de plus de 13 ans, des règles particulières sont applicables, destinées à répercuter de sensibles différences selon qu'ils ont atteint ou non l'âge de 16 ans.

De même, le mineur de 13 ans ne peut être placé, ni sous contrôle judiciaire, ni en détention provisoire (ord. 2 févr. 1945, art. 10-2 et 11). Seuls les mineurs de plus de 13 ans sont soumis à ces contraintes, et encore, dans des conditions très variables, fonction tant de la qualification correctionnelle ou criminelle de l'infraction commise, que de l'âge de son auteur, le régime étant plus strict entre 13 et 16 ans, qu'entre 16 et 18 ans. Par exemple, pour les mineurs de 13 à 16 ans, la détention provisoire est impossible en matière correctionnelle, quelle que soit la gravité du délit commis. En revanche, peuvent être prononcées des mesures de contrôle judiciaire [2]. Cette situation a retenu l'attention du législateur, qui a

1. Est très significatif à ce titre un arrêt de la Chambre criminelle du 25 octobre 2000, relatif aux dispositions de l'article 4 de l'ordonnance du 2 février 1945 sur la garde à vue : « Les règles édictées par l'art. 4 de l'ordonnance n° 45-174 du 2 févr. 1945 visent à protéger le mineur, non pas en raison de son manque de discernement au jour des faits, mais en raison de sa *vulnérabilité* supposée au moment de son audition » (Crim. 25 oct. 2000, *Bull. crim.* n° 316 ; *Rev. sc. crim.* 2001. 407, obs. Commaret).

2. La loi n° 2007-297 du 5 mars 2007 relative à la prévention de la délinquance a élargi les conditions dans lesquelles il est possible de recourir au contrôle judiciaire des mineurs âgés de 13 à 16 ans en matière correctionnelle : il est désormais possible, non seulement lorsque la peine d'emprisonnement encourue est supérieure ou égale à cinq ans et que le mineur a déjà fait l'objet de mesures éducatives ou d'une condamnation, mais encore lorsque la peine d'emprisonnement encourue est supérieure ou égale à sept ans, sans référence au passé pénal de l'intéressé (ord. 2 févr. 1945, art. 10-2). Le Conseil constitutionnel a validé cette extension,

constaté que l'interdiction de la détention risquait de priver le contrôle judiciaire de toute efficacité, faute de la possibilité, comme en droit commun, d'avoir recours à la détention provisoire pour sanctionner la violation des mesures prises dans le cadre dudit contrôle. C'est pourquoi, sans rétablir la détention provisoire pour les délits, la loi du 9 septembre 2002 la permet malgré tout dans le cas où les obligations de contrôle judiciaire ne seraient pas respectées par le mineur (ord. 2 févr. 1945, art. 11).

3 / *L'isolement du mineur.* – Enfin, la procédure est affectée d'une particularité non négligeable : à savoir, que tout mineur poursuivi doit être assisté d'un avocat, et ceci dès le début de la garde à vue lorsque celle-ci est possible (ord. 2 févr. 1945, art. 4 et 4-1). La présence de l'avocat, qui soulève tant de débats pour les majeurs, est une question définitivement réglée pour les mineurs : non seulement elle est admise, mais elle doit être effective [1]. Il y va, non seulement de la nécessité de protéger le mineur contre lui-même, et de le sortir de l'isolement moral ou psychologique dans lequel il est placé, mais encore de la crédibilité de la justice et de ses institutions, qui ne se grandiraient pas à se satisfaire de décisions sans une défense réelle et constante de ceux qui ont à les subir.

337 JUSTICE. — La justice, pour ce qu'elle représente d'autorité, n'est pas négligée. Elle bénéficie également de dispositions destinées à en faciliter le cours. Il n'est pas question de s'opposer aux intérêts des mineurs, et de compenser, en quelque sorte, ce qu'elle prétendrait avoir perdu par les différents droits aménagés au profit de ceux-ci. Ce n'est pas en ces termes que l'ordonnance de 1945 doit être comprise. Elle forme un tout indivisible, et l'amélioration de la justice ne peut qu'être positivement ressentie par les justi-

« eu égard à la gravité des infractions en cause et au rôle que le contrôle judiciaire, tel qu'il est prévu en l'espèce, peut jouer dans le relèvement éducatif et moral des mineurs délinquants » (Cons. constit., Décision n° 2007-553 DC du 3 mars 2007, préc., § 18 et s., spéc. § 22).

1. Aux termes de l'art. 4-1 de l'ordonnance du 2 févr. 1945, le mineur poursuivi doit être assisté d'un avocat ; méconnaît le sens et la portée de ce texte la cour d'appel qui, alors qu'il lui appartenait de commettre d'office un avocat pour assister un prévenu mineur à l'audience, énonce, pour justifier du défaut d'assistance de ce mineur par un avocat, que, selon leurs déclarations, ni le prévenu, ni son père, n'ont pris contact avec l'avocat commis d'office. – Crim. 28 juin 2000, *Bull. crim.* n° 254.

ciables eux-mêmes, sauf à déceler chez le législateur de mauvaises intentions, ce que le Conseil constitutionnel ne manquerait pas de censurer. La protection des mineurs est donc d'autant mieux assurée que les institutions progressent, et l'objectif de relèvement que poursuit le droit pénal est d'autant plus efficace, que, par ses modes de fonctionnement, la justice en sert les idéaux.

De façon plus concrète, c'est en termes de certitude et de célérité que la procédure est ici engagée.

1 / *La certitude.* – Aux yeux des mineurs, la justice est plus qu'une institution. Elle peut être le symbole de la résistance à la loi, et plus est fort leur engagement dans la délinquance, plus est pesant le défi qu'ils lui lancent. Il est donc essentiel de donner à l'institution judiciaire les moyens de réagir, afin que rien ne soit perdu de son autorité. L'enjeu est déterminant, tant une justice bafouée est l'indice d'une dégradation irréversible. Les pouvoirs publics en sont conscients, et ils ont toujours eu pour préoccupation de prendre les dispositions correspondant aux meilleures réponses du moment. C'est dire que l'intervention de la justice doit être certaine, et d'une certitude d'autant plus forte, qu'elle est, non seulement très attendue des victimes, mais encore des auteurs d'infractions, qui savent parfaitement jouer des faiblesses de l'État.

Sur ce chapitre, on peut dire que l'avantage est depuis une dizaine d'années aux autorités, grâce aux initiatives des parquets, qui représentent une évolution marquante de la justice des mineurs. La technique retenue est celle du « traitement en temps réel ». Le procureur est saisi par le service d'enquête alors même que la personne mise en cause est encore dans ses locaux. Ou encore, en application de conventions entre les parquets et certaines institutions, particulièrement l'Education nationale, il est immédiatement informé de faits pouvant constituer une infraction. Alors, l'affaire est de suite traitée dans sa dimension répressive, mais avec une particularité qui permet de sortir de l'option très fermée entre poursuites et classement sans suite, telle que l'avait reconduite l'ordonnance de 1945 sur le modèle de la procédure de l'époque. Désormais, la décision de classement a perdu de sa gratuité. Le parquet peut en monnayer le prononcé, en l'accompagnant de mesures qui, tout en rejoignant l'opportunité de ne pas saisir la juridiction de jugement, contribuent à ne plus faire de l'absence de poursuites le signe d'une faiblesse institutionnelle, du moins interdisent qu'elle ne soit interprétée ou ressentie comme un relâchement judiciaire par les mineurs dont la responsabilité est en cause.

Ces mesures sont dites « alternatives aux poursuites », ce qui est très révélateur de l'esprit qui en a dicté le principe et qui en guide les applications. Même si la décision du procureur ne va pas jusqu'à saisir la juridiction de jugement, elle ne perd pas, pour autant, toute portée répressive, continuant à participer d'une réaction à l'infraction commise, afin d'en compenser les effets, et surtout de responsabiliser son auteur. Elles ne sont pas une spécificité du droit pénal des mineurs. Les majeurs, eux aussi, en connaissent le principe. Mais leur capacité d'adaptation aux besoins particuliers de la délinquance juvénile a permis de développer des formules originales, dotées d'une grande portée pratique.

Ainsi de *l'avertissement* et du *rappel à la loi*, procédures réservées aux primo-délinquants, dès lors qu'ils reconnaissent les faits qui leur sont reprochés. L'impact peut être important si s'ajoute la coopération des parents pour leur mise en œuvre, ce qui est systématiquement recherché par certains délégués du procureur. Ainsi également de la *médiation pénale*, lorsqu'il apparaît qu'une telle mesure est susceptible d'assurer la réparation du dommage causé à la victime, de mettre fin au trouble résultant de l'infraction, et de contribuer au reclassement de l'auteur de celle-ci. Ainsi enfin de la *réparation pénale*, introduite dans l'ordonnance du 2 février 1945 (art. 12-1) par la loi n° 93-2 du 4 janvier 1993 portant réforme de la procédure pénale. Elle consiste dans la faculté de proposer au mineur « une mesure ou une activité d'aide ou de réparation à l'égard de la victime ou dans l'intérêt de la collectivité ». À l'usage du parquet [1], cette mesure contient une dimension de sanction non négligeable. Le procureur de la République doit recueillir l'accord préalable du mineur et des titulaires de l'exercice de l'autorité parentale, ce qui permet un travail important de responsabilisation. Son objet est « restauratif », pour convertir un acte négatif en une action positive.

1. Le procureur de la République n'est pas le seul à disposer de cette possibilité, qu'il partage avec la juridiction chargée de l'instruction de l'affaire et la juridiction de jugement. Aussi cette mesure est-elle, selon l'étape de la procédure, soit une alternative aux poursuites, soit une mesure préjudicielle, soit une sanction pure et simple.

Sa méthode est « éducative », pour associer le mineur et ses parents à l'acceptation de la mesure proposée.

Toutes ces alternatives ont l'avantage, outre de régler un plus grand nombre de dossiers, et de soulager les juridictions des infractions les moins graves, d'engager la justice dans une réaction rapide et sensible [1]. On ne peut que s'en féliciter. Plus la réaction est proche du délit, plus son auteur est confronté aux conséquences de ses actes. Ce n'est que dans cette certitude, doublée d'immédiateté, de l'intervention judiciaire que le principe de la responsabilité pénale des mineurs peut prétendre à une réelle portée éducative. Il ne faut donc rien négliger des techniques la favorisant, même si la phase des poursuites ne saurait rivaliser avec les vertus d'un jugement définitif.

2 / *La célérité.* – C'est par rapport au jugement qu'est le plus souvent mesurée la rapidité de la procédure. Or, l'une des critiques récurrentes adressées à la justice des mineurs est son excessive lenteur. Un excès aux effets redoutables, surtout auprès de mineurs installés dans la délinquance, que la justice essaye tant bien que mal de « rattraper », en regroupant au cours d'une même audience plusieurs dossiers les concernant... La vertu pédagogique du jugement ne peut qu'y perdre, et pour ne pas donner à chaque affaire son importance, et pour se solder par une peine unique là où les infractions sont multiples.

La question est difficile. En fait, il ne faut pas confondre rapidité et célérité. Il importe de ne pas sacrifier à la rentabilité les enjeux du débat judiciaire. Il est en effet une problématique particulière à notre matière, qui passe par deux exigences contradictoires et aussi essentielles l'une que l'autre. D'abord, le jugement d'un mineur implique de prendre le temps nécessaire à l'observation de sa personnalité et de son comportement. Nous avons souligné l'importance de cette donnée, qui est indissociable de la responsabilité du mineur. On ne saurait donc faire l'économie des différents instruments pouvant contribuer à mieux percer les mystères du mis en cause, et ce n'est pas un impératif de rapidité qui peut justifier

1. Les chiffres en répondent. Le nombre d'affaires traitées par les parquets des mineurs augmente de manière régulière et rapide, avec un taux de réponse aujourd'hui proche de 80 %, soit une efficacité supérieure à celle de la justice des majeurs (*Délinquance des mineurs – La République en quête de respect*, rapport préc., Tome 1, p. 130).

qu'une telle préoccupation devienne secondaire. Mais, par ailleurs, il est également nécessaire de ne pas perdre de vue que la perception du temps par un enfant ou un adolescent est très différente de celle d'un adulte, et que ce qui relève d'une procédure trop longue ne peut qu'accentuer auprès d'eux le sentiment que l'affaire est oubliée, ou, sinon totalement oubliée, qu'elle n'a pas la gravité qu'on lui prête.

Face à cette double réalité, il est difficile pour le législateur de mettre en place des dispositions qui ne soient, ni trop expéditives pour le justiciable, ni trop lentes pour la justice. À ce titre, il est impossible d'étendre aux mineurs le modèle de la comparution immédiate (c. pr. pén., art. 395 et s.), qui a l'inconvénient fatal d'interdire toute investigation, même rapide, sur la personnalité du prévenu, et c'est la raison de son inadaptation au droit pénal des mineurs. Mais d'autres solutions ont été adoptées, qui tentent de concilier les deux impératifs en opposition, répondant à la fois à la quête de rapidité recherchée, et à la nécessité de préserver l'indispensable enquête de personnalité. C'est le cas pour la *procédure de présentation immédiate devant la juridiction pour mineurs* (ord. 2 févr. 1945, art. 14-2), mise en place par la loi du 5 mars 2007 relative à la prévention de la délinquance [1], qui s'est substituée à l'ancienne procédure de jugement à délai rapproché, laquelle remontait à la loi Perben I du 9 septembre 2002.

On le voit, et sans aller au devant de dispositions qui nous éloignent de l'objet de ce manuel, la justice pénale des mineurs relève d'une construction originale, d'une originalité dictée par la volonté de toujours mieux répondre aux contradictions que ne manque pas de soulever la délinquance des mineurs. En définitive, force et faiblesse se côtoient, la première devant revenir à la justice, mais la seconde étant le matériau sur laquelle elle travaille.

1. Procédure reconnue conforme à la Constitution : Cons. constit., Décision n° 2007-553 DC, préc., § 13 et s.

Section II
Les personnes morales

338 Symbole de la réforme. — La responsabilité pénale des personnes morales, affirmée à l'article 121-2 du code pénal [1], est l'innovation la plus marquante de la réforme en vigueur depuis le 1er mars 1994. Elle a fait l'objet de nombreux commentaires, précisément pour ce qu'elle représente de rupture par rapport au passé, et d'ouverture sur des poursuites inconcevables jusqu'alors. Les raisons n'ont pas manqué, favorables à l'opportunité de cette percée des personnes morales en droit pénal. Il était évident qu'elle ne pouvait être évitée, et que le principe de leur responsabilité s'imposait (I), même si le fait générateur se laisse plus difficilement saisir (II).

I | Le principe de responsabilité

339 La responsabilité pénale des personnes morales peut apparaître aujourd'hui comme une évidence, ce qui est d'ailleurs un gage de bonne assimilation. Il n'en fut pas toujours ainsi, et le débat qui a précédé son introduction dans le code pénal témoigne au contraire d'une certaine résistance. Il a eu le mérite de mettre l'accent sur des données à ne pas négliger, et c'est fort de cette dialectique juridique que le principe a finalement été retenu (A), mais sous une forme sélective, toutes les personnes morales n'étant pas soumises au même régime (B).

A – Les termes du débat

340 Réalité juridique. — Les arguments n'ont pas manqué pour résister à la responsabilité des personnes morales. On a d'abord fait valoir que la tradition a toujours reposé sur l'idée que

1. Pour le volet procédural, voir les articles 706-41 et suivants du code de procédure pénale, qui traitent de la poursuite, de l'instruction et du jugement des infractions commises par les personnes morales.

les infractions pénales ne pouvaient être commises que par des personnes physiques, parce qu'elles supposent l'imputabilité, c'est-à-dire l'intervention d'une volonté, faite de conscience et d'intelligence, ce que n'auraient pas les personnes morales. Mais c'était là en rester à une conception dépassée de la personnalité morale, laquelle n'est pas une fiction juridique, mais bien une réalité, à la mesure de la volonté propre que les groupements sont à même d'exprimer par la voie de leurs instances délibératives ou décisionnelles. Ce que le droit civil reconnaît à ce titre, avec une responsabilité à l'appui, le droit pénal doit également en convenir, et à partir du moment où la personnalité juridique est dans son principe conciliable avec des groupements, pour être purement déclarative d'une réalité sociologique en ce sens [1], il n'est aucune raison d'en limiter les effets en dehors du droit pénal.

Cette solution s'imposait d'autant plus que la responsabilité des personnes morales n'était pas totalement étrangère, sinon au droit pénal [2], du moins à la « matière pénale », qui en connaissait déjà quelques manifestations, sous couvert notamment du pouvoir de régulation des autorités administratives indépendantes. Ainsi le Conseil de la concurrence (devenu l'Autorité de la concurrence), ou le Conseil supérieur de l'audiovisuel, pouvaient-ils, en cas de violation des dispositions légales qu'ils avaient la charge de faire appliquer, prononcer contre des sociétés ou des associations des sanctions fort contraignantes, qui sans être juridiquement répressives, avaient des conséquences analogues à celles qu'elles encourent aujourd'hui sur le strict plan pénal. Il n'était donc aucune raison de ne pas autoriser en droit pénal classique ce qui était déjà pratiqué en droit administratif pénal.

341 POIDS SOCIOLOGIQUE. — La responsabilité pénale des personnes morales ne fut pas qu'un débat d'ordre juridique, lié aux différentes thèses relatives à leur capacité à exprimer une

1. La personnalité civile n'est pas une création de la loi ; elle appartient, en principe, à tout groupement pourvu d'une possibilité d'expression collective pour la défense d'intérêts licites, dignes, par suite, d'être juridiquement reconnus et protégés. – Cass. civ., 2e, 28 janv. 1954, D. 1954. 217, note Levasseur ; JCP 1954. II. 7978, concl. Lemoine ; *Dr. social* 1954. 161, note P. Durand.
2. Et encore ! On ne saurait oublier l'ordonnance n° 45-920 du 5 mai 1945, relative à la poursuite des entreprises de presse, d'édition, d'information et de publicité coupables de collaboration avec l'ennemi (*JO* 6 mai, p. 2571 ; rect. *JO* 17 mai, p. 2783, et 25 mai, p. 2972).

volonté qui leur soit propre. Elle est également le reflet d'une importance sociologique, qui a favorablement pesé dans son adoption. Les personnes morales, quel qu'en soit le statut, sont devenus, à partir de la fin du XIXe siècle, et tout au long du XXe siècle, des relais de poids dans la vie économique et sociale. Les besoins en capitaux, les mouvements de concentration, la compétitivité internationale, mais également la représentation politique, syndicale, religieuse, culturelle, sont autant de facteurs de leur développement, et il est difficile de ne pas le répercuter au titre d'une responsabilité complète. Qu'il s'agisse de sociétés, d'associations, de syndicats, ils sont bien souvent les seuls et vrais interlocuteurs, pour tenir les clefs de pouvoirs importants. Devenus de puissants sujets, il était normal qu'ils en eussent également les responsabilités, y compris sur le plan pénal.

D'ailleurs, cette importance est souvent allée de pair avec une certaine injustice, en ce sens que les dirigeants des personnes morales voyaient leur responsabilité engagée et retenue, alors qu'aucune participation personnelle à l'infraction ne pouvait être relevée contre eux, les manquements qui leur étaient reprochés relevant essentiellement de défaillances structurelles. Cette réalité fut une motivation très forte au soutien de la responsabilité pénale des personnes morales, comme en témoigne l'affirmation que « disparaîtra *la présomption de responsabilité pénale* qui pèse en fait aujourd'hui sur des dirigeants à propos d'infractions dont ils ignorent parfois l'existence », et que « ainsi sera mieux respecté le principe fondamental selon lequel, en droit pénal, nul ne répond que de son propre fait » [1]. L'objectif a donc été de saisir au mieux toutes les responsabilités, sans fiction ni présomption.

342 CONTEXTE POLITIQUE. — Le droit français, en rentrant dans le débat de la responsabilité des personnes morales, n'a fait preuve, ni d'isolement, ni d'originalité. Bien au contraire, il a rejoint un mouvement plus général en ce sens, manifesté par des éléments très à l'avantage du principe. Notre propos n'est pas de faire du droit comparé, ni de dresser un état des situations antérieures à la réforme et de leur évolution depuis. Il est seulement

1. R. Badinter, Projet de nouveau code pénal, *Dalloz*, 1988, p. 17.

question d'insister sur la nécessité d'une harmonisation des responsabilités, là où se manifeste une volonté politique de communauté ou d'union, au nom de la liberté des marchés et de la libre concurrence. C'est exactement le cas pour l'Europe, dont la construction se doit d'éviter des disparités trop fortes entre ses partenaires, et à partir du moment où la responsabilité pénale est de règle pour certains, il devient nécessaire qu'elle soit généralisée à tous. L'option qui a été prise ne peut donc être dissociée de la construction européenne elle-même.

343 FAISABILITÉ TECHNIQUE. — Enfin, tous les écueils recensés en termes techniques n'ont pu venir à bout du principe lui-même. Ils furent nombreux, et d'inégale valeur.

Par exemple, il a été soutenu que le droit pénal n'était pas adapté aux personnes morales, notamment pour prévoir des peines, telle la privation de liberté, incompatibles avec leur situation. Mais c'est un argument qui n'avait aucune chance d'être retenu, tant il est vrai que c'est à la discipline de s'ajuster aux besoins, et non pas l'inverse, ce qui a d'ailleurs été fait, le législateur ayant défini des sanctions originales parfaitement adaptées à la personnalité morale.

Il fut également invoqué que la responsabilité des personnes morales serait contraire à la présomption d'innocence et au caractère personnel de la responsabilité pénale, en ayant pour conséquence éventuelle d'atteindre des personnes physiques étrangères aux faits poursuivis, tels les actionnaires ou les salariés. L'argument a plus de poids, mais il n'a pas été pour autant un obstacle à la consécration du principe. D'abord, parce que le droit a toujours connu de telles hypothèses, par exemple en cas de sanctions administratives, fiscales ou commerciales, ou encore en cas de moindres résultats financiers, voire de faillite. Ensuite, parce que des recours sont toujours possibles contre les dirigeants ou représentants de la personne morale. Enfin, s'agissant plus particulièrement des actionnaires, parce que ceux-ci ont toute liberté de fixer à l'avance leur part de responsabilité, voire, le cas échéant, de se retirer de la société.

Telles sont les principales données qui ont alimenté le débat relatif à la responsabilité pénale des personnes morales. Elle a finalement été retenue, mais sous quelques réserves, notamment quant aux personnes concernées.

B – La sélection des personnes

344 *Summa divisio.* – L'article 121-2 du code pénal contient tout le dispositif substantiel relatif à la responsabilité des personnes morales. Il en résulte notamment quelques différences sensibles entre les personnes morales de droit privé et les personnes morales de droit public.

a) Les personnes morales de droit privé

345 Consécration du principe. — Les personnes morales de droit privé sont toutes, sans aucune exception, concernées par la responsabilité pénale. Le principe est donc d'application générale, et il n'est aucune exclusion, notamment relative à leur appartenance à telle ou telle catégorie juridique, ou encore résultant d'une différence d'objectif ou de finalité. La solution peut paraître évidente, et elle l'est effectivement au regard du principe constitutionnel d'égalité. Pourtant, elle ne correspond pas à une adhésion qui s'est imposée d'elle-même, comme en témoignent, tant le travail préparatoire à la réforme du code pénal, que les débats parlementaires qui ont finalement abouti à son adoption.

1 / *La préparation.* – La réforme du code pénal a connu plusieurs étapes, marquées par des versions différentes. Et des différences sensibles pour ce qui est de la responsabilité des personnes morales. L'avant projet de 1978 l'avait retenue à l'égard des « groupements dont l'activité est de nature commerciale, industrielle ou financière ». Outre que cette formule eût permis de condamner des entreprises sans personnalité morale (entreprises en nom personnel ou groupes de sociétés), elle se caractérisait surtout par l'exclusion de tout ce qui ne relevait pas d'une activité lucrative, spécialement celles prises en charge par les associations ou les syndicats, afin d'éviter de porter atteinte à certains droits inscrits dans la Constitu-

tion. L'avant projet de 1983, qui servit de support au projet de 1986, consacra au contraire la solution égalitaire, ne faisant, quant à lui, aucune distinction entre les différentes personnes concernées. Mais la question devait être relancée lors des débats parlementaires.

2 / *L'adoption.* – Une divergence opposa le Sénat et l'Assemblée nationale quant à l'étendue du nouveau principe. Le premier en eut une conception étroite, pour en exclure les partis politiques, les syndicats, les associations à but non lucratif et les institutions représentatives du personnel. La raison était toujours la même. Parce que ces structures sont les instruments des libertés individuelles, ainsi que de nombreux droits collectifs (liberté de pensée, de religion, de parole, de réunion, de représentation, de grève, etc...), la prudence dictait de ne pas prendre le risque d'y porter atteinte, d'où le parti de ne définir la nouvelle responsabilité qu'à l'usage des personnes à finalité intéressée. Mais l'Assemblée nationale résista, et finalement, en commission mixte, afin de ne pas priver la réforme d'un volet important, il fut convenu, au nom de l'égalité, que toutes les personnes morales de droit privé seraient soumises à responsabilité, sans aucune différence entre elles.

Le débat ne fut pas inutile. En effet, le législateur compensa cette intégration des personnes morales à finalité non lucrative par des aménagements de peines, destinés à éviter des sanctions dont les retombées ne pourraient qu'être défavorables aux personnes physiques elles-mêmes. Ainsi, sur les peines privatives ou restrictives de droits au sens de l'article 131-39 du code pénal, il est expressément prévu que, ni la dissolution de la personne morale (1°), ni le placement sous surveillance judiciaire (3°), ne sont applicables aux partis ou groupements politiques et aux syndicats professionnels. De même, ne peuvent être dissoutes les institutions représentatives du personnel. Ces réserves ne sont que la reconduction des termes d'un débat très porteur dans son principe, tant il est vrai que, au delà de l'égalité qui les caractérise devant la loi pénale, certaines personnes morales de droit privé sont plus que des sujets de droit : elles sont de véritables institutions, à protéger et à respecter en tant que telles.

346 APPROCHE DE LA PERSONNALITÉ. — Toutes les structures de droit privé relèvent donc de la responsabilité pénale des personnes morales : sociétés, associations, syndicats, comités d'entreprise, congrégations, fondations... Aucune ne peut trouver à redire à son engagement, sous la seule réserve d'en respecter les conditions. Mais le critère premier reste celui de la personnalité juridique, dont l'appréciation est fonction des définitions que peuvent en donner les différentes disciplines traitant de leur existence. De même que doivent être répercutées toutes les solutions relatives à leur dissolution, afin de ne pas prolonger une responsabilité au delà de la disparition de la personne morale, qu'il s'agisse, par exemple, d'une liquidation judiciaire [1] ou d'une fusion-absorption [2].

b) Les personnes morales de droit public

347 CONCESSION AUX EXCEPTIONS. — C'est en d'autres termes que les personnes morales de droit public ont vu leur responsabilité retenue : État, collectivités territoriales, établissements publics... Le projet initial les excluait du champ d'application de la loi, en raison de la nature particulière des missions qui leur sont confiées. À l'initiative de l'Assemblée nationale, elles ont été réintégrées dans le texte, et le principe est qu'elles engagent également leur responsabilité, au même titre que tout autre groupement pourvu de la personnalité juridique. Mais il s'agit d'un principe très largement amputé de retombées pratiques, le législateur l'ayant immédiatement tempéré par des exceptions ou restrictions de taille, relatives d'une part à l'État, d'autre part, aux collectivités territoriales.

348 ÉTAT. — L'État est exclu de toute responsabilité pénale. L'article 121-2 est explicite en ce sens, ce qui ne permet pas de prétendre à des actions contre la puissance publique dans ce

1. Trib. corr. Troyes, 10 déc. 1996, *Gaz. Pal.* 1997. 2, *chr. crim.* 154 (société). – TGI Paris, 4 mai 1998, D. 1999. 15, note Poisson-Drocourt (association).
2. Crim. 20 juin 2000, *Bull. crim.* n° 237 ; D. (*Aff* .) 2001, p. 853, note Matsopoulou (rect. : p. 1084) ; *ibid.* 2001, *Somm.*, p. 1608, obs. E. Fortis et A. Reygrobellet ; D. 2002. *Somm.* 1802, obs. Roujou de Boubée ; *Rev. sc. crim.* 2001. 153, obs. Bouloc. – Crim. 14 oct. 2003, *Bull. crim.* n° 189 ; D. 2004. *Somm.* 318, obs. Roujou de Boubée ; *Dr. pénal* 2004. 20, obs. Véron ; *Gaz. Pal.* 2004. 2. *Doctr.* p. 2886, obs. Sordino ; *Rev. sc. crim.* 2004. 339, obs. Fortis. – Opposer : CE, 22 nov. 2000, D. (*Aff.*) 2001, p. 237, obs. Boizard ; *ibid.* 2001. *Somm.*, p. 1609, obs. A. Reygrobellet ; JCP 2001. II. 10531, note R. Salomon ; *Rev. sc. crim.* 2001. 600, obs. Riffault.

qu'elle incarne de plus élevé. À cette option correspondent plusieurs explications. Il fut d'abord considéré que la séparation des pouvoirs n'eût pu que souffrir d'une telle responsabilité, l'autorité judiciaire n'ayant pas à connaître des actions ou omissions de l'État dans l'exercice de ses autres fonctions, législative et exécutive. Ensuite, on fit valoir que la responsabilité de l'État ne pouvait se concrétiser par des sanctions adaptées : par exemple une peine d'amende n'eût pu avoir aucune portée rétributive, pour correspondre à une sortie du Trésor public, immédiatement destinée ... au Trésor public, de même que les différentes sanctions privatives ou restrictives de droits eurent été difficilement applicables à ses structures et émanations. Enfin, le principe d'une responsabilité de l'État n'était pas sans risque politique, par l'affaiblissement de son prestige. Le législateur a donc préféré l'éviter, rejetant de manière catégorique toute possibilité de la rechercher.

349 COLLECTIVITÉS TERRITORIALES. — La responsabilité pénale tient lieu de principe pour les collectivités territoriales, mais sous des conditions fort restrictives. En réalité, malgré la formulation du code, c'est davantage l'irresponsabilité qui l'emporte, sous réserve de la situation particulière pour laquelle elle reste exceptionnellement possible. La préoccupation du législateur a été la même que celle déjà manifestée à propos de l'État, à savoir ménager les structures locales pour ce qu'elles représentent d'institutions publiques et de fonctions exécutives difficilement compatibles avec un contrôle du pouvoir judiciaire. Mais, il ne souhaitait pas non plus leur assurer une impunité, qui eût été mal comprise, lorsqu'elles quittent précisément ces fonctions, pour prendre en charge des activités équivalentes à celles d'une entreprise ou d'une personne morale de droit privé. Auquel cas, dans un but d'égalité, leur responsabilité pénale méritait d'être engagée, à supposer qu'une infraction fût commise, tout comme elle le serait à l'encontre d'une société privée à qui pourrait être reproché le même délit.

Telle est la signification du second alinéa de l'article 121-2 du code pénal : « *Toutefois, les collectivités territoriales et leurs groupements ne sont responsables pénalement que des infractions commises dans l'exercice d'activités susceptibles de faire l'objet de conventions de délégation de service public* ». La responsabilité n'est retenue que pour sanctionner les infractions réalisées dans le cadre de services publics non institutionnels, c'est-à-dire pouvant faire l'objet d'une concession au secteur privé. Dès lors que l'activité est exercée par la collectivité locale elle-même, sous forme de régie, sa responsabilité pénale peut être engagée, au même titre qu'elle pourrait l'être si elle avait été confiée à un concessionnaire privé. On ne peut qu'approuver cette solution, qui répond à une préoccupation élémentaire de justice face à des situations identiques.

La seule difficulté est d'appréhender ce qu'il faut entendre par « activités susceptibles de faire l'objet de conventions de délégation de service public ». Le droit administratif est abondant sur le sujet, mais il ne faut pas perdre de vue que les juridictions répressives sont souveraines dans leurs décisions, et que le principe de l'autonomie du droit pénal peut justifier quelques écarts d'appréciation ou de conception. En définitive, il leur appartient d'élaborer leur propre définition, et la notion devrait s'enrichir d'un volet judiciaire appréciable. La Cour de cassation y contribue, qui s'efforce d'orienter les applications sur le fondement d'une définition accessible. Sont susceptibles de faire l'objet de conventions de délégation de service public : « *les activités ayant pour objet la gestion d'un service public lorsque, au regard de la nature de celui-ci et en l'absence de dispositions légales ou réglementaires contraires, elles peuvent être confiées, par la collectivité territoriale, à un délégataire public ou privé rémunéré, pour une part substantielle, en fonction des résultats de l'exploitation* » [1]. Les considérations de texte mises à part, deux critères dominent : celui de la nature du service, et celui de la rémunération, qui doit être prélevée de manière significative sur les résultats de l'exploitation.

Certaines solutions s'imposent, telle l'activité consistant à ramasser les ordures ménagères : il s'agit naturellement d'un secteur à même d'être délégué, pour ne pas entraîner des prérogatives de puissance publique. À l'opposé, ne sont pas susceptibles de déléga-

1. Crim. 3 avr. 2002, *Bull. crim.* n° 77 ; D. 2003. *Somm.* 243, obs. Roujou de Boubée ; *Dr. pénal* 2002. 95, obs. Véron ; *Petites affiches*, 2002, 2 août, p. 10, note Cofy de Boisdeffre ; *Gaz. Pal.* 2004. 1. 458, note A.C. ; *Rev. sc. crim.* 2002, p. 810, obs. Bouloc, et p. 838, obs. Giudicelli-Delage ; *ibid.* 2004, p. 341, obs. Fortis. – Crim. 6 avr. 2004, *Bull. crim.* n° 89 ; *AJ Pénal* 2004, p. 240, obs. Girault ; *Gaz. Pal.* 2004. 2. 3799, note Monnet.

tions les missions de police administrative incombant au maire [1]. Mais tous les cas de figure ne sont pas aussi simples. Par exemple, sur fond de divergences entre les juges du fait et la Cour de cassation, il a été jugé que constituent des activités du service de l'enseignement public, qui, par leur nature même, ne peuvent faire l'objet de délégations, l'animation des classes de découverte pendant le temps scolaire [2], ou la mise en conformité de machines affectées à l'enseignement technique avec les prescriptions légales et réglementaires relatives à la sécurité des équipements du travail [3]. En revanche, sont des activités pouvant être déléguées, l'exploitation du domaine skiable d'une commune [4], l'exploitation d'un théâtre [5], ou encore l'exploitation d'un service de transports scolaires [6]. Telles sont les premières illustrations d'une matière qui ne s'avère pas facile.

II | Le fait générateur de la responsabilité

350 La responsabilité pénale a pour fait générateur l'infraction.

Mais autant elle est d'approche relativement facile pour les personnes physiques, pour renvoyer à des actions ou à des omissions dont elles sont les auteurs directs, autant elle soulève des questions plus complexes pour les groupements. En fait, elle est au centre d'une double préoccupation, d'abord pour ce qu'elle représente de référence en soi (A), ensuite pour ce qu'elle suppose de réalisation fictive par la personne morale elle-même (B).

1. Amiens, 9 mai 2000, *Gaz. Pal.* 2000. 2. 1413, note S. Petit.
2. Crim. 12 déc. 2000 (*Affaire du Drac*), *Bull. inf. C. cass.* 2001, n° 529, p. 3, concl. Commaret, et rapp. Ferrari ; *Bull. crim.* n° 371 ; *Gaz. Pal.* 2000. 2. 2456, note Petit ; *ibid.* 2001. 2. 1196, note Y. Monnet ; *Dr. pénal* 2001. 43, obs. Véron ; *Rev. sc. crim.* 2001. 372, obs. Bouloc. – Cassation de Grenoble, 12 juin 1998, *Gaz. Pal.* 1998. 2. 460, note S. Petit ; D. 1999. *Somm.* 151, obs. Roujou de Boubée.
3. Crim. 11 déc. 2001, *Bull. crim.* n° 265 ; *Dr. pénal* 2002. 40, obs. Véron ; *Gaz. Pal.* 2002. 2. 947, note Petit ; *Rev. sc. crim.* 2002. 321, obs. Bouloc.
4. Crim. 14 mars 2000, *Bull. crim.* n° 114 ; *Rev. sc. crim.* 2000. 816, obs. Bouloc.
5. Crim. 3 avr. 2002, préc.
6. Crim. 6 avr. 2004, préc. – Mais il n'en va pas de même de l' « organisation » du service, qui est confiée au département en application de l'art. 29 de la loi du 22 juill. 1983, devenu l'art. L. 213-11 c. éduc., et qui comprend notamment la détermination des itinéraires à suivre et des points d'arrêt à desservir (Même arrêt).

A – La référence à l'infraction

351 ABANDON DU PRINCIPE DE SPÉCIALITÉ. — Un tournant important a été pris dans le domaine de la responsabilité pénale des personnes morales, ce que l'on doit à la loi Perben II du 9 mars 2004 portant adaptation de la justice aux évolutions de la criminalité. Alors que le choix avait été fait, lors de la réforme du code pénal, de ne retenir cette responsabilité que « *dans les cas prévus par la loi ou le règlement* », désormais, depuis le 31 décembre 2005, c'est sans avoir à distinguer selon les infractions qu'elle peut être mise en œuvre, sous la seule réserve d'une exclusion expresse.

Lors de l'adoption des lois de 1992, le législateur avait préféré ne pas ouvrir la responsabilité des personnes morales à toutes les infractions. Il s'était donc réservé de l'intégrer au cas par cas, avec l'avantage de pouvoir tester les applications qui en seraient faites, quitte à revenir par la suite sur cette conception étroite de la matière. En quelque sorte, il en était de la responsabilité pénale des personnes morales comme de la tentative dans le domaine des délits, à savoir que le texte d'incrimination devait y renvoyer expressément, faute de quoi elle ne pouvait être engagée. Cette solution a servi de base au droit positif pendant plus de dix années. Mais il en est résulté une politique compliquée, puisque chaque disposition répressive nouvelle se devait d'être considérée dans sa portée répréhensible à l'usage des personnes morales. Le bilan s'est révélé décevant, aucune ligne précise ne permettant de comprendre pourquoi la responsabilité était ici retenue, alors qu'elle ne l'était pas ailleurs.

De plus, pour justifier le principe de spécialité, il avait été soutenu que toutes les infractions ne se prêtaient pas naturellement à la responsabilité des groupements, tels les crimes et délits sexuels par exemple. Or, une loi du 12 juin 2001, tendant à renforcer la prévention et la répression des mouvements sectaires [1], a brouillé quelque peu les cartes, en faisant précisément de ces infractions de nouveaux cas de responsabilité des personnes morales, avec pour objectif avoué de sanctionner les mouvements en cause par la disso-

1. L. n° 2001-504 (*JO* 13 juin, p. 9337)

lution judiciaire. Le temps était donc venu de remettre en question le principe de spécialité, et c'est ce qu'a fait la loi du 9 mars 2004.

352 CONSÉQUENCES. — Désormais, même en l'absence de dispositions spécifiques, toute infraction pourra être retenue contre les personnes morales. L'article 121-2 du code pénal est modifié à cet effet, afin d'en soustraire la référence expresse aux « cas prévus par la loi ou le règlement » (L. 9 mars 2004, art. 54). Plusieurs conséquences en découlent, en termes de transitions et de coordination.

1 / *Transition.* – Le changement opéré est indissociable d'un temps plus ou moins long de transition, la responsabilité des personnes morales continuant à reposer sur des infractions qualifiées jusqu'au 31 décembre 2005, puis devenant opérationnelle indépendamment de toute qualification au-delà.

Pour les faits commis antérieurement à cette date, mais qui sont définitivement jugés après, la responsabilité ne peut être engagée sur le fondement d'infractions qui ne rentraient pas dans le principe de spécialité. Il en est de cette hypothèse comme de celle dont les juridictions ont eu à connaître au lendemain de la réforme du code pénal et de son entrée en vigueur le 1er mars 1994, à savoir que, par leur caractère plus sévère pour les personnes morales, les nouveaux cas de responsabilité ne pouvaient rétroagir [1].

2 / *Coordination.* – La suppression du principe de spécialité méritait d'être suivie par un important travail de coordination, afin de supprimer dans l'ensemble des textes législatifs et réglementaires les dispositions, devenues redondantes, prévoyant expressément la responsabilité des personnes morales, et surtout de préciser les peines applicables, cette précision ayant été rendue nécessaire pour les peines énumérées à l'article 131-39 du code pénal, c'est-à-dire les peines privatives ou restrictives de droits, qui, selon l'article 131-37, ne peuvent être prononcées que « *dans les cas prévus par la loi* ». Ce travail de mise à jour a été réalisé par la loi n° 2009-526 du 12 mai

1. Crim. 18 mai 1999, *Bull. crim.* n° 99 ; *Dr. pénal* 1999. 114, obs. J.-H. Robert ; *Rev. sc. crim.* 2000. 193, obs. Bouloc.

2009 de simplification et de clarification du droit et d'allègement des procédures [1], qui a revisité tous les codes concernés, afin d'en coordonner le contenu avec la nouvelle règle de généralité.

Seule la peine d'amende a toujours eu vocation à la généralité, pour s'appliquer systématiquement. Elle est égale au quintuple du taux prévu pour les personnes physiques : mais encore fallait-il qu'elle existât dans tous les textes d'incrimination, ce qui n'était pas le cas pour un grand nombre de crimes, et c'est pourquoi la loi du 9 mars 2004 a complété l'article 131-38 du code pénal, afin de fixer à 1 000 000 d'euros le montant de l'amende encourue par une personne morale lorsqu'il s'agit d'un crime pour lequel aucune peine d'amende n'est prévue à l'encontre des personnes physiques (L. 9 mars 2004, art. 55-I). La loi du 12 mai 2009 n'a fait que confirmer, en tant que de besoin, cette applicabilité de droit à toutes les personnes morales.

B – La réalisation de l'infraction

353 FICTION. — La responsabilité pénale des personnes morales ne peut que concéder à la fiction, même si les théories juridiques admettent volontiers qu'est bien réelle leur personnalité juridique. Il faut admettre, en effet, qu'une société, une association ou un syndicat, ne sauraient commettre une infraction, laquelle ne peut l'être que par l'intermédiaire de personnes physiques. Au mieux, par une abstraction dont seul le droit a le secret, elle peut être reprochée à la personne morale, mais jamais celle-ci ne pourra réaliser matériellement un crime ou un délit. Se dessinent alors toute l'originalité de notre matière, et sa difficulté à la fois. La responsabilité d'une personne morale est finalement le produit d'une démarche subtile, qui consiste à prendre appui sur la commission d'une infraction par des personnes physiques, pour ensuite la faire remonter à la personne morale, afin de lui imputer à faute ce qu'elle représente de contraire à la loi.

1. *JO* 13 mai, p. 7920.

a) La commission de l'infraction

354 AUTEURS. — L'article 121-2 du code pénal soumet la responsabilité des personnes morales à la condition que les infractions aient été « *commises ... par leurs organes ou représentants* ». Même si cela n'est pas dit expressément, les organes ou représentants dont il est question sont les personnes physiques ayant le pouvoir de direction de la personne morale, que leur compétence à ce titre soit individuelle ou collégiale, ou que leur représentation soit statutaire ou de pur fait. Toute situation permettant de considérer les personnes en cause comme incarnant l'autorité est donc prise en compte, avec ce que cela permet de solutions adaptées aux différents groupements, et surtout aux hypothèses très variées auxquelles se prête leur gestion.

Les exemples ne manquent pas, que ce soit dans le secteur privé ou public : ainsi du président-directeur général d'une société [1], ou du maire d'une commune [2]. Ils répondent de droit à la qualité d'organe ou de représentant de la personne morale pour laquelle ils interviennent. Il en est de même des personnes recevant délégation, afin d'agir au nom de la personne morale dans le domaine plus ou moins étendu de leurs pouvoirs délégués, tels les salariés chargés de l'hygiène ou de la sécurité dans l'entreprise [3], le directeur des pistes et le chef de secteur d'une station de sport d'hiver agissant au nom d'une société d'économie mixte chargée de l'exploitation d'un domaine skiable [4], ou encore les supérieurs hiérarchiques des agents d'un établissement public, qui représentent ce dernier et agissent pour son compte à l'occasion de décisions relatives à leur carrière [5]. L'essentiel est que ces délégataires soient pourvus de la compétence,

1. Trib. corr. Versailles, 18 déc. 1995, *Dr. pénal* 1996. 71, obs. J.-H. Robert ; JCP 1996. II. 22640, note J.-H. Robert.
2. TGI Grenoble (*Aff. Du Drac*), 15 sept. 1997, *Dr. pénal* 1998. 5, obs. Véron. – Confirmé par : Grenoble, 12 juin 1998, préc. – V. en cassation : Crim. 12 déc. 2000, préc.
3. Crim. 14 déc. 1999, *Bull. crim.* n° 306 ; *Dr. pénal* 2000, n° 56 (2e arrêt), obs. préc. Véron ; *Rev. sc. crim.* 2000, p. 600, obs. Bouloc, et p. 851, obs. Giudicelli-Delage ; 30 mai 2000, *Bull. crim.* n° 206 ; D. 2001. *Somm.* 2350, obs. Roujou de Boubée ; *JCP* éd. E 2001, p. 950, note Ferries ; *Rev. sc. crim.* 2000, p. 816, obs. Bouloc, et p. 851, obs. Giudicelli-Delage, préc.
4. Crim. 9 nov. 1999, *Bull. crim.* n° 252 ; *Dr. pénal* 2000, n° 56 (1er arrêt), obs. Véron ; *Rev. sc. crim.* 2000, p. 389, obs. Mayaud, p. 600, obs. Bouloc, et p. 851, obs. Giudicelli-Delage.
5. Crim. 6 avr. 2004, *Bull. crim.* n° 84 ; *Dr. pénal* 2004. 108, obs. J.-H. Robert.

de l'autorité et des moyens nécessaires pour asseoir leur représentation sur une légitimité indiscutable [1]. Ces délégations peuvent même procéder d'une chaîne de subdélégations successives, comme c'est le cas pour le directeur salarié d'un magasin relevant d'une grande enseigne, titulaire d'une délégation de pouvoirs en matière de politique commerciale et économique consentie par le directeur régional, lui-même délégataire d'un directeur général de la société [2].

C'est dire combien les notions d'organes et de représentants doivent être largement comprises, pour rejoindre tout ce qui est porteur de pouvoir et d'autorité au sein de la personne morale, avec pour effet de l'obliger y compris sur le plan pénal. Mais encore faut-il que les juges en constatent la réalité, et veillent à bien préciser quelle personne physique, agissant en ces qualités, a effectivement engagé la responsabilité de la personne morale [3].

355 ÉLÉMENTS CONSTITUTIFS. — La commission de l'infraction par les organes ou représentants de la personne morale doit en rejoindre tous les éléments constitutifs. Autrement dit, c'est tout ce qui participe de la dimension, tant matérielle, que morale, des crimes, délits et contraventions, que la juridiction se doit de prouver comme ayant été réalisé par ces différentes instances. Telle est la réalité juridique que recoupe la notion de « commission » au sens de l'article 121-2 du code pénal. Elle débouche sur une exigence de preuve, l'infraction étant à démontrer par rapport à l'action des dirigeants et représentants, et c'est dans les personnes répondant à ces qualités qu'elle doit être appréciée. Si une donnée fait défaut, ou encore n'a pas été suffisamment rattachée à son auteur physique, la responsabilité de la personne morale ne peut être retenue.

1. Crim. 9 nov. 1999, préc. ; 26 juin 2001, *Bull. crim.* n ° 161 ; D. 2002. *Somm.* 1802, obs. Roujou de Boubée ; JCP *éd. E* 2002, p. 375, note Ohl ; *Dr. pénal* 2002. 8, obs. J.-H. Robert ; *Gaz. Pal.* 2002. 1. *Somm.* 549, note Monnet ; *Rev. sc. crim.* 2002. 99, obs. Bouloc ; 7 févr. 2006, *Dr. pénal* 2006. 100, obs. Véron ; JCP 2006. II. 10058.
2. Crim. 26 juin 2001, préc. – De la même manière, est représentant d'une banque (BNP) le directeur de l'une de ses agences. – TGI Bastia, 3 juin 1997, *Rev. sc. crim.* 1998. 99, obs. Mayaud.
3. Crim. 18 janv. 2000, *Bull. crim.* n° 28 ; D. 2000. 636, note Saint-Pau ; JCP 2000. II. 10395, note Debove ; *ibid.* éd. E 2001, p. 278, note Marmoz ; *Dr. pénal* 2000, n° 72, obs. Véron ; *Rev. sc. crim.* 2000. 816, obs. Bouloc ; 29 avr. 2003, *Bull. crim.* n° 91 ; D. 2004. 167, note Saint-Pau ; *ibid.* 2004. *Somm.* 318, obs. Roujou de Boubée ; *Dr. pénal* 2003, *comm.* 86, obs. J.-H. Robert ; *Gaz. Pal.* 2004. 2. *Doctr.* p. 2885, obs. Sordino ; *Rev. sc. crim.* 2004. 339, obs. Fortis.

La jurisprudence est très ferme sur ces exigences. Elle a par exemple considéré comme non justifiée la décision d'une cour d'appel qui, pour caractériser à l'encontre d'une société l'élément intentionnel du délit d'usage de fausses attestations, s'était borné à énoncer que cette « société » ne pouvait ignorer que les attestations produites en justice par son directeur général comportaient certaines affirmations inexactes, alors qu'il appartenait aux juges du second degré de rechercher si ledit directeur général, organe de la société, avait eu personnellement connaissance de l'inexactitude des faits relatés dans les attestations [1]. Toute implication directe de la personne morale n'est donc pas significative de la réalité de l'infraction, dont les éléments sont à démontrer et à établir par référence explicite aux organes et représentants [2].

Mieux encore, cette référence est exclusive, en ce sens que la faute pénale de l'organe ou représentant suffit, sans que soit à prouver une faute distincte à la charge de la personne morale elle-même [3]. C'est bien dire que tout se joue, du moins en termes de consommation, sur le comportement des dirigeants, et que cette première phase d'accès à la responsabilité des personnes morales témoigne de l'impossibilité de la concevoir autrement que par l'intermédiaire des personnes physiques. La solution n'est pas sans quelques répercus-

1. Crim. 2 déc. 1997, *Bull. crim.* n° 408 ; JCP éd. G. 1998. II. 10023, rapp. F. Desportes ; *ibid.* éd. E 1998, p. 948, note Salvage ; *ibid.* 1999. I. 112, n° 1, obs. Véron ; *Dalloz Affaires* 1998, p. 225, et p. 432 ; D. 1999. *Somm.* 152, obs. Roujou de Boubée ; *Bull. Joly* 1998, p. 512, note J.-F. Barbièri ; *Rev. sc. crim.* 1998. 536, obs. Bouloc ; *Rev soc.* 1998. 148, obs. Bouloc ; *Gaz. Pal.* 2000. 2. *Somm.* 2243, note V. Benhamou. – Pour une espèce voisine, mais où l'intention a été reconnue comme suffisamment démontrée en la personne du conseiller en ressources humaines de la société : Crim. 24 mai 2000, *Bull. crim.* n° 203 ; *Rev. sc. crim.* 2000. 816, obs. Bouloc.

2. Plusieurs arrêts récents de la Cour de cassation procèdent cependant de manière inverse : ils déduisent de la responsabilité affirmée d'une société que l'infraction n'a pu être commise que par ses organes ou représentants (Crim. 20 juin 2006, *Bull. crim.* n° 188 ; D. 2007. 617, note Saint-Pau ; *ibid.* 2007, *Pan.*, p. 402, obs. Roujou de Boubée, et p. 1624, obs. Mascala ; *JCP* 2006. II. 10199, note Dreyer ; *Dr. pénal* 2006. 128 (2e espèce), obs. Véron ; *Rev. sc. crim.* 2006. 825, obs. Mayaud. – Crim. 26 juin 2007, D. 2008, *Pan.*, p. 1573, obs. Mascala ; *Dr. pénal* 2007. 135, obs. Véron. – Crim. 25 juin 2008, *Bull. crim.* n° 167 ; D. 2008, *AJ*, p. 2287 ; *ibid.* 2009, *Pan.*, p. 1445, obs. Valette-Ercole, et p. 1723, obs. Mascala ; *Dr. pénal* 2008. 140 (2e espèce), obs. Véron ; *Rev. sc. crim.* 2009. 89, obs. Fortis).

3. Crim. 26 juin 2001, préc. – Lyon, 5 mai 1999, *Dr. pénal* 1999. 119, obs. J.-H. Robert.
En sens contraire : T. corr. Lyon, 9 oct. 1997, D. 1997. IR. 250 ; *Dr. pénal* 1997. 154, obs. J.-H. Robert ; *Gaz. Pal.* 1997. 2, *chr. crim.* 249 ; *JCP* 1998. I. 105, obs. J.-H. Robert ; jugement infirmé par Lyon, 3 juin 1998, *Dr. pénal* 1998. 118, obs. J.-H. Robert.

sions sur la seconde étape, relative quant à elle à l'imputation de l'infraction.

b) *L'imputation de l'infraction*

356 RELAIS. — C'est par l'imputation que l'infraction, matériellement et moralement réalisée par les organes ou représentants de la personne morale, va pouvoir être reprochée à celle-ci. Il s'agit d'un relais essentiel, puisque, tant qu'elle n'a pas joué, ou ne peut jouer, l'infraction reste le simple fait de personnes physiques. Elle est cette donnée qui va permettre d'atteindre enfin la personne morale, en dépassant les aspects extérieurs et visibles de la commission de l'infraction, pour remonter jusqu'à la personnalité du groupement.

L'article 121-2 du code pénal en traite de manière très sommaire. Trois mots seulement traduisent ce qui se noue au titre de la responsabilité pénale des personnes morales : les infractions réalisées par leurs organes ou représentants doivent avoir été commises « *pour leur compte* ». Dans cette destination tient toute la responsabilité nouvelle des groupements dotés de la personnalité juridique. C'est beaucoup et peu à la fois. Beaucoup pour ce que cette formule représente de nouveauté, mais très peu pour ce qu'elle permet de références ou de critères d'appréciation. Il est bien difficile en effet de donner une définition de ce qu'elle recoupe de réalité et d'effectivité, et le bilan des applications de l'article 121-2 du code pénal reste assez timide sur ce point, tant les juridictions se déterminent plus par péremption ou affirmation, que par motivation soutenue [1].

Une chose semble certaine : le « compte » visé ne doit pas être compris seulement comme un profit ou un gain chiffrable. Certes, la responsabilité peut recouper de telles retombées [2], mais elle n'en

1. Circulaire de la Direction des affaires criminelles et des grâces du 26 janv. 1998, relative au premier bilan de l'application des dispositions du nouveau code pénal concernant la responsabilité pénale des personnes morales, *BOMJ* 1998, p. 112 et s. – V. spéc. p. 114 : « La plupart des décisions rendues ayant fait l'objet d'une motivation simplifiée, les raisons ayant conduit la juridiction à estimer que la responsabilité pénale de la personne morale était engagée ne sont, le plus souvent, pas détaillées »...
2. Ainsi d'abus de faiblesse à l'encontre de majeurs sous curatelle, dont les engagements démesurés sont facteur de profits faciles pour la société responsable (Crim. 7 févr. 2006, préc.).

reste pas là, dépassant cet aspect purement économique ou financier. C'est davantage en termes de « stratégie d'entreprise » [1] ou d' « effet collectif » [2] que l'imputation doit être retenue, impliquant par là une véritable politique de carences délibérées ou entretenues sur le plan pénal. Ainsi, naturellement, de défaillances prolongées en matière de sécurité ou d'hygiène [3], mais aussi de faits de marchandage dans le but d'éviter de perdre des marchés ou de tenir des délais [4], du recours à une entreprise de sous-traitance clandestine pour l'exécution de chantiers en retard afin d'échapper au paiement de pénalités [5], de discriminations dans des notations de nature à générer des conséquences négatives dans toutes les agences d'une banque et à décourager l'action syndicale [6]... Toute action ou omission, intentionnelle ou non intentionnelle, pouvant être comprise comme mode opératoire de la personne morale elle-même, est donc en cause, avec autant de possibilités de poursuites et de condamnations à l'appui, peu importe ses retombées, sous forme de gains positifs, d'économies réalisées, ou seulement de risques encourus, notamment par la dégradation d'un climat social.

357 CONCOURS. — Le dernier alinéa de l'article 121-2 du code pénal précise que : « *La responsabilité pénale des personnes morales n'exclut pas celle des personnes physiques auteurs ou complices des mêmes faits...* ». Cette précision a été voulue, afin de bien marquer la finalité de la réforme, qui est de reconnaître la part personnelle de responsabilité des personnes morales, et non d'en faire un facteur d'impunité pour les personnes physiques, particulièrement pour leurs dirigeants [7]. Les deux responsabilités sont concurrentes, et non supplétives l'une de l'autre. Elles peuvent être

1. Trib. corr. Versailles, 18 déc. 1995, *Dr. pénal* 1996. 71, obs. J.-H. Robert ; JCP 1996. II. 22640, note J.-H. Robert.
2. TGI Bastia, 3 juin 1997, préc.
3. V. la jurisprudence déjà rapportée relative à la délégation de pouvoirs.
4. Trib. corr. Versailles, 18 déc. 1995, préc.
5. TGI Strasbourg, 9 févr. 1996, *Bull. Joly* 1996. 102, note J.-F. Barbièri ; *Petites affiches*, 27 mars 1996, note Dalmasso. – Comp. : Paris, 16 janv. 1998, *Gaz. Pal.* 1998. 1, *chr. crim.* 56. – Crim. 7 juill. 1998, *Bull. crim.* n° 216 ; *D. Aff.* 1998, p. 1786 ; *Rev. sc. crim.* 1999, p. 317, obs. Bouloc, et p. 336, obs. Giudicelli-Delage.
6. TGI Bastia, 3 juin 1997, préc.
7. J.-C. Saint-Pau, La responsabilité pénale d'une personne physique agissant en qualité d'organe ou représentant d'une personne morale, Mélanges B. Bouloc, *Dalloz*, 2006, p. 1011.

cumulées, relever au contraire de poursuites sélectives, dirigées contre la personne morale ou seulement contre ses représentants, voire faire l'objet de décisions opposées, la relaxe bénéficiant à la première n'étant pas un gage d'irresponsabilité pour les seconds [1], et inversement [2]. Tous les cas de figure sont possibles, et, selon leur participation, les différents intervenants peuvent être auteurs ou complices de l'infraction.

Mais encore faut-il veiller à ne point reporter sur les personnes physiques une responsabilité simplement dérivée de la part qu'ils ont prise à la réalisation de l'infraction « pour le compte » de la personne morale, sauf à les rendre systématiquement responsables du fait d'autrui, c'est-à-dire du fait imputé au groupement qu'ils dirigent ou représentent [3]. La situation n'est pas juridiquement facile. Si l'on entend conserver tout son sens à la disposition du code pénal, afin de ménager la portée cumulative des poursuites contre les personnes physiques, il est nécessaire de fonder leur responsabilité sur des éléments qui ne se confondent pas avec ceux par ailleurs déjà retenus pour servir d'appui à celle de la personne morale. Il est impératif de trouver les indices d'une action ou omission personnelle, se surajoutant à ce qui a déjà été considéré comme participant de la responsabilité de la personne morale.

Faute en général de faits matériellement distincts, c'est la psychologie qui servira le plus souvent de critère, selon que le dirigeant a accompagné ou non son action d'une détermination appuyée, faisant preuve en quelque sorte d'une double volonté, et en représentation de la personne morale, et en motivation d'ordre personnel. Le bilan des premières applications est en ce sens, qui souligne que c'est essentiellement pour des infractions non intentionnelles que le non

1. Dans le cas d'une poursuite conjointe dirigée contre la personne morale et son dirigeant de droit, coauteurs de l'infraction, la relaxe définitive de la personne morale ne fait pas obstacle à ce que la responsabilité pénale du représentant légal soit retenue par les juges du second degré saisis du seul appel, par le ministère public, du jugement ayant relaxé celui-ci. – Crim. 26 oct. 2004, *Bull. crim.* n° 254.
2. Il résulte de l'art. 121-2 c. pén. que les personnes morales sont responsables pénalement des infractions commises, pour leur compte, par leurs organes ou représentants : la relaxe prononcée en faveur de ces derniers n'exclut pas nécessairement la responsabilité de la personne morale. – Crim. 8 sept. 2004, D. 2005, *Panor.*, p. 1527, obs. Roujou de Boubée ; *Dr. pénal* 2005. 11 (1re espèce), obs. Véron.
3. Très nettement en ce sens : TGI Béthune, 12 nov. 1996, *Bull. inf. C. cass.* 1997. 158 ; *Bull. Joly* 1997. 559, note J.-F. Barbièri.

cumul joue au profit des personnes physiques, alors que, s'agissant d'infractions intentionnelles, comme l'abus de confiance, le faux, la contrefaçon, ou encore l'organisation frauduleuse d'insolvabilité, les dirigeants sont en général condamnés en même temps que la personne morale [1], lorsqu'ils ne le sont pas exclusivement [2]. Certes, ce constat n'a rien d'une donnée scientifique, surtout qu'il n'intègre pas les nombreuses décisions de classement à la suite d'un choix d'opportunité du parquet, mais il est assez révélateur du bon sens, tant il paraît évident que là où est particulièrement appuyée une hostilité aux valeurs sociales (intention), voire entretenue une indifférence à ces mêmes valeurs (faute délibérée, faute caractérisée), la responsabilité des personnes physiques mérite d'être engagée concurremment à celle de la personne morale.

358 RÉSERVE. — Nous n'avons pas tout dit sur le dernier alinéa de l'article 121-2 du code pénal, dont une partie a été volontairement délaissée. En effet, après avoir affirmé que la responsabilité pénale des personnes morales n'exclut pas celle des personnes physiques auteurs ou complices des mêmes faits, le texte contient une importante exception, puisque c'est seulement « *sous réserve des dispositions du quatrième alinéa de l'article 121-3* » que cette règle s'applique.

On connaît la teneur de ces dispositions, qui renvoient à la dépénalisation opérée par la loi du 10 juillet 2000 en matière non intentionnelle, lorsque la faute est en relation indirecte avec le dommage, et qu'elle n'est ni délibérée, ni caractérisée (*chapitre 6*). Mais nous savons également que cette dépénalisation ne profite qu'aux personnes physiques, et non aux personnes morales, qui continuent donc à engager leur responsabilité sans aucune restriction, même en cas de faute simple indirecte. Il en résulte une exclusivité de responsabilité pour les personnes morales, ce qui prive la matière de toute possibilité de concours avec celle des personnes physiques [3]. Mieux

1. Circulaire du 26 janv. 1998, préc., p. 116.
2. Ainsi du dirigeant d'une société de transport routier de marchandises, reconnu seul responsable, malgré une poursuite conjointe dirigée contre la personne morale, de travail dissimulé, par défaut, et d'immatriculation de son entreprise au registre du commerce et des sociétés, et d'inscription au registre des transporteurs tenu à la préfecture (Crim. 26 oct. 2004, préc.).
3. Crim. 24 oct. 2000, *Bull. crim.* n° 308 ; D. 2002. 514, note Planque ; *ibid.* 2002. *Somm.* 1801, obs. Roujou de Boubée ; *Dr. pénal* 2001. 29, obs. Véron ; JCP 2001. II. 10535, note Daury-

encore, les personnes morales ont été recherchées comme un contrepoids à la dépénalisation ainsi réalisée, afin de compenser ce qui est désormais en dehors du champ de la répression pour leurs dirigeants[1].

Pour aller plus loin

359 RÉFORME DU DROIT PÉNAL DES MINEURS

Présidée par le Recteur André Varinard, la « Commission de propositions de réforme de l'ordonnance du 2 février 1945 relative aux mineurs délinquants » a été mise en place le 14 avril 2008. Elle a remis son rapport le 3 décembre 2008, intitulé : « *Entre modifications raisonnables et innovations fondamentales : 70 propositions pour adapter la Justice pénale des mineurs* ».

1/ Code de la justice pénale des mineurs – Il est d'abord proposé la création d'un « Code de la justice pénale des mineurs », qui s'ouvrirait sur une formulation liminaire des principes de droit pénal de fond et de procédure pénale consacrés par les textes internationaux et par le conseil constitutionnel : « *Afin de concilier l'intérêt du mineur avec les intérêts de la société et des victimes, la responsabilité pénale des mineurs capables de discernement est mise en œuvre conformément aux dispositions du présent code, dans le respect du principe d'atténuation de cette responsabilité en fonction de leur âge et en recherchant leur relèvement éducatif et moral par des sanctions éducatives ou des peines adaptées à leur âge et à leur personnalité, prononcées et mises à exécution par des juridictions spécialisées ou selon des procédures appropriées* ».

Ce nouveau code est déjà rédigé en avant-projet, qui a fait l'objet d'un document officiel soumis à consultation depuis le 30 mars 2009.

2/ Proposition 9 – La commission préconise une présomption simple de discernement à compter de l'âge de 12 ans. Les conséquences en sont importantes, pour procéder à une inversion des données actuelles :

• *D'abord*, un âge de minorité pénale est désormais fixé. La responsabilité n'est plus à la mesure du seul discernement. Elle est également fonction de l'âge, pour relever d'un seuil minimal, même si, dans le même temps, il est proposé d'exclure de toute incarcération, tant à titre de peine que de détention provisoire, sauf en matière criminelle, les mineurs de moins de 14 ans (*proposition 12*).

• *Ensuite*, sur ce seuil, est greffée une responsabilité fondée sur une présomption de discernement, ce que ne consacrait pas la loi du 22 juillet 1912, et ce qui revient à assimiler les mineurs de 12 ans à des majeurs, la partie poursuivante n'ayant plus à gérer la preuve positive du discernement. Ce sera à la défense d'établir l'absence de discernement. Certes, dans les faits, le débat sur cette donnée essentielle est systématique, ce qui ne changera pas

Fauveau ; *Gaz. Pal.* 2001. 1. *Somm.*, p. 1015, note Monnet ; *Rev. sc. crim.* 2001, p. 162, obs. Mayaud, p. 371, obs. Bouloc, p. 399, obs. Cerf-Hollender, et p. 824, obs. Giudicelli-Delage.

1. Y. Mayaud, Violences involontaires et responsabilité pénale, *Dalloz Référence*, 2003, p. 206 et s.

grand-chose en pratique. Mais le texte n'en demeure pas moins très fort pour ce qu'il représente de philosophie nouvelle en rapport avec la minorité pénale...

• *Enfin*, la fixation à 12 ans de l'âge de la responsabilité pénale emporte comme conséquence l'exclusion de la sphère pénale des mineurs de moins de 12 ans auteurs ou complices d'infractions.

Dans le système actuel, tous les mineurs capables de discernement sont pénalement responsables, quel que soit leur âge. L'âge n'intervient pas sur le principe de la responsabilité. Son incidence est seulement sensible sur le régime de la responsabilité, laquelle est différemment atténuée selon des seuils variables :

— en-dessous de dix ans, les mineurs ne peuvent faire l'objet que de mesures éducatives,

— entre dix et treize ans, ils peuvent, en outre, faire l'objet de sanctions éducatives,

— de treize à seize ans ils peuvent également être condamnés à une peine mais bénéficient alors d'une diminution des peines privatives de liberté et des peines d'amende (excuse de minorité),

— au-delà de seize ans, la diminution de peine peut leur être refusée par la juridiction de jugement.

Pour éviter les conséquences négatives de l'exclusion de la sphère pénale des mineurs de 12 ans, notamment en rapport avec des faits particulièrement graves, la commission propose un statut particulier pouvant s'appliquer à lui (*proposition 11*), ce qui démontre combien le seuil d'âge dans son principe est un choix rigide, même si les instruments internationaux le préconisent. En fait, quel que soit l'âge du mineur, il est préférable de laisser à la justice l'opportunité de se déterminer elle-même sur l'élément moteur de la responsabilité envisagée : à savoir, le discernement et le seul discernement.

Chapitre 10
Le caractère personnel de la responsabilité

360 PRINCIPE. — La responsabilité pénale se démarque par son caractère personnel. Certes, elle est également le produit de tout ce qui contribue à l'alimenter en tant que source de poursuites et de condamnation, et en relèvent les données qui ont trait aux deux théories déjà exposées de la légalité et de l'infraction : l'une et l'autre, par les éléments qu'elles apportent, en définition des comportements répréhensibles, en matérialité des crimes et des délits, et en culpabilité de leurs auteurs, ne peuvent être dissociées de ce qui participe juridiquement de la responsabilité elle-même. Mais celle-ci mérite d'être approchée de manière plus directe, afin de la restituer dans ce qui en caractérise, non plus l'environnement, mais les règles propres. Et c'est ici que l'on rejoint sa dimension éminemment personnelle, ce qu'il est possible d'appréhender, et en termes de rattachement (Section I), et en termes d'engagement (Section II).

Section I
Le rattachement personnel

361 Il est une règle essentielle en notre matière, celle de la personnalité, c'est-à-dire d'une responsabilité exclusivement liée à un fait personnel, et donc seulement imputable à son auteur. Mais à la simplicité de l'énoncé (I), ne correspond pas toujours des réalités transparentes (II).

I | L'ÉNONCÉ DE LA PERSONNALITÉ

362 Le principe de personnalité est clairement formulé dans le code pénal (A), et ses corollaires sont largement développés en jurisprudence (B).

A – La formule

363 ARTICLE 121-1 DU CODE PÉNAL. — « *Nul n'est responsable pénalement que de son propre fait* », tel est le principe que contient l'article 121-1 du code pénal. Un principe qui s'inscrit dans une longue tradition, tant il est vrai que la responsabilité pénale, pour engager la répression, et donc soumettre ceux qui la subissent aux contraintes les plus fortes, se doit d'être seulement rattachée à celui ou à ceux qui sont à l'origine de l'infraction. Il n'en est pas comme de la responsabilité civile, où l'enjeu est totalement différent, s'agissant de réparer des dommages, avec ce que cet objectif indemnitaire légitime de compatibilité avec des systèmes de responsabilité dissociée de toute action personnelle. Le droit criminel répond à une autre finalité, qui lui interdit de reproduire le modèle civil, et c'est précisément ce que traduit le code pénal en consacrant ainsi le principe de personnalité. Est aujourd'hui explicite ce qui a été implicite pendant près de deux siècles, faute d'une formule équivalente dans les dispositions antérieures à sa réforme. On ne peut que s'en féliciter, pour ce que cela traduit de meilleure lisibilité relativement à une donnée aussi forte.

B – Les corollaires

364 Le principe de personnalité a des conséquences importantes, qui s'apparentent elles-mêmes à de véritables règles supérieures.

365 REJET DE LA RESPONSABILITÉ DE PLEIN DROIT. — Affirmer que la responsabilité pénale doit être personnelle à l'auteur de l'infraction, c'est exclure d'emblée toute condamnation qui ne serait pas le reflet d'une certitude quant à ses éléments. La responsabilité doit toujours être le reflet d'un constat, appuyé sur des faits solides et un débat complet à même d'en rendre compte et d'en restituer toute l'étendue. Il n'est donc pas de responsabilité liée à une qualité, ou encore intervenant par défaut. Son caractère personnel suppose une conviction sur ce qui la fonde, et toute solution revenant à l'établir sur de simples postulats ne peut que s'éloigner du principe lui-même. On rejoint ainsi la présomption d'innocence, qui interdit de retenir une responsabilité autrement que sur des indices suffisants pour en renverser le présupposé. Il est un lien très étroit entre les deux règles, et l'innocence doit jouer tant que la responsabilité ne s'affirme pas dans le cadre d'une démonstration parfaite destinée à l'établir.

L'exemple de la responsabilité pénale pour délits non intentionnels est très révélateur d'une prise de position en ce sens par le législateur lui-même. Parce que la jurisprudence a fait peser sur les élus locaux ou décideurs publics des responsabilités souvent éloignées de leurs possibilités d'action, les lois du 13 mai 1996 et du 10 juillet 2000, dont nous connaissons les aspects techniques (*chapitre 6*), ont entendu revenir à plus de personnalisation dans la manière d'en reconnaître le principe. Elles l'ont fait, et par le renvoi à des critères concrets d'appréciation des fautes venant au soutien d'une condamnation, et par la dépénalisation de celles considérées comme trop peu significatives d'une responsabilité méritant d'être retenue. Ces réformes sont donc une manifestation sensible d'un retour à la présomption d'innocence, afin d'éviter l'écueil de responsabilités ès qualités. Elles soulignent combien doit rester actif le principe d'un fait personnel, avec ce qu'il suppose de données sensibles permettant de s'en convaincre.

366 REJET DE LA RESPONSABILITÉ DU FAIT D'AUTRUI. — Le caractère personnel de la responsabilité pénale a une autre conséquence, à savoir celle de rejeter toute responsabilité du fait d'autrui. Il n'est pas possible de raisonner en droit pénal comme on le fait en droit civil, et d'accepter le principe d'une responsabilité pour une infraction commise par un tiers. Autant, civilement, les parents peuvent être responsables du fait de leurs enfants, les maîtres et commettants du fait des personnes qui leur sont subordonnées, les instituteurs du fait de leurs élèves (c. civ., art. 1384, al. 4 et s.), autant, pénalement, ces transferts de responsabilité sont impossibles. Seul le fait personnel peut être facteur de poursuites et de condamnation, et non le fait d'autrui, celui-ci ne pouvant peser que sur la personne qui en est l'auteur. Il y va de la finalité du droit pénal, orientée vers l'individualisation des sanctions, ce qui est incompatible avec la reconnaissance d'une responsabilité ayant pour support l'action ou l'omission d'autrui.

Les manifestations les plus directes de cette règle sont d'abord relatives au décès du prévenu. Le principe de personnalité impose à la juridiction de constater l'extinction de l'action publique (c. pr. pén., art. 6), et interdit de suivre la procédure contre les héritiers [1]. Mais les intérêts civils, quant à eux, peuvent être mis à leur charge, s'agissant alors d'un aspect purement indemnitaire et réparateur, dont la logique ne répond plus aux règles du droit pénal [2].

De la même manière, l'action répressive est éteinte à l'égard des personnes morales dissoutes. Ainsi de l'opération de scission d'une société, qui entraîne la répartition de tout ou partie de ses éléments d'actif et de passif entre les diverses structures qui en sont issues, et la transmission patrimoniale à celles-ci de ses créances et de ses dettes ne peut avoir pour effet d'opérer un transfert des manquements relevés et des sanctions à caractère pénal pouvant être prononcées. Les différentes sociétés nées de la scission d'une société préexistante ne peuvent donc être poursuives et condamnées pour les défaillances qui auraient été commises par l'entité par hypothèse scindée et dissoute [3]. Ainsi encore de la fusion-absorption d'une société par une autre, qui fait perdre son existence juridique à la société absorbée, de sorte que la société absorbante ne saurait être pénalement considérée comme s'étant substituée à elle, ou comme

1. Crim. 21 janv. 1969, *Bull. crim.* n° 37 ; 13 mars 1997, *ibid.* n° 104.
2. Crim. 29 mai 1978, *Bull. crim.* n° 169 ; 13 mars 1997, préc.
3. Com. 15 juin 1999 (*COB c/ Cie générale d'Immobilier Georges V et autres*), *Bull. civ.* IV, n° 127 ; D. (*Aff.*) 1999, p. 1437. – Rrejet du pourvoi contre : Paris, 14 mai 1997, D. 1998. *Somm.* 76, obs. Reinhard, et 137, obs. Niboyet ; *Gaz. Pal.* 1997. 2. *Somm.* 336 ; *Rev. sc. crim.* 1998. 134, obs. Riffault.

ayant continué sa personnalité juridique, avec pour conséquence de ne pas avoir à répondre des délits éventuellement imputables à la société absorbée [1]. La solution a pour elle de respecter l'article 121-1 du code pénal, et on ne peut qu'être surpris de la position contraire du Conseil d'État [2].

Mais ce qui est ici consacré en termes répressifs ne saurait être transposé aux intérêts civils atteints par le délit. Il en est de la dissolution d'une personne morale comme du décès du prévenu : seule la responsabilité pénale s'oppose à une transmission d'une entité à une autre, afin de ne pas heurter le principe de personnalité ; en revanche, la réparation du dommage lié aux faits commis par la société dissoute peut quant à elle être imputée à la société absorbante [3].

Il est donc bien vrai, malgré quelques résistances, que : « *le principe de la personnalité des poursuites et des sanctions s'oppose à ce qu'en l'absence de dispositions dérogatoires expresses, des personnes physiques ou morales autres que l'auteur du manquement en cause, puissent se le voir imputer et faire l'objet de sanctions à caractère pénal* » [4]. La solution est dans la pure logique d'une règle désormais explicite, et ce serait en trahir l'esprit que de l'appliquer différemment entre les personnes physiques et les personnes morales.

367 REJET DE LA RESPONSABILITÉ COLLECTIVE. — Le principe de personnalité se traduit enfin par le rejet de toute responsabilité collective. Il faut entendre par là une responsabilité qui

1. Crim. 20 juin 2000, *Bull. crim.* n° 237 ; D. (*Aff* .) 2001, p. 853, note Matsopoulou (rect. : p. 1084) ; *ibid.* 2001, *Somm.*, p. 1608, obs. E. Fortis et A. Reygrobellet ; D. 2002. *Somm.* 1802, obs. Roujou de Boubée ; *Rev. sc. crim.* 2001. 153, obs. Bouloc. – Crim. 14 oct. 2003, *Bull. crim.* n° 189 ; D. 2004. *Somm.* 318, obs. Roujou de Boubée ; *Dr. pénal* 2004. 20, obs. Véron ; *Gaz. Pal.* 2004. 2. *Doctr.* p. 2886, obs. Sordino ; *Rev. sc. crim.* 2004. 339, obs. Fortis.
2. Ni l'art. 121-1 c. pén., ni le principe de la personnalité des peines ne font obstacle à ce que, lorsqu'une société qui a commis un manquement à ses obligations professionnelles est absorbée par une autre société, le Conseil des marchés financiers prononce, à raison de ces faits, une sanction pécuniaire à l'encontre de la société absorbante. – CE, 22 nov. 2000, D. (*Aff.*) 2001, p. 237, obs. Boizard ; *ibid.* 2001. *Somm.*, p. 1609, obs. A. Reygrobellet ; JCP 2001. II. 10531, note R. Salomon ; *Rev. sc. crim.* 2001. 600, obs. Riffault.
3. Par l'effet de la fusion intervenue entre deux sociétés, la société absorbante est substituée activement et passivement aux droits et obligations de la société absorbée, et en conséquence les actionnaires de la société absorbante sont recevables, sur le fondement de l'art. L. 225-252 c. com., à demander réparation du dommage résultant d'actes délictueux qui auraient été commis au préjudice de la société absorbée et de ses filiales par leurs dirigeants sociaux. – Crim. 2 avr. 2003, *Bull. crim.* n° 83 ; D. (*Aff.*) 2003, p. 1504.
4. Com. 15 juin 1999, préc.

pèserait sur une personne au titre d'une participation à une infraction commise par plusieurs, mais sans qu'il soit possible de savoir qui, des participants, a précisément réalisé le fait qui en constitue la matérialité. Le cas n'est pas d'école, pour rejoindre toutes les hypothèses d'incertitude causale quant à la portée d'une action collective.

C'est d'abord le cas de délits commis dans le cadre d'une *instance collégiale*, telle la délibération d'un conseil municipal qui se révélerait constitutive d'une discrimination raciale. Le principe de personnalité se heurte ici au caractère diffus de la mesure adoptée, du fait de la collégialité à l'origine du vote dont elle procède. Mais la jurisprudence ne consacre pour autant, ni une impunité systématique, ni une responsabilité présumée tirée de la seule participation au suffrage [1]. Tout dépend en fait des circonstances, et selon que celles-ci, souverainement appréciées par les juges du fond, permettent ou non de déceler, indépendamment du vote lui-même, un indice de personnalisation, la responsabilité est retenue [2] ou ne l'est pas [3]. C'est donc en relation avec le principe de l'article 121-1 du code pénal que doit se juger ce type d'affaire, ce qui prohibe toute solution allant dans le sens d'une responsabilité collective [4].

1. Aix-en-Provence, 16 mai 2007, JCP 2007. IV. 3108 : en l'espèce, ont été relaxés des conseillers municipaux poursuivis pour favoritisme, qui avaient été poursuivis de manière indifférenciée, sans qu'aucun acte autre que la participation de chacun d'eux au vote n'eût été incriminé.
2. Pour la culpabilité du maire d'une commune et de son adjoint du chef de discrimination, suite à l'octroi d'une prime de naissance sous condition de nationalité, fondée sur le fait qu'ils ont personnellement participé à l'infraction, malgré le vote à bulletins secrets par le conseil municipal, le maire, pour avoir publiquement revendiqué être à l'origine de l'instauration de la prime, l'adjoint au maire, pour avoir été le rapporteur du projet et l'avoir soumis à délibération : Crim. 17 déc. 2002, *Bull. crim.* n° 227 ; *Gaz. Pal.* 2003. 2. 3030, note Monnet ; *Dr. pénal* 2003. 44, obs. Véron ; *Rev. sc. crim.* 2003. 556, obs. Mayaud. – Confirmation de : Aix-en-Provence, 18 juin 2001, JCP 2002. IV. 2173.
3. Pour la relaxe du maire d'une commune, ainsi que de plusieurs membres du conseil municipal, à propos d'une délibération suspendant « toute fourniture, hormis le chauffage », à deux écoles maternelles en raison du nombre, jugé excessif, « d'enfants de nationalités différentes » : Crim. 11 mai 1999, *Bull. crim.* n° 93 ; D. 2000. *Somm.* 113, obs. Roujou de Boubée ; *Dr. pénal* 1999. 140 (2e arrêt), obs. Véron ; *JCP* 2000. I. 207, n° 1, obs. Véron ; *Rev. sc. crim.* 2000. 194, obs. Bouloc, et 197, obs. Mayaud.
4. Pour la responsabilité d'un maire du chef de favoritisme, dès lors qu'il n'était pas contesté que le prévenu avait présidé la séance du conseil municipal dont il avait fixé l'ordre du jour, ce qui avait caractérisé sa participation personnelle aux faits poursuivis : Crim. 19 nov. 2003, D. 2004. *Somm.* 2753, obs. Roujou de Boubée ; *Dr. pénal* 2004. 32, obs. Véron.

Pour la responsabilité d'un président de conseil général du chef de détournement de fonds publics, en relation avec l'attribution de subventions contraire à leur destination d'origine, la participation personnelle du prévenu ayant été tirée du fait qu'il avait présidé les instances décisionnelles, et qu'il avait pris une part active dans les affectations litigieuses, notamment en présentant lui-même les rapports, en adressant des courriers à leurs bénéficiaires, ou en

C'est encore le cas de blessures volontairement faites par plusieurs prévenus au cours d'une *scène unique de violences*, ou de *fautes conjuguées* liée à une action dangereuse relevant d'une imprudence commune à plusieurs personnes, qui suffisent en jurisprudence à fonder la responsabilité pénale de tous les intervenants [1]. Bien que procédant d'actions partagées, et de l'impossibilité de déterminer, sur les victimes, l'incidence directe des actes personnellement accomplis par leurs auteurs, ces hypothèses ne relèvent pas d'une responsabilité collective, qui ferait de chacun des prévenus un responsable pour tous. C'est en restant sur le terrain personnel que se joue la solution, liée à l'indivisibilité des actes en cause, pour se servir mutuellement de support et converger vers une unité de réalisation, de sorte que chaque protagoniste, par la condamnation qu'il subit, se voit en réalité reprocher, non le fait de tous les autres, mais bien son propre fait.

II | La réalité du fait personnel

368 Le principe de personnalité est une règle d'autant plus facile à énoncer qu'elle est aujourd'hui expressément formulée dans le code pénal. Mais ses applications ne sont pas toujours transparentes. Il faut dire que le fait personnel, générateur de responsabilité, ne se livre pas facilement, et que son opacité (A) facilite le jeu de présomptions (B).

A – L'opacité

369 Le fait personnel ne soulève aucune difficulté d'identification lorsqu'il est matérialisé par une action ou une omission directement imputable au responsable. Mais il est des hypothèses de dis-

signant les arrêtés attributifs. – Crim. 4 mai 2006, *Bull. crim.* n° 119 ; *RLCT* 2006, n° 18, p. 16, note Mayaud.

1. Justifie suffisamment l'application de l'art. 309 c. pén. (*nouveaux art. 222-7 à 222-13*), l'arrêt qui, sans pouvoir préciser la part individuellement prise par chacun des prévenus dans une scène unique de violences, et la nature des coups portés par chacun, constate du moins, appréciant l'infraction dans son ensemble, que chacun d'entre eux a exercé des violences sur la victime. – Crim. 14 déc. 1955, *Bull. crim.* n° 56 ; 22 mai 1957, *ibid.* n° 436 ; 19 nov. 1958, *ibid.*

sociation entre responsabilité et matérialité, en ce sens que la première est parfois retenue contre un prévenu qui n'a pourtant aucune part dans la réalisation de l'infraction, celle-ci étant le fait d'un autre que lui, de sorte que se pose la question de savoir si le principe de personnalité est encore bien respecté. La question intéresse, d'abord le chef d'entreprise, qui est souvent amené à répondre de faits commis par ses subordonnés, ensuite les personnes morales, dont la responsabilité suppose nécessairement que l'infraction ait été réalisée par ses dirigeants.

370 CHEF D'ENTREPRISE. — La nature de la responsabilité pénale du chef d'entreprise est un débat classique[1]. Les hypothèses sont fréquentes où le chef d'entreprise voit sa responsabilité retenue, bien qu'il n'ait pas réalisé lui-même l'infraction, son existence étant le résultat d'agissements imputables à ses salariés. C'est le cas, par exemple, du non-respect d'une norme d'hygiène ou de sécurité par un agent technique à l'origine d'un accident mortel du travail : à supposer que soit engagée la responsabilité de l'employeur du chef d'homicide involontaire, les poursuites diligentées, voire la condamnation prononcée, pourraient susciter réserve et interrogation, en donnant le sentiment de sanctionner une responsabilité du fait d'autrui... Mais il n'en est rien. Les juridictions ne s'en tiennent pas aux apparences. Elles remontent à la source des événements et en suivent les enchaînements, afin de rester dans la dimension personnelle de leur réalisation. Là se situe toute l'originalité de la responsabilité pénale du chef d'entreprise, une originalité depuis longtemps formulée en ces termes par la Cour de cassation : "*Si, en principe, nul n'est passible de peines qu'à raison de son fait personnel, la responsabilité pénale peut cependant naître du fait*

n° 681. – Même solution pour les violences légères (*nouvel art. R. 624-1*). – Crim. 30 nov. 1961, *Bull. crim.* n° 487.

Les imprudences, négligences et inobservations des règlements imputables à plusieurs prévenus, bien que distinctes les unes des autres, peuvent, par leurs effets conjugués, être la cause directe ou indirecte d'un homicide involontaire ou de blessures involontaires, et suffisent à fonder la responsabilité pénale de chacun des prévenus. – Crim. 14 déc. 1967, *Bull. crim.* n° 326 ; D. 1968. Somm. 47 ; 27 janv. 1971, *ibid.* n° 28 ; D. 1971. Somm. 44 ; 20 nov. 1973, *Bull. crim.* n° 425.

1. Y. Mayaud, Responsables et responsabilité, Rapport, *in* Le droit pénal du travail, Colloque du 27 mai 2000 organisé par le Laboratoire de droit social de l'Université Panthéon-Assas (Paris II), *Droit social*, novembre 2000, p. 941 à 952.

d'autrui dans les cas exceptionnels où certaines obligations légales imposent le devoir d'exercer une action directe sur les faits d'un auxiliaire ou d'un préposé ; il en est ainsi, notamment, dans les industries ou commerces réglementés, où la responsabilité pénale remonte aux chefs d'entreprises, à qui sont personnellement imposés les conditions et le mode d'exploitation de leur industrie ou commerce »[1]. Autrement dit, la personnalisation facteur de responsabilité pénale peut ne pas être le reflet de la matérialité des faits, et il convient de dépasser les apparences pour atteindre le réel[2].

La responsabilité pénale ne perd donc pas d'emblée sa nature personnelle lorsqu'elle s'appuie sur le fait d'autrui. Celui-ci est alors le révélateur d'un manquement propre au chef d'entreprise. L'explication en est donnée par la jurisprudence, qui insiste sur le caractère personnel de l'obligation pesant sur le dirigeant, en raison des pouvoirs qu'il détient sur ses subordonnés, si bien que la défaillance matérialisée par ceux-ci ne l'exclut pas d'une responsabilité elle-même personnelle. Le fait d'autrui est ainsi l'expression de sa propre faute, l'indice de son propre fait. Il est vrai que sont très lourdes les contraintes légales et réglementaires pesant sur le chef d'entreprise, ce qui peut rendre illusoire l'affirmation de telles données. Plus les obligations dépassent l'entendement, c'est-à-dire surpassent les moyens permettant d'y répondre, plus la responsabilité perd de son caractère personnel et gagne en illusion, pour finalement s'attacher à la seule qualité de chef d'entreprise.

Mais le droit pénal ne consacre pas pour autant une responsabilité du fait d'autrui. Le chef d'entreprise dispose d'un moyen efficace pour se soustraire au nombre et à la pression des obligations dont il a la charge : il s'agit de la délégation de pouvoirs à un préposé investi par lui, et pourvu de la compétence, de l'autorité et des moyens nécessaires pour veiller à l'observation des dispositions en vigueur[3]. La responsabilité pénale est alors transférée au déléga-

1. Crim. 30 déc. 1892, S. 1894. 1. 201, note Villey ; 28 févr. 1956, *Bull. crim.* n° 205 ; D. 1956. 391 ; JCP 1956. II. 9304, note de Lestang ; 14 févr. 1967, *Bull. crim.* n° 65 ; 17 oct. 1967, *ibid.* n° 250 ; *Gaz. Pal.* 1967. 2. 290 ; 25 avr. 1968, JCP 1969. II. 16100, note Puech ; 27 juill. 1970, *Bull. crim.* n° 250.
2. Y. Mayaud, préc., p. 945.
3. Pour les arrêts de principe en ce sens : Crim. 11 mars 1993 (5 arrêts), *Bull. crim.* n° 112 ; D. 1994. Somm. 156, obs. Roujou de Boubée ; *Dr. pénal* 1994. 39, obs. J.-H. Robert ; *Rev. sc. crim.* 1994. 101 et 102, obs. Bouloc.

taire, qui devient ainsi responsable, en étant tenu personnellement des obligations inhérentes aux pouvoirs qui lui sont consentis. Parce qu'il est, à son tour, doté des prérogatives du chef d'entreprise, il en a également les devoirs, ce qui le soumet aux obligations qui en découlent, et toutes les défaillances dans leur exécution lui deviennent personnelles, avec pour conséquence de rendre également personnelle sa responsabilité.

On le voit, les réalités de l'entreprise ne facilitent pas toujours la constatation d'un fait directement commis par les dirigeants. Il n'en demeure pas moins que leur responsabilité ne sort pas du principe de personnalité. Mieux encore, celle-ci reste d'autant plus personnelle qu'ils démontrent leur incapacité à déléguer leurs pouvoirs.

371 PERSONNES MORALES. — Les personnes morales soulèvent à leur manière une difficulté comparable d'identification du fait personnel, puisqu'elles ne peuvent être déclarées pénalement responsables que s'il est établi qu'une infraction a été commise, pour leur compte, par leurs organes ou représentants, et qu'il appartient aux juridictions de rechercher si tous les éléments de l'infraction, tant matériel que moral, ont bien été réalisés par leurs dirigeants (*chapitre 9*). Il faut admettre que ce relais des personnes physiques peut laisser quelque doute sur la réalité d'un fait bien personnalisé à la charge de la personne morale, qui semble davantage être responsable de l'action de ses dirigeants que de son activité propre [1]. Et pourtant, sa responsabilité doit être considérée comme personnelle, même au prix d'une certaine abstraction.

D'abord, le dispositif qui lui est consacré à l'article 121-2 du code pénal intervient de suite après l'affirmation du principe de personnalité, ce qui ne peut qu'être interprété comme étant dans le prolongement de ce dernier. Ensuite, la responsabilité des personnes morales a été recherchée en application de la théorie de la personnalité juridique et de ses acquis reconnus quant aux groupements. C'est parce qu'elles sont pourvues d'une « possibilité d'expression collective » que les personnes morales sont des sujets de droit, et leur responsabilité n'est qu'une manifestation parmi d'autres de leur

1. T. corr. Lyon, 9 oct. 1997, D. 1997. IR. 250 ; *Dr. pénal* 1997. 154, obs. J.-H. Robert ; *Gaz. Pal.* 1997. 2, *chr. crim.* 249 ; JCP 1998. I. 105, obs. J.-H. Robert.

autonomie par rapport à ceux qui les dirigent. Elle ne saurait donc être autrement comprise que comme de nature personnelle, le fait des organes ou représentants n'étant que l'indice d'un fait propre à la personne morale elle-même.

B – Les présomptions

372 L'approche du fait personnel indispensable à la responsabilité pénale n'est pas seulement difficile, elle est parfois impossible. Il est des hypothèses où la preuve de l'imputation de l'infraction à des responsables déterminés se heurte à une résistance des faits eux-mêmes, si bien qu'il n'est qu'un moyen pour sortir de l'impasse née de cette situation : le recours à la présomption. On peut le vérifier, par exemple, en matière de presse et dans le domaine de la circulation routière.

373 INFRACTIONS DE PRESSE. — Les infractions de presse, tel le délit de diffamation, se caractérisent par un régime de responsabilité très particulier. En effet, les articles 42 et 43 de la loi du 29 juillet 1881 sur la liberté de la presse déterminent une sorte de chronologie dans les responsabilités pouvant être impliquées au titre des crimes et délits qui en relèvent [1]. Cela s'explique par la pluralité des intervenants en matière de presse, et la dilution des responsabilités qui peut en résulter. Il est évident que plus sont nombreuses les personnes agissant dans un secteur d'activité, plus est grand le risque de voir chacune rejeter sur l'autre la responsabilité des infractions commises. C'est précisément le cas en matière de presse, et, afin d'éviter cet effet négatif, la loi détermine elle-même les responsables, en fonction d'un ordre préétabli : les directeurs de publications ou éditeurs, à leur défaut les auteurs, à défaut des auteurs les imprimeurs, et à défaut des imprimeurs les vendeurs, les distribu-

1. Il en est de même des infractions commises par un moyen de communication audiovisuelle (L. n° 82-652 du 29 juill. 1982, art. 93-3).
La loi n° 2004-204 du 9 mars 2004 portant adaptation de la justice aux évolutions de la criminalité, qui a généralisé la responsabilité pénale des personnes morales (*chapitre 9*), ne remet pas en cause la spécificité des règles de responsabilité en matière d'infractions de presse et de communication audiovisuelle (L. 29 juill. 1881, art. 43-1, réd. L. 9 mars 2004, art. 55-III. – L. 29 juill. 1982, art. 93-4, réd. L. 9 mars 2004, art. 55-IV).

teurs et afficheurs. La présomption se met donc au service des poursuites et de la répression, puisque les personnes ainsi désignées ne sont plus responsables sur le critère d'une certitude quant à la réalité d'un fait personnel, mais sur des indices de participation légalement tenus comme pouvant rejoindre cette réalité. À l'impossibilité de s'assurer une preuve parfaite de la responsabilité des uns ou des autres, la loi répond par une fiction fondée sur une responsabilité subsidiaire des uns aux autres.

374 CIRCULATION ROUTIÈRE. — Le code de la route contient des dispositions comparables. L'article L. 121-1 reprend le principe de la responsabilité personnelle en précisant que : « *Le conducteur d'un véhicule est responsable pénalement des infractions commises par lui dans la conduite dudit véhicule* ». Mais suivent des dérogations sous forme de présomptions (c. route, art. L. 121-2 et L. 121-3), fondées là encore sur l'impossibilité de remonter avec certitude au responsable de certaines infractions [1]. Le titulaire du certificat d'immatriculation est pécuniairement responsable, ou « redevable » [2], des amendes encourues pour le non-respect de la réglementation sur le stationnement des véhicules ou sur l'acquittement des péages (art. L. 121-2), ainsi que pour les contraventions à la réglementation sur les vitesses maximales autorisées, sur le respect des distances de sécurité, sur l'usage de voies et chaussées réservées, et sur les signalisations d'arrêt (art. L. 121-3). La responsabilité est

1. Différente est l'hypothèse selon laquelle, « lorsque le conducteur a agi en qualité de préposé, le tribunal pourra, compte tenu des circonstances de fait et des conditions de travail de l'intéressé, décider que le paiement des amendes de police ... sera, en totalité ou en partie, à la charge du commettant si celui-ci a été cité à l'audience » (c. route, art. L. 121-1, al. 2). Cette disposition n'est pas une présomption de responsabilité pénale personnelle, mais un prolongement particulier de la responsabilité civile des commettants du fait de leurs préposés (c. civ., art. 1384, al. 5).
2. La nuance emprunte à la loi elle-même, qui, pour les hypothèses visées à l'art. L. 121-3 c. route, précise que la personne déclarée « redevable » en application de ses dispositions, « n'est pas pénalement responsable de l'infraction ». Et de fait, la décision rendue ne donne pas lieu à inscription au casier judiciaire, ni ne peut être prise en compte pour la récidive, ni n'entraîne retrait des points affectés au permis de conduire, tout comme la contrainte judiciaire n'est pas applicable au paiement de l'amende. Mais toutes ces exclusions ne sont en réalité que les aménagements d'une responsabilité dont le principe reste pénal. La personne « redevable » de l'amende est bien pénalement responsable, mais d'une responsabilité qui ne rejoint pas ce qui en caractérise les conséquences premières, telles que recensées dans le dispositif en cause (Y. Mayaud, Entre le dit et le non-dit, ou les leçons de droit pénal du Conseil constitutionnel, D. 1999, p. 589).

de la sorte commodément acquise, à moins que le titulaire n'établisse l'existence d'un événement de force majeure, ou n'apporte tous éléments permettant de prouver qu'il n'est pas l'auteur véritable de l'infraction, voire en fournissant des renseignements permettant de l'identifier.

On comprend les raisons d'un tel mécanisme. Elles sont liées à la crainte de laisser impunies des infractions dont la réalisation ne peut être imputée au conducteur, faute d'en connaître l'identité. Aussi le choix a été fait d'une présomption, qui consiste à déduire la responsabilité du titulaire de la carte grise d'un indice de matérialité allant dans le sens d'une participation causale de sa part, de sorte que cet indice, sauf preuve contraire soumise à débat, fait peser sur lui le poids de la responsabilité qui en découle. Parce que le certificat d'immatriculation, signe manifeste d'appartenance du véhicule à son titulaire, renvoie raisonnablement à une forte probabilité de réalisation de l'infraction par celui-ci, il n'est pas anormal de présumer sa contribution personnelle à l'infraction litigieuse, quitte pour lui à démontrer le contraire. La justice ne peut qu'y trouver son compte, tant il importe de ne pas donner le sentiment de l'inefficacité en un domaine où la sécurité est un enjeu majeur de prévention et de répression à la fois. Certes, il n'est jamais bon de favoriser des présomptions contraires à l'innocence. Mais, outre le fait qu'elles sont ici seulement relatives à des amendes, qui plus est contraventionnelles, elles ont pour elles de ne pas rester fermées à la réalité, un retour à celle-ci restant toujours possible par une démonstration utile et spontanée destinée à la révéler [1].

Section II
L'engagement personnel

375 Le fait générateur de responsabilité pénale, dont nous venons de voir qu'il doit être personnel à l'accusé ou au prévenu, ne s'assimile pas à n'importe quelle initiative informelle. L'engagement

1. Cons. constit., Décision n° 99-411 DC du 16 juin 1999, *JO* 19 juin, p. 9018 ; D. 1999. 589, note Mayaud. – *Adde* : J. Buisson, Les présomptions de culpabilité, *Procédures* 1999, n° 12, p. 3.

de la responsabilité passe par des modalités précises, avec des conséquences différentes, selon qu'il est le fait d'un auteur (I) ou d'un complice (II).

I | L'ENGAGEMENT EN QUALITÉ D'AUTEUR

376 La qualité d'auteur relève d'une définition sûre, qu'il agisse isolément (A), ou conjointement avec d'autres (B).

A – L'auteur isolé

377 AUTEUR MATÉRIEL. — L'article 121-4 du code pénal donne une définition de ce qu'il faut entendre par auteur : « *Est auteur de l'infraction la personne qui : 1° commet les faits incriminés ; 2° tente de commettre un crime ou, dans les cas prévus par la loi, un délit* ». C'est donc par référence à la commission de l'infraction, ou à sa tentative, que se détermine l'auteur d'un crime ou d'un délit, ce qui suppose qu'il ait lui-même réalisé les éléments de l'infraction ou amorcé une tentative en ce sens. Telle est la situation de l'auteur d'une infraction, qui engage sa responsabilité pénale pour réunir dans sa personne tout ce qui en participe, en la réalisant matériellement, tout en la doublant d'une volonté hostile ou d'une indifférence coupable aux valeurs sociales protégées.

Mais il est une autre manière d'être auteur, plus subtile et immatérielle, ce que l'on exprime volontiers en parlant d'auteur moral.

378 AUTEUR MORAL. — L'auteur moral, ou intellectuel, est celui qui ne réalise pas lui-même l'infraction, tout en incitant ou provoquant à sa consommation. Il n'agit pas personnellement, mais fait commettre son forfait par un autre, ce dernier lui servant de « bras armé ». Il ne fait aucun doute que cette modalité d'action mérite sanction, et qu'elle ne saurait donc échapper au droit pénal sous prétexte que le crime ou le délit a été réalisé par un tiers. Et pourtant, il n'est pas de solution équivalente à celle de l'auteur matériel, faute d'un texte qui incriminerait le procédé en lui-même, en faisant des instigateurs des auteurs à part entière.

Certes, le droit pénal spécial apporte des réponses originales, en érigeant en infractions spécifiques des hypothèses particulières d'instigation, notamment sous forme d'interposition [1], d'ordre [2], de provocation [3], voire de défaut d'intervention [4]. De même, la jurisprudence veille à retenir la responsabilité de ceux qui, exerçant une autorité, s'en servent utilement ou habilement pour ne pas apparaître dans la réalisation de l'infraction. C'est le cas, par exemple, de l'employeur qui donne l'ordre à un préposé de commettre un délit, mais qui reste auteur principal parce que son subordonné n'est qu'un « simple agent d'exécution » [5], ou encore du voleur qui se fait remettre la chose soustraite par un enfant ou par une personne dont les facultés mentales sont diminuées, de sorte qu'ils ne sont qu'un « instrument passif » à l'aide duquel le bien est en réalité appréhendé par le prévenu lui-même [6]. Mais il ne s'agit là que de solutions ponctuelles, qui ne sauraient représenter la généralité d'hypothèses plus nombreuses.

Le rejet de l'auteur moral est manifestement un choix politique de la part du législateur. La question avait été abordée dans le projet de loi portant réforme du code pénal [7]. Son article 121-6 érigeait en instigateur la personne qui, par don, promesse, ruse, menace, ordre, abus d'autorité ou de pouvoir, faisait sciemment commettre par un

1. Par exemple, le génocide est constitué par le fait de commettre ou de « faire commettre » les actes qui en caractérisent la réalisation (c. pén., art. 211-1). Pareillement, la corruption passive se définit comme le fait de solliciter ou d'agréer, directement ou « indirectement », des offres ou des avantages, afin d'accomplir ou de s'abstenir d'accomplir un acte de sa fonction (c. pén., art. 432-11).
2. Ainsi des atteintes à la liberté individuelle constitutives d'abus d'autorité commis contre les particuliers par des personnes exerçant une fonction publique : est visé le fait « d'ordonner » ou d'accomplir arbitrairement un acte attentatoire à la liberté (c. pén., art. 432-4). Il en est de même des atteintes au secret des correspondances (c. pén., art. 432-9), ou encore de la concussion (art. 432-10).
3. Provocation au suicide (c. pén., art. 223-13) ; provocation à l'abandon d'enfant né ou à naître (c. pén., art. 227-12) ; provocation de mineurs à divers crimes ou délits (c. pén., art. 227-18 et s.) ; provocations par voie de presse, notamment à la discrimination, à la haine ou à la violence raciales (L. 29 juill. 1881, art. 24).
4. Ce qui est notamment une modalité d'atteinte au secret de la défense nationale (c. pén., art. 413-10).
5. Crim. 4 déc. 1974, *Gaz. Pal.* 1975. Somm. 93 ; *Rev. sc. crim.* 1976. 409, obs. Larguier ; 28 mars 1996, *Dr. pénal* 1996. 223, obs. J.-H. Robert.
6. Crim. 31 août 1899, D.P. 1902. 1. 331 ; 25 mai 1938, D.H. 1938. 453 ; Trib. corr. Versailles, 13 mai 1970, *Gaz. Pal.* 1971. 1. 34, note Doucet ; *Rev. sc. crim.* 1971. 428, obs. Bouzat.
7. Projet de loi n° 300, déposé par décret du 19 févr. 1986, qui fut par la suite scindé en trois projets distincts par lettre du Premier ministre du 15 févr. 1989 (Sénat, n° 213), chacun d'eux correspondant à un Livre du texte initial.

tiers les faits incriminés, ou provoquait directement un tiers à commettre un crime, lors même qu'en raison de circonstances indépendantes de la volonté de l'instigateur, la provocation n'était pas suivie d'effet. Mais cette disposition fut combattue, comme trop dangereuse pour la liberté individuelle [1], et elle a finalement été supprimée, le code pénal ayant été réformé sans en reproduire les termes.

On peut se demander si cette option a été la bonne, du moins à considérer la montée des exceptions qui en affaiblissent peu à peu la portée. C'est d'abord le cas pour la loi Perben II du 9 mars 2004 portant adaptation de la justice aux évolutions de la criminalité [2], qui définit un nouveau délit d'instigation, en rapport avec l'assassinat et l'empoisonnement : « *Le fait de faire à une personne des offres ou des promesses ou de lui proposer des dons, présents ou avantages quelconques afin qu'elle commette un assassinat ou un empoisonnement est puni, lorsque ce crime n'a été commis ni tenté, de dix ans d'emprisonnement et de 150 000 € d'amende* » (c. pén., art. 221-5-1). Ce texte érige en action morale ce qui ne correspond à aucune infraction, mais il reste dans la relativité, pour affecter seulement les deux qualifications visées [3]. C'est encore l'hypothèse avec la loi du 4 avril 2006 renforçant la prévention et la répression des violences au sein du couple ou commises contre les mineurs [4], qui prévoit, dans les mêmes termes, une nouvelle incrimination d'incitation à commettre certaines infractions contre ces derniers [5] : « *Le fait de faire à une personne des offres ou des promesses ou de lui proposer des dons, présents ou avantages quelconques afin qu'elle commette à l'encontre d'un mineur l'un des crimes ou délits visés aux articles 222-22 à 222-31* (agressions sexuelles)*, 225-5 à 222-11* (proxénétisme)*, 227-22* (corruption de mineur)*, 227-23* (pédopornographie) *et 227-25 à 227-28* (atteintes sexuelles) *est puni, lorsque cette infraction n'a été ni commise ni tentée, de trois ans d'emprisonnement et 45 000 €*

1. Ph. Marchand, Assemblée nationale, 1ère session ordinaire de 1989-1990, Rapport n° 896, p. 129 et s.
2. L. n° 2004-204, *JO* 10 mars 2004, p. 4567.
3. A. Ponseille, L'incrimination du mandat criminel ou l'article 221-5-1 du code pénal issu de la loi n° 2004-204 du 9 mars 2004, *Dr. pénal* 2004, *Etude* n° 10.
4. L. n° 2006-399, *JO* 5 avr. 2006, p. 5097.
5. Cette disposition est le résultat d'une transposition de la décision-cadre du Conseil de l'Union européenne du 23 décembre 2003, relative à la lutte contre l'exploitation sexuelle des enfants et la pédopornographie, qui, aux termes de son article 12, devait être effectuée au plus tard le 20 janvier 2006.

d'amende si cette infraction constitue un délit, et de sept ans d'emprisonnement et 100 000 € d'amende si elle constitue un crime » (c. pén., art. 227-28-3). On réalise de la sorte combien est forte l'attrait de l'instigation en tant qu'infraction autonome, et il faut reconnaître que son incrimination est loin d'être inutile.

B – Les coauteurs

379 PLURALITÉ D'AUTEURS. — Aux coauteurs correspond une pluralité d'intervenants pour la réalisation d'une seule et même infraction. On rentre ainsi dans l'action collective, puisque le crime ou le délit n'est plus le fait d'une personne isolée, mais de plusieurs personnes. La notion de participation en rend compte, avec cependant une spécificité marquée, tout mode participatif n'étant pas de la coactivité. La jurisprudence en donne une définition précise, afin de ne pas la confondre notamment avec la complicité : « *Dans les actes de complicité, il faut distinguer ceux qui, extrinsèques à l'acte, tendent à en préparer, faciliter et réaliser la consommation, de ceux qui, par la simultanéité d'action et l'assistance réciproque, en constituent la perpétration même ; il suit que les individus coupables de ces derniers actes sont bien moins des complices que des coauteurs de l'infraction* » [1]. La formule est explicite, en renvoyant avec précision à ce qui est le propre d'une action partagée entre plusieurs auteurs. Elle tient à la simultanéité de leur conduite respective, et à la réciprocité de leur soutien mutuel, assurant à l'infraction une assise d'autant plus forte, qu'elle est le produit de convergences appuyées. Les coauteurs sont des auteurs à égalité, qui participent personnellement, et avec la même intensité, à tout ce qui constitue le délit, et partagent entre eux, sans différence aucune, le résultat de l'infraction. Ils se distinguent par là des complices, qui, au contraire, sont en retrait par rapport à l'action principale, pour n'apporter qu'une aide ou une assistance secondaire.

380 APPRÉCIATION. — L'appréciation des situations appartient au juge. C'est à lui de dire, en fonction des circonstances, et sur des indices suffisamment probants, si telle participation à la

1. Crim. 17 déc. 1859, D.P. 1860. 1. 196.

réalisation d'une infraction est le fait de coauteurs ou de complices. Cette détermination n'est pas inutile, le régime de répression n'étant pas le même d'une figure à l'autre. Comme nous aurons à le voir, la complicité est une criminalité d'emprunt, ce qui interdit de la considérer comme acquise lorsqu'elle ne vient pas au soutien d'une action principale. La coactivité, au contraire, place tous les participants dans une position d'auteurs, et il en résulte que chacun reste punissable pour son fait personnel, sans être dépendant de l'action d'autrui. Il est donc essentiel de ne pas assimiler les deux hypothèses, et de bien en répercuter toutes les nuances.

Le lien d'égalité que représente la coactivité est d'ailleurs exploité avec profit en jurisprudence. Il suffit, pour s'en convaincre, de renvoyer à la notion d' « infraction collective » (*chapitre 5*), dont l'originalité est de considérer comme une coaction ce qui s'affirme pourtant sous des actions séparées. Ainsi des recels successifs d'un même objet, réitérés par des individus différents en exécution de la même résolution criminelle pour atteindre le même but, « ce qui doit les faire considérer comme les éléments d'une seule infraction, dont le caractère continu fait apparaître chacun des receleurs successifs, non pas comme auteur d'un délit distinct, mais comme coauteur d'un même délit » [1]. La solution consiste à réduire à l'unité ce qui s'inscrit dans la pluralité et dans la durée, avec ce qu'elle permet de répression plus utile, notamment quant à la prescription de l'action publique, puisque c'est seulement lorsque le dernier receleur s'est dessaisi de l'objet au profit d'un tiers de bonne foi, ou en le restituant à son propriétaire, ou même en le détruisant, que cesse l'infraction à l'égard de tous. Par la coactivité le lien est assuré entre les différents auteurs, qui sortent de leur isolement matériel pour rentrer dans une solidarité de répression, tout comme sont effacées les distances entre le passé et le présent, les infractions n'étant plus poursuivies dans leur individualité, mais dans ce qu'elles représentent d'unité de l'une à l'autre. C'est dire combien la coactivité mérite d'être recherchée là où les faits témoignent d'une égalité de participation à un objectif commun, celui-ci se manifesterait-il par des actions séparées dans le temps et dans l'espace.

1. Nancy, 24 mai 1950, *Gaz. Pal.* 1950. 2. 236.

II | L'ENGAGEMENT EN QUALITÉ DE COMPLICE

381 Le complice se distingue de l'auteur, pour ne pas être dans le même rapport avec l'infraction commise. Alors que celle-ci est le fait complet du ou des auteurs, elle n'est que secondairement le résultat du ou des complices, lesquels se situent en retrait dans le processus de sa réalisation. La complicité s'analyse en effet comme une criminalité d'emprunt (A), ce qui en exprime bien la nature accessoire, tout en étant soumise à des pénalités propres qui la rapprochent d'une véritable action (B).

A – La criminalité d'emprunt

382 On dit que le complice emprunte la criminalité d'autrui, ce qui est une juste restitution de ce qui en marque l'originalité. Le complice ne réalise pas lui-même les éléments de l'infraction, ou il en serait alors coauteur. Il ne fait qu'apporter une aide, une assistance, une impulsion. Son rôle n'est que participatif, mais d'une participation qui ne saurait prétendre à une égalité avec le véritable auteur. Il en résulte une image évidente : à savoir que la complicité vient se greffer sur une action principalement menée par un autre, et selon des modalités qui s'en distinguent.

a) L'objet de l'emprunt, ou du fait principal punissable

383 RÉFÉRENCE OBJECTIVE. — Le fait principal punissable est une référence objective. Il renvoie exclusivement à ce qui peut être réprimé sur le plan pénal, ce qui le rend tributaire des données suivantes, qui sont autant d'indices pour en juger :

1 / *L'incrimination.* – Pour être punissable, le fait principal doit d'abord correspondre à une infraction légalement incriminée. La condition ne saurait être remplie lorsque l'action ou l'omission dont la complicité est en cause n'est pas érigée en infraction, ou que, l'ayant été, elle est depuis couverte par une abrogation. Ceux qui apportent une aide ou une assistance à un comportement dépouillé de tout

caractère délictueux, ne peuvent être des complices, faute du support indispensable à l'engagement de leur responsabilité. C'est d'ailleurs ce qui explique et justifie que soient érigés en délits distincts de nombreux actes de complicité, lorsque le fait principal n'est pas lui-même répréhensible. Telle la provocation au suicide (c. pén., art. 223-13), ou l'aide à la prostitution d'autrui (c. pén., art. 225-5, 1°), qui sont des illustrations parfaites d'adossement à des conduites non punissables.

Par ailleurs, la complicité ne peut que se soustraire de ce qui ne rejoint pas avec précision les éléments constitutifs de l'infraction. L'interprétation stricte des textes bénéficie au complice, et si le fait principal ne rentre pas exactement dans ce qu'ils prévoient, aucune poursuite ni condamnation ne saurait être envisagée [1].

2 / *La qualification.* – Le fait principal punissable peut être un crime, un délit ou une contravention. On retrouve ici la trilogie des infractions, avec cependant quelques réserves pour les contraventions.

Avant la réforme du code pénal, seuls les crimes et les délits rentraient dans la théorie de la complicité. Les contraventions en étaient exclues, avec quelques exceptions. Elles ont désormais intégré la matière, mais de manière incomplète, pour ne concerner qu'un mode de complicité sur deux. L'article 121-7 du code pénal vise en effet doublement le complice, et par référence à un « crime » ou à un « délit », lorsqu'il agit par aide ou assistance, ou en facilite la préparation ou la consommation (al. 1er), et en rapport avec une « *infraction* », lorsqu'il en provoque la réalisation ou donne des instructions pour la commettre (al. 2). De cette différence de rédaction, il ressort nettement que les contraventions ne sont pas comprises dans la première hypothèse, alors qu'elles le sont dans la seconde. Il n'en résulte pas moins une extension sensible du domaine de la complicité.

Il est des contraventions qui dérogent à ces nouveaux critères, pour relever à titre spécial de l'aide ou de l'assistance [2]. On peut se demander si ces exceptions sont bien conformes à la hiérarchie

1. Pour le rejet d'une complicité d'évasion, faute d'un fait principal punissable, V. Crim. 5 mai 1998, *Bull. crim.* n° 151 ; *Dr. pénal* 1998. 110, obs. Véron ; JCP 1999. I. 112, n° 5, obs. Véron ; *Rev. sc. crim.* 1999. 107-B, obs. Delmas Saint-Hilaire.
2. Ainsi des bruits ou tapages injurieux ou nocturnes (c. pén., art. 623-2), des violences (c. pén., art. R. 624-1 et R. 625-1), ou encore des destructions, dégradations et détériorations dont il n'est résulté qu'un dommage léger (c. pén., art. R. 635-1).

constitutionnelle des normes juridiques, dans la mesure où elles reviennent à contrarier, par voie de règlement, ce qui est pourtant de nature législative au regard des principes.

3 / *La matérialité.* – Pour être punissable, le fait principal doit recouper le seuil matériel de la répression.

C'est bien sûr le cas lorsque l'infraction est juridiquement consommée, c'est-à-dire réalisée dans ce qui en caractérise la matérialité complète. Celle-ci doit être appréciée, tant au regard de ses composantes constitutives, que des circonstances aggravantes dont l'impact est objectif sur la définition du crime ou du délit, telle une circonstance aggravante dite « réelle », qui a trait aux conditions dans lesquelles l'infraction se commet, et qui a vocation à s'appliquer à l'ensemble des coauteurs et complices [1].

Mais c'est aussi le cas si elle est seulement en voie d'exécution, puisque, par la tentative, la répression peut intervenir avant que le délit ne soit achevé. Il suffit alors que le fait se manifeste par un commencement d'exécution, dépassant les simples actes préparatoires [2], et qu'il ne soit suspendu ou ne manque son effet qu'en raison de circonstances indépendantes de la volonté de son auteur. En revanche, si le désistement est volontaire, l'action principale fait défaut, et le complice ne peut être condamné, serait-il l'instigateur de l'action engagée, et aurait-il fait preuve de sa détermination de la voir aboutir [3]. C'est là une conséquence normale de l'emprunt de criminalité, à laquelle il n'est possible de remédier qu'en érigeant l'instigateur en auteur moral de l'infraction. On sait que le droit positif n'est pas en ce sens, du moins en termes de principe.

4 / *L'élément moral.* – Non seulement le fait principal doit se manifester par une matérialité rejoignant des seuils juridiques de

1. Ainsi de la bande organisée (Crim. 15 sept. 2004 , *Bull. crim.* n° 213).
2. Après avoir caractérisé des faits en les qualifiant d'actes préparatoires non punissables, un arrêt ne peut, sans se contredire, retenir la complicité de ces mêmes faits. – Crim. 16 juin 1955, JCP 1955. II. 8851, note Vouin ; *Rev. sc. crim.* 1956.99. obs. Légal.
3. Des actes répondant à la définition de la complicité ... échappent à la répression, dès lors que l'action principale ne peut être considérée, du fait de la défaillance de son auteur, comme étant constitutive d'un commencement d'exécution. – Crim. 25 oct. 1962, 2 arrêts, *Bull. crim.* n° 292 (*Lacour*) et n° 293 (*Benamar*) ; D. 1963. 221, note Bouzat ; JCP1963. II. 12985, note Vouin ; *Gaz. Pal.* 1962. 2. 283 ; *Rev. sc. crim.* 1963. 553, obs. Légal.

répression, mais cette matérialité est encore suffisante dans son principe, n'ayant pas à être complétée par une référence à la psychologie de son auteur. Un arrêt de la Cour de cassation le confirme en termes très explicites : « *Dès lors que l'existence d'un fait principal punissable*, soit l'exportation illicite de stupéfiants, *a été souverainement constatée par la cour d'appel, la relaxe en faveur du prévenu principal pour défaut d'intention coupable n'exclut pas la culpabilité d'un complice* »[1]. Sur le terrain de la complicité, l'infraction n'est plus envisagée dans sa conception juridique classique, c'est-à-dire doublement consommée par son auteur, et matériellement, et moralement : elle est retenue dans sa dimension objective, pour ne dépendre que de sa seule matérialité.

On peut se demander si la solution est toujours opportune, et s'il ne convient pas d'en nuancer le principe toutes les fois que la matérialité n'est pas en elle-même significative d'une qualification pénale, et donc ne permet pas de situer l'infraction avec exactitude sur l'échelle des crimes et des délits. Par exemple, les violences attentatoires aux personnes ne livrent leur identité que par l'élément moral, ce qui impose de dépasser leur matérialité. C'est seulement au regard de l'intention qu'il est possible de faire la différence entre un homicide volontaire et un homicide involontaire, et le relais de la culpabilité est ici indispensable à l'établissement du fait principal punissable. Les solutions en ce sens méritent donc d'être maintenues[2], sans que la matière en devienne pour autant incohérente[3].

5 / *Les causes objectives d'irresponsabilité*. – Par causes objectives, ou *in rem*, d'irresponsabilité, il faut comprendre tout ce qui a

1. Crim. 8 janv. 2003, *Bull. crim.* n° 5 ; D. 2003. 2661, note E. Garçon ; *ibid.* 2004. *Somm.* 310, obs. de Lamy ; JCP 2003. II. 10159, note Jeandidier ; *Rev. sc. crim.* 2003. 553, obs. Bouloc.
2. Lorsqu'aucune question n'a été posée sur le point de savoir si les violences volontaires dont il est résulté la mort de la victime ont été commises avec l'intention de la donner, l'infraction principale de meurtre n'est pas établie en tous ses éléments constitutifs ; en conséquence la complicité n'a pas été caractérisée. – Crim. 4 mars 1998, *Bull. crim.* n° 83.
   C'est de la même manière que l'affaire du sang contaminé a trouvé son dernier dénouement. Il a été jugé que la complicité d'empoisonnement ne pouvait être retenue contre quiconque, faute pour les auteurs principaux d'avoir agi avec l'intention de donner la mort. – Crim. 18 juin 2003, *Bull. crim.* n° 127 ; D. 2004, p. 1620, note Rebut, et *Somm.*, p. 2751, obs. Mirabail ; *ibid.* 2005, p. 195, note Prothais ; JCP 2003. II. 10121, note Rassat ; *Dr. pénal* 2003, *comm.* 97, obs. Véron ; *Rev. sc. crim.* 2003. 781, obs. Mayaud. – *Adde* : V. Malabat et J.-Ch. Saint-Pau, Le droit pénal général malade du sang contaminé, *Dr. pénal* 2004. *Chron.* 2.
3. Comparer : Crim. 20 juin 1994, préc.

pour résultat de faire tomber le caractère délictueux de faits ayant les apparences d'une infraction, et de s'opposer en conséquence à des poursuites ou à une condamnation sur le fondement de tels faits. Le crime ou le délit commis dans ses différents éléments est alors exclu de la répression, ce qui interdit de le compter comme un fait principal au regard de la complicité.

C'est le cas pour les faits justificatifs, qu'ils soient généraux ou spéciaux, dont l'originalité est de faire perdre à l'infraction son caractère répréhensible, et donc de la dépouiller de son assise légale, toutes les fois qu'elle est le produit d'un conflit de valeurs à l'avantage d'un intérêt supérieur. La légitime défense, par exemple, est justificative des violences exercées sur la personne d'un agresseur, de telles violences, à supposer qu'elles soient proportionnées à celles qui les ont provoquées, perdant leur criminalité par le fait même de leur utilité sociale. Il en résulte que la personne qui aide à les exercer ne saurait être considérée comme complice, faute de fait principal punissable pouvant servir d'appui à son assistance. Il en est de même de certaines immunités, telles les immunités parlementaires ou judiciaires en matière de presse (L. 29 juill. 1881, art. 41), qui ont la même portée dépénalisante sur les faits qui en relèvent, et qui ne sauraient servir non plus de soutien à des poursuites pour complicité.

L'amnistie répond à la même logique, du moins lorsqu'elle n'est pas une mesure personnelle. Son effet est d'effacer rétroactivement, sur une période de temps déterminée, la nature délictueuse des infractions visées, afin de ne plus tenir comme valables les condamnations auxquelles elles ont donné lieu, et d'interdire toute nouvelle poursuite. Il s'en déduit que le fait couvert par une loi d'amnistie ne revêt plus de caractère punissable, avec une incidence directe sur la complicité, qui est ainsi privée de son support opérationnel.

Le raisonnement est enfin identique pour la prescription de l'action publique, dont la portée, indissociable de l'écoulement du temps, est de rendre l'infraction étrangère à la répression, et ceci tant à l'égard de l'auteur principal que du complice.

384 RÉFÉRENCE DÉPERSONNALISÉE. — Nous venons de faire état des principales manifestations de l'objectivité rendant compte du fait principal punissable. Elles témoignent de l'idée que ce dernier est à la mesure des éléments qui contribuent à la réalité délictueuse de l'action ou de l'omission engagée, et que leur défaillance prive la complicité de son support. Cette objectivité est encore renforcée par le fait que sont par ailleurs indifférentes les données personnelles à l'auteur de l'infraction, ce que la jurisprudence retient sous le principe que la culpabilité du complice est indépendante de celle de l'auteur principal [1]. La criminalité reste donc un objet d'emprunt, même si, pour des raisons qui lui sont propres, l'auteur principal échappe, quant à lui, à la justice pénale, ou relève d'une procédure autonome par rapport au complice.

1 / *Les causes subjectives d'irresponsabilité.* – Les causes dites « subjectives » sont toutes les circonstances se soldant par une impunité personnelle à l'auteur d'une infraction. Elles sont nombreuses, et leur diversité témoigne des nuances et des richesses du droit pénal destinées à une certaine flexibilité dans la répression. Elles se caractérisent par une portée *in personam*, et il est normal que le complice ne puisse en avoir les effets, sauf à y prétendre individuellement.

Il est de règle que l'acquittement ou le renvoi des poursuites de l'accusé ou du prévenu principal, s'il est motivé sur une excuse ou une exception personnelle, ne fait pas obstacle à la condamnation des complices [2]. Ainsi de l'amnistie personnelle accordée à l'auteur principal d'une infraction, qui ne peut produire d'effets qu'à son égard, et qui n'abolit pas, en ce qui concerne le complice, les actes de la procédure [3]. À plus forte raison doit-il en être de même lorsque sont prévues des exemptions de peines, notamment pour avoir permis d'éviter la réalisation d'une infraction (c. pén., art. 132-78) : ces mesures de clémence sont bien sûr personnelles à ceux qui en bénéficient, et les complices y sont d'autant plus étrangers, qu'elles passent par le relais d'une responsabilité établie, et donc d'un fait objectivement punissable.

Ce devrait être le cas des immunités familiales (c. pén., art. 311-12), qui relèvent moins d'une nature justificative, que d'un

1. Crim. 10 avr. 1975, *Bull. crim.* n° 89 ; *Rev. sc. crim.* 1977. 82, obs. Larguier.
2. Crim. 23 janv. 1873, D.P. 1874. 5. 128.
3. Crim. 25 mai 1954, *Bull. crim.* n° 194 ; JCP 1954. II. 8305, note Delpech ; *Rev. sc. crim.* 1954. 760, obs. Légal.

objectif de décence (*chapitre 11*), et qui, de ce fait, mériteraient de ne pas avoir de retombées favorables pour les complices. Mais la jurisprudence, fort curieusement, n'est pas en ce sens [1], qui opère une regrettable fracture dans la logique qui est pourtant sienne par ailleurs.

En revanche, l'orthodoxie est respectée pour les causes de non-imputabilité, liées aux troubles psychiques ou neuropsychiques ayant aboli le discernement ou le contrôle des actes de l'auteur principal (c. pén., art. 122-1), ou à l'empire d'une force ou d'une contrainte à laquelle il n'a pu résister (c. pén., art. 122-2). Ces hypothèses, pour relever du vécu personnel de celui à qui elles profitent, ne sauraient être à l'avantage du complice, dès lors qu'il n'a pas été confronté à ce qu'elles représentent d'entrave à sa propre liberté [2]. Elles n'atteignent pas le fait dans sa teneur délictueuse, mais la personne dans ses faiblesses naturelles ou provoquées. Et l'aide apportée ne peut que trouver une juste expression dans la complicité, qui confine même à une véritable action morale, pour abuser de la passivité de sujets par hypothèses ignorants de leur rôle, ou contraints à le tenir malgré eux.

2 / *L'autonomie des poursuites.* – Il est indifférent que le complice soit poursuivi, alors que l'auteur de l'infraction ne le serait pas. La complicité ne tient pas à une égalité de principe à ce titre, mais à l'existence établie d'un fait principal objectivement punissable, peu importe que l'action publique soit ou non mise en mouvement à l'encontre de son auteur [3], lequel peut être décédé, inconnu [4] ou en fuite, voire ne pas avoir été inquiété pour de simples raisons d'opportunité ou de stratégie procédurale.

3 / *L'autorité de la chose jugée.* – Les situations respectives de l'auteur principal et du complice restent de même séparées quant à l'autorité de la chose jugée. Le second peut voir sa responsabilité retenue indépendamment de l'état d'avancement de la procédure diligentée contre le premier. Il suffit qu'elle repose sur l'existence d'un fait punissable bien établi, ce qui peut être acquis sans attendre

1. Crim. 6 févr. 1920, D.P. 1921. 1. 67 ; 8 janv. 1921, *ibid.* 1921. 1. 169, note A.L.
2. Crim. 3 juill. 1909, D.P. 1911. 1. 290. – Trib. corr. Bobigny, 22 nov. 1972, *Gaz. Pal.* 1972. 2. 890.
3. Crim. 28 nov. 2006, *Bull. crim.* n° 294.
4. Crim. 3 mars 1959, *Bull. crim.* n° 145 ; 18 nov. 1976, *ibid.* n° 332 ; 28 mai 1990, *Bull. crim.* n° 214 ; *Rev. sc. crim.* 1991. 346, obs. Levasseur.

le dénouement de la procédure exercée contre l'auteur de l'infraction. La Cour de cassation en juge ainsi : « *La condamnation est suffisamment justifiée à l'égard du complice, si la décision qui la prononce constate l'existence du délit et en relève les éléments constitutifs, alors même que la condamnation de l'auteur principal ne serait pas encore devenue définitive* » [1].

C'est dans le même esprit qu'il convient de tenir compte de l'impact de la procédure de révision. La relaxe de l'auteur principal ne constitue un fait nouveau, au sens de l'article 622-4° du code de procédure pénale, à même d'entraîner la remise en cause de la condamnation du complice, que si elle se traduit par un doute sérieux sur l'existence même de l'infraction, et si tel n'est pas le cas, la demande en révision ne peut qu'être rejetée [2].

b) Les modalités d'emprunt, ou des actes de complicité punissables

385 DUALITÉ. — Le code pénal retient deux modes de complicité, mais dans des versions suffisamment larges pour retrouver celles antérieures à la réforme. Il s'agit de l'aide ou de l'assistance, et de la provocation ou de la fourniture d'instructions. Il est essentiel de s'y reporter. La complicité relève du principe de la légalité, et les décisions qui en font état ne peuvent que se situer par rapport à l'une ou l'autre de ces hypothèses, afin de les respecter telles que la loi les prévoit. Il ne suffit donc pas d'affirmer l'existence d'une complicité pour poursuivre ou condamner une personne de ce chef [3], encore faut-il énoncer en quoi elle a consisté [4], et préciser les faits qui en justifient l'application dans les termes de la loi [5]. Mais cette contrainte reste assez souple. La jurisprudence, en effet,

1. Crim. 10 avr. 1975, préc.
2. Crim. 16 nov. 1998, *Bull. crim.* n° 299 ; *JCP* 1999. II. 10118, note Jeandidier ; 16 févr. 2000, *Bull. crim.* n° 73. – À comparer : Crim. 20 juin 1994, *Bull. crim.* n° 246.
3. La question relative à la complicité doit caractériser tous les éléments de l'un des modes de complicité prévus par les art. 6 ancien et 121-7 c. pén. ; tel n'est pas le cas de la question qui se borne à demander à la Cour et au jury si l'accusée s'est rendue complice des crimes de viols commis par l'auteur principal. – Crim. 11 mars 1998, *Bull. crim.* n° 98.
4. Crim. 17 avr. 1956, *Bull. crim.* n° 309 ; 23 mars 1978, *ibid.* n° 116.
5. Crim. 15 avr. 1972, *Bull. crim.* n° 124.

considère qu'un seul des éléments de complicité suffit pour justifier l'application de la peine [1], et qu'il est donc sans intérêt de rechercher, lorsque la prévention ou l'accusation a relevé plusieurs modes de complicité, si les déclarations de culpabilité relatives à certains d'entre eux sont entachées d'irrégularité, dès lors qu'un autre mode a été à bon droit retenu [2].

386 AIDE OU ASSISTANCE. — Il ressort de l'article 121-7, alinéa 1er, du code pénal que : « *Est complice d'un crime ou d'un délit la personne qui sciemment, par aide ou assistance, en a facilité la préparation ou la consommation* ». L'aide ou l'assistance est donc le premier mode de complicité punissable, dont nous avons déjà souligné qu'il était réservé aux crimes et aux délits, et qu'il ne s'appliquait pas aux contraventions. L'ancien article 60 du code pénal en contenait le principe [3], et la jurisprudence antérieure à la réforme reste un support appréciable pour en maîtriser les applications.

1 / *L'aide ou l'assistance est un acte antérieur ou concomitant à l'action principale*, ce qui exclut les actes postérieurs à sa perpétration [4].

Il n'est pas nécessaire que le soutien apporté rejoigne la réalisation complète de l'infraction reprochée à l'auteur principal [5], et il est, dès lors, sans intérêt de rechercher si les éléments constitutifs du crime ou du délit, telle la pluralité d'actes participant d'une infraction d'habitude, se trouvent réunis en la personne du complice [6]. La solution est logique, pour respecter la distinction de la complicité et de la coactivité. Elle est de plus conforme à la lettre

1. Crim. 6 mars 1963, *Bull. crim.* n° 105 ; 29 mars 1971, *ibid.* n° 112 ; 27 mai 1988, *ibid.* n° 230 ; 7 oct. 1992, *Bull. crim.* n° 313 ; *Rev. sc. crim.* 1993. 769, obs. Bouloc.
2. Crim. 6 mars 1963, préc. ; 11 juill. 1978, D. 1979. IR. 69 ; *Gaz. Pal.* 1979. 1. *Somm.* 251 ; 27 mai 1988, préc.
3. L'art. 60 du code pénal visait « ceux qui auront, avec connaissance, aidé ou assisté l'auteur ou les auteurs de l'action, dans les faits qui l'auront préparée ou facilitée, ou dans ceux qui l'auront consommée... ».
4. Crim. 6 août 1945, *Gaz. Pal.* 1945.2.143 ; *Rev. sc. crim.* 1946. 67, obs. Hugueney ; 4 déc. 1947, *Bull. crim.* n° 239 ; 20 mars 1997, D. 1999. 28, note Boccara ; *Dr. pénal* 1997. 131, obs. J.-H. Robert.
5. Crim. 14 avr. 1904, D.P. 1905. 1. 342 ; 3 nov. 1981, *Bull. crim.* n° 289 ; *Rev. sc. crim.* 1984. 489, obs. Larguier ; 22 janv. 1991, *Bull. crim.* n° 36 ; JCP 1992. II. 21909, note Garé.
6. Crim. 29 janv. 1965, *Bull. crim.* n° 30 ; D. 1965.288, note Combaldieu ; *Gaz. Pal.* 1965.1.347.

même de l'article 121-7 du code pénal, qui vise l'aide ou l'assistance ayant abouti à faciliter, non seulement « la consommation » du crime ou du délit, mais encore sa « préparation ». Cette référence à la « préparation » témoigne de la possibilité de reconnaître comme complicité ce qui ne participe pas d'une contribution à la matérialité constitutive de l'infraction. Toute forme d'aide ou d'assistance est donc à prendre en compte, dès lors que l'action principale est elle-même parvenue à maturité répressive, c'est-à-dire correspond à une infraction tentée ou consommée. Seule la *tentative de complicité* n'est pas punissable [1], de même que la complicité au second degré, ou *complicité de complicité* [2], ce qui a l'avantage d'échapper à l'équivoque quant à la portée de l'acte reproché au complice [3].

Le principe d'antériorité ou de concomitance n'est pas sans quelques assouplissements, dictés par le souci de ne pas laisser dans l'impunité des hypothèses relevant d'une chronologie indivisible. C'est ainsi que l'aide ou l'assistance postérieure au délit, mais résultant d'un accord antérieur, constitue un acte de complicité [4], tel le fait de faciliter la fuite des auteurs d'un vol, bien qu'intervenant après le délit, si les juges du fond constatent que cette protection a été assurée par une entente préalable à l'infraction [5]. La solution permet d'ailleurs d'illustrer à sa manière les intérêts qui s'attachent à la distinction des infractions sur le critère de leur matérialité, l'antériorité ou la concomitance ne pouvant que suivre leur durée constitutive [6]. De même, il n'est pas interdit au juge de retenir, à

1. Crim. 23 mars 1978, *Bull. crim.* n° 116 ; D. 1979. 319, note Bouloc.
2. Crim. 1er sept. 1987, *Bull. crim.* n° 308. – Rappr. : Crim. 4 janv. 1975, *Gaz. Pal.* 1975. 1. 343, note J.-P. D. ; *Rev. sc. crim.* 1976. 707, obs. Larguier ; 30 mai 1989, *Bull. crim.* n° 222 ; *Rev. sc. crim.* 1990. 325, obs. Vitu. – Opposer : Crim. 22 juill. 1943, *Bull. crim.* n° 76 ; JCP 1944. II. 2651 (3e espèce).
3. Constitue la complicité incriminée par l'art. 121-7 c. pén. l'aide ou l'assistance apportée en connaissance de cause à l'auteur d'un délit (escroquerie), même par l'intermédiaire d'un autre complice. – Crim. 15 déc. 2004, *Bull. crim.* n° 322 ; D. 2005. 2128, note Royer ; JCP 2005. II. 10050, note Maréchal ; *Rev. sc. crim.* 2005. 298, obs. Vermelle.
   C'est dire que les complices peuvent se servir mutuellement de relais dans le soutien qu'ils apportent à l'auteur de l'infraction, sans qu'il y ait pour autant *complicité de complicité*, dès lors que leur participation reste en relation directe avec le fait principal punissable.
4. Crim. 21 juin 1978, *Bull. crim.* n° 207 ; D. 1979. IR. 37, obs. Puech ; 11 juill. 1994, *Bull. crim.* n° 274 ; *Rev. sc. crim.* 1995. 343, obs. Bouloc ; 1er déc. 1998, *Dr. pénal* 1999. 80, obs. Véron.
5. Crim. 30 avril 1963, *Bull. crim.* n° 157 ; D. 1963. Somm. 71 ; *Rev. sc. crim.* 1964. 134, obs. Légal ; 8 nov. 1972, *Bull. crim.* n° 329 ; D. 1973. Somm. 17 ; *Rev. sc. crim.* 1974. 79, obs. Larguier ; 30 oct. 1996, *Gaz. Pal.* 1997. 1, *chr. crim.* 49.
6. Le délit d'évasion, prévu par l'art. 434-29, 3°, c. pén., étant un délit instantané, entièrement consommé à la date même où le condamné n'a pas réintégré l'établissement pénitentiaire, à

titre de présomption, des faits postérieurs à la perpétration du crime ou du délit et d'en déduire la preuve de l'existence d'actes antérieurs, constitutifs de la complicité [1]. Enfin, de nombreuses actions postérieures à une infraction sont érigées en délits distincts, ce que sont par exemple les différentes hypothèses de recel, et il faut voir dans cette politique la volonté du législateur de compenser les limites inhérentes à la théorie de la complicité.

2 / *L'aide ou l'assistance est un acte positif.* – Les actes antérieurs ou concomitants au crime ou au délit constatés à la charge d'un complice ne justifient son renvoi devant la juridiction de jugement qu'à la condition qu'ils soient positifs [2], et ne peut être déclaré coupable de complicité celui qui a facilité un crime ou un délit par simple inaction ou abstention [3]. C'est donc de manière active, et non passive, que la complicité se matérialise, et la jurisprudence veille à ne rien perdre de cette exigence. Il est même possible d'en renforcer les illustrations en considérant comme nécessairement positive l'ancienne fourniture de moyens telle qu'elle était comprise dans l'ancien article 60 du code pénal (al. 2).

Mais là encore des assouplissements existent. Toute inaction se présentant sous les traits d'un encouragement à l'action est volontiers considérée comme perdant de son caractère passif, pour finalement revêtir une portée positive. C'est le cas lorsqu'elle est le fait de personnes d'autorité, qui exercent des fonctions leur permettant de s'opposer à la réalisation de l'infraction, ou dont le statut les soumet à un devoir évident d'intervention [4], de sorte que leur passivité ne

l'issue d'une permission de sortir, l'intervention d'un tiers, postérieurement à cette date, aux fins d'aider l'auteur principal dans sa fuite, ne saurait constituer un acte de complicité punissable, en l'absence d'un accord antérieur à l'infraction. – Crim. 4 mai 2000, *Bull. crim.* n° 178 ; *Dr. pénal* 2000. 112, obs. Véron ; *Rev. sc. crim.* 2001, p. 164, obs. Delmas Saint-Hilaire.

1. Crim. 4 déc. 1947, *Bull. crim.* n° 239
2. Crim. 8 mars 1951, *Bull. crim.* n° 76 ; 6 sept. 2000, D. 2001. *Somm.* 2350, obs. Roujou de Boubée ; *Dr. pénal* 2000. 138, obs. J.-H. Robert ; *Rev. sc. crim.* 2001. 395, obs. Renucci.
3. Crim. 21 oct. 1948, *Bull. crim.* n° 242 ; 27 déc. 1960, *ibid.* n° 624.
4. Expert comptable qui n'observe pas son obligation professionnelle d'organiser, vérifier, apprécier et redresser la comptabilité de son client poursuivi pour fraude fiscale (Crim. 15 janv. 1979, *Bull. crim.* n° 21). – Membre du directoire d'une société ayant connaissance des abus de biens sociaux auxquels se livrait son président (Crim. 28 mai 1980, D. 1981. IR. 137, obs. Roujou de Boubée). – Spécialiste intervenant en tant que conseil lors de l'élaboration d'une campagne publicitaire ayant abouti à une publicité illicite en faveur du tabac (Crim. 6 févr. 1992, *Bull. crim.* n° 60 ; *Rev. sc. crim.* 1993. 312, obs. Bouloc). – Président de chambre au tribunal de commerce et juge commissaire, qui ne s'est pas opposé à la reprise des actifs d'une

peut qu'avoir une influence positive dans l'esprit de l'auteur principal. Il est des inactions chargées d'action, ce que les juridictions sanctionnent à juste titre par les exceptions qu'elles consacrent sur ce plan.

Le législateur lui-même n'est pas indifférent à cette réalité, du moins à se reporter à la loi n° 2007-297 du 5 mars 2007, relative à la prévention de la délinquance [1], qui qualifie d'acte de complicité des atteintes volontaires à l'intégrité de la personne prévues par les articles 222-1 à 222-14-1 et 222-23 à 222-31 du code pénal, le fait d'enregistrer sciemment, par quelque moyen que ce soit, sur tout support que ce soit, des images relatives à la commission de ces infractions (c. pén., art. 222-33-3 ; pratique connue sous le nom de « *happy slapping* »). Une telle complicité ne s'apparente pas à une instigation [2], de même qu'elle ne peut être retenue comme une aide matérielle et directe au fait principal : elle est en définitive sanctionnée pour ce qu'elle représente d'encouragement aux violences exercées, ce qui renvoie à une assistance morale.

3 / *L'aide ou l'assistance est un acte intentionnel.* – La complicité par aide et assistance n'est punissable que si cette aide a été apportée « sciemment » à l'auteur principal dans les faits qui ont facilité la préparation ou la consommation de l'infraction [3]. Elle doit donc avoir été portée en connaissance de cause, et non de manière involontaire [4], ce qui suppose que le complice ait intégré psychologiquement le principe de sa participation à l'infraction dans les conditions prévues par la loi. Il appartient à la juridiction de le constater [5], cette donnée caractérisant l'élément moral de la complicité. Il est vrai que la jurisprudence en simplifie la preuve, admettant que, si la complicité ne peut résulter

société en redressement judiciaire et de ses filiales par une société à laquelle était personnellement intéressé un juge consulaire, auteur principal du délit de malversations (Crim. 30 juin 1999, *Bull. crim.* n° 175 ; D. (*Aff.*) 1999, p. 1290). – Gardien de la paix qui laisse un collègue commettre un vol au cours d'une patrouille (Trib. corr. Aix, 14 janv. 1947, JCP 1947. II. 3465, note Béraud ; *Gaz. Pal.* 1947. 1. 262 ; D.C. 1947. Somm. 19).

1. *JO* 7 mars, p. 4297.
2. Ph. Houillon, *Ass. nat.*, 2007, rapport n° 3674.
3. Crim. 19 juin 2001, *Bull. crim.* n° 148 ; *Dr. pénal* 2001. 111, obs. Véron ; *Gaz. Pal.* 2002. 1. 646, note Guerder ; *Rev. sc. crim.* 2002. 97, obs. Bouloc.
4. Une simple négligence ne peut être assimilée à une participation intentionnelle. – Crim. 6 déc. 1989, *Dr. pénal* 1990. 117.
5. Crim. 28 juin 1995, *Bull. crim.* n° 241 ; *Dr. pénal* 1995. 274, note Véron.

que d'actes antérieurs ou concomitants au fait principal, la preuve de l'intention frauduleuse peut se déduire de comportements ultérieurs [1], ou jugeant également, quand la complicité consiste à la fois dans la provocation par dons ou promesses et dans l'aide ou l'assistance, que les juges ne sont pas tenus de déclarer que le complice a agi sciemment, le fait même de la provocation au crime impliquant la connaissance de la criminalité de l'acte [2].

L'élément intentionnel soulève une difficulté particulière lorsque le complice poursuivi est dans un état de subordination par rapport à l'auteur principal. La Cour de cassation se détermine ici conformément au droit commun, et ne consacre l'impunité que dans l'hypothèse où la force majeure peut être établie. Ce n'est pas le cas de l'obéissance due par un employé à celui qui l'emploie, et il se rend ainsi complice des délits commis par son employeur lorsqu'il l'assiste dans les actes dont il peut apprécier le but et les conséquences coupables [3]. Le lien de subordination ne saurait donc, en soi, avoir pour effet de soustraire le subordonné à sa responsabilité pénale [4], et, d'une manière plus générale, c'est seulement sous couvert des différentes causes d'irresponsabilité légalement reconnues et strictement interprétées que le complice peut espérer échapper aux poursuites [5].

387 PROVOCATION OU INSTRUCTIONS. — Le second alinéa de l'article 121-7 du code pénal considère comme complice la personne qui, « *par don, promesse, menace, ordre, abus d'autorité ou de pouvoir aura provoqué à une infraction ou donné des instructions pour la commettre* ». Cette formule, dont on sait qu'elle s'applique tant aux contraventions [6] qu'aux crimes et aux délits, renvoie à deux actes différents, mais procédant d'un même mode [7].

1. Crim. 4 nov. 1991, *Bull. crim.* n° 391.
2. Crim. 27 déc. 1872, D.P. 1872. 1. 475 ; 24 juill. 1930, *Bull. crim.* n° 216.
3. Crim. 28 févr. 1962, *Bull. crim.* n° 111 ; 22 juin 1976, *ibid.* n° 229.
4. V. Malabat, La responsabilité pénale du subordonné, Mélanges B. Bouloc, *Dalloz*, 2006, p. 681.
5. Pour le rejet d'une défense fondée sur l'erreur de droit, dans une poursuite du chef de complicité de publicité illicite en faveur du tabac : Crim. 29 juin 1999, *Dr. pénal* 1999. 143 (1er arrêt), obs. J.-H. Robert.
6. Ainsi de la complicité de contravention de circulation de véhicules motorisés dans des espaces naturels (D. n° 92-258 du 20 mars 1992, art. 1er), dont se rend coupable la personne qui loue des motocyclettes et des quadricycles au public, tout en fournissant des instructions pour leur utilisation (Crim. 7 sept. 2004, *Dr. pénal* 2004. 174 (1re espèce), obs. J.-H. Robert ; *Rev. sc. crim.* 2005. 311, obs. J.-H. Robert).
7. Crim. 15 déc. 1999, *Bull. crim.* n° 309.

1 / La *provocation* est le premier des actes visés. Elle consiste à inciter la personne à commettre une infraction, incitation qui doit passer par une ou plusieurs des conditions mises à son existence, c'est-à-dire en étant précédé ou accompagné d'un don, d'une promesse, d'une menace, d'un ordre, d'un abus d'autorité ou d'un abus de pouvoir. La référence à ces éléments de matérialisation ne peut qu'aller dans le sens d'une interprétation stricte, la loi indiquant par là que seule doit être prise en compte une ferme instigation à commettre l'infraction, et non une simple invitation ou un simple conseil [1].

Il va de soi que l'on retrouve ici les caractères déjà remarqués à propos de l'aide ou de l'assistance, à savoir, outre l'intention, d'une part, l'exclusion de toute intervention postérieure à l'infraction, tant il est vrai que l'on ne peut provoquer qu'à des actions futures, et d'autre part, la référence à des actes positifs, chacun des moyens envisagés renvoyant à des actions très marquées en ce sens. Ainsi des dons et promesses, qui portent le plus souvent sur une somme d'argent, mais qui peuvent concerner tout autre objet ou prestation [2], ou de la menace, notamment de licenciement [3], laquelle ne peut se concevoir sans extériorisation. De même, l'ordre procède d'un caractère actif. Il suppose logiquement une relation de subordination entre celui qui le donne et celui qui le reçoit [4], afin d'en fonder à la fois la légitimité et l'efficacité. Mais la jurisprudence se montre plutôt libérale dans son appréciation, toute injonction prononcée semblant suffisante pour le caractériser, indépendamment de la constatation d'un tel lien [5]. Quant à l'abus d'autorité ou de pouvoir, il s'attache à toutes les hypothèses passant par l'exploitation active d'une situation de dépendance, ne serait-elle pas légale,

1. Crim. 24 déc. 1942, JCP 1944. II. 2651 (2e espèce) ; *Gaz. Pal.* 1943. 1. 117 ; 13 janv. 1954, D. 1954. 128.
2. Pour la promesse d'un repas : Crim. 24 juill. 1985, *Gaz. Pal.* 1986.1.*Somm.* 114.
3. Crim. 24 juill. 1958, *Bull. crim.* n° 573.
4. Encourt la cassation l'arrêt qui, pour déclarer le passager d'un véhicule complice du délit de refus d'obtempérer, se borne à relever que l'ordre de prendre la fuite par lui donné au conducteur, qui ne lui était pas subordonné, est à l'origine de l'infraction commise. – Crim. 21 sept. 1994, *Bull. crim.* n° 302 ; *Dr. pénal* 1995. 2, note Véron ; *Rev. sc. crim.* 1995. 343, obs. Bouloc.
5. Pour des ordres donnés par des passagers de véhicules à ceux qui les conduisent : Crim. 6 juin 2000, *Bull. crim.* n° 213 ; *Dr. pénal* 2000. 124, obs. Véron ; *Rev. sc. crim.* 2000. 829, obs. Mayaud ; *ibid.* 2001. 152, obs. Bouloc (ordre de brûler un feu rouge). – Crim. 18 mars 2003, *Bull. crim.* n° 70 ; D. 2004. *Somm.* 311, obs. de Lamy ; *Dr. pénal* 2003, *comm.* 95, obs. Véron (ordre de forcer un barrage de police).

mais purement circonstancielle, tel le fait d'être l'unique client d'une entreprise pour provoquer ses dirigeants à une fraude fiscale [1], ou de jouer sur une forte ascendance syndicale afin d'obtenir de salariés des exactions contre des non grévistes [2]. L'autorité et le pouvoir s'entendent donc d'une suprématie morale ou de pur fait [3], mais elle doit être suffisamment prononcée pour entraîner les effets d'une provocation directe à l'infraction [4].

2 / La *fourniture d'instructions* est le second acte correspondant au mode de complicité qui nous retient. Malgré une rédaction qui porterait à le croire, il est généralement admis qu'elle n'a pas à être accompagnée d'un don, d'une promesse, d'une menace, d'un ordre, ou d'un abus d'autorité ou de pouvoir. Mais une interprétation contraire n'est pas impossible, basée sur le fait que la Cour de cassation considère la provocation et la fourniture d'instructions comme participant d'un même mode de complicité, avec pour conséquence de pouvoir faire l'objet d'une question unique [5]. Cette fusion des deux actes dans une même question peut difficilement se comprendre si leurs éléments constitutifs ne sont pas les mêmes...

Les principales difficultés concernant cette hypothèse de complicité sont relatives à la consistance des instructions en cause. Tout comme la provocation, elles supposent d'être préalables à l'infraction, de même qu'elles ne sauraient se concevoir sans une action positive. Mais cela ne suffit pas. Il faut encore en préciser la nature et la portée.

Dans sa nature, l'instruction se distingue du simple conseil, pour renvoyer à quelque chose de nettement plus fort et de plus marqué, et s'assimiler à des renseignements ou des directives [6]. Quant à la portée de l'instigation, le complice encourt la responsabilité de

1. Crim. 10 janv. 1973, *Bull. crim.* n° 14 ; *Rev. sc. crim.* 1974. 580, obs. Larguier.
2. Crim. 15 mai 1987, *Bull. crim.* n° 198 ; *Gaz. Pal.* 1987. 2. 665.
3. Crim. 24 nov. 1953, *Bull. crim.* n° 304 ; 29 mars 1971, *ibid.* n° 112.
4. Par exemple, ne peut être tenue pour complice la personne qui, au cours d'une réunion publique, a prononcé des paroles pouvant contenir une incitation directe à commettre le délit d'entrave à la circulation routière, si elle n'avait pas en fait à l'égard de ses auditeurs l'autorité morale requise ; ainsi, le président d'un mouvement de jeunes viticulteurs ne jouit, à l'égard de ses auditeurs, d'aucune suprématie morale ou de fait, notamment à l'égard d'auditeurs libres assistant sans aucune obligation à une réunion publique (Montpellier, 16 déc. 1964, D. 1965. 459 ; *Gaz. Pal.* 1965. 1. 266. – Comp. : Crim. 29 mars 1971, préc.).
5. Crim. 15 déc. 1999, préc.
6. Crim. 31 janv. 1974, *Bull. crim.* n° 50 ; JCP 1975. II. 17984, note Mayer-Jack ; *Rev. sc. crim.* 1975. 677, obs. Larguier.

toutes les circonstances qui qualifient l'acte poursuivi, sans qu'il soit nécessaire que celles-ci aient été connues de lui [1]. Certes il n'est de complicité punissable que sous couvert d'intention, ce qui suppose que les instructions aient été données en sachant qu'elle serviraient à commettre l'infraction [2]. Mais cette connaissance reste très théorique, le complice endossant par avance toutes les retombées de l'action principale, par hypothèse initiée par ses injonctions, sans avoir à se préoccuper de la représentation effective qu'il pouvait en avoir [3].

En définitive, c'est de manière abstraite que la complicité s'apprécie : elle est indépendante de son mode d'exécution, le seul critère à prendre en compte étant qu'elle ait abouti à la commission de l'infraction, alors même que le crime aurait été perpétré suivant des modalités non prévues par son instigateur [4]. Seule une rupture de causalité entre les instructions données et le principe même de l'infraction est susceptible de l'éviter, ce qui suppose des initiatives personnelles de la part de l'auteur principal, sans commune mesure avec les instructions reçues. Par exemple, aucun fait de complicité punissable ne saurait être retenu à la charge de celui qui donne mission à un homme de main de tuer une personne nommément désignée, dès lors que, de sa propre volonté et sans être soumis à aucune pression extérieure, l'individu qui devait accomplir ce crime s'abstient de le commettre et donne volontairement la mort à une autre victime [5].

1. Crim. 21 mai 1996, *Bull. crim.* n° 206 ; *Dr. pénal* 1996. 213, obs. Véron ; *Rev. sc. crim.* 1997. 101, obs. Bouloc.
2. Crim. 19 mars 1986, *Bull. crim.* n° 112.
3. Ainsi, a fait l'exacte application des art. 60 ancien et 121-7 nouveau c. pén. la cour d'appel qui, pour déclarer un prévenu coupable de complicité du délit de violences avec arme ayant entraîné une incapacité totale de travail de plus de 8 jours, relève qu'il avait demandé qu'on "prenne à partie" la victime et qu'on lui fasse "une grande frayeur", retient que le prévenu doit supporter la responsabilité pénale des violences qui ont ensuite été exercées sur cette victime, alors même qu'il ignorait qu'il serait fait usage à son encontre d'une bombe lacrymogène et qu'il s'ensuivrait pour elle une incapacité totale de travail de 10 jours, et énonce enfin qu'il devait prévoir toutes les circonstances pouvant accompagner le délit dont il était l'instigateur. – Crim. 21 mai 1996, préc.
4. Crim. 31 janv. 1974, préc.
5. Crim. 10 mars 1977, *Bull. crim.* n° 91 ; D. 1977. IR. 237, obs. Puech ; *Rev. sc. crim.* 1979.75, obs. Larguier.

   Mais ce que la complicité ne saurait appréhender à ce titre pourrait fort bien rejoindre, depuis la loi Perben II du 9 mars 2004, une action morale au sens de l'article 221-5-1 du code pénal (V. ci-dessus les développements consacrés à l' « auteur moral »).

B – Les pénalités propres

388 REJET DE L'EMPRUNT DE PÉNALITÉ. — Il résultait de l'ancien article 59 du code pénal que les complices étaient punis de la même peine que les auteurs de l'infraction. À l'emprunt de criminalité, s'ajoutait donc un emprunt de pénalité. Certes, cela ne voulait pas dire qu'il y avait identité des peines effectivement prononcées, mais que les peines encourues étaient les mêmes, par référence à ce que la loi réservait à l'auteur principal. Ce système n'est plus de droit positif. L'article 121-6 du code pénal prévoit quant à lui que : « *Sera puni comme auteur le complice de l'infraction, au sens de l'article 121-7* ». Autrement dit, le complice n'est plus sanctionné « comme l'auteur » de l'infraction, mais « comme auteur » de celle-ci. La nuance, qui tient à un simple article éludé, est loin d'être négligeable, tant dans ses fondements que dans ses retombées.

389 EXPLICATION. — La raison de cette rupture est simple. Elle tient au nouveau principe de responsabilité pénale des personnes morales, et à la définition de peines adaptées à leur situation, mais de nature sans équivalent par rapport à celles encourues par les personnes physiques. Il en est résulté que devenait impossible l'emprunt de ces peines dans l'hypothèse d'une complicité entre personne morale et personne physique, tant il est évident que la première ne peut encourir un emprisonnement, pour avoir aidé la seconde à réaliser l'infraction, ou que celle-ci ne saurait subir une dissolution pour avoir provoqué la première à commettre un délit... Il était donc nécessaire de reconsidérer la solution traditionnelle, et c'est ce qu'a fait le législateur en assimilant le complice à un auteur, du moins quant à la peine encourue.

390 RETOMBÉES. — Cette assimilation a d'importantes retombées. On peut même dire qu'elle est un facteur de simplification par rapport à la situation antérieure. Il suffit en effet de raisonner comme si le complice avait réalisé lui-même, en qualité d'auteur, l'infraction commise. C'est donc en répercutant toutes les données répressives liées à cette fiction que la peine encourue doit être déterminée, afin de permettre au juge de se fixer quant à son prononcé. En fait, ces données sont doubles, selon leur portée réelle ou personnelle.

1 / *La peine est d'abord tributaire de toutes les circonstances objectivement rivées à la définition de l'infraction.* C'est le cas des circonstances aggravantes « réelles », qui sont inhérentes au fait lui-même, pour se greffer sur la matérialité même du crime ou du délit, afin d'en élever la répression. Les hypothèses d'escalade, de réunion, d'effraction, de port d'arme ou de violences en matière de vol en sont des exemples (c. pén., art. 311-4 et s.) [1], tout comme la concomitance en matière de meurtre (c. pén., art. 221-2, al. 1er) [2], ou encore la bande organisée (c. pén., art. 132-71), étendue à de nombreuses infractions depuis la loi Perben II du 9 mars 2004 (c. pr. pén., art. 706-73) [3], et il est évident que le complice ayant aidé à la réalisation de ces faits ne peut que subir les peines aggravées correspondantes.

C'est encore le cas des circonstances aggravantes dites « mixtes », c'est-à-dire relevant d'une donnée personnelle, mais dont les effets sont réels pour participer juridiquement de la définition de l'infraction, telle la circonstance de préméditation qui fait du meurtre un assassinat (c. pén., art. 221-3) [4], ou encore celle de personne dépositaire de l'autorité publique ou chargée d'une mission de service public dans le faux en écriture publique ou authentique (c. pén., art. 441-4) [5] : le complice ayant aidé à la réalisation de ces crimes, ou les ayant provoqués, encourt donc les peines aggravées qui leur sont applicables.

1. Crim. 28 juill. 1953, *Bull. crim.* n° 262 ; 26 mars 1957, *ibid.* n° 288 ; 3 janv. 1958, *ibid.* n° 4 ; 12 mars 1968, *ibid.* n° 83.
2. « La concomitance est une circonstance aggravante purement matérielle qui se rattache au fait lui-même... ». – Crim. 7 avr. 1932, *Bull. crim.* n° 93 ; 21 juin 1939, *ibid.* n° 131 ; 26 juill. 1955, *ibid.* n° 369 ; 5 janv. 1973, *ibid.* n° 8.
3. Crim. 15 sept. 2004, *Bull. crim.* n° 213.
4. Crim. 19 juill. 1951, *Bull. crim.* n° 223 ; 4 févr. 1960, *Bull. crim.* n° 69 ; 12 mai 1970, *Bull. crim.* n° 158 ; D. 1970. 515, rapp. Chapar ; 4 sept. 1976, *Bull. crim.* n° 272.
5. Crim. 7 sept. 2005, *Bull. crim.* n° 219 ; D. 2005, *Pan.* p. 2988, obs. Roujou de Boubée ; *ibid.* 2006. 835, note Dreyer ; *AJ Pénal* 2005, p. 413, obs. Royer ; *Dr. pénal* 2005. 167, obs. Véron ; *Gaz. Pal.* 2006. 1. 1114, note Monnet. – Cet arrêt est très explicite : « Sont applicables au complice les circonstances aggravantes liées à la qualité de l'auteur principal ». Dès lors que cette qualité participe de l'objectivité de l'infraction, pour en être une donnée structurelle, elle engage pareillement la complicité.

Cette figure mixte est d'ailleurs la principale bénéficiaire de la réforme, et il est possible de l'illustrer par référence au parricide. La personne complice du meurtre de son père est aujourd'hui punie comme si elle avait été l'auteur de ce meurtre, ce qui la rend tributaire des peines aggravées prévues par l'article 221-4 du code pénal, alors que, dans le système de l'emprunt de pénalité, elle échappait à cette aggravation, faute pour l'auteur principal d'avoir lui-même la qualité de descendant de la victime. La solution était politiquement inconfortable, et, pour y remédier, la jurisprudence avait inventé la théorie de la « coactivité corespective », en partant du principe que celui qui assiste l'auteur dans les faits de consommation coopère nécessairement à la perpétration de l'infraction en qualité de coauteur [1]. C'était là fortement dénaturer la distinction de la coaction et de la complicité.

Cette dénaturation était de plus relayée par une théorie inverse, celle de la « complicité corespective », développée quant à elle afin d'appliquer au coauteur d'un parricide la peine plus sévère encourue par le descendant de la victime. Lorsque le crime était le résultat d'une action partagée entre le descendant et un tiers, ce dernier, faute de lien de filiation avec la victime, n'encourait que les peines du meurtre simple : cette solution était considérée comme trop avantageuse pour une participation par hypothèse égale, et la jurisprudence l'évitait en considérant que le coauteur d'un crime aide nécessairement l'autre coupable dans les faits qui consomment l'action, et devient par la force des choses légalement son complice [2].

C'est dire combien la pénalité d'emprunt avait des effets pervers : en rendant inefficace la différence entre complicité et coaction, les juridictions redéfinissaient à leur manière les critères de responsabilité, et la légalité pénale ne pouvait que s'en ressentir. Désormais, tous ces désordres devraient disparaître, à l'avantage d'une stricte application de l'article 121-6 du code pénal.

2 / *La peine est ensuite tributaire de circonstances purement personnelles.* À côté des circonstances réelles ou mixtes, il en est qui sont purement personnelles, pour être totalement étrangères à la

1. Crim. 24 août 1827, *Bull. crim.* n° 224.
2. Crim. 9 juin 1848, *Igneux*, S. 1848. 1. 527 ; D.P. 1848. 1. 154 ; 15 juin 1860, S. 1861. 1. 398. – J. Pradel et A. Varinard, Les grands arrêts du droit pénal général, n° 36, p. 427. – M. Puech, Les grands arrêts de la jurisprudence criminelle, n° 96, p. 363.

définition de l'infraction. C'est le cas de la récidive ou de l'atténuation de la peine profitant aux mineurs. Dans toutes ces hypothèses, parce que la répression est tributaire d'une donnée qui ne s'attache pas objectivement à l'infraction, les peines en résultant restent propres aux personnes concernées : elles s'appliquent donc au complice dans la mesure où elles rejoignent sa situation personnelle.

Pour aller plus loin

391 COMPLICITÉ DES DÉLITS NON INTENTIONNELS

La complicité des délits non intentionnels, par exemple d'un homicide involontaire ou de violences involontaires, a toujours soulevé une interrogation, liée au fait que la complicité suppose en principe une adhésion intentionnelle à l'action principale à laquelle elle apporte son soutien. Or il semble difficile d'établir une telle relation en rapport avec des faits d'imprudence. Par hypothèse, ce qui est involontaire ne saurait être prémédité ou préparé, et une participation intentionnelle à des actions ou à des omissions imprévisibles semble une pure vue de l'esprit. C'est pourquoi la doctrine se montre plutôt réservée quant à la possibilité d'envisager une telle complicité (E. Garçon, *Code pénal annoté*, art. 60, n° 290 ; A. Decocq, *Droit pénal général*, p. 253), malgré une jurisprudence en ce sens (Crim. 24 oct. 1956, *Bull. crim.* n° 675 ; *Rev. sc. crim.* 1957. 370, obs. Légal. – Chambéry, 8 mars 1956, JCP 1956. II. 9224, note Vouin ; *Rev. sc. crim.* 1956. 531, obs. Légal).

Mais c'est sans compter sur les évolutions qui ont marqué la matière des délits non intentionnels depuis la réforme du code pénal. Il est place désormais pour la « faute délibérée » (c. pén., art. 121-3, al. 2 et 4), dont le caractère volontaire ne peut que la rendre compatible avec une complicité intentionnelle, c'est-à-dire un acte de participation intellectuellement adossé à ce qu'elle représente de détermination coupable. La Cour de cassation en témoigne, qui a retenu la complicité par instigation du délit de risques causés à autrui (c. pén., art. 223-1) contre le maire d'une commune, conseiller régional, qui avait intimé l'ordre à son chauffeur, quant à lui poursuivi comme auteur principal, de franchir un feu rouge (Crim. 6 juin 2000, *Bull. crim.* n° 213 ; *Dr. pénal* 2000. 124, obs. Véron ; *Rev. sc. crim.* 2000. 829, obs. Mayaud ; *ibid.* 2001. 152, obs. Bouloc. – Comp. : Crim. 21 sept. 1994, *Bull. crim.* n° 302 ; *Rev. sc. crim.* 1995. 343, obs. Bouloc ; *Dr. pénal* 1995. 2, note Véron).

Chapitre 11
Les causes objectives d'irresponsabilité

392 PRÉSENTATION. — Le droit pénal connaît des causes dites « objectives » d'irresponsabilité. Elles correspondent à la réalisation d'une infraction, mais qui ne peut donner lieu à des poursuites ou à une condamnation malgré son existence, ceci sur des considérations étrangères à son auteur. La situation est donc paradoxale, puisque la responsabilité pénale n'est pas retenue sur le fondement de ce qui a pourtant toutes les apparences d'un crime ou d'un délit. Elle gagne à être doublement présentée, et en faisant ressortir l'objectivité de l'irresponsabilité consacrée (Section I), et en déclinant les causes entraînant cette irresponsabilité (Section II).

Section I
L'objectivité de l'irresponsabilité

393 Il s'agit de faire ressortir selon quels principes une irresponsabilité pénale peut prétendre à l'objectivité. Deux mécanismes sont concernés, d'abord celui de la rétroactivité (I), ensuite celui de la justification (II).

I | L'IRRESPONSABILITÉ PAR RÉTROACTIVITÉ

394 La rétroactivité consiste à revenir sur ce qui a été, de manière à ne plus en considérer l'existence. Cette technique est familière au droit pénal, et elle joue même un rôle essentiel en tant que facteur d'irresponsabilité, soit par abrogation des textes d'incrimination (A), soit par effacement du caractère délictueux des faits (B).

A – La rétroactivité par abrogation des textes d'incrimination

395 RÉTROACTIVITÉ *IN MITIUS.* — Un rappel suffira, qui ne pourra que convaincre de l'objectivité des retombées d'une loi d'abrogation en termes d'irresponsabilité pénale. On sait que les lois sont destinées à subir d'incessantes modifications, voire à être un jour ou l'autre abrogées. Et il en est des lois pénales comme des lois civiles ou commerciales : l'évolution des idées et des mœurs les rendent inadaptées, ce qui peut déterminer le législateur à en supprimer purement et simplement le principe. L'abrogation opérée a une incidence sur la responsabilité, pour être juridiquement considérée comme une mesure plus clémente ou plus douce, de sorte que, en application de la rétroactivité *in mitius*, les faits antérieurs et non encore définitivement jugés échappent à la répression (*chapitre 3*). C'est objectivement que l'irresponsabilité intervient, en ayant pour support la loi elle-même, dans ce qu'elle traduit de repli par rapport aux dispositions jusque là en vigueur. C'est de manière légale que l'irresponsabilité se manifeste, en étant le résultat d'une donnée extérieure à l'auteur du délit, qui échappe ainsi à la justice pénale, alors qu'il en relevait au temps de son action.

B – La rétroactivité par effacement du caractère délictueux des faits

396 AMNISTIE. — Il en est de l'amnistie comme de l'abrogation. Elle joue sur la rétroactivité, afin de ne plus considérer comme délictueuses les différentes actions ou omissions rentrant dans ses prévisions. Mais alors que l'abrogation opère définitivement ou durablement, pour affecter le texte d'incrimination lui-même, l'amnistie n'intervient que sur les faits, en leur ôtant leur caractère délictueux sur un temps limité, sans remettre en cause le principe de l'incrimination. Cette différence mise à part, les deux techniques se rejoignent dans leurs conséquences. Comme l'abrogation, et sous réserve de son volet personnel, l'amnistie opère objectivement sur l'irresponsabilité pénale. Elle supprime, pour la période définie, le caractère répréhensible des infractions qu'elle vise, donnant aux faits concernés une régularité qu'ils n'avaient pas lors de leur commission. Elle consacre après coup leur non-existence, sur des considérations de pure politique criminelle.

Les lois d'abrogation et d'amnistie procèdent donc d'une objectivité manifeste, le législateur pouvant toujours, par une sorte de parallélisme d'options, revenir sur des choix antérieurement exercés. Il faut d'ailleurs observer que l'une et l'autre relèvent d'une parité d'esprit intéressante. L'amnistie est souvent le prélude à une abrogation ultérieure, en permettant au législateur, dans les grands moments de la pensée politique, de manifester l'essentiel de ses choix, et de projeter sur le passé ce que seront ses options futures [1]. Inversement, elle peut cristalliser un attachement particulier à la répression de certains agissements, ce qu'elle manifeste par leur exclusion de ses dispositions, et une volonté de réaction soutenue à ce qui en est l'objet.

397 PRESCRIPTION DE L'ACTION PUBLIQUE. — La prescription de l'action publique est comparable à l'amnistie, avec une portée plus limitée, pour concerner, non pas une série d'infractions, mais des crimes ou délits bien individualisés. Elle se caractérise par l'impossibilité d'engager des poursuites au delà d'un certain délai d'inaction (10 ans pour les crimes, 3 ans pour les délits, 1 an pour les contraventions), avec pour conséquence de ne plus avoir à considérer comme délictueux les faits correspondants. La Cour de cassation est en ce sens, qui décide que : « *la prescription de l'action publique ôte aux faits poursuivis tout caractère délictueux* » [2], cette solution impliquant de ne pouvoir s'appuyer sur les actions ou omissions en cause au soutien d'une responsabilité pénale. La doctrine n'a pas toujours partagé cette conception, certains auteurs ayant vu dans la prescription une exception d'impunité « sans rap-

1. V. à cet égard la loi d'amnistie du 4 août 1981 (n° 81-736, *JO* 5 août, p. 2138) et la circulaire du même jour du Garde des sceaux (D. 1981, L., p. 303), laquelle insiste sur ce que les dispositions de cette loi sont censées traduire, non seulement de « volonté d'apaisement significative », mais aussi de « nouvelles orientations de la politique répressive ».
2. Crim. 27 oct. 1993, *Bull. crim.* n° 320 ; 30 oct. 2001, *ibid.* n° 224.

port avec le fond du droit »[1]. Mais cette position semble aujourd'hui condamnée, au profit d'une conception moins procédurale que substantielle.

II | L'IRRESPONSABILITÉ PAR JUSTIFICATION

398 Il est un second support à l'irresponsabilité pénale, tiré des *faits justificatifs*. Il s'agit de circonstances dont la caractéristique est de rendre non punissables les actions ou omissions qui en relèvent, et là encore malgré le constat de l'infraction. Leur portée objective découle des liens très étroits qu'ils entretiennent avec l'incrimination, pour en être un complément ou un prolongement indissociable, en rejoignant son objet, et en contribuant à sa promotion et à sa défense. Il est possible de le démontrer, d'abord en s'attachant au processus de la justification (A), ensuite en maîtrisant son étendue (B).

A – Le processus de justification

399 NEUTRALISATION. — Les faits justificatifs participent de la logique normative inhérente à la définition des infractions. L'absence de responsabilité pénale tient à l'utilité de l'infraction commise, de sorte que la société ne saurait trouver à redire à son existence, avec pour effet d'en accepter la réalisation. Ainsi de la légitime défense (c. pén., art. 122-5 et 122-6), qui justifie les actes de violences en riposte à une attaque injuste, de l'ordre de la loi ou du commandement de l'autorité légitime (c. pén., art. 122-4), qui ont pour effet de couvrir le caractère illicite des actes commis en rapport avec ce qui a été prescrit ou autorisé, ou de l'état de nécessité (c. pén., art. 122-7), qui rend légitimes les infractions réalisées sous la dictée de circonstances contraignantes. Dans toutes ces hypothèses, la responsabilité n'est pas, parce qu'elle ne recoupe plus l'objectif premier du droit pénal, qui est de sanctionner ce qui va à l'encontre des intérêts supérieurs de la société.

1. A. Decocq, Droit pénal général, p. 295.

C'est dire que la justification a un impact négatif sur l'infraction. Elle en neutralise le principe, et cela n'est concevable que par recoupement avec la philosophie qui préside à sa définition. Admettre que le fait justificatif puisse anéantir, au moment même de sa réalisation, le caractère délictueux de l'acte commis, c'est reconnaître qu'il s'impose comme une composante de l'incrimination, en détruisant ce qu'elle exprime de réprobation. Or, cela n'est possible que si la justification, dans son principe, rejoint la finalité du droit pénal, pour en servir mieux encore les valeurs. Considérer par exemple que des violences restent impunies lorsqu'elles sont exercées dans un contexte de défense légitime, c'est intégrer le fait qu'elles sont plus utiles à la société que la non-violence. La justification rejoint par là l'utilité valorisante servant de critère à la construction du droit criminel.

400 VALORISATION. — L'explication est d'ailleurs fort simple. Il est deux étapes dans l'élaboration du droit pénal. La première en rend compte en termes de réprobation, et définit, par référence à des valeurs sociales bien comprises, ce qui peut en affecter le respect. Il en résulte une casuistique d'actions et d'omissions constitutives des différentes infractions. La seconde est plus subtile. Elle ne consiste plus à intervenir sur la liste des agissements punissables, mais à résoudre les conflits qui peuvent naître en pratique de leur confrontation. Il est souvent de grandes distances entre un modèle théorique et les applications concrètes qui peuvent en être faites. Les faits justificatifs se chargent précisément d'occuper ces espaces, en réglant les contradictions juridiques révélées par certaines circonstances. Ainsi de la légitime défense, dont l'objet est de sortir le droit criminel de l'impasse dans laquelle il se trouve du fait de l'application possible de deux infractions, l'une correspondant à l'acte d'agression, et l'autre à l'acte de défense. Mais parce qu'elles sont dans une relation d'étroite dépendance, la seconde ayant été provoquée par la première, il est socialement utile de légitimer ce qui correspond à la réaction de défense, du moins si la valeur sauvegardée peut être considérée comme inférieure à celle qui a été sacrifiée.

La sauvegarde des valeurs sociales est de la sorte doublement assurée. D'abord par la définition ponctuelle des comportements incriminés, qui sont censé rejoindre une valeur bien définie. Mais aussi par la prise en compte de données plus conflictuelles, d'où il résulte que le sacrifice d'une valeur s'impose pour assurer la survie d'une autre. On retrouve alors les préoccupations fondatrices du droit pénal, et si, tout en partageant la même nature, pour être des références essentielles à l'ordre public, les valeurs protégées connaissent entre elles une certaine hiérarchie, c'est finalement toujours au nom de l'incrimination. Réprobation et justification s'y confondent, étant descriptives de la même détermination répressive, et expressives de la même politique criminelle.

Ce rattachement à l'ordre public pénal oblige d'ailleurs les juridictions à en tenir compte dans leurs décisions. Elles ont le devoir de répercuter tout ce qui légalement sert de support, tant à la responsabilité, qu'à l'irresponsabilité pénale. Seuls les faits venant à l'appui de l'une ou de l'autre connaissent un régime probatoire différencié : rien n'oblige le tribunal à relever de lui-même l'absence d'une cause de justification [1] ; c'est à l'accusé ou au prévenu à en faire positivement état, la juridiction se devant alors d'en apprécier le bien-fondé [2].

B – L'étendue de la justification

401 JUSTIFICATION PÉNALE. — La justification est d'abord une cause d'irresponsabilité pénale. Elle affecte le droit dans sa dimension répressive, interdisant de retenir dans les liens de l'accusation ou de la prévention celui à qui elle s'applique. Il peut en résulter une forte déception pour les parties civiles, qui se voient ainsi privées de la justice qu'elles attendaient, alors que leur dommage est bien réel. Aussi, le législateur a-t-il tempéré les effets de cette irresponsabilité : d'abord en matière criminelle, en soumettant à des questions séparées la commission des faits par l'accusé et son éventuelle irresponsabilité (c. pr. pén., art. 349-1, réd. L. 15 juin

1. Crim. 12 nov. 1959, *Bull. crim.* n° 488 ; 1er oct. 1962, *ibid.* n° 271 ; 7 avr. 1967, *ibid.* n° 106.
2. Les cours et tribunaux sont tenus de statuer sur les moyens de défense qui ont fait l'objet de conclusions expresses (Crim. 9 mai 1962, *Bull. crim.* n° 187), et il appartient à la juridiction, saisie de conclusions régulières excipant de la légitime défense, de s'expliquer à cet égard (Crim. 10 oct. 1962, *Bull. crim.* n° 271).

2000), ensuite, en toutes matières, en obligeant le juge d'instruction, lorsqu'il rend une ordonnance de non-lieu motivée par l'irresponsabilité de la personne poursuivie, à préciser s'il existe des charges suffisantes établissant que l'intéressé a commis les faits qui lui sont reprochés (c. pr. pén., art. 177, réd. L. Perben II du 9 mars 2004 ; mod. L. n° 2008-174 du 25 févr. 2008). Par ces deux mesures, est au moins assurée, faute de responsabilité pénale, la transparence des faits quant à leur matérialité, ce qui est une manière de prendre en considération l'intérêt des victimes, et de rebondir sur la responsabilité civile.

Il est évident que, par la disparition du caractère répréhensible de l'acte justifié, aucune faute, y compris dans les termes des articles 1382 et 1383 du code civil, ne saurait lui être associée. L'irresponsabilité pénale entraîne donc normalement une irresponsabilité civile de ce chef. La légitime défense, par exemple, exclut toute faute et ne peut donner lieu à une action en dommages-intérêts en faveur de celui qui l'a rendue nécessaire par son agression, ou en faveur de ses ayants droit [1], tout comme le juge des référés ne saurait accorder une provision lorsque la prétention à la légitime défense en rend le principe sérieusement contestable [2]. Il en est de même de l'état de nécessité, où aucune faute ne peut être imputée à charge contre l'auteur de l'infraction nécessaire [3]. C'est dire qu'il est bien difficile de concevoir une action qui serait à la fois justifiée et fautive [4].

1. Crim. 31 mai 1972, *Bull. crim.* n° 184 ; 5 oct. 1976, *ibid.* n° 276 ; 13 déc. 1989, *ibid.* n° 478. – Paris, 30 mai 1983, *Gaz. Pal.* 1983. 2. 435. – En revanche, pour avoir égard à l'autorité de la chose jugée, l'acquiescement du prévenu aux dispositions pénales du jugement qui a consacré sa faute engage à laisser à sa charge une part de responsabilité civile. - Douai, 15 juin 1977, JCP 1979. II. 19232 (2e espèce), note Bouzat.
2. Civ. 2e, 27 mars 2003, *Bull. civ.* II, n° 87.
3. Crim. 12 mai 1950, *Bull. crim.* n° 154 ; 4 janv. 1956, *ibid.* n° 9 ; D. 1956. *Somm.* 130 ; *Rev. sc. crim.* 1956. 831, obs. Légal ; S. 1956. 165, note Bouzat. – Dès lors doit être cassé l'arrêt qui, après avoir constaté qu'un motocycliste tenant régulièrement sa droite et voyant une automobile arriver sur lui en circulant sur la gauche de la chaussée a brusquement changé de direction pour éviter la collision, déclare, néanmoins, que la responsabilité doit être partagée entre l'auteur et la victime de l'accident. – Crim. 12 mai 1950, préc.
4. Il convient cependant de réserver l'hypothèse des délits non intentionnels, depuis que la loi n° 2000-647 du 10 juillet 2000 a rompu avec l'unité des fautes civile et pénale, et que l'absence de faute pénale au sens de l'article 121-3 du code pénal ne fait pas obstacle à la réparation du dommage sur le fondement de l'article 1383 du code civil (*chapitre 6*). Par exemple, un gendarme peut engager sa responsabilité civile, bien qu'il ait bénéficié d'une décision de relaxe pour homicide involontaire sur le fondement de l'ordre de la loi... (Rouen 17 mars 2004 : JCP 2005. IV. 1432).

Mais ce qui est ainsi source d'irresponsabilité civile pour absence de faute, il n'est pas sûr d'avoir à le consacrer pareillement sur d'autres fondements. La justification fait disparaître le caractère délictueux de l'infraction, mais elle ne fait pas disparaître le fait lui-même, qui conserve donc sa matérialité, et qui, en conséquence, pourrait éventuellement se prêter à d'autres possibilités d'indemnisation, tel le recours à l'article 1384, alinéa 1er, du code civil, relatif à la responsabilité de plein droit du fait des choses. Ce serait du moins une solution compatible avec les propriétés juridiques de la justification, un peu à la manière de l'amnistie, dont le principe ne préjudicie pas aux tiers (c. pén., art. 133-10). La jurisprudence, cependant, ne semble pas adhérer à cette analyse, et c'est apparemment toute responsabilité civile que le fait justificatif neutralise avec lui, y compris sur des techniques indifférentes à la faute [1].

402 JUSTIFICATION SPÉCIALE. — Les faits justificatifs spéciaux sont caractérisés par une destination ou une affectation « spéciale ». Autrement dit, la justification ne concerne qu'une incrimination particulière, sans possibilité d'être retenue à l'usage d'autres infractions, telle l' « exception de vérité » (*exeptio veritatis*) propre au délit de diffamation (L. 29 juill. 1881, art. 35), ou la « situation de détresse » de la femme enceinte désireuse d'interrompre volontairement sa grossesse (c. santé publ., art. L. 2212-1). C'est de manière fermée qu'elle opère, aucune extension, par similitude, induction ou analogie, n'étant compatible avec ce qui en fait la spécificité. La justification suit alors le sort de l'incrimination à laquelle elle est rattachée. Mieux encore, et c'est là le principal intérêt de sa nature prédestinée, elle en est la version négative, en offrant une contre-définition du crime ou du délit légalement sanctionné. Il est en quelque sorte deux lectures possibles de l'incrimination, l'une classique et directe, à base des éléments constitutifs renvoyant au comportement sanctionné, l'autre, plus originale et subtile, qui consiste à rechercher dans le fait justificatif spécial les données permettant de confirmer, voire d'affiner, ce que livre la première.

1. Ainsi sur le fondement de l'art. 1384, al. 1er, c. civ. (Civ. 2e, 22 avr. 1992, *Bull. civ.* II, n° 127 ; D. 1992. 353, note Burgelin ; *Dr. pénal* 1992. 226).

On rejoint les quelques méthodes d'interprétation destinées à s'assurer la maîtrise des valeurs sociales (*chapitre 4*). Parce que la justification spéciale se présente comme une définition *a contrario* de l'infraction, et ne peut, de la sorte, que recouper l'objet même de l'incrimination, il est logique de s'en rapprocher et de s'en servir, pour pénétrer mieux encore les raisons profondes qui ont conduit le législateur à intervenir, et appréhender avec un maximum de justesse le champ d'application de l'infraction.

Mais encore faut-il être sûr de la nature justificative des circonstances en cause, et la matière n'est pas sans quelques faux amis. C'est le cas des immunités familiales (c. pén., art. 311-12), qui s'analysent juridiquement comme des exceptions à la recevabilité de l'action pénale, pour des raisons bien comprises de décence, mais sans aller jusqu'à faire disparaître les infractions commises [1]. Les immunités parlementaires [2] et judiciaires (L. 29 juill. 1881, art. 41), au contraire, sont volontiers apparentées à de la justification [3].

403 JUSTIFICATION GÉNÉRALE. — Les faits justificatifs généraux, que sont l'ordre de la loi, le commandement de l'autorité légitime, la légitime défense, et l'état de nécessité, se présentent différemment, bénéficiant, quant à eux, d'un rayonnement beaucoup plus large. Ils échappent à la spécialité d'une appartenance exclusive, pour être ouverts à toutes les infractions. Ils affectent l'incrimination, moins dans sa relation avec un crime ou un délit particulier, que dans ce qui en fonde et en anime le principe indépendamment d'une qualification de droit pénal spécial. Il est donc moins question d'un rapport à une valeur déterminée, que de la manière dont la justification, à l'usage de toutes les infractions, peut en légitimer la réalisation, lorsqu'elles se présentent comme l'accomplissement d'un devoir, l'exercice d'un droit ou le résultat d'une

1. A. Decocq, Droit pénal général, p. 295. – Il faut cependant citer, à l'opposé de cette conception, un arrêt fort discutable de la Chambre criminelle : Crim. 14 nov. 2007, *Bull. crim.* n° 281 ; *Dr. pénal* 2008. 16, obs. Véron (confirmation de Toulouse, 26 févr. 2007, D. 2007. *Pan.* 2633, obs. Roujou de Boubée). Sur cette décision et la critique qui en est faite, Y. Mayaud, Rebondissement sur les immunités familiales : fond ou forme ?, *Mélanges en l'honneur du doyen Georges Wiederkehr*, Dalloz, 2009, p. 541.
2. À ne pas confondre avec l'inviolabilité parlementaire, qui entraîne seulement une suspension des poursuites au profit de l'élu pendant les sessions parlementaires.
3. A. Decocq, *op. cit.*, p. 301 et 331.

nécessité. La justification est alors au service, non plus d'une valeur qualifiée, mais du processus de valorisation lui-même, le complément qu'elle apporte n'étant plus destiné à révéler ce qui est protégé, mais à assurer une continuité dans la prise en compte des intérêts sociaux, y compris lorsque les circonstances aboutissent à des conflits, et conduisent au sacrifice de certaines références.

Cet enjeu soulève deux questions, relatives, pour l'une, à l'ouverture de la justification à d'autres causes possibles d'irresponsabilité, et, pour l'autre, à la couverture des infractions pouvant être assurée par les causes déjà existantes.

1 / Sur la *première question*, il s'agit de savoir si les faits justificatifs généraux, tels que définis aujourd'hui dans le livre 1er du code pénal, relèvent d'une liste limitative, ou s'ils ne sont qu'une illustration de possibilités plus larges, avec pour conséquence de pouvoir envisager la consécration d'hypothèses inédites, à la mesure de nouveaux besoins. La réponse est double. Il faut d'abord faire état d'un certain épuisement de la matière, en ce sens que les faits justificatifs retenus dans le code pénal contiennent apparemment tout ce qu'il est possible d'envisager, et qu'il est bien difficile de voir quelle figure nouvelle et suffisamment originale pourrait prétendre l'enrichir par un complément inédit [1]. Mais le sujet n'en reste pas moins ouvert. Et c'est là que la justification rejoint la finalité et l'objet de l'incrimination. En effet, parce que l'utilité est le moteur de la répression, il est logique de réserver la justification à toute infraction dont la consommation est dictée par cette préoccupation, en sorte que le fait justificatif est le résultat, moins d'une prévision en ce sens, que d'un mécanisme inhérent à l'incrimination elle-même. La conséquence en est que la justification reste ouverte à toute situation de conflit, dont le dénouement passe par le sacrifice utile de l'une des valeurs en concours.

1. À ce titre, le consentement de la victime ne saurait être assimilé à un fait justificatif (Crim. 23 juin 1838, S. 1838. 1. 626, concl. Dupin ; 1er juill. 1937, S. 1938. 1. 193, note Tortat ; *Gaz. Pal.* 1937. 2. 358). Par exemple, en matière de vol, prétendre que ce consentement justifierait l'infraction est une erreur de raisonnement : là où la victime consent à l'appréhension de la chose, il n'est tout simplement aucune soustraction, et donc aucune infraction. Celle-ci n'est pas justifiée, mais inexistante. Il en est de même pour le viol, qui suppose une agression subie par la victime : si celle-ci consent à la relation sexuelle, le crime n'est pas réalisé, et point n'est besoin de parler de justification.

L'évolution de la matière le prouve. C'est d'abord à la jurisprudence que l'on doit la généralisation des faits justificatifs, tels qu'ils étaient prévus par les anciens articles 327 et suivants du code pénal, à l'usage exclusif des homicides, blessures et violences. Cette jurisprudence a été le signe que la justification vient naturellement en complément de l'incrimination, quels que soient les comportements en cause, lorsque les conflits contrarient la simple application des textes. Elle a été déclarative, pour révéler ce qui est nécessairement compris dans l'incrimination. Elle n'a fait que tirer les conséquences rationnelles de celle-ci, en adhérant à toutes ses suites implicites, qui passent par un principe général de justification là où le sacrifice d'une valeur en conflit avec une autre continue à servir l'ordre social, du moins ne contribue pas à le desservir.

Cette donnée n'est pas la seule. Il faut également relever l'originalité des solutions relatives à l'état de nécessité. Avant la réforme du code pénal, seuls l'ordre de la loi et le commandement de l'autorité légitime, d'une part, la légitime défense, d'autre part, étaient expressément érigés en faits justificatifs. L'état de nécessité n'y figurait pas, et c'est la jurisprudence qui en a consacré le principe, s'arrogeant ainsi le pouvoir d'aller au delà des prévisions de la loi. Non seulement cette initiative a été largement approuvée, mais elle est aujourd'hui légitimée, le code pénal comptant désormais l'état de nécessité au nombre des hypothèses explicites de justification. Comment expliquer cette intrusion des juridictions dans le domaine de l'irresponsabilité pénale ? La réponse ne peut que venir de l'incrimination. Parce que celle-ci poursuit un but valorisant d'utilité sociale, il est normal que la nécessité soit elle-même justificative tant que l'ordre social n'est pas desservi. Et il s'agit là, moins d'une solution particulière à l'état de nécessité, que d'une conclusion inhérente à tous les faits justificatifs. Que ce soit la légitime défense, l'ordre de la loi, ou le commandement de l'autorité légitime, la justification s'impose comme une donnée indissociable de l'incrimination, dès lors qu'une infraction a des retombées bénéfiques pour la société. Et si l'état de nécessité a pu être consacré en jurisprudence, c'est parce qu'il ne fait que reconduire, sur des circonstances matériellement distinctes, la logique de ces autres faits justificatifs. Là est la raison de son succès. Elle ne tient pas à l'originalité d'une figure de justification, mais à l'exploitation de la logique justificative.

Alors on peut affirmer que le droit pénal est naturellement ouvert aux faits justificatifs généraux, même si cette ouverture n'est plus aujourd'hui d'un très grand profit, compte tenu de l'exploitation maximale qui a été faite de ses possibilités [1].

2 / La *seconde question* ne relève pas de la prospective, mais du constat. Elle consiste à s'interroger sur le domaine couvert par les faits justificatifs existants, afin de rechercher si toutes les infractions s'y rattachent, ou si, au contraire, certaines peuvent leur échapper. La logique même de la justification voudrait qu'aucune qualification n'en soit exclue, puisqu'elle consiste dans le règlement d'un conflit toujours possible. Pourtant les délits non intentionnels résistent, qui sont considérés, à tort, comme se conciliant mal avec certaines formes de justification, particulièrement la légitime défense. La déclinaison des différentes causes d'irresponsabilité va nous permettre de le vérifier.

Section II
Les causes d'irresponsabilité

404 SÉLECTION. — C'est de manière sélective que ces causes vont être déclinées. En effet, l'abrogation de la loi pénale, l'amnistie, et la prescription de l'action publique relèvent de dispositions trop ponctuelles et diversifiées pour en faire état. Il en est de même des faits justificatifs spéciaux, qui sont indissociables des qualifications les contenant, et dont l'étude est partie intégrante du droit pénal spécial. Seuls les faits justificatifs généraux, précisément par leur vocation à la généralité, rentrent dans nos préoccupations, et nous allons les recenser dans l'ordre des dispositions du code pénal, en commençant par l'ordre de la loi et le commandement de l'autorité légitime (I), puis en abordant la légitime défense (II), et enfin en terminant par l'état de nécessité (III).

1. Sur la portée justificative des droits de la défense en tant qu'illustration de l'ordre de la loi, Y. Mayaud, Les droits de la défense, cause d'irresponsabilité pénale, Mélanges offerts à Raymond Gassin, *Presses universitaires d'Aix-Marseille*, 2007, p. 293.

I | L'ordre de la loi et le commandement de l'autorité légitime

405 L'ordre de la loi et le commandement de l'autorité légitime font l'objet de l'article 122-4 du code pénal. Il s'agit de deux faits justificatifs autonomes, traités chacun dans deux alinéas distincts, alors que l'ancien article 327 les envisageait de manière cumulative, ce qui n'était pas sans soulever quelques difficultés d'interprétation. Cette nouvelle version ne peut que dicter une analyse séparée des deux hypothèses, et nous allons la conduire en traitant, d'abord de l'ordre de la loi (A), puis du commandement de l'autorité légitime (B).

A – L'ordre de la loi

406 FONDEMENT. — « *N'est pas pénalement responsable la personne qui accomplit un acte prescrit ou autorisé par des dispositions législatives ou réglementaires* » (c. pén., art. 122-4, al. 1er). Ce fait justificatif est certainement le plus facile à assimiler, tant il rejoint avec éclat les fondements de toute justification. Lorsque la loi elle-même ordonne ou autorise la commission d'une infraction, celle-ci ne peut que perdre sa connotation répréhensible. Elle correspond alors à un besoin social reconnu, et son auteur ne saurait être responsable. L'hypothèse est même surprenante, et on peut se demander s'il n'y a pas quelque contradiction à ériger en infractions des comportements qui sont par ailleurs prescrits ou autorisés. Mais on connaît la réponse : ce qui est sanctionné au nom d'une valeur sociale, mérite parfois de ne pas l'être, lorsque, à la faveur d'un conflit, la société trouve meilleur compte à la réalisation du délit. C'est dans cette recherche d'équilibre que se manifeste la justification, et toutes les fois que la loi ou le règlement impose ou admet une infraction, ce n'est jamais par contradiction, mais toujours à des fins d'utilité sociale.

a) Les prescriptions

407 ORDRE FORMEL. — Sont d'abord visés par le code pénal les ordres formels, c'est-à-dire qui s'adressent directement à ceux qui ont obligation de les respecter. Les publications légales relèvent de cette hypothèse, qui ne sauraient être reprochées aux directeurs de publications, à supposer qu'elles se doublent d'un délit de presse [1]. De même, ne saurait être responsable de diffamation le maire d'une commune en raison des termes d'un arrêté faisant état de la fausseté des renseignements fournis lors d'une demande de permis de construire, alors qu'il a l'obligation légale de le motiver en droit et en fait [2], ni l'employeur au regard des termes d'une lettre de licenciement, dès lors que les imputations incriminées en constituent les motifs qu'il est légalement tenu d'énoncer, sans que soient développés d'autres griefs ou des circonstances superflues [3]. Pareillement, le code de la santé publique fait obligation aux médecins de déclarer certaines maladies transmissibles (art. L. 3113-1), mais le caractère impératif de cette mesure ne peut que leur assurer l'impunité relativement à la violation du secret professionnel qu'elle ne manque pas de réaliser (c. pén., art. 226-13). Ou encore, le code monétaire et financier, afin de lutter contre le blanchiment de capitaux, oblige certaines personnes (banquiers, notaires, avocats...) à déclarer les sommes ou opérations qu'elles savent ou soupçonnent d'être d'origine illicite, ce qui revient également à les libérer du secret professionnel (c. mon. fin., art. L. 561-1, et art. L. 562-1 et s.). Ces quelques exemples témoignent de l'irresponsabilité pénale liée à l'ordre de la loi : les infractions qui en accompagnent l'exécution

1. Le directeur du *Journal officiel* ne saurait encourir aucune responsabilité du fait de l'insertion d'une déclaration d'association, dont il ne peut légalement se dispenser en exécution des art. 5 de la loi du 1er juill. 1901 et 1er du décret du 16 août 1901. – Crim. 17 févr. 1981, *Bull. crim.* n° 63 ; *Rev. sc. crim.* 1982. 350, obs. Levasseur ; 14 nov. 1989, *Bull. crim.* n° 418. – Le directeur de la publication d'un journal ne saurait encourir aucune responsabilité du fait de l'insertion d'une annonce dont il ne peut légalement se dispenser (publication d'une annonce légale). – Crim. 17 oct. 1995, *Bull. crim.* n° 311 ; *Gaz. Pal.* 1996. 1. 103, note Doucet ; *Rev. sc. crim.* 1996. 647, obs. Bouloc.
2. Crim. 3 mai 2000, *Bull. crim.* n° 176.
3. Crim. 12 oct. 2004, *Bull. crim.* n° 239 ; *AJ Pénal* 2004, p. 446 ; D. 2005, *Panor.*, p. 1526, obs. Segonds ; *Rev. sc. crim.* 2005. 65, obs. Fortis. – Civ. 1re, 7 nov. 2006, *Bull. civ.* I, n° 461 ; *Gaz. Pal.* 2007. 2. *Somm.* 3419, note Guerder.

perdent instantanément leur caractère délictueux, en servant, par leur réalisation même, l'ordre social et ses intérêts supérieurs.

Mais deux remarques s'imposent.

1°) Il faut d'abord préciser que seule la loi ou le règlement d'origine nationale peut avoir cet effet. L'ordre prétendu de la loi étrangère ne saurait être invoqué comme fait justificatif lorsque le délit poursuivi est commis en territoire français [1]. La solution est normale, pour relever d'un parallélisme bien compris : là où la loi française sert de fondement à la responsabilité, elle doit être également la seule à pouvoir consacrer une irresponsabilité par justification. L'enjeu est double, affectant à la fois la souveraineté et la légalité.

2°) Ensuite, il importe de ne pas perdre de vue que la loi et le règlement ne sont pas interchangeables, ayant des domaines de compétence bien séparés, la première intervenant en matière de crimes et de délits, et le second dans le domaine contraventionnel. Certes, l'article 122-4 fait mention des deux, mais ce n'est pas de manière gratuite, leur référence n'étant en réalité que la reprise des dispositions combinées des articles 34 et 37 de la Constitution, avec pour conséquence qu'un texte de nature législative ne saurait être privé d'effet par les dispositions d'un texte réglementaire [2], y compris sur le terrain de la justification. À la loi revient la possibilité d'ordonner la commission d'un crime ou d'un délit, au règlement celle d'une contravention. Le règlement autonome ne peut donc être facteur d'irresponsabilité en dehors de son champ d'action, et ce qu'il impose ne saurait avoir la moindre incidence pour échapper à une responsabilité de type criminel ou délictuel [3]. Inversement, la

1. Ainsi ne peut s'exonérer de sa responsabilité pénale encourue du chef d'un délit commis sur le territoire de la République, le pilote d'un avion étranger, trouvé détenteur d'armes et de munitions après son atterrissage. – Crim. 27 juin 1973, *Bull. crim.* n° 305.

2. Crim. 11 févr. 1976, *Bull. crim.* n° 55.

3. L'argument a été avancé dans une espèce relative à l'application de l'art. 174 du décret du 20 mai 1903, portant règlement sur l'organisation et le service de la gendarmerie – aujourd'hui abrogé par la loi n° 2009-971 du 3 août 2009 relative à la gendarmerie nationale, mais dont les termes sont repris par l'art. L. 2338-3 du code de la défense – qui autorisait les gendarmes à faire usage de leurs armes pour immobiliser les véhicules en fuite. Cet article étant d'origine réglementaire, il fut soutenu qu'il ne pouvait valoir comme fait justificatif du délit d'homicide involontaire. Mais la Cour de cassation n'a pas suivi, ce qui peut se comprendre, compte tenu de l'origine du décret, par hypothèse bien antérieur à la Constitution de 1958... (Crim. 18 févr. 2003, *Bull. crim.* n° 41 ; D. 2003, jur., p. 1317, note Defferrard et Durtette ; *Dr. pénal* 2003, *comm.* 57, obs. Véron ; *Gaz. Pal.* 2003. 1062, note Y. Monnet ; *Rev. sc. crim.* 2003, p. 387, obs. Buisson, p. 559, obs. Mayaud, et p. 565, obs. Delmas Saint-Hilaire).

loi, qui n'est pas constitutionnellement supérieure à un règlement autonome, n'a pas à intervenir dans les contraventions pour leur servir de justification.

Ces principes sont les mêmes pour les autorisations.

b) Les autorisations

408 Il en est des autorisations comme des prescriptions formelles, à savoir qu'elles ont la même portée justificative lorsque les actions ou omissions qui s'y rapportent prennent la forme d'une infraction. Les hypothèses sont d'ailleurs nombreuses. Mais il faut veiller à séparer le bon grain de l'ivraie, car toutes ne sont pas opérationnelles, certaines autorisations pouvant être usurpées.

409 AUTORISATIONS EXPLICITES. — La loi ou le règlement est souvent à l'origine d'autorisations explicites, destinées à régler un conflit de valeurs par le recours possible à une infraction. Trois exemples peuvent l'illustrer, chacun représentant un aspect sensible de la politique pénale dans des domaines relevant par hypothèse d'une liberté d'action appréciable.

1 / *L'option de conscience.* – Le premier exemple est tiré de l'option de conscience, qui correspond à la situation de ceux qui, soumis au secret professionnel, et ayant eu la connaissance de certains faits méritant dénonciation, sont confrontés à la nécessité d'avoir à choisir entre deux obligations : soit dénoncer les faits, mais en violant le secret dont ils sont les dépositaires, soit respecter le secret, mais au mépris du devoir qu'ils ont d'en révéler le contenu. Tel est le cas pour les privations, mauvais traitements ou atteintes sexuelles infligés à un mineur de quinze ans ou à une personne vulnérable, la loi érigeant en délit le fait de ne pas en informer les autorités judiciaires ou administratives (c. pén., art. 434-3, al. 1er), alors que par ailleurs est également un délit le fait de révéler une information à caractère secret par une personne qui en est dépositaire par état ou par profession, ou encore en raison d'une fonction ou d'une mission temporaire (c. pén. art. 226-13). Cette contradiction interne au droit pénal ne peut trouver sa résolution que dans

le sacrifice d'une des deux valeurs représentées par chacune des qualifications en conflit. La loi n'affiche aucune préférence pour l'une ou pour l'autre, ne faisant que dispenser du secret celui qui est tenu de dénoncer (c. pén., art. 226-14), et dispensant de dénonciation celui qui est tenu par le secret (c. pén., art. 434-3, al. 2). C'est dire qu'elle consent à chacun le pouvoir d'exercer librement le choix qui lui paraît le plus opportun, l'autorisant, selon sa conscience, à opter, soit pour la violation du secret, soit pour le non-respect de la dénonciation [1].

2 / *La flagrance.* – Le deuxième exemple est emprunté à l'article 73 du code de procédure pénale, lequel édicte que : « *Dans les cas de crime flagrant ou de délit flagrant puni d'une peine d'emprisonnement, toute personne a qualité pour en appréhender l'auteur et le conduire devant l'officier de police judiciaire le plus proche* ». Ce texte autorise explicitement à procéder à l' « appréhension » de l'auteur d'une infraction, ce que la jurisprudence reconnaît comme légitimant les infractions pouvant accompagner une telle initiative. Ainsi de l'arrestation et de la détention, le temps que le délinquant soit remis entre les mains de l'officier de police, dans le meilleur délai que les circonstances permettent [2], ou des violences exercées pour immobiliser l'auteur de l'infraction, ne s'agirait-il que d'un auteur apparent [3]. Mais tout débordement au delà des strictes nécessités ne

1. Pour la reconnaissance de l'option de conscience au bénéfice d'un évêque, mais sans application à son avantage, dès lors que les informations qu'il avait reçues, relatives aux actes pédophiles d'un prêtre de son diocèse, résultaient, non d'une confidence de ce dernier, mais d'une recherche de sa part : TGI Caen, 4 sept. 2001 : D. 2001. IR. 2721 ; *ibid.* 2002. *Somm.* 1803, obs. Roujou de Boubée ; *Gaz. Pal.* 2001. 2. 1811, note Damien ; *Dr. pénal* 2001, *chron.* n° 46, obs. L. Leturmy. – *Adde* : Y. Mayaud, La condamnation de l'évêque de Bayeux pour non-dénonciation, ou le tribut payé à César..., D. 2001. *Chron.* 3454.
2. Crim. 1er oct. 1979, *Bull. crim.* n° 263 ; D. 1980. IR. 334, obs. Puech ; *Gaz. Pal.* 1980. 1. 306, note P.L.G. ; 16 févr. 1988, *Bull. crim.* n° 75.
3. Il y a lieu d'assimiler à l'acte délictueux proprement dit le soupçon de sa réalisation, alors même qu'il ne serait pas vérifié par la suite, si les circonstances de la cause le rendent vraisemblable. – TGI Marseille, 28 janv. 1982, D. 1983. IR. 402, obs. J.-M. R. – Doit être relaxé du chef de coups et blessures volontaires, en application de l'art. 327 c. pén., le prévenu qui, venant d'arrêter l'auteur apparent d'une tentative de vol d'une voiture, a cru de bonne foi qu'une personne arrivée sur les lieux était un complice venu prêter main forte (alors qu'elle était étrangère à l'affaire) et, supposant logiquement que le nouvel arrivant était armé puisque le voleur l'était, l'a immédiatement frappé pour l'appréhender également, dès lors qu'il a agi pour l'exécution des lois et avait qualité pour le faire en application de l'art. 73 c. pr. pén., qui édicte que, "dans les cas ... de délit flagrant puni d'une peine d'emprisonnement, toute personne a qualité pour en appréhender l'auteur", ne fût-il que l'auteur supposé. – Douai, 9 juin 1988, D. 1991. Somm. 66, obs. Azibert.

saurait rentrer dans l'autorisation [1], et la responsabilité pénale reste entière, notamment si n'ont pas été respectées les conditions de la flagrance [2], ou encore si l'intervenant a attendu plusieurs heures avant d'aviser l'officier de police judiciaire [3], voire a dépassé en contraintes physiques ce qui était légitime [4]. La permission de la loi n'échappe pas à la logique de la justification, et elle ne saurait être perçue comme un blanc-seing destiné à couvrir n'importe quelle initiative : c'est toujours par référence à un objectif d'intérêt supérieur qu'elle doit être appréciée, ce à quoi ne sauraient répondre des actions disproportionnées par rapport aux besoins à couvrir.

3 / *La gendarmerie.* – Le troisième exemple est très révélateur de cette conception raisonnable de la justification. Il concerne l'article 174 du décret du 20 mai 1903, portant règlement sur l'organisation et le service de la gendarmerie, décret aujourd'hui abrogé par la loi n° 2009-971 du 3 août 2009 relative à la gendarmerie nationale ([5], mais sans que cette abrogation n'affecte le fond des dispositions en cause, dont le contenu avait déjà été transféré, mot

1. Si, aux termes de l'art. 73 c. pr. pén., toute personne est investie du pouvoir d'appréhender l'auteur présumé d'une infraction flagrante et de le conduire devant l'officier de police judiciaire le plus proche, l'usage, à cette fin, de la force doit être nécessaire et proportionnée aux conditions de l'arrestation. – Crim. 13 avr. 2005, *Bull. crim.* n° 131 ; D. 2005. 2920, note Lennon ; *Gaz. Pal.* 2005. 2. 3485, note Monnet ; *Dr. pénal* 2005. 117, obs. Maron ; *Rev. sc. crim.* 2006. 419, obs. Buisson ; 28 mars 2006, *Bull. crim.* n° 88 ; D. 2006. 2721, note Chavent-Leclere ; *Gaz. Pal.* 2006. 2. *Somm.* 3474, note Monnet ; *Rev. sc. crim.* 2006. 601, obs. Mayaud.
2. Une cour d'appel a pu déclarer le directeur du service de surveillance d'un magasin coupable de complicité, par instruction donnée, des actes d'arrestation et de séquestration arbitraires commis par son subordonné, dès lors qu'en l'absence d'indices apparents d'un comportement délictueux, la détention d'une personne appréhendée ne pouvait être justifiée au regard des dispositions de l'art. 73 c. pr. pén. – Crim. 26 mai 1999, *Gaz. Pal.* 1999. 2, *chr. crim.* 122.
3. Ce qui le rend responsable d'une séquestration arbitraire : Crim. 16 févr. 1988, préc.
4. En laissant une société procéder, en la présence publique de ses clients, à la fouille du contenu du sac de l'un d'entre eux, de ses poches et de ses vêtements, et en exigeant de cette personne la remise d'une pièce attestant de son identité, puis en tardant à aviser les services de police, cette société méconnaît les dispositions de l'art. 73 c. pr. pén. ; justifie légalement sa décision la cour d'appel qui déduit de ces constatations et énonciations, que la société a engagé sa responsabilité. – Civ. 2e 1er avr. 1999, *Bull. civ.* II, n° 66 ; D. 1999. 387, note Mayer. – Rappr. : Trib. police Carvin, 11 févr. 1994, D. 1995. 158, note Mayer ; *Rev. sc. crim.* 1995. 817, obs. Mayaud.

   Commet une imprudence caractérisée, et doit être déclaré coupable des délits d'homicide et de blessures involontaires, l'automobiliste qui poursuit avec son véhicule, en ville, à une vitesse excessive, les voleurs de son sac à main, et provoque une collision avec le véhicule de ces derniers, l'auteur principal du délit étant tué, et son complice blessé. – Trib. corr. Paris, 1er oct. 1991, D. 1992. 486, note Decheix.
5. *JO* 6 août, p. 13112.

pour mot, à l'article L. 2338-3 du code de la défense issu de l'ordonnance de codification du 20 décembre 2004 [1]. Ce dernier texte assure donc la continuité de l'article 174, et les développements qui suivent conservent toute leur actualité.

Les officiers et sous-officiers de gendarmerie (et gendarmes dans l'article 174 du décret du 20 mai 1903), en l'absence de l'autorité judiciaire ou administrative, sont autorisés à déployer la force armée notamment lorsque des violences ou voies de fait sont exercées contre eux, ou lorsqu'ils ne peuvent immobiliser autrement les véhicules dont les conducteurs n'obtempèrent pas à un ordre d'arrêt. Deux conceptions s'opposent quant à l'étendue de cette autorisation [2]. Une première, très catégorique, selon laquelle les gendarmes ne seraient pas autrement soumis à conditions que celles contenues dans le texte lui-même, de sorte que le constat des circonstances qui leur correspondent suffirait à leur irresponsabilité pénale. Une autre, plus nuancée, qui renvoie seulement à une présomption relative d'irresponsabilité, en ce sens que le contexte objectif servant de préalable à l'action militaire ne dispenserait pas d'une appréciation de proportionnalité, afin de se convaincre de la juste adéquation entre le recours à la permission de la loi et son absolue nécessité appliquée à l'espèce. Après avoir retenu la première version [3], la Cour de cassation a finalement opté pour la seconde [4]. Cette ultime solution est certainement la plus conforme à la théorie de la justification, pour soumettre la résolution du conflit de valeurs entre le respect dû à l'autorité et la protection des personnes, non pas à une formule abstraite, mais à une juste mesure des réalités [5].

1. Ordonnance n° 2004-1374 du 20 décembre 2004 relative à la partie législative du code de la défense(*JO* 21 déc., p. 21675 ; rectificatif : *JO* 29 déc., p. 22207, et 4 janv. 2005, p. 188).
2. L'action de la gendarmerie s'exerce toujours en tenue militaire (Décr. 20 mai 1903, art. 96 ; c. défense, art. R. D. 4137-2), et si tel n'est pas le cas, seule la légitime défense peut être éventuellement débattue, à l'exclusion de l'ordre ou de l'autorisation de la loi : Crim. 16 janv. 1996, *Bull. crim.* n° 22 ; JCP 1996. II. 22737, note Fourment ; *Rev. sc. crim.* 1996, p. 369, obs. Mayaud, et p. 848, obs. Bouloc ; 30 avr. 1996, *Bull. crim.* n° 178 ; *Dr. pénal* 1996. 176, obs. Maron ; *Rev. sc. crim.* 1996, p. 860, obs. Mayaud ; *ibid.* 1997, p. 100, obs. Bouloc, et p. 116, obs. Delmas Saint-Hilaire.
3. Crim. 5 janv. 2000, *Bull. crim.* n° 3 ; *D.* 2000. 780, note de Lamy ; *Rev. sc. crim.* 2000, p. 606, obs. Mayaud, et p. 817, obs. Bouloc.
4. Crim. 18 févr. 2003, *Bull. crim.* n° 41 ; D. 2003, jur., p. 1317, note Defferrard et Durtette ; *Dr. pénal* 2003, *comm.* 57, obs. Véron ; *Gaz. Pal.* 2003. 1. 1062, note Y. Monnet ; *Rev. sc. crim.* 2003, p. 387, obs. Buisson, p. 559, obs. Mayaud, et p. 565, obs. Delmas Saint-Hilaire. – *Adde* : F. Debove, Carton jaune pour les bleus !, *Dr. pénal* 2003, *chron.* 22.
5. La Cour de cassation rapproche ainsi la gendarmerie de la police nationale, faute pour cette dernière de bénéficier de dispositions équivalentes quant à l'usage de leurs armes. Pour autant,

Des réalités qui, dans les espèces considérées, ont été appréciées en relation avec la qualification d'homicide involontaire : les gendarmes ont été poursuivis de ce chef, et les débats relatifs à leur responsabilité ont porté sur les maladresses qu'ils avaient commises dans l'usage instinctif de leurs armes. On rebondit ainsi sur la question de l'étendue des faits justificatifs au regard des délits non intentionnels. Ces délits rentrent dans le champ d'application de l'ordre de la loi, qu'il s'agisse de sa version générale, dans les termes du code pénal, ou de sa version qualifiée, propre à la gendarmerie. La Cour de cassation se prononce explicitement en ce sens, estimant que la cause d'irresponsabilité prévue, tant par l'article 122-4 du code pénal, que par l'article 174 du décret du 20 mai 1903, « *s'étend aux fautes involontaires commises au cours de l'exécution de l'acte prescrit ou autorisé par la loi ou le règlement* » [1]. La justification n'est donc pas en notre matière réservée à ce qui s'inscrit dans une démarche intentionnelle, mais toute manifestation de culpabilité, volontaire ou involontaire, est compatible avec l'impunité qui en résulte.

410 AUTORISATIONS IMPLICITES. — Avec les permissions implicites nous rentrons dans le domaine des autorisations reconnues et appliquées en jurisprudence, mais sans qu'elles soient pour autant formulées dans un texte. Leur principe tient à un consensus partagé, à une sorte de droit coutumier, que l'on peut considérer comme relevant d'une légitimation tacite de la part du législateur, tant il lui serait facile de les dénoncer, à supposer qu'elles n'aient pas son adhésion.

Ainsi du droit de correction des parents ou des éducateurs sur de jeunes enfants [2], dont la pratique est une concession silencieuse de la loi aux besoins supérieurs de l'éducation, sous forme d'« auto-

il n'a pas été jugé opportun, dans le contexte du rattachement de la gendarmerie nationale au ministre de l'Intérieur, opéré par la loi n° 2009-971 du 3 août 2009, de les remettre en cause, ces règles étant justifiées par « les circonstances opérationnelles spécifiques de la gendarmerie » (J. Faure, Sénat, 2008-2009, rapport n° 66).

1. Crim. 5 janv. 2000, préc.
2. Pour un « droit de correction » non reconnu, suite à un coup de poing porté au visage par un caporal instructeur sur un militaire, à qui il reprochait de perturber un cours de chant « en faisant exprès de mal chanter ». – Nîmes, 3 mai 2001, *Dr. pénal* 2001. 140, obs. Véron.

rité physique nécessaire »[1], tout en devant être exercée de manière inoffensive[2], c'est-à-dire sans brutalités[3] et dans le respect des personnes[4].

Ainsi des « sports violents », souvent générateurs d'atteintes volontaires à l'intégrité physique. L'irresponsabilité tient à l'encadrement de ces disciplines par les fédérations sportives, qui, déléguées à cette fin par les pouvoirs publics, sont chargées de fixer les règles des pratiques en cause, de sorte qu'elles ne peuvent qu'être implicitement reconnues par le législateur[5].

Ainsi des violences chirurgicales, qui trouvent leur justification dans l'intérêt thérapeutique du patient, lequel crédibilise et légitime l'acte pour rejoindre ce que la loi ne peut qu'autoriser à l'avantage d'un mieux être[6]. Point n'est besoin de légiférer à ce titre, sauf à fixer certaines conditions de précaution, particulièrement pour des interventions sans retour, comme la stérilisation à visée contraceptive (c. santé publ., art. L. 2123-1 et L. 2123-2), ou jugées par trop spéculatives, telle la chirurgie esthétique (c. santé publ., art. L. 6322-2).

411 AUTORISATIONS USURPÉES. — La justification tirée de l'ordre de la loi ne saurait aller jusqu'à couvrir ce qui ne s'inscrit pas dans la hiérarchie des normes pénales. Nous l'avons déjà dit, elle est définie par rapport aux dispositions législatives ou réglementaires, c'est-à-dire sous couvert des deux sources constitutionnelles des infractions, et il est normal que, par un parallélisme

1. Versailles, 16 juin 2003, *Rev. sc. crim.* 2004, p. 87, obs. Mayaud.
2. Crim. 31 janv. 1995, *Bull. crim.* n° 38 ; *Rev. sc. crim.* 1995. 814, obs. Mayaud.
3. Crim. 21 févr. 1990, *Dr. pénal* 1990. 216 ; *Rev. sc. crim.* 1990. 785, obs. Levasseur. – Angers, 17 juin 1997, *Dr. pénal* 1998. 34, obs. Véron. – Paris, 4 et 11 mai 2004 , *Dr. pénal* 2004. 158. – V. également Cour EDH, 25 mars 1993, JCP 1994. II. 22262, note Mazière ; *Gaz. Pal.* 1994. 2. 481, note Derhy.
4. Ne peuvent constituer des mesures éducatives des traitements dégradants imposés à des êtres humains. – Crim. 2 déc. 1998, *Bull. crim.* n° 327 ; *Dr. pénal* 1999. 83, obs. Véron.
5. Poitiers, 3 mai 1974, *Gaz. Pal.* 1974. 2. 784 ; *Rev. trim. dr. civ.* 1975. 109, obs. Durry. – J.-P. Vial, Le droit pénal à l'épreuve de la violence dans les stades, *Gaz. Pal.* 2004. 1. *Doctr.*, p. 1693. – M. Benillouche, Droit pénal et blessures occasionnées lors de la pratique du sport : entre impunité et autorégulation, *Gaz. Pal.* 2007. 2. *Doctr.*, p. 3592.
6. Aix-en-Provence, 23 avr. 1990, *Gaz. Pal.* 1990. 2. 575, note Doucet ; JCP 1991. II. 21720, note Mémeteau ; *Rev. sc. crim.* 1991. 565, obs. Levasseur ; confirmé par Crim. 30 mai 1991, *Bull. crim.* n° 232 ; *Dr. pénal* 1991. 255, obs. Véron ; *Gaz. Pal.* 1992. 1. 17 ; *Rev. sc. crim.* 1992. 74, obs. Levasseur. – *Adde* Mémeteau, JCP 1995. I. 3838 (stérilisation non thérapeutique après les lois bioéthique).

des formes, l'irresponsabilité pénale en soit également le reflet. Ce qui s'éloigne de ce schéma, pour n'appartenir, ni à la loi, ni au règlement autonome, ne saurait donc prétendre à l'impunité, et la jurisprudence veille efficacement à défendre la matière de ce qu'elle considère à juste titre comme relevant d'intrusions déplacées.

Est en cause l'administration dans sa fonction active, qui ne saurait prétendre, par des permissions, des approbations ou des tolérances, refaire la loi à sa manière, et s'ériger en juge du législateur. Il n'appartient pas aux administrations de dispenser les citoyens des devoirs que la loi ou le règlement leur impose, sauf à rompre avec la séparation des pouvoirs, et affaiblir la Constitution elle-même. La Cour de cassation est en ce sens, qui rappelle opportunément que : « *Les autorisations administratives ne sauraient être tenues pour un fait justificatif et priver les juges répressifs de leur pouvoir d'apprécier, au regard des seules dispositions pénales, si se trouvent réunis les éléments constitutifs de l'infraction dont ils sont saisis* » [1], ou encore que : « *Le principe de la séparation des pouvoirs s'oppose à ce qu'une autorisation administrative relève le juge répressif du devoir qui n'incombe qu'à lui d'appliquer la loi pénale* » [2]. Les conséquences pratiques en sont importantes, pour maintenir la justice dans son autonomie d'action.

On peut en juger quant à l'incidence de la censure administrative sur le délit de diffusion d'un message à caractère violent ou pornographique susceptible d'être vu ou perçu par un mineur (c. pén., art. 227-24). L'exercice d'une telle censure n'a pas pour effet de vider la compétence répressive du juge judiciaire. Par exemple, par transposition d'une jurisprudence antérieure à la réforme du code pénal, fondée sur l'ancien délit d'outrage aux bonnes mœurs (c. pén., ancien art. 283), le classement des films X, et l'interdiction de leur diffusion en dehors de salles ou commerces spécialisés, n'interdit pas de poursuivre les producteurs, distributeurs ou diffuseurs en retenant une mise en péril des mineurs, dès lors que, « essentiellement consacrés à la représentation minutieuse de violences et perversions sexuelles, dégradantes pour la personne humaine », ils pourraient

1. Crim. 26 avr. 1983, *Gaz. Pal.* 1984. 1. *Somm.* 2. – Conf. Versailles, 5 oct. 1977, *Gaz. Pal.* 1978. 1. 192.
2. Crim. 26 juin 1974, *Bull. crim.* n° 241 ; D. 1975. 81, note Puech ; JCP 1975. II. 18011, note Lindon ; *Gaz. Pal.* 1974. 2. 722.

être vus ou perçus par ces derniers [1]. Inversement, la censure de l'administration ne saurait être le signe évident d'une infraction s'imposant à l'autorité judiciaire. Il a été jugé que le fait, par des professeurs de l'enseignement public, de diffuser dans leurs classes des films interdits aux moins de 16 ou 12 ans, n'était pas en soi répréhensible, et que le juge conservait son appréciation en fonction de l'objectif poursuivi et des fins éducatives recherchées, sauf à sélectionner des titres particulièrement déplacés [2]. Le droit pénal est donc tout à fait autonome dans son fonctionnement, et aucune autorité ne s'attache aux permissions de l'administration, portant sur des données qui seraient à même de recouper les éléments constitutifs d'une infraction. Ce n'est pas dire que la censure soit inutile. Elle a d'abord son plein effet sur le plan administratif, en servant une politique de prévention. Ensuite, elle n'est pas totalement étrangère à la répression, pour apporter à la juridiction des indices importants quant à la nature des messages en cause. Mais la décision appartient au juge lui-même, qui ne saurait être lié par la moindre antériorité à ce titre, et dont la souveraineté ne supporte aucune ascendance autre que celle de la loi ou du règlement contraventionnel.

C'est encore ainsi qu'il convient de raisonner pour les actes administratifs individuels, telle une autorisation personnalisée par arrêté municipal ou préfectoral, qui, faute de se présenter sous les traits de la généralité propre à la loi ou au règlement, ne saurait justifier des irrégularités constitutives d'infractions [3]. De même,

1. Crim. 25 janv. 1979, *Bull. crim.* n° 37 ; JCP 1979. II. 19143 ; *Gaz. Pal.* 1979. 2. 408 ; *Rev. sc. crim.* 1979. 837, obs. Levasseur. – V. la décision de première instance : TGI Paris, 8 nov. 1976, D. 1977. 320, note Rolland ; JCP 1979. II. 19044, note Blin ; et l'arrêt attaqué : Paris, 10 juin 1977, JCP 1979. II. 19044, note précit. Blin ; *Rev. sc. crim.* 1978. 347, obs. Levasseur. – Même solution pour les vidéo-cassettes pornographiques. – Crim. 6 mai 1986, *Bull. crim.* n° 152 ; D. 1987. Somm. 150, obs. Colombet ; 11 sept. 1989, *Dr. pénal* 1990. 48.
2. Versailles, 13 oct. 2003, *Rev. sc. crim.* 2004, p. 89, obs. Mayaud.
3. L'existence d'une autorisation de l'autorité municipale ne saurait exonérer de sa responsabilité pénale l'auteur d'une infraction à l'art. L. 31 c. débits de boissons (ouverture d'un débit de boissons sans déclaration préalable : *nouvel art. L. 3352-3, 1°*), dès lors que le fait matériel constitutif du délit a été constaté. – Crim. 24 oct. 1983, *Bull. crim.* n° 260. – Rappr. : Crim. 29 déc. 1949, *Bull. crim.* n° 362 ; D. 1950. 193 ; JCP 1950. II. 5386, note Costes. – S'il est vrai qu'aux termes de l'art. 122-4, qui reprend les dispositions de l'ancien art. 327 en y apportant des précisions consacrées par la jurisprudence, qu'une prescription ou une autorisation émanant directement du pouvoir législatif ou réglementaire peut justifier la commission d'une infraction, ces dispositions ne peuvent s'étendre aux actes individuels telle une autorisation préfectorale d'exploitation d'une pisciculture. – TGI Quimper, 2 juin 1994, *Gaz. Pal.* 1995. 1. 214.

n'ont aucune portée normative conforme au principe de la légalité, et ne sauraient donc valoir justification sur le fondement de l'article 122-4 du code pénal, les approbations revenant à consacrer une infraction [1], ou les tolérances destinées à couvrir leur réalité [2], seraient-elles contenues dans une circulaire ministérielle [3]. C'est dire que tout ce qui participe de la famille des recommandations, des opinions, des avis, ou des interprétations, par hypothèse émanant de l'administration, ne sauraient être des sources d'espérance pour ceux qui les ont suivis. Du moins, l'ordre de la loi ne saurait en valider le principe pour appuyer une irresponsabilité pénale. Au mieux celle-ci peut-elle trouver un relais dans l'erreur sur le droit (*chapitre 12*)...

B – Le commandement de l'autorité légitime

412 FONDEMENT. — « *N'est pas pénalement responsable la personne qui accomplit un acte commandé par l'autorité légitime, sauf si cet acte est manifestement illégal* » » (c. pén., art. 122-4, al. 2). Venant immédiatement après l'ordre de la loi, le commandement de l'autorité légitime n'en reste pas moins d'une approche difficile. Autant on peut comprendre que le législateur puisse ponctuellement neutraliser ce qu'il a érigé en infraction au titre de la généralité, autant cette explication devient moins évidente, voire impossible, à propos des ordres d'une simple autorité. Est ici rejointe la parité devant exister entre ce qui est facteur de responsabilité et ce qui peut éventuellement s'en échapper : seule la loi et le règlement autonome ont compétence

1. Encourt la cassation l'arrêt qui déclare non constitué le délit d'homicide involontaire reproché à l'exécutant d'un travail public, en se fondant uniquement sur l'approbation, donnée par l'administration, des conditions dans lesquelles ce travail a été réalisé. - Crim. 16 juill. 1987, *Bull. crim.* n° 297 ; *Gaz. Pal.* 1988. 1. Somm. 76.
2. Il n'y a de tolérance opposable devant les tribunaux que celle qui résulte d'une disposition expresse de la loi, la tolérance de l'autorité ne pouvant constituer un droit, ni servir d'excuse à une infraction et paralyser la force obligatoire de règlements légalement pris. – Crim. 12 mars 1975, *Bull. crim.* n° 76. – V. aussi : Crim. 18 juill. 1956, *Bull. crim.* n° 547 ; 16 oct. 1956, *ibid.* n° 641 ; 31 janv. 1962, *ibid.* n° 72 ; D. 1962. 485 (1ère espèce), note J.-M. R. ; 20 févr. 1989, *Bull. crim.* n° 83 ; 11 mai 1992, *ibid.* n° 183 ; *Rev. sc. crim.* 1993. 542, obs. Bouloc.
3. Crim. 20 févr. 1979, *Bull. crim.* n° 75 ; 18 janv. 2005, *ibid.* n° 22 ; D. 2005, *Panor.*, p. 1521, obs. Roujou de Boubée ; *AJ Pénal* 2005, p. 236. – V. cependant pour une circulaire de l'administration fiscale, « à caractère réglementaire », dont la portée justificative a été reconnue. – Crim. 19 mai 1999, *Gaz. Pal.* 1999. 2, *chr. crim.* 125.

pour détruire, en fonction de circonstances particulières, ce qui est érigé en crimes, délits ou contraventions, et toute prétention à ce résultat ne peut qu'être rejetée, dès lors qu'elle ne serait pas de leur fait.

Mais la justification s'impose là encore. Par le commandement de l'autorité légitime, c'est l'obéissance que le législateur érige en intérêt supérieur, jusqu'à justifier les infractions éventuellement commises sous son influence. Il est essentiel, en effet, que les ordres ne soient pas discutés, et que, par leur respect, élevé au rang d'un principe essentiel, l'autorité soit renforcée. Ainsi promue au rang de valeur, l'obéissance devient une cause d'irresponsabilité pour celui qui s'y soumet. Tout concorde à cette explication : et la référence à l'autorité visée, qui ne peut qu'être une autorité représentative de la confiance qui lui est faite, et la condition que le commandement dont l'exécution est en cause ne soit pas manifestement illégal, ce qui laisse à l'exécutant une part essentielle de liberté.

a) L'autorité

413 AUTORITÉ PUBLIQUE. — Nous venons de le dire, seule une autorité pouvant prétendre faire de l'obéissance un enjeu social est à même de fonder le fait justificatif qui y renvoie. C'est pourquoi, l'autorité légitime visée par le code pénal s'entend d'une autorité publique [1]. Il faut comprendre par là toutes les personnes, civiles ou militaires, dotées d'un pouvoir de commandement (*imperium*) reconnu par les textes, et auquel s'attache le crédit d'une fonction sortant par hypothèse de la sphère des relations privées.

Le fait pour un prévenu de se conformer aux ordres d'un particulier ne saurait donc constituer une cause d'irresponsabilité lui permettant d'échapper aux conséquences de l'infraction qu'il a commise, peu importe la nature du lien à l'origine de l'exécution, tel un rapport de filiation [2] ou de subordination [3]. L'obéissance n'est

1. Crim. 28 avr. 1866, D.P. 1866. 1. 356 ; 4 oct. 1989, *Bull. crim.* n° 338.
2. Crim. 28 avr. 1866, préc. (recel successoral commis par un fils sur l'ordre de sa mère).
3. Crim. 22 mai 1959, *Bull. crim.* n° 264 (suppression de correspondance par un receveur des postes) ; 4 mai 1961, *ibid.* n° 236 (contrefaçon d'une œuvre musicale) ; 19 mars 1969, *ibid.* n° 123 (complicité de fraudes fiscales) ; 12 janv. 1977, *ibid.* n° 18 (pollution des eaux) ; 4 oct. 1989, préc. (dénonciation calomnieuse) ; 13 mars 1997, *ibid.* n° 107 ; D. 1997. *Somm.* 355, obs. Kulbokas ; *Rev. sc. crim.* 1997. 828, obs. Bouloc (fraude fiscale) ; 26 juin 2002, *Bull.*

plus alors une vertu sociale, sauf à trouver d'autres raisons permettant de se soustraire à la répression, tel un défaut d'intention lié à la méconnaissance de l'illégalité de l'acte [1].

Cette exclusivité de la justification au profit de l'autorité publique est dans la logique du respect que le droit pénal tend à promouvoir à son avantage. Il est d'ailleurs d'autres solutions qui en rejoignent le principe. Par exemple, la rébellion ne saurait être excusée à raison de la prétendue illégalité de l'acte accompli par le détenteur de l'autorité [2], et le citoyen à l'égard duquel une mesure illégale est mise à exécution est toujours tenu de s'y soumettre provisoirement, sauf son droit de prise à partie ou de poursuite ultérieure contre ceux qui en ont la responsabilité [3]. C'est la même idée que consacre le fait justificatif de l'article 122-4 du code pénal : parce que l'autorité a besoin de reconnaissance, elle bénéficie d'une sorte de privilège hiérarchique, consistant à rendre irresponsables ceux qui lui sont soumis.

414 AUTORITÉ LÉGITIME. — Il ne suffit pas que l'autorité soit publique. Encore faut-il qu'elle soit légitime, c'est-à-dire qu'elle incarne la légalité républicaine. Il en résulte qu'aucune justi-

crim. n° 148 ; D. 2003. *Somm.* 172, obs. Segonds ; *Dr. pénal* 2002. 133, obs. Véron (dégradation du bien d'autrui par démontage d'équipements non payés).

Non seulement la responsabilité pénale pèse sur le subordonné, mais il engage même sa responsabilité civile à l'égard des tiers dès lors qu'il a intentionnellement commis une infraction leur ayant porté préjudice. – Cass. Ass. plén., 14 déc. 2001, (*Cousin*) : *Bull. inf. C. cass.*, 1er mars 2002, p. 4, concl. de Gouttes ; *Bull. crim.* n° 269 ; *Bull. civ.* n° 17 ; D. 2002. 1230, note J. Julien ; *ibid.* 2002. *Somm.* 1317, obs. D. Mazeaud ; *ibid.* (cah. *Aff*) 2002. *Somm.* 2117, obs. Thullier ; *Gaz. Pal.* 2002. 1. 124, concl. de Gouttes, et note Monnet ; JCP 2002. II. 10026, note Billiau ; *ibid.* 2002. I. 124, n° 22 et s., obs. Viney ; *ibid* éd. E 2002, p. 279, note Brière ; *RTD civ.* 2002. 109, obs. Jourdain. – Crim. 7 avr. 2004, *Bull. crim.* n° 94 ; *Gaz. Pal.* 2004. 2. 3802, note Monnet.

Sur la question, V. Malabat, La responsabilité pénale du subordonné, Mélanges B. Bouloc, *Dalloz*, 2006, p. 681.

1. Le prévenu ayant pratiqué des échographies animales, poursuivi pour exercice illégal de la profession de vétérinaire, ne saurait être retenu dans les liens de la prévention faute d'élément intentionnel, dès lors qu'il était un simple salarié agissant sur instructions de son employeur et qu'il n'était pas en mesure, à la date des faits, d'avoir connaissance de l'illégalité de cet acte, alors surtout qu'une discussion juridique s'était instaurée sur la nature de cet examen. – Nîmes, 16 oct. 1997, *JCP* 1999. IV. 2628.
2. Crim. 3 mai 1961, *Bull. crim.* n° 234 ; 2 juill. 1987, *ibid.* n° 281 ; *Gaz. Pal.* 1988. 1. *Somm.* 78 ; *Rev. sc. crim.* 1988. 519, obs. Delmas-Saint-Hilaire. – *Contra* : Reims, 18 mai 1984, JCP 1985. II. 20422, note Chambon ; *Gaz. Pal.* 1984. 2. 715 ; *Rev. sc. crim.* 1985. 69, obs. Delmas-Saint-Hilaire ; Trib. corr. Bergerac, 12 févr. 1953, D. 1953. Somm. 60 ; *Gaz. Pal.* 1953. 1. 328. – Comp., pour la légitimité de la résistance, lorsque l'agent procède *motu proprio*, hors de l'exercice de ses fonctions : Crim. 25 mars 1852, *Bull. crim.* n° 108.
3. Crim. 22 août 1867, D.P. 1868. 1. 286. – V. encore Crim. 27 août 1908, D.P. 1909. 1. 79 ; Trib. corr. Lille, 12 févr. 1948, D. 1948. 305.

fication ne saurait s'attacher à ce qui émane de simples autorités de fait, par exemple de personnes publiques dont les fonctions ou mandats sont échus. La question n'est pas facile, surtout lorsqu'un gouvernement entier est en cause, qui plus est avec une apparence de légitimité, comme ce fut le cas pour le gouvernement de Vichy. Le législateur a d'ailleurs été contraint d'intervenir pour résoudre cette hypothèse particulière, afin de consentir à l'irresponsabilité pénale de ceux qui avaient obéi aux ordres, mais sous des conditions qui témoignent de la nécessité de ne jamais se laisser entraîner vers ce qui relève de l'illégalité manifeste [1]. Tel est l'enjeu de la matière : ne pas accepter que soit franchi le seuil de l'irréversible, tant il est vrai que l'obéissance perd toute signification sociale lorsqu'elle devient instrument de servitude.

b) Le commandement

415 RAPPORTS AVEC LA LOI. — Il faut le redire : aussi légitime soit-elle, une autorité n'a pas le pouvoir de contrarier la loi, et donc d'en orienter l'exécution par des mesures qui n'en respecteraient pas les données. Pourtant le code pénal ne retient pas tout à fait cette conception, en légitimant des actions délictueuses en relation avec un ordre illégal. Cette solution ne peut être admise que si une raison supérieure en habilite le principe, et nous savons qu'elle tient à la nécessité d'assurer à l'autorité publique l'ascendant qui lui est dû. En fait, le rapport de l'autorité à la loi relève de deux hypothèses, chacune contribuant à la mesure exacte de la justification,

1. Deux ordonnances sont significatives à ce titre :
— une ordonnance du 28 août 1944, relative à la répression des crimes de guerre (*JO* 30 août, p. 780), qui ne considéra pas les ordres de l'autorité ennemie ou des autorités qui en dépendaient comme des faits justificatifs au sens de l'art. 327 c. pén., mais seulement comme circonstances atténuantes ou comme excuses absolutoires (art. 3) ;
— une ordonnance du 28 nov. 1944, portant modification et codification des textes relatifs à la répression des faits de collaboration (*JO* 29 nov., p. 1540), qui intégra au contraire le fait justificatif de l'art. 327, mais à l'exception du prévenu qui avait la faculté de se soustraire à l'exécution à l'ordre reçu par son initiative personnelle, et dont la responsabilité ou l'autorité morale étaient telles que son refus aurait servi la nation , de même qu'en étaient exclus les faits de dénonciation ou de livraison de personnes, les actes individuels de violence, et les livraisons délibérées de matériel, de pièces ou de renseignements à l'ennemi (art. 3).

selon que le commandement est le relais de la loi (*secundum legem*), ou se manifeste contre la loi (*contra legem*).

416 *SECUNDUM LEGEM*. – La première figure correspond à un commandement conforme à la loi. C'est l'hypothèse idéale, pour respecter à la lettre la hiérarchie des normes juridiques, l'autorité publique inscrivant son action dans la continuité de la loi, et son commandement ne faisant que relayer ses dispositions. Il en ressort que si la réalisation de ce qui a été ainsi commandé se solde par la commission d'une infraction, celle-ci n'est en réalité que le résultat de l'ordre de la loi elle-même, et on retombe dans l'irresponsabilité correspondant à ce fait justificatif spécial.

L'arrestation de l'auteur d'un crime ou d'un délit, par exemple, suppose un commandement en ce sens de l'autorité judiciaire, servant de relais entre les lois de procédure et les agents de la force publique : l'atteinte à la liberté individuelle en résultant (c. pén., art. 432-4) est justifiée, moins par le mandat d'arrêt délivré (c. pr. pén., art. 122 et s.), que par l'autorisation de la loi dont elle n'est que le prolongement. Il en est de même de l'infiltration, mise en place par la loi Perben II du 9 mars 2004, portant adaptation de la justice aux évolutions de la criminalité [1], qui consiste, pour des officiers ou agents de police judiciaire, autorisés par le procureur de la République ou le juge d'instruction, à se faire passer, auprès de délinquants, comme un de leurs coauteurs, complices ou receleurs, et qui peuvent, à ce titre, sans en être pénalement responsables, commettre certaines infractions en rapport avec la criminalité organisée (c. pr. pén., art. 706-81 et s.) : l'exonération de responsabilité, là encore, tient moins à l'autorisation judiciaire, qu'aux prévisions de la loi qui en fondent le principe.

417 *CONTRA LEGEM*. – En revanche, cet équilibre est rompu lorsque l'autorité légitime prend l'initiative d'un commandement illégal. L'ordre donné n'est plus en conformité avec la loi, et la question est de savoir dans quelle mesure son exécution peut échapper à la responsabilité pénale, dès lors qu'une infraction a été commise. Deux théories s'opposent : celle de l'« obéissance pas-

1. *JO* 10 mars 2004, p. 4562, art. 1er.

sive », qui soumet l'agent d'exécution à un rôle mécanique, avec pour résultat de justifier systématiquement son action, et celle des « baïonnettes intelligentes », en application de laquelle tout commandement, avant d'être exécuté, doit être soumis à une approche critique, afin d'en apprécier, sinon l'opportunité, du moins la légalité. Alors, en cas d'ordre illégal, l'obéissance, qui revient à un défaut d'intelligence, débouche sur la responsabilité pénale de son auteur.

Contrairement à l'ancien article 327 du code pénal, qui ne donnait aucune réponse, le principe est aujourd'hui celui de l'*irresponsabilité pénale de l'agent, sous réserve d'une illégalité manifeste.* C'est donc un système mitigé que le législateur retient, qui emprunte à la fois à l'obéissance passive et à la désobéissance intelligente. L'obéissance est légitime tant que l'illégalité ne s'impose pas, et la désobéissance doit l'emporter lorsque l'acte relève d'une irrégularité flagrante. Les fonctions d'exécution ne sont donc pas des blancs-seings pour ceux qui les exercent, et la loi attend de chacun un minimum de réaction, dans la mesure où l'illégalité est évidente. Cette solution conforte l'objectif politique de la justification, en fondant sa portée, non seulement sur une légitimité de commandement incontestable, mais encore sur ce qui n'en a que les simples apparences. On ne peut mieux doter l'autorité d'un statut protecteur, mais sans aller, cependant, jusqu'à admettre qu'elle soit encore une référence respectable, lorsqu'elle perd d'elle-même sa légitimité par un ordre manifestement illégal [1].

Il reste à déterminer comment apprécier un tel caractère. C'est là le travail du juge, qui doit veiller, *in abstracto*, à répercuter ce que « le citoyen moyennement avisé perçoit avec certitude » [2]. Il en résulte d'abord que certaines matières ne peuvent qu'être fermées à la justification, pour relever nécessairement d'une telle perception. Ainsi des crimes contre l'humanité, qui, par leur nature même,

1. La mise à la disposition des communes des services extérieurs de l'État, prévue par l'art. L. 121-2 c. urb., n'impose pas aux agents concernés une « obéissance inconditionnelle » aux maires, dès lors que les « prétentions » formulées par ceux-ci sont « manifestement illégales » (à propos d'un faux en écriture publique par modification d'un document graphique annexé au plan d'occupation des sols, commis par l'agent d'une direction départementale de l'équipement en exécution d'instructions téléphoniques d'un maire). – Crim. 25 févr. 1998, *Dr. pénal* 1998. 94, obs. Véron.
2. Ph . Conte et P. Maistre du Chambon, Droit pénal général, p. 151, n° 256.

rendent manifeste l'illégalité des ordres destinés à les commettre [1]. D'ailleurs la loi elle-même les exclut de toute exonération, le commandement de l'autorité légitime n'étant à prendre en compte qu'au titre de la peine et de son montant (c. pén., art. 213-4). Il en découle ensuite qu'un ordre mérite d'autant plus de réserve, que son exécution est confiée à des agents de hiérarchie supérieure, et qu'elle passe par des modalités exclusives de toute équivoque quant à sa portée : ainsi de l'ordre donné par un préfet de région à un colonel de gendarmerie, qui n'a pu se méprendre sur son caractère manifestement illégal, y compris dans une situation de crise exceptionnelle, alors que les destructions ordonnées devaient se faire de manière clandestine, en utilisant un moyen dangereux sans requérir la force publique pour assurer la sécurité des personnes et des biens, et en laissant sur les lieux des tracts diffamatoires destinés à égarer les enquêteurs sur l'identité des auteurs des faits [2].

Il est donc une résistance légitime à l'autorité, lorsque celle-ci sort visiblement de son rôle. Certes, cette résistance revient à placer l'agent d'exécution dans une situation difficile, avec le risque de pressions très fortes pour le soumettre. Mais c'est là le propre des conflits, qui sont toujours des épreuves. De plus, le droit n'est pas sans réponse lorsque le commandement s'accompagne de menaces personnelles : ce que la justification ne peut alors garantir d'irresponsabilité, la contrainte peut éventuellement y suppléer, en tant que cause de non-imputabilité (c. pén., art. 122-2).

II | La légitime défense

418 Fondement. — La légitime défense, que le code pénal traite dans ses articles 122-5 et 122-6, est sans aucun doute le fait justificatif le plus familier, du moins le plus médiatisé. Il faut

1. Crim. 23 janv. 1997, *Bull. crim.* n° 32 ; D. 1997. 147, note Pradel ; JCP 1997. II. 22812, note J.-H. Robert ; *Dr. pénal* 1997. 38, obs. J.-H. Robert ; *Gaz. Pal.* 1997. 1. 185.
2. Crim. 13 oct. 2004, *Bull. crim.* n° 243 ; D. 2005, *Panor.*, p. 1526, obs. Segonds ; *Dr. pénal* 2005. 2, obs. Véron ; *Gaz. Pal.* 2005. 1. 1165, note Monnet ; *Rev. sc. crim.* 2005. 66, obs. Fortis. – Rapprocher l'affaire dite des "écoutes téléphoniques" : "le commandement de l'autorité légitime ne peut être retenu en faveur d'un officier supérieur de la gendarmerie et de hauts fonctionnaires, dès lors que ne leur était imposée aucune obéissance inconditionnelle à des ordres manifestement illégaux » (Crim. 30 sept. 2008, *Bull. crim.* n° 197 ; D. 2008, p. 2975, note Matsopoulou ; *ibid.* 2009, *Pan.*, p. 2239, obs. Pradel ; *Rev. sc. crim.* 2009. 92, obs. Fortis).

dire que le droit de se défendre contre des agressions injustes est ressenti comme un droit naturel, et que l'opinion réagit assez mal aux décisions qui le répercutent insuffisamment à ses yeux. Mais il est souvent un fossé entre cette conception immédiate ou facile de la légitime défense, et la version que le droit en donne par ailleurs, ce dernier se montrant plus réfléchi, et de ce fait plus nuancé. Sa préoccupation est de ne pas en faire un instrument d'autodéfense, par lequel chacun disposerait d'un droit de justice sur lui-même, et cela au risque de dérapages qui ne pourraient que conduire au désordre. Tel n'est bas le but de la justification, qui, au contraire, poursuit un objectif bien ciblé d'ordre et de cohérence, par une juste sélection des valeurs sociales à protéger lorsque des conflits les mettent en opposition. Il en est de la légitime défense comme des autres faits justificatifs, à savoir qu'elle est destinée à trancher entre deux valeurs en concours, afin de promouvoir celle qui se situe à un niveau supérieur par rapport à l'autre, parce que la situation ne peut être autrement réglée que par le sacrifice de l'intérêt considéré comme moindre.

En fait, la légitime défense n'est pas un acte de justice privée, mais un acte de « police privée ». L'expression, et au delà l'explication, est de M. le Doyen Decocq, qui a clairement fait valoir que le fait de légitime défense « n'autorise nullement l'agent à rétribuer lui-même l'auteur d'une infraction. Il l'autorise simplement à une action préventive à l'égard de cette infraction »[1]. C'est la carence des forces de police qui légitime la réaction, la société trouvant un juste et utile intérêt à ce que chacun, placé dans une situation d'agression, ou témoin de l'agression d'autrui, puisse y répondre par lui-même, tant par la nécessité morale de ne pas s'y prêter, que par le profit social d'un rappel à l'ordre immédiat. Mais encore faut-il qu'une juste correspondance permette de vérifier en toutes circonstances cette relation d'utilité. Le code pénal contient à ce titre des formules significatives, au service de deux régimes différents, l'un faisant figure de droit commun, représenté par les dispositions de l'article 122-5 (A), et l'autre plus exceptionnel, renvoyant à des hypothèses présumées de légitime défense, qui sont énumérées à l'article 122-6 (B).

1. A. Decocq, Droit pénal général, p. 317.

A – Le droit commun de la légitime défense

419 La justification inhérente à la légitime défense opère comme pour les autres faits justificatifs, c'est-à-dire en neutralisant le caractère délictueux de l'infraction commise, pour ce qu'elle représente d'action bénéfique sur le plan social. Son appréciation, qui n'est pas facile, est à la mesure de l'équilibre à trouver entre l'acte d'agression et l'acte de défense.

a) L'agression

420 AGRESSION ACTUELLE. — Il résulte de l'article 122-5 du code pénal que n'est pas pénalement responsable la personne qui, devant une atteinte injustifiée envers elle-même ou autrui, ou, pour interrompre l'exécution d'un crime ou d'un délit contre un bien [1], accomplit, « *dans le même temps*, un acte commandé par la nécessité de la légitime défense... » (al. 1er) ou « *un acte de défense ... strictement nécessaire* » (al. 2). C'est dire que la légitime défense n'est autorisée que pour repousser un mal présent, car c'est alors seulement qu'elle devient nécessaire [2]. Cette condition d'actualité est essentielle. Elle a pour effet d'éloigner de toute prétention justificative ce qui est une anticipation par rapport à l'agression, ou, au contraire, ce qui lui serait trop tardif.

1 / La *défense anticipée* soulève plusieurs difficultés. Une première est relative à l'étendue de l'agression, afin d'en mesurer l'importance pour pouvoir utilement invoquer la légitime défense. La jurisprudence donne une réponse de principe, consistant à faire valoir qu'il n'est pas exigé que l'auteur, ou la personne au secours de qui il s'est porté, se soient trouvés en péril de mort [3]. La justification n'est donc pas réservée aux cas extrêmes, et le mal auquel la

1. La légitime défense n'est admise en matière d'atteinte aux biens que lorsque l'acte commis a pour objet d'interrompre l'exécution d'un crime ou d'un délit, ce qui n'est pas le cas d'une contravention de dégradation volontaire d'un bien. – Toulouse, 24 janv. 2002, *Dr. pénal* 2002. 52, obs. Véron.
2. Crim. 27 juin 1927, S. 1929. 1. 356.
3. Crim. 22 mai 1959, *Bull. crim.* n° 268 ; D. 1959. Somm. 71 ; JCP 1959. II. 11161 ; 23 déc. 1959, *Bull. crim.* n° 576 ; 19 juin 1990, *ibid.* n° 250 ; 26 nov. 1991, *Dr. pénal* 1992. 120.

défense entend répondre n'a pas à prendre les traits d'une agression fatale, voire peut consister en un simple danger moral [1].

Ensuite, l'actualité se double parfois de *putativité*, en ce sens que l'agression n'existe que dans l'esprit de celui qui se défend, et non dans la réalité. Il faut imaginer que, trompée par les apparences, ou confrontée à une particulière angoisse, une personne, se croyant agressée, exerce sur autrui des violences destinées à se protéger. Il est bien évident que la justification ne saurait objectivement jouer, et la question est de savoir si elle peut être subjectivement retenue. On pourrait en douter, pour ne plus rejoindre les raisons premières de la justification, tirées d'un pouvoir de police privée. Mais la réponse de la jurisprudence est positive, qui admet que le code pénal « *n'a pas seulement en vue le cas d'une nécessité éclatante, absolue, indiscutable, mais encore le cas où celui qui se défend peut raisonnablement croire qu'il se trouve en péril* » [2]. Spécialement, il en est ainsi lorsqu'une personne, réveillée la nuit par un malfaiteur qui s'est introduit chez elle pour voler des poules, a cru sa vie en danger et a déchargé sur lui le fusil dont elle s'était armée [3]. De même, l'exception de légitime défense est justement admise lorsqu'il est constaté que le prévenu a tiré, après s'être trouvé soudainement face à un malfaiteur dans l'obscurité de la nuit, n'ayant pas la certitude que l'homme qui se dressait devant lui ne venait pas de sortir de sa poche une arme quelconque [4]. L'apparence d'une agression est donc assimilée à l'agression elle-même. Mais encore faut-il que la défense légitimée s'inscrive dans un cadre rendant vraisemblable la putativité, et donc irrésistible le sentiment d'agression [5].

1. Le danger moral couru par un garçon âgé de 16 ans peut constituer une excuse suffisante de la gifle donnée par sa mère à la jeune fille de 18 ans qui, par ses assiduités, risquait de compromettre l'avenir et les études de son fils. – Trib. pol. Valence, 19 mai 1960, S. 1960. 270, note Hugueney ; *Gaz. Pal.* 1960. 2. 28.
2. Chambéry, 6 févr. 1907, D.P. 1907. 5. 19.
3. Chambéry, 6 févr. 1907, préc.
4. Nancy, 9 mars 1979, D. 1981. 462, note Bernardini ; *Gaz. Pal.* 1979. 2. 655.
5. N'a pu se croire raisonnablement en péril l'inspecteur qui a reçu mission d'arrêter un individu connu pour dangereux, lorsque celui-ci a pris la fuite en bicyclette, se trouvant ainsi dans une position difficile pour se retourner et répondre à ses sommations en se servant d'une arme pour faire feu. - Lyon, 28 nov. 1962, *Gaz. Pal.* 1963. 2. 195. – Confirmation de : TGI Lyon, 20 nov. 1961, D. 1962. 215 ; JCP 1962. II. 12560, note Vedel ; *Gaz. Pal.* 1962. 1. 71. – Il en est de même pour un automobiliste qui, assis dans son véhicule, a fait usage d'une bombe lacrymogène contre une personne qui l'avait injurié, sans aucun acte de violence, et qui avait esquissé un geste de la main en direction de sa poche. – Paris, 26 oct. 1999, *Bull. inf. C. cass.* 2000, n° 358.

2 / Tout comme la défense anticipée, la *défense tardive* ne saurait être justificative. Elle consiste à réagir après l'agression, et donc à intervenir alors que cela n'est plus nécessaire. Cette attitude s'apparente à de la vengeance, voire à un règlement de compte, tel le fait de tirer plusieurs coups de feu dans la direction d'un agresseur en fuite [1], cette action serait-elle le fait d'un policier [2], et on comprend qu'elle soit sanctionnée en jurisprudence. Celle-ci est d'ailleurs très attentive aux circonstances, afin d'en restituer la véritable portée. Par exemple, en cas de rixe en plusieurs phases, il est possible d'admettre que, après s'être trouvés dans un premier temps en état de légitime défense, les prévenus ont commis le délit de violences volontaires retenu à leur charge, pour s'être, dans un second temps, "rués" sans nécessité sur leurs adversaires [3]. On le voit, tout est affaire de nuances, ce qui ne saurait surprendre pour des faits relevant par hypothèse de l'appréciation souveraine des juges du fond [4].

421 AGRESSION INJUSTE. — Pour être légitimante, l'agression doit encore être injuste, c'est-à-dire non juridiquement fondée. Il va de soi qu'aucune justification n'est concevable sur ce qui relève d'un comportement autorisé. Un processus de légitimation ne saurait utilement se greffer sur ce qui est déjà marqué du sceau de la légitimité, et c'est le cas toutes les fois que l'agression dénoncée n'en est pas une, pour être légalement couverte par des éléments qui en valident le principe.

L'interruption volontaire de grossesse, par exemple, lorsqu'elle est pratiquée dans les conditions et formes de la loi, ne peut en

Pour une hypothèse de légitime défense par utilisation d'une bombe lacrymogène contre un officier ministériel, dont le comportement pouvait laisser croire à l'auteur de l'acte de défense qu'il était séquestré. – Crim. 20 oct. 1993, *Gaz. Pal.* 1994. 1. *Somm.* 16. – Pour un tir légitimé sous l'effet de la peur en relation avec un cambriolage. – Aix-en-Provence, 1er juin 2005, *Dr. pénal* 2005. 169, 3e espèce, obs. Véron.

1. Pour une espèce très significative : Crim. 7 déc. 1999, *Bull. crim.* n° 292 ; *Rev. sc. crim.* 2000. 602, obs. Bouloc.
2. Crim. 26 juill. 2000, *Gaz. Pal.* 2001. 1. 77.
3. Crim. 16 oct. 1979, D. 1980. IR. 522, obs. Puech. - Comp. : Crim. 28 juill. 1975, *Gaz. Pal.* 1975. 2. 713.
4. Les juges du fond doivent d'ailleurs mettre la Cour de cassation en mesure de vérifier si le fait justificatif est caractérisé : faute de l'avoir fait, ou s'ils font état de motifs hypothétiques, contradictoires ou insuffisants, leur décision encourt la cassation. - Crim. 18 oct. 1972, *Bull. crim.* n° 293 ; *Gaz. Pal.* 1973. 1. 100 ; 8 mai 1974, *Bull. crim.* n° 168 ; 23 mars 1987, *ibid.* n° 134.

aucun cas être assimilée à une « atteinte injustifiée envers autrui » [1]. De même, est un acte conforme au droit la détention en parfaite légalité, dans une usine, de semences de maïs transgénique détruites par des manifestants, dès lors que sont respectés les différents avis rendus par les autorités et commissions compétentes ; doit être en conséquence rejetée l'exception de légitime défense soulevée par les prévenus, exception selon laquelle la mise en culture du maïs transgénique risquerait d'influencer négativement et de manière irréversible les autres cultures [2].

Mieux encore, est suffisante la simple apparence de conformité au droit, comme c'est le cas pour le commandement de l'autorité légitime. C'est ainsi que ne sauraient être justificatives les violences exercées sur des agents publics lors d'opérations supposées illégales [3]. Une défense n'est donc admissible que sous couvert d'une injustice prononcée, ce qui doit correspondre à des certitudes en ce sens, et encore, sous réserve de la présomption de régularité des actes de l'autorité. Parce que cette présomption participe elle-même de l'agencement des valeurs sociales, il n'est pas besoin du mode justificatif pour y parvenir.

b) La défense

422 DÉFENSE VOLONTAIRE. — Il est de jurisprudence que « *le fait justificatif de légitime défense est inconciliable avec le caractère involontaire de l'infraction* » [4]. Ce principe d'incompatibilité interdit donc d'invoquer la légitime défense pour justifier un homicide involontaire ou des blessures involontaires, seules des

1. Trib. corr. Le Puy-en-Velay, 14 mars 1995, *Gaz. Pal.* 1995. 2. *Somm.* 327.
2. TGI Agen, 18 févr. 1998, *Gaz. Pal.* 1998. 1. 259, note Hermitte ; D. 1999. *Somm.* 334, obs. Galloux.
3. Crim. 15 sept. 1864, S. 1865. 1. 152. – Rappr. : Crim. 9 févr. 1972, *Bull. crim.* n° 54 ; D. 1972. *Somm.* 80 ; *Gaz. Pal.* 1972. 1. 327.
4. Crim. 16 févr. 1967, *Bull. crim.* n° 70 ; JCP 1967. II. 15034, note Combaldieu ; *Rev. sc. crim.* 1967. 659, obs. Levasseur, et 854, obs. Légal ; 9 juill. 1984, D. 1986. IR. 106, obs. Roujou de Boubée ; *Gaz. Pal.* 1984. 2. 751, note Doucet ; 28 nov. 1991, *Bull. crim.* n° 446 ; D. 1993. *Somm.* 18, obs. Azibert ; *Rev. sc. crim.* 1992. 751, et 1993. 329, obs. Levasseur ; *ibid.* 1993. 90, obs. Bouloc. – Paris, 5 juin 1985, D. 1987. 247, note Paire ; *Rev. sc. crim.* 1987. 865, obs. Vitu. – Trib. corr. Troyes, 24 mai 1978 (aff. *Legras*, 2e jugement), JCP 1979. II. 19046, note Bouzat.

infractions volontaires ou intentionnelles pouvant prétendre à la justification.

L'explication généralement donnée est qu'une infraction involontaire serait nécessairement en dehors de la logique impliquée par une telle défense [1]. Par hypothèse destinée à répondre à une agression, elle ne pourrait se concevoir que par référence à une psychologie tendue vers cet objectif, ce que ne saurait réaliser un acte involontaire, faute précisément d'être porté par une orientation contrôlée et maîtrisable en ce sens. Mais les critiques ne manquent pas, opposées à cette motivation. Si la légitime défense implique bien un acte volontaire dans la défense exercée, d'ailleurs nécessaire pour en maîtriser la proportionnalité, cette condition ne saurait pour autant la rendre inconciliable avec une qualification non intentionnelle [2]. La non intention se caractérise par le défaut de volonté du résultat, et non par une absence totale de volonté dans le comportement, comme en témoigne la faute délibérée (*chapitre 6*). Il en résulte que la légitime défense reste compatible avec des actions non intentionnelles, dès lors qu'elles ont été psychologiquement contrôlées, sinon dans leur résultat, du moins sous forme de riposte mesurée. Une défense volontaire se soldant par une infraction involontaire est donc concevable, et on ne peut que regretter le rejet de la justification en la matière, d'autant plus qu'il y a quelque illogisme à en accepter le jeu pour couvrir ce qui relève d'un résultat intentionnel, et de ne pas l'admettre lorsque le résultat procède d'une antisocialité moins marquée.

En fait, la solution est plus gênante que pertinente, et les prouesses de la jurisprudence sont là pour le prouver, soit que, par hostilité à la légitime défense, des actes intentionnels sont qualifiés d'involontaires [3], soit que, au contraire, afin de favoriser le recours à la justification, sont considérés comme intentionnels des actes qui relèvent manifestement de l'imprudence [4]. Seules devraient compter les conditions d'actualité et de proportionnalité mises à une défense

1. J.-A. Roux, note S. 1931. 1, p. 113, ss. Crim. 12 déc. 1929.
2. M. Puech, Droit pénal général, n° 801 ; R. Bernardini, Rép. pén., *Vis* « Légitime défense », 2007, n° 82 et s.
3. V. l'affaire *Legras* : Trib. corr. Troyes, 24 mai 1978 (2e jugement), préc. ; Reims, 9 nov. 1978 : D. 1979. 92, note Pradel ; JCP 1979. II. 19046 (2e arrêt), note préc. Bouzat ; *Rev. sc. crim.* 1979. 329, obs. Levasseur.
4. Nancy, 9 mars 1979, D. 1981. 462, note Bernardini ; *Gaz. Pal.* 1979. 2. 655.

utile, sans *a priori* aucun sur les qualifications recoupées par les infractions défensives, qu'elles soient intentionnelles ou non intentionnelles. C'est sur le contexte de l'acte de défense qu'il convient de juger de l'irresponsabilité, et non sur les qualifications qui en traduisent juridiquement la réalisation. Dès lors que cet acte est le produit d'une réaction psychologique, et non d'un simple réflexe, rien n'interdit de le tenir pour justificatif, s'il répond aux exigences d'une riposte acceptable et socialement utile. La solution aurait de plus le mérite d'être conforme à la vocation à la généralité du fait justificatif de légitime défense, comme c'est le cas pour les autres causes d'irresponsabilité, qui ne connaissent pas cette limite quant à leur domaine.

423 DÉFENSE PROPORTIONNÉE. — La proportionnalité est une condition essentielle à la justification. Elle donne de la défense sa mesure, et c'est par elle que s'opère la neutralisation de son caractère délictueux. L'article 122-5 du code pénal s'en fait doublement l'écho, par référence, et à la légitime défense des personnes, et à la légitime défense des biens.

1 / La *légitime défense des personnes* est traitée dans le premier alinéa de l'article 122-5, qui envisage de manière explicite la justification de l'acte commandé par la légitime défense de soi-même ou d'autrui, « *sauf s'il y a disproportion entre les moyens de défense employés et la gravité de l'atteinte* ». Le juge doit donc apprécier l'équilibre présidant aux rapports entre l'agression et la réaction, de manière à ce que celle-ci ne soit jamais déplacée par rapport à la première. C'est par l'intensité de l'attaque que s'évalue la riposte, afin de ne point légitimer ce qui est inutile en défense, qui en dépasserait les besoins, et se situerait hors des nécessités sociales de réalisation de l'infraction. Cette évaluation n'est pas évidente, surtout qu'il ne s'agit pas d'une mesure mathématique, consistant en une sorte de composition défensive, par laquelle ne serait admis comme légitime que le même acte, ou un acte moindre, que celui de l'agresseur [1]. Ce n'est pas en ces termes qu'il convient d'en juger, mais d'une manière plus globale, afin de tenir compte de l'émotion susci-

1. Pour un exemple de moyen de défense identique à celui utilisé par l'agresseur : Crim. 11 juin 1997, *Gaz. Pal.* 1997. 2, *chr. crim.* 228.

tée par l'agression en cours, et avec pour conséquence de considérer comme justifiées des infractions plus graves [1], y compris pour la défense d'autrui [2]. Tout est affaire d'espèces, et on ne peut que renvoyer à la jurisprudence pour avoir une idée des applications qu'elle consacre, mais en veillant à ne pas négliger la part importante souvent concédée à l'opportunité et à l'équité.

2 / La *légitime défense des biens* fait l'objet du second alinéa de l'article 122-5. La condition de proportionnalité est pareillement affirmée. Mieux encore, elle fait l'objet d'une application par le législateur lui-même, qui prévoit expressément que n'est pas responsable la personne qui, pour interrompre l'exécution d'un crime ou d'un délit contre un bien, « *accomplit un acte de défense, autre qu'un homicide volontaire, ... dès lors que les moyens employés sont proportionnés à la gravité de l'infraction* ». On voit de suite avec quelles précautions est comprise cette hypothèse de justification, l'enjeu n'étant pas le même de la défense des personnes à la défense des biens. Autant la première peut aller, en fonction des circonstances, jusqu'à légitimer la mort de l'agresseur, autant cette issue est par principe rejetée lorsque seuls des intérêts patrimoniaux sont en

1. Ainsi, de l'emploi d'une arme à feu contre quatre agresseurs armés de projectiles divers (Crim. 28 nov. 1972, *Bull. crim.* n° 362 ; D. 1973. Somm. 20) ; ... de l'acte consistant à désarmer son agresseur et, en cours de lutte, à faire feu à plusieurs reprises sur lui, alors que l'auteur de la défense pensait légitimement que sa vie était en danger (Versailles, 18 déc. 1990, D. 1993. Somm. 18, obs. Azibert) ; ... du fait de s'emparer d'un couteau de cuisine et d'effectuer avec des moulinets pour empêcher ses agresseurs d'avancer et tenter de les faire reculer, quand bien même cette tentative a abouti à des coups et blessures volontaires (Trib. corr. Lorient, 30 mars 1998, *Gaz. Pal.* 1998. 2, *chr. crim.* 107) ; ... d'un léger coup donné par un professeur d'éducation physique à la jambe d'un élève, lequel l'avait insulté en termes grossiers et blessants et avait jeté son cartable dans sa direction (Crim. 18 juin 2002 : *Dr. pénal* 2002. 134, obs. Véron).

   Mais le bénéfice de la légitime défense doit être refusé à celui qui riposte par des coups de bâton à une agression au gaz lacrymogène en raison de la gravité des blessures infligées aux victimes (Paris, 12 oct. 1999, *Dr. pénal* 2000. 29, obs. Véron) ; ... ou en cas d'utilisation d'un gaz lacrymogène, susceptible de causer d'importants troubles corporels, pour répondre à une agression limitée au tirage des cheveux (Aix-en-Provence, 17 juin 2005 : *Dr. pénal* 2005. 169, 4e espèce, obs. Véron).

2. Ont agi en état de légitime défense d'autrui : ... le pompiste qui a tiré sur un voleur qui, menaçant son employé en le poussant dans le dos en dépit de ses sommations, tentait de s'enfuir (Trib. corr. Lyon, 16 oct. 1973, JCP 1974. II. 17812, note Bouzat ; *Rev. sc. crim.* 1975. 406, obs. Larguier) ; ... l'agent de protection dans un magasin à grande surface, qui a blessé avec une cartouche dépourvue de plombs un individu faisant partie d'un groupe armé qui avait investi le magasin et malmené un autre agent (Rouen, 28 févr. 1980, *Gaz. Pal.* 1980. 2. *Somm.* 392) ; ... le prévenu qui, pour dégager son père d'un groupe hostile, s'est emparé d'une bouteille qu'il a lancée en direction de ce groupe, atteignant l'un de ses membres à la tête (Crim. 10 juin 1998, *Gaz. Pal.* 1998. 2, *chr. crim.* 180).

cause. La vie doit systématiquement l'emporter sur la propriété, et l'appréciation de la proportionnalité ne peut se faire que dans la limite de cette stricte hiérarchie [1].

B – La présomption de légitime défense

424 RELATIVITÉ. — « *Est présumé avoir agi en état de légitime défense celui qui accomplit l'acte : 1° Pour repousser, de nuit, l'entrée par effraction, violence ou ruse dans un lieu habité ; 2° Pour se défendre contre les auteurs de vols ou pillages exécutés avec violence* ». Ces dispositions sont celles de l'article 122-6 du code pénal. Elles consistent à isoler les hypothèses visées, pour en faire des cas, sinon particuliers, du moins « privilégiés » de légitime défense. Et on le comprend, s'agissant de situations exceptionnelles, marquées par un contexte favorable aux agressions les plus redoutables. Une présomption en rend compte, doublée d'un impact positif sur la preuve : alors que celle-ci est en principe à la charge de celui qui invoque la légitime défense, dans les hypothèses visées, au contraire, la justification est acquise du fait même des circonstances, avec pour avantage de dispenser le prévenu d'avoir à s'expliquer sur les différentes conditions normalement requises pour en bénéficier. Autrement dit, il suffit, pour échapper à la responsabilité pénale, d'être placé dans les figures correspondant aux prévisions de la loi.

Mais cette présomption n'est pas définitive. Elle ne revêt qu'un caractère relatif, étant ouverte à une preuve contraire, destinée à détruire la part de fiction ou d'irréalité qu'elle est à même de contenir. La jurisprudence était en ce sens avant la réforme [2], et il en est de même aujourd'hui. Il est donc possible à la partie poursuivante

1. Pour la défense des biens d'un commerçant, victime d'un cambriolage, par un voisin ayant fait usage de son arme, afin d'immobiliser le véhicule dont l'emploi devait favoriser la fuite des voleurs. – Montpellier, 19 nov. 1979, D. 1981. IR. 153, obs. Puech. – Rappr. : Toulouse, 15 nov. 1979, JCP 1981. II. 19608, note Bouzat ; *Gaz. Pal.* 1980. 1. 356.
2. Crim. 19 févr. 1959, *Bull. crim.* n° 121 ; D. 1959. 161, note M.R.M.P. ; JCP 1959. II. 11112, note Bouzat ; S. 1959. 58 ; *Gaz. Pal.* 1959. 2. 19 ; *Rev. sc. crim.* 1959. 839, obs. Légal ; sur l'arrêt objet du pourvoi : Bourges, 6 mars 1958, D. 1958. 279 ; S. 1958. 247. – V. encore : Crim. 20 déc. 1983, *Bull. crim.* n° 350 ; 26 sept. 1989, *Dr. pénal* 1990. 125 ; *Gaz. Pal.* 1990. 1. Somm. 237 ; 12 oct. 1993, *ibid.* 1994. 1. 94, note Doucet. – TGI Caen, 14 déc. 1967, *Gaz. Pal.* 1968. 1. 134 ; TGI Toulouse, 8 oct. 1969, D. 1970. 315, note Cédié ; *Rev. sc. crim.* 1970. 649, obs. Levasseur, et 851, obs. Légal.

de démontrer que les conditions de la légitime défense ne sont pas dans les faits réunies, et que, malgré la présomption, l'auteur de l'acte n'était pas dans la nécessité actuelle de se protéger [1], ou encore qu'il a usé de moyens disproportionnés par rapport à l'agression [2]. On en revient ainsi aux exigences du droit commun, sous la seule réserve que le débat les concernant doit être initié par le ministère public ou la partie civile.

III | L'ÉTAT DE NÉCESSITÉ

425 FONDEMENT. — L'état de nécessité, qui a été pendant longtemps de conception purement prétorienne, est aujourd'hui repris à l'article 122-7 du code pénal : « *N'est pas pénalement responsable la personne qui, face à un danger actuel ou imminent qui menace elle-même, autrui ou un bien, accomplit un acte nécessaire à la sauvegarde de la personne ou du bien, sauf s'il y a disproportion entre les moyens employés et la gravité de la menace* ». Nous avons déjà fait état de cette cause de justification, qui, pour avoir ses origines dans la jurisprudence, avant sa légalisation, a soulevé la question de sa légitimité. Ses assises sont incontestables, pour répondre avec profit à la philosophie même du droit pénal, qui ne saurait se manifester à propos d'actions socialement utiles, et donc d'infractions relevant d'un tel constat [3].

Par l'incrimination, la répression se veut au service des valeurs sociales, mais la justification en complète le principe, en admettant le sacrifice de certaines d'entre elles au profit d'intérêts équivalents ou supérieurs. C'est précisément l'hypothèse en cas de nécessité, où

1. Par exemple, dans l'hypothèse d'une absence avérée de danger (Crim. 19 févr. 1959, préc. ; 26 sept. 1989, préc.), ou en cas de fuite de l'agresseur (Crim. 8 juill. 1942, *Bull crim.* n° 88 ; 11 mai 1995, *Gaz. Pal.* 1995. 2. *Somm.* 443 ; 7 déc. 1999, *Bull. crim.* n° 292 ; *Rev. sc. crim.* 2000. 602, obs. Bouloc).
2. Sur la nécessité d'une défense proportionnée : Crim. 21 févr. 1996, *Bull. crim.* n° 84 ; D. 1997. 234, note Paulin ; *Rev. sc. crim.* 1996. 849, obs. Bouloc.
3. La reconnaissance de l'état de nécessité est un des fondements du droit ; toutes les civilisations juridiques évoluées, dégagées du légalisme initial, le consacrent, soit dans la loi, soit dans la doctrine et la jurisprudence. – Colmar, 6 déc. 1957, D. 1958. 357 (1ère espèce), note Bouzat ; S. 1958. 245 ; *Gaz. Pal.* 1958. 1. 202. – Sur la célèbre affaire *Ménard*, où l'état de nécessité fut moins retenu en tant que tel, que fondé sur l'absence de toute intention frauduleuse : Trib. corr. Château-Thierry, 4 mars 1898 ; en appel : Amiens, 22 avr. 1898, D.P. 1899. 2. 329, note Josserand ; S. 1899. 2. 1, note Roux.

la provocation à l'infraction ne vient pas d'un agresseur personnalisé, mais de circonstances ou d'un contexte défavorables, qui soumettent ceux qui y sont confrontés à un choix très cornélien : soit en subir injustement le poids, et souffrir de ce fait d'une atteinte irréparable, soit, au contraire, leur opposer une résistance, y compris par la commission d'un crime ou d'un délit, et échapper de la sorte à leurs méfaits. Par la justification, le droit pénal est favorable à l'infraction, mais à la condition qu'elle participe de son ordre de protection. Au constat de la nécessité, doit donc correspondre une réponse adaptée.

A – Le constat de la nécessité

426 ACTUALITÉ. — Pour être retenue, la nécessité doit d'abord correspondre à un danger actuel ou imminent [1], et non à une menace simplement éventuelle [2]. Et parce que la justification est une source objective d'irresponsabilité pénale, ce n'est que par référence à des données extérieures qu'elle peut jouer. Autrement dit, la nécessité ne doit pas être le produit d'un sentiment personnel [3], mais d'une situation aux circonstances parfaitement établies et perceptibles par tous. Il n'est pas possible, en raison de conceptions morales ou religieuses particulières, de s'ériger en juges de la valeur des intérêts à défendre et, partant, de l'actualité ou de l'imminence du danger [4]. Une simple crainte [5], de simples soupçons [6], une simple

1. Crim. 9 nov. 2004, *Bull. crim.* n° 273 ; D. (*aff.*) 2005. *Panor.* 2460, obs. Valette ; *AJ Pénal* 2005, p. 23, obs. Enderlin ; *Dr. pénal* 2005. 35, obs. Véron ; *Gaz. Pal.* 2005. 1. *Somm.* 2178, note A.C.
2. Crim. 1er juin 2005, *Bull. crim.* n° 168 ; D. 2005, *Pan.* p. 2993, obs. Mascala ; *AJ Pénal* 2005. 325 ; *Dr. pénal* 2005, *comm.* 121, obs. Véron, et *comm.* 130, obs. J.-H. Robert ; *Gaz. Pal.* 2006. 1. *Somm.* 546, note Monnet.
3. V. cependant, pour la justification d'infractions au stationnement, commises par une bijoutière, au nom du sentiment d'insécurité qu'elle éprouvait au cours de ses livraisons : Trib. pol. Lyon, 20 nov. 1984, *Gaz. Pal.* 1986. 1. 159, note Guinchard et Mayaud ; JCP 1986. II. 20684, note Bouzat.
4. Trib. corr. Le Puy-en-Velay, 14 mars 1995, *Gaz. Pal.* 1995. 2. *Somm.* 326. – TGI Roanne, 27 juin 1995, *Gaz. Pal.* 1998. 1. 2, note Bonneau (à propos du délit d'entrave à l'interruption volontaire de grossesse).
5. Crim. 27 déc. 1961, *Bull. crim.* n° 563. – Crim. 21 nov. 1974, *Bull. crim.* n° 345 ; JCP 1975. II. 18143, note Chambon ; *Gaz. Pal.* 1975. 1. 68 ; *Rev. sc. crim.* 1976. 89, obs. Larguier. – Rappr. : 4 nov. 1971, *Bull. crim.* n° 301 ; JCP 1972. II. 17256, note Mayer-Jack.
6. Crim. 2 sept. 2004, *Dr. pénal* 2004. 172, obs. Véron (soupçons d'atteintes sexuelles envers un mineur, qui n'ont pas été retenus, en l'espèce, comme justificatifs du délit de non-représentation d'enfant).

commodité [1], de simples difficultés [2], ne sont pas en principe constitutives de nécessité, et ce n'est que sous couvert de pressions réelles, indépendantes de toute part subjective, qu'elle peut être retenue.

427 FATALITÉ. — Ce qui caractérise l'état ou « l'effet » de nécessité, c'est la situation dans laquelle se trouve une personne qui, pour sauvegarder un intérêt supérieur, n'a d'autre ressource que d'accomplir un acte défendu par la loi pénale [3]. L'auteur de l'infraction doit donc démontrer qu'il n'a pu éviter le danger, pour lui-même ou pour autrui, qu'en commettant l'infraction, sans laquelle il était livré à l'inévitable.

Mais encore faut-il que cette fatalité, à apprécier au moment même du délit dont la réalisation est en cause, ne soit pas le résultat d'une comportement imputable à l'intéressé lui-même. La jurisprudence se montre en effet très stricte quant à l'approche de la justification, et prend en compte la *faute antérieure* du prévenu, jugeant que : « la faute qui place son auteur dans la nécessité de commettre une infraction ne constitue pas un fait justificatif de cette infraction », tel le cas du conducteur d'un camion qui s'est engagé sur un passage à niveau dont la barrière était fermée d'un seul côté, faute qui l'a placé dans la nécessité d'enfoncer les deux vantaux de la barrière pour échapper à une collision avec un train qui approchait [4]. C'est dire que la fatalité ne peut que s'entendre d'une circonstance inscrite dans l'enchaînement d'événements étrangers à l'auteur lui-même, et que toute participation personnelle et fautive à leur réalisation ne rend plus inévitable le péril, ni l'infraction impérieuse.

1. Trib. corr. Nantes, 12 nov. 1956, D. 1957. 30 ; JCP 1957. II. 10041, note Aussel. – Limoges, 24 mai 2000, *Bull. inf. C. cass.* 2001. 207
2. Crim. 11 févr. 1986, *Bull. crim.* n° 54 ; D. 1987. Somm. 41, obs. Burst. – Poitiers, 11 avr. 1997, D. 1997. 512, note Waxin ; JCP 1997. II. 22933, note Olive ; *Rev. sc. crim.* 1998. 110, obs. Ottenhof. – V. également : F. Debove, La faim ne justifie pas les moyens, *Dr. pénal* 1998. *Chron.* 4.
3. Colmar, 6 déc. 1957, préc. – Rennes, 25 févr. 1957, D. 1957. 338, note Bouzat ; S. 1957. 260. – Trib. corr. Avesnes-sur-Helpe, 19 nov. 1958, JCP 1959. II. 11366, note Laplatte. – Trib. corr. Le Puy-en-Velay, 14 mars 1995, préc. – TGI Roanne, 27 juin 1995, préc.
4. Rennes, 12 avr. 1954, S. 1954. 2. 185, note Bouzat. – V. aussi Crim. 28 juin 1958, D. 1958. 693, note M.R.M.P. ; JCP 1959. II. 10941, note Larguier ; *Rev. sc. crim.* 1959. 111, obs. Légal.

B – La réponse à la nécessité

428 PROPORTIONNALITÉ. — La réponse à la nécessité se ramène, pour l'essentiel, à une exigence de proportionnalité. On retrouve d'ailleurs ce qui tient lieu de dénominateur commun à tous les faits justificatifs, puisque seules en relèvent des actions revêtues d'une utilité sociale, ce qui suppose une parfaite adéquation entre l'infraction commise et la protection recherchée. C'est exactement en ces termes qu'opère l'état de nécessité, qui, pour faire perdre à l'infraction son caractère délictueux, doit être en relation de pertinence avec un intérêt supérieur, et il n'est possible d'en juger que sous couvert de proportionnalité.

La justification n'est donc admissible que si la valeur sacrifiée est inférieure à celle prétendument sauvegardée par le délit. C'est seulement à cette condition d'équilibre que l'état de nécessité est effectif, ce qui suppose une parfaite assimilation des intérêts en conflit, et une juste évaluation de leurs rapports respectifs. Comme nous l'avons souligné pour les autres faits justificatifs, l'appréciation des juridictions est souveraine, et leur travail consiste à reproduire le schéma de l'incrimination, afin d'apprécier si l'intérêt social reste vainqueur dans la résolution du conflit, cet impératif étant de même portée, que la nécessité soit invoquée pour la sauvegarde de soi-même ou d'autrui.

1 / La *sauvegarde de soi-même* est la figure la plus immédiate de l'état de nécessité. Elle consiste dans la défense de ses propres intérêts, qu'il s'agisse de sa personne ou de ses biens, et rejoint en quelque sorte l'instinct de survie que chacun porte en soi. Mais la jurisprudence veille à la maintenir dans sa dimension respectable, pour ne pas légitimer des comportements qui reviendraient à s'éloigner d'une juste proportionnalité.

Par exemple, est menacé par un danger actuel le prévenu, paraplégique à la suite d'un accident, qui invoque un état de nécessité pour justifier la détention de pieds de cannabis, afin de confectionner des tisanes qui sont les seuls moyens de calmer ses douleurs, les autres médicaments proposés lui abîmant les reins : il convient, par application de l'article 122-7 du code pénal, de retenir cette excuse, et de le relaxer, dès lors qu'il ne lui est pas reproché de commerce de cannabis, ou d'offre ou de cession à des tiers de ces plants stupéfiants, et que le moyen employé n'est pas en l'espèce disproportionné par rapport à la gravité de la menace [1].

De même, doit être relaxé de l'infraction de soustraction à l'exécution d'une mesure de reconduite à la frontière le prévenu tunisien qui, connu pour ses prises de position de nature à provoquer des réactions hostiles de la part des services de sécurité locaux en cas de retour dans son pays d'origine, a refusé, sans violence, d'embarquer à bord de l'avion à destination de la Tunisie : en se comportant ainsi, il a accompli un acte qui était nécessaire à sa sauvegarde, afin d'éviter le danger imminent qui le menaçait, et il n'y a pas eu de disproportion entre le moyen employé et l'intérêt sauvegardé [2].

En revanche, le directeur d'une fromagerie, prévenu d'avoir pollué les eaux d'une rivière en y déversant du sérum de lait, ne peut invoquer l'état de nécessité dû à la régression économique qui serait consécutive à la fermeture de son usine, alors que ce déversement n'était pas le seul moyen de se débarrasser du sérum, et qu'il n'était pas possible de prétendre à la sauvegarde d'intérêts supérieurs, puisque l'autorité publique, chargée du bien commun, admet la nécessité d'une certaine pollution, mais au-delà de laquelle il n'est plus possible de reconnaître la moindre justification [3].

Le rapprochement de ces espèces montre à quel dosage doit se livrer la justice, afin de consacrer ou non la justification invoquée en défense par l'auteur de l'infraction : la nuance est ici de règle, et c'est en veillant à bien considérer toutes les données participant du conflit que la valeur supérieure doit être déterminée et consacrée.

2 / La *sauvegarde d'autrui* dépend des mêmes principes et relève des mêmes préoccupations, mais avec une difficulté particulière, liée au fait que les actions engagées à cette fin peuvent plus facilement

1. Papeete, 27 juin 2002, D. 2003. 584, note Gourdon ; *Dr. pénal* 2003. 3, obs. Véron. – Dans l'affaire du sang contaminé, il a été jugé qu'est un état de nécessité le fait d'avoir à trancher entre l'impératif immédiat de protéger la vie des hémophiles, tributaires de produits prophylactiques, ou le risque plus lointain de les voir développer une maladie mortelle : Paris (*ch. instr.*), 4 juill. 2002, D. 2003. 164, note Prothais.
2. Toulouse, 15 févr. 2001, D. 2003. *Somm.* 175, obs. Gozzi ; JCP 2001. IV. 2948 ; *Rev. sc. crim.* 2002. 116, obs. Delmas Saint-Hilaire.
3. Trib. corr. Verviers (Belgique), 24 déc. 1968, JCP 1970. II. 16535, note M.D. ; *Rev. sc. crim.* 1971. 929, obs. Légal. – Rappr., en matière de bruits, et rejetant tout fait justificatif tiré « d'impérieuses nécessités professionnelles » : Crim. 6 mars 1974, *Bull. crim.* n° 100.

déborder sur des initiatives déplacées, notamment motivées par des convictions personnelles.

Il doit d'abord être bien compris que la défense d'autrui n'échappe pas à la dimension « mathématique » de la proportionnalité, en ce sens qu'elle ne saurait aller au delà de ce que la nécessité impose, et qu'elle ne saurait donc trouver une justification dans ce qui en dépasse manifestement les besoins. Par exemple, ne se trouve pas en état de nécessité, tel que défini par l'article 122-7 du code pénal, la mère de deux enfants, prévenue de trois vols successifs de denrées alimentaires dans trois magasins différents, qui a déclaré avoir voulu « améliorer l'ordinaire » de ses enfants, et alors que ces vols portaient sur des quantités importantes de marchandises, incompatibles avec le seul acte nécessaire à la sauvegarde de la personne menacée [1].

Ensuite, la proportionnalité n'est compatible qu'avec des situations individuelles, ce qui la rend inadaptée à toute intervention collective ou de principe. La nécessité ne peut être utilement invoquée pour couvrir des actions qui, seraient-elles justes sur le plan moral, n'en sont pas moins juridiquement injustifiées. Ainsi de la fabrication et de la remise de faux documents à des personnes disant être des réfugiés politiques, alors que ne sont pas précisés le nom des bénéficiaires, ni les circonstances ou motifs précis de leur venue en France, ni les dangers qu'elles encouraient, et ce quand bien même les prévenus n'auraient pas tiré un avantage matériel de leur activité irrégulière [2]. Ou encore de bris de clôtures lors d'opérations de squattage, qui sont critiquables au point de vue de l'ordre public, la généralisation de telles pratiques, loin d'aider à la solution du problème du relogement, la compliquant au contraire par une provocation à l'anarchie [3]. C'est également le cas des opérations

1. Poitiers, 11 avr. 1997, préc. – Pour la reconnaissance de l'état de nécessité à l'avantage d'un avocat poursuivi pour contravention d'accès, circulation ou stationnement irrégulier dans la zone publique d'un aérodrome, alors qu'il était intervenu aux fins d'assurer le seul exercice de sa profession en protestation d'une mesure d'expulsion concernant un de ses clients, mesure qui pouvait, à ses yeux, représenter un réel danger, voire un péril imminent : Trib. Pol. Bayonne (juge de proximité), 16 févr. 2005, *Gaz. Pal.* 2005. 1. 1870.

2. Trib. corr. Paris, 24 nov. 1980, D. 1982. 101, note Mayer ; *Rev. sc. crim.* 1982. 765, obs. Larguier.

3. Trib. corr. Nantes, 12 nov. 1956, D. 1957. 30 ; JCP 1957. II. 10041, note Aussel. – Angers, 11 juill. 1957, D. 1958. 357 (2e espèce), note Bouzat. – Angers, 16 avr. 1958, D. 1958. 647 ; V. pour le jugement frappé d'appel : Trib. civ. Le Mans, 9 juill. 1957, D. 1958. 357 (3e espèce), note Bouzat. – L'état de nécessité a pareillement été rejeté en rapport avec la contravention

« commandos » destinées à détruire des plants d'organismes génétiquement modifiés (OGN), qui ne sauraient trouver une justification dans les conditions de l'état de nécessité au nom des risques que présenteraient ces substances pour l'environnement et la santé, alors qu'il existe d'autres moyens d'agir, dans la légalité et le respect de l'ordre public [1].

C'est dire que l'état de nécessité ne peut servir de couverture à des entreprises qui relèvent davantage de la détermination politique que de l'utilité sociale.

429 GÉNÉRALITÉ. — L'état de nécessité n'est pas réservé aux infractions intentionnelles. Il est une cause possible d'exonération en matière d'homicide ou de violences involontaires [2], avec pour conséquence de contribuer à nuancer l'antisocialité des agissements qui en relèvent. Mais encore faut-il, pour en admettre le principe, que ceux-ci s'inscrivent dans la logique de l'irresponsabilité objective qui en découle, notamment en étant le résultat d'une réaction justement proportionnée à la gravité de la menace qui pesait sur les personnes ou sur les biens. Un arrêt très significatif a été rendu en ce sens en 1986 par la Chambre criminelle, qui a justifié les coups et blessures involontaires commis par un policier, lequel, après sommations, et à des fins d'intimidation, avait tiré un coup de feu à terre, blessant par ricochet un individu armé qu'il tentait d'appréhender, après qu'il eut fait usage de son arme et alors qu'il se trouvait dans un état d'excitation violente. Il fut reconnu que le risque pris par le policier était en rapport avec le danger créé par la victime, et que son acte, pour avoir été nécessaire, était exclusif de

de 4e classe d'entraves à la libre circulation sur la voie publique, du fait de l'installation de 198 tentes à l'occasion d'une manifestation de protestation contre les mauvaises conditions de logement de certaines personnes, l'infraction n'ayant pas été considérée comme « le seul moyen de faire progresser la cause du logement social en France » : Jur. proximité Paris, 24 nov. 2008, D. 2008, *AJ*, p. 3088.

1. Crim. 19 nov. 2002, D. 2003, jur., p. 1315, note Mayer ; *ibid.* 2006, *Pan.*, p. 1652, obs. Roujou de Boubée ; 18 févr. 2004, *Dr. pénal* 2004. 107 ; 7 févr. 2007, D. 2007, p. 573, note Darsonville, et p. 1310, note Feldman ; JCP 2007. II. 10059, note F.-G. Trébulle ; *AJ Pénal* 2007, p. 133. – Orléans, 27 juin 2006, JCP 2006. IV. 3180. – Versailles, 22 mars 2007, JCP 2007. IV. 2913.
2. Crim. 25 juin 1958 (*Lesage*), *Bull. crim.* n° 499 ; D. 1958. 693, note M.R.M.P. ; JCP 1959. II. 10941, note Larguier ; *Rev. sc. crim.* 1959. 111, obs. Legal. – Crim. 29 nov. 1972, *Bull. crim.* n° 370.

toute faute [1]. Cette décision est doublement intéressante : et pour faire une juste application des conditions mises à l'exonération tirée de l'état de nécessité, et pour illustrer, après ce que nous savons de l'ordre de la loi et de ses applications à la gendarmerie, une autre justification des violences non intentionnelles dont les forces de police doivent parfois répondre [2].

Pour aller plus loin

430 EXCEPTIONS D'IRRESPONSABILITÉ NON RETENUES EN JURISPRUDENCE

Indépendamment de la jurisprudence déjà rapportée dans le présent chapitre, ne sauraient constituer, en matière pénale, une cause légale d'excuse ou de justification :

— Le consentement de la victime. – Crim. 23 juin 1838, S. 1838. 1. 626, concl. Dupin ; 1er juill. 1937, S. 1938. 1. 193, note Tortat ; *Gaz. Pal.* 1937. 2. 358. – ... Le consentement des salariés. – Crim. 5 déc. 1989, *Bull. crim.* n° 466 ; *Gaz. Pal.* 1990. 1. Somm. 248 (infraction au repos dominical) ; 4 févr. 1992, *Bull. crim.* n° 50 (atteinte aux fonctions des délégués du personnel résultant de l'inobservation de la procédure de licenciement). – ... L'approbation ou le quitus donné aux dirigeants de personnes morales (sociétés, associations...) par les organes sociaux (conseil d'administration, assemblée générale...), voire l'absence de réaction d'intervenants extérieurs (expert-comptable, commissaire aux comptes, contrôles fiscaux). – Crim. 5 mars 1937, *Bull. crim.* n° 47 ; *Gaz. Pal.* 1937. 2. 69 ; 16 déc. 1975, *Bull. crim.* n° 279 ; *Gaz. Pal.* 1976. 1. 233 ; *Rev. soc.* 1976. 353, note Guilberteau (abus de confiance). – Crim. 22 sept. 2004, *Dr. pénal* 2004. 177, obs. J.-H. Robert (abus de biens sociaux).

— Le consentement d'une majorité là où est exigée l'unanimité (vol d'arbres sur pied appartenant à des propriétaires indivis). – Crim. 27 févr. 1996, JCP 1996. IV. 1244.

— La réciprocité des voies de fait exercées. – Crim. 16 avr. 1864, D.P. 1867. 5. 466. – ... Le défaut d'intérêt à l'infraction commise. – Lyon, 4 janv. 1884, D.P. 1884. 2. 159 (2 arrêts). – ... Le motif que d'autres personnes que le prévenu auraient réalisé l'infraction (contravention) et n'auraient été l'objet d'aucune poursuite. – Trib. simple pol. Pau, 3 juill. 1907, D.P. 1908. 5. 18.

— a crainte d'un risque pour soi-même et de poursuites pénales (faux témoignage en défense personnelle). – Crim.. 11 avr. 1964, *Bull. crim.* n° 112 ; D. 1964. Somm. 86 ; JCP 1964. II. 13770, note Larguier.

— Des essais de réconciliation entre époux, qui ont pu faire croire au mari, débiteur de la pension alimentaire, qu'il était dispensé de la payer. – Crim. 15 janv. 1958, *Bull. crim.*

1. Crim. 16 juill. 1986 (*Ziegler*), D. 1988. 390 (2e espèce), note Dekeuwer ; *Gaz. Pal.* 1987. 1. *Somm.* 10.
2. Y. Mayaud, Violences involontaires et responsabilité pénale, *Dalloz Référence*, 2003, p. 172, n° 52.74.

n° 53. –... Les soupçons que peut avoir une épouse quant à la conduite de son mari (détournement de correspondance). – Crim. 5 févr. 1958, *Bull. crim.* n° 125.

— Une circulaire émanant d'une fédération sportive (Fédération française de football). – Crim. 25 janv. 1996, *Bull. crim.* n° 50 ; *Bull. Joly* 1996. 229.

— Un prétendu usage contraire aux dispositions réglementaires. – Crim. 22 janv. 1998, *Bull. crim.* n° 32.

— La prétendue illégalité de l'acte accompli par un agent dans l'exercice de ses fonctions (outrages, violences, rébellion). – Crim. 3 mai 1961, *Bull. crim.* n° 234 ; 2 juill. 1987, *ibid.* n° 281 ; 7 févr. 1995, *ibid.* n° 51 ; 1er sept. 2004, *ibid.* n° 190. – ... L'illégalité prétendue de la décision de refus d'un permis (de construire), qui, à la supposer établie, ne saurait suppléer à l'autorisation requise. – Crim. 16 févr. 1994, *Bull. crim.* n° 72.

— L'état de cessation de payements (employeur prévenu de non-payement des salaires de ses employés). – Crim. 19 déc. 1956, *Bull. crim.* n° 860.

— Le dépôt d'un modèle ou d'une marque à l'Institut national de la propriété industrielle, ce qui n'autorise pas par lui-même son utilisation publicitaire (publicité en faveur du tabac ou de l'alcool). – Crim. 6 juin 1991, *Bull. crim.* n° 244 ; 21 nov. 1991, *ibid.* n° 428 ; 31 mai 1995, *ibid.* n° 201. – ... L'octroi d'une subvention des pouvoirs publics pour créer une entreprise, mais dont l'activité revenait à un exercice illégal de la profession de vétérinaire. – Crim. 20 oct. 1993, *Bull. crim.* n° 304.

— L'étiquetage européen mis en place par un producteur communautaire, alors qu'il incombe au commissionnaire français de s'assurer de la conformité des produits aux prescriptions relatives notamment à la loyauté des transactions commerciales. – Crim. 9 mars 1999, *Bull. crim.* n° 33 ; D. *Aff.* 1999, p. 826. – ... Le marquage « CE » apposé sur un produit d'un État membre de la Communauté européenne, ce qui ne dispense pas le responsable de la première mise sur le marché national de s'assurer de la conformité du produit à la réglementation en matière de sécurité. – Crim. 7 avr. 1999, *Bull. crim.* n° 72 ; *Dr. pénal* 1999. 103, obs. J.-H. Robert. – ... La confiance faite par un importateur de viande, prévenu de tromperie, aux contrôles administratifs. – Crim. 29 juin 1999, *Dr. pénal* 1999. 133, obs. J.-H. Robert.

— Le refus de délivrer des médicaments contraceptifs opposé au nom de convictions personnelles, lesquelles ne peuvent constituer, pour les pharmaciens auxquels est réservée la vente des médicaments, un motif légitime au sens de l'art. L. 122-1 c. consomm. – Crim. 21 oct. 1998, *Bull. crim.* n° 273 ; *JCP* éd. G 1999. II. 10163, note Freund ; *ibid.* éd. E 1999, p. 1734.

431 STATUT PÉNAL DU PRÉSIDENT DE LA RÉPUBLIQUE

▶ **Loi constitutionnelle du 23 février 2007**. – La responsabilité pénale du président de la République a été l'objet d'une réforme importante, opérée par la loi constitutionnelle n° 2007-238 du 23 février 2007 portant modification du titre IX de la Constitution (*JO* 24 févr., p. 3354).

— *Avant la loi*, l'article 68 de la Constitution du 4 octobre 1958 prévoyait que le Président de la République n'était responsable des actes accomplis dans l'exercice de ses fonctions qu'en cas de haute trahison. Il ne pouvait être mis en accusation que par les deux assemblées statuant par un vote identique au scrutin public et à la majorité absolue des membres les composant, et il était jugé par la Haute Cour de Justice, laquelle était composée de membres élus, en leur sein et en nombre égal, par l'Assemblée Nationale et par le Sénat après chaque renouvellement général ou partiel de ces assemblées (Constitution, art. 67). Ce dispositif a donné lieu à une divergence d'interprétation entre le Conseil constitutionnel et la Chambre criminelle de la Cour de cassation.

→ *Pour le Conseil constitutionnel*, qui s'est prononcé à propos de la possibilité de déférer le chef de l'État à la Cour pénale internationale afin d'y répondre des crimes de la compétence de cette cour, l'article 68 de la Constitution devait s'interpréter, à la fois, comme une immunité, pour les actes accomplis par le Président de la République dans l'exercice de ses fonctions et hors le cas de haute trahison, et un privilège de juridiction, pendant la durée de ses fonctions, en ce sens que sa responsabilité pénale ne pouvait être mise en cause que devant la Haute Cour de Justice (Cons. Const., 22 janv. 1999, n° 98-408 DC : *JO* 24 janv., p. 1317 ; D. 1999. 285, note Chrestia ; *Rev. sc. crim.* 1999. 354, obs. Seuvic, et 614, obs. Giudicelli ; *Petites affiches* 1999, n° du 5 juill., obs. Esplugas).

→ *Pour la Cour de cassation*, qui eut à connaître d'une décision d'incompétence de juges d'instruction saisis d'une requête motivée, en vue de l'audition, en qualité de témoin, de M. Jacques Chirac, maire de Paris à l'époque des faits, l'article 68 ne faisait que définir une inviolabilité temporaire : pendant la durée de son mandat, le Président de la République échappait aux juridictions pénales de droit commun, la seule compétence reconnue étant celle de la Haute Cour de Justice pour les actes de haute trahison commis dans l'exercice de ses fonctions ; mais les juridictions pénales n'en conservaient pas moins leur compétence pour tous les autres actes, sous réserve que, faute de pouvoir exercer des poursuites pendant la durée du mandat présidentiel, la prescription de l'action publique était suspendue (Cass. Ass. plén., 10 oct. 2001, *Bull. inf. C. cass.* 2001, n° 545, concl. de Gouttes, rapp. Roman ; *Bull. crim.* n° 206 ; *Bull. civ.*, Ass. plén., n° 11 ; D. 2002, p. 237, note Ch. Debbasch, et p. 674, note Pradel ; JCP 2002. II. 10024, note Franck ; *Gaz. Pal.* 2001. 2. 1841, note Monnet ; *Dr. pénal* 2001. 144, obs. Maron ; *Rev. sc. crim.* 2002. 128, obs. A. Giudicelli ; *ibid.* 2002, p. 676 et p. 678, obs. Buck ; *RTD civ.* 2002. 169, obs. Molfessis).

— *Depuis la loi*, laquelle a été précédée par un important travail de réflexion (Le statut pénal du Président de la République, Commission de réflexion présidée par le Professeur Pierre Avril, *La Documentation française*, 2003), la responsabilité du Président de la République est clarifiée. Une heureuse séparation est faite entre la responsabilité pénale et la responsabilité politique, qui faisait défaut dans le système antérieur, en raison de l'absence de définition de la haute trahison.

→ *Pour ce qui est de la responsabilité pénale*, objet des dispositions de l'article 67 de la Constitution, le Président de la République bénéficie à la fois d'une immunité et d'une inviolabilité. Il est d'abord irresponsable pour les actes accomplis en qualité de chef de l'État, n'ayant à en répondre ni pendant, ni après son mandat, sous réserve d'une seule exception, en cas de génocide ou de crime contre l'humanité relevant de la compétence de la Cour pénale internationale (Constitution, art. 53-2). Ensuite, concernant les actes détachables de la fonction, soit qu'ils aient été commis avant l'élection, soit qu'ils ne présentent aucun lien avec le mandat, ils relèvent des juridictions de droit commun, mais l'action publique est suspendue pendant la durée du mandat présidentiel. Le champ de l'inviolabilité va d'ailleurs au-delà du domaine pénal, pour couvrir tous les contentieux, y compris les contentieux civils et administratifs.

→ *Pour ce qui est de la responsabilité politique*, traitée dans l'article 68 de la Constitution, elle se manifeste par une procédure de destitution. « En cas de manquement à ses devoirs manifestement incompatible avec l'exercice de son mandat », le Président de la République peut en effet être destitué par le Parlement constitué en Haute Cour. De sensibles différences nous séparent donc des dispositions antérieures. D'abord la Haute Cour de Justice disparaît, pour être remplacée par une instance qui n'est plus juridictionnelle, s'agissant du Parlement dans son entier. Ensuite, la référence à la haute trahison n'existe plus, au profit d'une périphrase plus explicite des enjeux politiques de la destitution, même s'il peut y avoir recoupement avec des faits de nature pénale.

▶ **Constitution de partie civile**. – Le statut particulier du Président de la République ne fait pas obstacle à l'exercice par celui-ci des droits reconnus à la partie civile (Versailles, 8 janv. 2010, D. 2010, p. 318, obs. Lavric. – Trib. corr. Paris, 28 janv. 2010, *Dalloz Actualité*, 1er févr. 2010, obs. Lavric).

432 RESPONSABILITÉ PÉNALE DES MEMBRES DU GOUVERNEMENT

▶ **Loi constitutionnelle du 27 juillet 1993**. – Contrairement au chef de l'État, les membres du gouvernement ne bénéficient d'aucune immunité leur permettant d'échapper à leur responsabilité pénale pour les infractions commises dans l'exercice de leurs fonctions. L'article 68-1 de la Constitution est explicite en ce sens, qui pose le principe que : « *Les membres du gouvernement sont pénalement responsables des actes accomplis dans l'exercice de leurs fonctions et qualifiés crimes ou délits au moment où ils ont été commis* ».C'est donc bien en rapport avec le droit commun que leur responsabilité peut être engagée, aucun statut équivalent à celui du Président de la République ne rendant compte de leur situation. Il faut dire que l'élection au suffrage universel direct confère à ce dernier une légitimité sans égale au sein des institutions.

Seule une particularité de procédure affecte la matière, depuis la loi constitutionnelle n° 93-952 du 27 juillet 1993 portant révision de la Constitution du 4 octobre 1958 et modifiant ses titres VIII, IX, X et XVI (*JO* 28 juill.). Elle tient à la création d'une juridiction spéciale, la Cour de justice de la République. Quinze juges la composent : douze parlementaires élus, en leur sein et en nombre égal, par l'Assemblée Nationale et par le Sénat après chaque renouvellement général ou partiel de ces assemblées, et trois magistrats du siège à la Cour de cassation, dont l'un préside la juridiction. Cette concession à la particularité se justifie. La responsabilité pénale des ministres relève souvent de contentieux où les enjeux politiques, voire la politique partisane, risquent de l'emporter sur la sérénité des débats. Il était donc opportun de les confier à une juridiction mieux armée pour en connaître.

433 RESPONSABILITÉ PÉNALE DES CHEFS D'ÉTAT ÉTRANGERS

▶ **Immunité de juridiction**. – La coutume internationale s'oppose à ce que les chefs d'État en exercice puissent, en l'absence de dispositions internationales contraires s'imposant aux parties concernées, faire l'objet de poursuites devant les juridictions pénales d'un État étranger (Crim. 13 mars 2001 (*Kadhafi*), *Bull. crim.* n° 64 ; D. 2001. 2631, note Roulot ; *ibid.* 2001. *Somm.* 2355, obs. Gozzi ; *Gaz. Pal.* 2001. 1. 772, concl. Launay ; *Rev. sc. crim.* 2003. 894, obs. Massé). On parle à ce sujet d' « immunité de juridiction », ce qui ne signifie pas que les chefs d'État couverts par cette règle coutumière soient pénalement irresponsables : le fond n'est pas en cause, seule la compétence est affectée. La raison tient à l'égalité de principe entre les États, ce qui interdit toute prétention unilatérale d'un État souverain à en juger un autre, notamment en agissant contre ses représentants.

Cette coutume internationale relève des précisions suivantes :

— Quant aux *personnes protégées*, les chefs d'État ne sont pas les seuls. Les États eux-mêmes bénéficient de l'immunité, ainsi que les organes et entités qui en constituent l'émanation (Crim. 23 nov. 2004, *Bull. crim.* n° 292 ; D. 2005, *Panor.*, p. 1197, obs. Chanteloup ; D. 2005, *Panor.*, p. 1523, obs. Gozzi ; *Gaz. Pal.* 2005. 1. 1160, note Chanet ; 19 janv. 2010, n° 09-84.818, *Rev. sc. crim.* 2010, obs. Mayaud). Bien qu'ils ne soient pas chefs d'État, sont également concernés les ministres dont les fonctions ont un caractère international, tel un ministre des affaires étrangères (CIJ, 14 févr. 2002, JCP 2002. II. 10185, note Lambert-Abdelgawad), un ministre des forces armées (Crim. 19 janv. 2010, préc.), ou encore les ambassadeurs, consuls, ou représentants permanents dans les organisations internationales (Crim. 12 avr. 2005, *Bull. crim.* n° 126 ; *Rev.*

sc. crim. 2005. 875, obs. Commaret. – Paris, 8 nov. 2006, D. 2007. 857, note Racine et Dreyer).

— Quant aux *actes couverts*, il doit s'agir d'actes de puissance publique ou accomplis dans l'intérêt d'un service public, tels les actes illégitimes du « Troisième Reich » dont l'État allemand est aujourd'hui le successeur juridique (Paris, 9 sept. 2002, *Gaz. Pal.* 2002. 2. 1773, obs. Ph. Bonnet). En dehors de tels actes, des poursuites restent possibles devant les juridictions pénales d'un État étranger, à la condition de rejoindre les critères de compétence internationale définie par ses lois internes (territorialité, personnalité... ; *chapitre 3*).

— Sur les *exceptions* à l'immunité, elles ne peuvent découler que de dispositions internationales explicites. Aucune exception ne saurait notamment être déduite de la gravité objective des faits, par exemple liée à leur dimension terroriste (Crim. 13 mars 2001, préc.), ou à leur caractère délibéré (Crim. 19 janv. 2010, préc.). Relèvent de telles exceptions les crimes rentrant dans la compétence de la Cour pénale internationale (génocide, crimes contre l'humanité, crimes de guerre), la Cour n'étant pas prioritaire par rapport aux juridictions pénales nationales, mais seulement concurrente (contrairement aux tribunaux pénaux internationaux pour l'ex-Yougoslavie et le Rwanda), ce qui permet à tout État d'agir sur le fondement de sa compétence propre, à la condition que celle-ci ne procède pas d'une universalité unilatéralement déclarée (M. Dobkine, préc. ; A. Decocq, préc.).

Chapitre 12

Les causes subjectives d'irresponsabilité

434 NON-IMPUTABILITÉ. — L'irresponsabilité pénale ne tient pas seulement à des considérations objectives. Elle est aussi le fait de données subjectives, attachées à la personne de l'auteur ou du complice de l'infraction. Alors que l'irresponsabilité objective agit sur le délit, pour en effacer rétroactivement la réalité, ou en neutraliser le caractère répréhensible au temps de sa réalisation, des considérations très différentes rendent compte de l'irresponsabilité subjective, qui trouve au contraire ses fondements dans ce qui est relatif à l'agent lui-même. Le droit pénal est une réaction à des conduites humaines, et *il n'est de désordre punissable que sous couvert de personnes imputables.* Le dérangement causé à la société par l'infraction ne suffit donc pas à la répression, si ne s'ajoute la possibilité d'un blâme ou d'un reproche personnalisé. Or certaines circonstances le rendent impossible, parce qu'elles détruisent l'imputabilité, et interdisent de ce fait poursuites et condamnation. Elles tiennent, soit à un défaut de discernement (Section I), soit à un défaut de libre arbitre (Section II).

Section I
Le défaut de discernement

435 ABSENCE DE CONSCIENCE. — Le discernement renvoie à la conscience. Il est instrument de perception et de jugement, qui donne à chacun de quoi démêler le bien du mal, et donc d'orienter ses actions en conformité à la loi. Le discernement est essentiel à la responsabilité pénale, sauf à lui ôter toute connotation morale. Il est bien évident que ne saurait être reproché, et n'est donc pas imputable, ce qui n'a pu être perçu ou ressenti comme un interdit, faute d'une conscience suffisante pour en réaliser la portée. Le droit pénal n'a plus alors sa place, et seule la responsabilité civile peut éventuellement compenser les dommages résultant d'une telle situation. Le défaut de discernement prive la responsabilité de son support moral, et rend donc inadapté le recours à la répression, puisque le prévenu ou l'accusé est étranger à sa propre action, n'ayant pu en percevoir le caractère nuisible. L'infraction ne peut être mise sur le compte de son auteur, tant il est vrai qu'une culpabilité peut difficilement se concevoir sans le préalable de l'imputabilité : l'intention est défaillante en l'absence de discernement, et l'imprudence perd toute réalité significative sans la moindre conscience (*chapitre 6*). C'est dire l'importance des données qui participent de la question, non seulement pour ce qu'elles consacrent d'irresponsabilité, mais encore pour ce qu'elles contiennent de conception humaniste inhérente au droit pénal lui-même. Elles sont de deux ordres, s'attachant d'abord à la minorité (I), ensuite ayant trait au trouble psychique ou neuropsychique (II).

I | La minorité

436 La minorité a toujours soulevé de difficiles rapports avec la responsabilité pénale. Et on peut le comprendre, tant l'état qui lui correspond renvoie à des situations avérées d'immaturité. Mais minorité n'est pas synonyme d'uniformité, pour couvrir par son statut des âges très étendus, ce qui explique qu'elle ne soit pas affectée d'une incompatibilité de principe avec la responsabilité. Aussi faut-il approuver que celle-ci soit aujourd'hui légalement affirmée (A), tout en restant dans les limites du discernement (B).

A – L'affirmation de la responsabilité

437 Ordonnance de 1945. — L'exposé des motifs de l'ordonnance du 2 février 1945, relative à l'enfance délinquante [1], évoquait un « *régime d'irresponsabilité pénale* » pour l'ensemble des

1. Ordonnance n° 45-174 (*JO* 4 févr., p. 530 ; rect. *JO* 6 et 21 mars).

mineurs, avec des dérogations mesurées s'agissant des mineurs de plus de 13 ans [1]. Cela explique qu'était généralement soutenu que le mineur de treize ans était pénalement irresponsable. Et de fait, dans son chapitre 1er consacré aux dispositions générales, l'ordonnance évitait le plus possible d'avoir recours à la notion de « responsabilité », préférant des périphrases compliquées pour exprimer la particularité du régime engagé sur leur fondement.

On ne pouvait que le regretter. Proclamer d'emblée, sous forme de postulat, l'irresponsabilité d'une personne, c'est la soumettre au déterminisme, la livrer aux excès du positivisme. C'est nier en elle ce qui fait précisément sa dignité, sa valeur, sa grandeur. Lui refuser un statut d'homme ou de femme responsable, c'est la réduire à une entité de laboratoire, et rejeter la part de mystère inhérente à la nature humaine. Certes, la délinquance est là pour démontrer combien cette nature est fragile, combien elle peut être, dès le plus jeune âge, le support de déviances abominables, et ceci sans aucun repentir, sans aucun remords de la part de leurs auteurs. Mais faut-il pour autant refuser la responsabilité ? La réponse gagne à être négative. Sauf à jouer d'hypocrisie, c'est par la responsabilité que l'homme est élevé. La rejeter par principe est un départ à la fois déplacé et dangereux : déplacé, pour se séparer de ce qui est le seul et vrai moyen d'une prévention efficace, comme d'une répression utile ; dangereux, pour cautionner à l'avance les fantaisies de ceux qui savent parfaitement jouer de leur irresponsabilité...

438 LOI DE 2002. — Il importait donc de revoir la matière, afin d'en revaloriser l'objet. Le législateur l'a compris, qui a affirmé le principe de la responsabilité des mineurs dans l'article 122-8 du code pénal, à la faveur d'une disposition en ce sens de la loi du 9 septembre 2002 d'orientation et de programmation pour la justice [2] : « *Les mineurs capables de discernement sont pénalement responsables des crimes, délits ou contraventions dont ils ont été reconnus coupables, dans des conditions fixées par une loi particulière qui détermine les mesures de protection, d'assistance, de surveillance et*

1. H. Donnedieu de Vabres, Commentaire, D. 1945, p. 169 et s., spéc. p.175, col. 1.
2. Loi n° 2002-1138, dite loi Perben I (*JO* 10 sept., p. 14934 ; rect. *JO* 24 déc., p. 21500).

d'éducation dont ils peuvent faire l'objet ». Le principe n'est donc plus celui de l'irresponsabilité, y compris pour les mineurs de 13 ans.

La responsabilité pénale est désormais le fondement de l'action judiciaire venant en réponse à l'infraction commise par un mineur. C'est là une invitation à considérer que la nature d'une responsabilité ne tient pas à ses sanctions, même si certaines peuvent en être le symbole ou en sont des indices très forts. Elle est davantage liée à sa finalité. Telle est la situation de la responsabilité pénale des mineurs, qui ne perd rien de sa connotation répressive, ni de sa dimension morale, par le fait que des mesures éducatives en appuient la reconnaissance. Il en est de la responsabilité des mineurs comme de la responsabilité des personnes morales, à savoir qu'elle existe indépendamment d'une peine privative de liberté. Le droit pénal est une réaction à la criminalité et à la délinquance, mais une réaction qui peut emprunter ses manifestations ailleurs que dans le recours à l'emprisonnement ou à l'amende. C'est précisément ce qui fait l'originalité du droit des mineurs, lequel renvoie à une responsabilité pénale affirmée, bien que les sanctions à même d'être prononcées soient très éloignées de la tradition répressive. Aussi, que la peine soit prohibée à l'encontre des mineurs de treize ans, ou exceptionnelle au delà de cet âge, la responsabilité quant à elle reste de nature pénale. Il est bon que le législateur l'ait enfin dit de manière explicite, avec tout le profit à en espérer, tant la sensibilité à la responsabilité ne peut que contribuer à répondre aux attentes de tous ceux qui se disent préoccupés par les dérives actuelles de la délinquance juvénile [1].

La solution n'est ni une révolution, ni une provocation. Ce que la loi du 9 septembre 2002 affirme en termes de responsabilité n'est que l'aboutissement d'une jurisprudence en ce sens, amorcée par le célèbre arrêt *Laboube* du 13 décembre 1956 [2]. La Chambre criminelle de la Cour de cassation, qui avait à juger de l'opportunité de mesures de redressement pouvant être prises à l'égard d'un mineur

1. C. Lazerges, « De l'irresponsabilité à la responsabilité pénale des mineurs délinquants ou relecture des art. 1 et 2 de l'ordonnance du 2 février 1945 – À l'occasion du cinquantième anniversaire de l'Ordonnance du 2 février 1945 », *Rev. sc. crim.* 1995, p. 149.
2. Crim. 13 déc. 1956 (*Laboube*), *Bull. crim.* n° 840 ; D. 1957. 349, note Patin. – Cassation de Colmar, 1er déc. 1953, S. 1954. 2. 65. – J. Pradel et A. Varinard, Les grands arrêts du droit pénal général, n° 43, p. 540. – M. Puech, Les grands arrêts de la jurisprudence criminelle, n° 108, p. 406.

de 6 ans, à qui étaient reprochées des blessures involontaires, s'est retranchée derrière les principes généraux du droit pour considérer, fort à propos, que, malgré le principe de l'irresponsabilité pénale du mineur posé par l'ordonnance du 2 février 1945, « *toute infraction, même non intentionnelle, suppose ... que son auteur ait agi avec intelligence et volonté* ». Et de rejeter en conséquence la mesure envisagée contre le prévenu, compte tenu de son très jeune âge. Cette décision a été un tournant dans le droit pénal des mineurs, pour prohiber toute sanction lorsque les agissements constitutifs de crimes ou de délits n'ont été, ni compris, ni voulus par leur auteur. Mais elle a été à l'origine d'une fracture, en mettant l'ordonnance de 1945 en porte à faux avec elle-même, puisque l'irresponsabilité pénale a continué à être affirmée là où les applications de la jurisprudence en contrariaient ouvertement le principe. Le droit a donc enfin retrouvé sa cohérence, à la faveur de la nouvelle rédaction de l'article 122-8 du code pénal.

439 *DE LEGE FERENDA*. – La Commission Varinard confirme explicitement la nature pénale de la responsabilité des mineurs, ce qu'elle intègre solennellement dans un article préliminaire destiné à introduire le futur « Code de la justice pénale des mineurs » (*chapitre* 9). Il en est de même de l'avant-projet dudit code, tel que le ministère de la Justice l'a rédigé dans une version de travail remontant au 30 mars 2009. Il faut s'en féliciter, tant des réponses judiciaires détachées de toute connotation pénale ne pourraient que desservir leur ambition éducative.

B – La mesure du discernement

440 RÉFÉRENCE EXPLICITE. — Si la responsabilité est désormais la règle, quel que soit l'âge des mineurs, elle n'est cependant effective que pour ceux « *capables de discernement* ». Cette condition est essentielle, d'abord pour tempérer un principe qui pourrait être ressenti comme trop lourd, ensuite pour concéder à la logique même de la responsabilité, laquelle ne saurait être retenue là où l'imputabilité n'est pas. La responsabilité n'est plus exclue de la minorité, mais celle-ci se fait ressentir par la référence explicite au discernement. Et il est ici une différence importante entre le droit pénal des mineurs et celui des majeurs.

441 DIFFÉRENCE AVEC LES MAJEURS. — Par la responsabilité de principe qui pèse sur eux, désormais expressément reconnue dans la loi, les mineurs se trouvent théoriquement à égalité avec les majeurs. Mais ce n'est pas dire que soit rayé d'un trait de plume tout le particularisme d'un droit qui ne saurait être sans une spécificité marquée. Il est bien évident que la responsabilité des mineurs n'est possible que dans la mesure de certitudes sur ce qui la fonde politiquement, à savoir le discernement. C'est ici que les deux branches du droit pénal se séparent. Alors que les majeurs sont présumés avoir ce discernement, les mineurs quant à eux sont présumés ne pas l'avoir. Et cette différence d'approche n'est pas sans conséquence sur la manière d'orienter la répression, et de tenir la responsabilité pour acquise.

Il faut revenir aux termes mêmes du code pénal, qui soumet la responsabilité des mineurs à leur « capacité de discernement », c'est-à-dire à la nécessité pour la partie poursuivante d'établir, d'une espèce à l'autre, d'une infraction à l'autre, l'aptitude du mineur mis en cause à comprendre et à évaluer la portée de ses actes. Aucune formule semblable n'existe pour les majeurs, qui sont seulement irresponsables lorsque leur discernement a été « aboli » par suite d'un trouble psychique ou neuropsychique (c. pén., art. 122-1 et 122-2). Comme on le voit, les données sont inversées. Le discernement doit être positivement établi pour les mineurs, au titre de chacune des infractions qu'ils commettent, alors qu'il incombe au majeur de faire état de son absence de discernement pour échapper à une responsabilité fondée sur une liberté d'action présumée. Le discernement est de l'état même du majeur, quitte pour lui à démontrer le contraire, alors que, pour les mineurs, il n'est pas une donnée légalement acquise, mais une réalité à prouver judiciairement. On rejoint ainsi les enquêtes de personnalité, qui ne sont pas seulement des instruments d'évaluation des déséquilibres inhérents à la délinquance juvénile, pour en faire ressortir les lois ou les évolutions, mais qui sont aussi, et même surtout, les relais d'une appréciation concrète du discernement et des responsabilités sous-jacentes.

En définitive, les mineurs sont doublement respectés par les solutions actuelles. Et par l'affirmation de leur dignité sous couvert de responsabilité. Et par le détour d'un régime différencié quant au discernement.

442 *DE LEGE FERENDA*. – Fort légitimement le rapport Varinard, outre le seuil d'âge qu'il retient, fixé à 12 ans, continue à fonder la responsabilité pénale des mineurs sur leur capacité de discernement (*chapitre* 9). Mais une présomption en accompagne le principe, ce qui est beaucoup plus contestable, avec pour conséquence de dispenser la partie poursuivante d'avoir à établir la preuve positive du discernement, et de faire peser sur la défense une preuve négative. Certes le débat sera rarement esquivé, tant il conditionne la décision à prendre, mais il est dommage de se séparer d'une solution qui porte en elle la sensibilité de la matière. Le futur « Code de la justice pénale des mineurs », dans sa version d'avant-projet du 30 mars 2009, ne semble pas s'orienter dans cette voie : du moins sa discrétion sur la question peut être interprétée comme une prudence prometteuse...

II | Le trouble psychique ou neuropsychique

443 Est une cause d'irresponsabilité pénale, dès lors qu'il influe sur le discernement, le trouble psychique ou neuropsychique. L'ancien article 64 du code pénal parlait quant à lui de « démence », mais cette notion renvoyant davantage à une hypothèse particulière de perturbation mentale, qu'elle ne permettait de les comprendre toutes, le législateur a estimé préférable de retenir un concept plus large, d'où la terminologie de l'actuel article 122-1. Le défaut d'imputabilité qui en résulte doit être présenté dans la nature du trouble ainsi visé (A), et quant au moment de sa manifestation (B).

A – La nature du trouble

444 Approche générique. — Les troubles visés sont retenus à deux titres par l'article 122-1 du code pénal.

Le premier alinéa est ainsi rédigé : « *N'est pas pénalement responsable la personne qui était atteinte, au moment des faits, d'un trouble psychique ou neuropsychique ayant aboli son discernement ou le contrôle de ses actes* ». L'hypothèse est celle d'une perturbation totale, si bien qu'est entière la perte de conscience, avec ce qu'elle interdit de responsabilité, faute d'imputabilité.

Le second alinéa se veut dans le prolongement du premier, tout en ayant une portée moins utile : « *La personne qui était atteinte, au moment des faits, d'un trouble psychique ou neuropsychique ayant altéré son discernement ou entravé le contrôle de ses actes demeure punissable ; toutefois, la juridiction tient compte de cette circonstance lorsqu'elle détermine la peine et en fixe le régime* ». Est ici envisagée l'hypothèse d'une simple « altération » des facultés intellectuelles de l'auteur de l'infraction, sans qu'il en soit totalement privé. Alors, la responsabilité demeure dans son principe, mais le juge a la possibilité d'en tempérer les effets [1]. Il n'est rien d'exceptionnel à cela. D'abord parce que l'imputabilité ne saurait être considérée comme défaillante lorsque, même altérées, les capacités de discernement restent compatibles avec une action consciente et contrôlée. Ensuite, parce que la personnalisation des peines est un principe directeur de notre droit, formulé à l'article 132-24 du code pénal, le juge se devant de retenir des sanctions adaptées aux circonstances de l'infraction et à la personnalité de son auteur. Les dispositions de l'article 122-1 sont donc quelque peu redondantes par rapport à ces règles, mais elles n'en demeurent pas moins l'expression d'une logique complémentaire, tant ce qui ne s'échappe pas de l'imputabilité ne saurait se soustraire à la personnalisation [2].

C'est donc en termes de disparition ou d'atténuation de la responsabilité pénale que jouent les perturbations d'ordre psychique, selon leur portée totalement ou partiellement privative de discernement au temps de l'action. L'hypothèse de l'irresponsabilité totale

1. Sur la situation des délinquants dangereux atteints de troubles psychiatriques, V. le rapport d'information n° 420 de MM. Philippe Goujon et Charles Gautier, déposé au Sénat le 22 juin 2006 (http://www.senat.fr/bulletin/20060626/lois.html).

2. Pour des exemples de responsabilité atténuée, faute de « démence » caractérisée : Crim. 7 oct. 1958, *Bull. crim.* n° 599 ; D. 1958. 767 ; 6 juin 1979, *Bull. crim.* n° 194 ; *Gaz. Pal.* 1980.1. *Somm.* 171. – Grenoble, 28 févr. 2002 : JCP 2002. IV. 3083. – Pour une dispense de peine, par application de l'art. 122-1, al. 2, c. pén., en raison de la schizophrénie dont était atteint le prévenu au moment des faits (coups portés sur des agents de contrôle de la RATP) : Paris, 21 mai 1996, *Dr. pénal* 1996. 240, obs. Véron.

est de loin la plus sensible, tant pour le juge pénal, que pour les parties civiles.

Pour le juge pénal d'abord, dont la compétence est logiquement vidée par la déclaration d'irresponsabilité. Il en résultait qu'il ne pouvait décider lui-même d'une hospitalisation d'office, laquelle ne pouvait intervenir que par la voie préfectorale. Désormais, depuis la loi n° 2008-174 du 25 février 2008 relative à la rétention de sûreté et à la déclaration d'irresponsabilité pénale pour cause de trouble mental [1], lorsque l'autorité judiciaire prononce un arrêt ou un jugement de déclaration d'irresponsabilité pénale fondée sur un tel trouble, elle peut ordonner, par décision motivée, l'hospitalisation de la personne dans un établissement spécialisé, s'il est établi par une expertise psychiatrique figurant au dossier de la procédure que les troubles mentaux de l'intéressé nécessitent des soins et compromettent la sûreté des personnes ou portent atteinte, de façon grave, à l'ordre public (c. pr. pén., art. 706-135). C'est là une solution appréciable, qui, sans préjudicier au volet administratif de l'hospitalisation d'office (c. santé publ., art. L. 3213-1 et L. 3213-7), proroge utilement la compétence de la juridiction pénale [2], et ce avec d'autant plus de légitimité que l'hospitalisation ordonnée est légalement qualifiée de « mesure de sûreté ».

Quant aux parties civiles, la même loi a entendu les rejoindre dans leur quête de réponses adaptées à leur situation (c. pr. pén., art. 706-119 et s.). Afin de ne rien négliger de leurs souffrances, elle a d'abord mis en place une procédure destinée à les associer au débat sur l'appréciation du trouble mental, rendant ainsi plus contradictoire la décision de responsabilité ou d'irresponsabilité. Ensuite, à supposer que l'irresponsabilité l'emporte, sa déclaration doit procéder d'un impératif de reconnaissance préalable des faits [3], éventuellement doublée de leurs conséquences civiles. Enfin, indépendamment de l'hospitalisation d'office, des mesures de sûreté peuvent être ordonnées, accompagnant la déclaration d'irresponsabilité, et destinées à compenser par une prévention utile ce qui est

1. *JO* 26 févr., p. 3266.
2. La voie de l'appel n'est pas exclue (Crim. 3 févr. 2010, D. 2010, *AJ*, p. 585, obs. Léna).
3. La matière criminelle connaissait déjà, depuis la loi n° 2000-516 du 15 juin 2000, cette séparation entre la commission de l'infraction et l'éventualité d'une cause d'irresponsabilité pénale (c. pr. pén., art. 349-1 ; *chap. 11*).

fermé à la répression [1]. Malgré les critiques parfois acerbes qu'elles ont pu inspirer, toutes ces dispositions méritent d'être approuvées, à l'instar du Conseil constitutionnel, qui en a validé le contenu [2].

445 APPROCHE QUALIFIÉE. — Nous l'avons dit, par trouble psychique ou neuropsychique il faut entendre tout ce qui participe de l'abolition ou de l'altération des facultés mentales. Cette référence à la généralité est importante pour le juriste, qui ne saurait, même sous couvert d'expertise, autrement apprécier les éléments d'une perturbation mentale ou intellectuelle, que par référence à ses conséquences privatives ou restrictives de discernement. Autrement dit, il n'est pas, en droit, de troubles en eux-mêmes générateurs d'irresponsabilité : quelle que soit leur appartenance scientifique, quelles que soient leurs propriétés reconnues ou développées sur un plan psychiatrique, l'autorité judiciaire ne doit en juger que par rapport à des certitudes établies, et donc en relation exclusive avec l'infraction et la personnalité de son auteur. Aucune présomption ne saurait être retenue en la matière, par rattachement du trouble à une catégorie prédéterminée. Seule une démonstration, suivie d'une conviction conforme, peut en asseoir le constat. Certes, le rôle des experts est déterminant en la matière, mais ils n'ont pas à se substituer au juge, et celui-ci se doit de conserver la souveraineté qui préside à ses décisions. Qu'il s'agisse d'amnésie, de complexion, d'égarement, d'épilepsie, d'hypnose, d'ivresse ou de schizophrénie, ce sont autant de « troubles » au sens de la loi pénale, qui doivent être passés au filtre de l'appréciation des magistrats, lesquels ne sauraient s'en tenir aux termes d'un certificat ou d'une affirmation médicale, sans s'expliquer autrement sur l'état mental du prévenu à la date des faits reprochés [3].

1. Sur la nature juridique de ces mesures et leur incidence quant à l'application dans le temps de la nouvelle procédure mise en place par la loi du 25 février 2008, opposer : Crim. 21 janv. 2009 (*Bull. crim.* n° 24 ; D. 2009, p. 1111, note Matsopoulou, et *Pan.*, p. 2827, obs. Roujou de Boubée ; JCP 2009. II. 10043, note Detraz ; *Rev. sc. crim.* 2009. 136, obs. A. Giudicelli), et Crim. 16 déc. 2009 (D. 2010, p. 144, obs. Léna, et p. 471, note Pradel) ; v. *chap. 3*.
2. Cons. const. 21 févr. 2008, n° 2008-562 DC, *JO* 26 févr., p. 3272 ; JCP 2008. II. 10077, note Feldman ; *Gaz. Pal.* 2008. 1. 391, et la note ; *Rev. sc. crim.* 2009. 166, obs. de Lamy.
3. Crim. 7 oct. 1992, *Bull. crim.* n° 314 ; *Rev. sc. crim.* 1993. 769, obs. Bouloc.

B - Le moment du trouble

446 La détermination du moment du trouble relève d'un principe, celui du « temps de l'action », mais auquel la jurisprudence apporte un correctif, par la prise en compte de la faute antérieure.

a) Le principe

447 TEMPS DE L'ACTION. — Qu'il soit facteur de privation ou seulement d'altération des facultés mentales, c'est « *au moment des faits* » que doit être appréciée la portée du trouble psychique ou neuropsychique, c'est-à-dire au temps précis de l'action ou de l'omission constitutive de l'infraction. Cette solution est normale, pour restituer là encore toute la mesure de l'imputabilité, qui ne saurait être retenue ou rejetée que par référence à l'état mental de l'auteur du délit pendant qu'il en réalisait les éléments.

C'est dire que tout ce qui participe d'un trouble se situant avant ou après l'infraction n'a pas à être pris en compte, du moins sur le fondement de l'article 122-1 du code pénal. Ainsi, le fait que l'accusé ait été considéré comme faible d'esprit ou déséquilibré dans des circonstances antérieures, ne suffit pas à supprimer sa responsabilité lors des actes incriminés [1]. De même, il n'importe que l'ordonnance de renvoi soit rendue, et la citation à comparaître délivrée, à une époque à laquelle le prévenu se trouve en état de démence, dès lors qu'il est établi que cet état est apparu postérieurement aux faits poursuivis – excluant ainsi tout défaut d'imputabilité – et qu'il a cessé à la date de l'examen de l'affaire au fond par la juridiction de jugement [2]. Cette dernière hypothèse a d'ailleurs un prolongement, lorsque le trouble, bien que postérieur à l'infraction, persiste au moment de la poursuite : il importe alors de suspendre l'action publique, afin de ne pas priver l'accusé ou le prévenu des droits de la défense. Par exemple, en cas de pourvoi formé au nom d'un prévenu hémiplégique, privé de l'exercice de ses facultés intellectuelles, et qui

1. Crim. 27 mars 1924, *Bull. crim.* n° 141.
2. Crim. 10 juin 1985, *Bull. crim.* n° 221.

ne peut communiquer avec son avocat, il appartient à la Cour de cassation de surseoir à statuer jusqu'à ce que l'état de santé du prévenu lui permette d'intervenir personnellement lors de l'instance engagée [1]. Mais la justice est seulement suspendue, ce qui n'a rien de comparable avec une irresponsabilité sur le fond, résultant d'un trouble lors du délit consommé.

448 APPRÉCIATION. — Les juges de répression apprécient souverainement l'état mental du prévenu [2], et ils peuvent puiser dans les circonstances tout ce qui est à même de les aider à fixer le moment du trouble dont il est fait état [3]. C'est ainsi que l'épilepsie a pu être considérée comme excluant la responsabilité pénale de l'auteur d'une infraction, non seulement pour les actes commis par celui-ci pendant un accès de cette maladie, mais encore dans la période d'agitation qui précède immédiatement cet accès et qui soumet le malade à l'influence d'une attaque imminente [4]. Ou encore, le fait de conduire un véhicule sur un long parcours et d'être capable, suite à un accident, de poursuivre sa route, permet au juge, en l'absence de tout dosage de la quantité d'alcool ingurgitée par le conducteur, de présumer que celui-ci, malgré l'ivresse qu'il invoque, a conservé, lors de l'accident, la conscience de ses actes [5]. Il est donc autant d'interprétations que de faits, et c'est en les soumettant à l'épreuve de leur portée que le juge peut se déterminer. Le recours à la faute antérieure le confirme.

b) le correctif

449 FAUTE ANTÉRIEURE. — Les juridictions apportent un important correctif à l'irresponsabilité tirée d'un trouble psychique ou neuropsychique, se montrant très exigeantes sur les cir-

1. Un tel sursis étant cependant sans incidence sur l'exécution des condamnations civiles. – Crim. 5 juin 1997, *Bull. crim.* n° 228 ; JCP 1997. II. 22908, rapp. de la Rosière de Champfeu.
2. Crim. 8 juin 1955, *Bull. crim.* n° 286.
3. Toute personne majeure faisant l'objet d'une mesure de protection juridique dans les conditions prévues au titre XI du livre Ier du code civil doit être soumise avant tout jugement au fond à une expertise médicale afin d'évaluer sa responsabilité pénale « au moment des faits » (c. pr. pén., art. 706-115, réd. L. n° 2007-308 du 5 mars 2007 portant réforme de la protection juridique des majeurs).
4. Orléans, 22 juin 1886, D. 1887. 5. 213.
5. Amiens, 26 mai 1954, D. 1954. 579.

constances permettant de la retenir, afin de ne pas répercuter ce qui serait le résultat d'une faute de l'intéressé lui-même. Et de fait, tout ce qui participe d'une faiblesse connue mérite une vigilance spéciale de la part de ceux qui y sont sujets, avec la nécessité pour eux d'y prêter une particulière attention, le défaut d'une telle prévention pouvant être retenu comme l'indice d'un manquement répréhensible de leur part. Alors la responsabilité pénale ne s'analyse plus au regard de l'événement qui est en phase directe avec le dommage, elle est davantage considérée dans ce qu'elle représente d'antériorité par rapport à cet événement. On parle volontiers de « faute antérieure » pour rendre compte de cette réalité, la jurisprudence retenant le délit par référence au lien qu'elle établit entre les atteintes subies par les tiers et les complaisances relevées vis-à-vis de soi-même.

Ainsi, dans des poursuites pour homicide involontaire, il a été jugé que commet une faute justifiant son maintien dans les liens de la prévention, l'auteur d'un accident mortel de la circulation, qui fait usage de son véhicule, alors qu'il sait qu'il est susceptible de perdre à tout moment le contrôle de lui-même, et de devenir ainsi dangereux pour les autres, en raison de crises d'épilepsie [1]. Ce n'est donc pas tant l'accident qui est constitutif du délit, mais le fait de ne pas prendre les mesures nécessaires pour l'éviter, bien que son auteur se sache soumis à des faiblesses qui ne peuvent que le provoquer.

Il en est de même des violences exercées en état d'ivresse. C'est en rapport avec le fait de s'enivrer en connaissance de cause que la responsabilité est retenue. On peut reprendre les attendus d'un jugement très explicite en ce sens : « La jurisprudence dominante se refuse à voir dans l'ivresse une cause légale d'exemption de peine, solution satisfaisante sur le plan logique : il y aurait en effet une contradiction évidente, alors que l'ivresse est de plus en plus souvent réprimée en tant que telle par la législation récente, de la retenir comme une cause d'atténuation ou d'exemption de responsabilité dans les hypothèses non visées par le législateur. Ainsi, lorsque le sujet connaît bien les propriétés enivrantes des multiples boissons par lui consommées, ce qui est significatif de son intention de parvenir graduellement à un point de non-retour dans l'état d'ivresse et

1. Paris, 27 mai 1970, *Gaz. Pal.* 1972. 2. *Somm.* 37 ; *Rev. sc. crim.* 1971. 119, obs. Levasseur.

à une excitation particulièrement dangereuse pour un buveur d'habitude, rendant inévitable l'absence de contrôle de lui-même et possible un comportement délictuel en tous domaines, il échet de considérer la responsabilité du prévenu comme entière dans la mesure où il a été volontairement l'auteur de la seule pathologie révélée par l'expertise psychiatrique, soit l'ivresse excitomotrice »[1]. On ne peut mieux se situer au regard de la conduite de celui qui, par son enivrement, se place dans une situation à même d'être constitutive d'infractions. Il y a faute à agir en connaissance des effets négatifs qui peuvent suivre, et cette faute mérite d'être retenue, particulièrement en termes non intentionnels[2], lorsqu'elle a généré une atteinte à la vie ou à l'intégrité physique des personnes.

450 CONFIRMATION DE LA LOI. — Les textes sont d'ailleurs expressément en ce sens, représentés par les dispositions de la loi du 12 juin 2003 renforçant la lutte contre la violence routière[3]. Les peines prévues en matière d'homicide involontaire ou d'atteintes involontaires à l'intégrité de la personne sont fortement aggravées en cas de conduite en état d'ivresse manifeste ou sous l'empire d'un état alcoolique caractérisé, voire si le conducteur a fait usage de produits stupéfiants (c. pén., art. 221-6-1, 222-19-1 et 222-20-1). La faute antérieure est donc bien légalement prise en compte, par référence à une situation qui reste compatible avec la qualification de violences involontaires, alors que, au temps de l'accident, elle a pu être facteur d'un trouble privatif de discernement ou de contrôle.

Section II
Le défaut de libre arbitre

451 ABSENCE DE VOLONTÉ. — Le libre arbitre est défini en philosophie comme la « faculté de se déterminer sans autre cause que la volonté »[4]. Il s'agit donc de la capacité de tout homme

1. Trib. corr. Nevers, 30 janv. 1976, *Gaz. Pal.* 1976. 2. *Somm.* 227.
2. Les violences volontaires étaient en cause dans l'affaire qui a donné lieu au jugement rapporté du tribunal correctionnel de Nevers.
3. Loi n° 2003-495 (*JO* 13 juin, p. 9943).
4. Dictionnaire *Le petit Robert*, v° « Libre arbitre ».

à se conduire librement. La responsabilité ne saurait être sans cette autre donnée de l'imputabilité. Il en est du libre arbitre comme du discernement. De même que la conscience, pour ce qu'elle implique de juste perception des choses, est indispensable à la répression, de même la liberté, pour ce qu'elle suppose de détermination contrôlée ou contrôlable, en rejoint le principe. Par leur absence la réponse pénale n'a plus sa place, le droit ne pouvant imputer à faute ce qui sort d'une action pleinement maîtrisée. Tout comme l'absence de discernement, le défaut de liberté détruit le caractère reprochable de l'infraction, dont l'élément moral devient inaccessible, tant la culpabilité a besoin du soutien de l'imputabilité. C'est dire combien les causes en ce sens doivent être cernées avec précision, surtout que le code pénal a, depuis la réforme, ouvert la matière à une donnée qui en était traditionnellement exclue : à côté de la contrainte, hypothèse classique d'un défaut de liberté (I), figure aujourd'hui l'erreur sur le droit, retenue pour ce qu'elle traduit pareillement de volonté déficiente (II).

I | La contrainte

452 Force majeure. — « *N'est pas pénalement responsable la personne qui a agi sous l'empire d'une force ou d'une contrainte à laquelle elle n'a pu résister* » : ainsi rédigé, l'article 122-2 du code pénal renvoie à une cause familière de non-imputabilité, tirée de ce qui est volontiers présenté comme la force majeure du droit pénal. Un autre texte s'en fait l'écho : il s'agit de l'article 121-3 du code pénal, relatif à l'élément moral de l'infraction, et dont le dernier alinéa précise qu' « *il n'y a point de contravention en cas de force majeure* ». L'affirmation n'est qu'une application de la règle plus générale de l'article 122-2, et elle ne doit pas être retenue comme l'expression d'une exclusivité. Bien que formulée à propos des seules contraventions, la force majeure n'est pas réservée à cette catégorie particulière : toutes les infractions en relèvent, intentionnelles ou non, n'étant pas le propre d'une qualification, mais une réalité à considérer pour elle-même.

La force majeure puise à deux source différentes, selon que la contrainte est physique (A) ou morale (B).

A – La contrainte physique

453 DÉFINITION. — À cette hypothèse correspond toute pression matérielle, par laquelle une personne est entraînée malgré elle dans la réalisation d'une infraction. Elle est le plus souvent externe à l'auteur, pour être le fait d'une force étrangère s'imposant à lui, tel un déchaînement de la nature, ou un enchaînement de circonstances, lié notamment à l'intervention d'un tiers. Mais elle peut également être interne, autrement dit non détachable de l'agent, lequel en est, en quelque sorte, la première victime, comme dans le cas d'une maladie ou d'une défaillance physique. L'essentiel est qu'elle résulte d'un « *événement indépendant de la volonté humaine et que celle-ci n'a pu ni prévoir ni conjurer* » [1], d'un « *événement imprévisible et insurmontable* » ayant empêché le prévenu de se conformer à la loi [2].

Cette situation exceptionnelle, qu'il appartient au prévenu d'invoquer en défense [3], doit être expressément constatée par les juges du fond [4], et leur appréciation à cet égard n'échappe au contrôle de la Cour de cassation, qu'autant qu'elle n'est pas en contradiction avec les faits établis et à leur caractère légal [5]. C'est ainsi que l'arrêt qui se borne à affirmer l'existence de la force majeure en raison d'un fait qu'il qualifie « d'imprévisible, fortuit et inévitable », encourt la cassation s'il ne spécifie pas les circonstances d'où résulte cette affirmation [6]. De même, ne justifie pas la décision de relaxe d'un motocycliste, poursuivi pour blessures involontaires, l'arrêt qui, après avoir constaté que le prévenu avait effectué une fausse manœuvre déterminante de l'accident, n'établit pas que cette manœuvre était due à un cas de force majeure, et se borne à

1. Crim. 29 janv. 1921, S. 1922. 1. 185, note Roux ; 20 mai 1949, *Bull. crim.* n° 184 ; D. 1949. 333 (1ère espèce) ; 10 févr. 1960, *Bull. crim.* n° 79 ; 12 déc. 1962, *ibid.* n° 371 ; 8 juill. 1971, *ibid.* n° 222 ; D. 1971. 625, note E. Robert ; 8 mai 1974, *Bull. crim.* n° 165 ; *Gaz. Pal.* 1974. 2. 560 ; 11 oct. 1993, *ibid.* n° 282 ; *Rev. sc. crim.* 1994. 321, obs. Bouloc.
2. Crim. 6 nov. 1947, *Bull. crim.* n° 215 ; 31 oct. 1963, *ibid.* n° 302.
3. Crim. 11 mai 2004, *AJ Pénal* 2004, p. 285, obs. Leblois-Happe ; *Rev. sc. crim.* 2004. 878, obs. Mayaud.
4. Crim. 9 mai 1967, *Bull. crim.* n° 153.
5. Crim. 12 déc. 1962, *Bull. crim.* n° 371.
6. Crim. 4 déc. 1958, *Bull. crim.* n° 722 ; D. 1959. 36

admettre la « possibilité d'une défaillance physique du prévenu »[1]. L'exonération n'est donc acquise que sur le fondement de certitudes quant à sa cause, et c'est au regard de la réalité de l'événement présenté comme tel, que le droit en admet le principe.

Les applications ne manquent pas. Il faut d'ailleurs remarquer qu'elles sont le plus souvent au désavantage de l'exonération, ce qui témoigne des exigences de nos juridictions en la matière, et illustre assez bien un attendu traditionnel de la Cour de cassation, selon lequel « *des difficultés, même très considérables, contre lesquelles l'auteur de l'infraction a dû lutter, ne sauraient constituer la force majeure* »[2]. C'est dire combien la résistance doit être absolument impossible, et que les obstacles les plus prononcés ne sont pas synonymes d'irresponsabilité.

454 IMPRÉVISIBILITÉ. — Le premier critère de la force majeure est l'imprévisibilité. Par cette condition, de nombreuses hypothèses échappent à l'irresponsabilité. Tout dépend de la teneur des événements, et de la possibilité qu'avait le prévenu d'éviter la confrontation avec les difficultés qui en sont résultées, soit par une anticipation utile, soit par l'absence de faute antérieure.

1 / L'*anticipation* est la première référence permettant de se déterminer quant à la force majeure. Lorsqu'elle est impossible, l'irresponsabilité est acquise, mais si elle est accessible, la répression reste entière.

Ainsi, l'arrêt qui constate le comportement inattentif d'un conducteur, en présence d'un obstacle dont la survenance lui était signalée, écarte par là-même le caractère imprévisible et inévitable d'une telle circonstance : par le signalement relevé, l'obstacle n'est pour lui qu'une difficulté à éviter par une attention plus soutenue, et passe donc par une exigence de prudence ou de sécurité renforcée[3]. Il en est de même pour l'inattention d'un conducteur en présence d'un véhicule survenant dans son couloir de marche : parce que la circulation n'est pas incompatible avec une telle présence,

1. Crim. 10 oct. 1961, *Bull. crim.* n° 393.
2. Crim. 13 mars 1891, D.P. 1891. 5. 259 ; 18 déc. 1956, *Bull. crim.* n° 844 ; 9 oct. 1957, *ibid.* n° 613 ; 10 févr. 1960 , *ibid.* n° 79 ; 30 oct. 1963, *ibid.* n° 299.
3. Crim. 21 juin 1972, *Bull. crim.* n° 214.

l'événement est prévisible et surmontable [1]. Pareillement, ne sont pas des cas de force majeure : le fait qu'une voiture sorte de sa file de façon intempestive, ce qui correspond à un événement que tout conducteur professionnel doit pouvoir anticiper [2] ; l'existence d'une flaque d'eau sur la route, à la suite d'un orage d'une exceptionnelle violence [3] ; enfin la panne d'essence inopinée [4].

En revanche, sont autant de forces imprévisibles, faute d'anticipation concevable : la présence de verglas sur une route, lorsque le danger en résultant s'est trouvé, en raison des conditions atmosphériques, subitement localisé sur une surface réduite [5], et qu'aucune faute ni contravention au code de la route ne peut être relevée contre le prévenu [6] ; l'éclatement d'un pneumatique, par sa soudaineté et son instantanéité, dont il résulte une surprise totale [7] ; le malaise brutal ayant aboli la conscience et la vigilance d'un conducteur, dans la mesure où il s'est manifesté pour la première fois au moment de l'accident [8].

2 / La *faute antérieure* est le second moyen de juger de l'imprévisibilité. Elle a pour effet de rejeter toute exonération lorsque l'événement dont le prévenu fait état correspond à une force contraignante pour lui, mais tout en s'inscrivant dans la suite prévisible d'un manquement préalable : « *l'auteur d'un délit ne peut arguer de l'existence d'un cas de force majeure pour tenter de s'exonérer de sa responsabilité pénale dès lors que, antérieurement, il a commis une faute qui a été, dans la réalité, génératrice de ladite force majeure* » [9].

1. Crim. 29 nov. 1972, *Bull. crim.* n° 367.
2. Crim. 28 janv. 1998, *Gaz. Pal.* 1998. 1, *chr. crim.* 70. – Mais a été considéré, au contraire, comme de la force majeure le fait, par un cycliste, alors qu'il tenait sa droite, de prendre sa gauche au dernier moment pour éviter un accident grave. – Crim. 16 mai 1934, D.H. 1934. 367.
3. Crim. 14 oct. 1975, *Bull. crim.* n° 215.
4. Crim. 12 févr. 1957, *Bull. crim.* n° 133 ; 7 mai 1957, *ibid.* n° 384.
5. Crim. 18 déc. 1978, *Bull. crim.* n° 357 ; D. 1979. IR. 214, obs. Puech ; JCP 1980. II. 19261, note Alvarez ; *Rev. sc. crim.* 1979. 558, obs. Levasseur. – Rappr. Rouen, 1er mars 1982, *Gaz. Pal.* 1982. 2. *Somm.* 392.
6. Crim. 27 févr. 1958, *Bull. crim.* n° 205 ; 12 mars 1959, *ibid.* n° 176 ; 14 oct. 1959, *ibid.* n° 432. – Rappr. Crim. 4 janv. 1973, *Gaz. Pal.* 1973. 1. *Somm.* 152.
7. Douai, 20 févr. 1975, *Gaz. Pal.* 1975. 2. *Somm.* 209.
8. Douai, 24 oct. 2000, JCP 2002. II. 10012, note Maréchal. – Crim. 15 nov. 2005, *Bull. crim.* n° 295 ; D. 2006, *Jur.*, p. 1582, note Dreyer, et *Pan.*, p. 1652, obs. Roujou de Boubée ; *Dr. pénal* 2006. 32, obs. Véron ; *Rev. sc. crim.* 2006. 61, obs. Mayaud.
9. Crim. 30 juin 1981, *Bull. crim.* n° 223 ; *Gaz. Pal.* 1982. 2. *Somm.* 291.

Par exemple, ne saurait à elle seule constituer une force majeure, sans que les juges du fond aient spécifié les circonstances d'où résulte son caractère imprévisible et inévitable, une défaillance mécanique, que par sa nature même le conducteur avait la possibilité de prévoir et de prévenir par une vérification préalable de l'état de sa voiture avant d'en faire usage [1]. De même, n'est pas une circonstance exclusive de culpabilité, la défaillance physique que l'auteur de l'infraction avait la possibilité de prévoir [2] : ainsi, lors de la conduite d'un véhicule, de courts instants de faiblesse, à raison de troubles physiologiques dont le prévenu se savait atteint [3], ou d'un malaise prévisible à raison de troubles anciens et d'une tension très basse [4]. Dans toutes ces situations, l'auteur de l'infraction ne peut invoquer la force majeure, parce qu'il a provoqué lui-même l'événement, l'antériorité de sa faute en étant la cause directe et déterminante.

On rejoint ici une solution déjà développée à propos des troubles psychiques. En définitive, la faute antérieure consiste, pour son auteur, à faire fi des différentes contraintes qu'il peut avoir à subir malgré lui, ce qui leur fait perdre leur caractère imprévisible.

455 IRRÉSISTIBILITÉ. — L'imprévisibilité ne contient pas tout ce qui participe de la force majeure. Il faut encore que l'événement qui la constitue soit irrésistible ou insurmontable, c'est-à-dire rende impossible – et d'une impossibilité absolue, avec ce que cela implique d'appréciation abstraite – toute résistance à la contrainte qu'il représente, de sorte que la commission de l'infraction n'est que la seule issue en réponse. Par la force majeure la liberté n'a plus sa part, et c'est cette réalité que l'irrésistibilité entend traduire, en reconnaissant que l'auteur de l'infraction a été entièrement soumis aux circonstances, livré en quelque sorte à leurs fantaisies, sans aucune possibilité d'en modifier le cours. Pour ce qu'elle engage de pression sur l'agent, la force majeure détourne le proces-

1. Crim. 4 déc. 1958, *Bull. crim.* n° 722 ; D. 1959. 36 ; 8 juill. 1971, *Bull. crim.* n° 222. – Sur l'obligation constante du conducteur d'automobile de veiller au bon fonctionnement de la voiture qui lui est confiée, v. Crim. 17 mai 1946, *Bull. crim.* n° 122.
2. Crim. 10 oct. 1961, *Bull. crim.* n° 393 ; 8 mai 1974, *ibid.* n° 165.
3. Crim. 20 mars 1956, *Bull. crim.* n° 285.
4. Crim. 12 févr. 1976, *Bull. crim.* n° 57 ; *Gaz. Pal.* 1976. 2. *Somm.* 220 ; *Rev. sc. crim.* 1977. 94, obs. Levasseur.

sus de l'infraction à son profit, si bien que le crime ou le délit ne peut plus être imputé à son auteur apparent.

Ainsi, ne peut être condamné pour abandon de famille le débiteur d'une pension alimentaire qui, atteint d'une affection cardiaque l'obligeant à un repos complet, et dépourvu de toutes ressources personnelles, se trouve à la charge de ses parents, une telle situation constituant un cas de force majeure [1]. Il en est de même, pour le défaut d'enregistrement d'un contrat de travail, du fait que l'administration a refusé d'effectuer la formalité [2], ou, pour une insoumission, de l'incarcération de l'intéressé à la date des faits [3].

Ainsi également des situations d'urgence, qui sont volontiers retenues comme irrésistibles, telle la nécessité pour un médecin de se rendre rapidement auprès d'un malade dont l'état est très grave, ce qui interdit de lui reprocher une contravention pour excès de vitesse [4], ou encore l'urgence qu'il y a à prêter assistance à des voiliers en péril, qui constitue pour un hospitalier-sauveteur une contrainte irrésistible justifiant sa relaxe du chef de délit de fuite [5].

En revanche, outre le fait qu'elles sont prévisibles, ne sont pas insurmontables les difficultés économiques ou sociales d'une entreprise, et ne constituent une force majeure, ni la faillite [6], ni l'incendie d'une unité de production [7]. De la même manière, faute d'une situation insurmontable, la condamnation d'un étranger pour infraction à un arrêté d'expulsion est légalement justifiée, et l'excuse de force majeure à bon droit écartée, par l'arrêt qui constate que le prévenu offre seulement de prouver qu'il a été successivement refoulé sur le territoire français par les gouvernements de tous les pays limitrophes : cette offre de preuve manque en effet de pertinence, comme ne tendant pas à établir que le prévenu a été dans l'impossibilité

1. Crim. 24 avr. 1937, D.H. 1937. 429.
2. Crim. 8 nov. 1951, *Bull. crim.* n° 288 ; 26 janv. 1956, *ibid.* n° 107.
3. Crim. 6 déc. 1951, *Bull. crim.* n° 335.
4. Trib. pol. Marsanne, 17 mars 1910, D.P. 1910. 5. 29.
5. Trib. corr. Saint-Malo, 22 sept. 1961, *Gaz. Pal.* 1961. 2. 316.
6. N'est pas une force majeure la circonstance qu'une personne, qui n'a pas payé dans les délais légaux les cotisations dues à la sécurité sociale, ait été déclarée en faillite antérieurement à la mise en demeure. – Crim. 26 nov. 1953, *Bull. crim.* n° 315
7. Ecarte à bon droit l'exception de force majeure invoquée par le prévenu l'arrêt dont il résulte que l'incendie partiel des locaux n'entraînait pas l'impossibilité absolue d'exécution des contrats de travail et qu'au contraire le licenciement des représentants du personnel a été en l'occurrence le résultat d'un choix délibéré fait par l'employeur au préjudice de ces salariés. – Crim. 4 oct. 1977, *Bull. crim.* n° 285.

absolue de quitter la France, et notamment qu'il n'a pas pu se rendre dans un pays non limitrophe [1].

B – La contrainte morale

456 DÉFINITION. — La contrainte morale renvoie à toutes les pressions psychologiquement vécues par l'auteur de l'infraction. Elle se distingue de la contrainte physique par le fait qu'elle relève d'un impact moins prononcé, en étant plus subreptice quant à sa manière d'opérer. En fait, elle rejoint toutes les hypothèses d'amoindrissement de la volonté sous l'effet de la sujétion ou de la vulnérabilité, résultant par exemple de menaces, de provocations, ou encore d'un état de subordination.

Mais il est une hypothèse radicale, qui jamais n'a franchi, ni ne saurait franchir un jour, le seuil de l'impunité : « *La contrainte qui fait disparaître l'imputabilité ... ne peut résulter de l'impulsivité du prévenu, c'est-à-dire d'un fait personnel à l'agent lui-même* » [2]. Autrement dit, sauf à relever de la pathologie, ou du trouble psychique ou neuropsychique, le fait de ne pas maîtriser ses instincts, ne saurait, en soi, être une cause d'irresponsabilité [3] : bien au contraire, et selon une formule célèbre, « le droit pénal est précisément édicté pour ceux qui ne savent pas résister à leur passion criminelle » [4]. Ce n'est donc que sous couvert d'un minimum de pression externe que la contrainte morale trouve à s'appliquer, ce que la jurisprudence exprime volontiers en disant qu'elle « *suppose l'existence d'un fait*

1. Crim. 8 févr. 1936 (*aff. Rozoff*), D.P. 1936. 1. 44, note Donnedieu de Vabres. – Rappr. : Paris 26 juill. 1934, D.P. 1934. 2. 113, note Donnedieu de Vabres.
C'est également à bon droit que les juges saisis d'une poursuite pour infraction à un arrêté d'expulsion écartent le moyen tiré par l'étranger de ce que, inculpé d'un autre délit et mis en liberté provisoire sous l'obligation de se présenter à tous les actes de la procédure, il était dans l'impossibilité juridique de quitter la France sans contrevenir aux ordres et injonctions de l'autorité judiciaire, et se trouvait ainsi, à l'égard de l'arrêté d'expulsion, dans un cas de force majeure exclusif de toute infraction. – Crim. 15 nov. 1934, D.H. 1935. 7 ; D.P. 1935. 1. 11, note Donnedieu de Vabres.
2. Crim. 11 avr. 1908, D.P. 1908. 1. 261, rapp. Mercier ; S. 1909. 1. 473, note Roux.
3. Ne peut valoir contrainte morale l'exacerbation des passions provoquée par les événements survenus en Nouvelle-Calédonie, lesquels n'étaient pas de nature à abolir la volonté de militaires néo-calédoniens qui ont délibérément choisi et décidé de persister dans leur refus d'obéissance. – Colmar, 8 déc. 1987, D. 1988. 131, note Koering-Joulin.
4. Garraud, *Traité théorique et pratique du droit pénal français*, I, n° 355.

extérieur »[1]. Mais cette extériorité doit être bien comprise : il n'est pas question d'exclure la contrainte morale – qui se vit intérieurement – du processus de neutralisation de la volonté, mais seulement de ne pas lui associer ce qui serait le résultat d'une impulsion dominante, et non d'une liberté dominée.

457 CONDITIONS. — La contrainte morale est soumise aux mêmes conditions que la contrainte matérielle. Elle suppose une force irrésistible, s'imposant à la volonté de celui qui la subit et ne lui laissant pas la faculté d'agir autrement qu'il a agi[2]. C'est donc en rapport avec l'impossibilité absolue d'échapper à l'infraction que doit s'apprécier la manière de résoudre le conflit moral qui en résulte. La jurisprudence traduit au mieux cette préoccupation, ce qui se prête à plusieurs illustrations, notamment empruntées à la menace, à l'obéissance, et à la provocation.

1 / *La menace.* – Lorsque la contrainte résulte d'une menace, le bénéfice de l'irresponsabilité ne peut être invoqué qu'autant que le péril qu'elle fait craindre est imminent, et qu'elle met celui qui en est l'objet dans la nécessité, ou de commettre l'infraction, ou de subir les violences dont il est menacé[3]. La menace n'est donc pas en soi une hypothèse de contrainte, du moins au sens exonératoire du terme. Certes, elle est facteur de pression, mais cela ne suffit pas à la rendre « contraignante » : il faut que s'ajoute d'autres circonstances, qui en rendent la portée encore plus forte, de manière à pouvoir être tenue comme privative de volonté ou de libre arbitre dans la commission de l'infraction qu'elle a générée. C'est dire que ne saurait être prise en considération la simple allégation d'une menace qui n'est ni pressante, ni assez directe pour enlever au prévenu sa liberté d'esprit[4].

1. Crim. 11 avr. 1908, préc.
2. Crim. 11 juin 1926, D.H. 1926. 378 ; 29 déc. 1949, *Bull. crim.* n° 360 ; D. 1950. 419 ; JCP 1950. II. 5614 ; *Gaz. Pal.* 1950. 1. 295 ; 19 déc. 1956, *Bull. crim.* n° 856. – Colmar, 8 déc. 1987, D. 1988. 131, note Koering-Joulin.
3. Crim. 28 déc. 1900, D.P. 1901. 1. 91, note Le Poittevin ; S. 1903. 1. 254 ; *Gaz. Pal.* 1901. 1. 131.
4. Crim. 29 déc. 1949, *Bull. crim.* n° 360 ; D. 1950. 419 ; JCP 1950. II. 5614 ; *Gaz. Pal.* 1950. 1. 295. – Pour une menace, concernant des tiers, qui n'a pas été jugée assez pressante pour excuser un crime d'intelligences avec l'ennemi. – Crim. 20 avr. 1934, *Bull. crim.* n° 81.

Aux menaces proprement dites peuvent être assimilées toutes les hypothèses de danger, liées à un contexte défavorable pour l'auteur de l'infraction, pouvant lui faire craindre le pire pour lui ou pour ses proches. La jurisprudence en admet la force contraignante, mais dans la mesure d'un péril réel et pressant, c'est-à-dire d'une perte manifeste de volonté.

Par exemple, ont agi sous l'empire d'une contrainte morale irrésistible des israélites et des étrangers qui, pour échapper aux recherches des Allemands et éviter la déportation, ont pris dans une carte d'identité un état civil supposé ou ont fait usage de fausses pièces d'identité [1]. Mais n'ont pas été jugées contraignantes pour un accusé de crimes contre l'humanité, les menaces de représailles allemandes contre des fonctionnaires français, faute d'avoir été d'une intensité de nature à abolir son libre arbitre [2].

En relation avec le droit pénal de la famille, ont été exonérés de toute responsabilité pénale, comme ayant cédé à une contrainte morale irrésistible résultant d'une menace d'enlèvement et de la crainte pour leur petit-fils d'un mal suffisamment prégnant pour abolir leur volonté et leur liberté de choix, des prévenus de non-représentation d'enfant, dès lors qu'ils pouvaient craindre que le père ne mette à profit l'exercice du droit de visite et d'hébergement pour emmener l'enfant en Algérie, où il avait conservé des liens, et dès lors que l'état de santé de cet enfant nécessitait une surveillance médicale régulière [3]. Pareillement, poursuivie pour le refus d'un droit de visite, la mère d'un enfant mineur peut faire valoir à bon droit qu'elle a cédé à une contrainte morale irrésistible résultant de l'incarcération du père sous la prévention d'assassinat, et des risques que le milieu carcéral ne pouvait manquer de produire chez un jeune enfant [4].

Ces quelques exemples démontrent que seule une force à même de détruire la volonté de résistance à l'infraction est de nature

1. Paris, 6 oct. 1944, D. 1945. 115 ; S. 1945. 2. 81 ; *Gaz. Pal.* 1945. 1. 32 ; 5 janv. 1945, S. 1945. 2. 81 ; *Gaz. Pal.* 1945. 1. 102.
2. Crim. 23 janv. 1997, *Bull. crim.* n° 32 ; D. 1997. 147, note Pradel ; JCP 1997. II. 22812, note J.-H. Robert ; *Dr. pénal* 1997. 38, obs. J.-H. Robert ; *Gaz. Pal.* 1997. 1. 185.
3. Dijon, 19 déc. 1984, *Gaz. Pal.* 1985. 1. 256 ; *Rev. sc. crim.* 1985. 812, obs. Levasseur.
4. Trib. corr. Agen, 22 mai 1985, *Gaz. Pal.* 1985. 2. 587 ; *Rev. sc. crim.* 1986. 87, obs. Vitu, et 102, obs. Levasseur.

contraignante, ce que les juridictions apprécient souverainement par référence à une impossibilité d'action différente.

2 / *L'obéissance.* – Pas plus que la menace, l'obéissance ne peut être considérée comme une entrave au libre arbitre. La question est intéressante en termes de subordination. Le lien qui existe entre un employé et celui qui l'emploie, malgré ce qu'il consacre d'obéissance statutaire pour le premier, ne saurait avoir pour effet de le soustraire à sa responsabilité pénale[1]. Il en est de la contrainte comme du commandement de l'autorité légitime : nul ne peut échapper aux conséquences pénales de ses actes, et on ne saurait considérer comme une excuse, effaçant toute responsabilité, le fait que le prévenu ait exécuté les ordres de la personne pour laquelle il travaille.

Seul un lien de sujétion renforcé, hissant en quelque sorte l'obéissance à un niveau de crainte quasi révérencielle, peut à la rigueur être retenu comme contrainte. C'est par exemple le cas de la soumission à des instructions réitérées et catégoriques d'un maire[2], ou encore à des ordres donnés par des gendarmes[3]. L'impossibilité majeure d'éviter l'infraction peut alors sortir l'obéissance de sa neutralité, et la rendre plus sensible à la contrainte morale.

3 / *La provocation.* – Par provocation, il faut entendre l'incitation à commettre une infraction, de sorte que son auteur peut estimer que sa volonté n'a pas été libre, pour avoir agi sous l'influence du provocateur. Si elle est à même d'entraîner la responsabilité de ce dernier, la provocation étant un mode de complicité, en revanche se pose la question de savoir si elle peut être invoquée comme une cause d'irresponsabilité au bénéfice de celui qui a agi sous son impulsion. Et de fait, on pourrait y voir une contrainte morale, ayant aboli sa liberté d'action. Mais, là encore, les magistrats se montrent très fermes, en répercutant strictement sur cette hypothèse les exigences qu'ils retiennent et appliquent par ailleurs à toutes les causes de non-imputabilité.

1. Crim. 20 sept. 1894, D.P. 1899. 1. 350 ; 28 févr. 1962, *Bull. crim.* n° 111 ; 22 juin 1976, *ibid.* n° 229 ; 14 janv. 1980, *ibid.* n° 21. – Rappr. : Crim. 9 nov. 1992, *Bull. crim.* n° 364. – V. également Paris, 19 nov. 1952, D. 1953. 206 ; JCP 1953. II. 7483 ; *Gaz. Pal.* 1953. 1. 149.
2. Trib. corr. Senlis, 28 juin 1957, S. 1959.65, note Mimin.
3. Caen, 28 juin 1996, JCP 1996. IV. 2525.

La jurisprudence a eu à se prononcer sur les provocations policières, qui trouvent aujourd'hui un encadrement dans ce qu'il convient d'appeler désormais, depuis la loi Perben II, des opérations d'infiltration (c. pr. pén., art. 706-81 et s.). Sa position est très claire : « *La provocation au délit par agent de l'autorité ne saurait être de nature à exonérer un prévenu de toute responsabilité pénale, dès lors qu'elle n'a pas été déterminante de l'action délictueuse du prévenu et qu'elle n'a pas annihilé sa liberté de décision* » [1]. Cela signifie que, sans nier que la provocation puisse éventuellement servir de support à la contrainte, celle-ci ne saurait être retenue autrement qu'en ayant recours aux différents indices permettant d'en recenser les conditions, et de se convaincre par là même d'un défaut de libre arbitre. La simple incitation à commettre une infraction, par exemple à livrer des stupéfiants, ne saurait donc être assimilée à l'action d'une force irrésistible [2], et c'est seulement si des pressions interviennent, renforçant la provocation par des procédés blâmables, une mise en scène ou des manœuvres, qu'elle peut aller jusqu'à la contrainte, et aboutir ainsi à l'irresponsabilité du prévenu [3]. Mais la provocation n'ayant pour effet que de permettre la constatation d'infractions déjà commises ou d'en arrêter la continuation ne saurait prétendre à une telle incidence [4]. Une fois encore, nous vérifions que la contrainte morale n'est une force exonératoire que dans la mesure d'un défaut total de liberté, et de l'impossibilité absolue d'agir différemment.

458 DIFFÉRENCE AVEC L'ÉTAT DE NÉCESSITÉ. — La contrainte morale, et plus largement tout ce qui a trait à la force majeure, est très proche de l'état de nécessité, et il ne faut pas s'étonner que leur confrontation ait toujours soulevé des problèmes de frontière, certaines décisions allant même jusqu'à en retenir

1. Crim. 16 mars 1972, *Bull. crim.* n° 108 ; 2 juill. 1984, JCP 1989. I. 3422 (annexe). – Rappr. : Crim. 27 janv. et 3 mars 1944, D.A. 1944. 92.
2. Basse-Terre, 3 oct. 1978, D. 1979. 360, note Lepointe ; *Gaz. Pal.* 1979. 1. Somm. 160. – Rappr, en matière de commerce d'or illicite, ou de hausse illicite des prix : Toulouse, 13 mars 1942, Aix, 2 juin 1942, Grenoble, 7 janv. 1943, D.C. 1943. 94 (1re, 3e et 4e espèces), note Donnedieu de Vabres. – V. aussi : Grenoble, 1er juill. 1943, S. 1943. 2. 61 ; Rennes, 10 nov. 1948, D. 1949. 76.
3. Toulouse, 23 avr. 1942, D.C. 1943. 94 (2e espèce), note Donnedieu de Vabres.
4. Crim. 2 mars 1971, *Bull. crim.* n° 71 ; 2 oct. 1979, *ibid.* n° 266.

cumulativement l'existence [1]. Mais il n'est pas de confusion pour autant. Une très nette différence de finalité les sépare, mieux encore en rend les données complémentaires.

Alors que l'état de nécessité fonde l'irresponsabilité pénale sur le règlement objectif d'un conflit de valeurs sociales, la contrainte, quant à elle, participe d'un constat d'ordre personnel, qui interdit de tenir le comportement réprimandé comme le résultat d'une action vraiment libre. Le raisonnement permettant de parvenir à l'impunité n'est donc pas le même, pour engager deux philosophies différentes. L'état de nécessité neutralise l'infraction sur un impératif social, qui est de toujours privilégier l'action la plus favorable à l'ordre public, en conformité avec l'objet utilitaire de l'incrimination. La contrainte est centrée sur l'auteur du délit, afin de répercuter ce qu'il a personnellement éprouvé d'impossibilité de ne pas le commettre. Autant, dans la nécessité, l'exonération est étrangère à la personne, en ne dépendant que d'une mesure sociale, autant, dans la contrainte, elle est attachée à l'agent, qui a éprouvé subjectivement les conséquences négatives de sa perte de liberté.

L'opposition n'est pas théorique. Ce que la contrainte ou la force majeure ne permet pas, il est possible d'y accéder par l'état de nécessité, et inversement. Une nécessité peut être vécue en parfaite liberté. L'auteur de l'infraction, confronté aux valeurs en conflit, peut agir en totale maîtrise de ses capacités. Par exemple, détruire la devanture d'un magasin pour éviter un piéton, peut être le fait d'une option, non seulement justifiée, mais encore entièrement libre, dès lors qu'elle correspond à un choix voulu et mesuré en ce sens. À l'inverse, le sacrifice de la valeur supérieure à celle sauvegardée, qui interdit de reconnaître l'état de nécessité, faute de proportionnalité dans la manière dont le conflit a été résolu, peut éventuellement rejoindre l'impunité sous les traits de la contrainte, à supposer que l'auteur de l'infraction ait subi, du fait des circonstances, une pression personnellement vécue comme une impossibilité d'agir autrement.

L'état de nécessité et la contrainte méritent donc d'être maintenus dans leur autonomie, et surtout respectés dans leurs applica-

1. Pour la relaxe, fondée à la fois sur la contrainte et la nécessité, d'un prévenu ayant été verbalisé pour excès de vitesse, alors qu'il poursuivait une voiture dont les occupants venaient de lui tirer dessus à deux reprises, et qu'il tentait en vain de relever le numéro d'immatriculation de leur véhicule. – Paris, 11 oct. 1983, *Gaz. Pal.* 1984. 1. 28, note Doucet.

tions, pour ce qu'ils représentent de mécanismes propres et complémentaires, chacun au service d'une fonction différente, soit en rejoignant la dimension objective et légale de la responsabilité pénale, soit en recoupant ce qui en caractérise les données plus personnelles.

II | L'ERREUR SUR LE DROIT

459 *NEMO CENSETUR...* – Il est une règle traditionnelle en droit pénal, à savoir que nul n'est censé ignorer la loi (*nemo censetur ignorare legem*), ce que la jurisprudence a interprété comme une présomption absolue, avec pour conséquence de ne pouvoir invoquer la moindre erreur quant à la connaissance ou à la portée des textes d'incrimination. Cette rigueur est aujourd'hui dépassée. Certes, la règle demeure, mais elle a gagné en relativité, pour se prêter désormais à une preuve contraire. L'article 122-3 du code pénal le formule de la manière la plus explicite, se détachant ainsi d'un lourd héritage, pour finalement consentir, sinon à la facilité, du moins à plus de justice : « *N'est pas pénalement responsable la personne qui justifie avoir cru, par une erreur sur le droit qu'elle n'était pas en mesure d'éviter, pouvoir légitimement accomplir l'acte* ». L'erreur sur le droit, plus simplement l'« erreur de droit », a donc sa place parmi les causes d'irresponsabilité pénale, ce qui est appréciable, tant les lois sont de nos jours nombreuses, et d'une qualité souvent douteuse. Admettre enfin que le droit, dans un tel contexte, puisse ne pas être connu de tous, c'est aller au devant d'un réalisme louable. Mais céder trop facilement à l'ignorance serait, à l'inverse, un très mauvais calcul. Et c'est pourquoi, le code pénal, tout en allégeant la présomption, ne va pas jusqu'à retenir n'importe quelle preuve pour la renverser. Si l'erreur est exonératoire (A), c'est seulement dans ce qu'elle représente d'inévitable (B).

A – La portée exonératoire de l'erreur

460 PORTÉE SUBJECTIVE. — Par sa nouveauté l'erreur sur le droit soulève de suite un problème d'appartenance. Il s'agit de savoir à quelle catégorie de responsabilité, objective ou subjective, elle se rattache. Les termes utilisés par l'article 122-3 du code pénal ne permettent pas de se fixer aisément. Toutes les causes d'irresponsabilité sont formulées de manière uniforme (« *N'est pas pénalement responsable la personne qui...* »), et faute d'antécédents pour l'erreur de droit, permettant de la placer dans une tradition, qui en ferait l'illustration d'un type d'irresponsabilité plutôt que d'un autre, comme ce fut le cas de l'état de nécessité, il n'est pas possible de s'appuyer sur les acquis du passé. En fait, un seul moyen reste accessible, celui de la confrontation des éléments propres à cette cause d'impunité avec ceux caractérisant, soit la justification, soit la non-imputabilité. Et il apparaît, à l'analyse, que l'erreur de droit s'apparente plus à la seconde qu'à la première. Il est à cela plusieurs raisons.

461 DÉMONSTRATION. — 1 / La *première raison* tient à la *qualification* de la cause elle-même. Il est question d'erreur, ce qui nous situe sur le terrain psychologique, l'erreur étant en effet une mauvaise perception de la réalité, liée à une méconnaissance ou à une incompréhension de ce qu'elle représente. Elle est donc le résultat d'une démarche de l'esprit, dont l'objet est ici le droit lui-même, pour ne pas en avoir une idée intellectuellement juste et correcte. En ce sens, l'erreur sur le droit renvoie bien à ce qui se joue sur un plan personnel, et donc à ce qui affecte la part subjective de l'irresponsabilité pénale.

2 / La *deuxième raison* est associée à la *condition* mise à l'erreur pour en admettre le principe. Il doit s'agir d'une erreur que l'auteur de l'infraction n'a pu éviter, d'une erreur « invincible ». Cette mesure légale, dont nous dirons plus loin ce qu'elle emporte d'exigences, rapproche l'erreur de la contrainte, qui doit être pareillement insurmontable ou irrésistible. Outre le fait que les deux causes d'irresponsabilité sont voisines dans le code, ce rapprochement témoigne de la parenté qui les unit. L'erreur est à sa manière une force majeure, pour ne point relever de la simple ignorance, de la simple méconnaissance, mais rejoindre ce qui s'inscrit dans un processus de destruction de la volonté. Ce qui en fait une cause d'irresponsabilité, ce n'est pas tant le fait que le droit a été ignoré, mais qu'il l'a été sous la pression d'une force à laquelle il n'était pas possible, psychologiquement, de résister. Il est vrai que l'état de

nécessité, fait justificatif quant à lui, renvoie également à ce qui est inévitable ou insurmontable. Mais nous le savons, la nécessité est une circonstance compatible avec le libre arbitre, alors que là où l'erreur agit, et agit de manière invincible, la volonté est privée d'une partie de ce qu'elle suppose de détermination éclairée. L'erreur de droit ne saurait donc être assimilée à une justification par nécessité, et l'emploi du verbe « justifier » à l'article 122-3 du code pénal (« N'est pas pénalement responsable la personne qui « *justifie* » avoir cru...) doit être pris dans un sens probatoire, et non point normatif.

3 / Enfin, une *troisième raison* est liée au fait que l'erreur sur le droit, de l'aveu même du législateur au cours des débats parlementaires, a été notamment retenue pour ne pas pénaliser ceux qui, après avoir sollicité les *conseils de l'administration*, en respecteraient les informations ou les avis, alors qu'ils se révéleraient désastreux, en aboutissant finalement à la commission d'une infraction. L'erreur est dans ce cas une cause d'irresponsabilité tout à fait légitime, tant il est vrai que l'on ne saurait reprocher à quelqu'un d'avoir suivi ce que l'administration a considéré comme pouvant être réalisé [1]. Or, cette hypothèse ne peut qu'orienter l'interprétation de l'article 122-3 du code pénal en faveur de la version subjective de l'irresponsabilité qu'il consacre. On sait en effet que, au nom du principe de la légalité, et de la souveraineté de la loi, les administrations ne sauraient, par leurs permissions ou tolérances, être une source de justification pour les infractions commises sous leur autorité, ce qui exclut toute possibilité d'en revendiquer le principe pour les crimes, délits et contraventions réalisés en considération de leurs initiatives ou de leur absence de réaction (*chapitre 11*). Les services d'un ministère ou d'une préfecture ne peuvent refaire la loi à leur façon, ou dispenser de leur exécution, sauf à se détacher de la séparation des pouvoirs. Leur perception de l'ordre pénal ne saurait donc être une source objective de conflit avec le législateur, et le fait que leurs avis ou conseils soient au contraire pris en compte au

1. Le code des douanes s'en fait l'écho à sa manière, qui, dans son article 345 *bis*, fige les interprétations et positions de l'administration conformes à l'application que les redevables des droits et taxes en ont faite (réd. Ord. n° 2005-1512 du 7 déc. 2005 relative à des mesures de simplification en matière fiscale et à l'harmonisation et l'aménagement du régime des pénalités ; *JO* 8 déc., p. 18912).

titre de l'erreur de droit ne peut que situer celle-ci dans les causes personnelles d'irresponsabilité. On vérifie une fois encore que lorsque la justification n'est pas opérationnelle, faute de répondre à ses conditions, la non-imputabilité peut l'être quant à elle, au nom d'une perte de liberté ou de volonté.

B – Le caractère inévitable de l'erreur

462 CRITÈRE DÉTERMINANT. — Seules deux hypothèses d'erreur ont été envisagées au cours des débats parlementaires qui ont précédé la réforme du code pénal. Nous connaissons la première, tirée d'une « information erronée fournie par l'autorité administrative interrogée préalablement à l'acte », sur le fondement de laquelle nous avons pu nous convaincre de la portée subjective de l'irresponsabilité qui en résulte. Quant à la seconde, elle est liée au « défaut de publication du texte normatif » [1], ce qui se comprend parfaitement, tant il apparaît élémentaire de ne pouvoir reprocher la moindre infraction en référence à un texte échappant à tout support de connaissance. Le principe de la légalité est même en cause, et on peut se poser la question de savoir si l'erreur est bien adaptée à cette situation, qui consacre plutôt une absence d'infraction faute d'élément légal.

Ceci étant dit, les juridictions ne s'en tiennent pas à ces deux figures, qui ne sont que des illustrations limitées. Le code pénal n'a pas versé dans la casuistique, et il n'est aucune raison d'enfermer ses applications à ce qui a seulement servi d'exemples, certes parlants, mais non exhaustifs. L'article 122-3 est une disposition ouverte, et c'est au regard de l'invincibilité de l'erreur qu'il appartient d'en marquer l'étendue, les juges du fond devant être suffisamment explicites à ce titre [2]. La jurisprudence le confirme, qui se détermine par rapport, moins au contexte de l'erreur, qu'à la certitude de ce qui la rend légalement non imputable. Encore faut-il préciser, à l'instar des autres causes d'irresponsabilité, la minorité

1. Circulaire du 14 mai 1993.
2. Crim. 12 sept. 2006, *Bull. crim.* n° 218 ; D. 2007, *Pan.*, p. 1625, obs. Mascala ; *AJ Pénal* 2006, p. 502 ; *Dr. pénal* 2006. 150, obs. Véron, et 155, obs. J.-H. Robert ; *Rev. sc. crim.* 2007. 73, obs. Fortis.

mise à part, que c'est au prévenu de s'en prévaloir [1], ceci avant qu'un pourvoi ne soit exercé [2], les juridictions n'ayant pas à la relever d'office [3].

463 BILAN. — Un bilan est donc possible, permettant, après quelques années d'application, d'avoir une idée assez juste de ce que recoupe l'erreur sur le droit. Les illustrations sont même assez nombreuses pour pouvoir parler d'un certain retour en force de la présomption d'innocence. Mais l'institution n'en demeure pas moins une exception.

De plus, une remarque s'impose. Les solutions rapportées n'ont qu'une valeur d'espèces, sauf quelques rares formules de principe, et il ne faut surtout pas rechercher une cohérence là où elle peut difficilement exister. Elles sont l'expression de la souveraineté du juge, et il est difficile d'aboutir à des décisions uniformes, malgré l'appel à des modèles standards, telle cette référence à « l'instruction civique de base de la population, même d'un niveau d'instruction peu développé » [4]...

1 / Est d'abord retenue l'*erreur provoquée par l'administration*, les juridictions se faisant ici l'écho des préoccupations explicites du législateur. Mais c'est de manière très stricte que l'hypothèse est admise, pour renvoyer à des exigences, à la fois de forme et de portée. Sur la forme, l'erreur doit être le fait d'une initiative administrative bien marquée, ce que ne saurait être, par exemple, une lettre dans laquelle le prévenu fait part à un fonctionnaire de ses réflexions [5], ou la correspondance d'un maire sans équivalence avec

1. Il résulte de l'art. 122-3 c. pén. que seule la personne poursuivie est fondée à invoquer une erreur sur le droit au sens de ce texte. – Crim. 15 nov. 1995, *Bull. crim.* n° 350 ; *Dr. pénal* 1996. 56-II, obs. Véron ; *Rev. sc. crim.* 1996. 647, obs. Bouloc. – Rappr. : Crim. 28 juin 2005, *Bull. crim.* n° 196 ; D. 2005, *Pan.* p. 2987, obs. Roujou de Boubée ; *ibid.* 2006. 561, note Fardoux ; *Dr. pénal* 2005, *comm.* 140 ; *Rev. sc. crim.* 2005. 839, obs. Vermelle.
2. Est irrecevable le moyen tiré de la violation de l'art. 122-3 c. pén. instituant l'erreur sur le droit, dont excipe le prévenu pour la première fois devant la Cour de cassation en invoquant les termes d'une circulaire interprétative. – Crim. 27 mars 1996, *Bull. crim.* n° 136 ; *Rev. sc. crim.* 1997. 101, obs. Bouloc. – V. également : Crim. 23 mars 1999, *Bull. crim.* n° 52 ; *Dr. pénal* 1999, *chron.* n° 27, obs. Marsat ; 30 juin 1999, *Dalloz Affaires* 1999, p. 1290.
3. Crim. 15 nov. 1995, préc.
4. Grenoble, 13 nov. 1996, *Dr. pénal* 1997. 92, obs. Véron ; JCP 1996. IV. 2051 (à propos de la connaissance de l'interdiction du port d'une arme de sixième catégorie).
5. Agen, 15 janv. 1998, JCP 1998. IV. 3232.

un permis de construire [1]. Quant à la portée, elle se confond avec le caractère inévitable de l'erreur. Ainsi, ont été considérés comme des causes d'erreur : une information erronée fournie par un médiateur, désigné par le gouvernement, dans le cadre de négociations préalables à la signature d'un accord professionnel [2] ; l'accord d'une préfecture, doublé d'une subvention, à l'exercice d'une activité qui se révèle illégale [3] ; le contenu d'une réponse ministérielle, dès lors que les termes n'en sont pas dénaturés [4] ; l'attestation d'un agent de police judiciaire, agissant conformément aux instructions d'un vice-procureur de la République, selon laquelle la situation administrative du prévenu au regard de son permis de conduire est parfaitement régulière [5]. Mais la responsabilité pénale demeure lorsque l'arrêté préfectoral invoqué comme source d'erreur est annulé par la juridiction administrative [6], ou que l'opinion émise par les services consultés, seraient-ils ministériels, reste isolée face aux refus renouvelés de l'administration compétente [7], voire que les modèles proposés dans une lettre circulaire ne peuvent être regardés comme entraînant de plein droit une erreur insurmontable [8].

2 / Sont également dénoncées les *incertitudes juridiques*, et on comprend qu'elles soient un facteur d'insécurité pour les justiciables, à la mesure des réformes incessantes que connaît le droit pénal depuis quelques années [9], voire de certaines divergences entre les tribunaux. Les juges du fond n'y sont pas insensibles. Par

1. Crim. 15 oct. 2002, *Dr. pénal* 2003. 25, obs. J.-H. Robert ; *ibid.* 31, obs. Véron ; *Rev. sc. crim.* 2003. 343, obs. J.-H. Robert.
2. Crim. 24 nov. 1998, JCP 1999. II. 10208, note Houtmann ; D. 2000. *Somm.* 114, obs. Roujou de Boubée ; *Dr. pénal* 2000. 22, obs. J-H. Robert ; *JCP* 2000. I. 235, n° 2, obs. Véron.
3. Dijon, 15 juin 1994, *Gaz. Pal.* 1994. 2. *Somm.* 681.
4. Crim. 10 avr. 2002, JCP 2002. IV. 2203 ; *Dr. pénal* 2002. 105, obs. Véron ; *Gaz. Pal.* 2004. 1. *Somm.* 628, note A.C.
5. Crim. 11 mai 2006, *Bull. crim.* n° 128 ; D. 2007, *Pan.*, p. 402, obs. Roujou de Boubée ; *AJ Pénal* 2006, p. 358, obs. Leblois-Happe ; JCP 2006. II. 10207, note Fardoux ; *Dr. pénal* 2006. 109, obs. Véron ; *Rev. sc. crim.* 2007. 73, obs. Fortis. – Pour une situation voisine : Aix-en-Provence, 20 sept. 2007, *AJ pénal* 2008, p. 231 ; obs. Pellier ; *Gaz. Pal.* 2008. 1. 1873, note Pellier.
6. Crim. 15 nov. 1995, préc. – Rappr. : Crim. 22 janv. 1997, *Dr. pénal* 1997. 83, obs. J.-H. Robert.
7. Crim. 19 mars 1997, *Bull. crim.* n° 115 ; *Dalloz Affaires* 1997, p. 897 ; *Dr. pénal* 1997. 107 (1er arrêt), obs. Véron ; JCP 1998. II. 10095, note Fardoux ; *Rev. sc. crim.* 1997. 827, obs. Bouloc ; *RD imm.* 1998. 149, obs. Roujou de Boubée.
8. Crim. 9 nov. 2004, *Bull. crim.* n° 273 ; *AJ Pénal* 2005, p. 23, obs. Enderlin (à propos de l'entrave à l'exercice normal d'une activité économique, constitutive de discrimination pour les intérêts israéliens (c. pén., art. 225-2, 2°), en raison des exigences en ce sens des pays arabes).
9. F. Debove, L'overdose législative, *Dr. pénal* 2004 , *Etudes*, n° 12.

exemple, à la faveur d'une opposition entre deux chambres de la Cour de cassation, a été admise l'erreur de droit tirée de l'incompatibilité de leurs décisions, solution par ailleurs fondée sur l'article 6 de la Convention européenne des droits de l'homme relatif au droit à un procès équitable [1]. De même, en l'état des textes et des décisions au moment des faits, il a été reconnu qu'un chef d'entreprise avait pu, par une erreur sur le droit qu'il n'était pas en mesure d'éviter, légitimement croire que la consultation préalable du comité d'entreprise n'était pas obligatoire [2]. Mieux encore, l'erreur de droit a été validée sur le fondement d'une pratique commune contraire à un règlement [3].

Mais tout ce qui est frappé du sceau de l'hésitation n'est pas légitimant pour autant. Sous le strict contrôle de la Cour de cassation, l'erreur est rejetée chaque fois que les incertitudes dénoncées ne sont pas invincibles [4], c'est-à-dire ne revêtent pas un caractère définitif, pour rester ouvertes à des procédures ou à des options à même de les lever. C'est le cas d'une consultation toujours possible auprès de l'administration [5] ou de l'inspection du travail [6], d'une demande d'interprétation d'un jugement présentée en application de l'article 461 du nouveau code de procédure civile [7] ou de l'article 710 du code de procédure pénale [8], voire du recours à des « juristes

1. Paris, 9 nov. 2000, D. 2001. *Somm.* 2345, obs. de Lamy ; *Dr. pénal* 2001. 57, obs. Véron ; *Rev. sc. crim.* 2001. 829, obs. Giudicelli-Delage. – L'arrêt est relatif à la soustraction de documents d'entreprise par un salarié, le temps de les reproduire par photocopie, dans le but de répondre à un contentieux prud'homal. Mais la Chambre criminelle a une autre position, préférant les droits de la défense comme fondement de l'irresponsabilité pénale : Crim. 11 mai 2004, *Bull. crim.* n° 113 ; D. 2004, p. 2326 (2e espèce), note Kobina Gaba, et *Somm.*, p. 2759, obs. Roujou de Boubée ; JCP 2004. II. 10124 (1er arrêt), note Girault ; *Dr. pénal* 2004. 122 (1re espèce), obs. Véron ; *Petites affiches*, 23 sept. 2004, note Debove ; *Rev. sc. crim.* 2004, p. 635, obs. Fortis, et p. 866, obs. Vermelle ; Crim. 15 févr. 2005, *Dr. pénal* 2005. 72, obs. Véron. – Sur la question : Y. Mayaud, Les droits de la défense, cause d'irresponsabilité pénale, *Mélanges offerts à Raymond Gassin*, PUAM, 2007, pp. 293 et s.
2. Reims, 1er avr. 1994, *Gaz. Pal.* 1994. 1. *Somm.* 316.
3. Trib. pol. Poitiers, 15 nov. 1994, *Gaz. Pal.* 1995. 1. *Somm.* 180.
4. Crim. 11 mai 2004, préc.
5. Crim. 17 févr. 1998, *Bull. crim.* n° 60 ; D. 1999. *Somm.* 153, obs. Roujou de Boubée ; *Rev. sc. crim.* 1998. 765, obs. Bouloc.
6. Crim. 5 mars 1997, *Bull. crim.* n° 84 ; *Dr. pénal* 1997. 107 (2e arrêt), obs. Véron ; *Rev. sc. crim.* 1997. 827, obs. Bouloc.
7. Crim. 11 oct. 1995, *Bull. crim.* n° 301 ; D. 1996. 469, note Muller ; *Dr. pénal* 1996. 56-I, obs. Véron ; *Rev. sc. crim.* 1996. 646, obs. Bouloc.
8. Crim. 17 févr. 1998, préc.

qualifiés »[1] ou à des « conseils appropriés »[2], ou encore de la qualité de professionnel du prévenu, qui ne peut que lui inspirer une certaine réserve constitutive de bonne foi[3].

3 / L'incertitude juridique débouche fatalement sur les dérapages des juristes eux-mêmes. Il arrive souvent que soit invoquée l'*erreur provoquée par de mauvais conseils des professionnels du droit* ou des auxiliaires de justice. Là encore, tout est affaire de circonstances, c'est-à-dire de l'invincibilité ou non de l'erreur en cause. Il est certain que l'incompétence ne saurait être une source trop facile d'impunité pour ceux qui en font les frais, sauf à ne former que des juristes de cette catégorie afin d'améliorer les droits de la défense... Mais l'erreur est humaine, et juridiquement elle doit être prise en compte lorsqu'elle recoupe les conditions de la loi. La jurisprudence est ici divisée, les juridictions du fond étant plutôt favorables à la reconnaissance de l'erreur[4], alors que la Cour de cassation en admet plus difficilement le principe, jugeant que : « *un simple avis donné par un professionnel du droit ne saurait constituer une erreur au sens de l'article 122-3 du code pénal* »[5].

4 / Enfin, l'*extranéité* est souvent présentée comme une cause légitime d'erreur, l'argument consistant, pour des étrangers, à faire état de leur méconnaissance de la législation interne. Mais la jurisprudence est réticente à adhérer à ce mode de défense, qui, s'il était généralisé, reviendrait à fragiliser le principe de territorialité et ses conséquences répressives nécessaires au respect de l'ordre public.

1. Crim. 19 mars 1997, préc.
2. Crim. 15 oct. 2002, *Dr. pénal* 2003. 23, obs. J.-H. Robert ; *ibid.* 31, obs. Véron.
3. Crim. 10 avr. 1997, *Bull. crim.* n° 140 ; *Dr. pénal* 1997. 115, obs. J.-H. Robert ; 29 juin 1999, *Dr. pénal* 1999. 143 (1er arrêt), obs. J.-H. Robert. – Rappr. : Crim. 13 mai 2003, *Bull. crim.* n° 96 ; *Dr. pénal* 2003, *comm.* 89, obs. J.-H. Robert (à propos d'une contrariété entre le droit communautaire et le droit interne).

   En revanche, un simple salarié agissant sur instructions de son employeur, et alors qu'il n'était pas en mesure, à la date des faits, d'avoir connaissance de l'illégalité de l'acte commis, surtout qu'une discussion juridique s'était instaurée sur sa nature, n'est pas pénalement responsable. – Nîmes, 16 oct. 1997, *JCP* 1999. IV. 2628.
4. Ainsi, les informations d'un avocat ont été considérées comme une source d'erreur invincible, tant pour l'auteur d'une violation de domicile (Versailles, 27 janv. 1995, *Bull. inf. C. cass.* 1995. 606 ; *Gaz. Pal.* 1996. 1. *Somm.* 152 : les informations étaient en l'espèce consignées dans une attestation), que pour une mère de famille prévenue de non-représentation d'enfant (Douai, 26 sept. 1996, *Dr. pénal* 1997. 60, obs. Véron).
5. Crim. 7 janv. 2004, *Bull. crim.* n° 5 ; D. (*Aff.*) 2004, p. 419, obs. Lienhard ; *AJ Pénal* 2004, p. 114, obs. Bicheron ; JCP 2004. II. 10060, note Pomart ; *Dr. pénal* 2004. 49, obs. Véron ; *Gaz. Pal.* 2004. 2. *Somm.* 3307, obs. Monnet ; *Rev. sc. crim.* 2004. 635, obs. Fortis.

C'est pourquoi, l'exception n'est pas admise pour les mouvements illicites de fonds ou de capitaux [1], ainsi qu'en matière de circulation routière, surtout concernant des transporteurs de profession [2], et alors qu'il est prouvé que la réglementation a été portée à la connaissance des intéressés, par une signalisation adéquate [3] ou des courriers officiels [4]. En revanche, une erreur de localisation sur le territoire français peut parfaitement générer une erreur de droit sur le principe même de l'application du droit pénal français : c'est ainsi qu'a été acquitté du chef de violences mortelles un agent de la police de Bâle qui avait cru légitimement opérer en Suisse, alors que, au terme d'une course-poursuite, il avait usé de son arme sur le territoire français [5].

1. Crim. 7 nov. 1996, *Gaz. Pal.* 1997. 1, *chr. crim.* 71 ; 29 mars 2000, *Bull. crim.* n° 146.
2. Douai, 26 oct. 1994, D. 1995. 172, note Couvrat et Massé ; *Gaz. Pal.* 1994. 2. 766, note J.-G. M.
3. Douai, 26 oct. 1994, préc.
4. Crim. 17 févr. 1998, préc.
5. C. assises de Reims, 16 déc. 2005, décision rapportée *in* Y. Mayaud, L'erreur sur le principe même de l'application du droit pénal français. Pour un exemple probant d'acquittement, *Mélanges Jacques Foyer*, Economica, 2008, p. 711.

QUATRIÈME PARTIE

LA PUNITION DES RESPONSABLES – LES PEINES

464 COMPENSATION SOCIALE. — Les peines sont la compensation du désordre social généré par l'infraction. Elles marquent la répression dans ce qu'elle a de plus concret, surtout en rapport avec la privation de liberté.

Mais leur approche doit être différenciée, des écarts importants séparant les peines telles qu'elles sont prévues par la loi, puis choisies par le juge, et finalement appliquées. De la première à la dernière étape, il est de multiples possibilités, dont l'effet est de rendre très aléatoire la matière, du moins au regard du principe de la légalité. Nous allons le voir, aux *peines encourues* (chapitre 13) peuvent ne pas correspondre les *peines prononcées* (chapitre 14), et les *peines exécutées* sont rarement celles retenues dans la décision de condamnation (chapitre 15).

Chapitre 13

Les peines encourues

465 DÉTERMINATION LÉGALE. — Les peines encourues correspondent à toutes les sanctions disponibles, mises à la disposition du juge pour venir au soutien des condamnations qu'il prononce. Seul le législateur a le pouvoir de les définir, conformément au principe de la légalité, avec ce que cette règle est supposée garantir de connaissance préalable des différentes sanctions pouvant être infligées en cas de violation des normes pénales. Mais, pour être au cœur de la matière, le principe n'en a pas moins perdu de sa portée. Le droit de la peine est une discipline aujourd'hui peu légaliste, ce que l'on doit à une politique bien différente de celle de 1789. Il n'est plus question de se méfier du juge, mais au contraire de s'en servir, pour en faire l'instrument d'une pénologie renouvelée [1], où le condamné ne subit plus la peine comme une exclusion, mais comme un moyen de relèvement. Certes, il est toujours des peines exclusives, mais elles ne reflètent pas la tendance générale d'un système différemment orienté, et si elles existent encore, c'est plus par défaut, devant l'impossibilité de réagir autrement, que par détermination, c'est-à-dire au titre d'une politique délibérée en ce sens. La peine se situe donc sur un autre registre, celui de l'adaptation, avec ce que cela implique de multiplication des mesures destinées à la rejoindre. À la légalité des peines, désormais simplifiée (Section I), s'est substituée une plus grande diversité, dont le renforcement va de pair avec la recherche constante des meilleures solutions (Section II).

1. J.-L. Bergel, Une problématique des sanctions pénales ?, Mélanges R. Gassin, *PUAM*, 2007, p. 89.

Section I
Une légalité simplifiée

466 LOI DU MAXIMUM. — Les peines connaissent une légalité simplifiée, pour ne pas dire en plein déclin, ce qui est manifeste dans la manière dont elles sont définies, laquelle n'a plus rien à voir avec l'idéal attendu, sinon de fixité, du moins de précision. En fait, sauf de rares exceptions liées à la récidive, le législateur ne donne plus qu'un maximum, au delà duquel le juge ne saurait se situer, et en dessous duquel il se détermine comme il l'entend : un maximum dont la fixation (I) n'est pas incompatible avec certaines variations (II).

I | LA FIXATION DU MAXIMUM

467 Hors récidive, la peine tient aujourd'hui à une seule référence, celle de son maximum (A). Ce mode légal de détermination est le résultat de la réforme du code pénal entrée en vigueur le 1er mars 1994. Il revêt cependant certaines formes graduées (B).

A - Le principe

468 SUPPRESSION DES PEINES MINIMALES. — La récidive mise à part, les peines ne sont plus définies sur le double critère de leur minimum et de leur maximum. La référence au premier a disparu [1], ce que l'on doit à la volonté du législateur de donner plus

1. C'est le cas, non seulement dans le code pénal lui-même, mais encore pour toutes les peines prévues en dehors de son champ d'action, conformément aux dispositions en ce sens de l'article 322 de la loi d'adaptation n° 92-1336 du 16 déc. 1992 (*JO* 23 déc.) : « *Dans tous les textes prévoyant qu'un crime ou un délit est puni d'une peine d'amende, d'emprisonnement, de détention ou de réclusion, les mentions relatives aux minima des peines d'amende ou des peines privatives de liberté encourues sont supprimées* ».

Mais cette règle connaît des exceptions : ainsi des amendes fiscales ou douanières, en raison de leur double caractère de sanctions pénales et de réparations civiles (Crim. 24 oct. 1996, *Bull. crim.* n° 373 ; D. 1997. 226, note Cl. J. Berr ; 19 juin 1997, *Bull. crim.* n° 249 ; 31 mars 1999, *Bull. crim.* n° 67 ; *Dr. pénal* 1999. 116, obs. J.-H. Robert).

de pouvoir au juge dans sa démarche de personnalisation. Il n'est donc plus de fourchettes entre les deux critères traditionnels, qui ont accompagné la pénologie classique jusqu'au nouveau code pénal. Seul le maximum à ne pas franchir tient lieu de contrainte, continuant en quelque sorte à symboliser le principe de la légalité, mais davantage comme une concession à un acquis philosophique majeur, que comme une réalité portée par des dispositions destinées à le servir. Il faut bien le reconnaître, plus la loi s'efface, par un défaut de strictes prévisions, même au nom d'un humanisme louable, moins la légalité tient lieu de principe, pour concentrer tous les pouvoirs entre les mains du juge, et lui déléguer en quelque sorte l'autorité quant au choix de la sanction.

Il en résulte que la juridiction a toute liberté pour prononcer une peine en dessous de la limite maximale fixée par le législateur (c. pén., art. 132-19 et 132-20). Au plus subsiste un minimum général, et encore en matière criminelle seulement, puisque les délits et contraventions peuvent faire l'objet d'une dispense totale de peine (c. pén., art. 132-58 et s.). Il témoigne à sa manière de la grande souplesse avec laquelle le juge peut opérer, étant de 2 ans d'emprisonnement lorsque l'infraction est punie de la réclusion criminelle ou de la détention criminelle à perpétuité, et de 1 an d'emprisonnement lorsqu'elle est punie de la réclusion criminelle ou de la détention criminelle à temps (c. pén., art. 132-18). On ne peut mieux illustrer l'évanescence d'un principe dont le repli est manifeste.

469 DISPARITION DES CIRCONSTANCES ATTÉNUANTES. — La suppression des peines minimales a eu une conséquence immédiate sur ce qui a été pendant longtemps l'un des mécanismes les plus familiers du droit pénal, jusqu'à correspondre à une expression parfaitement intégrée dans le langage courant. Il s'agit des « circonstances atténuantes », aujourd'hui disparues. Leur principe était contenu dans l'ancien article 463 du code pénal [1]. Il consistait

1. « *Sont abrogées toutes les dispositions faisant référence à l'article 463 du code pénal* » (L. n° 92-1336 du 16 déc. 1992, art. 323).

Mais là encore, la matière fiscale ou douanière est exclue de cette abrogation, comme en témoigne l'article 369, paragraphe 1, du code des douanes, selon lequel le tribunal, s'il retient des circonstances atténuantes, peut réduire le montant des amendes fiscales jusqu'au tiers de leur montant minimal (Crim. 24 oct. 1996, préc. ; 31 mars 1999, préc. – Rappr. : Crim. 29 mai 1997, *Bull. crim.* n° 213 ; *Dr. pénal* 1997. 144, obs. J.-H. Robert ; *Rev. sc. crim.* 1998. 98, obs. Bouloc).

à réprimer une infraction par une peine inférieure au minimum légal applicable, lorsque le juge reconnaissait l'existence de circonstances pouvant justifier une telle indulgence [1], même si elles n'avaient pas à être motivées [2]. Aujourd'hui, plus n'est besoin d'y avoir recours, puisqu'il n'est plus de minimum à respecter, le juge ayant toute liberté pour se situer en dessous du seuil maximal légalement imposé. La disparition des circonstances atténuantes n'est donc pas une mesure de sévérité pour les justiciables : elle n'est qu'un effet secondaire de la suppression du minimum des peines, sans remettre en cause, bien au contraire, la possibilité d'en moduler librement les applications.

470 RETOUR DES PEINES MINIMALES EN RÉCIDIVE. — Depuis la loi n° 2007-1198 du 10 août 2007 renforçant la lutte contre la récidive des majeurs et des mineurs [3], les peines minimales ont fait leur retour dans le système répressif du code pénal (c. pén., art 132-18-1 et 132-19-1 ; v. ci-dessous). Il s'agit de renforcer la réponse pénale dans les situations de récidive les plus graves. Certes, l'individualisation n'est pas sacrifiée pour autant, le juge conservant la possibilité de prononcer une peine en dessous du plancher légal [4], mais il doit le faire en veillant à respecter les conditions conformes à cette option, parfois doublées d'une motivation spéciale en ce sens.

B – Les modalités

471 ÉCHELLES. — Le retrait de la légalité des peines est compensé par une meilleure définition des seuils destinés à les rendre opérationnelles au sein de chacune des catégories visées. C'est le cas des peines privatives de liberté, qu'elles soient criminelles ou correctionnelles, qui connaissent une échelle destinée à en fixer, par degrés, les

1. Crim. 3 avr. 1973, *Bull. crim.* n° 168 ; 25 nov. 1987, *ibid.* n° 432 ; 21 févr. 1991, *ibid.* n° 90 ; *Rev. sc. crim.* 1992. 65, obs. Vitu.
2. Crim. 24 oct. 1973, *Bull. crim.* n° 379 ; 24 mai 1976, *ibid.* n° 177 ; 8 nov. 1993, *ibid.* n° 329.
3. *JO* 11 août, p. 13466.
4. Cons. const., 9 août 2007 (n° 2007-554 DC), *JO* 11 août, p. 13478 ; D. 2008, *Pan.*, p. 2034, obs. Bernaud et Gay ; *Rev. sc. crim.* 2008, p. 133, et p. 136, obs. de Lamy.

durées maximales, afin d'assurer une meilleure lisibilité de la gravité respective des infractions au sein de la même famille. Ainsi de la réclusion criminelle, qui peut être, soit à perpétuité, soit de 30 ans au plus, soit de 20 ans au plus, soit de 15 ans au plus (c. pén., art. 131-1). Pareillement, la peine d'emprisonnement relève d'une échelle identique, avec huit niveaux bien séparés, qui se situent entre 10 ans au plus et 2 mois au plus (c. pén., art. 131-4). Ces différences de degrés ne sont pas inutiles, d'abord en ce qu'elles permettent au législateur d'être cohérent dans le choix des peines correspondant à sa politique d'incrimination, ensuite en tempérant la très grande liberté du juge. Et de fait, plus la peine correspond à un bas niveau, plus elle se rapproche d'une certaine fixité.

472 TAUX. — Il en est de même des amendes, qui gagnent à être définies par référence à des taux bien délimités entre eux. Mais ce n'est pas toujours le cas, et les différences de graduation sont ici nettement moins marquées que pour les peines privatives de liberté.

Elles n'existent pas en matière criminelle, où l'amende fait plutôt figure d'exception, ce qui a d'ailleurs contraint le législateur à compléter l'article 131-38 du code pénal, relatif aux peines applicables aux personnes morales, afin de préciser, en rapport avec la généralisation de leur responsabilité opérée par la loi Perben II du 9 mars 2004 (*chapitre 9*), que, lorsqu'il s'agit d'un crime pour lequel aucune peine d'amende n'est prévue à l'encontre des personnes physiques, celle encourue par les personnes morales est de 1 000 000 euros. Le taux maximum de l'amende applicable aux personnes morales étant en effet du quintuple de celui prévu pour les personnes physiques par la loi qui réprime l'infraction, il était nécessaire d'apporter cette précision, afin de couvrir toutes les hypothèses où aucune amende n'est encourue concernant les personnes physiques [1].

La matière correctionnelle est au contraire abondante en amendes. Mais elle ne relève pas pour autant d'une parfaite transparence. Il est un système implicite de taux, qui se déduit d'une corrélation entre le montant de l'amende et la durée de la peine privative

1. Ainsi du livre II du code pénal réprimant les crimes contre les personnes, où l'amende n'est jamais prévue par ses dispositions.

de liberté, l'amende étant en général de 15 000 euros par année d'emprisonnement encourue [1]. Cependant, outre le fait que ce mécanisme n'est pas un principe affirmé, comme le sont les échelles de peines privatives de liberté, il n'est pas non plus systématique, et nombreuses sont les hypothèses où l'amende relève d'une fixation inorganisée, y compris dans son maximum.

En fait, seules les contraventions connaissent des montants vraiment cloisonnés, ce qu'elles doivent à leur répartition en cinq classes différentes, avec, pour chacune, un taux d'amende destiné à se distinguer des autres (c. pén., art. 131-13).

II | Les variations du maximum

473 Une fois fixé, le maximum n'est pas immuable. La loi s'en sert pour en augmenter les taux ou la durée, ou au contraire les alléger, en fonction des besoins de politique criminelle. À la détermination du maximum correspond donc une référence, non seulement pour le juge, mais encore pour le législateur lui-même, qui sait en moduler le principe, à des fins, soit d'aggravation (A), soit de diminution (B).

A – L'aggravation

474 C'est doublement que l'aggravation du maximum est opérante : de manière générale par référence à la récidive, et de manière spéciale sous couvert de certaines circonstances.

a) L'aggravation générale

475 Récidive. — La récidive est une technique d'aggravation des peines, destinée à sanctionner plus sévèrement ceux qui, déjà définitivement condamnés pour une première infraction, en com-

1. Par exemple, le vol est puni de trois ans d'emprisonnement et de 45 000 euros d'amende (c. pén., art. 311-3).

mettent une seconde. Le fait d'avoir déjà été sanctionné est l'indice d'une criminalité ou d'une délinquance renforcée, témoignant qui plus est d'un mépris ostensible pour la justice, ce qui justifie une répression plus forte, doublement manifestée : et par l'élévation du maximum des peines encourues, et par le jeu éventuel de peines minimales.

1 / *Elévation du maximum des peines*

L'aggravation est l'objet d'un mécanisme très logique, où se conjuguent plusieurs facteurs, chacun contribuant à la justifier :

- la gravité objective de la première infraction – ou 1er terme – ayant donné lieu à condamnation définitive, selon qu'il s'agit d'un crime, d'un délit ou d'une contravention ;
- le délai dans lequel la seconde infraction – ou 2e terme – intervient, cette condition ayant pour objet de limiter dans le temps la prise en compte du passé judiciaire ;
- la nature de cette seconde infraction, afin de répercuter sa gravité objective au regard de la première.

Toutes ces données se combinent de façon à accentuer la répression par un nouveau maximum des peines encourues, plus élevé que celui correspondant à l'incrimination de référence, avec des figures variables selon que la récidive est générale, spéciale, perpétuelle, temporaire, criminelle, correctionnelle ou contraventionnelle.

2 / *Jeu éventuel de peines minimales*

Depuis la loi n° 2007-1198 du 10 août 2007 renforçant la lutte contre la récidive des majeurs et des mineurs, des peines minimales ont été intégrées dans le mécanisme de la récidive, qui font l'objet de deux nouveaux articles du code pénal, les articles 132-18-1 et 132-19-1, avec les précisions suivantes :

— *Pour les crimes* commis en état de récidive légale (c. pén., art. 132-18-1)

• La juridiction peut prononcer une peine inférieure aux seuils minima en considération des circonstances de l'infraction, de la personnalité de son auteur ou des garanties d'insertion ou de réinsertion présentées par celui-ci.

• Lorsqu'un crime est commis une nouvelle fois en état de récidive légale, la juridiction ne peut prononcer une peine inférieure à ces seuils que si l'accusé présente des garanties exceptionnelles d'insertion ou de réinsertion.

— *Pour les délits* commis en état de récidive légale (c. pén., art. 132-19-1)

• La juridiction peut prononcer, par une décision spécialement motivée, une peine inférieure aux seuils minima ou une peine autre que l'emprisonnement en considération des circonstances de l'infraction, de la personnalité de son auteur ou des garanties d'insertion ou de réinsertion présentées par celui-ci.

• La juridiction ne peut prononcer une peine autre que l'emprisonnement lorsqu'est commis une nouvelle fois en état de récidive légale un des délits suivants : 1° Violences volontaires ; 2° Délit commis avec la circonstance aggravante de violences ; 3° Agression ou atteinte sexuelle ; 4° Délit puni de dix ans d'emprisonnement.

Par décision spécialement motivée, la juridiction peut toutefois prononcer une peine d'emprisonnement d'une durée inférieure aux seuils prévus si le prévenu présente des garanties exceptionnelles d'insertion ou de réinsertion.

• Toutes ces dispositions ne sont pas exclusives d'une peine d'amende et d'une ou plusieurs peines complémentaires.

Qu'il s'agisse des personnes physiques (c. pén., art. 132-8 à 132-11) ou des personnes morales (c. pén., art. 132-12 à 132-15), elles sont indifféremment soumises à la récidive, qui opère donc comme une cause d'aggravation générale, en intervenant dans des conditions exclusives de toutes circonstances particulières. Seule est en question l'existence d'une condamnation antérieure, dont le caractère définitif suffit, dans les conditions retenues par la loi, à déplacer vers le haut le seuil du maximum encouru. Mais deux précisions s'imposent : d'abord, le dispositif des peines minimales mis en place par la loi du 10 août 2007 n'est pas applicable aux personnes morales, lesquelles peuvent donc bénéficier de peines librement choisies par le juge en dessous du nouveau maximum provoqué par l'état de récidive ; ensuite, les mesures ou sanctions éducatives prononcées contre un mineur ne peuvent jamais constituer le premier terme de l'état de récidive (ord. 2 févr. 1945, art. 20-2, al. 8).

476 RÉCIDIVE DES PERSONNES PHYSIQUES

	1ère infraction	<u>Délai</u>*	2e infraction	Nouveau maximum légal	Peines minimales (*c. pén., art. 132-18-1 et 132-19-1*)
Récidive générale et perpétuelle *c. pén., art. 132-8*	• Crime ou • Délit puni de 10 ans d'emprisonnement par la loi	Aucun	Crime	Perpétuité au lieu de 30 ans Perpétuité au lieu de 20 ans 30 ans au lieu de 15 ans	• 5 ans, si le crime est puni de 15 ans • 7 ans, si le crime est puni de 20 ans • 10 ans, si le crime est puni de 30 ans • 15 ans, si le crime est puni de perpétuité
Récidive générale et temporaire *c. pén., art. 132-9, al. 1er*	• Crime ou • Délit puni de 10 ans d'emprisonnement par la loi	10 ans	Délit puni de 10 ans d'emprisonnement	Maximum des peines d'emprisonnement et d'amende encourues doublé	4 ans
Récidive générale et temporaire *c. pén., art. 132-9, al. 2*	• Crime ou • Délit puni de 10 ans d'emprisonnement par la loi	5 ans	Délit puni d'une peine d'emprisonnement d'une durée supérieure à 1 an et inférieure à 10 ans	Maximum des peines d'emprisonnement et d'amende encourues doublé	• 1 an, si le délit est puni de 3 ans • 2 ans, si le délit est puni de 5 ans • 3 ans, si le délit est puni de 7 ans
Récidive correctionnelle spéciale et temporaire *c. pén., art. 132-10*	Délit	5 ans	Même délit ou assimilé	Maximum des peines d'emprisonnement et d'amende encourues doublé	• 1 an, si le délit est puni de 3 ans • 2 ans, si le délit est puni de 5 ans • 3 ans, si le délit est puni de 7 ans • 4 ans, si le délit est puni de 10 ans

* Le délai, lorsqu'il est pris en compte, court à compter de l'expiration ou de la prescription de la précédente peine

	1ère infraction	Délai*	2e infraction	Nouveau maximum légal	Peines minimales (*c. pén., art. 132-18-1 et 132-19-1*)
Récidive contraventionnelle spéciale, temporaire et expresse *c. pén., art. 132-11, al. 1er*	Contravention de la 5e classe, dans les cas où le règlement le prévoit	1 an	Même contravention	Maximum de l'amende encourue porté à 3 000 €	
* Le délai, lorsqu'il est pris en compte, court à compter de l'expiration ou de la prescription de la précédente peine					

477 RÉCIDIVE DES PERSONNES MORALES

	1ère infraction	Délai*	2e infraction	Nouveau maximum légal
Récidive générale et perpétuelle *c. pén., art. 132-12*	• Crime ou • Délit puni par la loi, en ce qui concerne les personnes physiques, de 100 000 € d'amende	Aucun	Crime	• Taux maximum de l'amende applicable : 10 fois celui prévu par la loi qui réprime ce crime • La personne morale encourt, en outre, les peines mentionnées à l'art. 131-39, sous réserve des dispositions du dernier alinéa
Récidive générale et temporaire *c. pén., art. 132-13, al. 1er*	• Crime ou • Délit puni par la loi, en ce qui concerne les personnes physiques, de 100 000 € d'amende	10 ans	Délit puni par la loi, en ce qui concerne les personnes physiques, de 100 000 € d'amende	• Taux maximum de l'amende applicable : 10 fois celui prévu par la loi qui réprime ce délit • La personne morale encourt, en outre, les peines mentionnées à l'art. 131-39, sous réserve des dispositions du dernier alinéa
* Le délai, lorsqu'il est pris en compte, court à compter de l'expiration ou de la prescription de la précédente peine				

	1ère infraction	Délai*	2e infraction	Nouveau maximum légal
Récidive générale et temporaire *c. pén., art. 132-13, al. 2*	• Crime ou • Délit puni par la loi, en ce qui concerne les personnes physiques, de 100 000 € d'amende	5 ans	Délit puni par la loi, en ce qui concerne les personnes physiques, d'une peine d'amende d'au moins 15 000 €	• Taux maximum de l'amende applicable : 10 fois celui prévu par la loi qui réprime ce délit • La personne morale encourt, en outre, les peines mentionnées à l'art. 131-39, sous réserve des dispositions du dernier alinéa
Récidive correctionnelle spéciale et temporaire *c. pén., art. 132-14*	Délit	5 ans	Même délit, ou délit assimilé au regard des règles de la récidive	• Taux maximum de l'amende applicable : 10 fois celui prévu par la loi qui réprime ce délit en ce qui concerne les personnes physiques
Récidive contraventionnelle spéciale, temporaire et expresse *c. pén., art. 132-15*	Contravention de la 5e classe, dans les cas où le règlement le prévoit	1 an	Même contravention	• Taux maximum de l'amende applicable : 10 fois celui prévu par le règlement qui réprime cette contravention en ce qui concerne les personnes physiques
* Le délai, lorsqu'il est pris en compte, court à compter de l'expiration ou de la prescription de la précédente peine				

478 PRÉCISIONS. — Quelques précisions doivent être apportées, complétant les deux tableaux ci-dessus, dont le caractère condensé ne peut aller jusqu'à contenir les nuances et subtilités propres à la matière.

1 / *La récidive est distincte du concours réel.* Au concours réel (*chapitre 4*) correspond également une pluralité d'infractions réalisées par le même auteur, mais sans qu'elles aient été séparées entre elles par une condamnation définitive ayant eu pour objet de les sanctionner. La situation est donc bien différente, le concours affec-

tant des infractions cumulées sans intervention de la justice entre elles, feraient-elles l'objet de procédures séparées (c. pén., art. 132-4), alors que la récidive opère sur des infractions par hypothèse interférant avec une ou plusieurs condamnations définitives. Autant le concours n'est pas aggravant, et ne saurait l'être, engageant seulement le non-cumul des peines, autant la récidive mérite au contraire d'être retenue comme une cause d'aggravation, à la mesure du passé judiciaire du condamné.

2 / *La récidive n'est pas la réitération.* La récidive, comme nous venons de le voir, consiste à commettre un nouveau crime ou délit, voire une contravention, après une condamnation définitive pour une première infraction. Mais parce qu'elle est soumise à des conditions de qualification et de délai, elle n'est pas systématiquement liée à toute infraction nouvelle intervenant après une condamnation définitive. Ces conditions peuvent ne pas être remplies, auquel cas l'état de récidive n'existe pas juridiquement. On parle alors de réitération d'infractions, définie à l'article 132-16-7 du code pénal, issu de la loi du 12 décembre 2005 : « Il y a réitération d'infractions pénales lorsqu'une personne a déjà été condamnée définitivement pour un crime ou un délit et commet une nouvelle infraction qui ne répond pas aux conditions de la récidive légale ». La situation est bien matérialisée par deux infractions successives, séparées l'une de l'autre par une condamnation définitive, mais il n'y a pas récidive pour autant, faute de se trouver dans les différents rapports qui en règlent la répression. Ces infractions sont traitées de façon indépendante, sans lien entre elles, ce que le code pénal consacre en ces termes : « Les peines prononcées pour l'infraction commise en réitération se cumulent sans limitation du quantum et sans possibilité de confusion avec les peines définitivement prononcées lors de la condamnation précédente » (C. pén., art. 132-16-7, al. 2). Cela signifie concrètement que, s'il n'y a pas aggravation, comme en matière de récidive, il n'y a pas non plus modération, comme dans une situation de concours réel.

3 / *La récidive s'inscrit dans la durée.* La récidive est en effet dépendante du passé judiciaire du délinquant, et il en résulte que sont à prendre en compte toutes les conséquences juridiques en

rapport avec son inscription dans la durée. Par exemple, un intéressant débat a eu lieu relatif au conflit de lois dans le temps, lorsqu'une disposition intervient instituant un nouveau cas de récidive ou modifiant ses conditions. On sait que, pour caractériser le conflit, la loi nouvelle doit intervenir après les faits en attente de solution (*chapitre 3*), ce qui, ramené à la récidive, suppose que les infractions constitutives de ses deux termes soient l'une et l'autre antérieures à la loi nouvelle. Aucun conflit n'existe donc si la seconde infraction est postérieure, avec pour conséquence de rendre immédiatement applicables les dispositions nouvelles, qu'elles soient plus douces ou plus sévères [1].

4 / *La récidive s'intègre dans l'espace judiciaire européen.* Le passé judiciaire du récidiviste ne s'apprécie plus seulement au regard de ce qui a été jugé par les juridictions françaises, il est également à prendre en compte dans sa dimension européenne. Cet élargissement a été opéré par la loi du 12 décembre 2005, qui, à cet effet, avait inséré dans le code pénal un article 132-16-6 ainsi rédigé : « Les condamnations prononcées par les juridictions pénales d'un État membre de l'Union européenne sont prises en compte au titre de la récidive conformément aux règles prévues par la présente sous-section ». La loi n° 2010-242 du 10 mars 2010 tendant à amoindrir le risque de récidive criminelle et portant diverses dispositions de

1. Il suffit pour entraîner l'application immédiate de la loi nouvelle instituant un nouveau régime de la récidive que l'infraction constitutive du second terme soit postérieure à son entrée en vigueur. – Crim. 27 mars 1996, *Bull. crim.* n° 140 ; *Rev. sc. crim.* 1997. 375, obs. Bouloc ; 29 févr. 2000, *Bull. crim.* n° 95 ; *Dr. pén.* 2000, *Chron.* n° 37, obs. Marsat ; *Rev. sc. crim.* 2001, p. 167, obs. Delmas Saint-Hilaire. –... Il n'importe que la condamnation constitutive du premier terme ait été prononcée avant l'entrée en vigueur de la loi nouvelle, l'aggravation résultant de la récidive constituant un supplément de peine, non pour la première infraction, mais pour la seconde qu'il dépend de l'agent de ne jamais commettre. – Crim. 14 juin 1945, *Bull. crim.* n° 68 ; 29 janv. 1948, *ibid.* n° 38 ; 11 févr. 1981, *ibid.* n° 56 ; 23 mars 1981, *ibid.* n° 103.

La solution est confirmée par la jurisprudence européenne : CEDH, gr. ch., 29 mars 2006 (*Achour c/ France*), D. 2006, JP, p. 2513, note Zerouki-Cottin ; *ibid.* 2066, IR, p. 1249, et *Pan.*, p. 1652, obs. Roujou de Boubée ; *AJ Pénal* 2006, p. 360, obs. Saas ; JCP 2006. I. 164, n° 6, obs. Sudre ; *Rev. sc. crim.* 2006. 677, obs. Massias. - Sur la nécessité, pour pouvoir appliquer la loi nouvelle, que le délai de récidive légale ne soit pas déjà échu en vertu de la précédente loi : CEDH, 10 nov. 2004 (*Achour c/ France*), D. 2005. 1203, note Roets ; *ibid.* 2006. 53, note Zerouki-Cottin ; JCP 2005. I. 103, n° 9, obs. Sudre ; *Rev. sc. crim.* 2005. 659, obs. Massias. – *Adde* : O. Bachelet, Face à l'alternative « rétroactivité ou immédiateté », la Cour européenne ne récidive pas, *Rev. tr. dr. h.* 2007, p. 233 ; E. Dreyer, Le temps de la récidive et le juge de la loi, *ibid.* 2007, p. 733.

procédure pénale [1] a abrogé ce texte, mais pour en reconduire les dispositions dans les nouveaux articles 132-23-1 et 132-23-2, relatifs aux effets des condamnations prononcées par les juridictions pénales d'un État membre de l'Union européenne [2]. Il en ressort que « les condamnations prononcées par les juridictions pénales d'un État membre de l'Union européenne sont prises en compte dans les mêmes conditions que les condamnations prononcées par les juridictions pénales françaises et produisent les mêmes effets juridiques que ces condamnations » : la formule est plus large, pour asseoir un principe d'équivalence générale entre les condamnations, et n'être plus réservée seulement à la récidive, tout en l'intégrant nécessairement.

5 / *La récidive correctionnelle est ouverte à une certaine généralisation.* La récidive correctionnelle spéciale suppose en principe une relation de délit à délit identique. Mais, afin de mieux répondre à la philosophie de l'institution, qui entend sanctionner, moins une spécialité figée entre deux qualifications, qu'un rapport significatif de similitude entre deux actions, la loi procède à des assimilations, en regroupant par familles plusieurs délits, et en les tenant pour équivalents au regard de la récidive [3]. Le critère tient à l'identité des

1. *JO* 11 mars, p. 4808.
2. Ces articles sont la transposition de la décision-cadre n° 2008/675/JAI du Conseil du 24 juillet 2008 relative à la prise en compte des décisions de condamnation entre les États membres de l'Union européenne à l'occasion d'une nouvelle procédure pénale.
3. Sont considérés, au regard de la récidive, comme une même infraction :
   — le vol, l'extorsion, le chantage, l'escroquerie et l'abus de confiance (c. pén., art. 132-16) ;
   — les délits d'agressions sexuelles et d'atteintes sexuelles (c. pén., art. 132-16-1, réd. L. n° 98-468 du 17 juin 1998) ;
   — les délits d'homicide involontaire ou d'atteinte involontaire à l'intégrité de la personne commis à l'occasion de la conduite d'un véhicule terrestre à moteur prévus par les art. 221-6-1, 222-19-1 et 222-20-1 du code pénal (c. pén., art. 132-16-2, al. 1er, réd. L. n° 2003-495 du 12 juin 2003) ;
   — les délits prévus par les art. L. 221-2 (conduite sans permis), L. 234-1 (conduite sous l'influence de l'alcool), L. 235-1 (conduite sous l'influence de substances ou plantes classées comme stupéfiants) et L. 413-1 (dépassement de la vitesse maximale autorisée égal ou supérieur à 50 km/h) du code de la route. Ils sont également assimilés aux délits d'homicide involontaire ou d'atteinte involontaire à l'intégrité de la personne commis à l'occasion de la conduite d'un véhicule terrestre à moteur, lorsqu'ils constituent le second terme de la récidive (c. pén., art. 132-16-2, al. 2, réd. L. n° 2003-495 du 12 juin 2003) ;
   — les délits de traite des êtres humains et de proxénétisme prévus par les art. 225-4-1, 225-4-2, 225-4-8, 225-5 à 225-7 et 225-10 du code pénal (c. pén., art. 132-16-3, réd. L. n° 2005-1549 du 12 déc. 2005) ;
   — les délits de violences volontaires aux personnes ainsi que tout délit commis avec la circonstance aggravante de violences (c. pén., art. 132-16-4, réd. L. n° 2005-1549 du 12 déc. 2005).

valeurs protégées, les infractions concernées relevant d'un principe d'incrimination fondé sur la même préoccupation de défense sociale, ce qui légitime l'approche unitaire des qualifications en cause, sans rejoindre pour autant une récidive générale, tout en versant dans une forme réduite de... généralisation [1]. L'efficience de l'aggravation en est naturellement accrue.

6 / *La récidive contraventionnelle est parfois facteur de correctionnalisation.* Alors qu'elle est en principe spéciale, la récidive d'une contravention de la cinquième classe relève parfois d'une aggravation originale : le renouvellement de l'infraction lui fait perdre son caractère contraventionnel pour lui conférer une nature délictuelle. C'est le cas, en matière de circulation routière, pour le dépassement de 50 km/h ou plus de la vitesse maximale autorisée, qui est une contravention de la cinquième classe (c. route, art. R. 413-14-1), mais qui devient un délit en état de récidive (c. route, art. L. 413-1). La répression en est nettement plus marquée, puisque symbolisée par la possibilité de prononcer une peine privative de liberté. Le mécanisme est donc redoutable, et on comprend qu'il soit réservé à des hypothèses extrêmes, justifiant que, par la récidive, les faits incriminés perdent de leur caractère d'indiscipline (*chapitre 8*) pour rejoindre une délinquance avérée. Pareillement, en raison de ce changement de qualification, la récidive est constituée si les faits sont commis, non pas dans le délai de un an à compter de l'expiration ou de la prescription de la précédente peine, mais dans un délai de trois ans, ce rallongement de la période probatoire étant à la mesure de la gravité représentée par le second terme (c. pén., art. 132-11, al. 2).

7 / *La récidive peut être relevée d'office par la juridiction de jugement.* Il ressort de l'article 132-16-5 du code pénal que : « L'état de récidive légale peut être relevé d'office par la juridiction de jugement même lorsqu'il n'est pas mentionné dans l'acte de poursuites, dès lors qu'au cours de l'audience la personne poursuivie en a été infor-

1. En ce sens : D. Thomas, Quelques réflexions de politique criminelle à propos de certains aspects de la loi n° 2005-1549 du 12 décembre 2005 relative au traitement de la récidive des infractions pénales, Mélanges B. Bouloc, *Dalloz*, 2006, p. 1119.

mée et qu'elle a été mise en mesure d'être assistée d'un avocat et de faire valoir ses observations ». Issue de la loi du 12 décembre 2005, cette disposition entend stabiliser la jurisprudence sur le point de savoir si le prévenu doit ou non donner son accord pour être ainsi jugé sur une circonstance non visée dans le titre de poursuites [1]. Une réponse affirmative de principe s'impose, le tribunal étant normalement tenu par l'acte de saisine (*chapitre 4*). Mais la loi fait exception à cette règle, personne n'ayant évidemment intérêt à donner un tel assentiment au regard de l'aggravation de la peine encourue. Or, compte tenu des délais d'inscription des condamnations au casier judiciaire, l'état de récidive n'est parfois connu que le jour de la comparution du prévenu, et il est donc apparu qu'une telle dérogation devait l'emporter, à la condition, bien sûr, que soient respectés les droits de la défense. Tel est l'enjeu de cette nouvelle disposition, qui donne à la récidive toute son efficacité, pour ne plus être tributaire de lenteurs institutionnelles bien relatives par rapport à la détermination de certains à s'installer dans la délinquance.

b) Les aggravations spéciales

479 CIRCONSTANCES AGGRAVANTES. — Avec les « circonstances aggravantes », l'accentuation de la répression ne tient plus à une cause générale, comme c'est le cas pour la récidive, mais à des données qualifiées, spécialement définies d'une infraction à une autre, liées au contexte particulier dans lequel elle est commise, aux moyens employés, à la situation des victimes, à la qualité de ses auteurs, etc... Le livre 1er du code pénal donne à ce titre quelques définitions, correspondant aux hypothèses les plus courantes, afin d'éviter d'avoir à les reprendre systématiquement d'un texte à un autre : ainsi de la bande organisée, qui a été étendue à de nombreuses incriminations par la loi Perben II du 9 mars 2004, du guet-apens, incriminé par la loi n° 2007-297 du 5 mars 2007 relative à la prévention de la délinquance [2], de la préméditation, de l'effraction,

1. Comparer et opposer : Crim. 20 février 1979 (*Bull. crim.* n° 74) et 18 février 2003 (n° 02-82.353, consultable sur le site *Legifrance*).
2. *JO* 7 mars, p. 4297.

de l'escalade, de l'arme, du racisme et de l'homophobie (c. pén., art. 132-71 à 132-77). Toutes ces notions sont précisées dans ce qui s'y rapporte concrètement, avec à l'appui une élévation du maximum des peines encourues chaque fois que la loi y fait référence. Elles ne sont pas les seules, d'autres les rejoignent, mais relatives à des figures moins fréquentes, ou à des réalités plus simples.

Les circonstances aggravantes ont pour originalité de se greffer sur les éléments constitutifs des infractions soumises à aggravation. Elles ne peuvent être retenues si ces derniers font défaut, de même qu'elles ne sauraient se substituer à eux, afin d'en compenser l'éventuelle inexistence [1]. Il y va, non seulement du principe de la légalité, mais encore de la logique de l'aggravation, qui, en tant que répression renforcée, par l'élévation qu'elle opère du maximum de la peine encourue, ne peut que s'adosser à des données constitutives parfaitement établies.

B – La diminution

480 Le maximum ne fait pas que se déplacer vers le haut, à la faveur de causes d'aggravation. Il se déplace également vers le bas, ce qui est alors un facteur de diminution des peines. Deux hypothèses sont à distinguer là encore, selon que la diminution est générale ou spéciale.

a) La diminution générale

481 MINEURS. — Les mineurs, dont nous connaissons la situation, qui tient à un état naturel de vulnérabilité, et à la nécessité d'y remédier par des dispositions adaptées, sont les bénéficiaires

1. La question est difficile, comme en témoigne, en matière d'agressions sexuelles subies par des mineurs de 15 ans, le nouvel article 222-22-1, issu de la loi n° 2010-121 du 8 février 2010 tendant à inscrire l'inceste commis sur les mineurs dans le code pénal et à améliorer la détection et la prise en charge des victimes d'actes incestueux (*JO* 9 févr., p. 2265), qui déduit la matérialité de l'agression, sinon de la minorité elle-même, circonstance aggravante, du moins de la différence d'âge existant entre la victime et l'auteur des faits, ou encore de l'autorité de droit ou de fait, également circonstance aggravante, que celui-ci exerce sur cette victime (Rappr. : Crim. 7 déc. 2005, *Bull. crim.* n° 326 ; D. 2006, *Pan.*, p. 1655, obs. Garé ; *Dr. pénal* 2006. 31, obs. Véron ; *Rev. sc. crim.* 2006. 319, obs. Mayaud).

d'une atténuation de peine, qui présente pour eux un caractère général, tenant à leur qualité même. Elle est prévue aux articles 20-2 et 20-3 de l'ordonnance n° 45-174 du 2 février 1945 relative à l'enfance délinquante, qui visent respectivement la peine privative de liberté et la peine d'amende. Le principe est celui d'une diminution de moitié de leur durée ou montant par rapport au maximum encouru, sous réserve d'exceptions dûment motivées (*chapitre 9*). La minorité est ouvertement dérogatoire, et le droit pénal le traduit par un allégement sensible de la peine lorsque celle-ci peut être légalement prononcée.

b) Les diminutions spéciales

482 REPENTIS. — La loi Perben II du 9 mars 2004, afin de favoriser le repentir et d'en avoir des retombées utiles, a élargi à de nombreuses infractions une possibilité qui existait déjà pour certaines, à savoir la diminution de peine, voire l'exemption pure et simple de la peine (*chapitre 7*). À cette fin, a été inséré dans le code pénal un article 132-78 ainsi rédigé : « *Dans les cas prévus par la loi, la durée privative de liberté encourue par une personne ayant commis un crime ou un délit est réduite si, ayant averti l'autorité administrative ou judiciaire, elle a permis de faire cesser l'infraction, d'éviter que l'infraction ne produise un dommage ou d'identifier les autres auteurs ou complices* » (al. 2). Ces dispositions consistent à greffer une diminution de peine sur un repentir actif, à partir du constat, soit de la cessation des effets d'une infraction, soit de l'identification de ses auteurs ou complices. En ramenant la peine encourue à un maximum moindre, le législateur spécule sur l'attrait de cet avantage, et espère ainsi gagner en prévention. Il en est de même « *lorsque la personne a permis soit d'éviter la réalisation d'une infraction connexe de même nature que le crime ou le délit pour lequel elle était poursuivie, soit de faire cesser une telle infraction, d'éviter qu'elle ne produise un dommage ou d'en identifier les auteurs ou complices* » (al. 3). La préoccupation reste identique, sous réserve que le repentir peut aller, ici, jusqu'à éviter la réalisation de l'infraction en cause.

Il y a mieux : « *La personne qui a tenté de commettre un crime ou un délit est, dans les cas prévus par la loi, exempte de peine si, ayant averti l'autorité administrative ou judiciaire, elle a permis d'éviter la réalisation de l'infraction et, le cas échéant, d'identifier les autres auteurs ou complices* » (al. 1er). L'hypothèse est plus intéressante, pour se solder par une exemption totale de peine. Mais elle soulève une difficulté, tenant à la tentative dont l'infraction est l'objet. Il s'agit de ne pas confondre dénonciation et désistement. La première ne présente de l'utilité qu'à défaut du second. Une grande différence sépare l'irresponsabilité pénale liée à un désistement et l'exemption de peine associée à une dénonciation : alors que la responsabilité n'existe pas en cas de désistement, elle persiste, au contraire, dans l'hypothèse de la dénonciation, sous réserve de l'impunité destinée à en tempérer les effets. C'est pourquoi, pour être intéressante, la dénonciation ne peut qu'intervenir sur un défaut de désistement, et avant que l'infraction ne soit parvenue à son achèvement. L'article 132-78 du code pénal perdrait toute pertinence à ménager une impunité là où l'irresponsabilité serait déjà acquise par désistement.

Exemption ou diminution [1], les deux figures sont réservées aux « cas prévus par la loi ». Elles sont donc soumises à un principe de spécialité, et, pour la seconde, le maximum encouru est sujet à d'autant plus de variations, qu'il est, en droit, d'incriminations concernées.

Section II
Une diversité renforcée

483 LÉGALITÉ DE CLASSEMENT. — Les peines s'inscrivent aujourd'hui dans un ensemble travaillé, support de la pénologie actuelle. La préoccupation du législateur est de diversifier les sanctions, afin de donner au juge une gamme suffisante de mesures et de possibilités répressives lui permettant d'assurer sa mission

1. Pour les repentis, une réduction de peine exceptionnelle peut leur être accordée, dès lors que les déclarations qu'ils ont faites à l'autorité administrative ou judiciaire antérieurement ou postérieurement à leur condamnation ont permis de faire cesser ou d'éviter la commission d'une infraction rentrant dans la criminalité ou la délinquance organisée (c. pr. pén., art. 721-3, réd. L. 9 mars 2004, art. 187).

d'individualisation, désormais érigée en principe premier de la justice pénale. Mais ce mouvement n'est pas synonyme de fantaisie. Il ne concède pas à une quantité gratuite et désordonnée, qui consisterait à multiplier les sanctions, sans assurer une articulation ou des combinaisons entre elles. Il en résulte une véritable logique de la peine, avec des principes qui en orientent la discipline et la rigueur.

En fait, la légalité s'est déplacée. Elle n'est plus rivée à la sanction elle-même, pour ce qu'elle représente de support préalablement fixé s'imposant au juge, elle se met davantage au service d'une méthode, destinée à précéder celui-ci dans sa liberté d'action. C'est cette réalité qu'il convient de restituer, pour mieux appréhender les peines les unes par rapport aux autres, se nourrir de leur originalité, jouer sur leur complémentarité, et ne jamais négliger ce qu'elles représentent d'efficacité ou d'efficience promise. La légalité moderne est une légalité de classement, permettant de répertorier les peines par grandes catégories, sur des critères à la fois personnels (I) et juridiques (II).

I | Les critères personnels

484 Il n'est pas de répression sans... « pression ». Celle-ci a été pendant longtemps confondue avec la privation de liberté et l'amende. Mais cette conception est aujourd'hui dépassée. La peine est autrement perçue dans sa relation au condamné. Elle n'est plus rivée à cette dualité trop simpliste, le législateur ayant fait un effort particulier pour définir de nouvelles sanctions, en ouvrant la matière à des possibilités de réaction plus nombreuses et plus efficaces. La portée contraignante de la peine y a beaucoup gagné (A), en même temps qu'est mieux gérée l'aptitude à la subir (B).

A – La portée contraignante de la peine

485 Les sanctions ont connu, et connaissent encore, une évolution importante quant à leur dimension personnelle, qui témoignent, sinon du repli des peines classiques, du moins d'une sérieuse concurrence de la part de mesures destinées à les égaler, avec le renouvellement de solutions plus techniques à l'appui.

a) Evolution

486 De la liberté aux libertés. — Aux peines d'emprisonnement et d'amende, se sont adjointes de nouvelles figures, dont l'objet est d'atteindre le condamné dans les aspects vulnérables de son existence, sans aller jusqu'à un enfermement total ou à un appauvrissement d'ordre matériel.

Ainsi des peines dont l'objet est de priver de certains droits ou d'en restreindre l'exercice, sous forme de suspension du permis de conduire, d'annulation ou de retrait de pièces administratives, d'interdictions, de déchéances, d'incapacités, d'injonctions, d'immobilisations, de fermetures, voire de confiscation d'un animal (c. pén., art. 131-6 et 131-10). Autant de sanctions qui conservent au condamné *sa liberté* d'aller et de venir, ou ménagent son patrimoine, mais qui n'en sont pas moins une entrave dans l'exercice au quotidien de prérogatives reconnues comme indissociables de *ses libertés* [1]. Il en est de même du travail d'intérêt général non rémunéré au profit, soit d'une personne morale de droit public, soit d'une personne morale de droit privé chargée d'une mission de service public ou d'une association habilitées (c. pén. art. 131-8), dont les vertus éducatives sont volontiers mises en évidence, tout comme elles le sont encore dans le nouveau stage de citoyenneté, introduit par la loi Perben II, qui a pour objet de rappeler au condamné « les valeurs républicaines de tolérance et le respect de la dignité humaine sur lesquelles est fondée la société » (c. pén., art. 131-5-1). Dans le même esprit, la loi n° 2007-297 du 5 mars 2007 a défini la sanction-réparation, qui consiste dans l'obligation pour le condamné de procéder, dans le délai et selon des modalités fixés par la juridiction, à

1. La terminologie juridique est à cet égard intéressante, quoique non significative. La loi Perben II du 9 mars 2004 a modifié la rédaction de l'article 131-6 du code pénal, pour qualifier ses sanctions de « peines privatives ou restrictives de *liberté* », alors qu'elles étaient dites jusqu'alors « privatives ou restrictives de *droits* ». Mais cette modification manque de méthode et de cohérence, car les autres textes, renvoyant à l'article 131-6, n'ont pas été quant à eux retouchés, et ils continuent donc de s'exprimer en termes de « peines privatives ou restrictives de *droits* » (par exemple, art. 131-3, 6°, et art. 131-7).

l'indemnisation du préjudice de la victime (c. pén., art. 131-8-1) : ce type de mesure est très symbolique des changements opérés, tant il était inimaginable, quelques décennies en arrière, que la sanction pénale pût consister en une simple réparation... civile [1].

Toutes ces mesures sont destinées à toucher le coupable autrement que par des peines de prison ou d'amende, qui, le plus souvent, n'ont pas de retombées contraignantes, pour être en général affectés d'un sursis, voire, se soldent par des effets pervers reconnus, telles les courtes peines d'emprisonnement. Afin de rompre avec cette situation devenue presque caricaturale, et de couper court au sentiment d'inefficacité qu'elle ne manque pas d'inspirer, la loi s'est donc dotée de dispositions étendues et variées, expression d'une autre conception de la peine, empruntant, tout à la fois, à l'utilitarisme dont la société a besoin, et à l'humanisme qu'elle entend promouvoir.

b) Corollaires

487 Cette approche de la peine sous l'angle de son objet n'engage pas seulement une évolution. Elle a des prolongements techniques, en servant d'appui à certaines solutions elles-mêmes rénovées.

488 NATURE DE LA PEINE. — Il est possible de l'illustrer quant à la nature de la peine. Par exemple, la règle du non-cumul des peines, applicable en cas de concours réel d'infractions, ou de concours idéal résolu par le cumul des qualifications en conflits (*chapitre 4*), a été reconsidérée par les articles 132-3 et 132-4 du code pénal. Elle ne concerne que les « *peines de même nature* », et non les peines de nature différente, qui peuvent être, quant à elles, cumulées. Il en résulte la nécessité de confronter les peines entre elles, afin, sur le critère de leur nature, de se déterminer quant à la possibilité de les retenir toutes, ou, au contraire, d'avoir à ne les appliquer que

1. Cette inversion des données n'est pas la seule : à se référer à l'avant projet de réforme du droit des obligations, présenté par le Professeur Pierre Catala, le droit civil, de son côté, pourrait s'ouvrir à l'octroi de « dommages-intérêts punitifs » au profit du Trésor public (art. 1371).

dans la limite du maximum légal le plus élevé. C'est par leur objet que cette approche peut être faite, en fonction de leur retombée concrète pour le condamné, de leur impact sur sa liberté ou sur ses droits. Le code lui-même, dans son article 132-5, donne un exemple du raisonnement à suivre, en précisant que, pour l'application des dispositions en cause, « *les peines privatives de liberté sont de même nature* ». Autrement dit, et par extrapolation, la nature des peines ne tient plus à leur qualification criminelle, correctionnelle ou contraventionnelle. Elle se situe ailleurs, dans ce que la peine impose de contrainte particulière, dans ce qui en caractérise la portée personnelle, si bien que la trilogie des infractions ne s'oppose plus au cumul d'une peine d'emprisonnement, d'une peine d'amende et d'une peine complémentaire empruntées à des qualifications différentes, tout comme il est possible de retenir une peine dans la limite du maximum le plus élevé, quelle que soit la qualification correspondant au texte de référence.

489 CONSENTEMENT À LA PEINE. — De la même manière, par leur objet bien précis, certaines peines accusent une nature plus sensible que d'autres, surtout dans un contexte européen marqué par des engagements destinés à la sauvegarde des droits de l'homme et des libertés fondamentales. Des précautions en accompagnent le principe, ce qui est le cas du travail d'intérêt général, ou du stage de citoyenneté, qui ne peuvent être prononcés contre le prévenu qui les refuse ou qui ne serait pas présent à l'audience (c. pén., art. 131-5-1 et 131-8). La solution se justifie par la nécessité de prévenir tout travail forcé [1], voire le risque d'un endoctrinement pur et simple confinant au « lavage de cerveau ». On ne peut qu'approuver ces réserves, dictées par la spécificité des peines en cause, elle-même caractérisée par un objet difficilement compatible avec un État de droit. Aucune discipline juridique n'échappe aux impératifs de la démocratie, pas plus le droit pénal que les autres

1. De la même manière, au lieu de consister dans l'indemnisation du préjudice de la victime, la sanction-réparation peut être exécutée en nature, par la remise en état d'un bien endommagé à l'occasion de la commission de l'infraction. Cette remise en état est réalisée par le condamné lui-même ou par un professionnel qu'il choisit et dont il rémunère l'intervention (c. pén., art. 131-8-1). Le travail forcé est donc évité, puisque la prestation ne pèse pas obligatoirement sur le condamné.

matières, ce qui, d'ailleurs, n'est pas fait pour faciliter la réaction répressive contre ceux-là mêmes qui savent en jouer...

B – L'aptitude à la peine

490 PART DES AJUSTEMENTS. — Il ne suffit pas de définir des peines, ou d'en multiplier les manifestations. Encore faut-il s'assurer, au delà de leur diversité et de leur existence théorique, qu'elles répondent à une aptitude de la part de ceux qui auront à les subir. L'aptitude à la peine participe de la logique rendant compte du droit pénal, et il est plus qu'évident qu'il ne servirait à rien de prévoir des sanctions inapplicables. Elle est la part des ajustements nécessaires, afin de ne rien perdre de l'efficacité recherchée dans la peine, laquelle ne saurait relever d'une vision d'uniformité. Et de fait, le législateur y est doublement sensible, d'abord en corrigeant la répression lorsque sont en cause des mineurs, ensuite en l'adaptant lorsque les peines sont destinées aux personnes morales.

a) Mineurs

491 L'aptitude à la peine a toujours été la principale préoccupation pour les mineurs [1], et elle encore présente de nos jours sous deux aspects très importants, clairement énoncés à l'article 122-8 du code pénal, ainsi qu'à l'article 2 de l'ordonnance du 2 février 1945 relative à l'enfance délinquante.

492 MINEURS DE 13 ANS. — La première donnée est liée au fait qu'aucune peine ne peut être prononcée contre un mineur de moins de 13 ans, qui ne peut faire l'objet que de mesures de protection, d'assistance, de surveillance et d'éducation appropriées. Cette exclusion de la peine est directement inspirée du défaut d'aptitude des mineurs à la subir, leur trop jeune âge ne pouvant qu'en rendre

1. Ce que ne manque pas de refléter le rapport de la Commission Varinard (sur cette commission, *chap. 9 et 12*).

l'application déplacée, et sans autre espoir que d'aggraver la précarité de leur situation. C'est pourquoi le choix a été fait de privilégier des mesures d'accompagnement ou d'encadrement, ce dont participent, il faut le rappeler, les nouvelles sanctions éducatives pouvant être prononcées à partir de l'âge de 10 ans, conformément aux dispositions de l'article 15-1 de l'ordonnance de 1945, dans la rédaction qu'en a donnée la loi Perben I du 9 septembre 2002, dernièrement complétée par la loi n° 2007-297 du 5 mars 2007 relative à la prévention de la délinquance (*chapitre 9*).

493 MINEURS DE 13 À 18 ANS. — La seconde donnée est empruntée à la règle selon laquelle, si une peine est prononcée à l'encontre des mineurs de 13 à 18 ans, elle doit l'être en tenant compte de l'atténuation de leur responsabilité pénale, conformément aux dispositions des articles 20-2 à 20-9 de l'ordonnance de 1945. Là encore, la minorité va de pair avec une certaine inaptitude à la peine, puisque, tout en adhérant au principe de son prononcé, c'est par référence à une atténuation de sa portée que le droit pénal réagit (*chapitre 9*). Et les différences avec les majeurs ne sont pas négligeables, chacune d'elles traduisant cette préoccupation de redéfinition des sanctions à l'usage de la minorité, afin d'en éprouver systématiquement la pertinence : qu'il s'agisse de la réduction de moitié du maximum de la peine normalement encourue [1], de l'exclusion de certaines peines de substitution ou complémentaires [2], ou, au contraire, de leur confirmation expresse [3], chacune des dispositions visées est une réponse explicite du législateur à la compatibilité des peines concernées avec l'état de minorité.

1. Ord. 2 févr. 1945, art. 20-2 (peine privative de liberté) et 20-3 (peine d'amende)
2. Relèvent de ces exclusions : la peine d'interdiction du territoire français, les peines de jour-amende, d'interdiction des droits civiques, civils et de famille, d'interdiction d'exercer une fonction publique ou une activité professionnelle ou sociale, d'interdiction de séjour, de fermeture d'établissement, d'exclusion des marchés publics et d'affichage ou de diffusion de la condamnation (ord. 2 févr. 1945, art. 20-4). De même, aucune interdiction, déchéance ou incapacité ne peut résulter de plein droit d'une condamnation pénale prononcée à l'encontre d'un mineur (ord. 2 févr. 1945, art. 20-6).
3. Ainsi, de la peine de stage de citoyenneté, mis en place par la loi Perben II du 9 mars 2004, qui est applicable aux mineurs de 13 à 18 ans, mais dont le contenu doit être adapté à l'âge du condamné (ord. 2 févr. 1945, art. 20-4-1) ,... du travail d'intérêt général, applicable aux mineurs de 16 à 18 ans, les travaux retenus devant être adaptés et présenter un caractère formateur ou de nature à favoriser l'insertion sociale des jeunes condamnés (ord. 2 févr. 1945, art. 20-5).

b) Personnes morales

494 ADAPTATION. — L'aptitude à la peine affecte également, *mutatis mutandis*, les personnes morales, dont la responsabilité pénale a été généralisée à toutes les infractions (*chapitre 9*). Elles ne peuvent en effet se voir appliquer, sans un minimum d'aménagement, les peines encourues par les personnes physiques. On sait d'ailleurs que, parmi les raisons avancées pour s'opposer à leur responsabilité, fut notamment invoqué le fait que les sanctions correspondant à leur situation n'étaient pas appropriées. Mais le législateur a su répondre, là encore, aux besoins de la répression, en définissant des peines adaptées, comme en font foi les articles 131-37 à 131-49 du code pénal, qui, tout en ne reproduisant pas le modèle des peines encourues par les personnes physiques, n'en revêtent pas moins un caractère punitif incontestable.

495 SÉLECTION. — L'aptitude à la peine revêt une autre dimension, en s'opposant à ce que certaines sanctions puissent être indifféremment retenues contre toutes les personnes morales. C'est le cas de la dissolution et du placement sous surveillance judiciaire, qui ne sont pas applicables aux personnes morales de droit public, aux partis ou groupements politiques, ni aux syndicats professionnels, de même que ne peuvent être dissoutes les institutions représentatives du personnel (c. pén., art. 131-39, dernier alinéa). On en connaît les raisons, qui tiennent au fait que ces organismes sont des relais indispensables à la vie publique, comme à certaines libertés, et que les atteindre par de telles mesures ne pourrait que menacer les personnes physiques elles-mêmes (*chapitre 9*). Il est donc une aptitude à la peine, facteur de différence sélective entre les personnes morales, tout comme mineurs et majeurs ne peuvent être soumis à un régime uniforme de répression.

II | LES CRITÈRES JURIDIQUES

496 Sur le plan juridique, les peines se manifestent doublement. D'abord par une qualification, destinée à appuyer leur gravité respective (A), ensuite par une articulation, qui permet de les situer les unes par rapport aux autres (B).

A – La qualification de la peine

497 TRILOGIE. — La qualification a toujours été le premier critère de la peine, pour rejoindre la trilogie des infractions et recouper leur répartition en crimes, délits et contraventions. Et de fait, les peines sont criminelles, correctionnelles ou contraventionnelles, selon l'appartenance de l'infraction à l'une ou l'autre de ces catégories. Ce lien est normal : le classement des infractions étant fonction de leur gravité (c. pén., art. 111-1), celle-ci ne saurait autrement se manifester que par des sanctions qui en répercutent le principe. Avant la réforme, le code pénal était même plus direct dans sa manière de procéder, puisqu'il faisait de la peine le support de la qualification [1], alors que ces données sont aujourd'hui inversées, la première étant seulement le reflet de la seconde. Mais ce changement ne remet pas en cause leur interdépendance, qui reste dans la logique d'une répression différenciée selon l'impact social du désordre généré par l'infraction.

B – L'articulation des peines

498 Il est possible d'illustrer la diversité des peines autrement que par leur qualification. Les sanctions se prêtent à des modes opératoires différenciés sur le plan juridique, ce qui se traduit par des nuances de fonctions, toutes n'ayant pas une vocation égale à s'appliquer, pour relever entre elles de relations hiérarchisées. Plusieurs agencements sont en cause, qui participent de la légalité de classement dont nous faisons état, avec pour principaux repères les peines principales, les peines complémentaires et les peines accessoires.

499 PEINES PRINCIPALES. — Une première donnée est relative au caractère principal de certaines peines. C'est là une marque très forte du droit pénal classique, qui a toujours érigé

1. L'ancien article 1er était ainsi rédigé :
« L'infraction que les lois punissent de peines de police est une contravention.
« L'infraction que les lois punissent de peines correctionnelles est un délit.
« L'infraction que les lois punissent d'une peine afflictive ou infamante et un crime. »

l'emprisonnement et l'amende en références premières, si bien que la répression est d'abord perçue comme une privation de liberté ou une contrainte financière. Mais, face aux ravages de l'emprisonnement, surtout pour des délinquants primaires, la politique a profondément évolué. Le législateur a défini des « *peines de substitution* », dont l'objet est d'être éventuellement prononcées à la place de ces peines principales. Elles ont aujourd'hui dans le code pénal une position très stratégique, particulièrement en matière correctionnelle, qu'il s'agisse du jour-amende, des peines privatives ou restrictives de liberté, du stage de citoyenneté, du travail d'intérêt général, ou de la sanction-réparation (c. pén., art. 131-5 à 131-8-1). Toutes sont appelées, si le juge en décide ainsi, à évincer l'emprisonnement ou l'amende lorsque celles-ci sont encourues, et donc à rompre avec leur primauté jugée envahissante.

Il a même été soutenu que ce mécanisme de substitution s'apparentait davantage à une « *alternative* » [1]. Les peines en cause sont d'ailleurs volontiers qualifiées comme telles, et cette présentation n'est pas neutre. Elle engage une autre conception de la répression, laquelle serait à percevoir, non plus sous le prisme obligé de l'emprisonnement ou de l'amende, mais à travers une égalité de principe entre les différentes sanctions encourues : la suspension du permis de conduire, par exemple, aurait la même portée punitive qu'une privation de liberté.

Aussi attractive ou rassurante qu'elle soit, cette analyse n'est cependant pas exacte. Les réalités positives ne permettent pas de la tenir pour juridiquement fondée. Plusieurs indices le prouvent. D'abord, le fait que, dans la plupart des textes d'incrimination, les peines sont systématiquement définies par référence à l'emprisonnement ou à l'amende. Si le législateur avait la réelle volonté de considérer comme égales toutes les peines entre elles, il retiendrait plus souvent les sanctions autres que ces figures classiques. Ensuite, la terminologie juridique traduit l'objet de substitution, plus que d'alternative, des mesures concurrentes de l'emprisonnement ou de l'amende. Ceci est particulièrement vrai des dispositions de la loi

1. Circulaire du 14 mai 1993, commentant les dispositions de la partie Législative du nouveau Code pénal (livres I à V) et les dispositions de la loi du 16 décembre 1992 relative à son entrée en vigueur, *Direction des journaux officiels*, sept. 1993, pp. 41 et 42.

Perben II du 9 mars 2004 et de la loi n° 2007-297 du 5 mars 2007, qui ont repris ou complété la rédaction de plusieurs articles du code pénal relatifs aux peines dont la nature est débattue, précisant expressément que leur destination est d'être prononcée « *à la place de l'emprisonnement* » [1] ou « *à la place de l'amende* » [2]. L'expression renvoie nettement à de la substitution, non à de l'alternative.

Les peines privatives de liberté et d'amende conservent donc, en droit pénal français, leur caractère dominant. Elles demeurent les peines principales de notre système répressif, du moins sur le plan des principes, en termes de « peines encourues ». En revanche, l'affirmation perd nettement de sa pertinence en termes de « peines prononcées ». En effet, l'article 132-24 du code pénal, relatif aux modes de personnalisation des peines, est aujourd'hui très explicite sur la destination de la peine d'emprisonnement. Il a été complété par la loi n° 2009-1436 du 24 novembre 2009, dite « pénitentiaire » [3], de manière à rendre exceptionnelle la privation de liberté, à la limite de la proscription : « En matière correctionnelle, en dehors des condamnations en récidive légale prononcées en application de l'article 132-19-1, une peine d'emprisonnement sans sursis ne peut être prononcée qu'en dernier recours si la gravité de l'infraction et la personnalité de son auteur rendent cette peine nécessaire et si toute autre sanction est manifestement inadéquate... » (*chapitre 14*). Jamais la loi n'a été aussi explicite sur le sort qu'elle entend réserver à l'emprisonnement, malgré son statut théorique de peine principale : son effectivité n'est comprise que comme une ultime réponse, ce qui ne peut que faire le jeu des peines de substitution.

500 PEINES COMPLÉMENTAIRES. — Il s'agit de peines dont la caractéristique est de pouvoir être prononcées en même temps que les peines principales ou les peines qui leur sont substituées. Elles viennent donc en complément de ces sanctions, en général à des fins de prévention, afin d'éviter que le condamné ne retombe dans la criminalité ou la délinquance ayant donné lieu à

1. C. pén., art. 131-5-1 (stage de citoyenneté), 131-6 (peines privatives ou restrictives de droits), 131-8 (travail d'intérêt général), et 131-8-1 (sanction-réparation, laquelle peut, en outre, être prononcée « en même temps que l'emprisonnement »).
2. C. pén., art. 131-7 (peines privatives ou restrictives de droits).
3. *JO* 25 nov., p. 20192.

responsabilité, la technique consistant à l'éloigner de ce qui pourrait être facteur de rechute ou de récidive. C'est pourquoi ces peines, le plus souvent, emportent interdiction, déchéance, incapacité ou retrait d'un droit, injonction de soins ou obligation de faire, immobilisation ou confiscation d'un objet, confiscation d'un animal, fermeture d'un établissement, voire affichage de la décision prononcée ou diffusion de celle-ci dans la presse (c. pén., art. 131-10, 131-16, 131-17, 131-43). Leur caractère « complémentaire » en fait des peines secondaires, mais elles peuvent également être prononcées à titre de peines principales, du moins pour les délits et les contraventions (c. pén., art. 131-11, 131-18, 131-44), auquel cas, et à leur tour, elles servent alors de peines de substitution. Elles se présentent ainsi sous un double visage : et pour accompagner les peines principales, et pour les remplacer.

L'une de ces peines mérite une attention particulière, étant au cœur de nombreuses dispositions : il s'agit du *suivi socio-judiciaire*, mis en place par la loi n° 98-468 du 17 juin 1998 relative à la prévention et à la répression des infractions sexuelles ainsi qu'à la protection des mineurs [1]. Dans les cas prévus par la loi, la juridiction de jugement peut ordonner un tel suivi, qui emporte, pour le condamné, l'obligation de se soumettre, sous le contrôle du juge de l'application des peines (c. pr. pén., art. 763-1 et s.), et pendant une durée relevant de seuils à ne pas franchir, à des mesures de surveillance et d'assistance destinées à prévenir la récidive (c. pén., art. 131-36-1 à 131-36-3). Le suivi socio-judiciaire peut comprendre une injonction de soins (c. pén., art. 131-36-4), ce qui est recherché pour les délinquants sexuels, ainsi que, à titre de mesure de sûreté, un placement sous surveillance électronique mobile (c. pén., art. 131-36-9, réd. L. n° 2005-1549 du 12 déc. 2005 ; *chapitre 15*). La nature de peine complémentaire du suivi socio-judiciaire résulte, tant de son objet préventif quant à la récidive, que de la spécialité qui en fonde le principe, puisque c'est seulement en rapport avec une prévision explicite du texte d'incrimination qu'il est possible de l'ordonner. Mais il est un autre indice, tiré du fait que, en matière correctionnelle, le suivi socio-judiciaire peut être ordonné comme peine principale (c. pén., art. 131-36-7) : on retrouve ainsi la double

1. *JO* 18 juin, p. 9255 ; *rectificatif* : *JO* 2 juill., p. 10078.

dimension des peines complémentaires, qui sont, à la fois, des mesures d'accompagnement de la peine principale, et une modalité de substitution possible.

501 PEINES ACCESSOIRES. — Les peines accessoires sont elles aussi des peines secondaires, mais avec un mécanisme différent. Alors que les peines complémentaires doivent toujours être prononcées pour être applicables, les peines accessoires n'ont pas à l'être, leur portée exécutive tenant à la condamnation elle-même. Elles jouent donc automatiquement, le juge en aurait-il ignoré l'existence...On comprend, dans ces conditions, qu'elles aient disparu du code pénal, ce qui résulte du principe formulé à l'article 132-17, selon lequel : « *aucune peine ne peut être appliquée si la juridiction ne l'a expressément prononcée* ». Et de fait, l'automaticité d'une peine est difficilement conciliable avec une politique d'individualisation.

Mais ce résultat n'est pas exactement celui du droit positif. Si les peines accessoires n'existent plus dans le code pénal, elles continuent en revanche à figurer dans nombre de textes extérieurs audit code, ce qui fait que l'esprit de la réforme n'a pas tout à fait pénétré le droit pénal dans son ensemble. Des raisons pratiques sont à l'origine de cette situation, liées à l'impossibilité d'abroger en une seule fois et de manière générale les dispositions contenant toutes ces peines [1]. Il a donc fallu prévoir une compensation, ce que le législateur a fait par une procédure spéciale de relèvement des interdictions, déchéances ou incapacités qui en résultent (c. pén., art. 132-21, al. 2 ; c. pr. pén., art. 702-1 et 703).

1. C'est ainsi que les incapacités commerciales et industrielles, telles qu'elles étaient adossées à certaines infractions (c. com., art. L. 128-1 et s., aujourd'hui abrogés), ont perdu leur caractère accessoire depuis la loi n° 2008-776 du 4 août 2008 de modernisation de l'économie (*JO* 5 août, p. 12471), pour revêtir la nature de peines de substitution (alternatives) et de peines complémentaires (c. pén., art. 131-6, 15°, et art. 131-27, al. 2).

502 TABLEAUX ABRÉGÉS DES PEINES ENCOURUES

Peines encourues par les personnes physiques

A – Peines criminelles

Nature	Échelle/Taux/Contenu
Réclusion criminelle ou détention criminelle	*c.p., art. 131-1* 1° à perpétuité 2° de 30 ans au plus 3° de 20 ans au plus 4° de 15 ans au plus La durée de la réclusion criminelle ou de la détention criminelle à temps est de 10 ans au moins
Amende	*c.p.p., art. 131-2* — Taux minimum : aucun — Taux maximum : aucun
Peines complémentaires	*c.p., art. 131-2, renvoyant à l'art. 131-10* Voir l'article 131-10 dans le tableau des peines correctionnelles

B – Peines correctionnelles

Nature	Échelle/Taux/Contenu
Emprisonnement	*c.p., art. 131-4* Au plus : 10 ans - 7 ans – 5 ans – 3 ans – 2 ans – 1 an – 6 mois – 2 mois
Amende	*c.p.p., art. 381* — Taux minimum : 3 750 € — Taux maximum : aucun
Jour-amende	*c.p., art. 131-5* — Montant maximum de chaque jour-amende : 1 000 € — Nombre maximum de jours-amende : 360
Stage de citoyenneté (*L. Perben II*)	*c.p., art. 131-5-1* Cette peine ne peut être prononcée contre le prévenu qui la refuse ou qui n'est pas présent à l'audience
Travail d'intérêt général	*c.p., art. 131-8* — Durée du travail : 20 à 210 heures — Cette peine ne peut être prononcée contre le prévenu qui la refuse ou qui n'est pas présent à l'audience
Peines privatives ou restrictives de droits (*de liberté*)	*c.p., art. 131-6* 15 peines, emportant suspension, interdiction, annulation, confiscation, immobilisation, ou retrait

Nature	Échelle/Taux/Contenu
Peines complémentaires	*c.p., art. 131-10* Peines qui emportent interdiction, déchéance, incapacité ou retrait d'un droit, injonction de soins ou obligation de faire, immobilisation ou confiscation d'un objet, confiscation d'un animal, fermeture d'un établissement ou affichage de la décision prononcée ou diffusion de celle-ci soit par la presse écrite, soit par tout moyen de communication au public par voie électronique : • Confiscation (c.p., art. 131-21) • Confiscation d'un animal (c.p., art. 131-21-1) • Interdiction de détenir un animal (c.p., art. 131-21-2) • Interdiction des droits civiques, civils ou de famille (c.p., art. 131-26, 131-29) • Interdiction d'exercer une fonction publique ou d'exercer une activité professionnelle ou sociale (c.p., art. 131-27 à 131-29) • Interdiction du territoire (c.p., art. 131-30, 131-30-1 et 131-30-2) • Interdiction de séjour (c.p., art. 131-31 et 131-32) • Fermeture d'un établissement (c.p., art. 131-33) • Exclusion des marchés publics (c.p., art. 131-34) • Affichage ou diffusion de la décision prononcée (c.p., art. 131-35) • Stage de sensibilisation à la sécurité routière, stage de sensibilisation aux dangers de l'usage de produits stupéfiants, ou stage de responsabilité parentale (c.p., art. 131-35-1) • Suivi socio-judiciaire, qui peut notamment comprendre une injonction de soins (c.p., art. 131-36-1 à 131-36-8 ; c.p.p., art. 763-1 s. ; c. santé publ., art. L. 3711-1 s. et R. 3711-1 s.), et, à titre de mesure de sûreté, le placement sous surveillance électronique mobile (c. pén., art. 131-36-9 et s., et c. pr. pén., art. 763-10 et s.)
Sanction-réparation (*L. n° 2007-297 du 5 mars 2007*)	*c.p., art. 131-8-1* Obligation pour le condamné de procéder, dans le délai et selon les modalités fixés par la juridiction, à l'indemnisation du préjudice de la victime

C – Peines contraventionnelles

Nature	Échelle/Taux/Contenu
Amende	*c.p., art. 131-13* — 38 € pour les contraventions de la 1re classe — 150 € pour les contraventions de la 2e classe — 450 € pour les contraventions de la 3e classe — 750 € pour les contraventions de la 4e classe — 1 500 € au plus pour les contraventions de la 5e classe, montant qui peut être porté à 3 000 € en cas de récidive lorsque le règlement le prévoit, hors les cas où la loi prévoit que la récidive de la contravention constitue un délit
Peines privatives ou restrictives de droits, pour les contraventions de la 5e classe seulement	*c.p., art. 131-14* 6 peines, emportant suspension, interdiction, confiscation, immobilisation, ou retrait
Peines complémentaires communes à toutes les contraventions	*c.p., art. 131-16* 11 peines, emportant suspension, interdiction, confiscation, retrait, ou obligation de suivre un stage de sensibilisation à la sécurité routière, de citoyenneté ou de responsabilité parentale

Nature	Échelle/Taux/Contenu
Peines complémentaires propres aux contraventions de la 5e classe	*c.p., art. 131-17* 2 peines : — interdiction d'émettre des chèques autres que de retrait ou certifiés — travail d'intérêt général pour une durée de 20 à 120 heures
Sanction-réparation, pour les contraventions de la 5e classe seulement (*L. n° 2007-297 du 5 mars 2007*)	*c.p., art. 131-15-1* Selon les modalités prévues par l'article 131-8-1

Peines encourues par les personnes morales

A – Peines criminelles et correctionnelles

Nature	Échelle/Taux/Contenu
Amende	*c.p.p., art. 131-38* — Taux maximum : • Quintuple de celui prévu pour les personnes physiques par la loi qui réprime l'infraction • Lorsqu'il s'agit d'un crime pour lequel aucune peine d'amende n'est prévue à l'encontre des personnes physiques, l'amende encourue par les personnes morales est de 1 000 000 € — Taux minimum : quintuple de 3 750 €
Peines privatives ou restrictives de droits	*c.p., art. 131-39* 11 peines, emportant dissolution, interdiction, confiscation, placement sous surveillance judiciaire, fermeture d'établissements, exclusion des marchés publics, affichage ou diffusion de la décision prononcée. Les peines de dissolution et de placement sous surveillance judiciaire ne sont pas applicables aux personnes morales de droit public dont la responsabilité pénale est susceptible d'être engagée. Elles ne sont pas non plus applicables aux partis ou groupements politiques ni aux syndicats professionnels. La peine de dissolution n'est pas applicable aux institutions représentatives du personnel.
Sanction-réparation (*L. n° 2007-297 du 5 mars 2007*)	*c.p., art. 131-39-1* En matière délictuelle seulement, selon les modalités prévues par l'art. 131-8-1

B – Peines contraventionnelles

Nature	Échelle/Taux/Contenu
Amende	*c.p., art. 131-41* — Taux maximum : quintuple de celui prévu pour les personnes physiques par le règlement qui réprime l'infraction — Taux minimum : quintuple de 1 500 €
Peines privatives ou restrictives de droits, pour les contraventions de la 5e classe seulement	*c.p., art. 131-42* 2 peines : — interdiction d'émettre des chèques autres que de retrait ou certifiés, ou d'utiliser des cartes de paiement — confiscation de la chose qui a servi ou qui était destinée à commettre l'infraction, ou de la chose qui en est le produit
Peines complémentaires communes à toutes les contraventions	*c.p., art. 131-43* Renvoi au 5°, 10° et 11° de l'art. 131-16
Peine complémentaire propre aux contraventions de la 5e classe	*c.p., art. 131-43* Renvoi au 1er alinéa de l'art. 131-17
Sanction-réparation, pour les contraventions de la 5e classe seulement (*L. n° 2007-297 du 5 mars 2007*)	*c. pén., art. 131-44-1* Selon les modalités prévues par l'art. 131-8-1

Chapitre 14

Les peines prononcées

503 DÉTERMINATION JUDICIAIRE. — Autant les peines encourues engagent l'action du législateur, autant celles prononcées nous placent au cœur de l'activité judiciaire. Le juge est ici le maître de la peine, et ce avec un pouvoir très élargi, au titre d'une politique qui se veut la plus souple et la plus ouverte possible, afin de lui donner tous les moyens d'une répression utile et efficiente sur le plan social. Les règles relatives au prononcé de la peine traduisent cette préoccupation, et illustrent à leur tour le repli de légalité dont la sanction est l'objet, de façon à s'en servir, moins comme une réponse prévisible, que comme une mesure adaptée. Ce souci de l'adaptation est doublement présent, d'abord quant au principe du prononcé (Section I), ensuite dans la manière dont la peine retenue se met au service de la personnalisation (Section II).

Section I
Le principe du prononcé

504 ALTERNATIVE. — Le prononcé de la peine ne relève plus d'un principe acquis. Aussi surprenante qu'elle soit, cette situation est celle du droit positif depuis une réforme bien antérieure à celle du code pénal lui-même. La peine n'est plus la sanction obligée de la responsabilité pénale, celle-ci relevant d'une alternative entre les mains du juge, qui peut, soit la prononcer (I), soit au contraire en dispenser le coupable (II).

I | Le parti de la peine

505 Solution dominante. — La peine est la réponse la plus usuelle face à une responsabilité établie. Il faut dire que les conditions mises à sa dispense sont très strictes, et qu'elles correspondent à des hypothèses qui n'en rejoignent pas facilement le principe. C'est pourquoi le parti de la sanction reste la solution dominante, avec ce qu'elle implique d'obligation quant à son prononcé (A), mais sans aller jusqu'à se doubler d'une pareille exigence quant à la motivation de son choix (B).

A – L'obligation du prononcé

506 Enoncé. — « *Aucune peine ne peut être appliquée si la juridiction ne l'a expressément prononcée* » : telle est la règle en matière de peine, contenue à l'article 132-17 du code pénal, qui situe donc le juge face une obligation très simple, celle de prononcer sans équivoque les peines qu'il entend appliquer. Aucune sanction n'échappe à cette exigence, quelle qu'en soit la nature, qu'il s'agisse d'une peine principale, d'une peine de substitution, d'une peine complémentaire, que sa portée soit privative de liberté, financière, ou restrictive de droits. La raison n'est autre que de servir l'objectif d'individualisation du droit pénal. Une sanction dont le juge n'aurait pas la maîtrise, ou dont l'application serait indépendante de sa volonté, ne peut qu'aller à l'encontre de cette politique, et c'est pourquoi toute peine se doit de passer par un prononcé explicite.

507 Conséquences. — Les conséquences de l'obligation du prononcé sont surtout sensibles sur deux catégories de peines.

1 / Les *peines accessoires* sont les premières à en être affectées. On sait qu'elles ont pour originalité de s'adosser à une condamnation indépendamment de leur prononcé, pour relever d'une application automatique (*chapitre* 13). Elles sont donc désormais exclues du code pénal, qui n'a pu en prolonger l'existence, en conformité avec les dispositions de l'article 132-17. De même, sur le fondement

de l'article 20-6 de l'ordonnance du 2 février 1945 relative à l'enfance délinquante, aucune interdiction, déchéance ou incapacité ne peut résulter de plein droit d'une condamnation pénale prononcée à l'encontre d'un mineur.

Pendant longtemps la disparition des peines accessoires s'est arrêtée là. En effet, en dehors du code pénal et de l'ordonnance de 1945, les nombreux textes qui les contenaient n'ont pas été abrogés pour autant, des difficultés pratiques ayant déterminé le législateur à ne pas s'engager dans cette voie, avec pour conséquence de laisser opérationnelles les interdictions, déchéances ou incapacités en résultant de plein droit. Seule l'interdiction des droits civiques, civils et de famille échappait à leur maintien, pour en avoir été distraite d'une manière expresse (c. pén., art. 132-21, al. 1er), mais, cette exception mise à part, toutes les peines accessoires extérieures au code pénal continuaient à être automatiquement appliquées. La matière, depuis peu, commence à sortir de cette situation peu conforme à son esprit. La loi n° 2008-776 du 4 août 2008 de modernisation de l'économie [1] en est une bonne illustration : elle a fait perdre aux incapacités commerciales et industrielles qui étaient automatiquement associées à certaines infractions (c. com., art. L. 128-1 et s., aujourd'hui abrogés) leur caractère de peines accessoires, afin de les ranger désormais parmi les peines de substitution (alternatives) et les peines complémentaires (c. pén., art. 131-6, 15°, et art. 131-27, al. 2).

Mais nombre de dispositions répressives restent encore soumises à la nature et au régime des peines accessoires, et, pour elles, c'est par des voies plus compliquées qu'il est possible de s'en soustraire : en obtenir le relèvement total ou partiel par le jugement de condamnation ou par jugement ultérieur (c. pén., art. art. 132-21, al. 2 ; c. pr. pén., art. 702-1 et 703), demander l'exclusion de la mention de la condamnation au bulletin n° 2 du casier judiciaire, ce qui emporte relèvement de toutes les interdictions, déchéances ou incapacités de quelque nature qu'elles soient résultant de cette condamnation (c. pr. pén., art. 775-1), saisir l'opportunité d'un aménagement de peine pour solliciter des juridictions de l'application des peines les relèvements nécessaires (c. pr. pén., art. 712-22, réd. L. n° 2009-1436 du

1. *JO* 5 août, p. 12471.

24 nov. 2009), ou encore spéculer sur une réhabilitation (*chapitre 15*). Telles sont les procédures destinées à compenser l'automaticité de certaines peines, en attendant leur disparition...

2 / Les *peines complémentaires* sont également concernées par l'obligation du prononcé de la peine. Elles rentraient traditionnellement dans deux catégories, selon qu'elles étaient obligatoires ou facultatives. À la peine complémentaire obligatoire correspondait un devoir pour le juge de la prononcer. Elle n'en devenait pas pour autant une peine accessoire : une grande différence les séparait, tenant au fait que le défaut de prononcé de la peine complémentaire obligatoire était un manquement à la loi, susceptible de cassation, alors que la peine accessoire, pour sa part, n'a pas à être expressément retenue, procédant d'une automaticité inhérente à sa nature. Quant à la peine complémentaire facultative, elle était laissée à la libre appréciation du juge, et était donc applicable dans la seule mesure d'une décision y renvoyant.

Toutes les peines complémentaires sont désormais facultatives, du fait même de l'obligation d'avoir à les prononcer. Il en résulte que ne pas les retenir dans la condamnation doit être interprété, non comme un oubli, mais comme une volonté en ce sens, échappant à toute critique.

B – La motivation du choix

508 ABSENCE. — Le prononcé de la peine ne se double pas d'une obligation d'avoir à motiver le choix qui en est fait. Il n'est aucun texte soumettant le juge à une justification relative aux raisons qui l'ont déterminé dans l'option qu'il a prise. Il n'a pas à s'expliquer sur ce qui relève pour lui d'une totale liberté, dans le prolongement de la fonction qu'il exerce, au nom d'une justice délibérément ouverte à la souplesse. Il est de sa responsabilité morale, mais non juridique, de retenir une peine plutôt qu'une autre, de faire jouer une substitution ou de la rejeter, d'accompagner la peine principale de peines complémentaires, d'opter pour une durée ou un montant plus ou moins élevé... À chacune de ces solutions correspond un pouvoir souverain. La peine ne peut être sans un prononcé, mais elle peut être sans motivation.

509 TEMPÉRAMENTS. — Le principe n'est cependant pas absolu.

1 / Il convient d'abord de le tempérer par l'obligation du juge d'avoir à motiver la *reconnaissance de culpabilité*. Si la peine prononcée n'a pas à être motivée, pour ce qu'elle représente d'option retenue parmi d'autres sanctions, en revanche la responsabilité pénale n'échappe pas à une telle motivation, le juge se devant de faire état de tout ce qui en dépend, particulièrement en relevant avec précision les éléments constitutifs de l'infraction commise. La peine connaît donc indirectement une motivation, pour refléter en général la gravité du délit, et s'inscrire dans la continuité du travail ayant abouti à se convaincre de la responsabilité de son auteur.

Même les décisions de cour d'assises, pourtant hermétiquement fermées à toute explication, se prêtent à ce tempérament, du moins à considérer, comme le fait la Cour européenne des droits de l'homme, que la précision des questions posées au jury permet de « compenser adéquatement » l'absence de motivation de ses réponses [1].

2 / Mais il est surtout des *exceptions plus directes*, où la motivation du choix de la peine est légalement érigée en obligation. Elles correspondent, on s'en doute, à des hypothèses sensibles de répression, avec nécessité de les fonder sur une justification adéquate, le juge se heurtant alors, sinon à une limitation de son pouvoir, du moins à une condition particulière d'exercice.

Le droit pénal des mineurs est certainement la matière la plus exigeante à ce titre. Ainsi pour le tribunal pour enfants, qui ne prend que des décisions motivées relatives aux mesures ou sanctions applicables (ord. 2 févr. 1945, art. 15 et s.). De même, il ne peut pronon-

1. S. Guinchard et J. Buisson, *Procédure pénale*, Litec, 5e éd., 2009, n° 200, p. 208. – La « compensation » en cause ne semble pas suffisante aux yeux des experts : c'est ainsi que, présidé par M. Philippe Léger, le Comité de réflexion sur la justice pénale estime que la motivation des arrêts de cour d'assises « est une évolution non seulement souhaitable, mais sans doute inéluctable » (Rapport, 1er sept. 2009, p. 38). La Cour de cassation est quant à elle plus prudente, qui a refusé de transmettre au Conseil constitutionnel une question prioritaire de constitutionnalité (Crim., QPC, 19 mai 2010, n° 09-83.328, *Legifrance*).

cer une peine d'emprisonnement, avec ou sans sursis, « qu'après avoir spécialement motivé le choix de cette peine » (ord. 2 févr. 1945, art. 2, al. 3), et la décision de ne pas faire application de la diminution de la peine concernant un mineur de plus de 16 ans, doit être également prise par une disposition « spécialement motivée » (ord. 2 févr. 1945, art. 20-2, al. 6, réd. L. n° 2007-1198 du 10 août 2007), sauf si elle est justifiée par l'état de récidive légale [1]. Enfin, dans le cas où des mineurs de plus de seize ans se trouvent une nouvelle fois en état de récidive légale pour une infraction grave, l'atténuation de la peine est par principe écartée, mais la juridiction peut se prononcer différemment, sous réserve pour le tribunal pour enfants de statuer par « une décision spécialement motivée » (ord. 2 févr. 1945, art. 20-2, al. 7, réd. L. n° 2007-1198 du 10 août 2007).

Le droit pénal des majeurs soumet lui aussi la sélection de certaines peines à une motivation explicite. C'est le cas en matière correctionnelle pour la peine d'emprisonnement sans sursis : légalement comprise comme un « dernier recours » (c. pén., art. 132-24, dernier alinéa, réd. L. n° 2009-1436 du 24 nov. 2009), elle ne peut être prononcée que si la juridiction a « spécialement motivé » ce choix, à moins que la personne ne soit en état de récidive légale (c. pén., art. 132-19, al. 2, mod. L. n° 2005-1549 du 12 déc. 2005). Concernant ladite récidive, la motivation se manifeste ailleurs, lorsque la juridiction retient une peine inférieure aux seuils minima applicables, voire une peine autre que l'emprisonnement (c. pén., art. 132-19-1, réd. L. n° 2007-1198 du 10 août 2007). Le suivi socio-judiciaire est également visé, dont la durée peut être portée de dix à vingt ans par décision « spécialement motivée » de la juridiction de jugement (c. pén., art. 131-36-1, al. 2). De la même manière, l'interdiction du territoire français ne peut être retenue que

1. Issue de la loi n° 2007-297 du 5 mars 2007 relative à la prévention de la délinquance (*JO* 7 mars, p. 4297), cette exception a été débattue devant le Conseil constitutionnel, au nom du principe d'individualisation de la peine et des droits de la défense. Mais la haute instance en a confirmé la validité (Cons. constit., 3 mars 2007, n° 2007-553 DC, *JO* 7 mars, p. 4356). La loi n° 2007-1198 du 10 août 2007 renforçant la lutte contre la récidive des majeurs et des mineurs (*JO* 11 août, p. 13466) en a repris les termes dans un dispositif plus complet, destiné à intégrer les peines minimales prévues dans certaines hypothèses de récidive (*chapitre 13*). Le Conseil constitutionnel a été pareillement saisi, et il a jugé là encore que la loi n'avait pas porté atteinte aux exigences constitutionnelles propres à la justice des mineurs, ni n'était contraire aux principes de nécessité et d'individualisation des peines (Cons. constit., 9 août 2007, n° 2007-554 DC, *JO* 11 août, p. 13478).

par une décision « spécialement motivée au regard de la gravité de l'infraction et de la situation personnelle et familiale de l'étranger condamné », du moins en rapport avec certaines catégories d'étrangers que le législateur entend protéger (c. pén., art. 131-30-1, réd. L. n° 2003-1119 du 26 nov. 2003). Toutes ces dispositions sont autant d'illustrations d'une justice expliquée, la loi compensant ainsi l'importance des pouvoirs du juge.

Enfin, on ne saurait passer sous silence la procédure de comparution sur reconnaissance préalable de culpabilité, dite « plaider coupable », mise en place par la loi Perben II du 9 mars 2004 [1]. Elle renvoie à une décision explicite quant au choix de la sanction. L'ordonnance par laquelle le président du tribunal de grande instance ou le juge délégué par lui décide d'homologuer la ou les peines proposées par le procureur de la République, doit en effet être « motivée » par les constatations, d'une part, que la personne, en présence de son avocat, reconnaît les faits qui lui sont reprochés et accepte la ou les peines retenues, d'autre part, que « cette ou ces peines sont justifiées au regard des circonstances de l'infraction et de la personnalité de son auteur » (c. pr. pén., art. 495-11). L'originalité de la procédure passe donc par une décision raisonnée de la juridiction, y compris sur l'opportunité de la peine ou des peines proposées par le ministère public, cette solution étant le seul moyen d'attirer l'attention du juge sur l'importance du contrôle attendu de son intervention.

II | La dispense de peine

510 Droit pénal sans peine. — La peine n'est plus la sanction de la responsabilité pénale, le juge ayant la possibilité d'en dispenser le coupable. Le lien qui a toujours uni ces deux réalités du droit pénal a aujourd'hui disparu, si bien qu'il est possible, en droit français, de faire de la répression sans peine. Il s'agit là d'une véritable révolution, dont on peut mesurer l'ampleur à la lumière du droit de la responsabilité civile. On ne saurait en effet concevoir une telle responsabilité sans l'indemnisation du dommage

1. Loi n° 2004-204, *JO* 10 mars, p. 4567.

subi par les victimes, une dispense de réparation n'étant pas envisageable. C'est pourtant ce qu'il est possible de faire en droit pénal. La réparation sociale que constitue la peine peut ne pas avoir lieu, alors que sont parfaitement établis les éléments de responsabilité qui devraient normalement y conduire. Cette rupture entre la responsabilité et la peine a été réalisée par une loi du 11 juillet 1975, et elle a toujours été confirmée depuis, spécialement lors de la réforme du code pénal, qui en a repris le principe dans ses articles 132-58 et suivants. Elle est le symbole des pouvoirs consentis au juge, au nom de l'efficience sociale de la répression. Et de fait, par les conditions dont elle relève, la dispense de peine, qu'elle soit immédiate (A) ou différée (B), est une modalité très puissante d'individualisation par incitation d'un retour à la norme.

A – La dispense immédiate

511 MÉCANISME. — La dispense de peine relève d'un mécanisme très simple. La juridiction, après avoir déclaré le prévenu coupable, peut décider de n'appliquer aucune peine, si ce n'est la confiscation éventuelle des objets dangereux ou nuisibles. Mieux encore, elle peut éviter la mention de la décision au casier judiciaire. Seules les matières correctionnelle et contraventionnelle sont concernées, les crimes étant exclus du dispositif, et la dispense n'a, bien sûr, aucune incidence sur l'action civile, la juridiction se devant de statuer sur les conséquences indemnitaires du ou des préjudices soufferts par les victimes de l'infraction.

L'institution affecte donc exclusivement la dimension répressive de la responsabilité, ce qui est à mettre au chapitre de la réaction sociale à l'infraction, qui peut fort bien, au moment où le juge statue, ne pas avoir l'utilité qu'on lui prête, tout comme elle ne saurait, au contraire, et par principe, être éludée à propos des infractions les plus graves, ce qui justifie et légitime que les crimes soient toujours sanctionnés.

512 CONDITIONS. — Les conditions mises à la dispense de peine confirment cette analyse, qui sont toutes axées sur la perte d'intérêt de la sanction. La dispense peut être accordée « *lorsqu'il* *apparaît que le reclassement du coupable est acquis, que le dommage causé est réparé et que le trouble résultant de l'infraction a cessé* » (c. pén., art. 132-59, al. 1er). C'est donc bien en considération de données témoignant de l'inutilité de la peine que le juge doit se déterminer. Dès lors que le prononcé d'une sanction n'apporterait rien, ni sur un plan individuel, ni sur un plan social, il est possible, voire souhaitable, de l'éviter.

La dispense de peine contribue ainsi à une juste perception de la philosophie qui fonde la répression. Celle-ci est moins la sanction d'une faute passée, que l'instrument d'une action positive pour le présent ou l'avenir. La nature rétributive et expiatrice de la peine n'est plus l'élément dominant, pour avoir cédé le pas à d'autres fonctions, plus proches des besoins de réinsertion ou d'amendement du condamné.

Le droit pénal des mineurs le prouve à sa manière, qui retient expressément la dispense comme modalité de réaction à l'infraction, aussi bien pour les mesures éducatives que pour les peines elles-mêmes (ord. 2 févr. 1945, art. 8 et 20-7). Et elle ne peut, en effet, que se conjuguer utilement avec la spécificité de cette discipline, dont l'objet n'est pas de blâmer, mais d'élever.

B – La dispense différée

513 AJOURNEMENT. — La dispense de peine peut ne pas être immédiate. Sa destination utilitaire a inspiré une autre manière d'y avoir recours. C'est l'*ajournement du prononcé de la peine*, qui consiste à ne pas opter de suite, soit pour une peine, soit pour sa dispense, mais à remettre cette décision à plus tard, à la faveur d'une évolution attendue dans le sens de la seconde alternative : « *La juridiction peut ajourner le prononcé de la peine lorsqu'il apparaît que le reclassement du coupable est en voie d'être acquis, que le dommage causé est en voie d'être réparé et que le trouble résultant de l'infraction va cesser* » (c. pén., art. 132-60). Dans ce cas, elle fixe dans sa décision la date à laquelle il sera statué sur la peine, l'ajournement ne pouvant être ordonné que si l'intéressé ou le représentant de la personne morale dont la responsabilité est en cause est présent. À l'audience de renvoi, elle peut soit dispenser le prévenu de peine, soit prononcer la peine prévue par la loi, soit ajourner une nouvelle fois le prononcé de la peine, mais la décision en attente se doit d'intervenir au plus tard un an après la première décision d'ajournement.

Le droit pénal des mineurs adapte même l'institution, afin de ne rien perdre de son efficacité en relation avec la situation particulière des jeunes délinquants. L'ajournement du prononcé de la mesure éducative ou de la peine peut être également ordonné lorsque le tribunal pour enfants considère que « *les perspectives d'évolution de la personnalité du mineur le justifient* », l'affaire devant alors être renvoyée à une audience qui doit avoir lieu au plus tard dans les six mois (ord. 2 févr. 1945, art. 20-7).

514 INTÉRÊT. — C'est donc toujours en rapport avec les conditions de la dispense de peine que l'ajournement peut jouer, mais projetées vers un avenir proche, faute d'être encore et pleinement réalisées au moment où le juge constate la culpabilité du prévenu. La différence entre l'immédiateté d'une dispense et l'ajournement pouvant y conduire tient à ce simple écart, d'ordre temporel, entre ce qui est déjà acquis et ce qui est en passe de l'être.

Ces dispositions sont dans la logique de la finalité utilitaire et réparatrice de la peine. Elles peuvent être assimilées à un *délai de patience* de la part de la justice, qui, en quelque sorte, suspend son cours quant à la peine, afin de permettre à des chances objectives de dispense de se transformer en certitudes. Tout est fait pour encourager la voie du reclassement et de la réparation, et, dès lors que leur réalisation n'est pas du domaine de l'éventualité, pour n'être qu'une affaire de temps, l'ajournement ne peut que contribuer positivement à la répression sans peine. La loi du 11 juillet 1975 à l'origine du dispositif a eu surtout en vue les retards mis au paiement des pensions alimentaires, constitutifs du délit d'abandon de famille (c. pén., art. 227-3) : par l'ajournement du prononcé de la peine, le débiteur peut en quelque sorte exercer un repentir actif, en faisant preuve d'amendement par des engagements sérieux de règlement. Mais cette incitation au repentir n'est pas réservée à cette infraction, et il est regrettable que le juge n'en fasse pas un usage plus fréquent.

515 VERSIONS. — L'ajournement du prononcé de la peine ne relève pas d'un modèle unique. Il en est plusieurs versions, ce qui ajoute à l'intérêt que le législateur lui porte, et aux espoirs qu'il fonde sur ses applications. À côté de l'ajournement simple, correspondant à la présentation que nous venons d'en faire, il est encore l'ajournement avec mise à l'épreuve, et l'ajournement avec injonction. Ce sont des modalités plus lourdes, ce qui explique qu'elles ne soient pas applicables aux mineurs, pour ce qui est de l'injonction (ord. 2 févr. 1945, art. 20-7), ou aux contraventions, pour la mise à l'épreuve (c. pén., art. 132-58).

1 / L'*ajournement avec mise à l'épreuve* répond aux conditions des articles 132-63 à 132-65 du code pénal. Il ne peut être appliqué qu'aux personnes physiques, et non aux personnes morales. Il consiste, lorsque le prévenu est présent, à reporter le prononcé de la peine à une audience ultérieure, dans les conditions et selon les modalités de l'ajournement simple, mais en plaçant l'intéressé sous le régime de la mise à l'épreuve pendant un délai qui ne peut être supérieur à un an, la décision étant exécutoire par provision. À l'audience de renvoi, la juridiction tient compte, pour se déterminer quant à la peine, voire sur un nouvel ajournement, de la conduite du coupable au cours du délai d'épreuve.

La loi Perben II du 9 mars 2004 a renforcé les prérogatives du juge de l'application des peines, une fois l'ajournement décidé. Il prend la relève de la juridiction de jugement, d'abord en ayant la possibilité d'aménager, de modifier ou de supprimer les obligations imposées au prévenu ou d'en prévoir de nouvelles, ensuite en ayant le pouvoir d'incarcérer provisoirement l'intéressé en cas d'inobservation de ses obligations (c. pr. pén., art. 747-3), enfin en disposant du droit de prononcer lui-même la dispense de peine, sans attendre l'audience de renvoi (c. pén., art. 132-65), ce qui est un moyen non négligeable d'accélération de la procédure, sur une base de certitude quant au succès de l'ajournement.

Cette version de l'ajournement consiste donc à emprunter au sursis avec mise à l'épreuve les mesures et obligations particulières destinées à favoriser le reclassement du coupable ou la réparation du dommage, afin de l'accompagner dans la voie de la dispense escomptée. En quelque sorte, la mise à l'épreuve est un moyen, à la fois, d'aider l'intéressé dans son évolution, et de tester la réalité de son repentir.

2 / L'*ajournement avec injonction*, prévu aux articles 132-66 à 132-70 du code pénal,est assez proche d'une mise à l'épreuve, mais avec des particularités qui ont leur importance. C'est seulement « *dans les cas prévus par les lois ou les règlements qui répriment des manquements à des obligations déterminées* » que cette version peut être retenue, aussi bien concernant les personnes physiques que les personnes morales, ne seraient-elles pas présentes ou représentées lors du jugement.

La juridiction qui ajourne le prononcé de la peine enjoint au prévenu, éventuellement sous astreinte, de se conformer à une ou plusieurs prescriptions, un délai étant imparti pour leur exécution. À l'audience de renvoi, trois hypothèses se présentent, étant précisé que l'ajournement ne peut être en principe renouvelé :

— lorsque les prescriptions ont été exécutées, la juridiction peut soit dispenser le coupable de peine, soit au contraire se déterminer pour une sanction ;
— lorsque les prescriptions ont été exécutées avec retard, la juridiction liquide, s'il y a lieu, l'astreinte et prononce les peines encourues ;
— lorsqu'il y a inexécution des prescriptions, la juridiction liquide, si besoin, l'astreinte, prononce les peines et peut en outre, dans les cas et selon les conditions prévues par la loi ou le règlement, ordonner que l'exécution de ces prescriptions sera poursuivie d'office aux frais du condamné.

On perçoit, par toutes ces conditions, que l'injonction est une modalité d'ajournement qui peut se révéler fort utile, pour provoquer à une remise en état de ce qui, par hypothèse, n'a pas été observé. En répondant à l'injonction, le coupable fait preuve d'une contrition appréciable, qui ne peut que rejoindre les deux avantages conjugués de l'ajournement : d'une part, un retour à la norme, avec ce qu'il suppose de respect, même tardif, des obligations violées, d'autre part, une dispense de peine, et l'intérêt de ne pas sanctionner ce qui est couvert par un amendement évident. Mais encore faut-il que les textes aménagent les dispositions permettant d'appliquer cette version, puisque c'est par rapport à des prévisions ponctuelles que le système est opérationnel. Or, il faut le reconnaître, trop rares sont les mesures en ce sens [1], alors que toutes les situations marquées, notamment, par des enjeux de sécurité devraient contenir un dispositif y répondant, surtout à l'usage des personnes morales. On rejoint ainsi la responsabilité pour délits non intentionnels, qui gagnerait à être retenue dans cette dimension « intelligente » de la répression, tant il est préférable de provoquer au respect de l'obligation, que d'en sanctionner la violation.

Section II
La personnalisation dans le prononcé

516 OBJECTIF PREMIER. — La peine, pendant longtemps expiatoire et afflictive, est aujourd'hui le support d'une conception humaniste. Cette orientation est le fait d'évolutions convergentes : d'abord celle de la montée européenne des droits de l'homme, qui ne peut que contribuer à projeter sur la criminalité et la délinquance une autre réaction que l'élimination physique ou sociale ; ensuite celle d'une école de pensée, qui voit dans la peine le moyen d'une double intervention, d'ordre personnel, afin de sortir le condamné de ses faiblesses, et d'ordre social, par le gain de sécurité que sa réinsertion ne pourra que consacrer. Le fait que les peines soient plus humaines ne relève donc pas de l'idéalisme ou de l'utopie. Un calcul en est l'enjeu, en retombées espérées sur l'ordre lui-même, et donc en profits escomptés pour tous. L'article 132-24 du code pénal

1. V. les exemples,
— dans le code du travail, du harcèlement et des atteintes à l'égalité professionnelle ou de rémunération entre les femmes et les hommes (art. L. 1146-2 et L. 1155-3) ;
— dans le code de la consommation, de toutes les infractions portant un préjudice direct ou indirect à l'intérêt collectif des consommateurs (art. L. 421-3 et L. 421-4) ;
— dans le code de l'environnement, du délit de pollution de l'eau et des milieux aquatiques (art. L. 216-9), du délit d'exploitation d'une installation classée sans l'autorisation requise (art. L. 514-9), de la contravention de violation des arrêtés préfectoraux ou ministériels en matière d'installations classées (art. L. 514-10), et des infractions aux dispositions relatives aux nuisances acoustiques (art. L. 571-25).

l'exprime à sa manière, après s'être enrichi d'un second alinéa [1] par la loi n° 2005-1549 du 12 décembre 2005 [2], ainsi rédigé : « *La nature, le quantum et le régime des peines prononcées sont fixés de manière à concilier la protection effective de la société, la sanction du condamné et les intérêts de la victime avec la nécessité de favoriser l'insertion ou la réinsertion du condamné et de prévenir la commission de nouvelles infractions* ». On ne peut mieux servir les différents intérêts liés au choix de la peine, et la formule, plus idéale que normative, est finalement un bon résumé de la philosophie qui préside à son prononcé. Il ne s'agit plus d'éliminer, mais d'élever, dans un esprit conciliant pour les trois protagonistes du drame pénal : la société, le condamné, et la victime.

Certes, les résultats ne sont pas toujours à la hauteur des espérances, mais le législateur n'en persiste pas moins dans sa politique. Il faut d'ailleurs souligner que celle-ci n'est pas synonyme de clémence systématique. La personnalisation ne se confond pas avec une répression toujours orientée à la baisse. Elle a également ses tendances haussières. En réalité, elle est une technique destinée à aider le juge à se prononcer avec justice et efficacité, ce qui passe par des instruments (I), avant d'être une réalité sélective (II).

I | Les instruments de la personnalisation

517 Critères et supports. — La personnalisation n'est pas une pratique d'humeur, laissée à la fantaisie du juge. Même si le choix de la peine n'est pas en principe motivé, elle s'inscrit dans une démarche raisonnée, à l'aide de critères (A) et de supports (B).

A – Les critères

518 Les critères de la personnalisation sont énoncés à l'article 132-24, alinéa 1er du code pénal : « *Dans les limites fixées par la loi, la juridiction prononce les peines et fixe leur régime en fonction*

1. Devenu « deuxième », après création d'un nouvel alinéa, d'abord par la loi n° 2007-297 du 5 mars 2007 relative à la prévention de la délinquance, puis de la loi pénitentiaire n° 2009-1436 du 24 novembre 2009, la première version ayant été abrogée par la loi n° 2007-1198 du 10 août 2007 renforçant la lutte contre la récidive des majeurs et des mineurs.
2. Loi relative au traitement de la récidive des infractions pénales(*JO* 13 déc., p. 19152).

des circonstances de l'infraction et de la personnalité de son auteur. Lorsque la juridiction prononce une peine d'amende, elle détermine son montant en tenant compte également des ressources et des charges de l'auteur de l'infraction ». C'est donc sur un triple critère que le juge est invité à se prononcer : et de circonstances, et de personnalité, et de capacités financières, mais avec un impératif appuyé, celui d'éviter l'emprisonnement ferme.

519 CIRCONSTANCES. — C'est d'abord sur le fondement des « circonstances de l'infraction » que le juge doit s'orienter quant à la sanction à prononcer, ce qu'il faut comprendre de manière objective. Il s'agit de traduire par la peine ce que le crime ou le délit révèle de préparation, de réalisation, de suivi, afin d'intégrer tous les éléments permettant de se convaincre de sa perversité. La sanction doit être le reflet des indices de criminalité ou de délinquance contenus dans les faits eux-mêmes. Il est une gravité objective à l'infraction, qui tient à sa qualification légale, selon sa nature criminelle, délictuelle ou contraventionnelle. Mais elle ne suffit pas à la détermination de la peine, puisque, par hypothèse, la loi ne la répercute pas par une fixité de répression. Aussi, cette première approche de la gravité doit-elle être complétée par une évaluation des circonstances ayant entouré la commission de l'infraction, ce que le code pénal exprime opportunément par ce premier critère de personnalisation.

520 PERSONNALITÉ. — Le deuxième critère tient à la « personnalité » de l'auteur de l'infraction. Il faut entendre par là tout ce qui peut, subjectivement, expliquer l'infraction ou en faire comprendre les raisons. La commission d'un crime ou d'un délit s'inscrit dans un processus psychologique complexe, tout comme elle peut être le résultat de nombreux facteurs externes à son auteur, avec des lois ou des constantes que la sociologie criminelle s'efforce de mettre en évidence. Il n'est pas question, par ce travail exhaustif, de revenir sur le principe de liberté morale qui soutient la responsabilité, ou de verser dans un positivisme déplacé. À partir du moment où la peine est acquise dans son principe, la culpabilité, qui en est le support obligé, ne peut qu'en être le fondement, avec ce qu'elle suppose de discernement et de libre arbitre. La référence à la personnalité répond à un tout autre objet que celui de se convaincre de l'existence de ces données préalables. Il s'agit de concéder au caractère du condamné, et d'en tenir compte doublement : par rapport au présent, en sanctionnant sa psychologie, mais aussi au regard de l'avenir, afin de se déterminer en fonction de son aptitude à la réinsertion.

521 RESSOURCES ET CHARGES. — Les ressources et les charges sont propres à l'amende, étant des références obligées quant à sa fixation, puisque la juridiction doit en déterminer le montant au regard de ce qu'elles représentent de données bien chiffrées [1]. Mais une remarque s'impose. Si ces éléments sont à intégrer, ils le sont à titre de complément, pour se surajouter aux deux premiers critères par ailleurs applicables. La personnalisation trouve ici une triple mesure, en étant tributaire, et des circonstances de l'infraction, et de la personnalité de son auteur, ce qu'elle partage avec les autres peines, mais « également » des ressources et des charges du condamné, ce qui en fait une sanction plus encadrée.

522 ÉVITEMENT DE L'EMPRISONNEMENT FERME. — « En matière correctionnelle, en dehors des condamnations en récidive légale prononcées en application de l'article 132-19-1, *une peine d'emprisonnement sans sursis ne peut être prononcée qu'en dernier recours si la gravité de l'infraction et la personnalité de son auteur rendent cette peine nécessaire et si toute autre sanction est manifestement inadéquate* ». Le principe est affirmé au dernier alinéa de l'article 132-24 du code pénal, dans la rédaction de la loi pénitentiaire n° 2009-1436 du 24 novembre 2009 [2]. Il répond à la volonté claire et transparente, dictée tant par des considérations humanistes que par le souci plus pragmatique de résoudre le problème de la surpopulation carcérale, d'éviter le plus possible l'emprisonnement ferme, sauf à ce que son prononcé soit doublement justifié, et par

1. La peine de jours-amende suit le même régime, qui consiste pour le condamné à verser au Trésor public une somme dont le montant global résulte de la fixation par le juge d'une contribution quotidienne pendant un certain nombre de jours (c. pén., art. 131-5). Le montant de chaque jour-amende est déterminé en tenant compte des ressources et des charges du prévenu, sans pouvoir excéder 1000 euros, de même que le nombre de jours-amende est déterminé en tenant compte des circonstances de l'infraction, sans pouvoir dépasser 360 jours.
2. *JO* 25 nov., p. 20192.

une nécessité en ce sens, et par l'inadéquation de toute autre solution de remplacement. Sur les critères de « circonstances » et de « personnalité », le juge se voit donc invité à privilégier d'autres sanctions, ce qui revient à en renforcer légalement la portée. Ce n'est pas tout. À supposer que l'emprisonnement l'emporte, la peine doit alors, « si la personnalité et la situation du condamné le permettent, et sauf impossibilité matérielle », faire l'objet d'une des mesures d'aménagement prévues aux articles 132-25 à 132-28 : semi-liberté, placement à l'extérieur, placement sous surveillance électronique, fractionnement. C'est dire que, même prononcé, l'emprisonnement peut échapper à l'effectivité... On ne saurait mieux traduire ce que le symbole traditionnel de la répression inspire aujourd'hui de méfiance.

B – Les supports

523 ENQUÊTES. — Il n'est pas de personnalisation sans une connaissance approfondie du délinquant. Et c'est pourquoi la procédure pénale en fait une donnée essentielle des investigations pesant sur l'autorité judiciaire.

1 / C'est le cas pour les *majeurs*, comme en témoignent les dispositions de l'article 81 du code de procédure pénale relatives à l'instruction. Elles font une part importante au dossier de personnalité, qui est d'ailleurs obligatoire en matière criminelle, le juge d'instruction devant procéder ou faire procéder à une enquête sur la personnalité des personnes mises en examen, ainsi que sur leur situation matérielle, familiale ou sociale. Il peut pareillement prescrire un examen médical et un examen psychologique, et toute partie peut même le saisir d'une demande écrite et motivée en ce sens, le magistrat n'ayant la possibilité de la rejeter que par une ordonnance motivée. On comprend que, à la faveur de ces mesures, dont il lui appartient d'apprécier l'opportunité dans les affaires correctionnelles, la justice ait une connaissance assez complète de la personnalité du mis en examen, avec le meilleur profit à en retirer quant au prononcé de la peine.

Cette préoccupation d'une justice suffisamment informée explique que, à défaut, certaines procédures de jugement ne puissent être retenues. C'est le cas, en matière correctionnelle, de la procédure simplifiée, où la décision sur le fond est rendue par ordonnance pénale du président du tribunal (c. pr. pén., art. 495 et s.). Le ministère public ne peut y recourir que lorsqu'il résulte de l'enquête de police judiciaire que les fait reprochés au prévenu sont établis et que « *les renseignements concernant la personnalité de celui-ci, et notamment ses charges et ses ressources, sont suffisants pour permettre la détermination de la peine* ». C'est également l'hypothèse de la procédure de comparution sur reconnaissance préalable de culpabilité, mise en place par la loi Perben II du 9 mars 2004, qui n'est compatible qu'avec des peines « *justifiées au regard des circonstances de l'infraction et de la personnalité de son auteur* » (c. pr. pén., art. 495-11). Dans ces deux figures, qui correspondent l'une et l'autre à des aménagements de procédure inspirés par un souci de rapidité et d'efficacité à la fois, la référence aux critères de la personnalisation est donc essentielle, puisque leur défaut peut en entraver le cours normal. Le choix de la peine est pour le juge un des points forts de sa décision, et toute procédure qui n'aboutirait pas à une accumulation suffisante des éléments permettant de l'opérer ne peut être que délaissée, la personnalisation devant toujours l'emporter sur toute autre motivation de politique criminelle.

2 / Les enquêtes concernant les *mineurs* sont pareillement un point essentiel dans l'ordonnance du 2 février 1945. Elles sont obligatoires en toutes circonstances, et elles sont déterminantes du choix des procédures.

L'obligation d'y procéder résulte des dispositions des articles 8 et 9 de l'ordonnance, qui imposent au juge des enfants et au juge d'instruction, aux fins de connaissance de la personnalité du mineur ainsi que des moyens appropriés à sa rééducation, de recueillir, par une enquête sociale, des renseignements sur la situation matérielle et morale de la famille, sur le caractère et les antécédents du mineur, sur sa fréquentation scolaire, son attitude à l'école, sur les conditions dans lesquelles il a vécu ou a été élevé. De même, doit être ordonné un examen médical, et s'il y a lieu, un examen médico-psychologique. Autant d'investigations destinées à mieux appréhender la réalité clinique du jeune délinquant, afin de faire le meilleur prélèvement dans les mesures ou sanctions éducatives qui s'imposent.

Quant au choix des procédures, elles sont également conditionnées par la connaissance de la personnalité du mineur. L'une des critiques récurrentes adressées à la justice est son excessive lenteur. Mais il est une problématique particulière à notre matière, à savoir que le jugement d'un mineur implique de prendre le temps nécessaire à l'observation de sa personnalité et de son comportement [1]. On ne saurait faire l'économie des différents instruments pouvant contribuer à mieux en percer les mystères, et ce n'est pas un impératif de rapidité qui pourrait justifier qu'une telle préoccupation devienne secondaire. Aussi, est-il difficile pour le législateur de mettre en place des dispositions qui ne soient, ni trop expéditives pour le justiciable, ni trop lentes pour la justice. Plusieurs procédures permettent à ses yeux de concilier ces deux données, telle la convocation par officier de police judiciaire (ord., art. 5 et 8-1), ou la procédure de présentation immédiate devant la juridiction pour mineurs (ord., art. 14-2), qui s'est substituée, depuis la loi n° 2007-297 du 5 mars 2007, à l'ancienne procédure de jugement à délai rapproché [2] : mais c'est toujours sous réserve d'investigations suffisantes sur « la personnalité du mineur » et sur « les moyens appropriés à sa rééducation » qu'elles sont aménagées, ce qui démontre, une fois encore, que l'efficacité de la justice trouve une limite naturelle dans la primauté de la personnalisation et de ses instruments.

524 COMMUNICATIONS. — L'article 132-22 du code pénal contient une disposition intéressante, qui affecte plus la personnalisation de la peine d'amende, voire de jours-amende, que celle des peines privatives de liberté. Mais elle témoigne, à sa manière, de la force contraignante de la politique qu'elle engage, pour aller

1. Le rapport de la Commission Varinard (*chapitre 13*), s'en fait l'écho, qui note que : « la personnalité du mineur doit être évaluée de manière suffisamment approfondie et prise en compte avant toute décision ». Est proposée la constitution d'un dossier unique de personnalité, ouvert lors de la première saisine du juge des mineurs ou du juge d'instruction, et tenu par le greffe du tribunal des mineurs du domicile habituel du mis en cause (Proposition 53).
2. Cette substitution a été contestée devant le Conseil constitutionnel, les auteurs de la saisine ayant fait valoir qu'elle méconnaissait le principe fondamental reconnu par les lois de la République en matière de justice des mineurs, en établissant, pour ces derniers, une procédure de jugement « quasi semblable à celle dite de comparution immédiate en vigueur pour les majeurs ». Mais le Conseil a rendu une décision de validité, sur le constat des nombreuses « précautions » accompagnant cette nouvelle procédure, qui la distinguent ainsi de la comparution immédiate (Cons. constit., 3 mars 2007, n° 2007-553 DC, *JO* 7 mars, p. 4356).

jusqu'à des possibilités qui n'ont pas toujours été de droit positif. Le texte est ainsi rédigé : « *Le procureur de la République, le juge d'instruction ou le tribunal saisi peuvent obtenir des parties, de toute administration, de toute établissement financier, ou de toute personne détenant des fonds du prévenu, la communication des renseignements utiles de nature financière ou fiscale, sans que puisse être opposée l'obligation au secret* ». Les autorités judiciaires disposent ainsi d'un véritable pouvoir de réquisition auprès des tiers, qui a pour conséquence de neutraliser toute prétention au secret professionnel.

II | LES MODES DE PERSONNALISATION

525 UNICITÉ ET PLURALITÉ. — Avec les modes de personnalisation, nous entrons dans la sélection concrète de la peine, telle que le juge peut la pratiquer, sur le fondement des circonstances de l'infraction et de la personnalité de son auteur. Ils sont à la mesure des pouvoirs consentis au magistrat, lequel, aujourd'hui libéré des contraintes d'une légalité trop rigide, dispose de solutions innombrables quant à l'individualisation de la sanction, ce qu'il est possible de présenter en deux grandes catégories, selon que son choix se porte sur une peine unique (A), ou au contraire sur une pluralité de peines (B).

A – La peine unique

526 ÉLIMINATION. — C'est d'abord par élimination que le juge peut se déterminer quant à la peine, afin de n'en retenir qu'une, là où plusieurs seraient légalement applicables. Cette possibilité est explicite dans le code pénal : « *La juridiction peut ne prononcer que l'une des peines encourues pour l'infraction dont elle est saisie* » (art. 132-17, al. 2). Il s'agit même d'une clef de lecture du droit pénal spécial, qui, du moins dans le code pénal, définit les peines principales de manière cumulative, en renvoyant, le plus souvent, à une peine privative de liberté *et* à une peine d'amende. À cette rédaction ne s'attache donc aucune obligation de les prononcer toutes : c'est différemment que le juge doit se situer, en considérant que les sanctions cumulées dans leur version théorique relèvent en réalité d'une simple alternative. La règle est générale, quelles que soient les qualifications en cause, criminelle, délictuelle ou contraventionnelle. À supposer que, pour un crime, soient encourues à la fois une peine de réclusion et une peine d'amende, il n'est pas interdit de ne prononcer que la seconde et de délaisser la première... Mais l'hypothèse est d'école, d'abord parce que le livre II du code pénal, qui contient les crimes de droit commun, ne prévoit que des peines privatives de liberté, ensuite parce qu'il n'est pas dans la tradition des cours d'assises de se déterminer ainsi.

Il faut raisonner de la même manière pour les personnes morales, qui sont soumises au même principe. Les peines qu'elles encourent peuvent ne pas être prononcées de manière cumulée, le juge ayant la possibilité de ne retenir que l'une d'elles seulement. Par exemple, si les peines visées sont l'amende et les peines privatives ou restrictives de droits énumérées à l'article 131-39 (crimes et délits), ou prévues à l'article 131-42 (contraventions), il est loisible à la juridiction de ne prononcer que l'amende, ou, au contraire, d'opter pour une ou plusieurs des peines qualifiées au sens de ces articles.

527 SUBSTITUTION. — Le prononcé d'une peine unique peut être le résultat d'une substitution, qui consiste à remplacer la peine principale encourue par une autre sanction, considérée comme mieux adaptée à la situation du condamné. C'est surtout pour éviter les courtes peines d'emprisonnement que ce mécanisme a été mis en place, et le législateur revient souvent sur la matière afin de prévoir de nouvelles sanctions en ce sens (*chapitre 13*). Toute peine, cependant, n'a pas une vocation égale à se substituer à une autre, et si le juge dispose sur ce terrain d'un pouvoir fort de personnalisation, c'est à la condition de respecter les incompatibilités propres à la matière, qui sont, quant à elles, de la seule compétence de la loi.

En fait, les solutions sont très variées, la substitution étant différemment aménagée d'une catégorie d'infraction à une autre, de même qu'elle trouve de plus en plus à s'appliquer en dehors des peines privatives de liberté, ce qui élargit d'autant les possibilités d'individualisation.

1 / Pour les *crimes*, les possibilités de substitution n'existent pas. Ils sont en effet punis de réclusion ou de détention criminelle, à laquelle peuvent s'ajouter, selon les textes, une peine d'amende et une ou plusieurs peines complémentaires (c. pén., art. 131-2). Si l'amende peut être seule prononcée en tant que peine principale (c. pén., art. 132-17), en revanche les peines complémentaires ne sauraient servir de substitution (c. pén., art. 131-11, qui ne vise que les délits). Il n'est donc pas possible de retenir, à la place de la réclusion criminelle, voire d'une amende criminelle, une simple peine de déchéance ou d'incapacité...

2 / Les *délits*, au contraire, sont le domaine de prédilection de la substitution. La loi a multiplié les peines ayant cette destination : jour-amende, stage de citoyenneté, travail d'intérêt général, peines privatives ou restrictives de droits, peines complémentaires, sanction-réparation (c. pén., art. 131-5 et s.). Leur première raison d'être est de servir de sanctions de remplacement à l'emprisonnement, en réponse à la nécessité d'en prévenir les méfaits, particulièrement pour les délinquants primaires, tout en veillant à ne pas leur donner le sentiment d'une justice inopérante. Mais elle n'est pas exclusive, la substitution trouvant également à se manifester lorsque la peine d'amende est seule encourue, auquel cas elle peut se voir substituer une peine privative ou restrictive de droits, ou encore une peine complémentaire (c. pén., art. 131-7 et 131-11).

3 / Les *contraventions*, elles aussi, ont leur part de substitution, alors que l'emprisonnement n'est plus en cause. C'est d'abord le cas des peines privatives ou restrictives de droits propres aux contraventions de la 5e classe, qui ont vocation à se substituer à l'amende encourue (c. pén., art. 131-15). C'est ensuite l'hypothèse des peines complémentaires, sans distinction de classe, qui peuvent pareillement être prononcées en remplacement des amendes applicables (c. pén., art. 131-18).

4 / Enfin, les *personnes morales* ne sont pas étrangères à la personnalisation par substitution. Ainsi, pour les contraventions de la 5e classe, la peine d'amende peut être remplacée par une ou plusieurs des peines privatives ou restrictives de droits propres à cette catégorie (c. pén., art. 131-42), de même que, pour l'ensemble des contraventions, les peines complémentaires peuvent toujours venir en substitution des peines principales (c. pén., art. 131-44).

B – Les peines multiples

528 CUMULS. — La personnalisation peut prendre la forme d'un cumul de sanctions. Le juge y a souvent recours dans un esprit de sévérité. Mais il est d'autres raisons à ce choix, rejoignant le souci de concilier, par le cumul opéré, rétribution et prévention. De fait, les combinaisons sont nombreuses entre les peines répondant à un objectif d'expiation, et celles davantage orientées vers une préoccupation d'amendement ou de réinsertion sociale. C'est donc au regard de cette complémentarité qu'il est possible de les sélectionner à des fins de cumul.

Mais il en est du cumul comme de la substitution. Le juge se doit de respecter la manière dont la loi en appréhende les possibilités. En fait, les combinaisons sont nombreuses, surtout en matière correctionnelle, où les peines sont diversifiées quant à leur nature. Elles relèvent cependant d'une logique assez sûre, qui consiste à ne cumuler que les peines ne se trouvant pas dans une relation de substitution entre elles, réserve faite des peines complémentaires.

a) Cumul des peines encourues par les personnes physiques

1 / *Peines criminelles*

	Réclusion ou détention	**Amende**	**Peine complémentaire**
Réclusion ou détention	•	oui	oui
Amende	oui	•	oui
Peine complémentaire	oui	oui	oui

2 / *Peines correctionnelles*

	Empriso-nnement	Amende	Jour-amende	Stage de citoyenneté	Travail d'intérêt général	Peine privative ou restrictive de droits	Peine complé-mentaire**	Sanction-réparation
Emprisonnement	•	oui	oui	non	non	non	oui	oui
Amende	oui	•	non	non	non	oui*	oui	oui
Jour-amende	oui	non	•	non	non	non	oui	non
Stage de citoyenneté	non	non	non	•	non	non	oui	non
Travail d'intérêt général	non	non	non	non	•	non	oui	non
Peine privative ou restrictive de droits	non	oui*	non	non	non	oui	oui	non
Peine complémentaire**	oui	oui	oui	oui	oui	oui	oui	oui
Sanction-réparation	oui	oui	non	non	non	non	oui	•

* sauf si l'amende est seule encourue, auquel cas la peine privative ou restrictive de droits n'opère que comme peine de substitution (art. 131-7)
** la peine complémentaire n'est pas envisagée ici comme prononcée à titre de peine principale, auquel cas elle ne peut se cumuler avec aucune autre peine (art. 131-11)

3 / *Peines contraventionnelles*

	Amende	Peine privative ou restrictive de droits	Peine complémentaire
Amende	•	non	oui
Peine privative ou restrictive de droits	non	oui	oui
Peine complémentaire	oui	oui	oui
Sanction-réparation	oui	non	oui

b) Cumul des peines encourues par les personnes morales

1 / *Peines criminelles et correctionnelles*

	Amende	Peine de l'article 131-39
Amende	•	oui
Peine de l'article 131-39	oui	oui
Sanction-réparation	oui	oui

2 / *Peines contraventionnelles*

	Amende	Peine privative ou restrictive de droits	Peine complémentaire
Amende	•	non	oui
Peine privative ou restrictive de droits	non	oui	oui
Peine complémentaire	oui	oui	oui
Sanction-réparation	oui	non	oui

Chapitre 15

Les peines exécutées

529 ABOUTISSEMENT DE LA RÉPRESSION. — Le prononcé de la peine n'est qu'une étape, qui trouve un prolongement et son aboutissement dans la manière dont elle va être appliquée. On parle volontiers de « l'exécution des peines », mais il apparaît que c'est de plus en plus en termes d' « application » qu'il conviendrait d'en rendre compte. La mise en œuvre des peines est aujourd'hui moins une affaire administrative que judiciaire. D'importantes réformes ont abouti à une profonde mutation à cet égard. Elles traduisent un nouveau rôle dévolu à la justice, qui se voit charger de suivre le condamné, afin de ne rien perdre de la dimension individuelle de la peine, et de tout faire pour en assurer une effectivité conforme à l'idéal de personnalisation. Nous consentirons cependant à la terminologie traditionnelle, tout en insistant sur le fait que, au delà des subtilités de vocabulaire, le droit pénal est jugé sur l'efficience de ses sanctions, et que leur exécution ou application est un enjeu politique sensible, tout dysfonctionnement ne pouvant qu'affaiblir la légitimité des institutions elles-mêmes. Le législateur en est conscient, qui s'efforce d'améliorer les règles relatives à cette phase essentielle, tout en restant fidèle à sa politique humaniste. On peut s'en convaincre doublement, par référence, et aux modalités dont relève l'exécution des peines (Section I), et aux obstacles mis à son principe (Section II).

Section I
Les modalités d'exécution

530 EMPRISE JUDICIAIRE. — Outre la participation du service pénitentiaire pour les peines privatives de liberté, l'exécution des sanctions pénales relève de l'autorité de la justice, soit que la juridiction de jugement en fixe elle-même les modalités (I), soit que celles-ci résultent d'aménagements opérés par les juridictions de l'application des peines (II).

I | LA FIXATION PAR LA JURIDICTION DE JUGEMENT

531 La juridiction de jugement est la première à intervenir dans l'application des peines. Elle n'épuise donc pas sa compétence par le prononcé de la sanction, mais peut encore se projeter au delà, en fixant elle-même les règles de son exécution, soit qu'elle en ordonne le sursis (A), soit qu'elle en oriente le régime (B).

A – Le sursis à exécution

532 SURSIS SIMPLE. — La juridiction qui prononce une peine peut ordonner qu'il sera totalement ou partiellement sursis à son exécution (c. pén., art. 132-30 et s.).

Les conditions d'octroi du sursis tiennent à plusieurs critères. D'abord à une référence au passé, représenté par une période au cours de laquelle le prévenu, qu'il s'agisse d'une personne physique ou morale, ne doit pas avoir été condamné, pour crime ou délit de droit commun, à certaines peines. Ensuite à l'applicabilité du sursis lui-même, toutes les condamnations ne pouvant en bénéficier, en raison de la durée ou de la nature de la peine : par exemple, le sursis n'est pas applicable aux condamnations à l'emprisonnement prononcées pour une durée de plus de cinq ans, ni aux amendes contraventionnelles des quatre premières classes.

Quant à ses effets, le sursis rend non avenue la condamnation qui en est affectée, si le bénéficiaire n'a pas commis, pendant un certain délai, dit délai d'épreuve, un crime ou un délit de droit commun, voire une contravention de la 5e classe, suivi(e) d'une nouvelle condamnation sans sursis emportant révocation [1]. En revanche, la première peine est exécutée, sans qu'elle puisse se confondre avec la seconde, lorsque cette révocation est acquise, sauf à la juridiction, par décision spéciale et motivée, d'en dispenser le condamné totalement ou partiellement.

Les tableaux qui suivent contiennent toutes ces exigences et conséquences, selon le passé judiciaire du condamné.

Le sursis est donc une mesure orientée vers l'absence de récidive, permettant de spéculer sur l'intérêt du condamné à ne pas commettre une nouvelle infraction, afin de s'assurer le profit définitif de la clémence du juge. Il appartient d'ailleurs à la juridiction de l'avertir des conséquences qu'entraînerait pour lui une nouvelle condamnation (c. pén., art. 132-29). Mais l'accompagnement de la justice s'arrête là, le sursitaire étant en quelque sorte livré à lui-même, sans autre mesure que cette menace d'avoir à exécuter sa peine s'il renoue avec la délinquance. On comprend que cette « simplicité » se soit révélée insuffisante pour certains condamnés, et c'est pourquoi le législateur a aménagé une version plus lourde du sursis, avec une mise à l'épreuve.

1. Toute nouvelle condamnation à une peine d'emprisonnement ou de réclusion révoque le sursis antérieurement accordé quelle que soit la peine qu'il accompagne (c. pén., art. 132-36, al. 1).

Toute nouvelle condamnation d'une personne physique ou morale à une peine autre que l'emprisonnement ou la réclusion révoque le sursis antérieurement accordé qui accompagne une peine quelconque autre que l'emprisonnement ou la réclusion (c. pén., art. 132-36, al. 2).

1 / *Sursis simple à l'égard des personnes physiques*

CONDITIONS D'OCTROI					EFFETS	
Matière	**Condamnation antérieure**			**Condamnations susceptibles du sursis**	**Délai d'épreuve**	**Révocation**
	Années	**Qualification**	**Peine prononcée**			
Crime ou Délit	5 ans	Crime ou délit de droit commun	— Réclusion — Emprisonnement	Aucune	Sans objet	
Contravention	5 ans	Crime ou délit de droit commun	— Réclusion — Emprisonnement	Aucune		
Crime ou Délit	5 ans	Crime ou délit de droit commun	Autre que la réclusion ou l'emprisonnement	Emprisonnement pour 5 ans au plus	5 ans	Crime ou délit de droit commun, suivi d'une nouvelle condamnation sans sursis emportant révocation
Crime ou Délit	5 ans	Crime ou délit de droit commun	Aucune	— Emprisonnement pour 5 ans au plus — Amende — Jours-amende — Peines privatives ou restrictives de droits de l'art. 131-6, sauf confiscation — Peines complémentaires de l'art. 131-10, sauf confiscation, fermeture d'établissement et affichage	5 ans	Crime ou délit de droit commun, suivi d'une nouvelle condamnation sans sursis emportant révocation
Contravention	5 ans	Crime ou délit de droit commun	Aucune	— Peines privatives ou restrictives de droits de l'art. 131-14, sauf confiscation — Peines complémentaires prévues par le 1°, 2° et 4° de l'art. 131-16 — Peine complémentaire prévue au 1er alinéa de l'art. 131-17 — Amende prononcée pour les contraventions de la 5e classe	2 ans	Crime ou délit de droit commun, ou contravention de la 5e classe, suivi(e) d'une nouvelle condamnation sans sursis emportant révocation

2 / *Sursis simple à l'égard des personnes morales*

CONDITIONS D'OCTROI					EFFETS	
Matière	**Condamnation antérieure**			**Condamnations susceptibles du sursis**	**Délai d'épreuve**	**Révocation**
	Années	**Qualification**	**Peine prononcée**			
Crime ou Délit	5 ans	Crime ou délit de droit commun	— Amende > 60 000 €	— Aucune	Sans objet	
Contravention	5 ans	Crime ou délit de droit commun	— Amende > 15 000 €	— Aucune		
Crime ou Délit	5 ans	Crime ou délit de droit commun	— Amende ≤ 60 000 €	— Amende — Peines mentionnées aux 2°, 5°, 6° et 7° de l'art. 131-39	5 ans	Crime ou délit de droit commun, suivi d'une nouvelle condamnation sans sursis
Contravention	5 ans	Crime ou délit de droit commun	— Amende ≤ 15 000 €	— Peine d'interdiction d'émettre des chèques ou d'utiliser des cartes de paiement prévue par les art. 131-42 et 131-43 — Amende prononcée pour les contraventions de la 5e classe	2 ans	Crime ou délit de droit commun, ou contravention de la 5e classe, suivi(e) d'une nouvelle condamnation sans sursis

533 SURSIS AVEC MISE À L'ÉPREUVE. — Le sursis avec mise à l'épreuve, dont le régime a été sensiblement modifié par la loi n° 2005-1549 du 12 décembre 2005 relative au traitement de la récidive des infractions pénales [1], se distingue du sursis simple d'abord par le fait qu'il ne peut être ordonné qu'en rapport avec une peine d'emprisonnement (c. pén., art. 132-40), laquelle ne saurait dépasser cinq ans, en raison d'un crime ou d'un délit de droit commun, ou dix ans lorsque la personne est en état de récidive légale (c. pén., art. 132-41). Il relève donc d'une exclusivité, puisqu'il est incompatible avec les autres peines légalement encourues, tout comme il ne saurait, bien sûr, concerner les personnes morales.

Il se démarque ensuite du sursis simple par les modalités probatoires qui en caractérisent le régime. C'est d'ailleurs là que se situe son intérêt, dans la probation à laquelle le condamné est soumis, et qui conditionne sa situation future. La juridiction pénale fixe un délai d'épreuve, qui ne peut être inférieur à douze mois, ni supérieur à trois ans, délai porté à cinq ans lorsque la personne est en état de récidive légale, voire sept ans pour une nouvelle récidive (c. pén., art. 132-42) [2]. Au cours de ce délai, le condamné doit satisfaire, d'une part, à des mesures de contrôle (c. pén., art. 132-44), d'autre part, à des obligations particulières qui lui sont spécialement imposées (c. pén., art. 132-45) [3]. Si, pendant cette période, la conduite de

1. *JO* 13 déc., p. 19152.
2. La loi n° 2005-1549 du 12 déc. 2005 a limité le nombre de sursis avec mise à l'épreuve susceptibles d'être prononcés par les juridictions. Contrairement au sursis simple, qui ne peut être accordé si le prévenu a été condamné au cours des cinq années précédant les faits (c. pén., art. 132-30, al. 1er, et art. 132-33, al. 1er ; v. Tableaux ci-dessus), le sursis avec mise à l'épreuve ne relevait d'aucune condition relative au passé pénal du délinquant, ce qui en autorisait le cumul, tout comme la faculté de ne pas le révoquer malgré une rechute caractérisée. Une telle situation ne pouvait qu'entretenir un sentiment d'impunité incompatible avec la vocation probatoire de la mesure. Aussi, le nombre de sursis avec mise à l'épreuve prononcé à l'occasion d'une condamnation est désormais limité à deux pour des délits commis en état de récidive, et à un seul lorsque l'infraction en récidive présente un caractère particulièrement grave (crime, délit de violences volontaires, délit d'agressions ou d'atteintes sexuelles, délit commis avec la circonstance aggravante de violences). Toutefois, ces dispositions ne sont pas applicables lorsque le sursis avec mise à l'épreuve ne porte que sur une partie de la peine d'emprisonnement prononcée (c. pén., art. 132-41, al. 3).
3. Une injonction de soins avait été rendue systématique par la loi n° 2007-1198 du 10 août 2007 lorsque l'infraction rentrait dans la catégorie de celles pour lesquelles le suivi socio-judiciaire était encouru (c. pén., art. 132-45-1, aujourd'hui abrogé). Mais elle a été supprimée par la loi n° 2010-242 du 10 mars 2010 tendant à amoindrir le risque de récidive criminelle et portant diverses dispositions de procédure pénale (*JO* 11 mars, p. 4808), le législateur ayant considéré que des obligations de soins étaient déjà comprises dans les dispositions existantes (c. pén.,

l'intéressé est satisfaisante, la condamnation peut être déclarée non avenue (c. pén., art. 132-52). En revanche, la commission d'une nouvelle infraction de droit commun, ou un manquement aux mesures de contrôle et obligations particulières, peut entraîner la révocation du sursis, voire l'incarcération du condamné (c. pén., art. 132-47 et s.).

C'est donc par de fortes contraintes que se caractérise ce type de sursis, mais dont l'objet n'est autre que de personnaliser la peine prononcée, afin d'obtenir les meilleurs résultats quant à la prévention des risques de récidive. Il en est de même du sursis assorti de l'obligation d'accomplir un travail d'intérêt général.

534 SURSIS ASSORTI DE L'OBLIGATION D'ACCOMPLIR UN TRAVAIL D'INTÉRÊT GÉNÉRAL. — Une troisième, et dernière, modalité de sursis est offerte au juge, qui consiste à prévoir que le condamné accomplira un travail d'intérêt général au profit d'une personne morale de droit public, d'une personne morale de droit privé chargée d'une mission de service public, ou d'une association habilitée à mettre en œuvre des travaux de ce type. En fait, ce travail, sous réserve qu'il ne peut être ordonné lorsque le prévenu le refuse ou n'est pas présent à l'audience (c. pén., art. 132-54), est assimilée à une mise à l'épreuve, ce qui justifie, sous réserve d'adaptations nécessaires, qu'il soit soumis aux mêmes règles que celles prévues pour ce type de sursis (c. pén., art. 132-54 et 132-56). Un délai est fixé, pendant lequel le travail d'intérêt général doit être accompli, dans la limite de dix-huit mois, et au cours duquel le condamné, outre l'obligation de réaliser ce travail, doit satisfaire à des mesures de contrôle, ainsi qu'aux obligations particulières qui lui sont spécialement imposées (c. pén., art. 132-55).

Le travail d'intérêt général se présente ainsi sous les traits d'une probation qualifiée, et c'est à la juridiction de jugement d'en privilégier le principe sur les autres formes de sursis, en fonction des besoins de la personnalisation. Une personnalisation dont ne sont pas exclus les mineurs, qui bénéficient également du sursis dans les différentes versions que le code pénal consacre, les obligations

art. 132-45), et que ce cumul confinait à la surcharge, ainsi qu'à une regrettable confusion entre « obligation » et « injonction » (J.-P. Garraud, AN, Rapport n° 2007, 4 nov. 2009, p. 95).

correspondant à la mise à l'épreuve ou au travail d'intérêt général étant complétées par des possibilités propres à l'ordonnance du 2 février 1945 relative à l'enfance délinquante, dont le placement du mineur dans un centre éducatif fermé (ord., art. 20-10, et art. 33).

B – L'orientation de l'exécution

535 MULTIPLICITÉ DES RÉGIMES. — La personnalisation trouve de nombreuses manifestations en dehors du sursis, la loi offrant à la juridiction de jugement de multiples régimes sous lesquels la sanction peut être exécutée, tous inspirés par un souci d'adaptation au condamné. Il est possible d'en rendre compte en distinguant selon que les peines dont l'exécution est en cause sont ou non privatives de liberté.

a) Les peines privatives de liberté

L'exécution des peines privatives de liberté oscille entre deux extrêmes, allant de la souplesse à la fixité.

1 / *La souplesse*

536 PHILOSOPHIE. — La souplesse est inspirée par la volonté de suivre le condamné dans son aptitude à la réinsertion, et de le faire bénéficier d'aménagements de peines adaptés, c'est-à-dire de modalités d'exécution ayant pour objet de se substituer à l'enfermement. Cette solution va de pair avec des peines dites « courtes », c'est-à-dire dont la mesure relative n'est pas le signe d'une délinquance ou d'une criminalité grave, nécessitant quant à elle une réponse pénale beaucoup plus ferme.

La loi n° 2009-1436 du 24 novembre 2009 dite « loi pénitentiaire » [1] a sensiblement modifié la matière, lui apportant trois retouches majeures, qui témoignent de la priorité faite à la liberté sur l'enfermement :

1. *JO*, 25 nov., p. 20192.

— En matière correctionnelle, en dehors des peines planchers prononcées en récidive légale en application de l'article 132-19-1 du code pénal, une peine ferme d'emprisonnement ne peut être retenue « *qu'en dernier recours si la gravité de l'infraction et la personnalité de son auteur rendent cette peine nécessaire et si toute autre sanction est manifestement inadéquate* » (c. pén., art. 132-24, al. 3, réd. L. n° 2009-1436 du 24 nov. 2009). Sur le terrain délictuel, la prison n'est donc plus à égalité d'effectivité avec les autres peines à même d'être prononcées, étant désormais comprise comme une ultime sanction.

— À supposer que soit malgré tout prononcé un emprisonnement sans sursis, le tribunal correctionnel doit alors en aménager le principe, « *si la personnalité et la situation du condamné le permettent, et sauf impossibilité matérielle* », cet aménagement passant par l'une des mesures prévues aux articles 132-25 à 132-28 du code pénal (c. pén., art. 132-24, al. 3, réd. L. n° 2009-1436 du 24 nov. 2009). La peine privative de liberté, même retenue sans sursis, n'est donc pas synonyme d'enfermement, puisqu'il appartient à la juridiction de jugement de se déterminer sur les modalités qui permettront de lui substituer un autre régime d'exécution.

— Enfin, le seuil des peines aménageables est doublé, passant de un an, tel qu'il avait été initialement retenu par la loi Perben II du 9 mars 2004 [1], à deux ans, sauf pour les récidivistes. Cette initiative n'est pas neutre, qui revient à faire basculer la quasi-totalité des décisions pénales dans ce nouveau régime [2], dont la conséquence est d'opérer une rupture tranchée avec la détention. On peut se demander, dans un contexte de surpopulation carcérale, si le législateur ne verse pas dans une philosophie inédite de l'aménagement, plus en rapport avec une politique économique qu'une véritable politique pénale [3].

1. Loi n° 2004-204 portant adaptation de la justice aux évolutions de la criminalité (*JO* 10 mars, p. 4567).
2. Sur le chiffre des condamnations prononcées en 2006, 94 % sont désormais aménageables... V. à ce sujet M. Janas, Les dispositions relatives au prononcé et à l'application des peines de la loi n° 2009-1436 du 24 novembre 2009 dite loi pénitentiaire – Entre aménagements de peine et libérations anticipées, de l'individualisation à l'industrialisation des aménagements de peines, *Dr. pénal* 2010, *Etudes*, n° 1.
3. En ce sens, M. Janas, préc.

Tels sont les points forts de la réforme pénitentiaire, qui marquent un véritable rejet de la privation de liberté, la peine faisant en quelque sorte l'objet d'une censure légale, sauf à la retenir dans des cas extrêmes. C'est dire combien est important le relais de l'aménagement, pris dans les différentes mesures qui vont suivre, qui sont autant de substitutions possibles à la rigueur désertée de l'emprisonnement.

537 SEMI-LIBERTÉ. — Lorsque la juridiction de jugement prononce une peine égale ou inférieure à deux ans d'emprisonnement, ou, pour une personne en état de récidive légale, une peine égale ou inférieure à un an, elle peut décider que cette peine sera exécutée en tout ou partie sous le régime de la semi-liberté à l'égard du condamné qui justifie, soit de l'exercice d'une activité professionnelle, même temporaire, du suivi d'un stage ou de son assiduité à un enseignement, à une formation professionnelle ou à la recherche d'un emploi, soit de sa participation essentielle à la vie de sa famille, soit de la nécessité de suivre un traitement médical, soit de l'existence d'efforts sérieux de réadaptation sociale résultant de son implication durable dans tout autre projet caractérisé d'insertion ou de réinsertion de nature à prévenir les risques de récidive. Ces dispositions sont également applicables en cas de prononcé d'un emprisonnement partiellement assorti du sursis ou du sursis avec mise à l'épreuve, lorsque la partie ferme de la peine est inférieure ou égale à deux ans, ou, si la personne est en état de récidive légale, inférieure ou égale à un an (c. pén., art. 132-25, mod. L. n° 2009-1436 du 24 nov. 2009).

Le condamné est alors astreint à rejoindre l'établissement pénitentiaire selon les modalités déterminées par le juge de l'application des peines en fonction du temps nécessaire à l'accomplissement de ses obligations extérieures, et il doit y demeurer pendant les jours où, pour une cause quelconque, celles-ci se trouvent interrompues (c. pén., art. 132-26, réd. L. n° 2009-1436 du 24 nov. 2009).

La semi-liberté est un mode de personnalisation parfaitement adapté aux courtes peines d'emprisonnement, l'objectif étant d'éviter que le condamné ne rompe avec un rythme de vie allant dans le sens d'une réinsertion déjà bien avancée. Afin d'en augmenter plus encore les chances, il est prévu que la juridiction de jugement peut soumettre l'intéressé aux mesures de contrôle et aux obligations particulières prévues par les articles 132-43 à 132-46 du code pénal relatifs à la mise à l'épreuve.

538 PLACEMENT À L'EXTÉRIEUR. — Le placement à l'extérieur répond aux mêmes préoccupations. La mesure est d'ailleurs calquée sur la précédente, puisque les mêmes hypothèses en conditionnent le bénéfice. Seuls les effets diffèrent, le condamné, qui peut être soumis aux mesures et obligations de la mise à l'épreuve, étant ici astreint, sous le contrôle de l'administration, à effectuer des activités en dehors de l'établissement pénitentiaire (c. pén., art. 132-25 et 132-26, mod. L. n° 2009-1436 du 24 nov. 2009).

539 PLACEMENT SOUS SURVEILLANCE ÉLECTRONIQUE. — La décision, par la juridiction de jugement, de placer le condamné sous surveillance électronique est une innovation de la loi Perben II du 9 mars 2004, amendée par la loi pénitentiaire du 24 novembre 2009. On retrouve la référence à une peine égale ou inférieure à deux ans d'emprisonnement, ou, pour une personne en état de récidive légale, une peine égale ou inférieure à un an. Le dispositif est également applicable en cas de prononcé d'un emprisonnement partiellement assorti du sursis ou du sursis avec mise à l'épreuve, lorsque la partie ferme de la peine est inférieure ou égale à deux ans, ou, si la personne est en état de récidive légale, inférieure ou égale à un an. C'est toujours sous couvert des mêmes justifications, sur le modèle de la semi-liberté, que la peine peut être exécutée sous ce régime. La décision, cependant, ne peut être prise qu'avec l'accord du prévenu, et, s'il s'agit d'un mineur non émancipé, des titulaires de l'exercice de l'autorité parentale (c. pén., art. 132-26-1, réd. L. n° 2009-1436 du 24 nov. 2009).

Le placement emporte, pour le condamné, interdiction de s'absenter de son domicile ou de tout autre lieu désigné par le juge de l'application des peines en dehors des périodes fixées par celui-ci, leur détermination étant fonction des activités extérieures l'ayant justifiée (c. pén., art. 132-26-2). Il emporte également l'obligation de répondre aux convocations de toute autorité publique désignée par le juge de l'application des peines, de même qu'il est possible d'avoir recours aux mesures de la mise à l'épreuve (c. pén., art. 132-26-3).

On le voit, la décision relève *ab initio* de la juridiction de jugement, même si les modalités pratiques d'exécution sont de la compétence du juge de l'application des peines. La personnalisation ne peut qu'y gagner, pour être en rapport direct avec les éléments de responsabilité ayant conduit à la condamnation.

540 PLACEMENT SOUS SURVEILLANCE ÉLECTRONIQUE MOBILE. — Créé par la loi n° 2005-1549 du 12 décembre 2005, le placement sous surveillance électronique mobile, qui participe juridiquement du suivi socio-judiciaire, est une « *mesure de sûreté* », ordonnée par la juridiction de jugement, tribunal correctionnel ou cour d'assises, à l'encontre d'une personne majeure condamnée à une peine privative de liberté d'une durée égale ou supérieure à sept ans [1], et dont une expertise médicale a constaté la dangerosité, lorsque cette mesure apparaît indispensable pour prévenir la récidive à compter du jour où la privation de liberté prend fin (c. pén., art. 131-36-9 à 131-36-11). La mesure emporte pour le condamné l'obligation de porter pour une durée de deux ans, renouvelable une fois en matière délictuelle, et deux fois en matière criminelle, un émetteur permettant à tout moment de déterminer à distance sa localisation sur l'ensemble du territoire national (c. pén., art. 131-36-12, al. 1er). Le placement ne peut être mis en œuvre sans le consentement de l'intéressé, mais avec le risque pour lui d'encourir une condamnation pénale en cas de refus (c. pén., art. 131-36-12, al. 2).

Une grande différence sépare ce type de surveillance et celui déjà existant depuis la loi du 9 mars 2004, qui emprunte son principe à deux finalités bien distinctes. Alors que le placement sous surveillance électronique est une modalité d'exécution des courtes peines privatives de liberté, le nouveau dispositif, quant à lui, intervient *après* l'accomplissement de la peine, afin de prévenir tout risque de récidive, ce que la loi traduit explicitement en le qualifiant de « mesure de sûreté ». À chacun correspond donc une nature bien

1. Par dérogation à ce dispositif de droit commun, le placement sous surveillance électronique mobile peut être ordonné à l'encontre d'une personne majeure, dont une expertise médicale a constaté la dangerosité, condamnée à une peine privative de liberté d'une durée égale ou supérieure à cinq ans pour des violences ou des menaces commises au sein des couples (c. pén., art. 131-36-12-1, réd. L. n° 2010-769 du 9 juill. 2010, art. 6-II).

particulière, ce qui interdit de les confondre ou de les réduire à l'unité. Que la juridiction de jugement puisse les prononcer l'une et l'autre est une preuve que l'exécution des peines n'est pas dissociable de leur prononcé, pour ce qu'elle engage, tant d'effectivité, y compris sous des formes assouplies, que de prévention, par d'utiles et légitimes anticipations sur des rechutes possibles.

541 FRACTIONNEMENT. — En matière correctionnelle, la juridiction de jugement peut, pour motif d'ordre médical, familial, professionnel ou social, décider que l'emprisonnement prononcé au plus pour une durée de deux ans, ou, si la personne est en état de récidive légale, égale ou inférieure à un an, sera, pendant une période n'excédant pas quatre ans, exécuté par fractions, aucune d'entre elles ne pouvant être inférieure à deux jours (c. pén., art. 132-27, mod. L. n° 2009-1436 du 24 nov. 2009).

Ici encore, la peine privative de liberté, toujours dans les mêmes limites, relève d'un régime fortement personnalisé, puisque le condamné ne la subit pas de manière continue, mais par tranches successives, afin de lui assurer une certaine disponibilité, légalement fondée sur des motifs de santé, de famille, de profession ou d'ordre social.

2 / *La fixité*

542 PÉRIODE DE SÛRETÉ. — La personnalisation n'est pas seulement faite d'indulgence ou de facilité pour le condamné. Une plus grande rigueur peut parfois s'imposer, et la loi en tient compte par des mesures adaptées.

C'est le cas de la période de sûreté. Elle correspond à des hypothèses particulièrement graves de crimes ou de délits, spécialement prévues par la loi, pour lesquelles la condamnation prononcée est une peine privative de liberté de durée au moins égale à cinq ans, non assortie du sursis, et qui témoignent de la nécessité d'avoir à se protéger de leurs auteurs. Le moyen consiste à soumettre la peine à une fixité d'exécution, le condamné ne pouvant bénéficier, pendant la période retenue, des dispositions concernant la suspension ou le fractionnement de la peine, le placement à l'extérieur, les permissions de sortir, la semi-liberté et la libération conditionnelle (c. pén., art. 132-23).

C'est donc un temps de peine incompressible que ce régime d'exécution met en place, afin d'éviter, au regard de la personnalité du condamné, une sortie de prison prématurée, et de prévenir ainsi de fortes probabilités de récidive. Le caractère exceptionnel de la mesure justifie qu'elle ne soit pas applicable aux mineurs (ord. 2 févr. 1945, art. 20-2, al. 3), qui doivent toujours pouvoir bénéficier d'un traitement pénal évolutif, les sanctions, pour ce qui les concerne, ayant une portée éducative de principe, y compris lorsqu'elles passent par une privation de liberté. En revanche, il est normal, pour les majeurs, que la juridiction de jugement ait ce pouvoir de décision, sans lequel la personnalisation serait davantage un parti pris, qu'un réel instrument de justice.

b) Les peines non privatives de liberté

543 Les peines non privatives de liberté connaissent elles aussi des régimes d'exécution différenciés, mais sans atteindre la diversité des premières.

544 RECOUVREMENT. — Afin d'améliorer le recouvrement des amendes, la loi Perben II du 9 mars 2004 a introduit un mécanisme de réduction forfaitaire de leur montant si le condamné fait un effort de règlement rapide [1]. Lorsque le tribunal prononce une condamnation à une peine d'amende en matière correctionnelle ou de police, le président avise le condamné que, s'il s'acquitte du montant de cette amende dans un délai d'un mois à compter de la date à laquelle le jugement a été prononcé, ce montant est diminué de 20 % [2]. La diminution ne peut toutefois excéder 1 500 euros, et, bien sûr, le paiement de l'amende ne fait pas obstacle à l'exercice des voies de recours, ni à la restitution des sommes versées si besoin (c. pr. pén., art. 707-2 et 707-3).

1. Il en est de même, depuis la loi n° 2008-644 du 1er juill. 2008 créant de nouveaux droits pour les victimes et améliorant l'exécution des peines (*JO*, 2 juill., p. 10610), du montant du droit fixe de procédure dû en application de l'art. 1018 A du code général des impôts.
2. L'avis peut également être délivré au condamné par le greffier de la juridiction ou le greffier du bureau de l'exécution des peines (c. pr. pén., art. 707-3, al. 3, réd. L. n° 2007-297 du 5 mars 2007, art. 22-II). Il est utile en effet que cette information puisse être faite, s'il s'agit de sanctions pécuniaires prononcées par une juridiction étrangère, au stade de la mise à exécution.

La juridiction de jugement se voit ainsi confier un rôle d'incitation au paiement immédiat de l'amende, ce qui ne peut que contribuer à un recouvrement dont on a pu constater qu'il était trop souvent inexécuté.

545 FRACTIONNEMENT. — En matière correctionnelle ou contraventionnelle, la juridiction peut, pour motif grave d'ordre médical, familial, professionnel ou social, décider que la peine d'amende sera, pendant une période n'excédant pas trois ans, exécutée par fractions. Il en est de même pour les personnes physiques condamnées à la peine de jours-amende, ou encore à la peine de suspension du permis de conduire, sauf en cas de délits ou de contraventions pour lesquels la loi ou le règlement prévoit qu'elle ne peut pas être limitée à la conduite en dehors de l'activité professionnelle (c. pén., art. 132-28).

Le fractionnement opère pour ces peines comme il se manifeste pour l'emprisonnement. Les mêmes hypothèses lui servent de fondement, par référence à des motifs qualifiés, et c'est de manière identique que le mécanisme en est répercuté, sous forme d'exécutions successives partielles.

II | L'AMÉNAGEMENT PAR LES JURIDICTIONS D'APPLICATION

546 PRINCIPE D'AMÉNAGEMENT. — La loi Perben II du 9 mars 2004 [1], puis la loi pénitentiaire du 24 novembre 2009, sont à l'origine de dispositions importantes relatives à l'exécution des peines, qui engagent le droit positif depuis le 1er janvier 2005. Elles ont entendu en améliorer l'efficience, au titre de principes nouvellement formulés, qui situent très clairement toute la philosophie de la matière, doublée d'une volonté de ne plus en subir les faiblesses. Plusieurs affirmations sont en cause, contenues dans l'article 707 du

1. Complétée par deux décrets d'application, l'un du 17 mars 2004 [D. n° 2004-243, relatif au placement sous surveillance électronique et modifiant le code de procédure pénale (deuxième partie : Décrets en Conseil d'État) (*JO*, 20 mars, p. 5396)], l'autre du 13 décembre 2004 [D. n° 2004-1364, modifiant le code de procédure pénale (troisième partie : Décrets) et relatif à l'application des peines (*JO*, 15 déc., p. 21247 ; rect. *JO* 26 déc., p. 22301)].

code de procédure pénale, qui contribuent chacune à mieux appréhender le détail des mesures destinées à les rendre opérationnelles :

— 1° Les peines prononcées par les juridictions pénales sont mises à exécution sur décision ou sous le contrôle des autorités judiciaires ;
— 2° L'exécution des peines favorise, dans le respect des intérêts de la société et des droits des victimes, l'insertion ou la réinsertion des condamnés ainsi que la prévention de la récidive ;
— 3° À cette fin, les peines sont aménagées avant leur mise à exécution ou en cours d'exécution si la personnalité et la situation matérielle, familiale et sociale du condamné ou leur évolution le permettent.

On réalise d'abord que le prononcé de la peine ne marque pas la fin de la procédure, qui trouve un relais dans le pouvoir reconnu aux autorités judiciaires pour la mettre à exécution ou en suivre l'exécution. La loi du 9 mars 2004 est à cet égard une étape très importante : elle généralise un mouvement, amorcé depuis quelques années, de juridictionnalisation de l'application des peines, à la faveur de nouveaux tribunaux venus compléter notre organisation judiciaire (A). Ensuite, à la peine prononcée correspond une autorité relative, puisque la décision de jugement est par principe sujette à révision, des mesures d'aménagement devant être prises en vue de la réinsertion du condamné (B).

A – La juridictionnalisation de l'application des peines

547 DE 1958 À 2004. — L'application des peines, qui fut pendant longtemps une fonction exécutive, est aujourd'hui nettement juridictionnalisée, avec ce que cela suppose, non seulement de compétence judiciaire, mais encore de débat contradictoire, de présence de l'avocat, et de décisions motivées et susceptibles d'appel. La justice n'épuise donc pas ses pouvoirs par la décision de condamnation et le prononcé de la peine, et il est désormais de principe que l'exécution des sanctions participe de ses prérogatives.

Le premier texte officiel à s'être engagé dans cette voie fut l'ordonnance n° 58-1296 du 23 décembre 1958 [1], qui a mis en place le juge de l'application des peines. Le mouvement s'est ensuite amplifié, qui fut à l'origine de réformes successives, pour aboutir à la loi du 15 juin 2000, renforçant la protection de la présomption d'innocence et les droits des victimes [2], avec la création de nouvelles juridictions, régionales et nationale, en matière de libération conditionnelle.

Ce dispositif a été réaménagé par la loi Perben II du 9 mars 2004 et le décret n° 2004-1364 du 13 décembre 2004. Il s'est agi de mettre en place un système judiciaire permettant de répondre à tous les besoins d'exécution, les juridictions concernées n'ayant plus un objet spécialisé, en rapport avec certaines décisions seulement, mais répondant au contraire à une vocation plus générale, c'est-à-dire pouvant connaître de l'ensemble des mesures relatives à l'application des peines. Est reproduit à cette fin le modèle de l'organisation judiciaire, avec des juridictions du premier degré et une juridiction d'appel.

a) Les juridictions du premier degré

548 ÉTABLISSEMENT. — Le *juge de l'application des peines* et le *tribunal de l'application des peines* constituent les juridictions de l'application des peines du premier degré (c. pr. pén., art. 712-1 ; art. D. 49 à D. 49-7), sous réserve des dispositions propres aux mineurs (ord. 2 févr. 1945, art. 20-9, réd. L. 9 mars 2004 ; c. pr. pén., art. D. 49-45). Dans chaque tribunal de grande instance, un ou plusieurs magistrats du siège sont chargés des fonctions de juge de l'application des peines (c. pr. pén., art. 712-2), et dans le ressort de chaque cour d'appel sont établis un ou plusieurs tribunaux de l'application des peines, composés d'un président et de deux assesseurs désignés par le premier président parmi les juges de l'application des peines du ressort de la cour (c. pr. pén., art. 712-3).

1. Ordonnance qui a modifié et complété le code de procédure pénale (*JO* 24 déc., p. 11711 ; rect. *JO* 25 févr. 1959, p. 2306), lequel fut institué par la loi n° 57-1426 du 31 décembre 1957 (*JO* 8 janv. 1958, p. 258 ; rect. *JO* 19 janv., p. 738).
2. L. n° 2000-516, *JO* 16 juin, p. 9038 ; rect. *JO* 8 juill., p. 10323.

On constate donc que les juridictions du premier degré se dédoublent, représentées, et par un juge unique, et par un tribunal. Il est évident que la répartition des compétences est fonction de l'importance des mesures concernées par leurs décisions.

549 COMPÉTENCE. — Le juge de l'application des peines et le tribunal de l'application des peines « *sont chargé(e)s, dans les conditions prévues par la loi, de fixer les principales modalités de l'exécution des peines privatives de liberté ou de certaines peines restrictives de liberté, en orientant et en contrôlant les conditions de leur application* » (c. pr. pén., art. 712-1). C'est donc une compétence de droit commun qu'exercent ces juridictions, seule la loi pouvant en limiter ou en étendre la portée.

Les décisions relevant du juge de l'application des peines sont de deux catégories : soit il s'agit d'*ordonnances motivées*, sans débat contradictoire, mais nécessitant l'avis de la commission de l'application des peines [1] ; soit il s'agit de *jugements motivés*, rendus, après avis du représentant de l'administration pénitentiaire, à l'issue d'un débat contradictoire [2]. Le tribunal de l'application des peines, pour sa part, se détermine toujours par des *jugements motivés* [3].

La répartition entre les compétences du juge de l'application des peines et celles, plus résiduelles, du tribunal de l'application des peines connaît une certaine souplesse depuis la loi pénitentiaire du 24 novembre 2009. Pour les dossiers complexes, en effet, et afin d'éviter que cette complexité ne constitue un frein à l'octroi d'une mesure d'aménagement de peine, le juge de l'application des peines peut, chaque fois qu'il l'estime nécessaire, décider, d'office ou à la demande du condamné ou du ministère public, de renvoyer le juge-

1. Sont en cause : les réductions de peine, les autorisations de sorties sous escortes, et les permissions de sortir (c. pr. pén., art. 712-5).
2. Relèvent de cette procédure : le placement à l'extérieur, la semi-liberté, le fractionnement et la suspension des peines, le placement sous surveillance électronique, et la libération conditionnelle. En dépendent également, sauf si la loi en dispose autrement, les décisions concernant les peines de suivi socio-judiciaire, d'interdiction de séjour, de travail d'intérêt général, d'emprisonnement avec sursis assorti de la mise à l'épreuve ou de l'obligation d'accomplir un travail d'intérêt général, ou les mesures d'ajournement du prononcé de la peine avec mise à l'épreuve (c. pr. pén., art. 712-6).
3. Sont de la compétence du tribunal de l'application des peines : le relèvement de la période de sûreté, ainsi que la libération conditionnelle ou la suspension de peine qui ne ressortissent pas à la compétence du juge de l'application des peines (c. pr. pén., art. 712-7).

ment de l'affaire devant le tribunal de l'application des peines. Il s'agit d'une mesure d'administration judiciaire insusceptible de recours, et le juge qui l'a prononcée est obligatoirement membre du tribunal saisi (c. pr. pén., art. 712-6, al. 2, réd. L. 24 nov. 2009).

b) La juridiction d'appel

550 COMPOSITION. — Les décisions du juge de l'application des peines et du tribunal de l'application des peines, toujours sous réserve du droit pénal des mineurs (ord. 2 févr. 1945, art. 20-9, réd. L. 9 mars 2004 ; c. pr. pén., art. D. 49-46), peuvent être attaquées par la voie de l'appel, porté, soit devant la chambre de l'application des peines de la cour d'appel, composée d'un président de chambre et de deux conseillers assesseurs, voire d'un responsable d'une association de réinsertion des condamnés et d'un responsable d'une association d'aide aux victimes, soit devant le président de cette chambre (c. pr. pén., art. 712-1 et 712-13 ; art. D. 49-8 à D. 49-10). Seuls le condamné, le procureur de la République, et le procureur général ont le droit de faire appel.

551 PROCÉDURE. — Lorsque sont en cause les ordonnances du juge de l'application des peines, le délai d'appel est de vingt-quatre heures. Est compétent pour en connaître le président de la chambre, qui statue par ordonnance motivée au vu des observations écrites du ministère public et de celles du condamné ou de son avocat (c. pr. pén., art. 712-12).

Si l'appel porte sur un jugement, soit du juge de l'application des peines, soit du tribunal de l'application des peines, c'est dans le délai de dix jours qu'il doit être interjeté. Compétence est ici reconnue à la chambre elle-même, qui statue par arrêt motivé après un débat contradictoire, au cours duquel sont entendues les réquisitions du ministère public et les observations de l'avocat du condamné, ce dernier n'étant lui-même auditionné que si la cour le décide expressément (c. pr. pén., art. 712-13, al. 1er).

552 POURVOI. — Les ordonnances du président de la chambre de l'application des peines et les arrêts rendus par ladite chambre peuvent faire, dans les cinq jours de leur notification, l'objet d'un pourvoi en cassation, lequel n'est pas suspensif (c. pr. pén., art. 712-15).

B – Les mesures d'aménagement

553 MESURES ÉVOLUTIVES. — L'exécution des peines est évolutive, ce qui passe par des aménagements nécessaires relevant de la compétence des nouvelles juridictions de l'application des peines. L'objectif, nous le savons, est l'insertion ou la réinsertion du condamné, et le critère tient principalement à l'évolution de sa personnalité. C'est dire que, non seulement les peines ne sont pas fixes dans leur définition, mais qu'elles sont encore modulables dans leur exécution. La situation est la même, que la juridiction de jugement se soit ou non prononcée sur cette exécution : ce qu'elle a éventuellement décidé à ce titre relève pareillement des aménagements en cause [1], de sorte que la peine, dans ce qu'elle représente de condamnation initiale, n'est rien d'autre qu'un point de référence pour des arrangements futurs.

Les mesures destinées à y répondre sont nombreuses, et il n'est pas de notre propos de restituer le détail du régime correspondant à chacune. Nous aurons seulement pour préoccupation de les regrouper autour des principales données permettant d'en maîtriser l'originalité. Nous le ferons en distinguant les peines privatives de liberté et les peines restrictives de liberté, mais ce qui ne saurait être sans le préalable de quelques dispositions relatives aux droits des victimes, pour ce qu'elles représentent de préoccupations à ne jamais négliger par les juridictions compétentes.

1. Ainsi de l'exécution fractionnée de la peine d'emprisonnement, ou d'une peine d'amende, de jours-amende ou de suspension du permis de conduire décidée en application des art. 132-27 et 132-28 c. pén. (c. pr. pén., art. 708 et 720-1) ;... de la période de sûreté prévue par l'art. 132-23 c. pén. (c. pr. pén., art. 720-4) ;... de la semi-liberté ou du placement à l'extérieur décidé(e) dans les conditions des art. 132-25 ou 132-26 c. pén. (c. pr. pén., art. 723-2) ;... du placement sous surveillance électronique défini par l'art. 132-26-1 c. pén. (c. pr. pén., art. 723-7-1) ;... du placement sous surveillance électronique mobile défini par les art. 132-36-9 et s. c. pén. (c. pr. pén., art. 763-10 et s.).

a) Le respect des droits des victimes

554 PRINCIPE. — La loi Perben II s'est voulue rassurante pour les victimes, qui comprennent mal qu'elles ne soient pas mieux considérées dans les différentes procédures d'application des peines. Elles ressentent comme une nouvelle blessure le fait d'avoir à apprendre que leur agresseur a retrouvé la liberté, lorsqu'elles ne sont pas confrontées à le rencontrer physiquement dans leur environnement proche, ou à subir moralement les affronts d'une médiatisation outrancière. Des échecs patents de libération conditionnelle sont encore dans les mémoires, et il ne fait aucun doute que le législateur a compris la leçon, ce qu'il a entendu répercuter par un dispositif protecteur des droits et des intérêts de ceux qui ont été personnellement atteints par l'infraction ayant donné lieu à condamnation.

Cette prise en compte relève d'un principe général, expressément formulé dans le nouvel article 707 du code de procédure pénale, qui rappelle que l'exécution des peines favorise l'insertion ou la réinsertion des condamnés, mais « *dans le respect... des droits des victimes* » [1].

555 MANIFESTATIONS. — Plusieurs manifestations illustrent la réalité de cette préoccupation victimologique [2].

1 / *Création d'un « juge délégué aux victimes »*. – Un premier indice a valeur de symbole. Il s'agit de la création, par le décret n° 2007-1605 du 13 novembre 2007, du juge délégué aux victimes. Ce magistrat « veille, dans le respect de l'équilibre des droits des parties, à la prise en compte des droits reconnus par la loi aux victimes » (c. pr. pén., art. D. 47-6-1). Il se voit confier à ce titre trois séries d'attributions. Les premières sont juridictionnelles, qu'il

1. De la même manière, la loi n° 2009-1436 du 24 novembre 2009 pénitentiaire présente le régime d'exécution de la peine de privation de liberté comme une conciliation entre « la protection de la société, la sanction du condamné et les intérêts de la victime » (art. 1er).
2. La plupart des dispositions relatives aux victimes et aux parties civiles issues du décret d'application n° 2004-1364 du 13 déc. 2004 sont regroupées dans les articles D. 49-64 à D. 49-73 du code de procédure pénale.

exerce en sa qualité de président de la commission d'indemnisation des victimes d'infractions (c. pr. pén., art. D. 47-6-2 et 47-6-3). Les deuxièmes sont d'administration judiciaire, qui donnent lieu à des décisions ou à des ordonnances non susceptibles de recours : elles consistent principalement à saisir le juge de l'application des peines afin d'attirer son attention sur la situation et les intérêts de la victime en rapport avec les différentes mesures relevant de sa compétence (c. pr. pén., art. D. 47-6-4 à D. 47-6-11). Enfin, les troisièmes sont purement administratives, telle la participation à l'élaboration et à la mise en œuvre de dispositifs coordonnés d'aide aux victimes (c. pr. pén., art. D. 47-6-12 à D. 47-6-14).

2 / *Représentation des victimes à la chambre de l'application des peines.* – Une autre donnée tient à la composition de la chambre de l'application des peines de la cour d'appel, qui, pour l'examen de l'appel des jugements du tribunal de l'application des peines concernant le relèvement de la période de sûreté, la libération conditionnelle ou la suspension de peine, comprend, outre le président et les deux conseillers assesseurs, un responsable d'une association de réinsertion des condamnés et un responsable d'une association d'aide aux victimes (c. pr. pén., art. 712-13, al. 2 ; art. D. 49-9). Cette représentation des victimes est importante, compte tenu de l'enjeu des mesures en cause, et de leurs retombées pour les parties civiles.

3 / *Cote « victime » du dossier individuel du condamné.* – Un signe fort de la prise en compte des victimes est relatif au dossier individuel concernant chaque condamné, tenu au greffe du juge de l'application des peines, qui doit en principe comporter une cote spécifique dans laquelle sont regroupés l'ensemble des pièces et informations relatifs à la victime ou à la partie civile de l'infraction (c. pr. pén., art. D. 49-29 et D. 49-65). L'intérêt des victimes est ainsi concrétisé dans les actes de la procédure, ce qui devrait faciliter le travail des autorités pour en apprécier au mieux tous les éléments.

4 / *Enquêtes victimologiques sur les retombées des mesures d'individualisation.* – Dans l'exercice de leurs attributions, les juridictions de l'application des peines peuvent procéder ou faire procéder, sur

l'ensemble du territoire national, à tous examens, auditions, enquêtes, expertises, réquisitions, ou autres mesures utiles (c. pr. pén., art. 712-16, réd. L. n° 2010-242 du 10 mars 2010). Ces enquêtes peuvent porter, le cas échéant, sur les conséquences des mesures d'individualisation de la peine au regard de la situation de la victime, notamment lorsqu'est envisagée une cessation temporaire ou définitive de l'incarcération du condamné avant la date d'échéance de sa peine (c. pr. pén., art. 712-16-1, réd. L. n° 2010-242 du 10 mars 2010). La justice dispose ainsi de moyens puissants et efficaces lui permettant d'avoir, si besoin, une idée précise de l'impact de ses décisions sur les victimes ou parties civiles, ce qui est un élément essentiel pour répercuter leur sensibilité sur les mesures prévues.

5 / *Amorce d'une procédure contradictoire intégrant les victimes.* – Si elles l'estiment opportun, les juridictions de l'application des peines peuvent, avant toute décision, informer la victime ou la partie civile, directement ou par l'intermédiaire de son avocat, qu'elle peut présenter ses observations par écrit dans un délai de quinze jours à compter de la notification de cette information (c. pr. pén., art. 712-16-1, préc.). Il s'agit, par cette disposition, d'associer la victime à la procédure elle-même. Certes, elle n'est pas partie à l'instance, et ce n'est que sous forme d'observations écrites qu'elle peut se manifester. Mais on peut y voir l'amorce d'une certaine contradiction.

En revanche, dépassant ce droit à une simple communication, la libération conditionnelle donne lieu à un dispositif plus à l'avantage des victimes. Lorsqu'une telle libération concerne des personnes condamnées à une peine d'emprisonnement égale ou supérieure à cinq ans ou à une peine de réclusion, l'avocat de la partie civile peut en effet, s'il en fait la demande, assister au débat contradictoire devant le juge de l'application des peines, le tribunal de l'application des peines ou la chambre de l'application des peines de la cour d'appel statuant en appel, afin d'y faire valoir ses observations, avant les réquisitions du ministère public (c. pr. pén., art. 730, al. 4, réd. L. n° 2009-1436 du 24 nov. 2009 pénitentiaire). Emblème de l'aménagement de la peine, la libération conditionnelle est ainsi associée à une meilleure représentation des victimes dans le processus de décision.

6 / *Prévention des rencontres des victimes avec le condamné.* – En cas de cessation temporaire ou définitive de l'incarcération du condamné avant la date d'échéance de sa peine, lorsqu'existe un risque qu'il puisse se trouver en présence de la victime ou de la partie civile, et qu'une telle rencontre paraît devoir être évitée [1], la juridiction interdit au condamné d'entrer en relation avec elle, et, le cas échéant, de paraître à proximité de son domicile et de son lieu de travail. À cet effet, elle adresse à la victime un avis l'informant de cette mesure, et, si celle-ci est partie civile, l'avis est également adressé à son avocat (c. pr. pén., art. 712-16-2, réd. L. n° 2010-242 du 10 mars 2010). Ces précautions relèvent d'une prévention fort utile, tant il est essentiel que les victimes, sauf consentement de leur part, n'aient pas à souffrir de la présence physique du condamné.

7 / *Aide au recouvrement des dommages et intérêts dus aux victimes.* – Enfin, une dernière réforme d'importance mérite de figurer dans cet inventaire. Il s'agit des dispositions de la loi n° 2008-644 du 1er juillet 2008 créant de nouveaux droits pour les victimes et améliorant l'exécution des peines [2], qui a inséré dans le code de procédure pénale et dans le code des assurances un ensemble de mesures destinées à aider les victimes d'infractions à recouvrer les dommages et intérêts qui leur sont dus (c. pr. pén., art. 706-15-1 et 706-15-2 ; c. assur., art. L. 422-7 à L. 422-10). À moins qu'une indemnisation puisse être obtenue au titre du recours en indemnité ouvert à certaines victimes de dommages résultant d'une infraction (c. pr. pén., art. 706-3 et 706-14), toute personne physique qui, s'étant constituée partie civile, a bénéficié d'une décision lui accordant des dommages et intérêts en réparation du préjudice qu'elle a subi du fait d'une infraction pénale, peut solliciter du fonds de garantie des victimes des actes de terrorisme et d'autres infractions qu'il intervienne pour en permettre le recouvrement, dès lors que la personne condamnée s'est abstenue de tout paiement volontaire dans un délai de deux mois suivant le jour où la décision est devenue définitive. Cette aide peut être obtenue y compris si l'auteur de

1. Le prononcé de cette interdiction est obligatoire, sauf décision contraire spécialement motivée, lorsque la personne a été condamnée pour l'une des infractions violentes ou de nature sexuelle visées à l'article 706-47 du code de procédure pénale.
2. *JO* 2 juill., p. 10610.

l'infraction fait l'objet d'une obligation d'indemnisation de la victime dans le cadre d'une peine de sanction-réparation, d'un sursis avec mise à l'épreuve ou d'une décision d'aménagement de peine ou de libération conditionnelle. Il est donc un prolongement civil au soutien des victimes, par les facilités ainsi mises en place destinées à leur permettre de rentrer dans les fonds dont elles sont créancières.

b) Les mesures relatives aux peines privatives de liberté

556 PHILOSOPHIE. — Les mesures d'aménagement concernant les peines privatives de liberté sont à rattacher à trois données, qui en déterminent à la fois l'opportunité et le contenu : il y a d'abord la part de l'humain, qui concède aux cas extrêmes, où l'exécution de la peine n'est plus compatible avec un État de droit ; il y a ensuite le respect d'un impératif, celui d'éviter les courtes peines d'emprisonnement ; il y a enfin les réponses à une politique de réinsertion, afin de favoriser un retour progressif à la liberté, mais doublé de mesures destinées en assurer le suivi et à prévenir la récidive.

557 PART DE L'HUMAIN. — Tout ce qui s'inscrit dans l'exécution des peines est d'inspiration humaniste, et par le respect des personnes qui préside au dispositif, et par l'espoir que suscite la réinsertion des condamnés. La loi pénitentiaire du 24 novembre 2009 s'en fait justement l'écho, qui garantit à toute personne détenue « le respect de sa dignité et de ses droits » (art. 22), tout en insistant sur « la nécessité de préparer l'insertion ou la réinsertion de la personne détenue afin de lui permettre de mener une vie responsable et de prévenir la commission de nouvelles infractions » (art. 1er). Ces affirmations ne sont pas gratuites. Elles renvoient à des situations éminemment concrètes, que le législateur prend en compte, notamment sur la foi de données difficilement compatibles avec un régime pénitentiaire.

Est d'abord concernée l'exécution fractionnée de la peine d'emprisonnement, possible en matière correctionnelle, « *pour motif d'ordre médical, familial, professionnel ou social* » (c. pr. pén., art. 720-1, mod. L. n° 2009-1436 du 24 nov. 2009), dans les mêmes conditions qu'un fractionnement prononcé par la juridiction de jugement, c'est-à-dire lorsqu'il reste à subir par la personne condamnée une peine d'emprisonnement inférieure ou égale à deux ans, ou, si la personne est en état de récidive légale, égale ou inférieure à un an (c. pén., art. 132-27, mod. L. n° 2009-1436 du 24 nov. 2009). Ensuite, doit être évoquée la suspension, qui peut également être ordonnée, quelle que soit la nature de la peine ou la durée restant à subir, pour les condamnés dont il est établi qu'ils sont atteints d'une « *pathologie engageant le pronostic vital* » ou que leur état de santé est durablement incompatible avec le maintien en détention, sauf s'il existe un risque grave de renouvellement de l'infraction (c. pr. pén., art. 720-1-1, mod. L. n° 2005-1549 du 12 déc. 2005, L. n° 2009-1436 du 24 nov. 2009, et L. n° 2010-242 du 10 mars 2010 ; art. D. 147-1 à D. 147-5)[1].

Dans les deux cas, la peine est reconsidérée dans sa continuité, afin de répondre à des situations graves, voire fatales. Mais le suivi judiciaire ne faiblit pas pour autant, et la loi du 9 mars 2004 a greffé sur les dispositions visées, antérieures à son adoption, la possibilité pour les juridictions d'application des peines de soumettre le condamné à une ou plusieurs des obligations ou interdictions propres au régime de la mise à l'épreuve. Sont ainsi conciliées, les exigences humaines inséparables de tout système répressif, et les rigueurs de la justice.

558 ÉVITEMENT DES COURTES PEINES D'EMPRISONNEMENT. — Les courtes peines d'emprisonnement ont toujours été une préoccupation majeure pour le législateur, étant plus subversives qu'éducatives. C'est pourquoi, en matière correctionnelle, l'emprisonnement est d'abord compris comme un « dernier recours », lorsqu'aucune autre sanction n'apparaît adéquate (c. pén., art. 132-24, al. 3, réd. L. n° 2009-1436 du 24 nov. 2009), des peines de substitution permettent ensuite de l'éviter, afin d'inciter la juridiction de jugement à ne pas le prononcer (*chapitres 13 et 14*),

1. Si la suspension de peine a été ordonnée pour une condamnation prononcée en matière criminelle, une expertise médicale destinée à vérifier que les conditions de la suspension sont toujours remplies doit intervenir tous les six mois (c. pr. pén., art. 720-1-1, al. 7, réd. L. n° 2005-1549 du 12 déc. 2005).

et enfin des aménagements sont prévus et largement favorisés, destinés à en contourner l'exécution.

Ces aménagements, nous les connaissons en partie, pour savoir qu'ils peuvent être prononcés *ab initio* par la juridiction de jugement, qui, sur la foi de la perception des faits ayant donné lieu à condamnation, a toute la pertinence requise pour en retenir le principe et en définir les modalités. On les retrouve pareillement dans la phase de l'application des peines, dont toute la philosophie est orientée vers une souplesse d'exécution en lien avec la personnalité du condamné, et la loi ne peut que comprendre des mesures semblables, destinées à éviter des sanctions dont la durée se concilie mal avec les lourdeurs et les risques d'une incarcération ou de son prolongement. Aussi, des options sont possibles, qui permettent aux juridictions chargées de cette application de se déterminer différemment, en privilégiant d'autres modes d'exécution, dont le choix revient à une véritable redéfinition de la peine prononcée, au profit d'une individualisation bien comprise.

Mais la matière a profondément évolué depuis la loi pénitentiaire du 24 novembre 2009. Nous l'avons déjà souligné en rapport avec les aménagements relevant de la compétence initiale des juridictions de jugement : le régime d'application des courtes peines d'emprisonnement cède de plus en plus, sous couvert d'individualisation et de réinsertion, à un enjeu économique et budgétaire implicite et latent, lié à la surpopulation carcérale, et aux graves questions que cette triste réalité ne manque pas de soulever. Une réalité omniprésente dans l'articulation des dispositions concernées, que la peine dite « courte » soit en attente d'exécution ou en cours d'exécution, autrement dit que le condamné soit libre ou au contraire incarcéré (V. ci-dessous, *Pour aller plus loin*).

559 RETOUR PROGRESSIF À LA LIBERTÉ. — « *L'individualisation des peines doit, chaque fois que cela est possible, permettre le retour progressif du condamné à la liberté et éviter une remise en liberté sans aucune forme de suivi judiciaire* » : tel est le principe en matière de privation de liberté, formulé à l'article 707 du code de procédure pénale, dans la rédaction de la loi du 9 mars 2004. Un principe qui situe parfaitement l'esprit dans lequel doivent être opérés les aménagements de peines, afin de parvenir, moins à la liberté comme un but en soi, qu'à une liberté utile, signe d'une insertion ou réinsertion réussie. L'entreprise n'est pas facile, et on sait que la détraction ne manque pas concernant cette politique, trop de dérapages ou d'échecs en marquant les réalités. Elle n'est pas remise en question pour autant, sous réserve d'un encadrement plus strict des différentes mesures permettant de la maintenir. C'est sur ce plan, dans la définition de leurs conditions, dans le contrôle et le suivi de ce qu'elles supposent de souplesse, que la loi est intervenue, afin de ne rien négliger de ce qui peut être facteur de réussite sur la voie de la personnalisation et du reclassement social. L'ensemble y gagne en rigueur, surtout manifeste dans la complémentarité des mesures en cause, toutes destinées au « retour progressif à la liberté ». Trois phases en marquent le mouvement, à la hauteur des trois mots associés dans la formule : la progression par réduction, le retour sous condition, et le suivi de la liberté.

1/ *Réductions de peine.* – La progression sur la voie de la liberté passe d'abord par certaines réductions de la durée de la peine. Aucun condamné n'en est privé, y compris en cas de réclusion criminelle à perpétuité, ce qui témoigne de la primauté de l'aménagement des peines sur leur prononcé, et de la relativité des décisions des juridictions de jugement.

C'est d'abord sous forme de crédit de réduction de peine, calculé sur la durée de la condamnation, que se joue la progression, avec des possibilités de réduction supplémentaire, voire exceptionnelle, qui relèvent de la compétence, soit du juge de l'application des peines, soit du tribunal de l'application des peines (c. pr. pén., art. 721 à 721-3 ; art. D. 115 à D. 117-3). Ensuite, la période de sûreté elle-même n'est pas immuable, le tribunal de l'application des peines pouvant décider qu'il y soit mis fin, ou que sa durée soit réduite, lorsque le condamné manifeste des gages sérieux de réadaptation sociale (c. pr. pén., art. 720-2 à 720-5).

On le voit, serait-elle la plus stricte, c'est-à-dire à perpétuité, et doublée de la décision de la cour d'assises d'exclure toute mesure d'individualisation [1], la peine privative de liberté reste ouverte à la réduction, et donc au retour possible du condamné à la liberté.

1. Le tribunal de l'application des peines, dans cette hypothèse extrême, ne peut accorder une mesure d'aménagement que si le condamné a subi une incarcération d'une durée au moins égale à trente ans, et les décisions prévues ne peuvent être rendues qu'après une expertise

2/ Régimes de progression. – Le retour progressif à la liberté, fort encouragé en fin de peine (c. pr. pén., art. 723-19 et s., réd. L. 24 nov. 2009), n'est pas sans passer par des mesures destinées à s'assurer de sa pertinence. Et c'est pourquoi, le condamné ne peut prétendre retrouver cette liberté que sous couvert de régimes successifs, voire substitutifs les uns par rapport aux autres [1], dont le choix se veut à la hauteur de l'évolution de sa situation, et de ses gages de réinsertion. C'est ici que se jouent les différentes modalités d'exécution des peines privatives de liberté, dont certaines peuvent avoir été décidées par la juridiction de jugement, mais toujours sous réserve de la primauté d'aménagement relevant de la compétence des juridictions de l'application des peines.

Placement à l'extérieur, semi-liberté, permissions de sortir (c. pr. pén., art. 723-2 à 723-6 ; art. D. 118 à D. 147), placement sous surveillance électronique (c. pr. pén., art. 723-7 à 723-14 ; art. R. 57-10 à R. 57-30), libération conditionnelle (c. pr. pén., art. 729 à 733 ; art. D. 522 à D. 544) : toutes ces mesures relèvent de conditions permettant d'intégrer l'évolution du condamné, en même temps qu'elles sont pour lui un moyen de la confirmer. La libération conditionnelle, par exemple, n'est possible que sous couvert d'un temps d'épreuve, correspondant à l'accomplissement d'une partie incompressible de la peine prononcée, au cours duquel le condamné doit avoir manifesté des « efforts sérieux de réadaptation sociale ». Aucune décision d'aménagement de la peine ne peut échapper à de telles références, qui donnent toute sa justification à la mesure retenue, l'inscrivant dans un processus de retour maîtrisé à la liberté, laquelle est par ailleurs très surveillée.

560 SUIVI DE LA LIBERTÉ. — La loi entend « *éviter une remise en liberté sans aucune forme de suivi judiciaire* ». C'est un peu le principe de précaution appliqué à l'exécution des peines. Il ne suffit pas en effet, pour décider d'une mesure d'application, de se

réalisée par un collège de trois experts médicaux inscrits sur la liste des experts agréés par la Cour de cassation qui se prononcent sur l'état de dangerosité du condamné (c. pr. pén., art. 720-4, al. 3 et 4).

1. V. à cet égard les articles 723-2 et 723-7-1 c. pr. pén., relatifs à la semi-liberté, au placement à l'extérieur et au placement sous surveillance électronique. Se référer également à l'article 723-25 c. pr. pén., plus spécifique aux dispositions applicables aux condamnés en fin de peine.

satisfaire d'indices de bonne conduite de la part du condamné, encore faut-il le suivre dans l'apprentissage qu'il va faire de sa liberté, qui peut être pour lui l'occasion de tentations ou de rechutes d'autant plus redoutables, qu'elles ne manquent pas de cristalliser l'incompréhension de nos concitoyens, lesquels comprennent difficilement qu'un condamné à la réclusion criminelle à perpétuité puisse récidiver hors de sa prison... C'est pourquoi le législateur, non seulement a affirmé le principe du suivi judiciaire de la remise en liberté, mais a encore multiplié les dispositions permettant de l'assurer avec la plus grande efficacité possible.

1/ *Suivi probatoire.* – On voudra pour preuve la référence, systématique dans la loi Perben II, comme dans la loi pénitentiaire du 24 novembre 2009 – elle-même complétée par la loi n° 2010-242 du 10 mars 2010 tendant à amoindrir le risque de récidive criminelle et portant diverses dispositions de procédure pénale [1] – aux mesures de contrôle et aux obligations du régime de la *mise à l'épreuve*, telles que comprises aux articles 132-44 et 132-45 du code pénal. Elles sont adossées à la plupart des décisions relatives à l'aménagement des peines privatives de liberté, qu'il s'agisse du fractionnement ou de la suspension (c. pr. pén., art. 720-1 et 720-1-1), du placement à l'extérieur, de la semi-liberté ou de la permission de sortir (c. pr. pén., art. 723-4), du placement sous surveillance électronique (c. pr. pén., art. 723-10), ou encore de la libération conditionnelle (c. pr. pén., art. 731), tout comme elles sont associées aux décisions prises dans le cadre des procédures simplifiées d'aménagement des courtes peines d'emprisonnement (c. pr. pén., art. 723-20), voire aux modalités d'exécution des fins de peine d'emprisonnement en l'absence de tout aménagement (c. pr. pén., art. 723-28). Les obligations et mesures concernées, outre le dispositif de surveillance propre à chaque mécanisme de substitution, ne peuvent que prévenir les risques de dérapage de la part du condamné, d'autant plus qu'elles sont doublées de pouvoirs importants permettant aux juridictions de l'application des peines de réagir promptement.

1. *JO* 11 mars, p. 4808.

2/ Suivi de sûreté. – Ce dispositif « probatoire » n'est pas le seul à être exploité pour assurer le suivi de la liberté des condamnés. Il est une autre institution répondant à cet objet, qui n'avait pas été intégrée lors de la réforme du code pénal, mais qui fait un retour en force depuis quelques années, dans un souci bien compris de prévention de la récidive propre aux délinquants les plus dangereux. Il s'agit de la *mesure de sûreté*, dont la nature, orientée vers l'avenir, et non point tournée vers le passé, permet de s'assurer que la liberté retrouvée ne tournera pas au désavantage de la société [1]. Le législateur s'est engagé dans une politique de réhabilitation de cette mesure, lui reconnaissant des avantages certains, celui de la rétroactivité notamment, sous les réserves du Conseil constitutionnel, que n'ont, ni les peines, ni leurs régimes d'application.

— Ainsi du *fichier judiciaire national automatisé des auteurs d'infractions sexuelles ou violentes*, institué par la loi Perben II du 9 mars 2004 (c. pr. pén., art. 706-53-1 et s.), dont l'objet est de suivre les personnes qui y figurent par des contrôles réguliers.

— Ainsi de la *surveillance judiciaire*, mise en place par la loi n° 2005-1549 du 12 décembre 2005 (c. pr. pén., art. 723-29 à 723-37), et dont la vocation est de compenser ce qui n'a pu être couvert par une libération conditionnelle, celle-ci ayant été refusée en raison d'un risque trop élevé de récidive, ou un suivi socio-judiciaire, notamment parce que les faits ayant donné lieu à condamnation ont été commis avant l'institution de cette peine par la loi du 17 juin 1998. Par la surveillance judiciaire, le tribunal de l'application des peines [2] peut soumettre le libéré, pour une durée limitée à celle des réductions de peine dont il a bénéficié, à des obligations adaptées à sa dangerosité, parmi lesquelles, similaires à certaines obligations applicables en matière de suivi socio-judiciaire, de libération conditionnelle, ou de surveillance de sûreté, l'injonction de soins et le placement sous surveillance électronique mobile, ce placement étant lui-même une mesure de sûreté à part entière (v. ci-dessus).

1. Y. Mayaud, La mesure de sûreté après la décision du Conseil constitutionnel n° 2008-562 DC du 21 février 2008, D. 2008, *Chron.*, p. 1359.
2. Et non plus le juge de l'application des peines, comme c'était le cas jusqu'à la loi pénitentiaire du 24 novembre 2009, le législateur ayant préféré la collégialité pour une mesure de cette importance (c. pr. pén., art. 723-29, mod. L. 24 nov. 2009).

— Ainsi de la *rétention de sûreté*, instaurée par la loi n° 2008-174 du 25 février 2008 [1] – elle-même complétée par la loi n° 2010-242 du 10 mars 2010 tendant à amoindrir le risque de récidive criminelle et portant diverses dispositions de procédure pénale – qui a pour finalité de placer le libéré en centre socio-médico-judiciaire de sûreté, dans lequel lui est proposé, de façon permanente, une prise en charge médicale, sociale et psychologique (c. pr. pén., art. 706-53-13 et s.). La rétention de sûreté est au sommet de la prévention, étant destinée aux délinquants les plus dangereux. Elle ne peut être prononcée qu'à « titre exceptionnel » contre des condamnés à une peine de réclusion criminelle d'une durée égale ou supérieure à quinze ans pour des crimes relevant d'une liste qualifiée commis sur une victime mineure ou majeure, là où la peine de référence est une peine privative de liberté égale ou supérieure à sept ans pour le placement sous surveillance électronique mobile dans le cadre du suivi socio-judiciaire (c. pén., art. 131-36-10), ou pour le placement sous surveillance judiciaire (c. pr. pén., art. 723-29, mod. L. n° 2010-242 du 10 mars 2010). Mieux encore, accentuant cette dimension d'exception, son prononcé n'est possible que si la cour d'assises en a retenu le principe dans sa décision de condamnation. Mais la particularité de la mesure tient surtout à son impact sur la liberté elle-même, qui est fortement menacée dans son principe par le régime d'enfermement spécifique que caractérise la rétention, celle-ci pouvant relever d'un renouvellement sans limite, et donc d'une durée perpétuelle, ce que n'atteint aucune peine dans sa phase concrète d'application... C'est pourquoi, le Conseil constitutionnel, tout en lui reconnaissant la nature de mesure de sûreté, n'a pas validé sa rétroactivité [2]...

1. *JO* 26 févr., p. 3266.
2. – Cons. const. 21 févr. 2008, n° 2008-562 DC, *JO* 26 févr., p. 3272, D. 2008, *Pan.*, p. 2035, obs. Bernaud et Gay ; *ibid.* 2009, *Pan.*, p. 125, obs. Roujou de Boubée ; *Gaz. Pal.* 2008. 1. 391, et la note ; *Rev. sc. crim.* 2009. 166, obs. de Lamy ; L. Favoreu et L. Philip, Les grandes décisions du Conseil constitutionnel, *Dalloz*, 15ᵉ éd., 2009, n° 48, p. 816. – *Adde* : B. Mathieu, La non-rétroactivité en matière de rétention de sûreté : exigence constitutionnelle ou conventionnelle ? À propos de la décision n° 2008-562 DC du Conseil constitutionnel, JCP 2008, *Actualité*, n° 166 ; Y. Mayaud, *chron.* précit.

— La rétroactivité n'est cependant pas totalement absente. En effet, la rétention de sûreté peut faire suite à une surveillance de sûreté, elle-même venant en prolongement d'une surveillance judiciaire (c. pr. pén., art. 723-37) ou d'un suivi socio-judiciaire (c. pr. pén., art. 763-8) : si l'intéressé méconnaît les obligations qui lui sont imposées dans le cadre de la surveillance de sûreté, il peut éventuellement être placé en rétention de sûreté, sous les conditions

— Ainsi de la *surveillance de sûreté*, autre dispositif créé par la loi du 25 février 2008. Elle consiste à prolonger, au-delà du terme fixé pour une mesure de surveillance judiciaire [1] ou un suivi socio-judiciaire, tout ou partie des obligations auxquelles la personne libérée est astreinte au titre de l'une ou l'autre de ces mesures, notamment le placement sous surveillance électronique mobile. Elle ne peut être prononcée qu'après expertise médicale constatant la persistance de la dangerosité et dans le cas où les obligations résultant de l'inscription dans le fichier judiciaire national automatisé des auteurs d'infractions sexuelles ou violentes apparaissent insuffisantes pour prévenir la récidive (c. pr. pén., art. 723-37, 723-38 et 763-8). Elle peut encore être ordonnée si la rétention de sûreté n'est pas prolongée ou s'il y est mis fin alors que la personne présente toujours des risques de récidive (c. pr. pén., 706-53-19, mod. L. n° 2010-242 du 10 mars 2010).

On le voit, le suivi de la liberté retrouvée n'est pas une illusion, un vœu resté dans le domaine des principes ou de la simple affirmation. Que cette liberté passe par un aménagement de peine, ou qu'elle corresponde à une fin de peine, elle n'est pas livrée à elle-même, mais relève d'une réalité d'autant plus rassurante, que des mesures probatoires ou de sûreté en garantissent la fiabilité.

c) Les mesures relatives aux peines restrictives de liberté

561 GESTION RÉACTIVE. — Les peines restrictives de liberté sont toutes les peines dont le principe ne passe pas par une détention, mais par des contraintes pesant sur le condamné ayant pour objet de le priver de certains droits, ou de limiter certaines de ses libertés. Elles ont aujourd'hui une très grande importance, pour être les instruments d'une stratégie de substitution ou d'accompagnement : de substitution en servant de peine de remplacement lorsque l'emprisonnement est jugé inopportun, et d'accompagne-

de dangerosité propres à celle-ci (c. pr. pén., art. 706-53-19), avec pour conséquence de ne plus être protégé par la non-rétroactivité...

1. Depuis la loi n° 2010-242 du 10 mars 2010, la surveillance de sûreté peut être prononcée à l'égard d'une personne placée sous surveillance judiciaire à laquelle toutes les réductions de peine ont été retirées (c. pr. pén., art. 723-37, dernier alinéa).

ment en complétant les différentes mesures d'exécution dont les peines sont l'objet. Elles consistent à soumettre le condamné à un dispositif de prévention, de surveillance ou de contrôle, ou encore à lui imposer certaines obligations, qui sont autant de pressions sur sa liberté, avec le risque d'une incarcération dans l'hypothèse où elles ne seraient pas respectées. Ainsi du travail d'intérêt général, des peines privatives ou restrictives de droits prévues à l'article 131-6 du code pénal, et surtout de la mise à l'épreuve, dont nous venons de voir qu'elle est une référence privilégiée pour l'aménagement des peines privatives de liberté.

Ces sanctions connaissent des règles particulières d'exécution. Il n'est pas question pour elles d'un retour progressif à la liberté, mais d'une gestion réactive, confiée au juge de l'application des peines, dont les pouvoirs sont quasiment illimités pour les adapter au mieux à la situation du condamné pendant leur temps d'application, voire pour décider de leur retrait en cas d'évolution négative.

562 SÉLECTION. — Les peines restrictives de liberté sont caractérisées par une grande souplesse, étant facilement interchangeables entre elles. La loi a non seulement multiplié les mesures de cette nature, mais elle aménage des passerelles des unes aux autres, dans la logique de leur double objet, et de substitution, et d'accompagnement.

1 / Il est d'abord des *passerelles internes*, en ce sens que, pour une même catégorie de peines, les modalités qui leur correspondent peuvent toujours être modifiées au profit d'une ou de plusieurs autres. Par exemple, dans l'hypothèse du sursis avec mise à l'épreuve, le condamné doit satisfaire, outre les mesures de contrôle (c. pén., art. 132-44), à certaines obligations particulières (c. pén., art. 132-45), qui lui sont spécialement imposées, soit par la décision de condamnation, soit par une décision postérieure que peut, à tout moment, prendre le juge de l'application des peines (c. pr. pén., art. 739). De la même manière, à tout moment de la durée de l'interdiction de séjour, le juge de l'application des peines peut, après audition du condamné et avis du procureur de la République, modifier la liste des lieux interdits et les mesures de surveillance et d'assistance auxquelles le condamné est soumis (c. pr. pén., art. 762-4). Il en est pareillement, pendant la durée du suivi socio-judiciaire, pour les

mesures de surveillance et d'assistance applicables, tout comme le juge peut ordonner le placement sous surveillance électronique mobile du condamné, ou encore prononcer une injonction de soins s'il se révèle, postérieurement à la décision de condamnation, que la personne astreinte à ce suivi est susceptible de faire l'objet d'un traitement (c. pr. pén., art. 763-3). Enfin, il va de soi que peuvent toujours être modifiées les mesures de contrôle et les obligations empruntées au régime de la mise à l'épreuve, lorsqu'elles sont adossées, comme nous l'avons vu, aux différentes modalités d'exécution des peines privatives de liberté.

2 / Il est en second lieu des *passerelles externes*, par lesquelles le juge de l'application des peines peut quitter une catégorie de sanctions au profit d'une autre, ne respectant plus, en quelque sorte, le choix initialement porté sur sa nature. Ainsi, il peut, d'office, à la demande de l'intéressé ou sur réquisition du procureur de la République, ordonner par décision motivée de substituer au travail d'intérêt général une peine de jours-amende, que ce travail ait été prononcé comme peine de substitution (c. pr. pén., art. 733-1, mod. L. 24 nov. 2009), ou comme modalité du sursis (c. pr. pén., art. 747-1-1).

En définitive, le juge de l'application des peines dispose de pouvoirs très étendus, au service d'une sélection très ouverte. Certes, c'est toujours sous couvert de la loi et de ses distinctions qu'il peut intervenir, pour accorder, modifier, ajourner, refuser, retirer ou révoquer les mesures relevant de sa compétence, y compris dans le cadre des procédures simplifiées d'aménagement des peines privatives de liberté, si leur durée prononcée ou restant à subir le permet (c. pr. pén., art. 712-4, mod. L. 24 nov. 2009). Mais, on perçoit fort bien, en rapport avec les quelques illustrations que nous venons de donner, que la tendance est de céder à la souplesse, afin d'en retirer le meilleur profit dissuasif pour le condamné lui-même.

563 DISSUASION. — Les peines restrictives de liberté ont une portée dissuasive importante, en faisant peser sur le condamné la menace d'une incarcération, alors que la juridiction a précisément entendu l'éviter. La loi Perben II a d'ailleurs mis en place un dispositif de réaction qui ne peut qu'ajouter à cette dissuasion, pour contenir tous les moyens permettant de sanctionner la violation des mesures concernées, et surtout en déduire les conséquences quant à la suite répressive à leur donner.

1 / C'est d'abord sur la *mesure elle-même* que le juge de l'application des peines peut intervenir. Les textes sont à ce titre explicites, qui envisagent sa suspension, son retrait ou sa révocation, le condamné se retrouvant de ce fait dans la situation dont on voulait le préserver (c. pr. pén., art. 712-18 à 712-20). Certes, il n'est pas d'automatisme, mais la logique du système implique ces solutions.

2 / C'est ensuite sur la *personne du condamné* que le juge va exercer ses pouvoirs. Il peut, à cette fin, délivrer contre lui un mandat d'amener, voire un mandat d'arrêt s'il est en fuite ou réside à l'étranger (c. pr. pén., art. 712-17). Une procédure s'ensuit, qui peut se solder par l'incarcération provisoire de l'intéressé (c. pr. pén., art. 712-18 et 712-19), avant qu'il ne soit à nouveau statué sur son sort.

Les peines restrictives de liberté ne sauraient donc être assimilées à des facilités : même destinées à assouplir ce qu'une privation de liberté peut avoir de trop lourd ou de déplacé compte tenu de la personnalité du délinquant, elles restent de véritables peines, dont la nature contraignante ne saurait être minimisée.

Section II
Les obstacles à l'exécution

564 SOURCES. — L'exécution des peines est parfois impossible, pour être confrontée à des obstacles interdisant toute prétention à ce titre. Plusieurs hypothèses se profilent, selon qu'ils se manifestent directement sur la peine (I), ou sont seulement dérivés d'une autre situation (II).

I | LES OBSTACLES DIRECTS

565 EMPRISE SUR LA PEINE. — Il s'agit de regrouper ici tout ce qui a une emprise immédiate sur la peine, correspondant à des obstacles naturels (A) ou juridiques (B).

A – Les obstacles naturels

566 DÉCÈS. — Le décès du condamné « *empêche* » ou « *arrête* » l'exécution de la peine (c. pén., art. 133-1, al. 1er). Il s'agit là de la cause première, la plus naturelle, entravant l'application des peines. Ce qui a été jugé au nom de la responsabilité personnelle, se doit d'être appliqué également de manière personnelle, et si le condamné décède, soit avant toute mesure de mise à exécution de sa peine, soit pendant le temps de celle-ci, il n'est plus possible de prétendre à la moindre intervention.

La conclusion est logique. Elle n'est pourtant pas suivie de la même rigueur par le code pénal. Après le décès du condamné, il est en effet possible de procéder au recouvrement de l'amende et des frais de justice, ainsi qu'à l'exécution de la confiscation (c. pén., art. 133-1, al. 1er, préc.). Autrement dit, malgré la disparition du coupable, certaines exécutions restent pertinentes, ce qui revient à faire supporter sur d'autres que le condamné les conséquences de sa responsabilité. L'amende et la confiscation ne sont ni « empêchées », ni « arrêtées » par le décès, bien qu'il s'agisse de peines, mais continuent à rentrer dans les légitimes prétentions de la justice, qui peut en réclamer le dû. Il y a là une entorse à la personnalité, même si on peut considérer que la portée de ces sanctions est « réelle », liée au fait que les héritiers ou ayants cause du condamné auraient, de toute façon, et de son vivant, été privés des sommes ou des biens soumis à prélèvement.

567 DISSOLUTION. — La dissolution est aux personnes morales ce que le décès est aux personnes physiques. Il en est de la première comme du second, c'est-à-dire un obstacle à l'exécution de la peine (c. pén., art. 133-1, al. 1er). Le principe de personnalité étant de la philosophie même du droit pénal, une solution identique doit être consacrée.

C'est ce que fait le code pénal, mais y compris dans ses réserves relatives au recouvrement de l'amende et à l'exécution de la confiscation, qui continuent à être des peines applicables après la dissolution de la personne morale condamnée, jusqu'à la clôture des opérations de liquidation.

B – Les obstacles juridiques

568 PRESCRIPTION. — « *La prescription de la peine empêche l'exécution de celle-ci* » (c. pén., art. 133-1, al. 2). Elle est un obstacle à son application, directement lié à la politique criminelle elle-même, qui se concilie mal avec l'exécution de peines dont le principe remonte à des condamnations trop lointaines. On connaît les fondements de cette solution, qui tiennent notamment à une volonté d'oubli là où la justice n'a pas fait le nécessaire pour parvenir à une promptitude ou à une célérité suffisante d'application, comme il en est de la prescription de l'action publique, avec pour résultat une impunité à laquelle la jurisprudence oppose parfois une certaine résistance (*chapitre 5*). Mais parce que cet oubli emprunte plus à la fiction qu'à la réalité, la prescription n'est pas une donnée toujours respectée, et on sait que les crimes contre l'humanité, pour ce qu'ils représentent précisément d'inoubliables, sont imprescriptibles par leur nature (c. pén. 213-5 ; L. n° 64-1326 du 26 déc. 1964).

Les hypothèses d'imprescriptibilité mises à part, la loi aménage elle-même le régime de la prescription. Elle en fixe les durées, ouvertes à interruption ou suspension, qui sont fonction de la qualification des infractions : les peines prononcées pour un crime se prescrivent par vingt années révolues à compter de la date à laquelle la décision de condamnation est devenue définitive ; celles prononcées pour un délit, par cinq années ; et celles prononcées pour une contravention par trois années (c. pén., art. 133-2 à 133-4). Quant aux obligations de nature civile résultant de la décision pénale devenue définitive, elles se prescrivent d'après les règles du code civil (c. pén., art. 133-6), ce qui est une solution normale, les obligations en cause ne participant pas de la répression. Enfin, il est expressément prévu que les condamnés par défaut dont la peine est prescrite ne sont pas admis à former opposition (c. pén., art. 133-5) : la prescription de la peine, en matière correctionnelle ou contraventionnelle [1], a donc un effet secondaire pour ceux qui n'ont été, ni

1. Pour ce qui est des crimes, afin de se mettre en conformité avec la jurisprudence de la Cour européenne des droits de l'homme (*Krombach c/ France*, 13 févr. 2001), la loi Perben II du 9 mars 2004 a remplacé l'ancienne contumace par une procédure de « défaut en matière criminelle », et l'appel n'est pas ouvert à la personne ainsi condamnée par défaut (c. pr. pén., art. 379-2 à 379-6).

présents, ni défendus par un avocat, à savoir de rendre définitive leur condamnation.

569 GRÂCE. — « *La grâce emporte seulement dispense d'exécuter la peine* » (c. pén., art. 133-7). Il s'agit d'une mesure ayant également la peine pour objet, puisque le décret de grâce du président de la République, désormais de portée individuelle [1], est exclusivement destiné à dispenser le condamné d'avoir à l'exécuter. Mais juridiquement parlant, il est une différence de nature avec la prescription : alors que cette dernière « empêche » l'exécution de la peine, la grâce, quant à elle, ne fait qu'en « dispenser ». La nuance n'est pas de style. Elle répercute une philosophie distincte de l'une à l'autre, la prescription ne relevant pas d'une faveur, comme c'est le cas de la grâce [2], mais d'une extinction inhérente à la peine elle-même.

Ceci étant, la prescription et la grâce se rejoignent dans des effets communs, pour maintenir la condamnation dans son principe. La décision pénale demeure inscrite au casier judiciaire, elle peut constituer le premier terme d'une récidive future, et empêcher l'octroi d'un sursis. Enfin, il n'est pas fait obstacle au droit, pour la victime, d'obtenir réparation du préjudice causé par l'infraction : cette importante précision d'ordre civil n'est explicite qu'à propos de la grâce (c. pén., art. 133-8), mais il est évident qu'elle ne saurait lui être réservée, et que la prescription connaît le même régime, pour procéder, l'une comme l'autre, d'un mécanisme dont la portée est par hypothèse étrangère à la réparation.

1. Relatif au droit de grâce, l'article 17 de la Constitution était ainsi rédigé dans sa version initiale : « Le Président de la République a le droit de faire grâce ». Depuis la loi constitutionnelle n° 2008-724 du 23 juillet 2008 de modernisation des institutions de la Ve République (*JO* 24 juill., p. 11890), la formule est la suivante : « Le Président de la République a le droit de faire grâce à titre individuel ». Cette modification est délibérément restrictive, pour exclure les grâces collectives. – V. à ce sujet, F. Luchaire, G. Conac et X. Prétot, La Constitution de la République française, Analyses et commentaires, *Economica*, 3e éd., 2009, Article 17, par X. Prétot, p. 545.
2. Avant la réforme du code pénal la grâce valait « exécution » de la peine (Crim. 22 janv. 1948, *Bull. crim.* n° 25 ; 16 juin 1992, *ibid.* n° 238 ; 16 mars 1999, *ibid.* n° 40, *Rev. sc. crim.* 1999. 810, obs. Bouloc). Le fait qu'elle ne soit aujourd'hui qu'une « dispense » d'exécution n'est pas sans incidence sur le mécanisme de la confusion des peines : les remises gracieuses portant sur une peine ultérieurement absorbée ne peuvent plus, en effet, s'imputer sur la durée de la peine absorbante (Crim. 29 sept. 2004, *Bull. crim.* n° 228).

II | Les obstacles dérivés

570 Retombées quant à la peine. — Les obstacles à l'exécution ne sont pas exclusivement liés à une emprise ou à une action immédiate sur la peine elle-même. Il en est d'autres, moins directs, où l'absence d'application de la sanction n'est qu'une retombée d'un mécanisme plus complexe, emprunté soit à l'amnistie des faits (A), soit à la réhabilitation de la personne (B).

A – L'amnistie des faits

571 Nature. — L'amnistie est un obstacle à l'exécution des peines, parce qu'elle « *efface les condamnations prononcées* » (c. pén., art. 133-9). En réalité, cet « effacement » n'est que secondaire par rapport à l'effet principal de la loi d'amnistie. Nous le savons, ce type de loi agit sur le caractère délictueux des faits, le législateur usant d'une mesure rétroactive pour déclarer licite ce qui, au temps de l'action, constituait pourtant une infraction, en relevant d'un comportement qui répondait exactement à ses éléments de définition (*chapitre 11*). Ce retour sur le passé est une prérogative de souveraineté, le législateur pouvant reconnaître comme légitime ce qu'il a, dans un premier temps, blâmé et rejeté, toutes les évolutions engageant les disciplines juridiques étant d'ailleurs faites de ces revirements, et celles marquées par l'amnistie n'en sont qu'une manifestation parmi d'autres.

Techniquement, avant d'effacer les condamnations, l'amnistie opère sur les faits eux-mêmes, afin de les soustraire à l'incrimination. D'ailleurs, et fort justement, elle « éteint l'action publique » [1], ce qui donne de sa portée une dimension plus large, en parfait rapport avec sa nature profonde. L'amnistie a donc bien une incidence sur la peine, mais seulement comme une conséquence, une retombée de ce qui en constitue l'objet premier, à savoir extraire des conduites répréhensibles les crimes, délits et contraventions qui y sont visés.

1. V. l'exemple de la loi n° 2002-1062 du 6 août 2002 portant amnistie, art. 15 (*JO* 9 août, p. 13647).

Qu'elle soit retenue en raison de la nature de l'infraction ou des circonstances de sa commission, en raison du quantum ou de la nature de la peine, voire qu'il s'agisse d'une amnistie par mesure individuelle (grâce amnistiante), ou d'une amnistie personnelle, la loi qui en contient le principe ne peut qu'avoir cet effet, d'abord de supprimer le caractère délictueux des faits correspondant aux infractions concernées, pour ensuite en déduire l'effacement des condamnations, et l'impossibilité de les exécuter.

572 RÉGIME. — C'est en ce sens que doivent être comprises les formules du code pénal relatives à l'amnistie : « *Elle entraîne, sans qu'elle puisse donner lieu à restitution, la remise de toutes les peines. Elle rétablit l'auteur ou le complice de l'infraction dans le bénéfice du sursis qui avait pu lui être accordé lors d'une condamnation antérieure* » (c. pén., art. 133-9). De même, il est interdit à toute personne qui, dans l'exercice de ses fonctions, a connaissance de condamnations pénales et de sanctions effacées par l'amnistie, « *d'en rappeler l'existence sous quelque forme que ce soit ou d'en laisser subsister la mention dans un document quelconque* » (c. pén., art. 133-11). Toutes ces précisions sont dans la logique de l'institution, qui, sur le fondement de la disparition de la nature délictueuse des faits, ne peut que remettre le condamné dans une situation d'innocence. Et si aucune restitution ne peut être réclamée, c'est moins par rejet de la rétroactivité, que par une exception bien comprise à ses effets...

Enfin, venant en confirmer la nature, il est de règle que « *l'amnistie ne préjudicie pas aux tiers* » (c. pén., art. 133-10). Il ne saurait en être autrement. La loi ne fait qu'effacer le caractère délictueux des faits, mais non les faits eux-mêmes, ce qui laisse entières les prétentions tirées de leur réalité, notamment en termes de responsabilité civile. Elle n'est pas, non plus, un obstacle à l'exécution de la publication de la décision de condamnation ordonnée à titre de réparation (c. pén., art. 133-11 *in fine*). Là encore la solution est pertinente, pour faire prévaloir le caractère civil et compensateur de la publication, ce qui ne saurait être assimilé à un rappel interdit de la condamnation elle-même.

B – La réhabilitation de la personne

573 OBSTACLE CIBLÉ. — Toute personne, aussi bien physique que morale, condamnée par un tribunal français à une peine criminelle, correctionnelle ou contraventionnelle, peut être réhabilitée. La réhabilitation, qui « *efface la condamnation* » (c. pén., art. 133-1, al. 3), est, soit acquise de plein droit dans les conditions prévues par les articles 133-13 et suivants du code pénal, soit accordée par la chambre de l'instruction dans les conditions prévues aux articles 782 à 799 du code de procédure pénale. Légale ou judiciaire, elle procède d'effets identiques : il s'agit de replacer le condamné dans les droits qu'il a perdus, et de lui rendre le statut d'un citoyen ordinaire, comme s'il n'avait jamais été frappé par la justice.

Mais la mesure n'est pas équivalente à celles qui ont déjà retenu notre attention. Il n'est de réhabilitation possible que si la condamnation a été exécutée. Là est l'originalité de l'institution, qui consiste moins à effacer le passé, comme c'est le cas pour l'amnistie, qu'à retirer de celui-ci des conséquences positives pour l'avenir.

L'article 133-16 du code pénal en témoigne, qui précise que « *la réhabilitation produit les mêmes effets que ceux qui sont prévus par les articles 133-10 et 133-11* », ajoutant : « *elle efface toutes les incapacités et déchéances qui résultent de la condamnation* ». Comme on le remarque, l'article 133-9 du code pénal n'est pas visé, qui, relatif à l'amnistie, prévoit qu'elle entraîne « la remise de toutes les peines ». Rien de tel pour la réhabilitation, dont la seule conséquence est de faire obstacle aux incapacités et déchéances résultant de la condamnation. C'est donc de façon ciblée et limitée, par référence aux peines accessoires ou complémentaires, que l'exécution est entravée [1], un peu comme le relèvement, à sa manière, permet de les éviter (c. pr. pén., art. 702-1 et s. ; *chapitre 14*).

La conclusion s'impose. La réhabilitation fait disparaître la condamnation, au même titre que l'amnistie, et l'obstacle à l'exécution des peines en est également une retombée. Mais sa portée est

1. Toutefois, lorsque la personne a été condamnée au suivi socio-judiciaire prévu à l'article 131-36-1 ou à la peine d'interdiction d'exercer une activité professionnelle ou bénévole impliquant un contact habituel avec des mineurs, la réhabilitation ne produit ses effets qu'à la fin de la mesure (c. pén., art. 133-16, al. 2).

plus modeste, pour n'affecter que l'application des peines secondaires [1].

Pour aller plus loin

574 Application des courtes peines d'emprisonnement

a) Les condamnés libres

1/ Absence d'incarcération – Aux condamnés libres correspondent les courtes peines d'emprisonnement prononcées sans mandat de dépôt. L'efficacité et la crédibilité de la sanction supposent qu'elle soit opérationnelle dans les meilleurs délais. C'est pourquoi a été mise en place, par la loi du 9 mars 2004, une procédure spéciale, dite « simplifiée », permettant d'aboutir à l'effectivité de cette application. Mais d'une application toute orientée vers l'évitement de la privation de liberté, sur le critère d'un seuil considéré comme révélateur d'une inopportunité d'exécution. Ce seuil, qui avait été fixé à un an dans la loi de 2004, est passé à deux ans depuis la loi pénitentiaire du 24 novembre 2009, à l'exception du condamné en état de récidive légale, en parfaite conformité avec les dispositions d'aménagement relevant de la compétence des juridictions de jugement.

L'article 723-15 du code de procédure pénale s'en fait l'écho, qui prévoit que les personnes non incarcérées, condamnées à une peine inférieure ou égale à deux ans d'emprisonnement ou pour lesquelles la durée de la détention restant à subir est inférieure ou égale à deux ans, ou pour lesquelles, en cas de cumul de condamnations, le total des peines d'emprisonnement prononcées ou restant à subir est inférieur ou égal à deux ans bénéficient, dans la mesure du possible et si leur personnalité et leur situation le permettent, d'une semi-liberté, d'un placement à l'extérieur, d'un placement sous surveillance électronique, d'un fractionnement ou d'une suspension de peines, d'une libération conditionnelle ou de la conversion prévue à l'article 132-57 du code pénal (alinéa 1er, réd. L. 24 nov. 2009).

On ne saurait être plus explicite sur l'esprit qui anime cette disposition. Sont d'abord redéfinies les courtes peines d'emprisonnement, par un doublement de leur seuil, ce que nous avons déjà souligné comme étant de grande portée, pour affecter la quasi-totalité des condamnations à des peines d'emprisonnement, seule la récidive en étant exclue. Ensuite, les modalités d'aménagement relèvent d'une liste très étendue, allant jusqu'à la libération conditionnelle ou une conversion dans les termes de l'article 132-57 du code pénal, c'est-à-dire la substitution d'un travail d'intérêt général ou d'une peine de jours-amende. Enfin, c'est en rapport avec une procédure particulière, délibérément simplifiée par rapport au droit commun de l'application des peines, et destinée à servir la rapidité et l'effectivité, que ces mesures sont décidées par le juge de l'application des peines, étant précisé que si le condamné ne souhaite pas en bénéficier, ou si elles se révèlent impossibles, l'incarcération

1. Une autre disposition témoigne du caractère fort relatif de la réhabilitation, tirée du dernier alinéa de l'article 133-16 du code pénal, issu de la loi n° 2007-297 du 5 mars 2007 relative à la prévention de la délinquance (*JO* 7 mars, p. 4297) : « La réhabilitation n'interdit pas la prise en compte de la condamnation, par les seules autorités judiciaires, en cas de nouvelles poursuites, pour l'application des règles sur la récidive légale ». C'est dire que, au-delà des affirmations, l'effacement de la condamnation n'est pas total...

devient effective, soit prononcée par le juge, soit ramenée à exécution par le ministère public (c. pén., art. 723-15-1 et 723-15-2, réd. L. 24 nov. 2009). C'est donc en lien avec une nouvelle conception, nettement plus avantageuse, de la courte peine d'emprisonnement que les condamnés libres peuvent espérer ne pas rejoindre la prison...

2/ Conversion – Il convient de remarquer que la conversion de l'article 132-57 du code pénal relève par ailleurs d'une possibilité d'exploitation autonome, fondée sur un seuil de six mois de privation de liberté. Lorsqu'une condamnation pour un délit de droit commun comportant une peine d'emprisonnement ferme de six mois au plus a été prononcée, le juge de l'application des peines peut, si cette condamnation n'est plus susceptible de faire l'objet d'une voie de recours par le condamné, ordonner qu'il sera sursis à l'exécution de l'emprisonnement, et que le condamné accomplira un travail d'intérêt général, ou effectuera une peine de jours-amende. Cette mesure est encore possible, depuis la loi du 24 novembre 2009, pour les peines d'emprisonnement ayant fait l'objet d'un sursis partiel, assorti ou non d'une mise à l'épreuve, lorsque la partie ferme de la peine est inférieure ou égale à six mois, la partie en sursis demeurant applicable, ou lorsque les peines d'emprisonnement résultant de la révocation d'un sursis, assorti ou non d'une mise à l'épreuve, sont inférieures ou égales à six mois. La loi met ainsi fin à la jurisprudence de la Chambre criminelle qui s'opposait à la conversion d'une peine mixte ou d'une peine avec sursis révoquée (Crim. 4 avr. 1991, *Bull. crim.* n° 162). Mais elle témoigne aussi d'une certaine faiblesse, les mesures d'aménagement procédant entre elles de chevauchements regrettables, la durée de six mois étant nécessairement comprise dans celle de deux ans...

b) Les condamnés incarcérés

1/ Sortie anticipée. – Les personnes incarcérées ont également la possibilité d'échapper aux courtes peines d'emprisonnement, cette position étant de principe. Il convient de leur assurer une sortie conforme à la volonté du législateur de ne pas prolonger l'enfermement au-delà d'une durée considérée comme inopportune. Trois procédures sont en cause, l'une de droit commun, correspondant à une démarche classique d'individualisation, l'autre simplifiée, de nature moins juridictionnelle, la dernière nettement plus administrative.

2/ Procédure de droit commun. – L'évitement des courtes peines d'emprisonnement pour les personnes incarcérées passe d'abord par une démarche juridictionnelle de type classique, fondée sur une individualisation vraiment personnalisée, pouvant être initiée par le condamné lui-même, avec débats contradictoires, présence de l'avocat, et décisions motivées susceptibles de recours.

Cette procédure traditionnelle – qui, dans un esprit conforme à la personnalisation, devrait normalement être la seule à accompagner l'exécution d'une peine – trouve son expression dans les articles 712-4 et suivants du code de procédure pénale. Elle affecte la suspension ou le fractionnement des peines privatives de liberté (c. pr. pén., art. 720-1), la semi-liberté ou le placement à l'extérieur (c. pr. pén., art. 723-1), et le placement sous surveillance électronique (c. pr. pén., art. 723-7). En cohérence avec le régime instauré pour les juridictions de jugement, et toujours sous réserve de la récidive légale, la loi pénitentiaire du 24 novembre 2009 a fait passer le seuil aménageable adossé à ces différentes mesures de un an à deux ans d'emprisonnement, correspondant, soit à la durée totale de la ou des condamnations prononcées, soit à leur reliquat en cours d'exécution. Un doublement, nous le savons, qui est loin d'être neutre, puisque recoupant un fort pourcentage de peines privatives de liberté, ce qui rend l'enfermement plus théorique qu'effectif.

3/ Procédure simplifiée. – Avec la procédure dite « simplifiée », l'aménagement des courtes peines privatives de liberté rentre dans un régime plus administratif que judiciaire. Introduite par la loi Perben II du 9 mars 2004 sous la référence « nouvelle procédure d'aménagement de peine » (NPAP), encore baptisée « sas de sortie » par les professionnels, elle a été refondue par la loi pénitentiaire du 24 novembre 2009 afin d'en étendre plus encore le domaine, malgré le constat d'un échec avoué...

Il s'agit en fait d'un aménagement de peine, avec l'accord du condamné, sur impulsion du service pénitentiaire d'insertion et de probation, le juge de l'application des peines n'intervenant que comme un relais d'homologation, mais avec une originalité de taille, à savoir que l'ordonnance d'homologation ou de refus d'homologation n'est pas susceptible de recours, et que, à défaut de réponse du magistrat dans le délai de trois semaines suivant la transmission de la proposition par le procureur de la République, la mesure d'aménagement peut être ramenée à exécution par le directeur du service pénitentiaire d'insertion et de probation, sa décision constituant alors une mesure d'administration judiciaire, elle-même insusceptible de recours... C'est dire combien la « simplification » engage une autre perception de l'individualisation, qui n'est plus ici un travail judiciaire d'application – avec demande en ce sens, présence de l'avocat, débats, et recours – mais une option pénitentiaire d'exécution...

Le changement est d'autant plus fort que les régimes de substitution comprennent désormais la libération conditionnelle (outre la semi-liberté, le placement à l'extérieur, et le placement sous surveillance électronique), exclue jusque là, et que le seuil des peines dites « courtes » est revu à la hausse, à l'exclusion de la récidive légale : alors que le dispositif initial s'appliquait seulement aux trois et six derniers mois des peines inférieures ou égales à cinq ans, la loi pénitentiaire permet l'aménagement pour l'intégralité des peines inférieures ou égales à deux ans d'emprisonnement, tout comme sont concernées les peines entre deux et cinq ans lorsque leur reliquat est inférieur ou égal à deux ans (c. pr. pén., art. 723-19 et s., réd. L. 24 nov. 2009).

On saisit ainsi la complaisance du législateur pour la liberté, dès lors que les peines prononcées ne franchissent pas le seuil de deux ans d'emprisonnement, ou que leur reliquat ne le dépasse pas. Une complaisance qui va jusqu'à une certaine compromission, en se séparant de la dimension juridictionnelle des substitutions opérées. Mais cette rupture n'est rien, comparée aux modalités d'exécution des fins de peines d'emprisonnement.

4/ Procédure quasi-administrative. – La loi pénitentiaire du 24 novembre 2009 a mis en place un régime d'exécution des fins de peines d'emprisonnement qui revient à faire bénéficier tout condamné d'une sortie anticipée, dès lors que le reliquat de la durée d'incarcération atteint un certain seuil, assimilé au périmètre des courtes peines. L'article 723-28 du code de procédure pénale en répond, qui précise que : « Pour les peines d'emprisonnement d'une durée inférieure ou égale à cinq ans, lorsqu'aucune mesure d'aménagement n'a été ordonnée six mois avant la date d'expiration de la peine, toute personne condamnée à laquelle il reste quatre mois d'emprisonnement à subir ou, pour les peines inférieures ou égales à six mois, à laquelle il reste les deux tiers de la peine à subir, exécute le reliquat de sa peine selon les modalités du placement sous surveillance électronique sauf en cas d'impossibilité matérielle, de refus de l'intéressé, d'incompatibilité entre sa personnalité et la nature de la mesure ou de risque de récidive ». Le placement est mis en œuvre par le directeur du service pénitentiaire d'insertion et de probation, sous l'autorité du procureur de la République, et c'est seulement en l'absence de décision en ce sens que la personne condamnée peut saisir le juge de l'application des peines pour qu'il statue après débat contradictoire conformément à la procédure de droit commun.

La substitution opérée sous placement sous surveillance électronique est manifestement en rupture totale avec le processus juridictionnel de l'application des peines. Comme on a pu l'écrire, « il s'agit littéralement de vider les prisons », et « nous sommes ici plus sur le registre de la grâce électronique que sur celui d'un aménagement de peine astreignant » (M. Janas, *Dr. pénal* 2010, *Etudes*, n° 1). La mesure n'est plus le résultat d'une demande préalable émanant de l'intéressé, d'un débat contradictoire, d'une décision judiciaire reconnue et respectée comme telle. Elle s'inscrit dans une action générale et impersonnelle, automatique et collective, fondée sur un parti pris politique, avec pour conséquence de privilégier des modes de substitution pour tous, à partir d'un seuil d'enfermement légalement considéré comme inopportun. Nous touchons là au paroxysme de la dénaturation, l'aménagement opéré n'étant plus au service d'une application individualisée des peines, mais se voulant davantage un instrument d'efficacité politique, à la dimension des difficultés engendrées par le drame de la surpopulation dans les prisons...

Index*

Aberratio ictus : 225
Abstention
— positive : 204, 386
— v. *Omission*
Actes préparatoires
— complicité : 383
— tentative : 256, 260, 261, 268, 277
Action : 165 et s., 201
Action publique
— v. *Prescription de l'action publique*
Administration
— autorisations : 411
— censure : 411
— conseils : 461
— erreur de droit : 461, 463
— secret professionnel : 524
— tolérances : 411
Aide ou assistance : 383, 386
Ajournement du prononcé de la peine : 269, 286, 513 et s., 549
Alternatives aux poursuites : 287, 337
Amende(s)
— circulation routière : 374
— contraventions de grande voirie : 111
— cumul : 152, 292
— décès : 566
— exécution européenne : 113
— fractionnement : 545
— personnalisation : 518 et s.
— récidive : 475 et s.
— recouvrement : 544
— sursis : 532
— taux : 352, 472, 502
Amnistie
— complicité : 383 et s.
— nature : 396, 571
— régime : 174, 182, 184, 208, 572
Animus necandi : 228, 252, 253
Application immédiate : 79 et s., 478
Assassinat : 378
Auteur
— coauteur : 141, 188, 379 et s.
— matériel : 377
— moral : 378, 383
Autonomie du droit pénal : 128, 349
Autorisations de la loi : 409 et s.
Autorités administratives indépendantes : 111, 340
Avertissement : 329, 337

Baïonnettes intelligentes (théorie des) : 417
Beccaria : 17
Bentham : 18
Blanchiment : 146, 407

Causalité
— complicité : 387, 391
— délits non intentionnels : 247 et s.
— incrimination (genèse de l') : 34
— responsabilité pénale (théorie de la) : 279
— tentative : 257 et s., 277
Centres éducatifs fermés : 329
Chef d'entreprise : 370

* Le présent index renvoie aux numéros de paragraphes

Chef d'État étranger : 433
Chirurgie : 410
Chose jugée
— complicité : 384
— conflits de lois dans le temps : 75
— contrôle de légalité : 123
— fait justificatif : 401
— infraction continue : 182
— juridictions étrangères : 86
— personnalité active ou passive : 103
— requalification : 136
— territorialité : 92
Circonstances
— aggravantes : 145, 383, 390, 479
— atténuantes : 469
Circulation routière
— arrêt *Labonne* : 47
— erreur sur le droit : 463
— faute délibérée : 240
— mise en danger : 127
— présomption de responsabilité : 374
— récidive : 478
— violence routière : 450
Collectivités territoriales : 349
Commandement de l'autorité légitime : 412 et s.
Commencement d'exécution : 255 et s., 383
Commission : 201
Comparution immédiate : 287, 307, 337, 523
Compétence
— application immédiate : 80
— internationale : 175, 179
— interne : 175, 179
— réelle : 100
— universelle : 99, 104 et s.
Complicité
— corespective : 390
— délits non intentionnels : 391
— emprunt de criminalité : 382 et s.
— peines : 388 et s.
Comportement
— durée : 176 et s.
— modalités : 164 et s.
— causalité dommageable : 279
Concours d'infractions
— idéal : 153 et s., 196
— réel : 148 et s., 159, 186, 478
Conditions préalables :
— connaissance : 225, 228
— définition : 173, 199
— instrument d'interprétation : 127
— place : 200
Conflits
— de lois dans le temps : 72 et s., 109 et s., 174, 179, 182
— de qualifications : 142 et s.
Connaissance
— enjeu de la légalité : 20
— intention : 223 et s.
Conscience
— définition : 220 et s.
— discernement : 220, 435 et s.
— option de conscience : 409
Conseil constitutionnel
— contrôle de constitutionnalité : 15, 21, 121 et s.
— contrôle des infractions formelles : 197, 214
— droit pénal des mineurs : 326 et s.
— emprisonnement contraventionnel : 53, 55
— internet : 210
— nécessité des délits : 39
— nécessité des peines : 40
— non-rétroactivité : 109
— notion de loi pénale : 38, 52 et s.
— rétroactivité *in mitius* : 110
— statut pénal du président de la République : 431
Consentement
— peine (à la) : 489, 539, 540
— victime (de la) : 430
Constitution de 1958
— article 11 : 60
— article 16 : 63
— article 34 : 52 et s., 122
— article 37 : 52 et s., 122
— article 38 : 59
— article 61-1 : 122
— article 92 (abrogé) : 62
Contrainte
— morale : 456 et s.
— physique : 453 et s.
Contravention
— détermination : 51 et s.
— emprisonnement : 53 et s.

— gravité : 281 et s.
— seuils : 56
— spécificité : 289 et s.
Contrôle
— constitutionnalité : 121, 122
— conventionnalité : 120
— internationnalité : 120
— légalité : 123
Convention européenne des droits de l'homme :
— contrôle de conventionnalité : 120
— esclavage : 39
— matière pénale : 41
— principe de la légalité : 14, 15, 29
— procès équitable : 40, 126, 463
Convocation
— procès-verbal (par) : 287
— officier de police judiciaire (par) : 523
Correctionnalisation judiciaire
— récidive : 478
— requalification : 136
— sous-qualification : 138 et s.
Cour de justice de la république : 307, 432
Cour pénale internationale : 108, 431, 433
Crimes
— détermination : 52
— gravité : 281 et s.
Crimes contre l'humanité : 287, 417, 457, 568
Culpabilité : 216
Cumul
— des peines : 152, 478, 488, 528
— des qualifications : 147 et s., 155 et s., 159

Décès : 275, 366, 566
Décrets-lois : 48
Délégation de pouvoirs : 370
Délits
— contraventionnels : 233, 291
— détermination : 52
— gravité : 281 et s.
Délits non intentionnels
— ajournement de la peine avec injonction : 515
— appréciation : 244 et s
— causalité : 247 et s., 279
— complicité : 391
— faits justificatifs : 403, 409, 422
— matérialité : 167, 195, 196
— responsabilité personnelle : 365
— théorie générale : 234 et s.
— unité des fautes civile et pénale : 128
Délits de presse
— infractions politiques : 304 et s.
— internet : 200, 210
— présomptions de responsabilité : 373
Dénonciation officielle
— personnalités active et passive : 102
— subsidiarité : 105
Dépénalisation
— abrogation : 68, 72
— conflits de lois dans le temps : 72
— délits non intentionnels : 243 et s., 279, 358, 365
Désistement : 263 et s.
Discernement
— complicité : 384
— défaut : 435 et s.
— imputabilité : 220
— majeurs : 441, 442
— mineurs : 323 et s.
— personnalisation : 520
— trouble psychique : 443 et s.
Dispense de peine : 286, 510 et s.
Dissolution (personnes morales) : 345, 346, 351, 366, 389, 495, 502, 567
Dol
— éventuel : 241
— indéterminé : 228
— notion : 217
— spécial : 253
Droit de correction : 410
Droit pénal
— européen : 64
— général : 1 et s.
— international : 107
— mineurs (des) : 321 et s., 359
— spécial : 56, 156, 231, 404
Droits de la défense
— justification : 403
— récidive : 478
— requalification : 136

Égalité : 22
Éléments constitutifs de l'infraction
— légal : 10

— matériel : 162
— moral : 216
Elus locaux : 245, 365
Empoisonnement
— causalité dommageable : 279
— incitation : 378
— infraction formelle : 192 et s.
— intention : 225, 228
— tentative : 261
— valeur sociale protégée : 196
Emprisonnement
— contraventions : 53, 55
— courtes peines (d') : 486, 527, 537, 540, 556, 558, 560, 574
— motivation : 509
Enquête de personnalité : 337, 441, 442, 520, 523
Erreur
— de droit : 224, 291, 411, 459 et s.
— de fait : 225
Esclavage : 39
État de nécessité
— contrainte : 458
— fait justificatif : 399, 401, 403, 425 et s.
État : 348
Euthanasie : 430
Exécution des peines
— application immédiate : 80
— certitude : 30
— régime : 259 et s.
Extradition
— infraction militaire : 310
— infraction politique : 307
— personnalité active et passive : 101
— refus : 104 et s.
— territorialité : 91
— universalité : 107

Fait principal punissable : 383 et s.
Faits justificatifs
— causes objectives d'irresponsabilité : 401
— généraux : 403
— processus : 399 et s.
— spéciaux : 402
Faute(s)
— antérieure : 427, 449, 450
— caractérisée : 242, 246, 249, 357
— conjuguées : 367
— *culpa levissima* : 236, 237
— délibérée : 239 et s., 246, 249, 252, 279, 357, 391, 422
— qualifiée : 238 et s.
— simple : 236, 237
— unité des fautes civile et pénale : 128
Fichier judiciaire national automatisé : 109, 560
Flagrance
— autorisation de la loi : 409
— enquête : 287
Force majeure
— contraventions : 291
— irresponsabilité : 452 et s.
Fractionnement
— emprisonnement : 541
— juridiction de jugement : 541, 545
— juridictions d'application : 557, 560, 574
— période de sûreté : 30, 542

Gendarmes
— autorisation de la loi : 409
— commandement de l'autorité légitime : 417
— contrainte (obéissance) : 457
— état de nécessité : 429
— infractions militaires : 310
Gouvernement de Vichy : 49
Grâce
— Beccaria : 17
— *non bis in idem* : 103
— obstacle à l'exécution de la peine : 569, 571
Guet-apens : 479

Habilitation
— parlementaire : 59
— référendaire : 60
Happy slapping : 386
Haute cour de justice : 307, 431
Haute cour : 307, 431

Immunités
— diplomatiques : 433
— familiales : 384, 402
— judiciaires : 383, 402
— juridiction (de) : 433

— parlementaires : 383, 402
— président de la République : 431
Imputabilité
— causes de non-imputabilité : 434 et s.
— complicité : 384
— conscience : 220
— dol spécial : 253
— mineurs : 322 et s.
— personnes morales : 340
Incrimination
— genèse : 32 et s.
— formule : 35 et s.
— faits justificatifs : 398
Infiltration
— contrainte (provocation) : 457
— procédure : 313
Infraction
— action (d') : 165 et s., 201
— clandestine : 174, 179
— collective : 188, 380
— commission par omission (de) : 169
— complexe : 173 et s., 199, 200, 206, 208
— composite : 173 et s.
— conséquence (de) : 146
— continue : 180 et s.
— continuée : 187
— droit commun (de) : 296 et s.
— formelle : 192, 195 et s., 261, 262, 265, 268, 279
— habitude (d') : 173 et s., 207, 208
— impossible : 274 et s., 277
— instantanée : 178 et s., 184, 209
— matérielle : 191, 195 et s., 260, 265, 279
— militaire : 308 et s.
— obstacle : 193, 195, 197, 261, 262, 265, 268, 279
— omission (d') : 165 et s., 202, 203, 204
— ouverte : 25, 26
— permanente : 184, 185
— politique : 303 et s.
— praeterintentionnelle : 228
— purement matérielle : 233, 286, 291, 294
— putative : 276, 277
— simple : 172
Infractions sexuelles
— casier judiciaire : 80
— censure : 411
— consentement de la victime : 403
— fichier judiciaire national automatisé : 109, 560
— harcèlement : 173
— incitation : 378
— incrimination ouverte : 26
— mineurs : 99, 313, 479
— mutilations sexuelles : 85
— option de conscience : 409
— peine justifiée : 141
— prescription de l'action publique : 80
— questions (assises) : 187
— récidive : 478
— réciprocité d'incrimination (exception) : 95
— soupçons : 426
— suivi socio-judiciaire : 313, 500
— sursis avec mise à l'épreuve : 533
— tentative : 273
— tourisme sexuel : 95
— viols en série : 145
Infractions successives : 159, 182, 186 et s.
Injonction
— ajournement du prononcé de la peine : 515
— instructions : 387
— peine : 486, 500, 562
— provocation : 387
— soins (de) : 500, 502, 562
Instigation : 286, 378, 386, 387
Instruction préparatoire : 287
Intention
— définition : 218 et s.
— place : 229 et s.
Interdictions, déchéances, incapacités
— nature : 486
— peines accessoires : 40, 298, 501, 507
— réhabilitation : 573
— relèvement : 80, 507
Internet : 200, 210
Interprétation : 124 et s., 169
Irresponsabilité
— causes non retenues : 430
— causes objectives : 392 et s.
— causes subjectives : 434 et s.
Iter criminis : 256

Jours-amende
— cumul des peines : 528
— évitement d'une courte peine d'emprisonnement : 574
— fractionnement : 545
— passerelle : 562
— peine correctionnelle : 502
— peine de substitution : 499, 527
— personnalisation : 524
— sursis simple : 532
Jugement à délai rapproché : 337, 523
Juridictions pénales
— d'application des peines : 547 et s.
— d'exception : 307, 310
— pour mineurs : 331 et s.
— proximité (de) : 287, 293
— spécialisation : 307, 309, 310, 313

Légalité
— contrôle : 117, 122, 123
— déclin : 23 et s., 466 et s.
— enjeux : 16 et s.
— formelle : 56
— historique : 17
— matérielle : 56
— organique : 56
— parlementaire : 43 et s.
— portée : 15
— principe : 10 et s.
— processus : 31 et s.
— réglementaire : 57 et s.
Légitime défense
— correctionnalisation judiciaire : 139
— droit commun : 419 et s.
— présomption : 424
Libération conditionnelle
— centres éducatifs fermés : 329
— courtes peines d'emprisonnement : 574
— juridictionnalisation : 547
— période de sûreté : 30, 542
— retour à la liberté : 559
— victimes (droits) : 554, 555
Liberté
— retour progressif à la : 559
— suivi judiciaire : 560
Libre arbitre
— défaut : 451 et s.
— définition : 220
Loi(s) pénale(s)
— abrogation : 68, 395
— application immédiate : 79 et s.
— caducité : 68
— complexe : 76
— désuétude : 68
— essai (à l') : 69
— interprétative : 76, 324
— longévité : 67 et s.
— non-rétroactivité : 76, 109
— notion : 42 et s.
— ordinaire : 112
— rétroactivité *in mitius* : 76, 110
— successives : 76
— temporaire : 71
— transitoire : 70
— validation (de) : 76
Loi Perben I (*9 sept. 2002*)
— centres éducatifs fermés : 329
— détention provisoire : 336
— jugement à délai rapproché : 337
— juridiction de proximité : 293, 331
— provocation de mineurs à la délinquance : 207
— responsabilité pénale des mineurs : 324, 327 et s., 438
— sanctions éducatives : 329, 492
Loi Perben II (*9 mars 2004*)
— bande organisée (circonstance aggravante) : 214, 390, 479
— comparution sur reconnaissance préalable de culpabilité (plaider coupable) : 287, 307, 509, 523
— contrainte judiciaire : 306
— correctionnalisation judiciaire : 136, 140
— criminalité et délinquance organisées (régime répressif) : 311 et s.
— défaut criminel : 568
— délits de presse (prescription) : 210
— extradition : 104
— infiltration : 416, 457
— infractions dérogatoires au droit commun : 311 et s.
— instigation (délit d') : 378
— juridictions (spécialisation) : 313
— liberté (retour progressif) : 30, 559

— lois
• pénale française (subsidiarité) : 104 et s., 307
• prescription (application immédiate) : 80
— mandat d'arrêt européen : 91
— mineurs (responsabilité pénale) : 327
— peines
• ajournement avec mise à l'épreuve : 515
• amendes (recouvrement) : 544
• exécution : 546 et s.
• juge de l'application des peines (prérogatives) : 515
• juridictionnalisation : 546 et s.
• liberté (suivi) : 560
• mise à l'épreuve (extension du régime) : 537 et s., 560
• réduction : 269
• repentis (statut) : 269, 482
• restrictives de liberté ou de droits (violation) : 563
• semi-liberté : 537
• stage de citoyenneté : 486, 489, 499, 502, 527, 528
• substitutives : 499, 527
• suivi judiciaire : 560
• surveillance électronique : 539
— personnes morales
• amendes : 472
• principe de spécialité (abandon) : 351 et s.
— procédures dérogatoires : 214, 313
— victimes (droits) : 401, 444, 554 et s.
Loi « Récidive » (*12 déc. 2005*)
— espace judiciaire européen (récidive) : 478
— état de récidive (relevé d'office) : 133, 478
— infractions assimilées (récidive) : 478
— peines privatives de liberté (suspension) : 557
— personnalisation des peines : 516
— placement sous surveillance électronique mobile : 109, 500, 502
— réitération d'infractions : 149, 478
— sursis avec mise à l'épreuve (limitation du nombre) : 533
— viols en série : 145, 187
— motivation quant au choix de certaines peines : 509
Loi « Prévention de la délinquance » (*5 mars 2007*)
— confiscation : 502
— contrôle judiciaire (mineurs de 13 à 16 ans) : 336
— détention ou transport de substances incendiaires : 193
— guet-apens (circonstance aggravante) : 479
— interdiction de détenir un animal : 502
— mineurs (exception à la diminution de peine) : 330, 509
— motivation quant au choix de certaines peines : 509
— peines substitutives : 499, 527
— procédure de présentation immédiate devant la juridiction pour mineurs : 337, 523
— sanction-réparation : 486
— sanctions éducatives : 328, 329, 492
— sanctions pécuniaires (exécution au sein de l'Union européenne) : 113
— stage de responsabilité parentale : 502
Loi « Récidive » (*10 août 2007*)
— mineurs : 327, 330, 509
— peines minimales : 470, 475, 476
Loi « Sûreté » (*25 févr. 2008*)
— rétention de sûreté : 109, 560
— trouble mental : 444
Loi « Pénitentiaire » (*24 nov. 2009*)
— aménagement des peines : 546
— courtes peines d'emprisonnement : 499, 522, 536, 558, 574
— juge de l'application des peines : 549
— principes de détention : 557
— suivi de la liberté : 560
— surveillance électronique : 539
Loi « Récidive » (*10 mars 2010*)
— espace judiciaire européen : 478
— injonction de soins : 533
— rétention de sûreté : 560
— suivi de la liberté : 560
— surveillance de sûreté : 560
— victimes : 555

Majeurs
— discernement : 441
— seuil de majorité : 319
Mandat d'arrêt européen
— infraction militaire : 310
— infraction politique : 307
— personnalité active et passive : 101
— territorialité : 91
Mandat criminel : 378
Matière pénale
— conflits de lois dans le temps : 111
— conflits de qualifications : 160
— définition : 41
Médecine
— force majeure : 455
— secret professionnel : 407
Médiation pénale : 337
Menaces : 456, 457
Mesure de sûreté
— fichier judiciaire national automatisé : 109, 560
— loi pénale étrangère : 104
— rétroactivité : 109
— surveillance électronique mobile : 109, 500, 540
— surveillance judiciaire : 560
— trouble mental : 109, 444
— v. *Rétention de sûreté* ; *Surveillance de sûreté*
Mineurs
— aptitude à la peine : 490 et s., 523
— diminution de peine : 330, 481
— discernement : 324, 436 et s., 359
— personnalité : 336
— placement : 329, 332
— présentation immédiate (procédure de) : 337, 523
— relèvement éducatif et moral : 328 et s.
— réparation pénale : 337
— résidant en France : 99
— responsabilité : 322 et s., 437 et s.
— sanctions éducatives : 329, 332, 333, 492
— travail d'intérêt général : 328
— vulnérabilité : 336
Ministres
— Cour de justice de la République : 307, 432
— étrangers : 433
— responsabilité : 432
Mise à l'épreuve
— ajournement du prononcé de la peine : 515
— mesure d'aménagement des peines : 559, 562
— placement à l'extérieur : 538
— placement sous surveillance électronique : 539
— remise en liberté : 559
— semi-liberté : 537
— suivi judiciaire : 560
— sursis : 533, 534, 562
Mise en danger
— faute délibérée : 228, 239 et s.
— v. *Risques causés à autrui*
Mobiles
— dol spécial : 253
— exceptions à l'indifférence : 222
— principe d'indifférence : 221, 304

Nécessité
— état de : 399, 401, 403, 425 et s.
— principe de : 21, 39, 40, 112
Nemo censetur ignorare legem : 224, 459
Non bis in idem
— conflits de qualifications : 41, 142 et s., 160
— espace Schengen : 92, 103
— infraction continue : 182, 211
— personnalité active et passive : 103
— territorialité : 92
— Union européenne : 92, 113
Non-cumul
— des peines : 112, 151 et s., 292, 488
— des qualifications : 143 et s., 155 et s., 159
Non-intention
— définition : 234, 235 et s., 252
— place : 230, 233
Non-rétroactivité : 76, 109, 112, 111

Obéissance
— commandement de l'autorité légitime : 412 et s.
— complicité : 386
— contrainte morale : 457
— passive : 417

Omission : 165 et s., 202 et s.
Option de conscience : 409
Ordre de la loi : 406 et s.

Peine(s)
— accessoires : 40, 292, 298, 501, 507, 573
— aggravation : 474 et s.
— ajournement du prononcé : 269, 286, 513 et s., 549
— alternatives : 499
— aménagements : 546 et s.
— aptitude : 490 et s.
— complémentaires : 500, 502
— consentement à la : 489, 539, 540
— diminution : 480 et s.
— dispense : 510 et s.
— échelles : 471
— exécution : 529 et s.
— exemption : 269, 284, 482
— fixité : 27, 30, 466, 471, 519, 542
— incompressible : 30, 542, 559
— interruption : 75
— juridictionnalisation (application) : 547 et s.
— justifiée : 141
— légalité : 10, 27, 30, 465 et s.
— maximum : 466 et s.
— minimum : 330, 468 et s., 475, 476, 509
— motivation : 508 et s.
— multiples : 528
— nature : 488
— non-cumul : 112, 151 et s., 292, 488
— personnalisation : 27, 129, 152, 222, 269, 292, 444, 468, 516 et s., 529 et s.
— prescription : 286, 568
— principales : 499
— privatives de liberté : 526 et s., 536 et s., 556 et s.
— prononcé : 503 et s., 531 et s.
— qualification : 497
— réduction : 269, 330, 493, 544, 559
— restrictives de liberté ou de droits : 304, 345, 348, 352, 499, 502, 526 et s., 532, 549, 561 et s.
— substitutives : 499, 500, 527
— suspension : 557
— tableaux : 502
— taux : 472
— unique : 526 et s.
Période de sûreté
— exécution : 559
— fixité : 30
— prononcé : 542
— victimes (droits) : 555
Personnalité
— active : 95, 96
— passive : 97 et s.
Personnes morales
— commission de l'infraction : 354 et s.
— complicité : 389
— concours de responsabilités : 357
— de droit privé : 345 et s.
— de droit public : 347 et s.
— délits non intentionnels : 250, 358
— imputation de l'infraction : 356
— peines : 472, 477, 494, 495, 502, 515, 526, 527, 532 et s., 567
— principe de spécialité (abandon) : 351, 352
— responsabilité : 338 et s., 366, 371
Personnes physiques
— délits non intentionnels : 248 et s.
— v. *Majeurs*
— v. *Mineurs*
Placement
— à l'extérieur : 30, 538
— courtes peines d'emprisonnement : 558, 574
— mineurs : 329, 332, 534
— passerelles : 562
— retour progressif à la liberté : 559
— surveillance électronique mobile : 109, 500, 502, 540
— surveillance électronique : 539
— surveillance judiciaire : 345, 495, 502
Plainte : 102, 287
Plénitude de juridiction : 118, 123
Policiers
— état de nécessité : 429
— légitime défense : 420
— provocation : 457
Préjudice
— différence avec le résultat : 212, 279
Prescription de l'action publique
— application immédiate : 80
— délais : 287, 313

— effets : 397
— infraction collective : 188
— infraction continuée : 187
— infraction permanente : 184
— infractions clandestines : 179
— infractions composites : 174, 208
— infractions continues : 182
— infractions d'omission : 168
— internet : 210
— président de la République (statut pénal) : 431
Prescription de la peine : 286, 568
Président de la République
— haute trahison : 307, 431
— statut pénal : 431
Prévisibilité (substitut de légalité) : 29
Proportionnalité
— état de nécessité : 428, 458
— légitime défense : 423, 424
— matière pénale : 160
— ordre de la loi : 409
— portée constitutionnelle : 56, 112, 197
— qualifications incompatibles : 145
Provocation
— auteur moral : 378
— complicité : 383, 387
— contrainte morale : 457
— état de nécessité : 425
— infraction d'habitude : 207
— infraction militaire : 309
— infraction politique : 304
— Internet : 210
Putativité
— Infraction putative : 276, 277
— Légitime défense putative : 420

Qualification(s)
— compatibles : 147 et s.
— conflits : 142 et s.
— cumul : 147 et s., 155 et s., 159
— incompatibles : 143 et s.
— judiciaire : 130 et s.
— légale : 280 et s.
— mixtes : 285
— non-cumul : 143 et s., 155 et s., 159
— requalification : 136, 158
— sous-qualification : 138 et s.
— techniques de : 131 et s.

Question préjudicielle : 118, 120
Question prioritaire de constitutionnalité : 40, 112, 122, 141, 509

Rappel à la loi : 337
Ratio legis
— interprétation : 127
— qualification : 155 et s.
— v. *Valeurs sociales protégées*
Récidive
— complicité : 390
— concours réel (différence) : 149, 151, 475
— conflit de lois dans le temps : 478
— espace judiciaire européen : 478
— état de : 208
— infraction d'habitude : 173
— infractions militaires : 310
— infractions sexuelles : 187, 313
— mineurs : 330, 509
— peines minimales : 330, 470, 475, 476, 509
— personnes morales : 477
— personnes physiques : 476
— régime d'aggravation : 475, 478
— réitération (différence) : 151, 478
Règlements autonomes
— contrôle de légalité : 122
— définition : 52
Réhabilitation : 507, 573
Réitération d'infractions : 151, 478
Réparation pénale : 337
Repentir
— actif : 267 et s.
— diminution de peine : 269, 482
Responsabilité pénale
— collective : 367
— de plein droit : 365
— du fait d'autrui : 366, 370, 371
— fondement moral : 220
— personnelle : 362 et s.
— présomption : 372 et s.
Ressources et charges : 518, 521, 523
Résultat
— bilan : 278
— juridique : 18, 278
— légal : 262, 278, 279
— redouté : 33, 34, 190 et s., 212, 228, 253, 256, 261, 264

Rétention de sûreté : 109, 560
Rétroactivité
— amnistie : 396
— *in mitius* : 76, 110, 111, 395
— prescription de l'action publique : 397
Révision
— procédure : 287, 384
— chambre de l'instruction : 133
Risques causés à autrui
— causalité dommageable : 202
— complicité : 391
— conflits de qualifications : 39, 144, 145, 157, 159
— délit complexe : 206
— délit formel : 192, 193, 195
— délit non intentionnel : 228, 234
— faute délibérée : 239
— valeur sociale protégée : 196

Sanction-réparation : 486, 499, 502, 527, 528
Scène unique de violences : 367
Semi-liberté : 30, 537
Séparation des pouvoirs
— avant 1958 : 45 et s.
— depuis 1958 : 50 et s.
— exception d'illégalité : 118
Séquestrée de Poitiers : 169, 202
Specialia generalibus derogant : 157
Stages
— citoyenneté (de) : 486, 489, 499, 502, 527, 528
— cumul des peines : 528
— formation civique : 329
— peine substitutive : 527
— responsabilité parentale : 502
— semi-liberté : 537
— sensibilisation à la sécurité routière (de) : 502
— sensibilisation aux dangers de l'usage de produits stupéfiants (de) : 502
Subsidiarité de la loi pénale française : 104, 105, 307
Suivi judiciaire : 559, 560
Suivi socio-judiciaire
— infractions sexuelles : 313
— motivation : 509
— passerelles : 562
— peine complémentaire : 500, 502
— placement sous surveillance électronique mobile : 540
— surveillance judiciaire : 560
Sursis
— amnistie : 572
— centres éducatifs fermés : 329
— grâce : 569
— infractions militaires : 310
— infractions politiques : 306
— mise à l'épreuve : 533, 562
— simple : 532
— travail d'intérêt général : 534
Surveillance
— judiciaire (mesure de sûreté) : 560
— sûreté (de) : 560
— v. *Placement*

Tentative
— anticipation répressive : 254
— infraction matérielle : 260
— infractions formelle ou obstacle : 261
— intention : 276, 277
Territorialité
— erreur de droit : 463
— extensions : 87 et s., 200
— localisation : 175, 182
— *non bis in idem* : 92
— poursuites : 90 et s.
— principe : 83 et s.
Terrorisme
— compétence universelle : 108
— contrôle de constitutionnalité : 39, 214
— intention : 112, 232
— procédure : 312, 313
— repentis : 269
Tolérances administratives : 411, 461
Tourisme sexuel : 95
Traitement en temps réel : 337
Travail d'intérêt général
— consentement : 489
— courtes peines d'emprisonnement : 558
— cumul des peines : 528
— durée : 502
— mineurs : 328
— passerelles : 562
— peine de substitution : 499, 527

— peine restrictive de liberté : 486, 561
— sursis : 306, 534
Tribunaux pénaux internationaux : 108
Trouble mental
— mesures de sûreté : 109, 444
— moment : 446 et s.
— nature : 444, 445

Union européenne :
— compétence pénale : 64
— contrôle d'internationalité : 120
— droit communautaire : 64, 110
— intérêts financiers : 108
— légalité (principe de la) : 14
— mandat d'arrêt européen : 91
— récidive : 478
— sanctions pécuniaires (exécution) : 113
— transports : 96
Utilitarisme social : 18

Valeurs sociales protégées
— concours idéal d'infractions : 155 et s., 159, 196
— définition : 18
— faits justificatifs : 400
— hostilité aux : 217 et s.
— indifférence aux : 234 et s.
— infraction formelle : 196
— maîtrise : 127, 402
Victime(s)
— *aberratio ictus* : 225
— aide (aux) : 550, 555
— aménagement des peines : 546, 547
— chose jugée : 92
— compétence européenne : 64
— compétence subsidiaire : 104
— conflits de lois dans le temps : 75, 78
— consentement : 430
— correctionnalisation judiciaire : 136, 140
— droits (des) : 299, 554, 555
— faute (de la) : 279
— indemnisation : 113, 237, 401, 444, 486, 511, 555, 569
— infraction militaire : 310
— médiation pénale : 337
— mineurs : 225, 313
— peine justifiée : 141
— personnalité passive : 97 et s., 102, 287
— prononcé de la peine : 516
— résistance : 273
— sanction-réparation : 486, 502
— territorialité : 84
— universalité : 107
— viols en série : 145, 187
Violences involontaires
— v. *Délits non intentionnels*
Violences sexuelles
— v. *Infractions sexuelles*
Violences volontaires
— autodéfense : 139
— causalité dommageable : 279
— commission par omission : 169
— complicité : 383
— conflits de qualifications : 145, 146
— couple (au sein du) : 99, 378
— groupe (de) : 193
— légitime défense : 420
— récidive : 478
— résultat redouté : 190
— sursis avec mise à l'épreuve : 533
— violences mortelles : 253
— volonté du résultat : 228
Voies de recours
— décisions définitive : 74 et s.
— infractions militaires : 310
Volonté
— absence : 451
— du comportement : 227
— du désistement : 266
— du résultat : 228
— renfort de la faute : 252
— support de l'intention : 252

Table des matières

Introduction 13

1. Finalité de l'ouvrage, 13. — 2. Le droit pénal général, un droit substantiel, 14. — 3. Le droit pénal général, un droit fédérateur, 14. — 4. Le droit pénal général, un droit de tradition, 15. — 5. Le droit pénal général, un droit constitutionnalisé et européanisé, 16. — 6. Le droit pénal général, un droit didactique, 16. — 7. Plan, 17.

Pour aller plus loin 18

8. Bibliographie générale, 18.

PREMIÈRE PARTIE

LE SUPPORT DU DROIT PÉNAL - LA LOI

9. Recours obligé, 19.

Chapitre 1 / Le recours à la loi pénale 21

10. Élément légal, 21.

Section I - Le principe de légalité 21

11. De la tradition à l'érosion, 21.

I | L'affirmation de la légalité 22

12, 22.

A – Les textes 22

13, 22.

a) Le recensement 22

14. Diversité des références, 22.

b) La hiérarchie 24

15. Absence de redondance, 24.

B – Les enjeux 25
16, 25.
a) L'enjeu politique 26
17. Fondement historique de la légalité, 26. — 18. Objet valorisant de la légalité, 26.
b) Les enjeux techniques 28
19, 28. —20. Connaissance, 28. — 21. Mesure, 30. — 22. Égalité, 31.
II | Le déclin de la légalité 31
23, 31.
A – Les manifestations du déclin 32
24, 32.
a) L'ouverture des définitions 32
25. Constat, 32. — 26. Explication, 33.
b) La personnalisation des sanctions 35
27. De la fixité a la flexibilité, 35.
B – La relève de la sécurité 37
28, 37.
a) La sécurité juridique, ou le relais de l'interprétation judiciaire 37
29. La prévisibilité, substitut de légalité, 37.
b) La sécurité matérielle, ou la certitude de l'exécution des peines 38
30. Retour à une pseudo-légalité, 38.
Section II - Le processus de légalité 40
31. Incrimination, 40.
I | La genèse de l'incrimination 40
32, 40.
A – La référence au résultat redouté 41
33. Phase préventive, 41.
B – La correspondance des comportements sanctionnés 42
34. Phase répressive, 42.
II | La formule d'incrimination 44
35. Langage pénal, 44.
A – L'énoncé 44
36. Composantes, 44.
B – La portée 45
37. Impératifs, 45. — 38. Supports, 47.

Pour aller plus loin 48

39. Nécessité des délits, 48. — 40. Nécessité des peines, 50. — 41. Recours implicite a la loi pénale, ou de la « matière pénale », 52.

Chapitre 2 / La notion de loi pénale 56

42. Concurrence du règlement, 56.

Section I - Une légalité parlementaire réduite 57

43, 57.

I | L'essoufflement avant 1958 57

44, 57.

A – Le principe de séparation 57

45. Trilogie des pouvoirs, 57.

B – Les exceptions à la séparation 59

46. Montée de l'exécutif, 59.

a) La suppléance du règlement 59

47. Jurisprudence, 59.

b) La pratique des pleins pouvoirs 60

48. Décrets-lois, 60.

c) Le poids des circonstances 62

49. Histoire, 62.

II | Le repli depuis 1958 63

50, 63.

A – Un repli prononcé avant la réforme du code pénal 64

51. Consécration de l'exécutif, 64.

a) L'exclusion des contraventions 64

52. Règlements autonomes, 64.

b) L'exclusion de toutes les contraventions 66

53. Règlements privatifs de liberté, 66.

B – Un repli tempéré depuis la réforme du code pénal 67

54. Ultimes concessions à la loi, 67.

a) La disparition de l'emprisonnement contraventionnel .. 67

55. Concession indirecte, 67.

b) La précision des seuils contraventionnels 68

56. Concessions directes, 68.

Section II - Une légalité réglementaire extensible 71

57, 71.

I | L'extension sur habilitation 71

58, 71.

A – L'habilitation parlementaire 71

59. Ordonnances de l'article 38, 71.

B – L'habilitation référendaire 73

60. Referendum de l'article 11, 73.

II | L'extension par confusion 74

61. V, 74.

A – La confusion transitoire 74

62. Ordonnances de l'ancien article 92, 74.

B – La confusion réactionnelle 76

63. Mesures de l'article 16, 76.

Pour aller plus loin 77

64. L'union européenne a-t-elle une compétence pénale ?, 77.

Chapitre 3 / Le rayonnement de la loi pénale 80

65. Application de la loi pénale, 80.

Section I - Le rayonnement dans le temps 80

66, 80.

I | La longévité de la loi 81

67, 81.

A – La longévité indéterminée 81

68. Modes de disparition de la loi, 81.

B – La longévité prédéterminée 82

69. Lois a l'essai, 82. — 70. Lois transitoires, 83. — 71. Lois temporaires, 83.

II | Les conflits de lois 83

72, 83.

A – Les lois de fond 84

73. Lois d'incrimination et de pénalité, 84.

a) Les termes du conflit 84

74. Enoncé, 84. — 75. Illustrations, 85.

b) La résolution du conflit 86

76. Deux principes, 86.

B – Les lois de forme 88

77. Lois de procédure, 88.

a) Les données du conflit 88

78. Présentation, 88.

b) Les réponses au conflit 89

79. Une réponse de principe, 89. — 80. Des réponses ponctuelles, 90.

Section II - Le rayonnement dans l'espace 93

81, 93.

I | Les infractions commises sur le territoire de la république 94

82, 94.

A – Le principe de territorialité 94

83, 94.

a) L'énoncé du principe 94

84, 94. —85. Raison politique, 95. — 86. Dimension technique, 95.

b) Les extensions du principe 97

87, 97. —88. Assimilation, 97. — 89. Indivisibilité, 98.

B – Les poursuites sur territorialité 99

90, 99.

a) Le relais des procédures de remise 99

91. Efficience, 99.

b) Le rejet de la chose jugée 100

92, 100.

II | Les infractions commises hors du territoire de la république 102

93. I, 103.

A – La compétence fondée sur la personnalité 103

94, 103.

a) La personnalité active 104

95. Auteur français, 104. — 96. Extension européenne, 106.

b) La personnalité passive 106

97, 106. —98. Victime française, 106. — 99. Victimes résidant en france, 108. — 100. Intérêts nationaux, 108.

c) Les particularités de procédure 109

101, 109. —102. Préalables aux poursuites, 109. — 103. Non bis in idem, 110.

B – La compétence fondée sur la subsidiarité 111
104. Hypothèse, 111. — 105. Poursuites, 112.

C – La compétence fondée sur l'universalité 113
106, 113.

a) La grandeur du système 113
107. Idéaux, 113.

b) Les lenteurs du droit 114
108. Réalités, 114.

Pour aller plus loin 116
109. Portée constitutionnelle du principe de non-rétroactivité, 116. — 110. Portée constitutionnelle du principe de rétroactivité *in mitius*, 117. — 111. Matière pénale et conflits de lois dans le temps, 118. — 112. Le livre premier du code pénal, loi supérieure ou loi ordinaire ?, 118. — 113. Exécution des sanctions pécuniaires au sein de l'union européenne, 121.

Chapitre 4 / La restitution de la loi pénale 123
114. Travail du juge, 123.

Section I - La déclaration du droit 123
115, 123.

I | Le contrôle de conformité 124
116, 124.

A – La problématique 124
117. Définition du contrôle, 124. — 118. Opposition des principes, 125.

B – Les solutions 126
119, 126.

a) Le contrôle d'internationalité 127
120. Alternative, 127.

b) Le contrôle de constitutionnalité 128
121. Avant 1958, 128. — 122. Depuis 1958, 129.

c) Le contrôle de légalité 131
123. Clarification, 131.

II | La stricte interprétation 133
124, 133.

A – Les lois d'incrimination 133
125, 133.

a) La lettre 134

126. Part de l'explicite, 134.

b) L'esprit 135

127. Part de l'implicite, 135. — 128. Part de l'autonomie, 136.

B – Les lois de pénalité 137

129. Part de la souplesse, 137.

Section II - La qualification des faits 139

130. Qualification judiciaire, 139.

I | Les techniques de qualification 140

131, 140.

A – Les principes 140

132, 140.

a) L'objet de la qualification 140

133. Respect de l'acte de saisine, 140. — 134. Enjeu de défense, 141.

b) La sélection de la qualification 142

135. Devoir de juste qualification, 142. — 136. Devoir de requalification, 143.

B – Les pratiques 148

137, 148.

a) La sous-qualification 149

138. Indulgence, 149. — 139. Sévérité, 149. — 140. Critique, 150.

b) La peine justifiée 150

141. Couverture, 150.

II | Les conflits de qualifications 152

142. Non bis in idem, 152.

A – Les qualifications incompatibles 152

143. Rejet de tout cumul, 152.

a) L'incompatibilité par contradiction 152

144. Éléments opposés de définition, 152.

b) L'incompatibilité par superposition 154

145. Éléments communs de définition, 154.

c) L'incompatibilité par intégration 156

146. Éléments implicites de définition, 156.

B – Les qualifications compatibles 160

147. Possibilité de cumul, 160.

a) Le concours réel d'infractions 160

148. Régime légal, 160. — 149. Pluralité de faits, 160. — 150. Cumul des qualifications, 161. — 151. Non-cumul des peines, 162. — 152. Dérogations, 162.

b) Le concours idéal d'infractions 163

153. Régime jurisprudentiel, 163. — 154. Unité de fait, 163. — 155. Référence aux valeurs sociales protégées, 164. — 156. Démarche de droit pénal spécial, 165. — 157. Qualification idoine en cas de non-cumul, 166. — 158. Incidence sur la requalification, 167.

Pour aller plus loin 167

159. Concours idéal d'infractions – comment le résoudre ?, 167. — 160. Conflits au sein de la « matière pénale », 168.

DEUXIÈME PARTIE

LA TRANSGRESSION DE LA LOI – L'INFRACTION

161. Fracture sociale, 171.

Chapitre 5 / La dimension matérielle de l'infraction 173

162. Lisibilité de l'infraction, 173.

Section I - La constante : le comportement 173

163, 173.

I | Les modalités du comportement 174

164, 174.

A – L'action ou/et l'omission 174

165, 174.

a) L'opposition des notions 174

166. Distinction, 174. — 167. Répartition, 175. — 168. Perception, 176.

b) Le cloisonnement des applications 179

169. Interprétation, 179. — 170. Requalification, 180.

B – L'unicité ou la pluralité d'actes 182

171, 182.

a) L'alternative 182

172. Infraction simple, 182. — 173. Infractions composites, 182.

b) Les retombées 188

174. Datation, 188. — 175. Localisation, 191.

II | La durée du comportement 194

176, 194.

A – Les unités de durée 194

177, 194.

a) L'instantanéité 194

178. Matérialité ponctuelle, 194. — 179. Intérêts, 195.

b) La continuité 197

180, 197. —181. Matérialité linéaire, 197. — 182. Intérêts, 199.

B – Les artifices de durée 203

183, 203.

a) La permanence de l'infraction 203

184. Artifice doctrinal, 203. — 185. Rejet de la théorie, 205.

b) La pluralité d'infractions 205

186. Artifice jurisprudentiel, 205. — 187. Infraction continuée, 206. — 188. Infraction collective, 208.

Section II - La variable : le résultat 210

189, 210.

I | Le constat de la variabilité 211

190. Résultat redouté, 211.

A – La référence au résultat 211

191. Infraction matérielle, 211.

B – L'indifférence au résultat 212

192. Infraction formelle, 212. — 193. Infraction-obstacle, 213.

II | Les enjeux de la variabilité 215

194, 215.

A – L'enjeu technique 215

195. Diversification des infractions, 215. — 196. Gain de valeurs sociales, 217.

B – L'enjeu politique 219

197. Écueil de l'équivoque, 219.

Pour aller plus loin 220

198. Incrimination et infraction – retombée de la distinction sur la matérialité, 220. — 199. Matérialité et conditions préalables, 221. — 200. Matérialité et « faits constitutifs », 221. — 201. Action ou commission ?, 222. — 202. Affaire dite « de la séquestrée de poitiers », 223. — 203. Approche contemporaine de l'omission, 223. — 204. Abstentions positives, 224. — 205. Infraction simple, 225. — 206. Infraction complexe, 225. — 207. Infraction d'habitude, 226. — 208. Prescription des infractions complexe et d'habitude, 227. — 209. Repères de l'instantanéité, 227. — 210. Diffama-

tions, injures et provocations sur internet : infractions instantanées ou infractions continues ?, 229. — 211. Matérialité des infractions et *non bis in idem*, 231. — 212. Différence du résultat redouté et du préjudice, 232. — 213. Politique criminelle et résultat de l'infraction, 232. — 214. Contrôle des infractions formelles par le conseil constitutionnel, 233. — 215. Lien de causalité du comportement au dommage, 233.

Chapitre 6 / La dimension morale de l'infraction........................ 234

216. Mesure de la culpabilité, 234.

Section I - L'intention, ou de l'hostilité aux valeurs sociales... 235

217, 235.

I | La définition de l'intention... 235

218, 235.

A – Ce que n'est pas l'intention 235

219, 235.

a) La conscience.. 236

220. Élément d'imputabilité, 236.

b) Le mobile 237

221. Indifférence de principe, 237. — 222. Références d'exception, 238.

B – Ce qu'est l'intention.. 240

a) Une connaissance 240

223, 240. —224. Connaissance du droit, 240. — 225. Connaissance des faits, 241.

b) Une volonté 242

226, 242. —227. Volonté du comportement, 243. — 228. Volonté du résultat, 243.

II | La place de l'intention.. 249

229, 249.

A – Une place prioritaire.. 249

230. Exclusivité et primauté, 249.

B – Une place stratégique... 250

231. Clef de lecture du droit pénal spécial, 250. — 232. Code pénal, 251. — 233. Hors code pénal, 252.

Section II - La non-intention, ou de l'indifférence aux valeurs sociales... 255

234, 255.

I | La hiérarchie des fautes non intentionnelles 255
235. Déclinaison, 255.
A – La faute simple 256
236. Faute minimale, 256. — 237. Faute autonome, 256.
B – Les fautes qualifiées 258
238, 258.
a) La faute délibérée 258
239. Faute maximale, 258. — 240. Faute volontaire, 259. — 241. Faute « non intentionnelle », 260.
b) La faute caractérisée 261
242. Faute intermédiaire, 261.
II | La répression de la faute non intentionnelle 263
243. Dépénalisation, 263.
A – L'appréciation in concreto 263
244, 263. —245. Exigence explicite, 263. — 246. Exigence implicite, 264.
B – Le relais de la causalité 265
247, 265.
a) Les personnes physiques 265
248. Avant la loi du 10 juillet 2000, 265. — 249. Depuis la loi du 10 juillet 2000, 266.
b) Les personnes morales 268
250. *Statu quo*, 268.
Pour aller plus loin 268
251. Bibliographie, 268. — 252. La volonté aux confins de l'intention et de la non-intention, 268. — 253. Dol spécial, 269.

Chapitre 7 / La tentative de l'infraction 271
254. Anticipation répressive, 271.
Section I - Le commencement d'exécution 272
255. Problématique, 272.
I | Les conceptions du droit 272
256. *Iter criminis*, 272.
A – La conception objective 273
257. Morceau de matérialité, 273.
B – La conception subjective 275
258. Proximité d'exécution, 275.

II | L'emprise des faits 276

259. Relativité des deux thèses, 276.

A – L'emprise maximale dans les infractions matérielles 277

260. Tentative étendue, 277.

B – L'emprise minimale dans les infractions formelles et obstacles 278

261. Tentative réduite, 278.

Section II - La défaillance du résultat 280

262. Résultat légal, 280.

I | Une défaillance involontaire 281

263. Absence de désistement volontaire, 281.

A – L'impunité relative au désistement 281

264, 281. —265. Fondement de l'impunité, 282. — 266. Volonté du désistement, 283.

B – L'indifférence répressive au repentir 285

267, 285. —268. Maintien de la répression, 285. — 269. Concession à l'exemption ou à la réduction de peine, 287.

II | Une défaillance qualifiée 289

270. Alternative, 289.

A – La défaillance par suspension 289

271. Abandon sans désistement, 289.

B – La défaillance par manquement 290

272. Fin d'éxécution, 290.

a) Le manquement par échec 290

273. Projet non maîtrisé, 290.

b) Le manquement par impossibilité 291

274. Projet non réalisable, 291. — 275. Répression de l'infraction impossible, 292. — 276. Retombées de l'infraction impossible, 293.

Pour aller plus loin 294

277. Tentative par simple intention ?, 294. — 278. Bilan sur le résultat en droit pénal, 295. — 279. Lien de causalité et responsabilité pénale, 296.

Chapitre 8 / Le classement des infractions 299

280. Qualification légale, 299.

Section I - La gravité de l'infraction 299

281. Crimes, délits, contraventions, 299.

I | Une distinction tripartite 299

282, 299.

A – L'affirmation 300

283. Énoncé, 300. — 284. Réalisme, 300. — 285. Politique, 300.

B – Les manifestations 301

286. Fond, 302. — 287. Forme, 302.

II | Une philosophie bipartite 304

288, 304.

A – Le clivage 304

289. Spécificité des contraventions, 304. — 290. Indice constitutionnel, 305. — 291. Indice constitutif, 305. — 292. Indice pénologique, 306. — 293. Indice procédural, 307.

B – L'explication 309

294. Nuance de finalité, 309.

Section II - La nature de l'infraction 310

295. Du général au spécial, 310.

I | Les infractions de droit commun 310

296. Uniformité, 310.

A – Le droit commun substantiel 311

297. Support, 311. — 298. Étendue, 312.

B – Le droit commun formel 312

299. Support, 312. — 300. Influence européenne, 313.

II | Les infractions dérogatoires au droit commun 314

301. Singularités, 314.

A – Les exceptions classiques 314

302. Infraction politique et infraction militaire, 314.

a) L'infraction politique 314

303. Problématique, 314. — 304. Notion, 315. — 305. Régime, 318. — 306. Fond, 318. — 307. Procédure, 319.

b) L'infraction militaire 322

308. Problématique, 322. — 309. Notion, 322. — 310. Répression, 323.

B – Les dérogations nouvelles 327

311. Objet, 327. — 312. Domaine, 328. — 313. Contenu, 328.

Pour aller plus loin 330

314. Statut pénal du président de la république, 330. — 315. Responsabilité pénale des membres du gouvernement, 330.

TROISIÈME PARTIE

L'IMPUTATION DE L'INFRACTION – LES RESPONSABLES

316. Sujets du droit pénal, 331.

Chapitre 9 / La détermination des responsables 333

317. Fluctuations, 333.

Section I - Les personnes physiques 333

318. Majeurs et mineurs, 333.

I | Le seuil de la majorité pénale 334

319. Confusion avec la majorité civile, 334. — 320. Établissement de l'âge, 335.

II | Le droit de la minorité pénale 336

321. Politique, 336.

A – La compatibilité pénale entre minorité et responsabilité 337

322. Problématique, 337. — 323. Historiquement, 337. — 324. Positivement, 338. — 325. *De lege ferenda*, 340.

B – La spécificité de la responsabilité pénale des mineurs 340

326. Reconnaissance, 340. — 327. Éléments, 341.

a) Le relèvement éducatif et moral 342

328. Primauté, 342. — 329. Modalités, 343.

b) L'atténuation de la responsabilité 346

330. Diminution de la peine, 346.

c) L'existence de juridictions spécialisées 348

331. Bilan, 348. — 332. Juge des enfants, 348. — 333. Tribunal pour enfants, 349. — 334. Cour d'assises des mineurs, 350.

d) L'aménagement de procédures appropriées 351

335. Objectif, 351. — 336. Justiciable, 351. — 337. Justice, 353.

Section II - Les personnes morales 358

338. Symbole de la réforme, 358.

I | Le principe de responsabilité 358

339, 358.

A – Les termes du débat 358

340. Réalité juridique, 358. — 341. Poids sociologique, 359. — 342. Contexte politique, 360. — 343. Faisabilité technique, 361.

B – La sélection des personnes 362

344. *Summa divisio*, 362.

a) Les personnes morales de droit privé 362

345. Consécration du principe, 362. — 346. Approche de la personnalité, 363.

b) Les personnes morales de droit public 364

347. Concession aux exceptions, 364. — 348. État, 364. — 349. Collectivités territoriales, 365.

II | Le fait générateur de la responsabilité 367

350, 367.

A – La référence à l'infraction 368

351. Abandon du principe de spécialité, 368. — 352. Conséquences, 369.

B – La réalisation de l'infraction 370

353. Fiction, 370.

a) La commission de l'infraction 371

354. Auteurs, 371. — 355. Éléments constitutifs, 372.

b) L'imputation de l'infraction 374

356. Relais, 374. — 357. Concours, 375. — 358. Réserve, 377.

Pour aller plus loin 378

359. Réforme du droit pénal des mineurs, 378.

Chapitre 10 / Le caractère personnel de la responsabilité 380

360. Principe, 380.

Section I - Le rattachement personnel 380

361, 380.

I | L'énoncé de la personnalité 381

362, 381.

A – La formule 381

363. Article 121-1 du code pénal, 381.

B – Les corollaires 381

364, 381. —365. Rejet de la responsabilité de plein droit, 382. — 366. Rejet de la responsabilité du fait d'autrui, 382. — 367. Rejet de la responsabilité collective, 384.

II | La réalité du fait personnel 386

368, 386.

A – L'opacité 386

369, 386. —370. Chef d'entreprise, 387. — 371. Personnes morales, 389.

B – Les présomptions 390

372, 390. —373. Infractions de presse, 390. — 374. Circulation routière, 391.

Section II - L'engagement personnel 392

375, 392.

I | L'engagement en qualité d'auteur 393

376, 393.

A – L'auteur isolé 393

377. Auteur matériel, 393. — 378. Auteur moral, 393.

B – Les coauteurs 396

379. Pluralité d'auteurs, 396. — 380. Appréciation, 396.

II | L'engagement en qualité de complice 398

381, 398.

A – La criminalité d'emprunt 398

382, 398.

a) L'objet de l'emprunt, ou du fait principal punissable 398

383. Référence objective, 398. — 384. Référence dépersonnalisée, 402.

b) Les modalités d'emprunt, ou des actes de complicité punissables 405

385. Dualité, 405. — 386. Aide ou assistance, 406. — 387. Provocation ou instructions, 410.

B – Les pénalités propres 414

388. Rejet de l'emprunt de pénalité, 414. — 389. Explication, 414. — 390. Retombées, 414.

Pour aller plus loin 417

391. Complicité des délits non intentionnels, 417.

Chapitre 11 / Les causes objectives d'irresponsabilité 418

392. Présentation, 418.

Section I - L'objectivité de l'irresponsabilité 418

393, 418.

I | L'irresponsabilité par rétroactivité 418

394, 418.

A – La rétroactivité par abrogation des textes d'incrimination 419

395. Rétroactivité *in mitius*, 419.

B – La rétroactivité par effacement du caractère délictueux des faits 419

396. Amnistie, 419. — 397. Prescription de l'action publique, 420.

II | L'irresponsabilité par justification 421

398, 421.

A – Le processus de justification 421

399. Neutralisation, 421. — 400. Valorisation, 422.

B – L'étendue de la justification 423

401. Justification pénale, 423. — 402. Justification spéciale, 425. — 403. Justification générale, 426.

Section II - Les causes d'irresponsabilité 429

404. Sélection, 429.

I | L'ordre de la loi et le commandement de l'autorité légitime 430

405, 430.

A – L'ordre de la loi 430

406. Fondement, 430.

a) Les prescriptions 431

407. Ordre formel, 431.

b) Les autorisations 433

408, 433. —409. Autorisations explicites, 433. — 410. Autorisations implicites, 437. — 411. Autorisations usurpées, 438.

B – Le commandement de l'autorité légitime 441

412. Fondement, 441.

a) L'autorité 442

413. Autorité publique, 442. — 414. Autorité légitime, 443.

b) Le commandement 444

415. Rapports avec la loi, 444. — 416. *Secundum legem*, 445. — 417. *Contra legem*, 445.

II | La légitime défense 447

418. Fondement, 447.

A – Le droit commun de la légitime défense 449

419, 449.

a) L'agression 449

420. Agression actuelle, 449. — 421. Agression injuste, 451.

b) La défense 452

422. Défense volontaire, 452. — 423. Défense proportionnée, 454.

B – La présomption de légitime défense 456

424. Relativité, 456.

III | L'état de nécessité 457

425. Fondement, 457.

A – Le constat de la nécessité 458

426. Actualité, 458. — 427. Fatalité, 459.

B – La réponse à la nécessité 460

428. Proportionnalité, 460. — 429. Généralité, 463.

Pour aller plus loin 464

430. Exceptions d'irresponsabilité non retenues en jurisprudence, 464. — 431. Statut pénal du président de la république, 465. — 432. Responsabilité pénale des membres du gouvernement, 467. — 433. Responsabilité pénale des chefs d'état étrangers, 467.

Chapitre 12 / Les causes subjectives d'irresponsabilité 469

434. Non-imputabilité, 469.

Section I - Le défaut de discernement 469

435. Absence de conscience, 469.

I | La minorité 470

436, 470.

A – L'affirmation de la responsabilité 470

437. Ordonnance de 1945, 470. — 438. Loi de 2002, 471. — 439. *De lege ferenda*, 473.

B – La mesure du discernement 473

440. Référence explicite, 473. — 441. Différence avec les majeurs, 474. — 442. De lege ferenda, 475.

II | Le trouble psychique ou neuropsychique 475
443, 475.

A – La nature du trouble 475
444. Approche générique, 475. — 445. Approche qualifiée, 478.

B - Le moment du trouble 479
446, 479.

a) Le principe 479
447. Temps de l'action, 479. — 448. Appréciation, 480.

b) le correctif 480
449. Faute antérieure, 480. — 450. Confirmation de la loi, 482.

Section II - Le défaut de libre arbitre 482
451. Absence de volonté, 482.

I | La contrainte 483
452. Force majeure, 483.

A – La contrainte physique 484
453. Définition, 484. — 454. Imprévisibilité, 485. — 455. Irrésistibilité, 487.

B – La contrainte morale 489
456. Définition, 489. — 457. Conditions, 490. — 458. Différence avec l'état de nécessité, 493.

II | L'erreur sur le droit 495
459. *Nemo censetur...*, 495.

A – La portée exonératoire de l'erreur 495
460. Portée subjective, 495. — 461. Démonstration, 496.

B – Le caractère inévitable de l'erreur 498
462. Critère déterminant, 498. — 463. Bilan, 499.

QUATRIÈME PARTIE

LA PUNITION DES RESPONSABLES – LES PEINES
464. Compensation sociale, 505.

Chapitre 13 / Les peines encourues 507
465. Détermination légale, 507.

Section I - Une légalité simplifiée 508
466. Loi du maximum, 508.

I | La fixation du maximum 508

467, 508.

A – Le principe 508

468. Suppression des peines minimales, 508. — 469. Disparition des circonstances atténuantes, 509. — 470. Retour des peines minimales en récidive, 510.

B – Les modalités 510

471. Échelles, 510. — 472. Taux, 511.

II | Les variations du maximum 512

473, 512.

A – L'aggravation 512

474, 512.

a) L'aggravation générale 512

475. Récidive, 512. — 476. Récidive des personnes physiques, 515. — 477. Récidive des personnes morales, 516. — 478. Précisions, 517.

b) Les aggravations spéciales 522

479. Circonstances aggravantes, 522.

B – La diminution 523

480, 523.

a) La diminution générale 523

481. Mineurs, 523.

b) Les diminutions spéciales 524

482. Repentis, 524.

Section II - Une diversité renforcée 525

483. Légalité de classement, 525.

I | Les critères personnels 526

484, 526.

A – La portée contraignante de la peine 526

485, 526.

a) Evolution 527

486. De la liberté aux libertés, 527.

b) Corollaires 528

487, 528. —488. Nature de la peine, 528. — 489. Consentement à la peine, 529.

B – L'aptitude à la peine 530

490. Part des ajustements, 530.

a) Mineurs 530

491, 530. —492. Mineurs de 13 ans, 530. — 493. Mineurs de 13 à 18 ans, 531.

b) Personnes morales 532

494. Adaptation, 532. — 495. Sélection, 532.

II | Les critères juridiques 532

496, 532.

A – La qualification de la peine 533

497. Trilogie, 533.

B – L'articulation des peines 533

498, 533. —499. Peines principales, 533. — 500. Peines complémentaires, 535. — 501. Peines accessoires, 537. — 502. ableaux abrégés des peines encourues, 538.

Chapitre 14 / Les peines prononcées 542

503. Détermination judiciaire, 542.

Section I - Le principe du prononcé 542

504. Alternative, 542.

I | Le parti de la peine 543

505. Solution dominante, 543.

A – L'obligation du prononcé 543

506. Enoncé, 543. — 507. Conséquences, 543.

B – La motivation du choix 545

508. Absence, 545. — 509. Tempéraments, 546.

II | La dispense de peine 548

510. Droit pénal sans peine, 548.

A – La dispense immédiate 549

511. Mécanisme, 549. — 512. Conditions, 549.

B – La dispense différée 550

513. Ajournement, 550. — 514. Intérêt, 551. — 515. Versions, 552.

Section II - La personnalisation dans le prononcé 554

516. Objectif premier, 554.

I | Les instruments de la personnalisation 555

517. Critères et supports, 555.

A – Les critères 555

518, 555. —519. Circonstances, 556. — 520. Personnalité, 556. — 521. Ressources et charges, 557. — 522. Évitement de l'emprisonnement ferme, 557.

B – Les supports 558

523. Enquêtes, 558. — 524. Communications, 560.

II | Les modes de personnalisation 561

525. Unicité et pluralité, 561.

A – La peine unique 561

526. Élimination, 561. — 527. Substitution, 562.

B – Les peines multiples 564

528. Cumuls, 564.

a) Cumul des peines encourues par les personnes physiques 564

b) Cumul des peines encourues par les personnes morales 566

Chapitre 15 / Les peines exécutées 567

529. Aboutissement de la répression, 567.

Section I - Les modalités d'exécution 568

530. Emprise judiciaire, 568.

I | La fixation par la juridiction de jugement 568

531, 568.

A – Le sursis à exécution 568

532. Sursis simple, 568. — 533. Sursis avec mise à l'épreuve, 572. — 534. Sursis assorti de l'obligation d'accomplir un travail d'intérêt général, 573.

B – L'orientation de l'exécution 574

535. Multiplicité des régimes, 574.

a) Les peines privatives de liberté 574

536. Philosophie, 574. — 537. Semi-liberté, 576. — 538. Placement à l'extérieur, 577. — 539. Placement sous surveillance électronique, 577. — 540. Placement sous surveillance électronique mobile, 578. — 541. Fractionnement, 579. — 542. Période de sûreté, 579.

b) Les peines non privatives de liberté 580

543, 580. —544. Recouvrement, 580. — 545. Fractionnement, 581.

II | L'aménagement par les juridictions d'application 581

546. Principe d'aménagement, 581.

A – La juridictionnalisation de l'application des peines 582

547. De 1958 à 2004, 582.

a) Les juridictions du premier degré 583

548. Établissement, 583. — 549. Compétence, 584.

b) La juridiction d'appel 585

550. Composition, 585. — 551. Procédure, 585. — 552. Pourvoi, 586.

B – Les mesures d'aménagement 586

553. Mesures évolutives, 586.

a) Le respect des droits des victimes 587

554. Principe, 587. — 555. Manifestations, 587.

b) Les mesures relatives aux peines privatives de liberté. 591

556. Philosophie, 591. — 557. Part de l'humain, 591. — 558. Évitement des courtes peines d'emprisonnement, 592. — 559. Retour progressif à la liberté, 593. — 560. Suivi de la liberté, 595.

c) Les mesures relatives aux peines restrictives de liberté 599

561. Gestion réactive, 599. — 562. Sélection, 600. — 563. Dissuasion, 601.

Section II - Les obstacles à l'exécution 602

564. Sources, 602.

I | Les obstacles directs 602

565. Emprise sur la peine, 602.

A – Les obstacles naturels 603

566. Décès, 603. — 567. Dissolution, 603.

B – Les obstacles juridiques 604

568. Prescription, 604. — 569. Grâce, 605.

II | Les obstacles dérivés 606

570. Retombées quant à la peine, 606.

A – L'amnistie des faits 606

571. Nature, 606. — 572. Régime, 607.

B – La réhabilitation de la personne 608

573. Obstacle ciblé, 608.

Pour aller plus loin 609

574. Application des courtes peines d'emprisonnement, 609.

Index 613

DROIT FONDAMENTAL

MANUELS

F. Bluche	Manuel d'histoire politique de la France contemporaine (3e éd.)
J.-M. Carbasse	Manuel d'introduction historique au droit (3e éd.)
F. Chaltiel	Manuel de droit de l'Union européenne
J. Morange	anuel des droits de l'homme et libertés publiques
B. Pacteau	Manuel de contentieux administratif
F. Zenati-Castaing, T. Revet	Manuel de droit des personnes
A. Sériaux	Manuel de droit des obligations
P. Serrand	Manuel d'institutions administratives françaises (3e éd.)

CLASSIQUES

D. Alland	Droit international public
G. Antonetti	Histoire contemporaine politique et sociale (9e éd.)
C. Autexier	Introduction au droit public allemand
G. Bigot	Introduction historique au droit administratif depuis 1789
J.-M. Carbasse	Histoire du droit pénal et de la justice criminelle (2e éd. refondue)
G. Druesne	Droit de l'Union européenne et politiques communautaires (8e éd. mise à jour)
P.-Y. Gautier	Propriété littéraire et artistique (6e éd. entièrement revue)
S. Goyard-Fabre	Philosophie politique (XVIe-XXe siècle)
J.-L. Halpérin	Histoire du droit privé français depuis 1804 *(réédité en « Quadrige »)*
J.-L. Harouel, J. Barbey, É. Bournazel et J. Thibaut-Payen	Histoire des institutions, de l'époque franque à la Révolution (11e éd.)
J. Hilaire	Introduction historique au droit commercial *(épuisé)*
F. Julien-Laferrière	Droit des étrangers
T. Lambert, J.-J. Bienvenu	Droit fiscal (4e éd.)
Ph. Lauvaux	Les grandes démocraties contemporaines (3e éd.)
B. Mathieu, M. Verpeaux, F. Chaltiel	Droit constitutionnel
J.-P. Massias (dir.)	Droit constitutionnel des États d'Europe de l'Est (2e éd. entièrement revue)
Y. Mayaud	Droit pénal général (3e éd. mise à jour)
J. Morange	Droits de l'homme et libertés publiques (5e éd.)
S. Neuville	Droit de la banque et des marchés financiers
B. Pacteau	Contentieux administratif (7e éd. refondue)
S. Regourd	Droit de la communication audiovisuelle
F. Zenati-Castaing, T. Revet	Les biens (3e éd.)

J.-P. Royer, J.-P. Jean B. Durand N. Derasse et B. Dubois	Histoire de la justice en France *(4e ed. revue et mise à jour)*
A. Sériaux	Droit canonique
D. Simon	Le système juridique communautaire *(épuisé)*
F. Sudre	Droit européen et international des droits de l'homme (9e éd.)
E. Zoller	Droit constitutionnel (2e éd.)
E. Zoller	Grands arrêts de la Cour suprême des États-Unis

TRAITÉS

D. Alland, C. Teitgen-Colly	Traité du droit de l'asile
G. Couturier	Traité de droit du travail, t. 2 : Les relations collectives de travail (2e éd.)
J.-P. Fradin, J.-B. Geffroy	Traité du droit fiscal de l'entreprise
V. Harouel-Bureloup	Traité de droit humanitaire
B. Pacteau	Traité de contentieux administratif
J.-H. Robert, H. Matsopoulou	Traité de droit pénal des affaires

Cet ouvrage a été mis en page
par Meta-systems
59100 Roubaix

Achevé d'imprimer par
l'Imprimerie France Quercy, 46090 Mercuès
N° d'impression : 01186/ - Dépôt légal : septembre 2010

Imprimé en France